GUERRA DOS LUGARES

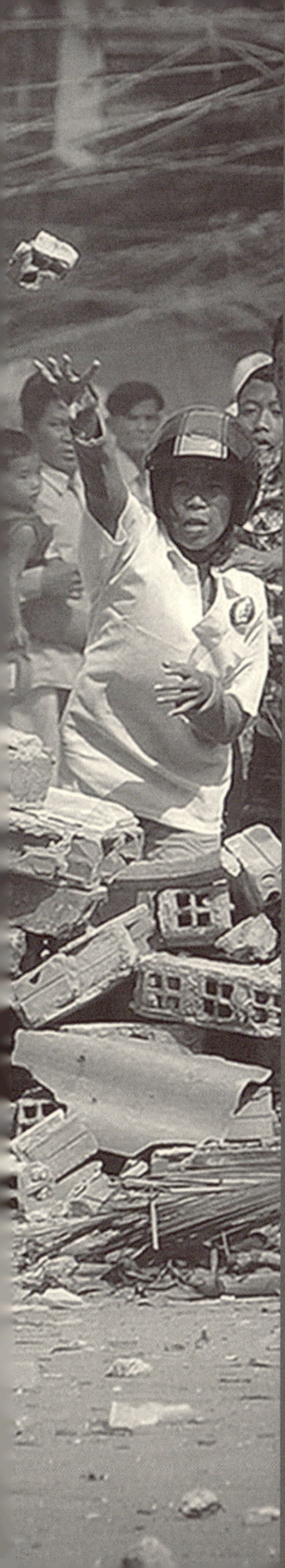

Raquel Rolnik

GUERRA DOS LUGARES

A colonização da terra e da moradia na era das finanças

BOITEMPO

Coordenação editorial Ivana Jinkings
Edição Isabella Marcatti
Assistência editorial Thaisa Burani
Coordenação de produção Livia Campos
Assistência de produção Camila Nakazone
Preparação André Albert
Revisão Frederico Ventura
Revisão do posfácio Carmen T. S. Costa
Capa Ronaldo Alves
sobre foto do projeto Inside Out, JR (frente) e
montagem de Ronaldo Alves (internas)
Diagramação Antonio Kehl

Equipe de apoio
Allan Jones, Ana Yumi Kajiki, Artur Renzo, Bibiana Leme, Eduardo Marques,
Elaine Ramos, Giselle Porto, Ivam Oliveira, Kim Doria, Leonardo Fabri, Marlene Baptista,
Maurício Barbosa, Renato Soares, Thaís Barros, Tulio Candiotto

CIP-BRASIL. CATALOGAÇÃO NA PUBLICAÇÃO
SINDICATO NACIONAL DOS EDITORES DE LIVROS, RJ

R66g
2. ed.
Rolnik, Raquel, 1956-
Guerra dos lugares : a colonização da terra e da moradia na era das finanças / Raquel Rolnik. - 2. ed. - São Paulo : Boitempo, 2019.
456 p. ; 23 cm.

Inclui bibliografia
ISBN 978-85-7559-668-5

1. Mercado imobiliário. 2. Planejamento urbano - Aspectos sociais. 3. Política habitacional. I. Título.

19-55130 CDD: 363.5
CDU: 332.821

1ª edição: dezembro de 2015;
1ª reimpressão: março de 2016; 2ª reimpressão: outubro de 2016;
2ª edição: fevereiro de 2019; 1ª reimpressão: julho de 2021;
2ª reimpressão: agosto de 2023

BOITEMPO
Jinkings Editores Associados Ltda.
Rua Pereira Leite, 373
05442-000 São Paulo SP
Tel.: (11) 3875-7250 / 3875-7285
editor@boitempoeditorial.com.br
boitempoeditorial.com.br | blogdaboitempo.com.br
facebook.com/boitempo | twitter.com/editoraboitempo
youtube.com/tvboitempo | instagram.com/boitempo

Aos mestres Gabriel Bolaffi, Lúcio Kowarick, Warren Dean e David Harvey.

Para Teresa e Eugênia, as duas pontas do laço de força e amor que une as Rolnik.

Crédito das imagens

Capa Women Are Heroes [Mulheres são heroínas], ação na favela do morro da Providência, Rio de Janeiro, Brasil, 2008. Foto: projeto Inside Out, JR.

p. 2 Remoções no bairro de Borei Keila, Phnom Penh, Camboja, 2012. Foto: Kimlong Meng.

p. 8 Manifestação organizada pela Plataforma de Afectados por la Hipoteca, em Barcelona, Espanha, 2012. Foto: Plataforma de Afectados por la Hipoteca.

p. 20 Astana, a nova capital do Cazaquistão, 2010. Foto: Raquel Rolnik.

p. 142 Remoções no bairro de Borei Keila, Phnom Penh, Camboja, 2012. Foto: Kimlong Meng.

p. 256 Women Are Heroes [Mulheres são heroínas], ação na favela do morro da Providência, Rio de Janeiro, Brasil, 2008. Foto: projeto Inside Out, JR.

p. 370 Manifestação na Vila Autódromo, Rio de Janeiro, Brasil, 2013. Foto: Renato Consentino.

p. 424 Ocupação do edifício Prestes Maia com ação Zumbi Somos Nós, da Frente 3 de Fevereiro, em São Paulo, Brasil, 2006. Foto: Julia Valiengo.

Sumário

STOP
DESAHUCIOS
STOP
DESAHUCIO
EXIGIMOS
DACION
EN
PAGO
LA CALLE
ES
NUESTRA
BANQUERS
A LA
BANQUETA
STOP
DESAHUCIOS

Apresentação

"Como ousa esta mulher brasileira vir aqui avaliar a política habitacional do Reino Unido?" Foi com essas palavras que membros do Partido Conservador britânico, no poder desde 2010, reagiram a minhas observações como relatora especial para o Direito à Moradia Adequada da Organização das Nações Unidas (ONU) ao final de minha visita oficial, em 2013[1].

[1] Visitas oficiais a países – denominadas "missões" – fazem parte dos instrumentos utilizados pelos relatores especiais designados pelo Conselho de Direitos Humanos da ONU (CDH) para monitorar a implementação de seus pactos e resoluções. As missões são organizadas pelo departamento de relações exteriores do país a ser visitado em conjunto com o Escritório do Alto Comissariado da ONU para os Direitos Humanos (ACNUDH), contando também, muitas vezes, com a colaboração de outros organismos da ONU. É o relator que define os países que deseja visitar, bem como os temas que irá pesquisar a cada ano, sempre relacionados ao direito específico que cabe a ele monitorar e promover. Porém, para a realização das missões, é necessário que o governo do país esteja de acordo, convidando oficialmente o relator e apoiando sua visita. As missões envolvem uma série de reuniões com dirigentes governamentais e, algumas vezes, encontros com mandatários do Judiciário e do Parlamento, além de visitas a campo. Uma parte importante da programação é organizada de forma paralela pelas comunidades afetadas e por defensores de direitos humanos, em uma agenda negociada diretamente com o relator e seu assistente, um especialista em direitos humanos pertencente aos quadros do ACNUDH. No último dia da missão, uma conferência de imprensa é realizada no próprio país, ocasião em que o relator divulga suas observações preliminares e atende a pedidos de entrevistas de jornalistas. O produto final da missão é um relatório de 10 mil palavras, apresentado e debatido no CDH com outros relatórios temáticos de mesmo formato, abordando questões mais gerais relacionadas àquele direito específico e sua incidência em vários países. Além dos relatórios anuais, ao relator também cabe enviar comunicações aos governos para alertá-los sobre denúncias de violações e solicitar esclarecimentos. Essas comunicações – "*allegation letters*" ou "*urgent appeals*" – são confidenciais, sendo divulgadas ao CDH semestralmente. Os relatórios temáticos e de missões que apresentei ao CDH durante meu mandato como relatora (2008-2014) e utilizei neste livro estão citados nas referências bibliográficas.

Minha ida ao Reino Unido ocorria em um momento de questionamento e contestação de uma das propostas do programa do governo para austeridade fiscal e reforma do sistema de *welfare* [bem-estar social]. Sob o pretexto de ajustar o estoque disponível de moradia pública de aluguel ao tamanho das famílias, a medida coloquialmente conhecida como *bedroom tax* ["taxa do quarto"] aplicava um corte nos subsídios de aluguel (*housing benefits*) para indivíduos em idade ativa que morassem em casas ou apartamentos dessa categoria que tivessem "quartos sobrando"[2]. A reação contrária vinha principalmente daqueles diretamente afetados pelos cortes, que já se organizavam em movimentos locais e se articulavam em nível regional e nacional para contestá-la e lutar por sua supressão. Vinha, também, de lideranças de partidos de oposição e de outros movimentos contrários ao desmonte progressivo da política de bem-estar social britânica, bem como de alguns setores da imprensa. A presença de um relator da ONU dedicado ao tema da moradia sob o ponto de vista dos direitos humanos caía como uma luva para a campanha *anti-bedroom tax*: dentre os afetados se encontravam indivíduos e famílias vivendo no limite. Eram os mais pobres, doentes mentais, loucos, pessoas com deficiência física, que, com essa política, perderiam a estabilidade, a segurança e a garantia de uma vida digna que o sistema público de bem-estar lhes proporcionava.

Até o momento de sua concretização, a visita da Relatoria da ONU ao país era vista pelo governo apenas como um ritual diplomático necessário para afirmar sua colaboração com o sistema de direitos humanos da ONU. Diante do impacto inesperado, a reação do Partido Conservador foi desqualificar a relatora, contestando sua autoridade e procurando caracterizar a visita como uma espécie de instrumentalização do sistema ONU por parte dos partidos de oposição. Esta certamente seria a tática utilizada pelo governo para enfrentar qualquer relator que ouvisse e ecoasse as vozes daqueles que estavam sofrendo retrocessos em políticas que atendiam seu direito à moradia, já que as possibilidades de mudança para casas ou apartamentos menores quase nunca existiam ou implicavam o desenraizamento das pessoas dos territórios onde haviam construído seus projetos de existência. Àquela altura – com alguns meses de implementação da política –, a maioria dos afetados lutava por permanecer onde estava apesar dos cortes em seus *housing benefits*, o que acarretava piora de suas condições de vida, como alimentação, saúde, aquecimento doméstico etc.

---

[2] Kenneth Gibb, "The Multiple Policy Failures of the UK Bedroom Tax", *International Journal of Housing Policy*, v. 15, n. 2, jun. 2015.

Entretanto, a reação dos conservadores britânicos não era apenas contra um relator da ONU que criticava uma política do governo, mas contra uma "mulher brasileira" que, vinda de um país "subdesenvolvido", marcado pela existência de favelas e outras formas degradantes de moradia, ousava afirmar que as reformas recentes no sistema britânico de apoio à moradia social eram um retrocesso e violavam o direito à moradia dos atingidos. A operação de desqualificação que se seguiu, travada principalmente no campo midiático, tornaria evidente o deslocamento que minha visita produzia.

Em primeiro lugar, uma *expert* em moradia vinda da periferia do mundo não deveria sair de seu lugar – qual seja, o pensamento e a ação voltados a superar o que é definido, pelo Norte Ocidental, "centro do mundo", como incompletude ou atraso do projeto modernizador da sociedade e do território "dos países do Sul". Imersos na geopolítica da divisão internacional do trabalho de produção do conhecimento, os teóricos e os formuladores de políticas do "Terceiro Mundo" ou "mundo não desenvolvido" devem restringir-se a seus próprios contextos. Submetidos à lógica dominante do desenvolvimentismo, esses contextos não são considerados formações sociais e políticas singulares, mas exemplos da falência e da incompletude de projetos de construção dos Estados-nação que deveriam reproduzir[3].

Em segundo lugar, na geopolítica do próprio sistema de direitos humanos, os países europeus, de forma geral, são identificados como aqueles que melhor incorporaram essa dimensão em suas políticas, assegurando as liberdades civis e políticas e sistemas mais ou menos universalizados de garantias sociais, enquanto os do "Terceiro Mundo" são, em geral, os que concentram as mais graves violações. No campo específico dos direitos econômicos, sociais e culturais, advogados principalmente por países não desenvolvidos, a disputa no campo diplomático gira em torno da cooperação internacional, ou seja, da demanda por transferência de recursos dos países ricos para os países pobres para que estes promovam o desenvolvimento econômico e social de seus territórios e populações, rompendo assim com seu "atraso". Há aí, portanto, não apenas um reforço mimético, mas também uma identificação das condições mais precárias do ponto de vista desses direitos com o chamado "mundo subdesenvolvido". Raramente o desrespeito ao direito à moradia no centro econômico do mundo – América do Norte, Europa e Japão – se constitui em pauta

---

[3] Jenny Robinson, "Postcolonialising Geography: Tactics and Pitfalls". *Singapore Journal of Tropical Geography*, v. 24, n. 3, 2003; Achille Mbembe e Sarah Nuttall, "Writing the World from an African Metropolis", *Public Culture*, Nova York, v. 16, n. 3, 2004.

relevante para o CDH; a denúncia permanente das condições de vida dos ciganos em toda a Europa é uma grande exceção ao que acabo de afirmar.

Ao observar violações no campo do direito à moradia, minha visita ao Reino Unido (a última realizada em meu mandato), assim como a que fiz aos Estados Unidos (uma das primeiras), produzia, também neste campo, um deslocamento.

Ao contrário do que acreditava o Partido Conservador britânico, minha visita ao Reino Unido não foi motivada pela campanha *anti-bedroom tax,* mas por uma hipótese de pesquisa, formulada ao longo de seis anos de mandato como relatora. Essa hipótese se constituiu em uma base para a construção de uma narrativa de larga escala sobre os processos de transformação das direções e sentidos das políticas habitacionais em curso no mundo.

Mal tinha assumido o mandato junto ao CDH, os efeitos da crise financeiro-hipotecária começavam a ressoar pelo mundo. Dos Estados Unidos, primeiramente, e logo depois da Espanha e de outros países chegavam relatos de indivíduos e famílias que estavam perdendo suas casas, notícias sobre o colapso de um sistema financeiro globalizado, fortemente presente na produção do espaço construído, inclusive na habitação. Foi procurando entender as razões que levaram à crise que comecei a pesquisar a origem do processo de financeirização da moradia. Elegi esse tema como um dos eixos principais de investigação e ação do mandato, procurando observá-lo nas missões, *working visits* e questionários dirigidos aos países[4]. Ainda em 2009, apresentei meu primeiro relatório sobre o tema. Em 2012, depois de já ter realizado missões nos Estados Unidos, Cazaquistão, Croácia, Israel e no Banco Mundial[5], e de ter visitado a Espanha, observando o tema a partir de diferentes ângulos e locais, apresentei um segundo relatório.

---

4 As *working visits* são visitas não oficiais a cidades ou países, a convite de uma organização internacional ou local, e não há necessidade de apresentar posteriormente relatórios ao CDH. Durante o mandato pude realizar várias visitas desse tipo: no Haiti e no Chile, examinando a reconstrução pós-terremotos; em Barcelona, observando a crise financeira e hipotecária; em São Petersburgo e Nápoles, conhecendo violações ao direito à moradia; e em várias cidades brasileiras, acompanhando impactos da preparação para a Copa do Mundo. Também visitei o Banco Europeu de Reconstrução, em Luxemburgo, e a Comissão Europeia.

Essas visitas algumas vezes resultaram em comunicações aos países; além disso, foram importantes para a elaboração de relatórios temáticos. Também serviram de subsídio a estes últimos as respostas a questionários enviados às missões permanentes dos países em Genebra, solicitando dados sobre a situação e as políticas fundiárias e de moradia.

5 A missão ao Banco Mundial, cujo relatório preliminar também foi recebido com protestos por parte da direção da entidade, procurava detectar seu papel na disseminação da financeirização da moradia. Por limitações de tempo e estrutura de pesquisa, e em função da oportunidade aberta pelo processo

Essas incursões reforçaram a hipótese de que estamos assistindo aos impactos da construção da hegemonia ideológica e prática de um modelo de política pública de habitação baseado na promoção do mercado e do crédito habitacional para a aquisição da casa própria, que se espalhou pelo mundo na velocidade eletrônica dos fluxos financeiros. Foi buscando aprofundar a elaboração dessa hipótese, também, que decidi realizar, em 2013, a última missão de meu mandato no Reino Unido – sem dúvida, um dos epicentros de formulação da teoria e prática da transmutação da habitação em ativo financeiro.

Além da financeirização da moradia, nas missões e atividades da relatoria pude testemunhar processos massivos de remoção relacionados à implementação de grandes projetos e a contextos de reconstrução pós-desastres naturais. Uma visita ao Haiti, meses após o terremoto de 2010, assim como as missões nas Ilhas Maldivas e na Indonésia (atingidas pelo tsunami de 2004) possibilitaram-me observar de perto situações extremas de vulnerabilidade socioambiental, nas quais as relações de posse são determinantes para definir – ou bloquear – direitos. A partir dessas visitas, e de três relatórios dedicados ao tema[6], pude formular a hipótese de que a hegemonia da propriedade individual escriturada e registrada em cartório sobre todas as demais formas de relacionamento com o território habitado constitui um dos mecanismos poderosos da máquina da exclusão territorial e de despossessão em marcha no contexto de grandes projetos, sejam eles de expansão da infraestrutura e desenvolvimento urbano, sejam de reconstrução pós-desastres. Na linguagem contratual das finanças, os vínculos com o território são reduzidos à unidimensionalidade de seu valor econômico e à perspectiva de rendimentos futuros, para os quais a garantia da perpetuidade da propriedade individual é uma condição. Desta forma, enlaçam-se os processos de expansão da fronteira da financeirização da terra e da moradia com as remoções e deslocamentos forçados.

Dentre os grandes projetos urbanos, pude acompanhar e observar durante o mandato os impactos sobre o direito à moradia da organização de megaeventos esportivos, como a Copa do Mundo da Federação Internacional de Futebol (Fifa) e as Olimpíadas do Comitê Olímpico Internacional (COI). O trabalho se iniciou a partir de denúncias de remoções que recebemos de pessoas e organizações de Pequim,

---

de revisão das salvaguardas do banco em relação aos direitos humanos, o relatório final acabou focado nas medidas adotadas por essa agência para proteger e promover o direito à moradia.

6 O primeiro, sobre "mudanças climáticas e direito à moradia", foi apresentado à Assembleia Geral da ONU em 2009; os demais foram apresentados em 2011 e tratam mais propriamente dos processos de reconstrução pós-desastres naturais e seus impactos sobre o direito à moradia.

sede olímpica em 2008, e da África do Sul, país-sede da Copa do Mundo de 2010. Coincidentemente, em 2007 o Brasil foi anunciado como futura sede da Copa do Mundo, realizada em 2014, e a cidade do Rio de Janeiro, das Olimpíadas, em 2016. Dediquei ao tema um relatório, apresentado ao CDH em 2010, e passei a observar e acompanhar *in loco* o processo no Brasil, visitando as cidades-sede e compartilhando reflexões com atingidos e ameaçados por remoções, intelectuais e ativistas que começavam a organizar os Comitês Populares da Copa naquele ano.

Ao observar a submissão do conjunto das formas de existir nos territórios a uma única forma, assim como sua colonização pelas finanças em diferentes Estados-nação, revelou-se o grande protagonismo dos governos na condução desse processo. Em cada uma das situações observadas, o Estado vai produzindo suas margens – tanto o *subprime* norte-americano como o informal das cidades do "Terceiro Mundo" – para, no momento seguinte, "destravar" seus ativos territoriais, ampliando as fronteiras do mercado.

Embora o mandato da relatoria se estruturasse pela gramática institucional dos direitos humanos, com seus pactos, fóruns, legislações e resoluções, para mim foi impossível deixar de viver essa experiência como urbanista. Considerava também que, dadas as minhas limitações no campo disciplinar jurídico, deveria utilizar ao máximo meu conhecimento sobre a temática da habitação e da cidade a fim de "traduzir" as mensagens para o léxico das políticas públicas e do pensamento crítico atual sobre o urbano e procurar ampliar as esferas nas quais esse assunto é debatido.

Assim, embora os relatórios temáticos e de missões que apresentei à ONU tenham constituído a base principal do material empírico e das referências bibliográficas deste estudo, principalmente na primeira e segunda partes do livro, é importante ressaltar que esses documentos foram originalmente redigidos em linguagem técnica própria dos direitos humanos e com formato predefinido. Aqui, os relatórios se libertaram de constrangimentos diplomáticos e formais para servir de fermento à reflexão que apresento.

A propriedade imobiliária (*real estate*) em geral e a habitação em particular configuram uma das mais novas e poderosas fronteiras da expansão do capital financeiro. A crença de que os mercados podem regular a alocação da terra urbana e da moradia como forma mais racional de distribuição de recursos, combinada com produtos financeiros experimentais e "criativos" vinculados ao financiamento do espaço construído, levou as políticas públicas a abandonar os conceitos de moradia como um bem social e de cidade como um artefato público. As políticas habitacionais e urbanas renunciaram ao papel de distribuição de riqueza, bem comum que a sociedade concorda em dividir ou prover para aqueles com menos recursos, para se transformarem em mecanismo de extração de renda, ganho financeiro e acumulação de riqueza. Esse processo resultou na despossessão massiva de territórios, na criação de pobres urbanos "sem lugar", em novos processos de subjetivação estruturados pela lógica do endividamento, além de ter ampliado significativamente a segregação nas cidades.

Tomando os anos 1980 como ponto de partida e a crise financeira iniciada pelo estouro da bolha imobiliária nos Estados Unidos em 2007 como seu primeiro colapso internacional de grande magnitude, o livro oferece um panorama global do processo de colonização da terra urbana e da moradia pelas finanças globais nas últimas décadas. Nesse percurso, mostra os enlaces e conexões de processos que ocorrem simultaneamente nas cidades do norte, sul, leste e oeste globais.

As duas primeiras partes correspondem à narrativa de larga escala a que me referi no início deste texto. Trata-se de um "quebra-cabeça" das políticas de moradia em suas relações com a política urbana, ao mesmo tempo situadas nas economias políticas dos países e deslocadas delas, conformando um mapa-múndi[7]. Na primeira parte, com base na evolução da política habitacional de vários países, procuro tecer as linhas de uma trama através da qual o modelo da casa própria adquirida via crédito hipotecário transformou-se em paradigma dominante. Busco, ainda, apresentar as formas específicas e sentidos sociopolíticos que esse novo paradigma assume em diferentes contextos.

Os mecanismos por meio dos quais estão ocorrendo processos globais de despossessão dos mais pobres e vulneráveis são descritos e analisados na segunda parte do livro. Utilizando tanto exemplos de contextos de reconstrução pós-desastres ou de preparação para sediar megaeventos quanto de políticas fundiárias e urbanas que têm sido implementadas em diversos países, procuro relacionar a crise global de insegurança da posse ao avanço do complexo imobiliário-financeiro e seu impacto sobre o direito à moradia nas cidades.

Na terceira parte, os mesmos processos rascunhados no quebra-cabeça global são retomados para descrever e interpretar a trajetória brasileira no período. A colonização da terra e da moradia é observada e comentada através da evolução recente

---

[7] Ananya Roy, "The 21st Century Metropolis: New Geographies of Theory", *Regional Studies*, v. 43, n. 6, 2009.

da política habitacional e urbana no país. O período abordado correspondeu ao do processo de redemocratização, do qual fez parte integrante um movimento pela reforma urbana, com atuação institucional crescente na medida em que os partidos políticos no campo da esquerda ganharam participação nos legislativos e executivos em todos os níveis. No mesmo período, o movimento global que descrevemos nas duas primeiras partes também ocorre no Brasil.

De alguma forma, a terceira parte do livro revisita minha própria trajetória de militância, ação profissional e reflexão sobre a cidade brasileira durante esse período, já que ao longo desses anos vivi a política habitacional e urbana do país. Integrei o Movimento pela Reforma Urbana, atuei junto a partidos e governos, e sonhei com a utopia do direito à cidade para todos. Escrever essa parte do livro, para além de um ensaio de aplicação teórico-metodológica das hipóteses desenvolvidas nas duas partes anteriores no contexto específico da economia política do país, foi para mim uma espécie de elaboração do luto pelas derrotas sofridas e de tentativa de compreensão do complexo momento presente. Mais uma vez aqui, trata-se de um deslocamento: de protagonista implicada na construção das políticas no limitado interior da *realpolitik* brasileira à honestidade intelectual da pesquisadora e ativista.

Finalmente, nas notas finais, aponto as porosidades e resistências dos processos globais que acabei de descrever, retomando as cenas de resistência e protesto que abrem cada uma das partes do livro. A cidade, colonizada pelas finanças, explode em insurgências, conflitos e violência. Mais uma vez trata-se de processos globais e ao mesmo tempo profundamente locais de disputa pelos territórios – a guerra dos lugares anunciada pelo título do livro, que simultaneamente questiona as políticas e prefigura outros mundos urbanos possíveis.

Não tenho dúvidas de que o privilégio de poder observar o mundo durante seis anos a partir da posição de relatora especial da ONU para o Direito à Moradia Adequada, mandato para o qual fui indicada pelo CDH em 2008, foi fundamental para que eu ousasse romper com o paroquialismo e nacionalismo metodológicos a que nós, pesquisadores do urbano situados nas margens da produção intelectual do mundo, estamos submetidos – condenados a produzir reflexões circunscritas ao universo "nacional" ou, quando muito, no nosso caso, latino-americano[8].

---

[8] Jenny Robinson, "Postcolonialising Geography", cit.; Carlos Vainer, "Disseminating 'Best Practice'? The Coloniality of Urban Knowledge and City Models", em Susan Parnell e Sophie Oldfield, *The Routledge Handbook on Cities of the Global South* (Nova York/Abingdon, Routledge, 2014); Andreas Wimmer e Nina Glick Schiller, "Methodological Nationalism, the Social Sciences, and the Study of Migration: An Essay in Historical Epistemology", *International Migratrion Review*, Nova York, v. 37, n. 3, 2003.

Mas ver minha fotografia estampada no *Daily Mail*, tabloide conservador sensacionalista inglês, como se fosse o retrato de uma feiticeira praticante de rituais de origem africana vinda das favelas putrefatas do Brasil me deu a certeza de que, concluído o mandato da relatoria, este livro precisaria ser imediatamente escrito e publicado.

1
Financeirização global da moradia

Introdução

Cenas do início do século XXI

Setembro de 2010

Era uma manhã fria e ventosa em Astana, nova capital futurista do Cazaquistão. Depois de atravessar uma espécie de platô onde fulguram objetos brilhantes de arquitetos de grife, finalmente chegamos ao barracão onde se encontravam os grevistas de fome. Deitados em macas em um salão recoberto de cartazes escritos em cazaque e em russo, idosos de aparência oriental misturavam-se a senhoras brancas de cabelos vermelhos e casais de meia-idade, revezando-se nas camas e cadeiras do local. Eram todos vítimas de construtoras que, apesar de terem recebido religiosamente as prestações dos apartamentos que os compradores haviam adquirido "na planta", faliram e desapareceram, deixando os esqueletos dos edifícios inacabados e as famílias sem casa nem dinheiro.

Os grevistas de fome de Astana eram apenas os mais ousados e corajosos entre os mais de 16 mil mutuários atingidos até aquela data pela falência de empresas de construção – majoritariamente turcas –, que já haviam interrompido 450 projetos[1]. Aos que faziam greve de fome por causa dos apartamentos desaparecidos de Astana, somavam-se os atingidos por execuções hipotecárias em Almaty, antiga

[1] Raquel Rolnik, *Relatório de missão ao Cazaquistão*, A/HRC/16/42/Add.3, 2011, escrito com a colaboração de Stefano Sensi. Todos os relatórios de missões e temáticos que apresentei à ONU e estão citados no livro estão disponíveis no site do Alto Comissariado da ONU para os Direitos Humanos: <www.ohchr.org>. A identificação fornecida, nas notas de rodapé, após o título do relatório é a maneira mais fácil de encontrar o texto pela ferramenta de busca disponível no site.

capital e centro econômico do país. Durante os anos de *boom* de crédito, os bancos cazaques – e seus clientes – endividaram-se tanto em dólares quanto em euros e agora lutavam para poder pagar suas dívidas. Em Astana e Almaty, os atingidos pela crise financeira – agora transformados em sem-teto – contaram-nos que foram fortemente estimulados a comprar apartamentos via crédito hipotecário pelo governo do presidente Nursultan Nazarbayev, líder do Partido Comunista do Cazaquistão em tempos de União Soviética e chefe do governo desde a independência do país. Relataram, ainda, que as instituições públicas em que vários deles trabalhavam até mesmo patrocinaram a venda de apartamentos para seus funcionários. O grupo de grevistas de fome em Almaty era formado por uma maioria de mulheres, que me receberam sentadas em um pequeno apartamento com uma faixa na qual estava escrito: "Governo, ajude nosso povo"[2].

Maio de 2012

Subimos a montanha mais alta de Puente Alto, na região metropolitana de Santiago, para ter uma visão da área de Bajos de Mena. Trata-se de um dos bairros onde se concentram milhares de habitações sociais produzidas pelo mercado e comercializadas por meio da associação de crédito hipotecário e subsídios governamentais aos mutuários de baixa renda. Essas unidades têm sido construídas massivamente no Chile desde o início dos anos 1980. O cenário é impressionante: um mar de casas e edifícios de quatro a cinco andares, a perder de vista. Os ativistas pelo direito à moradia que me acompanhavam apontaram o Volcán II, um conjunto em processo de demolição. Explicaram que essa área transformou-se em uma das mais problemáticas da região metropolitana do ponto de vista social: ali se concentram as piores situações de dependência e tráfico de drogas, de violência doméstica e vulnerabilidade social[3]. Mostraram-me também um documento de 1983, do então ministro de Habitação e Urbanismo, responsável pelo arranque do programa habitacional do Chile, homem da Câmara Chilena de Construção. No documento, este declarava que a habitação é "um fator de ordem econômica que se materializa

---

[2] Olzhas Auyezov, "Troubled Kazakh Homeowners Protest over Foreclosures", *Reuters*, 18 mar. 2009. Disponível em: <http://in.reuters.com/article/2009/03/18/financial-kazakhstan-repossion-idINLI4081372-00090318>. Acesso em: 4 dez. 2014.

[3] Alfredo Rodríguez, Ana Sugranyes e Manuel Tironi, "Anexo 1: Resultados de una encuesta", em Alfredo Rodríguez e Ana Sugranyes (orgs.), *Los con techo: un desafío para la política de vivienda social* (Santiago, SUR, 2005), p. 225-6.

em quantidades monetárias para viabilizar um elemento de ordem social que se expressa em metros quadrados de área construída"[4].

Outono de 2009

As ruas de Pacoima, a poucos quilômetros de Los Angeles, Califórnia, mais pareciam uma cidade fantasma. Na paisagem suburbana de gramados que chegam até as ruas, os sinais de abandono estavam em toda parte: montanhas de entulho sem serem recolhidas, placas de "*for sale*" e "*for rent*" multiplicadas às dezenas ao lado das caixas de correio, portas e janelas lacradas com madeiras ou tijolos. O pastor de uma igreja local que me acompanhava na visita ia contando as tristes histórias das famílias que tiveram de abandonar suas casas por não conseguirem pagar as prestações de seus financiamentos, assim como a também difícil história daquelas que permaneceram no bairro, lutando para sobreviver em um município que, tendo perdido sua base fiscal, não conseguia mais manter os serviços básicos. No final de uma rua, num velho SUV transformado em casa, Roger, Mary e seus dois filhos, um de 6 e outro de 8 anos, cozinhavam macarrão em um fogareiro improvisado: "Perdemos nossa casa e simplesmente não temos para onde ir".

Novembro de 2012

Caixas eletrônicos e sedes de bancos em um bairro da Região Norte de Bilbao amanheceram grafitados com a palavra "assassinos", no dia seguinte ao suicídio de Amaia Egaña, de 53 anos. Ela havia se jogado da janela do apartamento situado no quarto andar do edifício em que vivia, momentos antes de ser despejada por falta de pagamento das prestações do empréstimo bancário que contraíra para adquiri-lo. Esta era a segunda morte do tipo em menos de um mês[5]. Bilbao não era a única cidade – nem a mais gravemente – atingida pela crise das execuções hipotecárias. Segundo dados do Poder Judiciário, entre

---

4 Ana Sugranyes, "La política habitacional en Chile, 1980-2000: un éxito liberal para dar techo a los pobres", em Alfredo Rodríguez e Ana Sugranyes (orgs.), *Los con techo*, cit., p. 23-33; Fernando Jiménez Cavieres, *Chilean Housing Policy: A Case of Social and Spatial Exclusion?* (Tese de doutorado em Arquitetura, Berlim, Fakultät VII - Architektur Umwelt Gesellschaft-Technische Universität Berlin, 2006).

5 Martin Roberts, "Spanish Banks to Restrict Evictions after Suicides", *The Guardian*, 12 nov. 2012. Disponível em: <www.theguardian.com/world/2012/nov/12/spanish-banks-evictions-suicides>. Acesso em: 6 out. 2014.

2007 e o terceiro trimestre de 2011, iniciaram-se 349.438 execuções hipotecárias na Espanha. Segundo as mesmas fontes, a cada dia de 2011 abriam-se 212 novos processos[6].

1º de março de 2012

Em Barcelona, uma das cidades mais afetadas pela crise, participo de uma assembleia da Plataforma de Afectados por la Hipoteca, movimento social que, desde 2009, procura organizar os atingidos, tornar a crise visível, estabelecer redes de apoio e atuar para a promoção de políticas públicas voltadas a essa situação. Escuto dezenas de testemunhos durante a reunião: imigrantes latino-americanos que ficaram sem trabalho e não puderam mais pagar as prestações, aposentados que foram avalistas dos empréstimos de seus filhos e agora devem entregar suas próprias casas aos bancos, casais que já perderam suas casas e ainda ficaram com uma enorme dívida... Isto porque, na Espanha, com a queda do valor dos imóveis depois do estouro da bolha, o valor que o banco obtém com a venda da casa não cobre a totalidade da dívida, e, se não aparecem compradores no leilão da casa retomada (o que ocorre em 90% dos casos), o valor do imóvel entregue ao banco cobre, de acordo com a lei, apenas 60% do valor total do empréstimo[7]. Ou seja, as pessoas perdem suas casas e, ainda assim, permanecem endividadas.

Verão de 2011

A rua Dizingoff, um dos mais importantes eixos comerciais de Tel Aviv, amanheceu tomada por barracas de *camping*. A ocupação do espaço público fazia parte da estratégia de milhares de manifestantes, sobretudo jovens, contra a falta de moradia acessível. A elevação em espiral dos preços de imóveis, por mais de uma década, havia atingido o pico. A falta de opções de aluguel e de oferta de moradias públicas nas áreas que concentram oportunidades econômicas levou o tema da política habitacional ao centro da agenda política israelense naquele verão.

---

6 Ada Colau e Adrià Alemany, *Vidas hipotecadas: de la burbuja inmobiliaria al derecho a la vivienda* (Barcelona, Cuadrilátero de Libros, 2012).

7 Raúl Guillén, "Em Madri, vidas hipotecadas", *Le Monde Diplomatique Brasil*, São Paulo, dossiê n. 8, ano 1, nov.-dez. 2011.

Agosto de 2013

Quando entrei no salão oitocentista situado numa antiga fábrica convertida em centro cultural e de eventos em Manchester, por dois segundos lembrei-me dos textos de Friedrich Engels[8] e pensei: foi aqui o começo dessa saga.

Entramos quando a primeira parte da reunião já estava terminando. Pelas paredes, cartazes marcados por pincel atômico definiam estratégias e cronogramas de mobilização para os próximos meses: era um dos encontros regionais da campanha contra a chamada *bedroom tax* [taxa do quarto], uma das medidas de austeridade fiscal recém-implantadas pelo governo que, mais uma vez, atingiam moradores de conjuntos habitacionais públicos britânicos. Nossa presença foi anunciada e as pessoas que se sentissem à vontade para apresentar seus testemunhos foram convidadas a passar para outra sala. Mais ou menos trinta delas reuniram-se na sala ao lado. No início eram poucas as que se aventuravam a contar sua história: muitas já se conheciam havia vários meses, tendo participado de mobilizações e reuniões preparatórias conjuntamente. Porém, apesar disso, nunca haviam falado sobre seus dramas pessoais. Uma senhora de meia-idade levantou-se e contou que era enfermeira de profissão, viúva, e que usava o quarto adicional de sua casa para abrigar eventualmente suas duas netas, pois a filha, viciada em cocaína, ficava impossibilitada de cuidar das crianças a cada recaída. Perder a casa de dois quartos implicaria em não poder mais oferecer essa retaguarda para a filha... e para as netas.

Outra mulher contou que sofria de depressão e que, por viver há mais de trinta anos no mesmo conjunto habitacional, podia contar com uma rede de vizinhos conhecidos que a ajudava a se manter estabilizada. Por isso, segundo ela, optou por não se mudar e permanecer no mesmo local, mesmo tendo que pagar uma taxa adicional para morar sozinha em um apartamento de dois dormitórios. Contou, envergonhada, que isso estava reduzindo sua capacidade de comprar comida e que, além de procurar *food banks*[9], várias foram as vezes em que tinha revirado o lixo do conjunto à procura de alguma sobra para comer. Outros relatos sucederam-se, mas o momento mais tocante – pelo menos para mim – foi quando um rapaz, sentado em uma cadeira de rodas elétrica e com claros sinais de transtorno mental, contou

8 Ver Friedrich Engels, *A situação da classe trabalhadora na Inglaterra* (trad. B. A. Schumann, São Paulo, Boitempo, 2008); idem, *Sobre a questão da moradia* (trad. Nélio Schneider, São Paulo, Boitempo, 2015).

9 *Food banks* são locais que estocam excedentes de produtores agrícolas e alimentos doados por particulares e os distribuem a pessoas que não têm o que comer. No Reino Unido, os *food banks* costumam doar diretamente à pessoa com necessidade.

que jamais poderia sair do conjunto habitacional onde ocupava, sozinho, um apartamento de dois quartos. Para ele, a vida cotidiana – um esforço hercúleo de autonomia e dignidade diante de uma situação física e mental extremamente frágil – estava simplesmente baseada na existência – e na permanência – naquele lugar.

Outubro de 2010

Após caminhar por setenta quilômetros, um carpinteiro indiano de 40 anos sofre um ataque do coração que tira sua vida. O objetivo da caminhada era pedir dinheiro emprestado a amigos que moravam em outra cidade, a fim de quitar suas dívidas de microcrédito. Um relatório do governo indiano constatou que a morte deveu-se "à pressão feita pelas instituições de microfinanciamento". Em 2002, o carpinteiro havia tomado um empréstimo de 350 dólares de uma instituição de microcrédito para construir um cômodo em sua casa. Sua esposa, trabalhadora em uma fábrica de tabaco, já havia tomado um empréstimo de 1.100 dólares de seus empregadores. Em 2008, ele foi convencido por um novo agente de microcrédito a tomar mais 330 dólares para conseguir saldar as dívidas que ainda tinha. Quando morreu, o pagamento dos três empréstimos estava atrasado em mais de vinte semanas. Esta não foi nem a primeira nem a última morte relacionada a problemas com dívidas de microcrédito ocorrida naquele ano no Estado de Andra Pradesh[10].

• • •

As cenas que acabamos de descrever – em regiões tão distintas como a Europa, os Estados Unidos, a América Latina, o Oriente Médio e a Ásia – são a expressão e o resultado, a partir da primeira década do século XXI, de um longo processo de desconstrução da habitação como um bem social e de sua transmutação em mercadoria e ativo financeiro.

Seu alcance vai muito além dos sinais da crise financeiro-hipotecária que, desde 2007, a partir dos Estados Unidos, contaminou o sistema financeiro internacional. Trata-se da conversão da economia política da habitação em elemento estruturador de um processo de transformação da própria natureza e forma de ação do capitalismo em sua versão contemporânea – era de hegemonia das finanças, do capital fictício e do domínio crescente da extração de renda sobre o capital

---

10 Soutik Biswas, "India's Micro-Finance Suicide Epidemic", *BBC*, 16 dez. 2010. Disponível em: <www.bbc.co.uk/news/world-south-asia-11997571>. Acesso em: 6 out. 2014.

produtivo[11]. Na literatura internacional sobre a economia política da habitação, esse processo tem sido identificado como "financeirização", isto é, "o domínio crescente de atores, mercados, práticas, narrativas [e subjetividades] financeiros em várias escalas, o que resulta na transformação estrutural de economias, empresas (inclusive instituições financeiras), Estados e grupos familiares"[12].

Com apoio da força política da ideologia da casa própria[13], profundamente enraizada em algumas sociedades e recentemente infiltrada em outras, e da "socialização do crédito", a inclusão de consumidores de média e baixa rendas nos circuitos financeiros e a tomada do setor habitacional pelas finanças globais abriram uma nova fronteira para a acumulação de capital. Isto permitiu a livre circulação de valores através de praticamente toda a terra urbana[14].

Entre 1980 e 2010, o valor dos ativos financeiros mundiais – ações, debêntures, títulos de dívida públicos e privados, e aplicações bancárias – cresceu 16,2 vezes, enquanto o PIB mundial aumentou pouco menos do que 5 vezes no mesmo período[15]. Este *pool* de superacumulação resultou não apenas do lucro acumulado de grandes corporações, mas também da entrada em cena de novas economias emergentes, como a China. Essa "muralha de dinheiro" (*wall of money*[16]) passou a buscar cada vez mais novos campos de aplicação, transformando setores (como *commodities*, financiamento estudantil e planos de saúde, por exemplo) em ativos para alimentar a fome de novos vetores de aplicação rentável para os investidores. O desequilíbrio entre o tamanho dessa poupança e os mercados domésticos onde esta se originou resultou, sobretudo a partir dos anos 1990, na procura pela

---

11 David Harvey, *Seventeen Contradictions and the End of Capitalism* (Oxford, Oxford University Press, 2014), p. 241.

12 Manuel Aalbers, "Corporate Financialization", em Noel Castree et al. (orgs.), *The International Encyclopedia of Geography: People, the Earth, Environment, and Technology* (Oxford, Wiley, 2015), no prelo. Disponível em: <www.academia.edu/7359027/Corporate_Financialization_includes_new_definition_of_financialization_> (ver p. 3). Acesso em: 8 out. 2015.

13 Richard Ronald, *The Ideology of Home Ownership: Homeowner Societies and the Role of Housing* (Nova York, Palgrave MacMillan, 2008).

14 David Harvey, *The Urban Experience* (Oxford, Blackwell, 1989a); Ugo Rossi, "On Life as a Fictitious Commodity: Cities and the Biopolitics of Late Neoliberalism", *International Journal of Urban and Regional Research*, v. 37, n. 3, maio 2013.

15 Leda Maria Paulani, "O Brasil na crise da acumulação financeirizada", IV Encuentro Internacional de Economía Política y Derechos Humanos, 2010, p. 5. Disponível em: <www.madres.org/documentos/doc20100924143515.pdf>. Acesso em: 6 out. 2014.

16 Manuel Aalbers e Rodrigo Fernandez, *Housing and the Variations of Financialized Capitalism*, seminário internacional The Real Estate/Financial Complex (Refcom), Leuven, 2014, mimeo, p. 1.

internacionalização dos investimentos. Esse ambiente foi responsável por criar uma carência estrutural de garantia (*collateral*) de alta qualidade, ou seja, uma muralha de dinheiro procurando um ajuste espacial (*spatial fix*) onde aterrissar[17].

A criação, a reforma e o fortalecimento dos sistemas financeiros de habitação passaram a representar um destes novos campos de aplicação do excedente, tanto no âmbito da macroeconomia e das finanças domésticas como também para esse novo fluxo de capitais internacionais. A criação de um mercado secundário de hipotecas foi um dos veículos importantes para conectar os sistemas domésticos de financiamento habitacional aos mercados globais. Mas também outros instrumentos financeiros não bancários, assim como empréstimos interbancários, permitiram aos bancos locais e a outros intermediários aumentar sua alavancagem, ampliando assim a disponibilidade de crédito[18]. A entrada de excedentes globais de capital permitiu o crescimento do crédito para além do tamanho e da capacidade dos mercados internos, criando e inflando as chamadas bolhas imobiliárias.

A tomada do setor habitacional pelo setor financeiro não representa apenas a abertura de mais um campo de investimento para o capital. Trata-se de uma forma peculiar de reserva de valor, por relacionar diretamente a macroeconomia com os indivíduos e as famílias, e possibilitar, através dos mecanismos de financiamento, que vários atores centrais do sistema financeiro global se interliguem, como fundos de pensão, bancos de investimento, sistema bancário paralelo (*shadow banking*), instituições de crédito e instituições públicas[19].

Em economias altamente dinâmicas, como as de alguns países da Comunidade Europeia e dos Estados Unidos, a propriedade das casas, por sua capacidade de alimentar o crescimento de consumo via crédito, foi a responsável também por impulsionar o aumento de consumo das famílias, em contextos de arrocho salarial e crescimento limitado dos empregos[20].

Por outro lado, o caráter público ou semipúblico das instituições e da política financeira da habitação faz com que esse setor seja, por definição, de alta relevância

---

[17] Fundo Monetário Internacional (FMI), "Long-Term Investors and Their Asset Allocation: Where Are They Now?" (Washington-DC, FMI, 2011), citado em Manuel Aalbers e Rodrigo Fernandez, *Housing and the Variations of Financialized Capitalism*, cit., p. 13.

[18] Manuel Aalbers e Rodrigo Fernandez, *Housing and the Variations of Financialized Capitalism*, cit., p. 14.

[19] Idem.

[20] Herman M. Schwartz e Leonard Seabrooke, "Conclusion: Residential Capitalism and the International Political Economy", em idem (orgs.), *The Politics of Housing Booms and Busts* (Londres, Palgrave MacMillan, 2009), p. 210.

política[21]. Nenhuma montagem de sistemas financeiros de habitação, mais ou menos conectados a finanças globais, prescinde da ação do Estado, não apenas na regulação das finanças, mas também na construção da hegemonia política da concepção da casa (*home*) como mercadoria e ativo financeiro. Assim, em qualquer um dos contextos dos Estados-nação que observamos, esse movimento também teve efeitos políticos significativos na constituição e consolidação de uma base popular conservadora, em que cidadãos são substituídos por consumidores e *players* no mercado de capitais. É nesse sentido que podemos afirmar, com Fernandez e Aalbers, que o "elixir dos sistemas financeiros da habitação age como uma droga política"[22].

Finalmente, não podemos deixar de assinalar o enorme impacto que as mudanças na forma de provisão de habitação têm sobre a estruturação das cidades de forma geral. Através da atuação dos mercados fundiários e da regulação urbanística, a economia política da habitação implicou também uma economia política da urbanização, reestruturando as cidades. Trata-se, então, não apenas de uma nova política habitacional, mas de um complexo urbanístico, imobiliário e financeiro com impactos profundos no redesenho das cidades e na vida dos cidadãos[23].

Parte das cenas que descrevemos no início deste capítulo – milhares de vidas hipotecadas, vítimas *subprime* de um *boom* de oferta de crédito que durou por mais de uma década; bairros vazios, cidades despovoadas; manifestantes ocupando ruas e espaços públicos por meses; uma greve de fome de proprietários destituídos de seus apartamentos prometidos – sucedeu imediatamente à crise no mercado de hipotecas norte-americano, em 2007. Após estourar, ela rapidamente se espraiou pelo mundo, na velocidade de circulação dos produtos financeiros e na intensidade da globalização dos mercados aos quais o de hipotecas estava conectado. Não é surpresa que o setor mais rapidamente afetado pela crise tenha sido a habitação. Suprida por fundos de pensão, *hedge funds*, *private equities* e outras "mercadorias fictícias", a própria habitação tornou-se uma mercadoria fictícia quando foi tomada pelas finanças[24].

---

21 Ibidem, p. 209.

22 Manuel Aalbers e Rodrigo Fernandez, *Housing and the Variations of Financialized Capitalism*, cit., p. 4.

23 O conceito de *real estate/financial complex* [complexo imobiliário-financeiro] foi a mim apresentado por Manuel Aalbers. Projeto de pesquisa liderado por ele focaliza a relação entre *real estate*, finanças e Estado, em analogia ao complexo militar-industrial norte-americano. Ver: <http://ees.kuleuven.be/geography/projects/index.html?project_id=499&category=0&select_name=ALL&title=&dsyyyy=2013&deyyyy=2014>. Acesso em: 10 ago. 2015.

24 Mariana Fix, *Financeirização e transformações recentes no circuito imobiliário no Brasil* (Tese de doutorado em Desenvolvimento Econômico, Campinas, IE-Unicamp, 2011); Ugo Rossi, "On Life as a Fictitious Commodity", cit.

A intensidade dessa mudança pode ser descrita como um movimento que transformou uma "bela adormecida" – a moradia até então inerte, imóvel e ilíquida do período de Bretton Woods – em um "balé fantástico" do período neoliberal, em que os ativos passam de mão em mão por meio de transações velozes e constantes[25].

O movimento que acabamos de descrever implicou uma mudança no paradigma de política habitacional em quase todos os Estados-nação do planeta. Formulada em Wall Street e na City de Londres, e implantada em primeiro lugar por políticos neoliberais norte-americanos e ingleses no final dos anos 1970 e início dos 1980, a mudança no sentido e no papel econômico da moradia ganhou impulso com a queda do Muro de Berlim e a subsequente hegemonia do livre mercado. Adotado por governos ou imposto como condição para a concessão de empréstimos internacionais por instituições financeiras multilaterais, como o Banco Mundial e o Fundo Monetário Internacional (FMI), o novo paradigma se baseia principalmente na implementação de políticas que criam mercados financeiros de habitação mais fortes e maiores, incluindo consumidores de média e baixa rendas, que até então deles estiveram excluídos.

No final da década de 1970 e ao longo da década de 1980, teve início uma série de políticas de desmanche dos componentes institucionais básicos que sustentavam o arranjo dos Estados de bem-estar social. Entre as diversas razões para essa crise estão o declínio da lucratividade dos setores fordistas, a intensificação da competição internacional, o agravamento da desindustrialização e do desemprego em massa e a suspensão da política monetária do sistema de Bretton Woods. O conjunto de políticas adotadas pelos Estados após a crise do desenvolvimentismo fordista recebeu o nome genérico de neoliberalismo[26].

Apesar de constituírem uma tendência generalizada, as estratégias de reestruturação neoliberal incidem sobre configurações institucionais, constelações de poder sociopolítico e configurações espaciais preexistentes. Em outras palavras: como o neoliberalismo é um processo eminentemente desigual, uma perspectiva que desconsidere o contexto político e econômico de cada país tem pouca força explicativa.

---

[25] Herman M. Schwartz e Leonard Seabrooke, "Conclusion", cit., p. 210; Philippe Zivkovic, "Financiarisation de l'immobilier: la réponse innovante du groupe BNP Paribas", 2006, citado em Higor Rafael de Souza Carvalho, *A cidade como um canteiro de negócios* (Trabalho Final de Graduação em Arquitetura e Urbanismo, FAU-USP, São Paulo, 2011), p. 155.

[26] Neil Brenner e Nik Theodore, "Cities and the Geographies of 'Actually Existing Neoliberalism'", em idem (orgs.), *Spaces of Neoliberalism: Urban Restructuring in North America and Western Europe* (Oxford, Blackwell, 2002).

A importância do contexto evidencia-se quando examinamos as reformas dos sistemas de habitação de diferentes países nesse período. Ocorre, de modo generalizado, o desmonte das políticas de habitação pública e social, a desestabilização da segurança da posse, inclusive do aluguel, e a conversão da casa em mercadoria e ativo financeiro. Mas as formas institucionais herdadas por cada país são fundamentais para a construção das estratégias neoliberais emergentes – as políticas neoliberais têm de ser entendidas como um amálgama entre esses dois momentos, como processos de destruição *parcial* do existente e de criação *tendencial* de novas estruturas.

Em países como a Inglaterra e a Holanda, por exemplo, que tiveram fortes Estados de bem-estar social, a tônica das reformas dos sistemas de habitação foi a privatização – ou mesmo a destruição – do estoque de moradia pública e a diminuição considerável das verbas públicas destinadas às políticas de habitação. Em seu lugar, estimulou-se a criação de um sistema de financiamento por meio de hipotecas para incentivar a compra da casa própria no mercado privado, e os subsídios passaram a ser destinados à oferta e não mais à demanda.

A diminuição do orçamento e a demolição de unidades habitacionais públicas também ocorreram nos Estados Unidos, mas nesse caso existem diferenças significativas. Em primeiro lugar, o Estado de bem-estar social nunca foi plenamente implementado naquele país; além disso, o apoio à casa própria alicerçado sobre crédito hipotecário tem sido a tônica da política habitacional norte-americana desde os anos 1930. Ao longo da década de 1980, o sistema de produção de unidades habitacionais públicas também foi sendo substituído por uma política massiva de estímulo à compra da casa própria, através dos créditos *subprime*. A presença desses créditos e a desregulação do mercado de aluguéis também podem ser consideradas medidas de destruição das opções existentes de acesso à moradia implementadas para estimular a compra da casa própria como única via de acesso à habitação. A Espanha é um dos exemplos paradigmáticos dessa via.

Vinte anos atrás, um influente relatório do Banco Mundial, o *Housing: Enabling Markets to Work*[27], sintetizou esse novo pensamento sobre política habitacional. Esse documento contém não só argumentos amplamente desenvolvidos sobre como o setor habitacional seria importante para a economia, mas também diretrizes que orientam os governos a formular melhor suas políticas. Desde a década de 1990, o financiamento habitacional cresceu radicalmente em economias desenvolvidas. Nos Estados Unidos, Reino Unido, Dinamarca, Austrália e Japão, por

---

[27] Banco Mundial, *Housing: Enabling Markets to Work* (Washington-DC, Banco Mundial, 1993).

exemplo, os mercados de hipoteca residencial representam entre 50% e 100% do Produto Interno Bruto (PIB)[28].

De acordo com outro documento do Banco Mundial, destinado a promover mercados hipotecários em países emergentes, a financeirização da habitação também se desenvolveu recentemente neles, ainda que em ritmo menor. Coreia do Sul, África do Sul, Malásia e Chile, além dos países bálticos, viram os mercados de hipotecas residenciais alcançar de 20% a 35% de seus PIBs. Nos últimos anos, esse fenômeno também chegou a outros países (China, Índia, Tailândia, México, a maioria dos novos membros da União Europeia, Marrocos, Jordânia, Brasil, Turquia, Peru, Cazaquistão e Ucrânia), onde as hipotecas residenciais constituem de 6% a 17% do PIB. De acordo com o Banco Mundial, o "progresso" também pode ser observado em alguns países menos desenvolvidos, como Indonésia, Egito, Gana, Paquistão, Senegal, Uganda, Mali, Mongólia e Bangladesh, "mas não na escala necessária para enfrentar os problemas crônicos de habitação que estes enfrentam"[29].

Do antigo bloco soviético da Ásia Central e do Leste Europeu até a América Latina, da África até a Ásia, a tomada do setor habitacional pelas finanças tem sido uma tendência massiva e hegemônica. Tanto é assim que uma publicação do Banco Mundial afirmou, uma década depois do lançamento do manifesto pelo mercado privado habitacional, que "o gênio [do financiamento habitacional] libertou-se da lâmpada mágica"[30].

A mercantilização da moradia, bem como o uso crescente da habitação como um ativo integrado a um mercado financeiro globalizado, afetou profundamente o exercício do direito à moradia adequada pelo mundo. A crença de que os mercados poderiam regular a alocação da moradia, combinada com o desenvolvimento de produtos financeiros experimentais e "criativos", levou ao abandono de políticas públicas em que a habitação é considerada um bem social, parte dos bens comuns que uma sociedade concorda em compartilhar ou prover para aqueles com menos recursos – ou seja, um meio de distribuição de riqueza. Na nova economia política

---

28 Herman M. Schwartz e Leonard Seabrooke, "Varieties of Residential Capitalism in the International Political Economy: Old Welfare States and the New Politics of Housing", em idem (orgs.), *The Politics of Housing Booms and Busts*, cit., p. 16.

29 Loïc Chiquier e Michael Lea (orgs.), *Housing Finance Policy in Emerging Markets* (Washington-DC, Banco Mundial, 2009), p. xxxi-xxxii. Todas as traduções do inglês, quando não identificado o tradutor, são da autora desta obra.

30 Robert M. Buckley e Jerry Kalarickal (orgs.), *Thirty Years of World Bank Shelter Lending: What Have We Learned?* (Washington-DC, Banco Mundial, 2006), p. 41.

centrada na habitação como um meio de acesso à riqueza, a casa transforma-se de bem de uso em capital fixo – cujo valor é a expectativa de gerar mais-valor no futuro, o que depende do ritmo do aumento do preço dos imóveis no mercado[31].

Da mesma forma que outras esferas sociais, a habitação foi afetada pelo desmantelamento das instituições básicas de bem-estar e pela mobilização de uma série de políticas com o objetivo de ampliar a disciplina de mercado, a competição e a mercantilização[32]. Essas novas ideias confrontaram os sistemas nacionais de bem-estar e as composições econômico-políticas em torno da moradia previamente existentes em cada país.

Em países pós-socialistas, nos Estados Unidos e em boa parte dos países europeus, a privatização de conjuntos de habitação pública e os cortes drásticos no investimento e em fundos habitacionais somaram-se a reduções nos programas de bem-estar e nos subsídios para aluguel. Essas medidas foram acompanhadas pela desregulação dos mercados financeiros e por uma nova estratégia urbana, a fim de permitir a mobilização de capital doméstico e a reciclagem de capital internacional. Essas novas tendências tiveram menor impacto em países menos desenvolvidos, onde os sistemas habitacionais de bem-estar nunca existiram ou eram pequenos e marginais em relação às necessidades habitacionais. A imposição global do neoliberalismo tem sido altamente desigual, tanto social quanto geograficamente, e suas formas institucionais e consequências sociopolíticas variaram significativamente ao redor do mundo, dependendo de interações específicas em cada contexto entre paisagens regulatórias herdadas e projetos emergentes de reestruturação orientados ao mercado[33].

Tomando o primeiro documento do Banco Mundial como ponto de partida e a crise do *subprime* em 2007 como primeiro grande estopim internacional, esta primeira parte do livro mapeia alguns dos elementos-chave da perspectiva neoliberal sobre a habitação e seu impacto no exercício do direito à moradia em diferentes contextos[34].

A partir da observação das trajetórias habitacionais de distintos países durante o mandato da relatoria, detectamos três grandes formas assumidas pelo processo

---

[31] David Harvey, *Os limites do capital* (trad. Magda Lopes, São Paulo, Boitempo, 2013); idem, *Para entender O Capital: Livros II e III* (trad. Rubens Enderle, São Paulo, Boitempo, 2014).

[32] Neil Brenner e Nik Theodore, "Cities and the Geographies of 'Actually Existing Neoliberalism'", cit.

[33] Idem.

[34] Banco Mundial, *Housing: Enabling Markets to Work*, cit.

de financeirização da moradia, que diferem entre si não apenas pela gênese, mas também pelo tipo de impacto gerado nas economias, nas cidades e na vida da população: sistemas baseados em hipotecas; sistemas baseados na associação de créditos financeiros a subsídios governamentais diretos para compra de unidades produzidas pelo mercado; e esquemas de microfinanciamento.

Como toda generalização, trata-se muito mais de tipos ideais abstraídos da especificidade das situações concretas do que propriamente de uma classificação rigorosa. Estes nos permitem, entretanto, entender o movimento de financeirização, ou seja, a tomada do setor habitacional pelo setor financeiro na sua diversidade e diferença[35].

Nos Estados Unidos e na maioria dos países europeus, que passaram por alguma experiência prévia concreta de provisão pública de moradia e tiveram um desenvolvimento econômico significativo no período fordista, o desenvolvimento de um mercado financeiro de hipotecas residenciais foi o principal mecanismo de promoção da política de casa própria. Esta substituiu crescentemente o aluguel – mais ou menos regulado, provisionado ou subsidiado pelo Estado – como forma dominante. É a experiência desses países que examinaremos a seguir.

---

[35] Raquel Rolnik, *Relatório temático sobre o impacto da financeirização no direito à moradia*, A/67/286, 2012, escrito com a colaboração de Lidia Rabinovich.

1
A passagem da dívida dos Estados para os indivíduos e famílias: o sistema de hipotecas

Introdução

Quando a pobreza aguda da maioria da população urbana pobre começou a ser revelada por reformadores sociais (*social reformers*) na Europa e na América do Norte, ao final do século XIX e início do século XX, os governos começaram a prover assistência habitacional a pessoas e famílias, assim como a ofertar casas diretamente[1].

A provisão pública de habitação ganhou proeminência e intensidade no começo do século XX e, em alguns países, no período entreguerras. Mas foi após a Segunda Guerra Mundial, particularmente nos anos 1950 e 1960, que a provisão pública de habitação constituiu-se em um dos pilares da construção de uma política de bem-estar social na Europa, um pacto redistributivo entre capital e trabalho que sustentou décadas de crescimento[2].

Se, entretanto, considerarmos o conjunto de países europeus, poucos são aqueles que, em um dado momento de sua história, implantaram um parque público de habitação social significativo no conjunto dos domicílios existentes. Podemos, em princípio, classificar os países europeus em três grandes grupos em relação à provisão de habitação social.

---

1 Por exemplo, no Reino Unido e na Irlanda do Norte, cerca de 5,5 milhões de unidades de habitação social foram construídas entre o fim da Segunda Guerra Mundial e 1981. Ver Michael Harloe, *The People's Home?: Social Rented Housing in Europe and America* (Hoboken-NJ, Wiley-Blackwell, 1995); e David Fée, "Le Logement social en Angleterre: trente ans de déclin", *Informations Sociales*, n. 159, 2010.

2 Claire Lévy-Vroelant e Christian Tutin (orgs.), *Le Logement social en Europe au début du XXIe siècle* (Rennes, Presses Universitaires de Rennes, 2010), p. 15.

O *primeiro*, em que a produção de um estoque público ou semipúblico de habitação social foi, historicamente, praticamente inexistente e em que prevaleceu a autoconstrução e autopromoção da moradia, inclui países como Espanha, Grécia e Portugal. No *segundo* grupo, em que a presença da habitação social nunca foi significativa na composição geral dos domicílios, estão países como Alemanha, Bélgica, Itália e Irlanda. O *terceiro*, em que o estoque de habitação social foi – e ainda é – significativo, inclui: Áustria, Dinamarca, Finlândia, Holanda, França, Reino Unido, Suécia, República Tcheca e Polônia. Juntos, esses últimos representam hoje quase 80% de toda a moradia social na Europa[3]. O estoque público ou semipúblico de moradia, geralmente para locação, é definido de diferentes maneiras na estratégia de cada um dos países: a forma de financiamento, assim como os promotores e "proprietários", a definição da demanda e das formas de administração.

Em alguns países, especialmente na Alemanha, a inexistência de um parque público de moradia social não significa a ausência da habitação nas políticas de *welfare* [bem-estar social]. Tanto a regulação dos aluguéis privados quanto os auxílios diretos de pagamento de aluguel para setores de baixa renda também podem ser considerados como formas de intervenção do Estado na moradia, com o objetivo de universalizar direitos sociais. Ainda hoje, Alemanha e Suíça são dois dos países europeus em que a moradia de aluguel – promovida por um setor privado altamente regulado – é a forma predominante de posse da moradia[4].

Nos países que constituíram grandes estoques públicos de moradia, estes atingiram seus maiores números e proporções entre o fim dos anos 1960 e início dos 1970, quando, então, o pacto e as macrocondições político-econômicas que lhes deram origem começaram a se desfazer. A partir da crise econômico-financeira da década de 1970, maior período de recessão econômica internacional após os anos 1930, formula-se na teoria e na prática a ideia de transformação do papel dos governos: de provedores de habitação a "facilitadores", cuja missão é abrir espaço e apoiar a expansão dos mercados privados. O já mencionado documento do Banco Mundial de 1993 sintetiza esse pensamento: "Os governos devem ser incentivados a adotar políticas para permitir que o mercado habitacional possa funcionar [...] e evitar distorcê-lo"[5]. Esse novo papel consiste na criação de

---

3 Ibidem, p. 18.

4 Raquel Rolnik, *Relatório temático sobre locação e formas coletivas de posse*, A/68/289, 2013, escrito com a colaboração de Lidia Rabinovich.

5 Banco Mundial, *Housing: Enabling Markets to Work*, cit., p. 6.

condições, instituições e modelos de regulação destinados a promover sistemas financeiros habitacionais que viabilizem a compra da casa própria[6].

Em alguns países, isso se deu por meio da venda do estoque público de habitação social para seus então moradores, de forma a aumentar a propriedade privada de moradia e, ao mesmo tempo, reduzir gastos estatais[7]. Esse processo de privatização foi sustentado também pela crescente estigmatização e residualização da habitação pública, que passa a ser identificada com pobreza e marginalidade[8]. Na Europa e na América do Norte, a privatização do estoque público de habitação deu-se de várias formas: venda dos imóveis para seus moradores através de políticas do direito de compra (*right-to-buy policies*), no Reino Unido[9]; transferências de propriedade para organizações sem fins lucrativos, na Holanda[10]; e, em alguns casos, para empresas com fins lucrativos, como nos Estados Unidos. Em vários países, como é o caso da Espanha, as "facilidades" para a constituição de um mercado de compra de moradias deram-se também através de reformas da legislação de locação, diminuindo a proteção e aumentando a insegurança da posse para os inquilinos. Em quase todos os países, promoveu-se a mercantilização da moradia através da adoção de incentivos (principalmente isenções fiscais e subsídios aos juros) para a compra da casa própria.

Ao longo da década de 1990, a maioria dos países ex-socialistas e comunistas também embarcou em projetos de privatização de larga escala da habitação pública, por meio de programas de direito de compra. Em alguns casos, essas políticas resultaram na completa erradicação do estoque público de habitação. Em vários dos antigos países comunistas, as casas próprias constituem a maior parte do estoque habitacional – 96% na Estônia, 77% na Eslovênia e mais de 80% na China, por exemplo[11].

---

6 Joe Doherty et al., *The Changing Role of the State: Welfare Delivery in the Neoliberal Era* (Bruxelas, Feantsa, 2005).

7 UN-Habitat, *Affordable Land and Housing in Europe and North America* (Nairóbi, UN-Habitat, 2011), p. 9.

8 Raquel Rolnik, "Late Neoliberalism: The Financialization of Homeownership and Housing Rights", *International Journal of Urban and Regional Research*, v. 37, n. 3, 2013.

9 Hugo Priemus e Frans Dieleman, "Social Housing Policy in the European Union: Past, Present and Perspectives", *Urban Studies*, v. 39, n. 2, 2002.

10 Darinka Czischke e Alice Pittini, *Housing Europe 2007: Review of Social, Co-Operative and Public Housing in the 27 EU Member States* (Bruxelas, Cecodhas European Social Housing Observatory, 2007), p. 49.

11 Respostas da Estônia e da Eslovênia a questionário enviado pela relatora especial para o Direito à Moradia Adequada em 5 de abril de 2012. Todas as respostas podem ser encontradas em: <www.ohchr.org/EN/Issues/Housing/Pages/HousingFinancingForThePoorAnswerstoQuestionnaire.aspx>.

Mesmo onde a privatização do estoque público não ocorreu de forma drástica, a transferência ideológica da responsabilidade por prover habitação para o mercado foi hegemônica, e o paradigma da "casa própria" transformou-se em modelo praticamente único de política habitacional. Esse processo eclipsou outras formas de posse bem estabelecidas, tais como a habitação para aluguel (pública e privada) e algumas formas de propriedade cooperativa e coletiva[12].

Como consequência, os percentuais de proprietários privados de moradia (*homeownership rates*) têm crescido constantemente[13]: em meados dos anos 2000, atingiram mais de 50% em todos os Estados-membros da Organização para a Cooperação e Desenvolvimento Econômico (OCDE), com exceção da Alemanha e da Suíça – Espanha e Irlanda lideram a lista, com 83,2% e 81,4%, respectivamente[14].

O aumento da propriedade privada da moradia e sua mobilização crescente como forma de riqueza coincidiram com o processo de envelhecimento da população e com a enorme pressão que isso representou para os sistemas públicos de aposentadoria. Uma das formas de enfrentamento dessa pressão foi a migração dos sistemas de aposentadoria dos fundos públicos para os próprios indivíduos e famílias. A casa própria cumpriu um papel fundamental nessa migração, na medida em que se converteu em um ativo de bem-estar (*asset-based welfare*)[15].

O uso da casa própria como estoque de riqueza, sua valorização ao longo do tempo e possibilidade de monetização funcionaram na prática como substituto potencial dos sistemas públicos de pensão e aposentadoria. A diferença básica em relação ao modelo anterior é que os riscos envolvidos migram de instituições coletivas e, em última instância, do Estado para indivíduos e famílias[16]. Essa mudança também

---

[12] Julie Lawson, Tony Gilmour e Vivienne Milligan, *International Measures to Channel Investment towards Affordable Rental Housing* (Relatório de pesquisa, Australian Housing and Urban Research Institute, Melbourne, maio 2010). Disponível em: <http://apo.org.au/research/international-measures-channel-investment-towards-affordable-rental-housing>. Acesso em: 6 jan. 2015.

[13] Mikael Atterhög e Han-Suck Song, "A Survey of Policies that May Increase Access to Home Ownership for Low-Income Households", *Housing, Theory and Society*, v. 26, n. 4, 2009, p. 248-9.

[14] Dan Andrews e Aida Caldera Sánchez, "Drivers of Homeownership Rates in Selected OECD Countries", *OECD Economics Department Working Papers*, n. 849, 2011, p. 9.

[15] Jim Kemeny, "'The Really Big Trade-Off' between Home Ownership and Welfare: Castles' Evaluation of the 1980 Thesis, and a Reformulation 25 Years on", *Housing, Theory and Society*, v. 22, n. 2, 2005; Janneke Toussaint e Marja Elsinga, "Exploring 'Housing Asset-Based Welfare': Can the UK be Held Up as an Example for Europe?", *Housing Studies*, v. 24, n. 5, 2009, citado em Manuel Aalbers e Rodrigo Fernandez, *Housing and the Variations of Financialized Capitalism*, cit.

[16] Ewald Engelen, "The Logic of Funding European Pension Restructuring and the Dangers of Financialisation", *Environment and Planning A*, v. 35, n. 8, 2003; Greta Krippner, *Capitalizing on Crisis:*

transformou a moradia, nas palavras de Nouriel Roubini, numa espécie de caixa eletrônico capaz de funcionar como garantia de empréstimos para financiar o consumo, em um período (dos anos 1980 em diante) marcado pela queda da participação do salário na riqueza global. Em todo o mundo, o percentual de participação do salário na riqueza global caiu de 63%, em 1980, para 54%, em 2011[17].

O aumento contínuo do preço dos imóveis era, assim, uma condição para que as casas próprias pudessem cumprir esse papel. Enquanto durou, viabilizou, especialmente em países como Estados Unidos, Reino Unido e Espanha, o crescimento econômico mesmo com a redução significativa do poder dos salários, numa espécie de "keynesianismo privado"[18].

Esse processo ocorre no momento em que as finanças tornam-se globais, constituindo um mercado internacional de capitais com ampla liberdade de circulação, já que as barreiras anteriormente existentes para a livre circulação do capital financeiro também foram sendo derrubadas. Desta forma, o excedente de capital – convertido em capital financeiro – pôde penetrar tanto na promoção imobiliária residencial como no financiamento de seu consumo. Esses elementos contribuíram para inflar de modo generalizado os preços do mercado imobiliário. Por exemplo, entre 1997 e 2004, os preços médios para compra da casa cresceram 149% na Espanha, 139% no Reino Unido, 187% na Irlanda, 112% na Austrália e 65% nos Estados Unidos[19]. A elevação do preço dos imóveis significou um aumento de riqueza na mão de seus proprietários. Mas, na realidade, trata-se de uma dívida disfarçada de riqueza, já que parte significativa deste estoque nada mais é que o conjunto das dívidas hipotecárias das famílias proprietárias. O Gráfico 1 ilustra a participação das famílias na dívida total dos países em 2009. Note-se que em alguns deles, como Reino Unido, Espanha, Coreia do Sul, Estados Unidos e Canadá, essa participação é superior à dívida dos governos.

The Political Origins of the Rise of Finance (Cambridge-MA, Harvard University Press, 2011); Randy Martin, *Financialization of Daily Life* (Filadélfia, Temple University Press, 2002), citado em Manuel Aalbers e Rodrigo Fernandez, *Housing and the Variations of Financialized Capitalism*, cit.

[17] UNCTAD, *Trade and Development Report: Adjusting to the Changing Dynamics of the World Economy*, 13 set. 2013, citado em Manuel Aalbers e Rodrigo Fernandez, *Housing and the Variations of Financialized Capitalism*, cit.

[18] Colin Crouch, "Privatised Keynesianism: An Unacknowledged Policy Regime", *The British Journal of Politics and International Relations*, v. 11, n. 3, 2009, citado em Manuel Aalbers e Rodrigo Fernandez, *Housing and the Variations of Financialized Capitalism*, cit.

[19] UN-Habitat, *Financing Urban Shelter: Global Report on Human Settlements* (Nairóbi, UN-Habitat, 2005), p. 1.

Gráfico 1. Dívida total de países selecionados ao redor do mundo

Últimos dados disponíveis, em porcentagem do PIB, por segmento

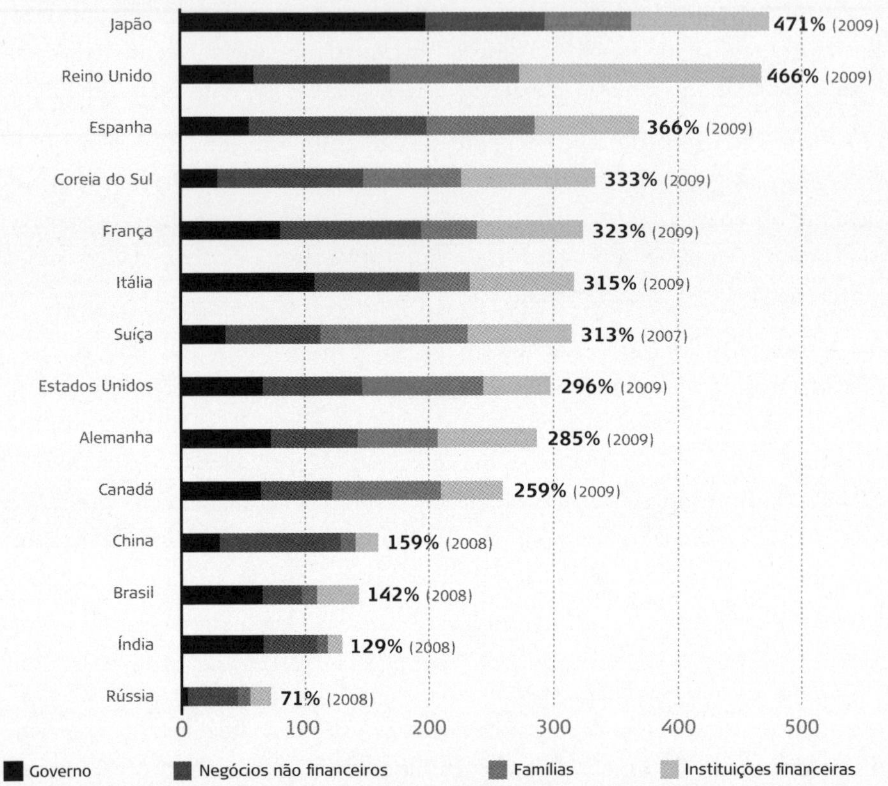

Fonte: Charles Roxburgh et al. "Debt and Deleveraging: The Global Credit Bubble and its Economic Consequences", *McKinsey Global Institute Report*, jul. 2010. Disponível em: <www.mckinsey.com/insights/global_capital_markets/debt_and_deleveraging_the_global_credit_bubble_update>. Acesso em: 6 jan. 2015.

Através do financiamento imobiliário para a compra da casa própria, a expansão do mercado global de capitais apoiou-se no endividamento privado, estabelecendo um vínculo íntimo entre a vida biológica dos indivíduos e o processo global de extração de renda e especulação. A canalização dos fluxos de capital excedente sobre os imóveis residenciais tem também, portanto, uma dimensão vivida: as vidas hipotecadas ou a geração de homens e mulheres endividados, uma nova subjetividade produzida pelos mecanismos disciplinares que sujeitam a própria vida ao serviço da dívida[20]. Isso ficou evidente quando a bolha estourou e os riscos e ônus

20 Maria Kaika e Melissa Garcia Lamarca, "'Mortgaged Lives': The Biopolitics of Debt and Homeownership in Spain", 2014. Disponível em: <www.escholar.manchester.ac.uk/uk-ac-man-scw:240285>. Acesso em: 6 jan. 2015.

recaíram sobre os endividados. Foram estes que, tendo sua existência exposta às oscilações do jogo especulativo das mercadorias fictícias, sofreram as consequências reais da crise: transformaram-se de endividados em sem-teto.

É importante assinalar que não teria sido possível criar e expandir o mercado de hipotecas nesta enorme escala se outras opções de acesso à moradia não tivessem sido bloqueadas e residualizadas. A crise de acesso à moradia que sucedeu ao estouro da bolha foi agravada pela erosão, abandono e liberalização de mecanismos não mercantis para alocar recursos habitacionais. Mesmo países com uma longa tradição de habitação social para aluguel redefiniram seus sistemas de moradia para promover a propriedade, o "livre mercado" e políticas de competição. Uma redução significativa na construção de moradia adequada e pública para os pobres e grupos mais vulneráveis aconteceu juntamente com a redução dos orçamentos nacionais e dos fundos públicos destinados à habitação social. Nos Estados Unidos, por exemplo, o orçamento do Department of Housing and Urban Development (HUD) [Departamento de Habitação e Desenvolvimento Urbano] foi diminuído de 83 bilhões de dólares, em 1978, para 18 bilhões de dólares, em 1983. Entre 1996 e 2001, nenhuma verba foi alocada para a construção de habitação pública[21]. A redução constante da oferta de habitação pública resultou em longas listas de espera, na deterioração do estoque público existente, por falta de manutenção, e, consequentemente, em um grande número de pessoas vivendo em condições habitacionais inadequadas[22]. Mesmo nos países do antigo bloco soviético, que não passaram por escassez habitacional no curto prazo (que sucedeu à privatização em massa), famílias de baixa renda logo se depararam com um enorme problema de acesso à habitação[23]. Com o declínio do investimento estatal no setor de habitação social e o crescente foco na propriedade privada da casa – que também levou a uma diminuição no mercado privado de aluguel[24] –, o acesso ao financiamento habitacional tornou-se vital para famílias de baixa renda. Estas passaram a não ter qualquer opção além da de embarcar em esquemas de crédito para a compra da

---

[21] Western Regional Advocacy Project, *2012 HUD Budget Fact Sheet*, 2011. Disponível em: <www.docsrush.net/1823235/05-western-regional-advocacy-project-wrap-hud-2012-budget.html>. Acesso em: 12 jan. 2015.

[22] Raquel Rolnik, *Relatório de missão aos Estados Unidos*, A/HRC/13/20/Add.4, 2010, escrito com a colaboração de Denise Hauser.

[23] Resposta da Eslováquia a questionário enviado em 2012.

[24] UN-Habitat, *A Policy Guide to Rental Housing in Developing Countries* (Nairóbi, UN-Habitat, 2011), p. 1; idem, *Rental Housing: An Essential Option for the Urban Poor in Developing Countries* (Nairóbi, UN-Habitat, 2003), p. 1.

casa própria, onde e quando esses imóveis e o crédito estivessem disponíveis e sob as condições estabelecidas pelos mercados financeiro e imobiliário[25].

O papel dos Estados ultrapassou o do mero "facilitador": por um lado, eles desconstruíram políticas habitacionais e urbanas e desregularam os mercados monetários e financeiros – dimensão de destruição da ordem anterior –; por outro, também promoveram ativamente as novas alternativas. A trajetória enunciada genericamente acima pode ser mais bem compreendida se observarmos a experiência concreta dos países. Não por acaso iniciaremos com o Reino Unido e os Estados Unidos, os dois pontos de origem teórica e prática do modelo, cujas trajetórias de política habitacional expomos brevemente a seguir.

Os pioneiros: Reino Unido e Estados Unidos

Reino Unido

O acesso à moradia adequada marcou a história das políticas públicas no Reino Unido. Ao longo de gerações, foi construída a noção de que uma vida digna inclui o acesso à moradia justa e decente, independentemente do nível de renda ou de qualquer tipo de status. Essa noção traduziu-se não só numa combinação de políticas fundiárias, de moradia e planejamento territorial desenhadas para prover moradia adequada e lidar com carências ou com a má qualidade do estoque habitacional existente, mas também na montagem de um sistema de bem-estar social que incluiu benefícios habitacionais.

As primeiras políticas habitacionais do Reino Unido remontam ao final do século XIX. Em 1909, a primeira Lei de Planejamento (Housing and Town Planning Act), de âmbito nacional, introduziu subsídios públicos para a construção de casas e deu às autoridades locais o poder de projetar planos de desenvolvimento, incluindo as necessidades de moradia. Durante e depois da Primeira Guerra Mundial, a política habitacional permaneceu no topo da agenda pública. As greves contra os preços dos aluguéis em Glasgow, em 1915, levaram, pela primeira vez, ao reconhecimento do papel do governo na garantia de custo habitacional acessível por meio das leis de restrição aos aumentos de aluguéis, enquanto o relatório Tudor Walters, de 1918, defendia padrões mínimos para a construção

---

[25] Raquel Rolnik e Lidia Rabinovich, "Late-Neoliberalism: The Financialization of Homeownership and the Housing Rights of the Poor", em Aoife Nolan (org.), *Economic and Social Rights after the Global Financial Crisis* (Cambridge, Cambridge University Press, 2014).

habitacional. No intervalo entre as duas grandes guerras, cerca de 4 milhões de moradias sociais foram construídas[26].

O período que se seguiu à Segunda Guerra Mundial foi marcado pela construção de casas para remediar os danos causados pelos bombardeios e as condições precárias de moradia preexistentes. Naquele momento, havia um consenso sobre a necessidade de investimento público em moradia de qualidade e de alocação de terras públicas para esse propósito. Outras medidas incluíam a Lei de Planejamento da Cidade e do Campo (Town and Country Planning Act), de 1947, que exigia que as prefeituras de todo o Reino Unido formulassem planos de desenvolvimento local através dos conselhos municipais, alocando terra para uso residencial e dimensionando as necessidades de infraestrutura, transporte e acesso a emprego.

Essa lei também definiu a forma de participação dos empreendedores privados na provisão de terra e infraestrutura públicas, através de instrumentos como *betterment* e *planning gains*[27]. Ao longo da história, essa lei foi emendada várias vezes. Em 1990, foram introduzidas obrigações específicas de planejamento, comumente conhecidas como *section 106 agreements and planning gains* [acordos e ganhos decorrentes de planejamento previstos na seção 106]. Desde então, esses acordos contribuíram para a provisão de moradia acessível no Reino Unido, através de doação de parcela dos terrenos dos empreendimentos para a construção de moradias ou de contribuições sob a forma de infraestrutura viária e/ou equipamentos públicos[28].

A moradia também se tornou um dos pilares do Estado de bem-estar social no pós-guerra. Em 1942, o relatório do Inter-Departmental Committee on Social Insurance and Allied Services [Comitê Interdepartamental para Serviços de Seguridade Social e Afins] incluiu uma série de medidas para lidar com a pobreza extrema, defendendo que cabia ao Estado prover moradia adequada aos doentes, desempregados, aposentados e viúvos. Esse relatório gerou a Lei de Assistência Nacional, de 1948, que estabelecia a base para a rede de segurança social, a qual incluiu auxílios à moradia adequada. Ordenou-se às autoridades locais que

---

[26] Duncan Bowie, *The Politics of Housing Development in an Age of Austerity* (Londres, Chartist, 2011), p. 19. Disponível em: <www.researchgate.net/publication/236842388_The_Politics_of_Housing_Development_in_an_Age_of_Austerity>. Acesso em: 5 jan. 2015.

[27] Podemos explicar os dois termos, respectivamente, por "contribuição de melhoria" e por "participação do promotor privado no custo de provisão de infraestrutura que viabilize o empreendimento".

[28] Reino Unido, *Town and Country Planning Act*, Londres, 1990. Disponível em: <www.legislation.gov.uk/ukpga/1990/8/contents>. Acesso em: 18 ago. 2015.

providenciassem acomodação apropriada aos que não a pudessem prover para si mesmos. Mais de um milhão de novas casas foram construídas em cinco anos depois da guerra (metade delas eram *council housing*, conjuntos habitacionais públicos construídos pelas prefeituras). O mesmo ritmo foi mantido nas duas décadas seguintes, com picos no início dos anos 1950 e no final dos anos 1960 de mais de 300 mil unidades por ano[29]. Mesmo em tempos de restrições econômicas, como foi o imediato pós-guerra, aumentar o estoque de moradia social era uma prioridade.

Entre meados dos anos 1940 e o final dos anos 1970, as *council housing* foram o principal provedor de moradias para as famílias de média e baixa rendas da classe trabalhadora. Em algumas regiões, os conjuntos habitacionais públicos funcionaram como uma espécie de equalizador social, garantindo que os bairros se tornassem diversificados do ponto de vista de renda, mesmo em áreas urbanas centrais de "alto valor". Isso foi possível graças ao uso de terras públicas para prover moradia social, especialmente no pós-guerra. Por outro lado, grandes conjuntos foram implantados em zonas periféricas e nem todo o parque público construído era de grande qualidade.

No final dos anos 1970 e início dos 1980, no bojo das reformas empreendidas por Margaret Thatcher, ocorreu uma grande mudança de paradigma da política habitacional. Políticas e instituições foram criadas para desregular os sistemas de financiamento de moradia, privatizar as *council housing* e reduzir gastos públicos, exceto aqueles relacionados a benefícios fiscais e outras formas de subsídio à propriedade individual da moradia[30]. A Lei da Moradia de 1980, que visava "dar segurança da posse", introduziu o "direito à compra" (*right-to-buy*) como elemento central nessa nova abordagem[31]. Essencialmente, o esquema do direito à compra possibilitou aos inquilinos do estoque público a oportunidade de comprar suas casas com grandes descontos – entre 33% e 55% do preço de mercado –, com base em vários critérios, como período de ocupação e valor do aluguel já pago ao longo desse período. Cerca de 2 milhões de moradias sociais foram vendidas entre 1980 e 2013. O grosso das vendas concentrou-se nos anos 1980. Das casas vendidas, 1,8 milhão de unidades

---

29 Matt Griffith e Pete Jefferys, *Solutions for the Housing Shortage* (Londres, Shelter, 2013), p. 13.

30 Joe Doherty et al., *The Changing Role of the State*, cit.; Raquel Rolnik, *Relatório temático sobre o impacto da financeirização no direito à moradia*, cit.

31 Reino Unido, *Housing Act*, Londres, 1980. Disponível em: <www.legislation.gov.uk/ukpga/1980/51/introduction>. Acesso em: 12 jan. 2015.

correspondia a *council housing*[32]. Com as vendas superando as novas construções, a participação da moradia social caiu para 17,3% do estoque total entre 1987 e 1998[33].

Os programas de venda de habitações sociais com descontos para os setores da classe trabalhadora britânica que nelas moravam tiveram um enorme impacto na constituição de uma nova base política para os conservadores, capturando uma parte importante da base tradicional do Partido Trabalhista. Por outro lado, as prefeituras perderam parte importante de seu estoque, ao mesmo tempo que perdiam também as condições econômicas para mantê-lo, já que os subsídios e repasses do governo central foram reduzidos de forma drástica. Na época, as autoridades locais receberam metade do dinheiro das vendas de seu estoque, mas enfrentaram rígidos controles de capital, o que praticamente as impossibilitava de usar o dinheiro para repor as moradias vendidas.

O que restou do estoque público de moradia foi transferido para associações de habitação (*housing associations*) ou para locadores sociais registrados (*social landlords*), que passaram a ser provedores de moradia abaixo dos preços de mercado. Desde meados dos anos 1970, cooperativas, empresas sem fins lucrativos, associações filantrópicas e outros *social landlords* – mas não autoridades locais – têm recebido verbas públicas para cobrir a porção dos custos de capital de suas atividades habitacionais não coberta pelos valores coletados dos aluguéis. Até o final dos anos 1980, essas verbas geralmente reembolsavam 80% – com frequência, chegavam a 100% – dos custos de construção de novas unidades habitacionais[34], valores que, como veremos, foram se deteriorando ao longo da década de 1990 e principalmente nos anos 2000.

Ao mesmo tempo que se privatizava o estoque público de moradia em todo o Reino Unido, promovia-se o crédito habitacional via esquemas como o Mortgage Interest Relief at Source (Miras) [Abatimento na Fonte dos Juros da Hipoteca], em vigor de 1969 a 2000. O Miras fornecia incentivos fiscais correspondentes ao

---

[32] Department for Communities and Local Government (DCLG), *Live Tables on Social Housing Sales*, tabela 678, Londres, DCLG, 2012. Disponível em: <www.gov.uk/government/statistical-data-sets/live-tables-on-social-housing-sales>. Acesso em: 12 jan. 2015.

[33] Eoin Rooney e Mira Dutschke, "Case Study: Right to Housing in Northern Ireland", em Rory O'Connell et al., *Applying an International Human Rights Framework to State Budget Allocations: Rights and Resources* (Londres, Routledge, 2014).

[34] Michael E. Stone, *Social Housing in the UK and US: Evolution, Issues and Prospects*, maio 2003, p. 21. Disponível em: <www.gold.ac.uk/media/Stonefinal.pdf>. Acesso em: 6 jan. 2015.

pagamento de juros de hipoteca, que reduziam significativamente o impacto das prestações para os novos compradores[35]. O crédito para a compra da casa própria tornou-se a principal ferramenta de política habitacional, o que conectou, cada vez mais, a moradia aos setores financeiros. O que estava por trás dessas políticas era a premissa de que o mercado residencial garantiria o acesso à moradia adequada para todos, com o estabelecimento de um sistema jurídico e institucional de apoio. A casa própria foi altamente subsidiada pelo Estado, tanto por meio do *right-to-buy* com grandes descontos quanto do Miras.

A casa própria e a financeirização da moradia tiveram um grande impacto no papel desempenhado pela moradia no Reino Unido, transformando-a de bem social em ativo financeiro[36]. Um sistema de "bem-estar social baseado em ativos" (*asset-based welfare*) enraizou-se desde os anos 1990, agindo como um incentivo para manter os preços altos. Na base dessa política está a noção de que o Estado de bem-estar social transformou-se, passando de um sistema centrado na provisão de bem-estar pelo Estado para um sistema em que o indivíduo arca com mais responsabilidades por seus próprios bem-estar e segurança sociais, tornando-se um consumidor de ativos financeiros que lhe provisionarão renda na velhice[37]. Nesse contexto, proprietários de imóveis residenciais confiam na valorização do preço de suas casas e apoiam as políticas que a promovem.

Consequentemente, a composição estrutural da forma de posse das moradias mudou. Em 1971, a moradia ocupada por proprietários representava 52% do estoque na Inglaterra. Por volta de 2007, esse percentual estava próximo dos 70%[38]. A moradia de locação social respondia por cerca de 30% do estoque total nos anos 1970, enquanto, em 2007, representava menos de 18%. O setor de locação

---

[35] HM Revenue & Customs, *Regulatory Impact Assessment: Withdrawal of Mortgage Interest Relief and Miras* (Londres, HMRC, 2000). Disponível em: <http://webarchive.nationalarchives.gov.uk/20060130194436/http://hmrc.gov.uk/ria/miraswithdrawal.pdf>. Acesso em: 6 jan. 2014.

[36] Raquel Rolnik, *Relatório temático sobre o impacto da financeirização no direito à moradia*, cit., parágrafo 11.

[37] Matthew Watson, "Planning for a Future of Asset-Based Welfare? New Labour, Financialized Economic Agency and the Housing Market", *Planning, Practice and Research*, v. 24, n. 1, 2009, p. 43, citado em Mary Robertson, "What Goes Up Mustn't Come Down: The Contradictions of the Government's Response to the UK Housing Crisis", *RC43 Pre-conference PhD Workshop*, jul. 2013, mimeo. Disponível em: <www.academia.edu/4475902/RC43_conference_paper>. Acesso em: 6 jan. 2015.

[38] DCLG, *Live Tables on Dwelling Stock*, tabela 104, Londres, DCLG, 2012. Disponível em: <www.gov.uk/government/statistical-data-sets/live-tables-on-dwelling-stock-including-vacants>. Acesso em: 18 ago. 2015.

privada vem crescendo constantemente desde o início dos anos 2000[39]. Mudanças semelhantes ocorreram na Escócia: em 1981, menos de 40% do estoque de moradias era ocupado por proprietários. Em meados dos anos 2000, esse número tinha subido para 62%[40].

Entretanto, no longo prazo, o aumento constante dos preços e, no curto prazo, as condições voláteis, aliadas à desvalorização dos salários e ao aumento do desemprego, reduziram a viabilidade econômica da compra de imóveis residenciais para famílias de média e baixa renda, expondo alguns dos devedores a riscos crescentes. De 1997 a 2012, o preço médio dos imóveis na Inglaterra subiu 200%, enquanto o salário médio para trabalho em tempo integral subiu apenas 55%[41].

Podemos dizer que hoje há uma crise habitacional no Reino Unido, em termos de disponibilidade, viabilidade econômica e acesso à moradia adequada, particularmente em regiões como a Grande Londres e o leste da Inglaterra.

O hiato entre a oferta e a demanda não deve ser subestimado. Na Inglaterra, por exemplo, cerca de 115 mil moradias foram construídas em 2012, entre as quais 89 mil por empreendedores privados[42], para uma estimativa de demanda básica de 250 mil[43]. Muitos anos de subprodução[44] e a baixa disponibilidade de terra urbanizada para provisão habitacional são a base da explicação dada pelo governo para justificar a situação.

Mas os números globais de oferta e demanda mascaram a desigualdade crescente no campo habitacional. Na realidade, sobram moradias de altíssimo preço e é a moradia social que está particularmente escassa. As listas de espera para aluguel no estoque público têm crescido, a população em situação de rua aumentou e o

---

[39] Idem, *Kick-Starting a New Private Rented Sector*. Material informativo para a visita da relatora especial, 2013. Disponível em: <http://selondonhousing.org/selondonhousing/download/downloads/id/233/kickstarting_a_new_private_rented_sector.>. Acesso em: 18 ago. 2015.

[40] Escócia, *Housing Statistics for Scotland 2013: Key Trends Summary*, 2013, p. 9. Disponível em: <www.scotland.gov.uk/Publications/2013/08/2641>. Acesso em: 16 nov. 2014.

[41] DCLG, *Live Tables on Housing Market and House Prices*, tabela 586, Londres, DCLG, 2012. Disponível em: <www.gov.uk/government/statistical-data-sets/live-tables-on-housing-market-and-house--prices>. Acesso em: 12 jan. 2015.

[42] Idem, *Live Tables on House Building*, tabela 244, Londres, DCLG, 2012. Disponível em: <www.gov.uk/government/statistical-data-sets/live-tables-on-house-building>. Acesso em: 18 ago. 2015.

[43] Matt Griffith e Pete Jefferys, *Solutions for the Housing Shortage*, cit., p. 13.

[44] Steve Wilcox e John Perry, *UK Housing Review 2013 Briefing Paper* (Coventry, Chartered Institute of Housing/Orbit Group, 2013), p. 9. Disponível em: <http://mycih.cih.org/resources/PDF/Policy%20free%20download%20pdfs/UKHR%202013%20Briefing%20Paper.pdf>. Acesso em: 15 nov. 2014.

setor de locação privada cresceu a ponto de se tornar a única opção para muitos, a despeito de condições extremamente inseguras de posse vigentes, como contratos de seis meses. Além disso, houve precarização das condições habitacionais, com o aumento da superlotação. Em abril de 2012, diante de uma lista de espera que crescera 81% desde 1997[45], as autoridades inglesas perceberam que seriam obrigadas a usar mais unidades destinadas à locação privada, particularmente para prover acomodação de emergência. Mas 1,4 milhão de imóveis – 35% do setor de locação privada – não atende ao Padrão de Moradias Decentes (*Decent Homes Standard*)[46].

O problema está nas prioridades estabelecidas para a alocação de recursos. Em 1975, cerca de 80% do investimento público em moradia era aplicado no apoio, a fundo perdido, para as prefeituras construírem novos conjuntos habitacionais públicos para locação ou manterem o estoque existente. Em 2000, porém, o grosso do gasto público nessa área era destinado a auxílios habitacionais, ou seja, os subsídios para pagamento a despesas de aluguel daqueles que não tinham condições de arcar com elas. Mais recentemente, uma porção significativa desse valor tem ido para locadores privados[47]. Some-se a isso o fato de que o estoque de moradias já não é visto como um recurso público, a ser mantido para várias gerações. O *Relatório Barker* (*The Barker Review of Housing Supply*), encomendado pelo governo britânico em 2004, advertiu para os impactos negativos da volatilidade do mercado residencial, em que preços elevados da moradia tendem a favorecer gerações mais velhas, em detrimento das mais jovens: "o hiato de prosperidade entre proprietários e não proprietários está se alargando"[48]. Atualmente, uma em cada cinco famílias do Reino Unido não consegue arcar com seus custos de moradia e necessita de apoio do Estado.

---

45 DCLG, *Live Tables on Rents, Lettings and Tenancies*, tabela 600, Londres, DCLG, 2012. Disponível em: <www.gov.uk/government/statistical-data-sets/live-tables-on-rents-lettings-and-tenancies>. Acesso em: 12 jan. 2015.

46 Tenant Participation Advisory Service (TPAS), *Written Submission to the All Party Parliamentary Group for the Private Rented Sector: How the Sector Should Be Regulated*, 2013, mimeo, parágrafo 2.2. Disponível em: <www.tpas.org.uk/FileUploads/TPAS_-_Written_Submission_to_APPG_PRS_-_How_the_sector_should_be_regulated_2_3_4.pdf>. Acesso em: 18 ago. 2015.

47 Graeme Cooke e Andy Hull, *Together at Home: A New Strategy for Housing* (Londres, Institute for Public Policy Research, 2012), p. 7-75. Disponível em: <www.ippr.org/publications/together-at-home-a-new-strategy-for-housing>. Acesso em: 6 jan. 2015.

48 Kate Barker, "Delivering Stability: Securing our Future Housing Needs", *Review of Housing Supply* (Londres, HM Treasury, 2004), p. 3. Disponível em: <http://image.guardian.co.uk/sys-files/Guardian/documents/2004/03/17/Barker.pdf>. Acesso em: 15 nov. 2014.

Há mais de 1,8 milhão de famílias no registro para moradia social e mais de 650 mil famílias vivendo em condições de superlotação, enquanto o custo da locação privada de moradias subiu 37% nos últimos cinco anos[49]. Apesar de o relatório, em suas recomendações, ter enfatizado a necessidade de retomar a provisão de moradia social, a diretriz efetivamente incorporada na política foi a de fomentar a construção de 120 mil casas ou apartamentos por ano (independentemente de para quem), a fim de reduzir a média de aumento real dos preços observada no mercado nos últimos trinta anos de 2,4% ao ano para 1,1%, o que corresponde à média dos países europeus[50].

A crise financeiro-hipotecária de 2007 teve suas peculiaridades no Reino Unido. Embora os preços dos imóveis residenciais tenham caído em algumas áreas – como resultado imediato da crise –, por volta de 2010 já haviam se recuperado. O principal efeito da crise no Reino Unido foi a queda no número de transações, empréstimos e construções. De acordo com Robertson,

> a crise da moradia no Reino Unido adquiriu a forma de uma crise de oferta e de viabilidade econômica para o comprador: como condições mais rígidas de crédito reduziram ainda mais o número daqueles que podiam ter acesso a hipotecas, menos gente pôde comprar um imóvel adequado.[51]

Uma combinação de medidas tomadas pelo governo, pelo Banco da Inglaterra e pelos credores manteve os processos de execução hipotecária em níveis baixos durante a crise financeira. Essas medidas incluíram: o Support for Mortgage Interest, um regime de capitalização para o resgate de hipotecas que visava ajudar proprietários a continuarem nos imóveis como locatários, em vez de serem despejados; baixas taxas básicas bancárias; transparência crescente sobre modificações de empréstimos; extensão da tolerância em relação aos atrasos de pagamento; e o Funding for Lending Scheme [Plano para Financiar Empréstimos], para apoiar a renegociação de dívidas de proprietários com instituições privadas. Entretanto, algumas das medidas são temporárias e irão acabar em breve, o que pode levar a aumentos nos níveis de execução hipotecária em 2015. A Irlanda do Norte, em especial Belfast, assistiu ao maior número de hipotecas inadimplentes e de

[49] National Housing Federation, *The Bedroom Tax in Merseyside: 100 Days On* (Londres, NHF, 2013). Disponível em: <www.housing.org.uk/publications/browse/the-bedroom-tax-in-merseyside>. Acesso em: 16 nov. 2014.

[50] Kate Barker, "Delivering Stability", cit.

[51] Mary Robertson, "What Goes Up Mustn't Come Down", cit., p. 1.

execuções hipotecárias por bancos, parcialmente devido a uma situação econômica mais difícil, com maiores níveis de desemprego[52].

O setor de locação privada tem crescido continuamente. Entre 1981 e 2012, o número de famílias locatárias nesse setor dobrou: foi de 1,9 milhão para 3,8 milhões[53]. Diferentes tipos de famílias estão pagando aluguel no setor privado, o que inclui um número crescente de famílias com crianças e jovens. A regra costuma ser uma segurança da posse frágil, com contratos de duração típica de doze meses, mas com casos de seis meses, com o subsequente despejo dos inquilinos caso não possam pagar por um aumento livre dos preços. Hoje, 26% da população que se encontra em situação de rua teve origem no despejo por falta de pagamento de aluguel privado.

A regulação do setor de locação privada varia por todo o Reino Unido. Na Inglaterra, o governo acredita que ela pode levar ao desinvestimento pelos locadores, reduzindo a oferta de imóveis para alugar. Há um leque de regulamentações para os locadores (por exemplo, regras para a segurança relacionada a instalações de gás e de prevenção de incêndios), mas são difíceis de fiscalizar, já que os inquilinos temem sofrer um despejo retaliatório se reclamarem[54].

Para muitos, a locação privada é a única opção. No entanto, além da questão da insegurança da posse, também a discriminação contra grupos populacionais específicos, particularmente imigrantes, agrava a situação no mercado locacional[55]. Esses problemas são mais graves em áreas de grande demanda, como Londres[56].

Na Inglaterra, o sistema de planejamento também passou por reformas que, de acordo com o governo, tinham o objetivo de "superar obstáculos que desestimulavam

---

[52] Irlanda do Norte, *Mortgages: Actions for Possession*, jul.-set. 2013 (dados provisórios). Disponível em: <www.courtsni.gov.uk/en-GB/Services/Statistics and Research/Pages/default.aspx>. Acesso em: 6 jan. 2015.

[53] DCLG, *English Housing Survey: Households 2011-2012* (Londres, DCLG, 2013), p. 11, figura 1.1. Disponível em: <www.gov.uk/government/uploads/system/uploads/attachment_data/file/212496/EHS_HOUSEHOLDS_REPORT_2011-12.pdf>. Acesso em: 15 nov. 2014.

[54] A Inglaterra e a Escócia observaram que está sendo elaborada uma legislação para regulamentar o setor.

[55] Guy Lynn e Ed Davey, "London Letting Agents 'Refuse Black Tenants'", *BBC News*, 14 out. 2013. Disponível em: <www.bbc.com/news/uk-england-london-24372509>. Acesso em: 15 nov. 2014.

[56] Autoridade da Grande Londres, "Rent Reform: Making London's Private Rented Sector Fit for Purpose", *London.co.uk*, 9 jun. 2013, p. 23. Disponível em: <www.london.gov.uk/mayor-assembly/london-assembly/publications/rent-reform-making-londons-private-rented-sector-fit-for-purpose>. Acesso em: 12 jan. 2015.

ou paralisavam o desenvolvimento urbano, como controles ambientais excessivos". As reformas incluíram uma nova Estrutura para a Política Nacional de Planejamento, promulgada em 2012, emendas feitas à seção 106 em 2013 e medidas introduzidas por meio do Localism Act de 2011[57], voltadas para eliminar as estratégias regionais exigidas desde 2004, vistas como uma abordagem centralizadora, burocrática e antidemocrática do desenvolvimento, e transferir o poder ao governo central e às comunidades locais. As autoridades de planejamento local são agora encorajadas a estabelecer um plano local pró-crescimento. Também se espera que elas demonstrem uma oferta de terrenos residenciais para os próximos cinco anos e outorguem *planning permissions* – licenças para loteamentos e empreendimentos – rapidamente, exceto quando houver impactos negativos significativos.

Entretanto, mesmo considerando que estas medidas têm como objetivo ampliar a disponibilidade de terra para construção de imóveis residenciais, o acesso mais fácil a licenças – não acompanhado por qualquer sanção pela retenção especulativa do terreno – pode, de fato, levar a uma maior financeirização da terra. Essa prática estimula os empreendedores a pressionar por licenças e depois manter a terra licenciada como garantia, sem construir moradia no curto prazo[58].

Além disso, outras iniciativas foram tomadas para favorecer o mercado de moradia. Uma delas foi a liberação de terras públicas, uma política baseada na estimativa de que cerca de 40% dos lugares adequados para desenvolvimento urbano são de propriedade estatal[59]. A terra a ser liberada será vendida a empreendedores privados, pelo maior lance, para que construam unidades residenciais. Uma vez liberada a terra, a autoridade local de planejamento vai negociar o tipo de residência a ser construída. Não há nenhuma condicionalidade ou priorização para moradias sociais ou economicamente acessíveis.

Um pacote para estimular o mercado residencial e a economia foi lançado por meio de incentivos governamentais. Para ajudar as pessoas a terem acesso ao

57 DCLG, *A Plain English Guide to the Localism Act*, Londres, DCLG, nov. 2011. Disponível em: <www.gov.uk/government/uploads/system/uploads/attachment_data/file/5959/1896534.pdf>. Acesso em: 12 jan. 2015.

58 Kathleen Kelly, "Taxing Question", *Inside Housing*, Londres, 7 nov. 2013. Disponível em: <www.insidehousing.co.uk/taxing-question/6529375.article>. Acesso em: 16 nov. 2014.

59 DCLG, *Accelerating the Release of Public Sector Land: Update, Overview and Next Steps*, Londres, DCLG, out. 2011. Disponível em: <www.gov.uk/government/uploads/system/uploads/attachment_data/file/6237/2001846.pdf>. Acesso em: 12 jan. 2015.

financiamento da hipoteca, o governo introduziu três esquemas: a Garantia à Nova Compra, os empréstimos sobre o patrimônio líquido e o programa Help to Buy, que introduzem garantias hipotecárias em todo o Reino Unido para os tomadores de empréstimos[60]. Na ausência de qualquer teto de financiamento e condicionalidade, essas medidas podem alimentar a bolha de preços imobiliários, minando o objetivo governamental de aumentar o acesso à moradia.

Também continuam em vigor os esquemas de direito à compra (para *council housing* e para moradias de *housing associations* ou *social landlords*), que permitem a venda de moradias sociais a seus inquilinos. Na Inglaterra, desde 2012, os descontos para a compra de *council housing* podem chegar a 75 mil libras e, desde 2013, a até 100 mil libras em Londres.

Em julho de 2013, o governo da Escócia anunciou a intenção de acabar com o direito à compra para novos inquilinos de moradia social a partir de 2017, como parte da nova Lei da Moradia, aprovada em novembro de 2013. Quando assim decidiram, os ministros defenderam que:

> Embora [o direito à compra] tenha oferecido novas opções às famílias nos últimos trinta anos, os custos dessa política cairão agora sobre as futuras gerações. A transferência de centenas de milhares de imóveis para fora do setor de moradia social diminuiu nosso estoque de moradia social e aumentou a pressão sobre as autoridades locais e as associações de moradores. Também teve um efeito profundo e danoso em algumas comunidades, já que tornou as áreas menos desejáveis ainda mais marginalizadas. Ao mesmo tempo, muitos dos que exerceram seu direito à compra têm tido dificuldades para cobrir os custos decorrentes da propriedade residencial.[61]

Paralelamente a essas medidas, a Inglaterra cortou o financiamento para moradia social em dois terços. As associações habitacionais precisam enfrentar o corte de subsídios buscando recursos financeiros no mercado de capitais. Para poder pagar os juros desses financiamentos, os *social landlords* terão de aumentar os aluguéis para novos inquilinos. Eles estão agora autorizados a elevar os aluguéis a 80% do valor de mercado. Embora o governo considere o aumento um incentivo aos locadores para investir em moradia, essa abordagem tem potencial para criar outros problemas, inclusive a redução da acessibilidade em

---

60 Reino Unido, "Affordable Home Ownership Schemes", *GOV.UK*, Londres, última atualização: 7 out. 2015. Disponível em: <www.gov.uk/affordable-home-ownership-schemes>. Acesso em: 9 out. 2015.

61 Escócia, *The Future of Right to Buy in Scotland: Consultation Report*, 2013, parágrafo 3.1. Disponível em: <www.scotland.gov.uk/Publications/2013/07/1537>. Acesso em: 16 nov. 2014.

termos de preço. Além disso, algumas medidas têm impacto na segurança da posse para novos inquilinos sociais (ou inquilinos existentes, quando se mudam) na Inglaterra: em vez de locação perpétua, o que era a regra do estoque de locação pública a não ser em condições excepcionais, eles podem receber ofertas de locação por até dois anos.

A Lei de Reforma do Bem-Estar Social (Welfare Reform Law), de 2012, adotada pelo Parlamento de Westminster como parte de suas medidas de austeridade fiscal, contém medidas que afetam diretamente o direito à moradia adequada. Essas reformas ocorrem em um contexto já marcado pela falta de moradia social para os setores de renda baixa e média e de aumento do número de sem-teto, crescente desemprego e arrocho salarial. De acordo com previsão feita pela Oxfam em 2013, a despesa pública total do Reino Unido seria cortada em 11,5% entre 2010 e 2014. Os salários do setor público já foram congelados e, no período entre 2010 e 2018, 1,1 milhão de empregos públicos será eliminado, sendo que as mulheres perderão o emprego em número duas vezes superior aos homens. Estima-se que os salários reais caíram 3,2%, voltando aos níveis de 2003, o que configura uma década perdida para o trabalhador médio[62]. Mais preocupante ainda é que, em 2012, cerca de 13 milhões de pessoas viviam em situação de pobreza no Reino Unido; destas, mais da metade (6,7 milhões) eram membros de famílias de trabalhadores[63].

Um dos cortes de benefícios habitacionais estabelecidos por essa lei é o chamado "fim do subsídio do quarto extra" (*spare room subsidy*), que entrou em vigor em abril de 2013. Também é conhecido como "penalidade por subocupação" e, popularmente, como "imposto do quarto" (*bedroom tax*). A medida reduz o benefício habitacional recebido por inquilinos de unidades de habitação social em idade de trabalhar, com base no número de quartos no imóvel e na composição da família. De acordo com a nova regra, um inquilino de habitação social tem direito de ocupar uma casa ou apartamento contendo um quarto para cada adulto solteiro ou casal. Espera-se que uma criança compartilhe seu quarto com outra criança do mesmo sexo (até os 16 anos de idade) ou independentemente do sexo

---

[62] Oxfam, "A Cautionary Tale: The True Cost of Austerity and Inequality in Europe", *Oxfam Briefing Paper*, n. 174, Oxford, set. 2013, p. 8. Disponível em: <www.oxfam.org/sites/www.oxfam.org/files/bp174-cautionary-tale-austerity-inequality-europe-120913-en_1.pdf>. Acesso em: 16 nov. 2014.

[63] Tom McInnes et al., *Monitoring Poverty and Social Exclusion 2013* (York, Joseph Rowntree Foundation, 2013), p. 26. Disponível em: <www.jrf.org.uk/sites/files/jrf/MPSE2013.pdf>. Acesso em: 16 nov. 2014.

(abaixo dos 10 anos de idade). Considerações adicionais são levadas em conta para inquilinos com deficiência ou que necessitem da assistência de cuidadores externos durante a noite, ou, ainda, em casos de cuidadores provisórios de crianças, um serviço do Estado[64].

Caso esse número de quartos seja excedido, o benefício habitacional pode ter seu valor reduzido de 14% por um quarto extra a 25% por dois ou mais quartos extras. Na Escócia, o governo estima que esta reforma vai afetar cerca de 82 mil famílias, custando-lhes, em média, 50 libras por mês – 80% dessas famílias incluem um adulto com deficiência e 15,5 mil casos são de famílias com filhos[65]. Por esta razão, o Parlamento escocês decidiu não aplicar a *bedroom tax* e arcar com o ônus decorrente disso junto ao Tesouro britânico.

Além do argumento da austeridade para reduzir o custo dos benefícios habitacionais, o governo defende essa reforma como uma medida de justiça. Ela não só consideraria o desequilíbrio existente entre a superlotação e a subocupação, mas também introduziria uma relação de equidade com os inquilinos do setor de locação privado, que recebem benefícios habitacionais cujos valores já são proporcionais ao número de quartos. Desde o início da implementação da medida, a federação nacional das *housing associations* manifestou preocupação em relação à ausência de opções de casas e apartamentos menores nos conjuntos habitacionais existentes, para que os inquilinos possam trocar de imóvel e, assim, evitar os cortes em seus benefícios[66].

Alguns relatórios já mostram que os atrasos nos pagamentos de aluguel têm crescido desde abril de 2013, relacionado ao fato de as pessoas lutarem para permanecer na casa em que viveram por toda a vida[67]. Embora, em princípio, a política

---

[64] Reino Unido, *Housing Benefit: Under Occupation of Social Housing*, Londres, Department for Work and Pensions, 28 jun. 2012. Disponível em: <www.gov.uk/government/uploads/system/uploads/attachment_data/file/214329/social-sector-housing-under-occupation-wr2011-ia.pdf>. Acesso em: 16 nov. 2014.

[65] Escócia, *The "Bedroom Tax" in Scotland*, Edimburgo, 19 out. 2013, parágrafo 1. Disponível em: <www.scottish.parliament.uk/S4_Welfare_Reform_Committee/Reports/wrr-13-05w.pdf>. Acesso em: 12 jan. 2015.

[66] National Housing Federation, *Briefing – Welfare Reform Act 2012: Size Criteria*, Londres, NHF, mar. 2012, p. 7. Disponível em: <http://democracy.york.gov.uk/documents/s82191/CBL%20Background%20Paper%20-%20NHF%20Welfare%20Reform%20Act.pdf>. Acesso em: 16 nov. 2014.

[67] Ver declaração da NHF no aniversário de seis meses da *bedroom tax*, em 30 de setembro de 2013. Ver também: Suzanne Fitzpatrick et al., *The Homelessness Monitor: England 2013*, Londres, Crisis Head Office, dez. 2013. Disponível em: <www.crisis.org.uk/data/files/publications/HomelessnessMonitorEngland2013.pdf>. Acesso em: 16 nov. 2014.

não as obrigue a se mudarem, não há dúvidas de que boa parte delas não terá outra opção – muitas são trabalhadores sem renda para poupar. Isso deixa essas pessoas desesperadas, diante de escolhas difíceis – como entre pagar a comida, o aquecimento ou o aluguel – e da iminência de deixar um lugar em torno do qual se desenvolveu toda sua rede socioafetiva.

Além da *bedroom tax*, outras medidas de austeridade atingem diretamente os mais pobres, destinatários dos benefícios. Entre elas, a abolição do benefício para pagamento do *council tax* (imposto municipal pago por indivíduos e não por proprietários de imóveis) e a diminuição do valor do Local Housing Allowance (LHA), ajuda monetária para pagamento de aluguéis no setor privado. Esses cortes ocorrem exatamente em um contexto de alta dos aluguéis: entre maio de 2005 e maio de 2013, os preços dos aluguéis privados cresceram 8,4% na Inglaterra, com as maiores altas em Londres (11%) e no Leste (8,3%), e as menores no Nordeste (5,3%) e nas Midlands Orientais (5,3%)[68].

Alguns grupos populacionais são particularmente afetados pelo impacto cumulativo das várias políticas e reformas mencionadas anteriormente. Dentre eles, podemos destacar os setores de mais baixa renda, as pessoas com deficiência e os mais jovens. Por exemplo, um estudo de Liverpool mostra que as pressões do custo de vida, acrescidas dos cortes no bem-estar social, significam que as famílias de baixa renda estão usando cada vez mais os "empréstimos sobre o salário" (*payday loans*, empréstimos de curto prazo, com altas taxas de juros) para fazer frente a despesas essenciais com a moradia, como aluguel e conta de luz[69]. Até uma alteração relativamente pequena na renda ou um atraso nos salários aprofunda rapidamente a fragilidade dos mais pobres, já que as margens de sobrevivência financeira são estreitas.

A pobreza também contribui para os atrasos no pagamento do aluguel e, eventualmente, os despejos. De acordo com a federação nacional das *housing associations*, mais de 14 mil famílias passaram a atrasar o aluguel em Merseyside (Noroeste), uma das áreas mais pobres da Inglaterra, apenas quatro semanas depois da implementação da *bedroom tax*. E, como não há moradias pequenas em número suficiente no setor social, tampouco há opções, exceto a um custo maior, no setor privado. Muita

---

68 Office for National Statistics, *Index of Private Housing Rental Prices*, Reino Unido, ONS, 26 jun. 2013. Disponível em: <www.ons.gov.uk/ons/rel/hpi/index-of-private-housing-rental-prices/historical-series/index.html?format=hi-vis>. Acesso em: 13 jan. 2015.

69 Patrick Butler, "Heat or Eat? Or Take Out a Loan, Do Both, and Hope for the Best?", *The Guardian*, 1º out. 2013. Disponível em: <www.theguardian.com/society/2013/oct/01/heat-eat-loan-liverpool>. Acesso em: 15 nov. 2014.

gente ficará em suas casas, forçada a viver com menos dinheiro, num momento em que o custo de vida e as contas de serviços públicos estão subindo[70].

Levantamento realizado pela Home Truths em 2012, no Leste inglês, mostra um aumento de 44% no número de pessoas sem-teto na região em apenas dois anos. Entre os fatores que contribuíram para esse aumento, a federação nacional das *housing associations* aponta a carência de moradias na região e a subida dos preços dos imóveis residenciais e dos aluguéis. Jovens famílias são as mais afetadas. O preço médio da moradia em 2010 (cerca de 195 mil libras) era quase 7,5 vezes maior que a renda regional média[71].

Para pessoas com deficiências físicas ou mentais, ou com doenças crônicas, moradia adequada significa viver em imóveis adaptados a necessidades específicas, próximos a serviços de saúde e instalações que lhes permitam executar suas rotinas diárias, assim como de amigos e parentes ou de uma comunidade. Isso é essencial para que possam levar a vida de forma independente e digna. Muitas vezes, o impacto cumulativo da carência de acomodações adaptadas e economicamente acessíveis com outras mudanças no sistema de bem-estar social deixou-as "entre a cruz e a caldeirinha": limitar ainda mais suas condições de vida ou enfrentar atrasos de aluguel e despejos? Como resultado, parece haver um risco significativo de regressão da autonomia.

Os jovens enfrentam mais barreiras do que nunca em matéria de acesso à moradia, em parte devido aos baixos rendimentos, ao alto nível de desemprego nessa faixa etária e à maior dificuldade de acessar sistemas de crédito hipotecário para a compra da casa própria. Esta é a geração cujos pais tiveram acesso à casa própria, principalmente através da privatização subsidiada do estoque público e dos incentivos e isenções fiscais.

É importante salientar que ao processo britânico de constituição de uma geração de proprietários correspondeu um desmonte político-ideológico do sistema de bem-estar, com ampla base de apoio social. Residualizada como política e marginalizada, a moradia social transformou-se no imaginário político-social – e na prática – em lugar dos fracos, dos dependentes de direitos sociais, dos incapazes de manejar ativos no mercado. Foi, portanto, estigmatizada. Não por acaso as medidas recentes de austeridade fiscal focalizam exatamente os moradores dos conjuntos de moradia

---

70 National Housing Federation, *The Bedroom Tax in Merseyside*, cit., p. 5.

71 DCLG, *Live Tables on Housing Market and House Prices*, cit.

social e beneficiários de auxílios de *welfare*. Entretanto, a crise habitacional vivida hoje pelo Reino Unido é vítima de seu próprio êxito: os preços dos imóveis não podem cair porque isso significa erodir a base político-social e o bem-estar baseado em ativos. A habitação social pública não pode ser promovida porque simbolizaria a regressão para um estado de dependência. Assim, os britânicos, especialmente os mais jovens e os mais pobres, simplesmente não têm onde morar.

A experiência britânica demonstra como o desmonte político, ideológico e econômico da habitação social e sua exportação para a esfera dos circuitos financeiros impactaram na redução do direito à moradia dos mais pobres e vulneráveis e na regressão das condições de moradia para as atuais gerações. Já a compreensão da trajetória norte-americana, que apresentaremos a seguir, é fundamental para entendermos a gênese – teórica e prática – de um dos mais potentes modelos de financeirização da moradia, as hipotecas.

Estados Unidos

Nos Estados Unidos, a moderna política habitacional começou durante a Depressão, com a Lei Nacional de Habitação, de 1934, que criou o Federal Housing Administration (FHA) [Administração Federal de Habitação] para subscrever e assegurar hipotecas e prover segurança aos credores em caso de falta de pagamento. O governo também criou a Federal National Mortgage Association [Associação Nacional Federal de Hipotecas], a chamada Fannie Mae, para comprar as hipotecas dos credores, de modo que estes aumentassem sua liquidez para poder oferecer ainda mais empréstimos aos compradores.

Essas foram medidas tomadas diante da primeira grande crise financeiro-hipotecária, que ocorreu pós-1929 nos Estados Unidos, com o estouro da bolha que levou, nos piores anos da crise, a mais de 250 mil execuções hipotecárias residenciais por ano[72]. A partir de 1913, um ato do Tesouro norte-americano permitira aos bancos comerciais emprestar dinheiro para compra de imóveis (*real estate*), gerando um mercado de hipotecas.

Também no contexto das medidas pós-crise de 1929, em 1937, a Lei Wagner-Steagall de Habitação introduziu a intervenção federal no campo da habitação social, autorizando o governo a custear, construir e tornar-se proprietário de moradias para

---

[72] Marshall W. Dennis e Thomas Pinkowish, *Residential Mortgage Lending: Principles and Practices* (Mason, Thomson/South-Western, 2004), citado em Manuel Aalbers, *Place, Exclusion, and Mortgage Markets* (Oxford, Wiley-Blackwell, 2011), p. 83.

aluguel aos pobres. Em plena recessão, a justificativa para a medida foi a de que essa ação melhoraria as condições de vida nos chamados *slums*, áreas de concentração de moradia precária nas cidades, e criaria empregos no setor de construção civil[73].

As leis de habitação de 1934 e 1937 marcaram o início de um sistema habitacional dual: por um lado, a construção de um parque público de moradia para aluguel, com auxílios diretos para as famílias de baixa renda arcarem com essas despesas; por outro, crédito subsidiado, sobretudo por meio de isenções fiscais, para promover a propriedade da moradia entre famílias de classe média. Essa política habitacional também foi responsável por configurar uma nova paisagem nas cidades: a maioria dos conjuntos habitacionais públicos – os *housing projects* – localizava-se nas áreas mais centrais, enquanto a maioria das casas próprias construídas com crédito da FHA concentrou-se nos subúrbios exclusivamente residenciais, de baixa densidade.

Sob a égide da nova legislação de 1937, a FHA construiu, em 260 localidades, mais de 170 mil unidades, em sua maioria torres de edifícios organizadas em superquadras. Delas, 89% foram construídas em áreas de concentração de cortiços e de outras formas de *habitat* popular, que foram demolidas para dar lugar às novas edificações[74].

Nos anos 1940 e 1950, o perfil dos moradores dos *housing projects* era basicamente formado por uma classe operária branca (*working poor*) capaz de arcar com o ônus do aluguel. Porém, isso mudou rapidamente a partir da década de 1960, com a grande migração oriunda dos estados do Sul e a suburbanização da nova geração de trabalhadores brancos. No início, as minorias raciais representavam de 26% a 39% de todos os locatários de moradia pública, mas chegaram a mais de 60% em 1978[75]. Ao mesmo tempo, a renda média dos locatários caiu de 64% para 37% da renda média nacional entre 1950 e 1970[76].

---

[73] Larry Bennett, Janet L. Smith e Patricia A. Wright (orgs.), *Where are Poor People to Live? Transforming Public Housing Communities* (Armonk-NY, M. E. Sharpe, 2006).

[74] Lawrence J. Vale, *Purging the Poorest: Public Housing and the Design Politics of Twice-Cleared Communities* (Chicago, University of Chicago Press, 2013), p. 11.

[75] Hoje, 69% dos residentes em moradias públicas pertencem a minorias raciais: 46% são negros e 20%, latino-americanos, cf. U.S. Housing Scholars and Research Advocacy Organizations, *Residential Segregation and Housing Discrimination in the United States: Violations of the International Convention on the Elimination of All Forms of Racial Discrimination* (Washington-DC, Poverty and Race Research Action Council/National Fair Housing Alliance, 2008). Disponível em: <www.prrac.org/pdf/FinalCERDHousingDiscriminationReport.pdf>. Acesso em: 16 nov. 2014.

[76] John Atlas e Peter Dreier, "Public Housing: What Went Wrong?", *Shelterforce*, National Housing Institute, n. 74, set.-out. 1994.

Entre os anos 1960 e 1970, sob pressão do Movimento pelos Direitos Civis, uma segunda grande leva de conjuntos de moradia pública foi construída, desta vez mais claramente identificada como *welfare*, ou como resposta para os mais necessitados[77]. A maioria de seus habitantes era negra e pobre[78]. Os *housing projects* passam, assim, a ser identificados étnica, geográfica e socialmente.

A aquisição da casa própria para a classe média (predominantemente branca) foi extremamente facilitada por meio do financiamento federal: mais da metade de todas as moradias suburbanas construídas no país durante os anos 1950 e 1960 foi financiada por esses fundos. Isso levou a um crescimento do índice de proprietários, de 30%, em 1930, para mais de 60% nos anos 1960.

A geografia social e étnica dos subúrbios e *inner cities* deveu-se, em grande medida, às práticas discriminatórias dos credores bancários. A Homeowners Loan Corporation, criada para refinanciar hipotecas e salvar devedores nos anos 1930, desenvolveu todo um sistema de avaliação de obtenção de crédito, incorporando a cultura e a prática dos agentes imobiliários. De acordo com esse sistema, as áreas para as quais era possível e desejável emprestar recursos eram classificadas como verdes ou amarelas; já as "áreas em processo de declínio ou degradação" – e, consequentemente, seus moradores – eram *redlined*, "marcadas em vermelho", ou seja, consideradas excessivamente arriscadas para o banco[79]. Dessa forma, a grande maioria dos empréstimos não era acessível a negros, e bairros inteiros ocupados por afro-americanos e outros grupos de migrantes pobres deixaram de receber novos investimentos imobiliários residenciais por décadas. Os brancos receberam 98% dos empréstimos aprovados pela União entre 1934 e 1968, quando a prática do *redlining* foi proibida pela Lei para a Justiça Habitacional (Fair Housing Act).

O programa de moradia pública, que chegou a um estoque de quase 1,4 milhão de unidades no final dos anos 1970, foi implementado pelo governo federal com o objetivo de prover moradia decente e segura para aluguel a famílias de baixa renda, idosos e pessoas com deficiência. Contudo, ao longo dos anos, o modelo dos *housing projects* foi sendo cada vez mais questionado, já que eles tornaram-se progressivamente estigmatizados como *locus* de concentração de extrema pobreza, crime e

---

77 Lawrance Vale, *Purging the Poorest*, cit., p. 16.

78 National Fair Housing Association, *The Future of Fair Housing: Report of the National Commission on Fair Housing and Equal Opportunity*, dez. 2008, p. 9. Disponível em: <www.nationalfairhousing.org/Portals/33/reports/future_of_fair_Housing.pdf>. Acesso em: 16 nov. 2014.

79 Manuel Aalbers, *Place, Exclusion, and Mortgage Markets*, cit.

marginalização social. As razões para a percepção do declínio na qualidade da moradia pública incluem a deterioração física devido à idade dos edifícios e à falta de manutenção, ao mesmo tempo que muito pouco era feito para lidar com a questão mais ampla do modelo de segregação racial e econômica em algumas cidades[80].

Em 1974, a Lei de Desenvolvimento da Habitação e da Comunidade (Housing and Community Development Act) decretou o fim do financiamento federal para construção de conjuntos públicos de moradia. Também introduziu o Programa de Vouchers para Escolha da Moradia (Housing Choice Voucher Program, comumente conhecido como Section 8 [Seção 8]), que consiste na concessão de subsídios a locatários no sistema privado de aluguel e a incorporadores que disponibilizassem uma parte das unidades de seus empreendimentos para locação com preços controlados. No primeiro caso, os beneficiários podem escolher uma unidade habitacional no mercado privado de um locador que aceite os *vouchers*. Os locatários pagam uma parcela do aluguel (com base em sua renda e, geralmente, correspondente a não mais do que 30% da renda familiar total) e o resto é coberto por recursos federais. O programa da Section 8 marcou uma mudança importante na política de moradia pública, já que deslocou fundos das autoridades habitacionais públicas – historicamente encarregadas de construir e gerir os *housing projects* – para o setor privado. A justificativa para sua criação foi

> evitar os guetos de população de baixa renda. No entanto, enfrentou resistência de locatários e de proprietários de prédios em bairros de classe média; em algumas cidades, atribuiu-se o declínio de comunidades à concentração de prédios e locatários de baixa renda, usuários da Section 8, que estariam reproduzindo a situação dos bairros que continham os *housing projects*.[81]

Uma década depois, em 1986, o crédito fiscal para moradias de baixa renda (*low-income housing tax credit*) foi criado pela Lei de Reforma Fiscal como um novo mecanismo para gerar capital para a construção de moradias. Créditos fiscais subsidiados (o *Project-Based Assistance*) foram destinados a construtores de projetos pré-qualificados, a fim de aumentar a oferta local de moradia a preços ligeiramente abaixo do mercado. Esses créditos geraram aproximadamente 2 milhões de unidades com aluguel "*affordable*", o que, na prática, significava preços ligeiramente abaixo da média de preço do mercado nas localidades onde eram construídas.

---

[80] Janet L. Smith, "Public Housing Transformation: Evolving National Policy", em Larry Bennett, Janet L. Smith e Patricia Wright (orgs.), *Where are Poor People to Live?*, cit., p. 30.

[81] Ibidem, p. 31.

Desta forma, desde os anos 1970, e com grande intensidade a partir das medidas de reestruturação fiscal adotadas pela administração Reagan, foram diminuindo significativamente os recursos públicos para a construção e manutenção de um estoque público de moradias. Ao mesmo tempo, cresceram os subsídios públicos para aquisição de casas próprias e os programas de apoio ao aluguel privado, como Section 8 e Project-Based Assistance.

Gráfico 2. Evolução dos subsídios federais para habitação nos Estados Unidos

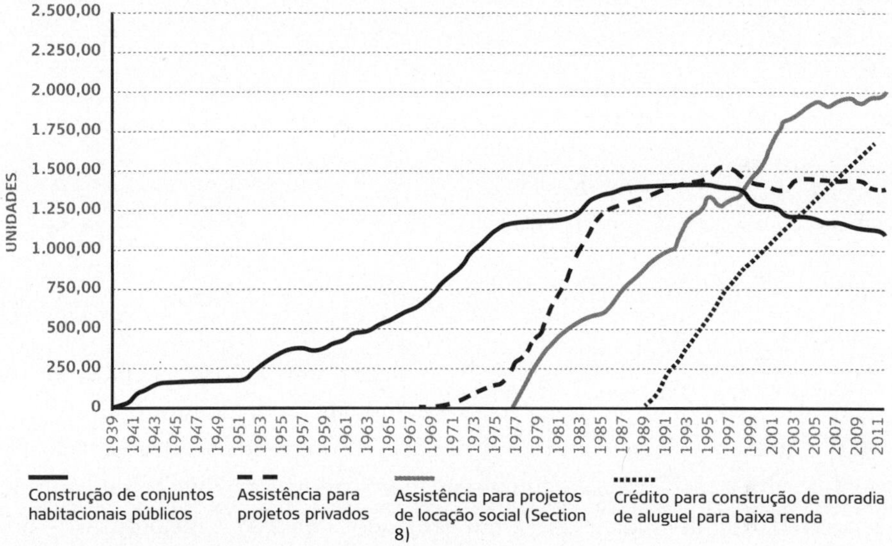

Fonte: Lawrence J. Vale, *Purging the Poorest*, cit., p. 28.

Os cortes orçamentários nos anos 1980 resultaram em erosão gradual e falta de manutenção do sistema público de moradia. Cortes adicionais de verbas, em seguida, também afetaram significativamente a preservação do estoque existente. Já no início dos anos 1990, centenas de milhares de unidades públicas de moradia estavam dilapidadas. Na década de 2000, houve uma perda líquida de cerca de 170 mil unidades públicas de moradia devido à deterioração; a maior parte do estoque atual precisa de reparos substanciais e de reabilitação. Mesmo assim, os recursos anuais para moradia pública caíram 25% entre 1999 e 2006.

Quando os recursos federais foram sendo reduzidos, tornando-se cada vez mais insuficientes, as agências de habitação foram obrigadas a cortar suas próprias despesas. As medidas tomadas incluíram a transferência de unidades para locatários com renda mais alta (que podem pagar aluguéis maiores do que as famílias de baixa renda e geralmente precisam de menos assistência) e cortes em áreas como segurança ou manutenção[82].

Em 1989, o Congresso indicou a National Commission on Severely Distressed Public Housing [Comissão Nacional para a Moradia Pública Severamente Degradada] para avaliar o estado da moradia pública nos Estados Unidos. A comissão concluiu que, embora grande parte do 1,4 milhão de unidades públicas de moradia fosse bem mantida e gerenciada, uma pequena proporção delas – 86 mil, ou 6% – estava "nos mais miseráveis e mal-afamados conjuntos urbanos da nação, onde crime, pobreza, desemprego e dependência estavam solidamente enraizados"[83]. Com base nas recomendações da Comissão, criou-se, em 1992, o Programa Hope VI (*Housing Opportunities for People Everywhere* [Oportunidades de Moradia para Pessoas em Qualquer Lugar]).

Os objetivos do Hope VI incluíam a revitalização da moradia pública, a dispersão das famílias de renda muito baixa e a criação de comunidades sustentáveis via demolição, reabilitação, reconfiguração ou substituição de um grande número de unidades públicas de moradia por *mixed income*, ou seja, moradias voltadas para distintas faixas de renda[84]. O programa forneceu recursos a agências locais para demolir moradias públicas degradadas ou obsoletas e substituí-las por comunidades de renda mista, em geral com a colaboração de incorporadores privados. Entre 1991 e 2006, o programa investiu 6,1 bilhões de dólares de recursos federais em 235 projetos para demolir 96,2 mil unidades de moradia pública e construir ou renovar 107,8 mil unidades, 56,8 mil das quais "*affordable*". Além disso, 78 mil *vouchers* de moradia foram emitidos[85]. Projetos com densidade mais baixa e renda mista foram construídos no lugar das torres dos *housing projects*, o que geralmente incluía uma combinação de unidades de moradia pública, unidades "*affordable*" e unidades a preço de mercado. Sob esse modelo, a responsabilidade pela provisão de moradia subsidiada transferiu-se do governo federal às autoridades locais e ao setor privado.

---

82 Barbara Sard e Will Fischer, *Preserving Safe, High Quality Public Housing Should Be a Priority of Federal Housing Policy*, Washington-DC, Center on Budget and Policy Priorities, 8 out. 2008, p. 12. Disponível em: <www.cbpp.org/cms/?fa=view&id=655>. Acesso em: 6 jan. 2015.

83 Department of Housing and Urban Development (HUD), *Hope VI: Best Practices and Lessons Learned 1992-2002* (Washington-DC, HUD, 2002).

84 Susan J. Popkin et al., *A Decade of Hope VI: Research Findings and Policy Challenges*, Washington-DC, The Urban Institute, 18 maio 2004. Disponível em: <www.urban.org/UploadedPDF/411002_HOPEVI.pdf>. Acesso em: 18 ago. 2015.

85 Ibidem, p. 20.

Além do fato de algumas das unidades demolidas terem sido substituídas por moradias a preço de mercado, muitas das chamadas unidades "*affordable*" são caras demais para grande parte dos locatários de moradia pública. Assim, embora o programa Hope VI tenha melhorado a qualidade do estoque de moradias públicas, ele também reduziu o número de unidades habitacionais acessíveis a famílias pobres e deslocou muitos moradores dos projetos demolidos de forma permanente. Em princípio, as unidades que não foram reconstruídas foram substituídas por *vouchers* de moradia, mas esse procedimento não foi seguido de maneira consistente. Além disso, essa prática transferiu para o usuário a responsabilidade por encontrar moradia no mercado privado. Mas em vários casos as escolhas que de fato estão disponíveis para os detentores de *vouchers* são muito limitadas, pois não há unidades disponíveis em certos bairros ou não há locadores dispostos a participar desse programa.

Unidades foram demolidas sem que houvesse suficientes mecanismos em operação para que os locatários encontrassem moradias semelhantes. Frequentemente, moradores deslocados tiveram de mudar para outras moradias subsidiadas em bairros tão degradados quanto os originais, ou foram discriminados em seus novos bairros. O período de demolição do antigo e construção do novo conjunto habitacional foi muito mais longo do que o previsto e foram insuficientes os esforços envidados para rastrear os locatários de forma a lhes oferecer moradia assim que as renovações estivessem concluídas. De fato, menos de 12% dos antigos residentes de moradias públicas conseguiram voltar a viver nas comunidades renovadas. Na maior parte das vezes o número de unidades reconstruídas não foi equivalente ao de unidades demolidas.

Um exemplo é a comunidade Cabrini Green, em Chicago. A Cabrini Green tinha originalmente 3.114 apartamentos para moradia pública, dos quais 2,7 mil foram demolidos. Desde a demolição, só 305 unidades de moradia pública foram construídas em condomínios de renda mista. Como resultado, muitos moradores foram deslocados e não conseguiram voltar à mesma área[86].

A política federal de habitação resultou, por um lado, num índice ainda mais alto de proprietários de casas próprias – cerca de 69% – e, por outro, na redução da oferta de moradia pública (que em 2010 estava em 1 milhão de unidades), com a

---

[86] Entrevista com o diretor-executivo da Coalition to Protect Public Housing [Coalizão para a Proteção da Moradia Pública]. Não tive acesso aos dados oficiais sobre o número total de moradias demolidas e construídas sob o Plano de Transformação de Chicago.

demolição ou fechamento de mais de 300 mil unidades não repostas. Essa perda foi acompanhada pela saída progressiva do governo do setor de habitação.

No âmbito da promoção da casa própria, mudanças importantes também ocorreram no setor financeiro de habitação, que não somente voltou-se a setores de mais baixa renda, como também ampliou sua conexão com o mercado financeiro *strictu sensu*. Essas mudanças foram resultado de dois processos interligados: a promulgação, em 1977, da Lei de Reinvestimento na Comunidade (*Community Reinvestment Act*) e a consequente invenção do empréstimo *subprime*, além do crescimento do processo de securitização. A lei de 1977 exigia que os bancos alocassem parte de seus portfólios hipotecários para os bairros de onde se originavam seus depósitos. Assim, os bancos tiveram que modificar suas definições habituais de risco, transformando o que até então era "*redline*" em um tipo específico de produto hipotecário: o *subprime*, ou crédito de altíssimo custo oferecido sobretudo a famílias compostas por minorias e a outros grupos que historicamente não tiveram acesso a crédito por serem considerados de alto risco[87].

Pequenos e grandes bancos passaram a praticar amplamente os empréstimos *subprime*, sobretudo após a desregulação do sistema bancário, em 1980, com a Lei de Desregulação das Instituições Depositárias e do Controle Monetário (Depository Institutions Deregulatory and Monetary Control Act). Outro fator de incentivo foi o sucesso do lançamento de produtos hipotecários *subprime*, como "taxas isca" (dois anos de taxas de juros baixíssimas nas prestações e depois 28 anos de taxas altas) e ARM (Adjustable Rate Mortgages, ou taxas ajustáveis de hipoteca, em que os juros variam ao longo do tempo, permitindo restabelecer taxas altas depois de alguns anos). De 8,9% do mercado em 2001, esses empréstimos passaram a representar mais de 20% do total em 2006. Quase 90% dos empréstimos *subprime* eram do tipo ARM[88].

Outra mudança importante no campo da desregulação bancária foi a permissão para que bancos e instituições de investimento não bancárias – além de Fannie Mae e Freddie Mac, securitizadoras criadas pelo governo – também pudessem securitizar hipotecas. Isso significa permissão para que essas instituições comprassem

---

[87] Para mais dados sobre até que ponto eles realmente foram forçados a fazer empréstimos "arriscados", ver Peter Marcuse, "The Deceptive Consensus on Redlining: Definitions Do Matter", *Journal of the American Planning Association*, v. 45, n. 4, out. 1979.

[88] Joint Center for Housing Studies, "Executive Summary", em *The State of the Nation's Housing 2007*, Cambridge-MA, Harvard University, 11 jun. 2007. Disponível em: <www.jchs.harvard.edu/research/publications/state-nations-housing-2007>. Acesso em: 12 jan. 2015.

o portfólio dos bancos que geraram os empréstimos, empacotassem-nos com outros produtos financeiros e revendessem-nos como *residential mortgage backed securities* (RMBS) [títulos securitizados lastreados em hipotecas] no mercado de capitais. Instrumentos como *collaterized debt obligations* e *collaterized loan obligations*, assim como *credit default swaps*, derivativos baseados nas dívidas de crédito com garantias hipotecárias, poderiam ser livremente permutados entre operadores financeiros, protegendo-os dos riscos. A securitização permitiria "limpar" os balanços de instituições de crédito através de sua venda para bancos ou fundos de investimento e, como numa linha de montagem, fabricar, juntar e sintetizar produtos financeiros construídos a partir de agregados de créditos imobiliários. Os atores desta linha de montagem são: os corretores de créditos imobiliários, que fazem o contato direto com os consumidores; os intermediários, que compram esses créditos no atacado para depois redistribuí-los de acordo com as especificações das instituições financeiras e *hedge funds*; e, finalmente, as agências de *rating*, que determinam se a composição desses portfólios de ativos satisfaz ou não o critério de qualidade[89].

O governo federal fez tudo o que pôde para gerar e incentivar esse mercado secundário de hipotecas, que passou a ser uma das grandes fontes de alavancagem de crédito, inclusive para o financiamento da compra de casa própria[90]. A securitização incluiu também os empréstimos *subprime*. Já em 2007, o negócio *subprime* constituía 1,5 trilhão de dólares no mercado financeiro global. Bancos e fundos de investimento de Wall Street criaram divisões especiais para operar no mercado secundário de hipotecas e ganhavam comissões altas a cada transação para investidores no mercado global.

O aumento de recursos disponíveis para o financiamento imobiliário residencial, assim como o desenvolvimento de produtos hipotecários "inovadores", possibilitou aos adquirentes a compra de propriedades mais caras, contribuindo também para elevar os preços dos imóveis. Enquanto os preços não paravam de subir, os compradores que enfrentavam algum tipo de dificuldade para pagar as prestações podiam refinanciar as casas por meio de novos empréstimos. Porém, quando a bolha imobiliária estourou, os preços pararam de subir e os planos ARM

---

[89] Martha Poon, "Aux origines était la bulle: La Mécanique des fluides des subprimes", *Mouvements*, n. 58, 2009.

[90] Kevin Fox Gotham, "The Secondary Circuit of Capital Reconsidered: Globalization and the U.S. Real State Sector", *American Journal of Sociology*, v. 112, n. 1, jul. 2006.

começaram a cobrar as prestações maiores. Então, começou a *débâcle*: as dívidas acumularam-se até a execução hipotecária e a perda da casa.

Em 2009, um relatório do HUD norte-americano afirmava: "a extensão da crise econômica e imobiliária está agora dolorosamente aparente [...]. Cerca de 3,7 milhões de mutuários iniciaram o processo de execução de hipoteca em 2007 e 2008"[91]. A Realty Trac relatou um aumento de 32% em pedidos de execução de hipotecas entre abril de 2008 e abril de 2009[92].

A crise afetou não apenas os proprietários endividados, mas também os locatários de casas e edifícios hipotecados: "pelo menos 20% das propriedades executadas não são ocupadas pelos proprietários e, em muitas regiões do país (como a Nova Inglaterra, a cidade de Nova York e Mineápolis), metade ou mais das famílias vivendo em prédios hipotecados são locatários"[93]. Quando os credores executam a hipoteca de propriedades alugadas, com frequência os inquilinos são despejados, mesmo tendo pagado regularmente seus aluguéis.

A legislação de regulação do aluguel é uma das ferramentas utilizadas por algumas cidades nos Estados Unidos para prover moradia acessível. Essa legislação foi introduzida no nível federal durante a Segunda Guerra Mundial, quando o presidente Franklin D. Roosevelt assinou a Lei Emergencial de Controle de Preços (Emergency Price Control Act), em 1942. Em seguida, vários estados e jurisdições locais instituíram medidas de controle de aluguéis, muitas das quais existem ainda hoje[94]. Esse estoque locatício enfrenta uma crescente pressão dos mercados imobiliários e, mais recentemente, a ameaça do capital predatório.

O capital predatório apareceu e ganhou força durante a recente bolha do mercado imobiliário: o investidor compra um prédio com aluguéis estabilizados, por meio de uma hipoteca securitizada e vendida repetidamente, num curto período de

---

91 HUD, *FY 2010 Budget: Road Map for Transformation* (Washington-DC, HUD, 2010), p. 5. Disponível em: <www.hud.gov/budgetsummary2010/fy10budget.pdf>. Acesso em: 12 jan. 2015.

92 Ver National Coalition for the Homeless et. al., *Foreclosure to Homelessness 2009: The Forgotten Victims of the Subprime Crisis* (Washington-DC, National Coalition for the Homeless, 2009), p. 2. Disponível em: <www.nationalhomeless.org/advocacy/ForeclosuretoHomelessness0609.pdf>. Acesso em: 6 jan. 2015. Como o Condado de Los Angeles relatou, houve um crescimento significativo das execuções nos últimos anos: de 12.469 em 2007 para 35.058 em 2008.

93 Danilo Pelletiere e Keith Wardrip, "Renters and the Housing Credit Crisis", *Poverty and Race*, v. 17, n. 4, jul.-ago. 2008, p. 3-7.

94 New York State Division of Housing & Community Renewal, *History of Rent Regulation: Rent Regulation after 50 Years – An Overview of New York State's Rent Regulated Housing*, 1993. Disponível em: <www.tenant.net/Oversight/50yrRentReg/history.html>. Acesso em: 4 dez. 2014.

tempo, por somas cada vez maiores. Assim, as prestações da hipoteca aumentam com cada venda, de forma que os aluguéis existentes tornam-se logo insuficientes para cobrir o custo. Como resultado, os novos proprietários adotam táticas agressivas para despejar os moradores, de forma a poder aumentar os aluguéis para os próximos inquilinos, e finalmente removem o prédio do esquema de estabilização locatícia. Com a retração do mercado imobiliário, há casos de investidores que simplesmente foram embora, deixando o prédio para o banco e um futuro incerto para os inquilinos. Só em Nova York, uma organização da sociedade civil identificou mais de 90 mil unidades com aluguel estabilizado que estão sujeitas ao capital predatório[95].

A crise de moradia torna-se ainda mais grave porque as opções "acessíveis" para famílias e indivíduos de baixa renda estão sendo ainda mais reduzidas, em função de outros tipos de pressão sobre o estoque. Nos anos 1960, o governo federal fez uma parceria com incorporadores privados para oferecer moradia acessível por um período de vinte a quarenta anos. Dependendo do tipo de subsídio envolvido, os proprietários desses edifícios tinham a opção de pagar integralmente suas hipotecas, podendo então passar a cobrar preços de mercado, e/ou não renovar os contratos quando estes expirassem[96]. Essas eram as formas através das quais o estoque de unidades residenciais sob aluguel controlado poderiam sair desta condição. Muitos dos contratos estão terminando agora e os proprietários não estão renovando. Milhares de unidades já foram perdidas, e um relatório estima que os contratos de outras 300 mil deverão expirar nos próximos cinco anos[97].

Assim, os *vouchers* de locação tornaram-se o maior programa do país para assistência à moradia de baixa renda, beneficiando mais de 2 milhões de famílias de renda extremamente baixa. Não obstante, a maioria dos municípios tem longas listas de espera para novos receptores de *vouchers*, geralmente de cinco anos. Sob os atuais níveis orçamentários, os programas federais só podem atender cerca de um quarto das famílias de baixa renda que, em função da renda e das características do grupo

95 Pratt Center for Community Development e New York Immigrant Housing Collaborative, *Confronting the Housing Squeeze: Challenges Facing Immigrant Tenants, and What New York Can Do*, Nova York, Pratt Center for Community Development, 16 out. 2008, p. 16. Disponível em: <www.prattcenter.net/research/confronting-housing-squeeze-challenges-facing-immigrant-tenants-and-what-new-york-can-do>. Acesso em: 6 jan. 2015.

96 Policy Link, *Expiring Use: Retention of Subsidized Housing* (Oakland, Policy Link, 2014). Disponível em: <www.policylink.info/EDTK/ExpiringUse>. Acesso em: 4 dez. 2014.

97 Douglas Rice e Barbara Sard, *The Effects of the Federal Budget Squeeze on Low-Income Housing Assistance* (Washington-DC, Center on Budget and Policy Priorities, fev. 2007), p. 5.

familiar, teriam direito à assistência[98]. Os cortes nos recursos contribuíram para uma perda adicional de mais de 150 mil *vouchers* entre 2005 e 2007. De acordo com um estudo realizado pela Conferência de Prefeitos dos Estados Unidos em 2008, muitas cidades fecharam suas listas de espera para a Section 8/Housing Choice Vouchers e para moradia pública em função do excesso de demanda[99].

Desde o final dos anos 1970, o efeito das opções políticas em relação à habitação expressa-se na atual crise de moradia no país, com o aumento crescente de famílias sem-teto, das listas de espera para habitação social e *vouchers* e das despesas com aluguel. Em 2007, cerca de 22% das 36,9 milhões de famílias que vivem de aluguel nos Estados Unidos estavam gastando mais da metade de sua renda em aluguéis[100]. O número de famílias que enfrentam sérios problemas de custo da moradia cresceu 33% entre 2000 e 2007. Cerca de dois terços das famílias de baixa renda que enfrentam severos ônus em termos de custo da moradia incluem crianças, idosos e pessoas com deficiências[101]. Nos Estados Unidos, cerca de 12,7 milhões de crianças – mais de uma em cada seis – fazem parte de famílias que gastam mais da metade de sua renda em moradia[102].

A redução drástica de recursos e programas de moradia social estaria supostamente alicerçada em dois pressupostos neoliberais: a necessidade de redução do gasto público e a retirada do Estado de áreas em que o mercado pode atuar. Entretanto, a evolução da política habitacional nos Estados Unidos permite-nos construir uma narrativa muito diferente. Por um lado, é falacioso o argumento da redução do gasto público. No caso dos Estados Unidos, entre 1976 e 2004, embora tenha despencado o orçamento do HUD, o gasto público com moradia não parou de crescer, mas foi dirigido para os setores de mais alta renda por meio de isenções fiscais na compra de moradias, conforme o Gráfico 3.

---

98 Ibidem, p. 10.

99 The United States Conference of Mayors, *Hunger and Homelessness Survey: A Status Report on Hunger and Homelessness in America's Cities* (Washington-DC, The United States Conference of Mayors, 2008), p. 23. Disponível em: <http://usmayors.org/pressreleases/documents/hungerhomelessnessreport_121208.pdf>. Acesso em: 18 ago. 2015.

100 HUD, *FY 2010 Budget*, cit., p. 9.

101 Douglas Rice e Barbara Sard, *The Effects of the Federal Budget Squeeze on Low-Income Housing Assistance*, cit., p. 2.

102 Joint Center for Housing Studies, "Executive Summary", em *The State of the Nation's Housing 2008*, Cambridge-MA, Harvard University, 23 jun. 2008, p. 28. Disponível em: <www.jchs.harvard.edu/research/publications/state-nations-housing-2007>. Acesso em: 12 jan. 2015.

Gráfico 3. Comparação entre as isenções fiscais federais para compra da casa própria e o orçamento do Departamento de Habitação e Urbanismo norte-americano (HUD)

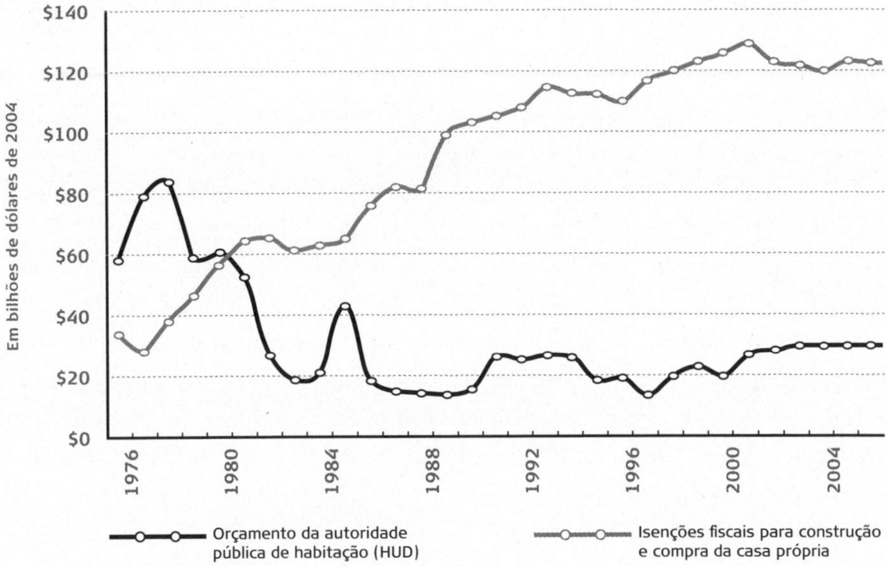

Fonte: Western Regional Advocacy Project, *2012 HUD Budget Fact Sheet*, cit., p. 26.

Por outro lado, a crise hipotecária dos empréstimos *subprime* não foi produto de uma tentativa malsucedida de ampliar o mercado privado de casas próprias para os mais pobres, diminuindo a dependência em relação aos fundos públicos e ao Estado. Pelo contrário, foi fruto de uma política clara e progressiva de destruição de alternativas de acesso à moradia para os mais pobres. Tal política visava constituir, exatamente no setor habitacional de mais baixa renda, uma nova forma de extração de renda – dos mercados de hipotecas, assim como dos próprios proprietários privados endividados – para os investidores financeiros[103].

A disseminação do modelo na Europa ocidental

Em 2008, uma decisão da Comissão Europeia restringiu, para o conjunto de países da Comunidade, a provisão de habitação social subsidiada pelos governos apenas para pessoas socialmente menos favorecidas, cuja renda não permitisse

[103] Manuel Aalbers, "The Financialization of Home and the Mortgage Market Crisis", *Competition & Change*, v. 12, n. 2, jun. 2008.

obter habitação em condições de mercado. Essa decisão, destinada a garantir a livre concorrência e a diminuir a intervenção do Estado em setores em que o mercado também atua, definiu a habitação como "serviço de interesse econômico geral" (SGEI, na sigla em inglês), nos termos do artigo 36 da Carta de Direitos Fundamentais, adotada quando da criação formal da União Europeia.

Essa interpretação confrontou claramente as políticas universalistas de provisão de moradia social ainda existentes na Europa, notadamente na Holanda e na Dinamarca. Nesses países, o estoque público ou semipúblico de habitação ainda era disponibilizado aos cidadãos a preços regulados, e não de mercado, sem limite de renda. Na Holanda, a implementação dessa decisão implicou na exclusão de 400 mil famílias do acesso à moradia social, ao considerá-las de alta renda. Na Suécia, em 2011, a moradia foi simplesmente excluída dos setores considerados SGEI. Na França, a União Nacional de Proprietários Imobiliários fez uma denúncia perante a Comissão Europeia contra o governo francês, considerando os tetos de renda para acessar as unidades de habitação social fornecidas pelo sistema público de apoio à moradia excessivamente altos, o que representaria uma concorrência desleal[104].

A decisão de 2008 da Comissão Europeia é apenas mais um lance, de natureza jurídico-política, em um longo processo de transformação das políticas de moradia na Europa, mesmo em países onde as unidades de habitação social chegaram a representar 40% do total – como é o caso da Holanda, dos países nórdicos e da Grã-Bretanha. Trata-se da focalização e residualização da política habitacional, rompendo com seu caráter universalista e abrindo espaços para a mercantilização e a financeirização. Entretanto, a tomada do setor habitacional pelas finanças vai além da pressão pela limitação do acesso ao estoque público ou semipúblico apenas aos extremamente pobres, já que mesmo os locadores sociais passaram a depender cada vez mais de mecanismos de financiamento de mercado para continuar produzindo e/ou administrando seus estoques. Além disso, mesmo em países em que a habitação social ainda tem presença significativa, a compra da casa própria através de hipotecas, a securitização do mercado de hipotecas e o crescimento da dívida das famílias têm sido um processo galopante.

---

[104] European Economic and Social Committee, "Opinion of the European Economic and Social Committee on 'Issues with Defining Social Housing as a Service of General Economic Interest' (Own-Initiative Opinion)", *Official Journal of the European Union*, Bruxelas, 15 fev. 2013. Disponível em: <http://eur-lex.europa.eu/legal-content/EN/TXT/?uri=CELEX:52012IE0597>. Acesso em: 4 dez. 2014.

O exemplo da Holanda, país europeu com o maior percentual de habitação social atualmente (35%), é ilustrativo do que acabamos de afirmar. Nesse país, já a partir dos anos 1920, os municípios e organismos privados começaram a construir grandes conjuntos habitacionais, especialmente entre 1945 e 1990. Unidades habitacionais com aluguéis controlados, produzidas por organismos privados sem fins lucrativos – as *Woningcorporaties* –, expandiram o setor de habitação social de 23%, em 1960, para 38% de todos os domicílios do país em 1985, abrangendo tanto setores de baixa como de média renda[105]. Essa expansão foi possível graças ao aumento crescente de subsídios públicos, que sextuplicaram entre 1970 e 1987[106], assim como por uma legislação de controle dos aluguéis que garantiu, também para parte do estoque privado para locação, um controle de preços e reajustes. Em cidades como Amsterdã, essa política foi complementada por um sistema de planejamento territorial e propriedade pública da terra, desenhado para manter baixo o impacto dos preços de terreno na composição dos custos da habitação. Dessa forma, foi possível proporcionar moradia social de alta qualidade espalhada pelo território, configurando uma das cidades menos segregadas, do ponto de vista socioespacial, da Europa[107].

Desde 1974, o governo holandês introduziu auxílios financeiros aos moradores de aluguel (em habitações sociais ou no parque privado) sob a forma de auxílio-aluguel. Essa medida permitiu um primeiro realinhamento de preços dos aluguéis nas unidades geridas pelas *Woningcorporaties*, assim como no setor privado de locação. Mas foi a partir de 1995 que as grandes subvenções que existiam para as *Woningcorporaties* deixaram de existir, com um efeito importante de redução na oferta de novo estoque. O parque existente, porém, foi mantido, notadamente através de venda de unidades, do aumento no valor dos aluguéis e de novos mecanismos de captação e gestão financeira, via mercado de capitais, por parte dos locadores sociais[108].

Não por coincidência, também foi a partir dos anos 1990 que a compra da casa própria começou a crescer significativamente e um mercado de hipotecas se

---

[105] Peter Boelhouwer e Hugo Priemus, "Dutch Housing Policy Realigned", *The Netherlands Journal of Housing and Environmental Research*, v. 5, n. 1, 1990, p. 115.

[106] Ibidem, p. 110.

[107] Susan Fainstein, "Cities and Diversity: Should We Want It? Can We Plan For It?", *Urban Affairs Review*, v. 41, set. 2005, citado em Justin Kadi e Richard Ronald, "Market-Based Housing Reforms and the 'Right to the City': The Variegated Experiences of New York, Amsterdam, and Tokyo", *International Journal of Housing Policy*, v. 14, n. 3, 2014.

[108] Marja Elsinga e Frank Wassenberg, "L'Exception néerlandaise", em Claire Lévy-Vroelant e Christian Tutin (orgs.), *Le Logement social en Europe au début du XXIe siècle*, cit., p. 52.

desenvolveu. Uma série de fatores impulsionou essa tendência: em primeiro lugar, o governo teve papel ativo ao disponibilizar incentivos fiscais para os compradores, encorajando também proprietários de edifícios a venderem os apartamentos de sua propriedade. Em segundo lugar, reformas na política monetária mantiveram juros baixos e incentivaram os bancos a assumir maiores riscos, aumentando também os limites de crédito[109].

A combinação dessas medidas resultou, no final dos anos 1990 e início dos 2000, numa alta exorbitante do preço da moradia, tanto alugada como própria. O Banco Nacional da Holanda chegou a estimar que, no final dos anos 1990, metade do crescimento econômico do país teria se dado em função do aumento do valor da *home equity* e não do crescimento real[110].

O resultado foi um processo de reestruturação do estoque habitacional nas cidades, com aumento de oferta de unidades a preço de mercado e diminuição da oferta acessível. Nesse contexto, indivíduos e famílias de baixa renda, especialmente os mais jovens, enfrentam dificuldades para encontrar opções de moradia; e Amsterdã passa por um processo ainda incipiente, porém crescente, de segregação[111].

Outro exemplo importante de mudanças em um país em que a habitação social era uma política claramente universalista é a Suécia. De forma geral, o sistema de bem-estar sueco resistiu mais à onda neoliberal do que o dos outros países europeus. Entretanto, o setor de habitação foi uma exceção. O chamado "modelo sueco" era considerado um dos mais radicais da social-democracia europeia: universalista e neutro do ponto de vista dos tipos de posse, o Estado sueco dava apoio tanto com subsídios para a produção de habitação social quanto com auxílios diretos aos locatários, além de estabelecer regulações estritas e incentivos para compradores de casas próprias e investidores no setor.

Arquitetado nos anos 1930 e 1940, o modelo alcançou um pico em 1975 em termos de disponibilidade, qualidade e acessibilidade da moradia social, depois da implementação de um programa de construção de "um milhão de casas" (1964-1975). No entanto, nas últimas duas décadas, o modelo passou por uma

---

[109] Manuel Aalbers, "The Financialization of Home and the Mortgage Market Crisis", cit.

[110] De Nederlandse Bank (DNB), *Het bancaire hypotheekbedrijf onder de loep. Rapport over de ontwikkelingen op de hypotheekmarkt in de periode 1994–1999* (Amsterdã, De Nederlandse Bank, 2000), citado em Manuel Aalbers, "The Financialization of Home and the Mortgage Market Crisis", cit.

[111] Justin Kadi e Richard Ronald, "Market-Based Housing Reforms and the 'Right to the City'", cit.

liberalização profunda, com a demolição ou venda de conjuntos habitacionais e a residualização da habitação social. Em plena crise econômica e diante da perda de espaço na economia global, o sistema sueco de bem-estar foi responsabilizado pela crise. E o setor de habitação emergiu como um dos primeiros alvos de reforma[112].

> Publicações como *A Market for Housing for All* [Um mercado para a habitação para todos] (ANDERSSON et al., 1990) e *Power Over the Home* [Poder sobre o Lar] (MEYERSON; STÅHL; WICKMAN, 1990), inspiradas nas políticas neoliberais de Thatcher e Reagan, tiveram uma enorme popularidade no país, clamando pelo fim das políticas governamentais de apoio à moradia e assentando as bases para reformas neoliberais. Efetivamente, uma das primeiras medidas tomadas pelo primeiro-ministro Carl Bildt, em 1991, primeiro governo conservador desde os anos 1930, foi fechar o Departamento de Habitação e anular todo o marco regulatório do setor habitacional.[113]

Um novo modelo – conhecido como sistema financeiro habitacional Danell –, estabelecido em 1993, reduziu drasticamente os subsídios e auxílios à moradia. A volta ao poder dos sociais-democratas, em 1994, não representou uma ruptura com essa política, de forma que o programa neoliberal seguiu adiante. As reformas claramente priorizaram os proprietários privados de casas em detrimento dos locatários, que sofreram grandes aumentos em seus aluguéis, gerando uma grande concentração de renda em escala nacional.

A produção de novas unidades habitacionais foi drasticamente reduzida, aumentando as condições de superocupação. As companhias públicas municipais que não foram fechadas e que ainda mantinham seus estoques passaram a operar visando ao lucro, limitando o acesso – especialmente nas áreas mais bem localizadas e com infraestrutura – para os setores de baixa renda. Por outro lado, alguns conjuntos de habitação social em áreas de interesse do mercado foram renovados, atraindo moradores de maior renda. O resultado foi, principalmente nas grandes cidades, uma maior segmentação, polarização e segregação no mercado de habitação[114].

O processo em que a habitação social e a locação protegida foram preteridas pela promoção da compra da casa própria via financiamentos hipotecários, exposto

---

[112] Karin Hedin et al., "Neoliberalization of Housing in Sweden: Gentrification, Filtering, and Social Polarization", *Annals of the Association of American Geographers*, v. 102, n. 2, 2012.

[113] Ibidem, p. 444.

[114] Idem.

anteriormente a partir das experiências da Holanda e da Suécia, tem convergências importantes com o pioneiro modelo britânico. O caso desses países mostra que, mais do que a eliminação da habitação social da paisagem econômica e social de suas cidades, ocorreu uma profunda transformação de seu sentido sociocultural e político. Claramente, os atores envolvidos na produção e no consumo da habitação social perdem poder em relação à ascensão não apenas dos proprietários (*homeowners*), mas, sobretudo, dos incorporadores (*developers*) e intermediários financeiros. Não por acaso, as reformas nos sistemas habitacionais nesses três países foram acompanhadas por reformas nos sistemas de planejamento e política fundiária, o que limitou o controle e intervenção públicos sobre a organização do território e flexibilizou as regulações para viabilizar a iniciativa dos incorporadores na produção das cidades. Como já apontamos antes, também foram reformas nos sistemas bancário e financeiro que ampliaram o escopo e a possibilidade de ação dos intermediários financeiros e, assim, aumentaram consideravelmente sua influência política.

Em nenhum país europeu isso ficou mais claro do que na Espanha. Combinando a desregulação do mercado de crédito e da Lei do Inquilinato com a reforma do sistema de planejamento e a entrada no Mercado Comum Europeu, a Espanha viveu duas décadas de "festa imobiliária". Viu-se a construção frenética de empreendimentos residenciais em periferias estendidas e o aumento exponencial de crédito imobiliário hipotecário a compradores, inclusive de baixa renda.

Ao contrário dos países europeus que acabamos de analisar, a Espanha nunca construiu uma política de habitação social significativa, e um parque público ou sem fins lucrativos de habitação subsidiada nunca chegou a constituir 2% das moradias[115].

A história da habitação no país foi marcada pela autoconstrução da casa própria e, sobretudo nas grandes cidades, por um percentual significativo de moradia de aluguel no mercado privado. Em 1960, eram 51,9% os proprietários e 41% os locatários[116]. Entretanto, já desde o período da ditadura franquista, o governo central passou a promover políticas de estímulo à casa própria, inclusive por meio

---

115 Julie Pollard, "Political Framing in National Housing Systems: Lessons from Real Estate Developers in France and Spain", em Herman M. Schwartz e Leonard Seabrooke (orgs.), *The Politics of Housing Booms and Busts* (Basingstoke, Palgrave MacMillan, 2009).

116 Jaime Palomera, "How Did Finance Capital Infiltrate the World of the Urban Poor? Homeownership and Social Fragmentation in a Spanish Neighborhood", *International Journal of Urban and Regional Research*, v. 38, n. 1, jan. 2014.

de incentivos e isenções fiscais. Ao lançar seu plano de moradia em 1957, José Luis Arrese, ministro da Habitação de Franco, declarou: "queremos um país de proprietários e não de proletários"[117].

Do ponto de vista econômico, o projeto da ditadura franquista foi largamente alicerçado na promoção da indústria imobiliária. Havia um duplo sentido nesse alicerce: dinamizar a economia e, simultaneamente, promover o controle social, desativando possíveis ímpetos revolucionários – "quem tem um título de propriedade tem algo a perder, interesses concretos a defender e pouco tempo para conspirar"[118]. Especialmente no chamado período do *desarrollo* (anos 1960 e 1970), os créditos e isenções concedidos aos incorporadores para a promoção da chamada *vivienda protegida* na realidade ampliaram significativamente a atividade imobiliária e a compra da casa própria pelas classes médias. A casa própria passou de 45% do total das moradias em 1950 para 57% em 1970, atingindo 78% em 1991[119].

No entanto, o movimento observado na década de 1990 e, principalmente, nos anos 2000 foi de outra natureza. Em 1985, o Decreto Boyer reformou a *Ley de Arrendamientos Urbanos*: liberalizou o mercado de aluguéis, acabou com os tetos de reajuste e limitou os contratos a no máximo cinco anos, tornando, assim, mais insegura a posse sob o regime de aluguel[120].

Desde 1991, uma nova lei passou a permitir aos agentes privados entrar no mercado de hipotecas, até então restrito aos bancos e fundos públicos. Essa lei também permitiu aumentar o percentual do valor das hipotecas em relação ao valor total dos imóveis. Em 1992, o mercado secundário de hipotecas foi regulamentado. Por outro lado, em 1998, uma revisão do marco regulatório do planejamento declarou que "toda terra não incorporada ao processo de urbanização pode ser incorporada para desenvolvimento imobiliário", abrindo a totalidade do território para incorporação. Além disso, a regulação do controle de uso do solo foi descentralizada, ficando a cargo das autoridades locais[121].

---

[117] Melissa García Lamarca, "Resisting Evictions Spanish Style", *New Internationalist*, abr. 2013. Disponível em: <http://newint.org/features/2013/04/01/sparks-from-the-spanish-crucible>. Acesso em: 12 jan. 2015.

[118] Ada Colau e Adrià Alemany, *Vidas hipotecadas*, cit., p. 35.

[119] Julie Pollard, "Political Framing in National Housing Systems", cit.

[120] Ada Colau e Adrià Alemany, *Vidas hipotecadas*, cit., p. 56.

[121] Josep Roca Cladera e Malcom C. Burns, "The Liberalization of the Land Market in Spain: The 1998 Reform of Urban Planning Legislation", *European Planning Studies*, v. 8, n. 5, jul. 2000.

No início dos anos 2000, isso coincidiu com aumentos nos déficits de financiamento das gestões locais, cujas responsabilidades e competências cresciam, de tal forma que estas dependiam cada vez mais dos impostos derivados dos negócios imobiliários.

Entre 1997 e 2007, foram construídas 6,6 milhões de novas moradias, quase o dobro do aumento do número de novos domicílios no mesmo período[122]. A desregulação e a securitização do mercado de hipotecas, no contexto de grande liquidez e de queda da taxa de juros, assim como a entrada em circulação no país do euro, contribuíram não apenas para o crescimento da oferta de moradias pelo mercado privado e a expansão urbana sem precedentes, como também para aumentar os preços dos imóveis, produzindo uma bolha imobiliária.

A desoneração fiscal sobre as poupanças depositadas em contas-habitação, bem como as reduções de impostos para compra e venda de imóveis residenciais e até mesmo de uma segunda ou terceira residência, estimulou a compra e também a valorização. Isso ocorreu porque o consumidor podia assumir valores maiores de compra sabendo que estes lhe seriam devolvidos em sua declaração anual de imposto de renda. Por outro lado, bancos e outros organismos financeiros financiavam 100% do valor dos imóveis, o que viabilizou a venda de imóveis cada vez mais caros mesmo para quem não tinha poupança para comprá-los[123].

Esse processo foi amplamente estimulado por mensagens divulgadas, inclusive pelo próprio governo, nos meios de comunicação – afirmando que a casa era um investimento seguro, que nunca baixaria de preço. Foi estimulado também pelo lançamento de produtos financeiros cada vez mais criativos, como "hipoteca jovem", "hipoteca livre", "hipoteca aberta", "desipoteca"[124]. Fomentou-se, assim, uma política de expansão do endividamento, que passou de 55% a 130% da renda disponível das famílias durante a década de 1997-2007. De cada três euros de dívida, dois correspondiam à dívida hipotecária. Diferentemente do que havia sido veiculado, a política de crédito fácil contribuiu de maneira decisiva para a elevação dos preços, multiplicando o esforço que as famílias tinham de fazer para honrar suas dívidas. Se em 1997 eram necessários, em média, 3,8 salários brutos anuais de uma família para comprar um apartamento, em 2007 eram necessários 7,6 salários para enfrentar esses gastos. Medido de outra forma, o percentual da

[122] Ibidem, p. 46.

[123] Ada Colau e Adrià Alemany, *Vidas hipotecadas*, cit., p. 51-6.

[124] Ibidem, p. 66.

renda necessário para pagar as prestações da casa subiu de 37,6% da renda familiar mensal para 51,2% nesse período[125].

Em 2007, com o estouro da bolha e a crise financeira e econômica que lhe sucedeu, o aumento do desemprego rapidamente implicou dificuldades para o pagamento das hipotecas. Em 2008, os inadimplentes dos créditos hipotecários cresceram 310% e 2,7 milhões de pessoas terminaram o ano sem poder quitar suas dívidas. Em 2009, as moratórias chegaram a 850 mil, nível mantido em 2010[126].

Segundo dados do Poder Judiciário, entre 2007 e o terceiro trimestre de 2011, quase 350 mil execuções hipotecárias foram iniciadas. Ainda que nem todas sejam de imóveis que são a única opção de moradia de seus proprietários, 85% das pessoas afetadas só dispõem da casa hipotecada. Além disso, como os fiadores dos empréstimos também são incluídos em cada processo de execução, a perda do processo também afeta seu imóvel, que eventualmente pode ser tomado pelo banco. Estimativas de 2013 apontam a cifra de 2 milhões de pessoas atingidas por execuções hipotecárias[127]. Por outro lado, de acordo com o censo realizado em 2011, existem aproximadamente 3,5 milhões de imóveis residenciais vazios na Espanha, o maior estoque de casas e apartamentos sem ocupação da União Europeia[128].

O caso espanhol é um dos exemplos mais extremos do impacto da financeirização da moradia como parte do movimento de "socialização do crédito", por meio da inclusão de setores de baixa e média rendas, e dos efeitos da hegemonia do complexo financeiro-imobiliário sobre a vida das pessoas. Naquele país, a euforia da expansão do crédito para compra da casa própria alimentou uma orgia imobiliária – a expansão intensa e rápida da construção residencial constituiu uma das espinhas dorsais da economia política espanhola ao longo de mais de uma década. Parte dessa riqueza foi produzida através do mercado imobiliário, que avançou sobre as terras do país, em várias regiões, oferecendo um produto – a casa própria – acessível para as classes média e trabalhadora via crédito hipotecário.

---

125 Idem.

126 Raúl Guillén, "Em Madri, vidas hipotecadas", cit., p. 46.

127 Observatori Drets Econòmics Socials i Culturals e Plataforma de Afectados por la Hipoteca, *Emergencia habitacional en el Estado español: la crisis de las ejecuciones hipotecarias y los desalojos desde una perspectiva de derechos humanos*, 2013, p. 106-8. Disponível em: <http://afectadosporlahipoteca.com/wp-content/uploads/2013/12/2013-Emergencia-Habitacional_Estado_Espanyoldef.pdf>. Acesso em: 15 out. 2014.

128 Instituto Nacional de Estadística, *Censos de Población y Viviendas 2011*. Disponível em: <www.ine.es/censos2011_datos/cen11_datos_inicio.htm>. Acesso em: 4 dez. 2014.

As literalmente milhões de moradias produzidas por esse sistema, embora tenham uma materialidade de cimento, tijolo e concreto – encravadas nas cidades, transformam sua paisagem e modo de funcionamento –, são ao mesmo tempo abstrações, frações de unidades de valor. Juntamente com outras frações de unidades de valor, transitam rapidamente pela esfera financeira, acelerada pela tecnologia da *web*. A moradia – a do mundo real, concreto – conecta-se com essa rede abstrata de circulação de valor via dívida e sua possibilidade de recuperação, com juros, ao longo do tempo, esperada pelo investidor que nela apostou. Por sua vez, toda a teia que se desenrola através dessas dívidas, circulando pelo mundo, origina-se em um conjunto de pessoas, seus "portadores", que trabalham para pagar as prestações. Para o investidor, a moradia é uma aposta entre tantas outras, um misto de previsão e intervenção no futuro denominado especulação, inerente à lógica financeira de ganhadores e perdedores. Para a pessoa ou as pessoas que nela vivem, a moradia tem outras dimensões e significados. Especialmente para aqueles que se endividaram para além de suas possibilidades e riquezas, um dos significados é a expectativa de aumento de renda prometida pela valorização do imóvel hipotecado. Mas essa expectativa desfaz-se, diante da falta de qualquer outro lugar para morar, quando não é mais possível participar da "ciranda".

A dívida, moeda abstrata que circula pelo mundo, no final das contas, é responsabilidade de quem se comprometeu a pagá-la. E, no caso da Espanha, as perdas não se resumem ao imóvel que vai para o banco, desvalorizado após o estouro da bolha: envolvem também o compromisso de pagamento integral de seu valor. Na *débâcle* financeira de 2007, após a orgia da casa própria, sobraram imóveis vazios e pessoas sem-teto e endividadas. Estas também muito reais, de carne e osso, abusadas pelos mecanismos especulativos e jogos de azar do mundo das finanças.

2
A exportação do modelo

A evolução da política habitacional do Banco Mundial

> Este artigo apresenta a política habitacional do Banco Mundial tal como ela se desenvolveu ao longo dos anos 1980 até o início dos anos 1990 e propõe uma série de novas orientações importantes, tanto para o Banco quanto para os tomadores de empréstimo. Ele defende a reforma de políticas governamentais, instituições e leis para permitir que os mercados habitacionais funcionem de forma mais eficiente, bem como o afastamento de apoios limitados e baseados em projetos por parte das agências públicas envolvidas na produção e no financiamento da habitação. Aconselhamos os governos a abandonar seu antigo papel de produtores de habitação e a adotar um papel facilitador da gestão do setor habitacional como um todo. Essa mudança fundamental é necessária se quisermos que os problemas habitacionais sejam tratados numa escala proporcional à sua magnitude – para melhorar as condições habitacionais dos pobres de forma substantiva – e se quisermos que o setor habitacional seja gerido como ele é – um setor econômico de grande relevância.[1]

O parágrafo citado, escrito em 1993 por Stephen Mayo e Shlomo Angel (ambos técnicos do Departamento de Infraestrutura Urbana do Banco Mundial), anuncia o novo consenso no campo da política habitacional. Segundo este, os governos deveriam renunciar a seu papel de provedores de habitação de custo acessível e se tornar facilitadores[2].

---

1 Ver Banco Mundial, *Housing: Enabling Markets to Work*, cit., p. 3.

2 UN-Habitat, *Quick Guide to Policy Makers, Quick Guide 2: Housing the Poor in African Cities, Low--Income Housing* (Nairóbi, UN-Habitat, 2011), p. 35-6; Mikael Atterhög e Han-Suck Song, "A Survey of Policies that May Increase Access to Home Ownership for Low-Income Households", cit.

Para justificar a mudança de direção na política habitacional do Banco Mundial – amplamente seguida por outros bancos multilaterais, como o Banco Interamericano de Desenvolvimento (BID) –, documentos da instituição alegavam uma reavaliação de sua atuação no setor, que seria marcadamente limitada em seu alcance e sem capacidade de recuperação de custos[3]. Tais documentos referem-se à prática dominante, nos anos 1970, de empréstimos a governos para financiar projetos destinados a promover acesso a terra e moradia para os mais pobres, com baixa capacidade de retorno do "investimento". Nesse modelo, a provisão de terras urbanizadas era feita diretamente pelos Estados, com o objetivo de facilitar a construção progressiva de casas pelos próprios beneficiários ou realizar projetos de urbanização de favelas. Nesse período, foram financiados projetos-piloto de *sites & services* e urbanização de favelas sobretudo na América Latina (principalmente no Peru, em El Salvador e na Venezuela) e na Ásia (especialmente na Indonésia e nas Filipinas), mas também – em menor escala – em países da África Subsaariana. Na década de 1970, esses projetos envolveram cerca de 2 bilhões de dólares e foram implementados em 55 países[4].

A mudança que se processa a partir dos anos 1980 leva o Banco Mundial a reorientar progressivamente sua política na direção de empréstimos para instituições financeiras – levando ao quase completo desaparecimento, nos anos 1990, dos empréstimos para *sites & services* e urbanização de assentamentos informais. Embora o argumento da pouca replicabilidade desses projetos-piloto tenha contribuído para justificar a desconstrução dessa política, a entrada do Banco na reestruturação dos sistemas financeiros de habitação nos países significou, na realidade, uma oportunidade para que ele se envolvesse em processos de reajuste econômico mais amplos nos países credores, particularmente naqueles mais impactados pela crise da dívida. De acordo com a instituição, um sistema financeiro de habitação que "funcionasse bem" contribuiria para objetivos financeiros mais amplos, tanto de mobilização de capital quanto de reajuste fiscal, na medida em que os gastos públicos ocorreriam através de subsídios mais transparentes e focalizados e capitais privados poderiam ser mobilizados[5].

Dos objetivos de criar instituições financeiras autônomas, capazes de disponibilizar empréstimos hipotecários de longa duração para famílias de baixa e média

---

3 Robert M. Buckley e Jerry Kalarickal (orgs.), *Thirty Years of World Bank Shelter Lending*, cit.

4 Ibidem, p. 60-3.

5 Idem.

rendas, reduzindo e reestruturando os subsídios para habitação que o Banco praticou nos anos 1980, a política evoluiu, nos anos 1990, rumo à criação de "um setor financeiro habitacional nos países que sirva aos consumidores, financistas e governos, que seja capaz de dinamizar a economia"[6].

Com o abandono progressivo do financiamento de projetos urbanos, ganham corpo dentro do Banco Mundial os empréstimos integrados a planos de reajuste estrutural mais amplos em países endividados, associados ou não a empréstimos para investimentos e subsídios no setor habitacional e operações de assistência técnica. Essa mudança ampliou a quantidade de recursos envolvidos, bem como a participação da financeirização da moradia no total de empréstimos da instituição: nos anos 1980, são mais de 4 bilhões de dólares envolvidos nessas operações e, nos anos 1990, quase 7 bilhões de dólares. Esse último valor chegou a representar, na época, mais da metade do total de empréstimos do setor de infraestrutura e desenvolvimento urbano do Banco, no qual o tema da habitação está alocado[7].

Essa mudança também representou uma transformação significativa no perfil dos países receptores da "ajuda" do Banco Mundial: após a queda da União Soviética, antigos países comunistas do Leste Europeu e da Ásia Central transformaram-se em grandes clientes da entidade. Juntos, receberam quase 20% de todo o perfil de empréstimos na área de habitação – 900 milhões de dólares na década de 1990[8].

Além da presença decisiva da mercantilização e financeirização da moradia como parte dos programas de ajuste estrutural, o Banco Mundial também foi importante na disseminação do modelo de política habitacional via mercado. Não apenas por meio de empréstimos diretos para países (a América Latina, por exemplo, continuou a ser um cliente importante, como veremos adiante, além dos países do norte da África e do Oriente Médio), mas sobretudo por meio de sua influência no desenvolvimento teórico e prático do modelo. Em organizações como o Banco Mundial, ou ainda o Banco Central Europeu e outros bancos e organizações multilaterais, os empréstimos quase sempre são acompanhados por um pacote de assistência técnica, algumas vezes a fundo perdido. Essa assistência é realizada por consultores com base em relatórios produzidos

---

[6] Banco Mundial, *Housing: Enabling Markets to Work*, cit., p. 35-6.

[7] Robert M. Buckley e Jerry Kalarickal (orgs.), *Thirty Years of World Bank Shelter Lending*, cit., p. 18-9.

[8] Idem.

no interior da instituição a partir de suas próprias diretrizes. Os técnicos e consultores dos bancos também participam de fóruns e eventos internacionais que reúnem ministros, prefeitos e gestores de programas de habitação. Dessa forma, a ação do banco transforma cada empréstimo em um laboratório de experiências de políticas.

A receita já estava formulada em 1993, no já citado *Housing: Enabling Markets to Work*. Segundo o Banco Mundial, para facilitar a ação dos mercados de habitação, os governos têm sete instrumentos à sua disposição: três para enfrentar os obstáculos ao crescimento da demanda, três para intervir sobre a oferta e um para melhorar o desempenho do setor como um todo. Os três instrumentos para viabilizar a demanda são: direito de propriedade, para garantir que um sistema de livre troca da moradia seja estabelecido e efetivado legalmente, o que pode ser feito por meio da implementação de sistemas de registro de terras e propriedades e de regularização da posse insegura; desenvolvimento de um sistema financeiro de habitação por meio da criação de instituições de crédito hipotecário saudáveis e competitivas, e também de produtos inovadores para ampliar o acesso à compra da casa própria pelos pobres; racionalização dos subsídios, para garantir que eles sejam focalizados e acessíveis, mensuráveis, transparentes e implementados na escala adequada, evitando distorcer os mercados residenciais.

Os três instrumentos de ampliação da oferta são: disponibilizar infraestrutura para urbanização; reformar os sistemas de regulação urbanística e edilícia de forma a equilibrar os custos e benefícios das normas que impactam os mercados de solo e residenciais, removendo leis que dificultam a oferta de moradia desnecessariamente; organizar a indústria da construção civil a fim de fomentar a competição e remover obstáculos e barreiras comerciais para os insumos.

Por fim, o fortalecimento institucional do setor habitacional, para monitorar e gerir seu desempenho como um todo, é o sétimo instrumento proposto[9].

Ainda de acordo com o documento, esses sete instrumentos são aplicáveis para todos os países clientes do Banco Mundial, mas a prioridade na mobilização de um ou de outro deve variar para cada país. Para os países classificados como *"low income"* [baixa renda], a prioridade é a reforma dos sistemas de posse através do desenvolvimento de sistemas de direito de propriedade orientados ao mercado, além de investimentos em infraestrutura e na indústria de construção. Em países

[9] Banco Mundial, *Housing: Enabling Markets to Work*, cit., p. 6.

muito endividados, a prioridade é a reforma fiscal e financeira, em especial a redução de gastos orçamentários com moradia e a implementação de sistemas financeiros de habitação. Nos antigos países comunistas, a prioridade é reformar os direitos de propriedade, os sistemas financeiros de habitação, os subsídios e as regulações de terra e construção, desenvolver o setor de incorporação imobiliária e melhorar os sistemas de produção e distribuição de materiais de construção. Em outros países, classificados como "*middle income*" [renda intermediária], as prioridades devem ser a reforma na regulação do uso do solo e das edificações, facilitando a transição para sistemas de oferta residencial mais responsivos, e o desenvolvimento de um mercado hipotecário[10].

Além da ação direta dos empréstimos do banco para instituições governamentais, a atuação do International Finance Corporation (IFC), braço privado do Banco Mundial, associada a seu Departamento de Mercado de Capitais, também foi decisiva para o sucesso desta guinada de foco na política habitacional. O IFC já ajudou a criar companhias de crédito hipotecário na Bolívia, em Botswana, na Colômbia, na Indonésia, no Líbano e no Senegal, assim como a Housing Development Finance Corporation, na Índia. Também atuou junto ao setor privado para criar instituições de crédito hipotecário capazes de concorrer com o setor público. Além de ter contribuído para reformar sistemas financeiros, de forma a facilitar o desenvolvimento dos mercados primários e secundários de hipotecas[11].

Ao apresentar o envolvimento do Banco Mundial e seu papel na disseminação do modelo de financeirização da moradia, não temos como intenção avaliar sua atuação e os resultados dela, mas apenas revelar mais um dos mecanismos por meio dos quais os modelos – teóricos e práticos – de tomada do setor habitacional pelo setor financeiro foram disseminados. Nas experiências concretas dos países, o envolvimento do Banco Mundial nas reformas do setor pode ter sido mais ou menos significativo, tanto em volume de recursos como de influência política. De qualquer forma, a presença de agentes do mercado internacional – inclusive nas estratégias de cooperação via bancos multilaterais ou agências de cooperação – é um dos elementos que incide sobre a economia política dos países.

Não poderíamos deixar de observar que os próprios documentos do Banco Mundial reconhecem como efeito desse novo enfoque na política habitacional – considerado

[10] Ibidem, p. 5.

[11] Ibidem, p. 37-8.

bem-sucedido – a diminuição crescente do apoio para habitação social destinada à população de baixa renda: de 90% do total de empréstimos à área habitacional nos anos 1970, passou para menos de 10% desde a metade dos anos 1990. Também se admite uma menor participação dos países mais pobres como clientes da entidade, passando de 40% nos anos 1970 para 20% em 2006[12]. Dessa forma, assim como ocorreu nas experiências que descrevemos, as políticas de financeirização serviram muito mais para ampliar os próprios mercados financeiros do que para aumentar de fato o acesso à moradia para os mais pobres e vulneráveis[13].

Em outras partes deste livro, abordaremos com maior profundidade as reformas dos sistemas de propriedade, assim como o impacto das políticas de subsídio focalizado mencionadas anteriormente nas "receitas" do Banco Mundial. Certamente, a aplicação de tais "receitas" depende do contexto de cada país. Como vimos, os chamados "países em transição" – que, após abandonarem o comunismo, reformaram seus sistemas econômicos, políticos e financeiros nos anos 1990 – foram um grande laboratório para os novos paradigmas de política habitacional, tão claramente expressos nos documentos do Banco. Serão abordados exemplos de diversos países – especialmente da Croácia e Cazaquistão – para examinar como esse processo ocorreu e quais foram suas consequências em antigos países comunistas.

Lost in transition: a trajetória habitacional dos países pós-comunistas

> Até recentemente, a política habitacional do Sudeste Europeu estava preocupada, sobretudo, com a reconstrução de imóveis destruídos por conflitos e com privatização do estoque de moradia pública. Agora que praticamente todo o estoque já está privatizado e que as casas foram reconstruídas, é hora de continuar adiante na agenda pós-privatização: desenvolver as condições legais para que os novos proprietários possam usar e manter seus ativos de forma eficiente; [...] e pavimentar o caminho na direção de sistemas financeiros de habitação, elementos fundamentais do crescimento econômico da região.

Com essas palavras, o presidente do Banco de Desenvolvimento do Conselho da Europa e o vice-presidente para a Europa e Ásia Central do Banco Mundial

---

[12] Robert M. Buckley e Jerry Kalarickal (orgs.), *Thirty Years of World Bank Shelter Lending*, cit.

[13] Banco Mundial, *Housing: Enabling Markets to Work*, cit., p. 37-8.

apresentam o resultado da Conferência Ministerial sobre Habitação do Sudeste Europeu, que ocorreu em Paris em 2003[14].

Nos países comunistas, a moradia constituía parte das atribuições do Estado e deveria ser garantida de forma universal para todos, como parte das condições não monetarizadas de reprodução da vida, para além dos salários[15]. Apesar da aparente homogeneidade, eram diversos os sistemas e modelos de provisão e acesso à habitação nos diferentes países, mesmo no interior de um bloco ou região, como os ex-integrantes da União Soviética (no Leste Europeu e na Ásia Central), a Iugoslávia, no Sudeste Europeu, ou os países asiáticos sob a órbita da China[16].

O modelo predominante era o de constituição de um estoque público de habitação construído por governos centrais, municipalidades, cooperativas ou empresas estatais e alugado para os moradores por valores subsidiados. No entanto, alguns países (como Hungria, Bulgária, Polônia e a antiga Iugoslávia) também possuíam bancos ou agências públicas que subsidiavam empréstimos para que proprietários construíssem suas casas. Na Iugoslávia, por exemplo, os subsídios para compra da casa própria passaram a fazer parte da política habitacional nos anos 1960, enquanto na Hungria a autoconstrução da moradia era comum nos subúrbios das grandes cidades. De qualquer forma, nos países socialistas, a predominância de órgãos estatais de financiamento e construção tornava a habitação uma atribuição do Estado, mesmo na modalidade de compra da casa própria. Bancos públicos realizavam empréstimos hipotecários de longa duração, com prestações fixas e juros baixos, alocados administrativamente com base em listas advindas de sindicatos, municipalidades ou do partido. Em países mais urbanizados, como a Polônia, a República Democrática Alemã e a Tchecoslováquia, cooperativas que mobilizavam uma poupança prévia coletiva passaram a ser cada vez mais significativas[17].

No caso da habitação pública de aluguel, forma predominante de acesso à moradia nos países socialistas, os locatários gozavam de uma extraordinária

---

[14] Council of Europe Development Bank (CEB), *Housing in South Eastern Europe: Solving a Puzzle of Challenges* (Paris, Council of Europe Development Bank, 2004).

[15] David V. Donnison e Clare Ungerson, *Housing Policy* (Harmondsworth, Penguin, 1982), p. 107, citado em Mark Stephens, "A Critical Analysis of Housing Finance Reform in a 'Super' Home-Ownership State: The Case of Armenia", *Urban Studies*, v. 42, n. 10, set. 2005.

[16] József Hegedüs, Stephen E. Mayo e Iván Tosics, "Transition of the Housing Sector in the East Central European Countries", *Review of Urban & Regional Development Studies*, v. 8, n. 2, jul. 1996.

[17] Mark Stephens, "A Critical Analysis of Housing Finance Reform in a 'Super' Home-Ownership State", cit., p. 1.795-7.

segurança da posse: podiam não apenas permanecer no imóvel, mas também trocar de apartamento[18]. Os aluguéis e os custos associados, como eletricidade e água, eram extremamente baixos, correspondendo, em média, a 2% ou 3% do orçamento familiar.

Apesar de enormes diferenças na situação de cada país, ao final dos anos 1980, o número de famílias sem-teto era residual em boa parte deles. No entanto, isso não quer dizer que esse parque público era necessariamente de boa qualidade e bem localizado. Na maioria das vezes, grandes conjuntos habitacionais foram construídos utilizando tecnologia pré-fabricada de baixo custo, com baixíssima qualidade. Além disso, grande número de famílias ou indivíduos era obrigado a compartilhar apartamentos e casas, em situações de superlotação e precariedade. Muitas vezes, esses conjuntos eram constituídos apenas por casas, sem equipamentos sociais, esportivos ou culturais, e sofriam com baixos níveis de manutenção.

No início dos anos 1990, na Europa, e no final dessa mesma década, na Ásia, a maior parte dos antigos países comunistas embarcou em projetos de privatização do estoque público de habitação em larga escala, o que resultou, em muitos casos, em sua completa eliminação. Os países adotaram o *right-to-buy*, ou seja, a possibilidade de os locatários comprarem com muitos descontos (algumas vezes, sem custo) os apartamentos em que viviam. Apenas a Polônia e a República Tcheca não introduziram uma legislação nacional sobre o tema, deixando que as municipalidades decidissem o que fariam com seus estoques.

Um exemplo é a Eslováquia, que, entre 1948 e 1990, quando ainda fazia parte da Tchecoslováquia, construiu mais de 1,3 milhão de unidades habitacionais para locação (para uma população de 5 milhões de habitantes no final desse período). Houve uma queda nesse número depois da transição de uma economia planificada para uma economia de mercado, em 1989. De 1991 a 2000, esse estoque foi reduzido a um quarto do número anterior. Mas a principal característica da transição foi a mudança no regime de propriedade: a locação pública diminuiu fortemente se comparada com a propriedade privada dos imóveis residenciais. Atualmente, as unidades estatais destinadas à locação representam apenas 2,7% do estoque habitacional do país, que implementou uma versão um pouco distinta do *right-to-buy*, já que manteve parte do estoque habitacional como aluguel controlado[19].

---

[18] Idem, "Locating Chinese Urban Housing Policy in an International Context", *Urban Studies*, v. 47, n. 14, dez. 2010.

[19] Resposta da Eslováquia a questionário enviado em 2012.

Outro exemplo é a Eslovênia, que, a partir de 1991, privatizou todo o estoque habitacional em apenas dois anos. Depois desse período, 88% de todas as unidades habitacionais passaram a ser de propriedade privada. No final de 2000, 11% do total do estoque era de propriedade do Estado e utilizado para habitação social[20]. Na Estônia, antes das reformas de 1989, 25,8% dos edifícios residenciais pertenciam ao Estado, 34,7%, aos governos locais, 5%, a cooperativas habitacionais, e 34,5%, a proprietários privados. Depois da Lei de Privatização, o Censo de 2000 indicou os seguintes percentuais: o setor público era dono de 6% dos edifícios residenciais (a maior parte desse percentual é de propriedade dos governos locais) e 94% eram de propriedade privada. Os números de 2005 mostram que a privatização continuou aumentando: 4% dos edifícios residenciais são do poder público e 96%, propriedade privada[21].

Em alguns processos de privatização de empresas na Rússia e na Bulgária, complexos produtivos que incluíam moradia para seus trabalhadores foram transferidos para os novos proprietários – privados – juntamente com os conjuntos de moradias e seus locatários. Assim, algumas estatais privatizadas transformaram-se em grandes proprietárias de imóveis residenciais.

Além disso, vários países devolveram o estoque habitacional que havia sido expropriado pelos regimes comunistas para seus antigos donos ou descendentes (foi o caso de República Tcheca, Estônia, Eslovênia e Albânia). Outros países ou não implementaram políticas de restituição de propriedades (Rússia e Bulgária, por exemplo), ou preferiram compensar financeiramente os antigos proprietários (Hungria)[22].

De qualquer forma, apesar da variedade de configurações sociopolíticas internas e das opções assumidas durante a transição, os antigos países socialistas transformaram radicalmente a estrutura de posse da moradia durante os anos 1990, com clara predominância da casa própria sobre o aluguel.

Na Europa, todos os antigos países comunistas têm percentuais de casa própria acima de 80% de seu estoque residencial (em alguns casos, acima de 90%, como Eslováquia, Lituânia, Albânia e Romênia), índice superior à média europeia,

---

20 Resposta da Eslovênia a questionário enviado em 2012.

21 Resposta da Estônia a questionário enviado em 2012.

22 József Hegedüs, Martin Lux e Petr Sunega, "Decline and Depression: The Impact of the Global Economic Crisis on Housing Markets in Two Post-Socialist States", *Journal of Housing and the Built Environment*, v. 26, n. 3, set. 2011.

hoje em torno de 70%[23]. Na Ásia Central e na China, os índices de casa própria também ultrapassam a casa dos 80%[24]. O processo de privatização foi acompanhado – novamente em diferentes intensidades e *timings* – pela introdução de sistemas financeiros de habitação, como já apontamos, com grande intervenção por parte do Banco Mundial e cooperação internacional, principalmente nos países europeus[25].

A transformação da moradia de bem público, social, sob inteira responsabilidade dos Estados, em produto disponibilizado pelo mercado já apresentou impactos no acesso à moradia nesses países, afetando especialmente os mais pobres. Embora a grande maioria das famílias pudesse, no início, usufruir de segurança na posse, e apesar de não ter havido um grande déficit de unidades habitacionais no curto prazo, especialmente nos países do antigo bloco soviético, logo o tema do custo acessível emergiu como problema. Famílias que haviam comprado os apartamentos onde moravam jamais haviam arcado com os custos, nem com as demais implicações de gestão e manutenção dos conjuntos. Dada a baixa qualidade de muitos desses conjuntos, sua condição física passou a se deteriorar rapidamente, sem que uma política para enfrentar o problema fosse posta em marcha[26]. Empresas que se transformaram em proprietárias de grandes conjuntos habitacionais também começaram a aumentar o valor dos aluguéis, que antes raramente chegava a 5% dos salários.

Além disso, a privatização do estoque de moradia foi acompanhada por privatizações nos serviços públicos – como eletricidade, água e gás –, o que acarretou um aumento imediato dos custos da moradia. Na maioria dos casos, os custos de reforma também acompanharam a alta geral de preços que antes eram subsidiados (por exemplo, os de material de construção)[27].

Outra consequência importante foi o fato de o setor de construção ter sido praticamente paralisado com a interrupção da produção pública e a inexistência de uma

---

[23] Ver: <http://epp.eurostat.ec.europa.eu/statistics_explained/index.php/Main_Page>. Acesso em: 4 dez. 2014.

[24] Mark Stephens, "Locating Chinese Urban Housing Policy in an International Context", cit.

[25] UN Economic Commission for Europe (UNECE), *Housing Finance Systems for Countries in Transition: Principles and Examples* (Nova York/Genebra, Unece, 2005). Disponível em: <www.unece.org/housing-and-land-management/hlmpublicationsandreports/housing-and-land-management-hlm/2005/housing-finance-systems-for-countries-in-transition-principles-and-examples/housing-finance-systems-for-countries-in-transition-principles-and-examples.html>. Acesso em: 12 jan. 2015.

[26] UN-Habitat, *Affordable Land and Housing in Europe and North America*, cit., p. 62.

[27] Council of Europe, *Housing Policy and Vulnerable Social Groups: Report and Guidelines* (Estrasburgo, Council of Europe Publishing, 2008), p. 53.

nova oferta privada[28]. Assim, as únicas possibilidades de acesso à moradia para novas famílias ou jovens passaram a ocorrer via mercado privado de aluguéis, que em áreas urbanas podem chegar a comprometer mais da metade do valor dos salários[29].

O aumento de preços da moradia, assim como o crescimento da superlotação em grandes centros urbanos, também tem relação com outros processos: o aumento da migração interna (antes controlada), o grande influxo de investimentos estrangeiros e a abertura dos mercados fundiários e imobiliários para os movimentos especulativos do capital financeiro. Um dos países onde esse fenômeno pode ser observado com maior intensidade é a China.

A China iniciou sua reforma na direção da mercantilização da moradia em 1998. A nova política acabou com o sistema de alocação de moradias, de acordo com o planejamento de polos econômicos para montar um novo sistema baseado na venda subsidiada. A base do antigo sistema de registro domiciliar, instituído por Mao Tsé-Tung nos anos 1950 no meio rural, denominado *hukou*, não foi eliminada. Esse sistema condiciona o acesso aos serviços públicos, o que inclui a habitação, ao local onde o indivíduo está registrado. Entretanto, houve uma enorme migração das áreas rurais para as cidades onde ocorreu um grande crescimento do emprego; consequentemente, houve também o desenvolvimento meteórico de um mercado imobiliário residencial e um *boom* nos preços da moradia[30]. Na ausência de uma oferta habitacional para esses migrantes "ilegais", o novo paradigma simplesmente tem sido incapaz de disponibilizar o acesso à moradia para os setores de menor renda, aumentando a segregação e acentuando situações de precariedade e informalidade nas áreas urbanas.

O excedente de população rural, estimado em 150 milhões de pessoas, deve incrementar ainda mais a migração na próxima década. Esses migrantes, bloqueados pelo *hukou* do acesso à moradia, representam por volta de metade da população pobre urbana[31].

---

28 Resposta de Eslováquia a questionário enviado em 2012; Scott Leckie, *Regional Housing Issues Profile: Implementing Housing Rights in South East Europe*. Regional Consultation on Making Cities Inclusive, Belgrado, 2002.

29 Sasha Tsenkova, *Housing Policy Reforms in Post-Socialist Europe: Lost in Transition* (Heidelberg, Physica, 2009).

30 Jian-Ping Ye, Jia-Ning Song e Chen-Guang Tian, "An Analysis of Housing Policy During Economic Transition in China", *International Journal of Housing Policy*, v. 10, n. 3, set. 2010, p. 273-5.

31 Ya Pin Wang, *Urban Poverty, Housing and Social Change in China* (Londres, Routledge, 2004), citado em Mark Stephens, "A Critical Analysis of Housing Finance Reform in a 'Super' Home-Ownership State", cit.

As soluções encontradas nesse mercado residencial superaquecido para abrigar tamanho contingente ocorrem no campo da informalidade. Um exemplo é o "aluguel em grupo" (*qunzu*), no qual apartamentos de média – e até alta – renda são divididos em pequenas células e sublocados para várias pessoas ou famílias[32].

Não é apenas na China que mercados informais de moradia têm crescido para atender demandas crescentes diante da ausência de alternativas. Loteamentos irregulares ou não autorizados marcam a moradia popular em vários dos antigos países socialistas. Por exemplo, no Cazaquistão, que abordaremos adiante, mais da metade da população vive em assentamentos precários; na Moldávia, são 30%, e 19% na Romênia, na Bósnia e Herzegovina, na Croácia e na Macedônia[33].

Vários países criaram, reformaram e liberalizaram seus sistemas de financiamento habitacional durante a chamada "segunda fase" do processo de transição. Isso ocorreu sobretudo após a crise econômico-financeira no Leste Europeu, em 1996, quando os sistemas bancários recém-privatizados em vários países – como Bulgária, Bósnia e Albânia – entraram em colapso. No período pós-crise, boa parte dos bancos – vendidos para investidores estrangeiros – retomaram suas atividades[34]. A internacionalização dos bancos, assim como a disponibilidade cada vez maior de capital excedente europeu no início da década de 2000, fez com que os empréstimos hipotecários aumentassem. Isso aconteceu especialmente na Croácia, na Hungria e no Cazaquistão. Na Hungria, como mais clientes potenciais tinham suas atividades ligadas ao setor informal e a competição entre instituições de crédito hipotecário acirrou-se, os bancos começaram a adotar critérios menos rígidos de comprovação de renda e garantias, além de empréstimos com taxas de retorno ajustáveis[35].

Além disso, uma parte significativa dos empréstimos hipotecários na região era feita em moeda estrangeira. Em 2010, 5% da população dos países emergentes da União Europeia tinham hipoteca, 42% das quais eram em moeda estrangeira[36].

---

32 Yuqin Huang, *Where Is Home? Hukou, Non-Local Young People and New Inequalities in Relation to Housing in Contemporary Shanghai, China*, XVIII ISA World Congress of Sociology, Yokohama, 2014, mimeo.

33 UN-Habitat, *Affordable Land and Housing in Europe and North America*, cit.

34 Sasha Tsenkova, *Housing Policy Reforms in Post-Socialist Europe*, cit., p. 160-1.

35 József Hegedüs, Martin Lux e Petr Sunega, "Decline and Depression", cit., p. 319.

36 European Bank for Reconstruction and Development (EBRD). *Crisis and Transition: The People's Perspective* (Londres, EBRD, 2011), p. 56. Disponível em: <www.ebrd.com/downloads/research/transition/tr11.pdf>. Acesso em: 20 ago. 2015.

Hipotecas em francos suíços – uma moeda considerada mais estável – eram comuns em países do Leste Europeu, como Hungria, Polônia, República Tcheca, Romênia e Croácia, antes do *crash* de 2008. Com a crise, a escalada do franco suíço em relação às moedas locais obrigou os hipotecados a encararem valores cada vez maiores de prestações, além de verem o valor de suas hipotecas superar, e muito, o das casas e apartamentos adquiridos. Em alguns países, o setor da construção civil foi um dos primeiros a sofrer com a crise e muitas construtoras faliram, deixando projetos inacabados, proprietários endividados e sem casa, como veremos adiante no caso do Cazaquistão. Resultado: na crise, os hipotecados sofreram mais intensamente do que os não endividados na Europa do Leste, mas, em um mercado de aluguéis totalmente desregulado e selvagem, eram os inquilinos que mais comprometiam parcela substancial de sua renda com moradia[37].

Em síntese, os antigos países comunistas que reformaram seus sistemas habitacionais na direção da mercantilização estão vivendo uma crise de *affordability* no setor, além de outros problemas de acesso e qualidade da moradia.

As trajetórias específicas da Croácia e do Cazaquistão, que analisaremos a seguir, introduzem novos elementos a esta narrativa. Analisar cenários específicos permite entender a evolução das políticas habitacionais para além da contraposição binária entre moradia produzida pelo Estado e moradia produzida pelo mercado, avançando na economia política da moradia em cada um dos contextos. É o que faremos a partir dos casos destes dois países.

Croácia

Nas últimas décadas, o tema da moradia na Croácia foi moldado por uma combinação complexa de dois fatores. Do ponto de vista político, a independência em relação à antiga Iugoslávia e, em seguida, a guerra contra a Sérvia. Do ponto de vista econômico, a transição de uma economia socialista para o modelo capitalista, em sua fase pós-fordista e neoliberal.

Nos últimos setenta anos, a Croácia envolveu-se em duas guerras e passou por dois processos de transição que afetaram seu regime político-econômico, com impactos, portanto, nas formas de acesso à moradia e em seus significados. No fim da Segunda Guerra Mundial, a Croácia tornou-se parte da então República

[37] Ibidem, p. 55-6. Ver também: Eurostat, *Housing Statistics*. Disponível em: <http://ec.europa.eu/eurostat/statistics-explained/index.php/Housing_statistics>. Acesso em: 20 ago. 2015.

Federal Socialista da Iugoslávia. Antes do final do século, houve a transição para um novo regime, seguida por quatro anos de conflito armado com a Sérvia, entre 1991 e 1995.

Em 1990, a República Socialista da Croácia, ainda parte da antiga Iugoslávia, adotou sua atual Constituição e organizou suas primeiras eleições pluripartidárias. Em 25 de junho de 1991, a Croácia autodeclarou-se independente, o que provocou imediatamente o estouro de uma rebelião, a partir de um território habitado por uma maioria sérvia. Apoiados pelo Exército Nacional iugoslavo, os rebeldes ocuparam aproximadamente um terço do território croata. Em 15 de janeiro de 1992, a independência da Croácia foi reconhecida pelos Estados-membros da Comunidade Europeia e, em 22 de maio do mesmo ano, o país tornou-se membro das Nações Unidas[38].

Entre 1991 e 1995, a guerra na Croácia levou ao deslocamento de milhares de pessoas dentro do país e também para o exterior. A secessão sérvia na Eslavônia Oriental e Ocidental e a criação da chamada República da Krajina Sérvia, na Croácia, levaram à fuga de mais de 220 mil croatas que viviam na região. Após a Operação Tempestade, em 1995, o Exército croata recuperou o controle da maioria desses territórios, levando então ao deslocamento de aproximadamente 300 mil sérvios, que se dirigiram principalmente para a então República Federal da Iugoslávia, para a Bósnia e Herzegovina e para a Eslavônia Oriental. Os sérvios permaneceram no controle desta última até que o Acordo de Erdut, de 1995, estabeleceu sua reintegração pacífica à Croácia[39].

Durante esse período, vários croatas também fugiram da guerra na Bósnia, fixando-se em áreas sob controle da Croácia. A maioria foi acomodada em propriedades abandonadas pelos sérvios que deixaram a região com a derrota de Krajina. Ao final da guerra, havia então centenas de milhares de pessoas que se deslocaram dentro da Croácia, às quais se somaram croatas que viviam em outras regiões da Iugoslávia e que se dirigiam ao novo país. Do mesmo modo, milhares de sérvios abandonaram o país e se refugiaram na Sérvia ou na Bósnia[40].

---

38 Walter Kälin, *Relatório de missão à Croácia*, E/CN.4/2006/71/Add.3, 2005, parágrafos 8 e 9.

39 Ibidem, parágrafos 9 e 10; Internal Displacement Monitoring Centre (IDMC), *Croatia: Housing Rights and Employment Still Preventing Durable Solutions* (Genebra, IDMC, 2009), p. 3. Disponível em: <www.internal-displacement.org/europe-the-caucasus-and-central-asia/croatia/2009/croatia-housing-rights-and-employment-still-preventing-durable-solutions>. Acesso em: 6 jan. 2015.

40 IDMC, *Croatia*, cit., p. 1.

A destruição de parte do estoque habitacional e da infraestrutura como resultado da guerra, assim como o número de pessoas deslocadas e refugiadas ocupando moradias que não foram destruídas, por si só representava um enorme desafio em termos de política habitacional. Somou-se a isso a mudança na forma de posse das moradias existentes, devido ao processo de privatização massiva. Desde então, o governo da Croácia tem concentrado seus esforços na reconstrução de moradias danificadas, na restituição das propriedades ocupadas e na atração de croatas, que haviam fugido das hostilidades da guerra para outras partes da antiga Iugoslávia, encaminhando-os para áreas que ficaram despovoadas com a fuga dos sérvios.

Além da guerra, a transição de um regime socialista para um regime capitalista mudaria substancialmente a definição de quem poderia ter acesso à moradia e em que condições. Antes de 1991, os ocupantes das moradias de propriedade social possuíam direitos de ocupação temporária fortemente protegidos (conhecidos como *occupancy tenancy rights* – OTR, na sigla em inglês), o que incluía o direito de viver em sua habitação indefinidamente ou de transferir esse direito a familiares diretos. O sistema dos direitos de ocupação temporária emergiu com a transição da antiga Iugoslávia para um sistema econômico socialista de autogestão, baseado em cooperativas de produção e também de moradia. O estoque de moradia social era constituído por habitações que haviam se tornado propriedade do Estado com a nacionalização da propriedade privada, após a Segunda Guerra Mundial, e por moradias construídas pelo Estado. A Constituição da antiga Iugoslávia definiu os direitos de ocupação temporária como direitos familiares e sociais relacionados à propriedade. Os direitos adquiridos por um titular de OTR garantiriam o uso permanente da propriedade residencial para satisfazer necessidades habitacionais pessoais e familiares.

Os direitos de ocupação temporária não foram adquiridos como resultado de um benefício social universal, mas se baseavam nas contribuições financeiras pessoais diretas para um fundo habitacional comum, que construía as moradias e as alocava para os contribuintes. As contribuições obrigatórias para o fundo habitacional eram deduzidas dos salários mensais. As pessoas não tinham permissão para comprar ou vender um apartamento de propriedade social, mas adquiriam o direito de ocupá-lo perpetuamente através de suas contribuições para os fundos habitacionais. Os direitos de ocupação temporária também eram herdados perpetuamente pelos familiares de um titular falecido. Embora os titulares de OTR não pudessem vender os seus apartamentos, eles poderiam trocá-los por outros[41]. Além dos apartamentos construídos por esse sistema cooperativo, os conjuntos residenciais confiscados após a Segunda Guerra Mundial também constituíam um estoque de moradia regulado por OTR. Considerando tanto a moradia produzida sob forma cooperativa quanto o estoque confiscado, um quarto do estoque habitacional encontrava-se sob regime de OTR, concentrado sobretudo nas cidades. Em Zagreb, em 1991, a habitação social correspondia a 45% do estoque habitacional. Esse sistema convivia com moradias de propriedade privada, já que, para o socialismo praticado na Iugoslávia, a pequena propriedade – o que incluía empresas e negócios familiares – que não explorava mais-valor nem extraía renda poderia ser mantida. Dessa forma, apenas segundas e terceiras residências foram expropriadas para compor o estoque de propriedades cedidas sob o regime de OTR[42].

Desde 1948, o Partido Comunista Iugoslavo havia rompido com Stalin e a União Soviética, por discordar da política econômica centralizada e da total estatização das propriedades. No lugar de tal política, implementou um socialismo descentralizado e autogestionário.

A palavra *autogestão*, relativamente recente – apareceu na língua francesa no início dos anos 1960 –, é a tradução literal da palavra servo-croata *samoupravlje* (*samo*, sendo o equivalente eslavo do prefixo grego "auto", e *upravlje* significando "gestão") e nasceu para designar a experiência político-econômico-social da Iugoslávia de Tito de ruptura com o stalinismo[43].

A autogestão pressupunha a *propriedade social dos meios de produção*, ou seja, uma propriedade nem estatal nem privada, que pertence à empresa e aos indivíduos que nela trabalham. Ela é "aplicada não só à empresa ou organização produtiva, mas a toda forma de associação ou organização, seja cultural, educativa, comunitária, política e de serviços públicos", garantindo autonomia total de decisão para as pessoas que nela trabalham ou usam determinado serviço. A autogestão também pressupunha a *solidariedade*, pela qual a atividade deve ser exercida segundo "um sistema de direitos, obrigações e responsabilidades mútuas" entre os

---

[41] Idem.

[42] Gojko Bežovan, *Assessment of Social Housing Programmes in Croatia as a Part of Residual Social Care*, ENHR09 Conference – Changing Housing Markets: Integration and Segmentation, Praga, 2009, mimeo, p. 2-3.

[43] Heloisa Maria Mendes de Almeida, "Autogestão: da ideia às práticas", *Revista de Administração de Empresas*, v. 23, n. 1, jan.-mar. 1983, p. 1.

que compõem a cooperativa, de forma a assegurar uma equidade qualitativa e quantitativa na distribuição dos benefícios[44].

O modelo iugoslavo não pode, portanto, ser identificado nem como "estatal", nem como de "propriedade pública" que se contrapõe à privada. Do mesmo modo, os OTR não podem ser considerados um "aluguel", mas um usufruto individual de habitação de propriedade cooperativa em função de contribuição permanente a um fundo que a viabilizou.

Em 1991, imediatamente após a declaração de independência, o governo croata decide vender o estoque de habitação em regime de OTR. Enfrentando a ocupação sérvia apoiada pelo Exército iugoslavo e um embargo internacional na região, declarado pelo Conselho de Segurança da ONU, o governo gasta, de acordo com estimativas, mais de 300 milhões de dólares para contrabandear armas, sobretudo de ex-repúblicas soviéticas. Para tanto, a privatização de empresas e ativos, como o parque habitacional, além da contribuição de croatas no exterior, foi muito relevante[45].

A Croácia empreendeu a privatização da propriedade social em 1991. Os titulares dos direitos de ocupação que viviam em imóveis de propriedade social (cooperativas) ganharam permissão para adquirir seus apartamentos. Entretanto, os moradores de casas e apartamentos que haviam sido confiscados ou de imóveis reivindicados por seus proprietários tiveram seus direitos de ocupação transformados em contratos de aluguel protegidos. A complexa estrutura legal originada no processo de transição, assim como a sobreposição entre a destituição dos direitos de ocupação e o conflito étnico, conferiu ao processo de privatização da moradia na Croácia mais do que a marca da transição para uma economia plenamente de mercado: colocou a privatização da moradia como elemento central do processo de *state-building* [construção do Estado-nação]. A política habitacional foi uma das bases de constituição do novo país por viabilizar recursos rapidamente para o novo governo e por disponibilizar casas e apartamentos recém-abandonados por sérvios para acomodar as necessidades de moradia dos croatas.

---

[44] Kardelj Edvard, *The System of Planning in a Society of Self-Management* (Belgrado, STP, 1976); Gerry Hunnius, G. David Garson e John Case, *Workers' Control: A Reader on Labor and Social Change* (Nova York, Vintage Books/Random House, 1973), citado em Heloisa Maria Mendes de Almeida, "Autogestão: da ideia às práticas", cit.

[45] U.S. Arms Control and Disarmament Agency, "Arms Transfer Deliveries and Total Trade, 1985-1995, by Region, Organization, and Country", em *World Military Expenditures and Arms Transfers* (Washington-DC, U.S. Arms Control and Disarmament Agency, 1996). Disponível em: <www.state.gov/www/global/arms/wmeat96/100_150.pdf>. Acesso em: 12 fev. 2015.

Os direitos e deveres dos titulares de OTR eram regulamentados pela Lei das Relações Habitacionais, cuja última versão data de 1985. Essa lei permaneceu em vigor após a independência da Croácia e estabelece as condições gerais para aquisição, uso e término dos direitos de ocupação sobre os apartamentos. Dentre várias outras razões para o término desses direitos, a lei estipulava em seus artigos 95 a 99 a não utilização do apartamento pelo titular de OTR e seus familiares por um período superior a seis meses, sem razão válida. Nesse caso, os titulares competentes dos direitos dispostos, isto é, as empresas de propriedade social, outras instituições não econômicas ou os municípios teriam que iniciar uma ação judicial para revogar o direito de ocupação. A intenção inicial dessa disposição era permitir a intervenção do Estado em casos de abandono injustificado de um apartamento por um titular do direito de ocupação. No entanto, ela acabou sendo utilizada durante o período da guerra como instrumento para cancelar os direitos de ocupação de moradores sérvios que se deslocaram durante o conflito.

Essa questão ainda marca a política habitacional atual: um dos programas mais importantes que continua em curso é o Programa de Moradia para Repatriados, Antigos Detentores de Direitos de Ocupação. Os beneficiários desse programa são repatriados, refugiados e desalojados. Sua gestão está a cargo do Ministério do Desenvolvimento Regional e conta com financiamento de fundos da União Europeia. Uma das tarefas desse ministério é reconstruir unidades habitacionais destruídas na guerra encerrada em 1995. Um dos bancos comerciais selecionados concede um empréstimo ao beneficiário do programa. Os fundos estatais pagam metade das prestações mensais durante os primeiros quatro anos. Os juros são menores que os do mercado. O Estado também garante ao banco o pagamento dos juros daqueles beneficiários que ficarem desempregados ou que não puderem cumprir com suas obrigações por algum motivo[46]. Além disso, o Programa de Moradia para as Vítimas da Guerra de Independência tem como beneficiários os feridos e as famílias de veteranos de guerra falecidos que não eram proprietários de qualquer imóvel residencial antes de 1990. A venda é feita por meio de empréstimos concedidos pelo Ministério dos Veteranos de Guerra, com um preço máximo de construção do apartamento de 772 euros por metro quadrado. O terreno e a infraestrutura são financiados ou doados pelos governos locais.

---

[46] Resposta da Croácia a questionário enviado em 2012.

Além da dimensão nacional-étnica, a transição na Croácia também foi marcada pela desconstrução da ideia do caráter social da moradia, substituída por um viés privatista e de mercado. A responsabilidade para a provisão de habitação social foi delegada desde 1996 aos municípios, que herdaram o estoque residual de habitação social, normalmente o mais dilapidado e de pior qualidade. Hoje, apenas 2% do estoque total é de habitação social, incluindo os apartamentos que permaneceram com aluguel protegido[47]. Por outro lado, incentivos são concedidos a compradores de apartamentos no mercado privado, principalmente por meio de isenção de impostos. Desde 2003, 5% do custo do apartamento passou a poder ser abatido do imposto de renda e o pagamento dos juros pode ser lançado como gasto na declaração desse imposto por compradores da primeira casa própria[48]. A Lei de Subsídios e Garantias de Estado para Financiamento de Moradias, de 2001, cria empréstimos subsidiados a pessoas com menos de 45 anos que sejam *creditworthy* [sujeitos a crédito]. Outro requisito é não ser dono de imóvel residencial ou ser dono de um imóvel incompatível com as necessidades da família[49].

A situação atual da moradia na Croácia reflete essas opções: como boa parte do estoque habitacional existente era relativamente nova e de boa qualidade, e praticamente não havia pessoas sem-teto em 1991[50], as pressões por uma oferta de habitação acessível só se fizeram sentir a partir de meados dos anos 2000. Um mercado desregulado, a inclusão crescente do país nos circuitos turísticos europeus e a disponibilidade de recursos para investimento no mercado imobiliário provocaram uma grande alta de preços e um aumento de lançamentos no mercado imobiliário residencial, sobretudo de 2003 até 2008.

A crise financeira de 2008 – e a recessão econômica que se seguiu no país – interrompeu essa trajetória, deixando quase 7 mil unidades residenciais não vendidas e um aumento crescente de execuções hipotecárias, especialmente para os que tinham empréstimos denominados em francos suíços[51].

---

47 Gojko Bežovan, *Assessment of Social Housing Programmes in Croatia as a Part of Residual Social Care*, cit., p. 7.

48 Idem.

49 Resposta da Croácia a questionário enviado em 2012.

50 United States Agency for International Development (Usaid), *Croatia Housing Sector Assessment*, 1996. Disponível em: <http://pdf.usaid.gov/pdf_docs/Pnacd930.pdf>. Acesso em: 21 out. 2015.

51 Gojko Bežovan, *Assessment of Social Housing Programmes in Croatia as a Part of Residual Social Care*, cit., p. 6.

De acordo com o jornal eletrônico *Croatian Times*[52], em agosto de 2011 mais de 150 mil contas bancárias estavam bloqueadas em função de execuções hipotecárias e quase mil propriedades já resgatadas estavam prestes a ir a leilão. Ocorreram 2,5 mil execuções apenas nos primeiros seis meses de 2011 e, de acordo com Dunja Resman Bartolec, da Câmara Croata de Economia, a expectativa era de que esse número dobraria antes do final do ano.

Sem alternativas de políticas habitacionais, a Croácia vivia, no final dos anos 2000, claros sinais de uma crise.

Cazaquistão

Em 1995, quando o governo do Cazaquistão, recém-independente da União Soviética, decidiu mudar sua capital de Almaty para Astana, esta cidade mal existia. Era um pequeno centro urbano no meio da vasta estepe gelada no norte do país chamada Akmola, basicamente constituído por antigos conjuntos habitacionais soviéticos. Mas depois de anos de crescimento econômico em torno de 10% ao ano – basicamente alicerçado na exportação de petróleo e gás –, Astana (que quer dizer "capital", em cazaque) transformou-se numa espécie de campo experimental de arquitetura "de grife", com obras de Norman Foster, Manfredi Nicoletti, torres comerciais, shopping centers e hotéis de luxo. O shopping center Khan Shatyr ("rainha das tendas", em cazaque), em forma de tenda – a mais alta do mundo –, foi inaugurado em 2010 para celebrar o septuagésimo aniversário de Nursultan Nazarbayev: comporta até 10 mil pessoas, que podem comprar em lojas como Gap e Timberland, assistir a um filme em 3D ou relaxar em uma praia tropical com areia trazida diretamente das Ilhas Maldivas. Um complexo de torres residenciais de 75 andares, que abriga um shopping e um hotel cinco-estrelas, é outro exemplo. Incorporado por Aldar Properties, o maior incorporador de Abu Dhabi, o complexo de 1,6 bilhão de dólares foi financiado pelo governo daquela cidade e por investidores privados dos Emirados Árabes.

O rápido crescimento econômico do Cazaquistão, assim como a ação decidida do governo, fez de Astana um local atraente para o investimento internacional. A construção da nova capital foi um dos elementos de uma agressiva estratégia de abertura do sistema bancário local, atração de investimentos estrangeiros para o

[52] Ver: "Growing number of Croatians facing foreclosures", *Croatian Times*, 12 ago. 2011. Disponível em: <www.croatiantimes.com/news/Business/2011-011/21122/Growing_number_of_Croatians_facing_foreclosures>. Acesso em: 13 dez. 2014.

mercado imobiliário e a indústria da construção, associados à elevação de disponibilidade de crédito, particularmente para os consumidores de unidades residenciais. De acordo com o governo, essa estratégia teria como objetivo transformar a indústria da construção em locomotiva de desenvolvimento econômico do país, melhorando as condições de vida e os padrões habitacionais vigentes, criando empregos e estimulando a cadeia da indústria da construção.

A partir da independência, o governo do Cazaquistão mudou sua política habitacional drasticamente, passando a concentrar esforços na promoção da construção e venda da propriedade individual via mercado. Para isso, disponibilizou terra urbana bem localizada para incorporadores e atraiu investidores privados. O modelo predominante foi o de venda de apartamentos na planta (*share-holding participation*, ou *dolevoeuchastie*, em cazaque). Os futuros proprietários participam do financiamento com suas poupanças, parcialmente à vista e parcialmente em prestações mensais, em contratos nos quais os incorporadores têm de um a dois anos para entregar os produtos.

Para o governo de Nursultan Nazarbayev, essa era também uma das mais importantes estratégias para, ao consolidar o território sob controle cazaque como país independente, fortalecer seu poder pessoal – e de seu grupo – na direção política e no controle econômico. O país, um território escassamente povoado por tribos nômades, foi ocupado durante o período soviético em função da exploração de seus recursos minerais. Com isso, promoveu-se um grande deslocamento de população russa – e de outras repúblicas da União Soviética –, de forma que, dos 16,5 milhões de habitantes do país em 1989, apenas 6,5 milhões eram de origem cazaque[53].

Em 1984, Nursultan Nazarbayev, engenheiro metalúrgico de origem cazaque, já havia se tornado o primeiro-secretário do Partido Comunista do Cazaquistão, ainda sob o regime soviético. Ao declarar a independência do país em 1990, tornou-se seu primeiro presidente, cargo que continua ocupando desde então. Em 1995, um referendo o "reelegeu" até 2000 e, como candidato único, continua sendo reeleito a cada cinco anos, sempre com mais de 90% dos votos. Em 2007, uma emenda constitucional garantiu que poderá ter uma quantidade ilimitada de mandatos.

Para além do controle total do aparato político, Nazarbayev promove uma espécie de culto monárquico a sua personalidade. Um exemplo: na grande esfera de

---

[53] Wallace Kaufman e Ilya Lipkovich, *Housing in Kazakhstan: Recent Statistics and Trends* (Almaty, International City/County Management Association, 1995). Disponível em: <http://pdf.usaid.gov/pdf_docs/pnabz917.pdf>. Acesso em: 6 jan. 2015.

vidro que encima uma das torres (apelidada pela população local de "pirulito"), localizada no centro de um eixo monumental que termina no palácio presidencial (uma espécie de cópia da Casa Branca), é possível ter a experiência de tocar a mão do presidente através de um molde em bronze de sua mão direita, dramaticamente localizado no centro da sala mais alta. O próprio presidente encarregou-se de rascunhar o desenho desse edifício e, definindo-se como um Luís XIV contemporâneo, comparou Astana a Versalhes.

Afirmação de seu poder, assim como da nacionalidade cazaque, a economia política da *stravaganza* imobiliária funciona em dupla mão: de um lado, abrindo radicalmente as estepes geladas para servirem de campos experimentais aos circuitos financeiros globais; de outro, consolidando um poder autoritário e centralizado, baseado no culto contemporâneo a uma personalidade que se constituiu por meio da construção de monumentos ao consumo[54].

"Estas cidades cheiram a dinheiro", era o comentário feito por visitantes de outras repúblicas centro-asiáticas, descrevendo o *boom* urbano de Astana e Almaty, a antiga capital e centro econômico mais importante do país. Em 2007, o país exibia o mais alto grau de investimento estrangeiro *per capita* entre as repúblicas centro-asiáticas e considerava-se que tinha constituído o sistema bancário mais desenvolvido entre os países "de transição"[55]. Uma parte significativa do investimento em construção tinha vindo de instituições financeiras internacionais, sob a forma de empréstimos para os bancos comerciais, que, por sua vez, emprestavam para os consumidores finais como crédito hipotecário. A maior parte era formada por crédito de curto e médio prazos, por meio do mercado de hipotecas[56].

No entanto, com a crise financeira, como veremos adiante, o capital volátil que havia aterrissado em Astana e nas outras cidades do Cazaquistão sumiu rapidamente, deixando uma paisagem de construções pela metade e milhares de pessoas sem poupanças nem casas.

Os programas em grande escala de renovação urbana e de embelezamento da cidade atraíram muitos migrantes internos, que se mudaram para a nova capital em busca de oportunidades de emprego no setor da construção e de um padrão de

[54] Na segunda parte deste livro abordaremos com mais vagar a natureza dos megaprojetos urbanos.

[55] Alima Bissenova, "Construction Boom and Banking Crisis in Kazakhstan", *Central Asia-Caucasus Institute Analyst*, mar. 2009. Disponível em: <http://old.cacianalyst.org/?q=node/5117>. Acesso em: 17 out. 2014.

[56] Idem.

vida melhor. De acordo com o censo realizado em 2009, a população de Astana cresceu de 328.341 habitantes para 613.006, no período de 1999 a 2009. Almaty, com uma população de 1.365.632 habitantes, permanece sendo a maior cidade do Cazaquistão. Como Astana, Almaty atraiu um número significativo de trabalhadores migrantes, que se mudaram para o principal centro econômico do país após a crise econômica que se seguiu ao colapso da União Soviética. De acordo com estimativas oficiais, a migração interna das áreas rurais para as urbanas atinge mais de 300 mil pessoas por ano.

Graças a seu desempenho econômico, o Cazaquistão também se tornou um importante destino para trabalhadores migrantes de outros países da Ásia Central e da China. Ainda segundo estimativas oficiais, o Cazaquistão abriga entre 500 mil e 1 milhão de trabalhadores estrangeiros, mas outras fontes consideram que o número de 2 a 3 milhões de migrantes é mais plausível. Uma porcentagem considerável desses migrantes está empregada no setor da construção[57].

A migração em massa de trabalhadores de baixa renda, aliada à inexistência de políticas habitacionais voltadas para esse setor da população, levou à proliferação de assentamentos e moradias informais nas periferias das duas cidades. Devido à sua natureza informal, não há dados estatísticos confiáveis sobre o número de pessoas que vivem nesses assentamentos, em geral localizados em áreas protegidas ambientalmente ou sujeitas a enchentes ou terremotos.

A maioria das moradias informais mencionadas não conta com cozinha, banheiro, eletricidade ou água corrente, e os moradores estão constantemente expostos à ameaça de remoção forçada pelas autoridades públicas. A falta de um endereço legal impede que esses assentados obtenham registro no seu local de residência. Essa é uma exigência legal, válida desde o antigo regime comunista, para que as famílias e indivíduos possam ter acesso a vários serviços sociais fornecidos pelo Estado, inclusive a moradia social.

As pessoas elegíveis podem solicitar a moradia social apenas no município em que estão registradas. Os municípios mantêm listas separadas para as seguintes categorias de famílias elegíveis: pessoas com necessidades especiais e veteranos de guerra; famílias de baixa renda e socialmente protegidas; certas categorias de funcionários públicos; e pessoas que vivem em residências dilapidadas. As unidades de moradia social

---

57 Raquel Rolnik, *Relatório de missão ao Cazaquistão*, A/HRC/16/42/Add.3, 2011, escrito com a colaboração de Stefano Sensi.

são alocadas com base na data do cadastro nas listas. No entanto, pessoas com necessidades especiais e veteranos de guerra têm precedência sobre as demais categorias.

Nos casos em que as despesas relacionadas com a habitação excedam 10% a 15% da renda familiar total, as autoridades locais também fornecem auxílio-moradia com recursos do orçamento local para ajudar as famílias de baixa renda a pagar o aluguel ou as despesas com a manutenção da residência e com os serviços de abastecimento público. Entretanto, nenhum desses programas atende aos milhares de migrantes que, com a liberalização econômica, afluem para as cidades.

O Cazaquistão foi seriamente afetado pela crise financeira internacional devido à desregulamentação radical do sistema financeiro empreendida pelo Estado. Em função da multiplicação do acesso a créditos hipotecários, inclusive para famílias com poucas possibilidades de pagamento, e a atração de investimentos internacionais de curto e médio prazos, a crise financeira acarretou um colapso de todo o sistema bancário. De acordo com o Banco Mundial, a taxa anual de crescimento foi reduzida de quase 10%, entre 2000 e 2007, para 3,3% em 2008 e 1,2% em 2009.

O setor da construção foi um dos primeiros a sofrer os efeitos adversos do declínio econômico global. Muitas empresas de construção foram forçadas a fechar as portas, deixando 450 projetos inacabados. De acordo com o governo, mais de 62 mil mutuários foram afetados negativamente pela crise. Cerca de 16 mil deles foram enganados por empresas de construção privadas, em sua maioria turcas, que deixaram o país sem concluir suas obras. Outros, impossibilitados de pagar as prestações dos empréstimos, começaram a sofrer processos de reintegração de posse de seus imóveis por parte dos bancos. Como resultado da venda extrajudicial de sua propriedade por bancos e outras instituições financeiras, muitos indivíduos e famílias tornaram-se sem-teto ou foram forçados a se mudar para moradias de baixa qualidade[58].

A greve de fome dos "enganados pelas construtoras", expressão da crise de moradia após a euforia financeira, era o cenário em 2010.

[58] Ver o relatório sobre as atividades do comissário para os Direitos Humanos na República do Cazaquistão em: <http://ombudsman.kz/en>. Acesso em: 4 dez. 2014.

3
As medidas pós-crise: mais do mesmo?

O estouro da bolha, a crise hipotecária que assolou o sistema financeiro internacional, assim como o estado de emergência habitacional que a sucedeu em alguns países, não resultaram em uma mudança de paradigma. Pelo contrário: as respostas governamentais consistiram basicamente em *bailouts* – ou seja, a massiva injeção de recursos públicos nos bancos privados e nas instituições de crédito para evitar sua bancarrota –, na introdução de algumas medidas regulatórias para aumentar a transparência e controle dos empréstimos e... uma nova rodada de estímulos à produção de moradia pelo setor privado, com unidades vendidas via crédito hipotecário com vistas à dinamização econômica. A habitação, que representou uma das novas fronteiras mais dinâmicas do neoliberalismo tardio ao longo das décadas do *boom* econômico, no início da crise foi convertida em uma das principais estratégias keynesianas para recuperação. Segundo Aalbers, "o neoliberalismo é assim: consegue prosseguir com sua agenda tanto durante *booms* econômicos quanto ao longo de recessões"[1].

A resposta pós-crise mais imediata foi a intervenção do Federal Reserve (Banco Central do Estados Unidos), do Banco Central Europeu e de outros bancos centrais nacionais, que compraram 2,5 trilhões de dólares das dívidas públicas e ativos tóxicos dos bancos, na maior operação de liquidez dos mercados de crédito da história. Os Estados Unidos e a Europa também aumentaram o capital de seus bancos centrais em mais de 1 trilhão de dólares, comprando ações preferenciais

1 Manuel Aalbers, "Debate on Neoliberalism in and after the Neoliberal Crisis", *Debates and Development. International Journal of Urban and Regional Research*, v. 37, n. 3, maio 2013, p. 1.054.

de seus maiores bancos. A injeção de recursos nos bancos enredados na teia hipotecária tinha como objetivo declarado colocá-los de volta ao trabalho, permitindo não só o refinanciamento de hipotecas, mas também a disponibilização de novos empréstimos. Na Espanha, por exemplo, quase 170 milhões de euros foram utilizados desde 2008 para resgatar entidades financeiras, sem exigências de contrapartidas[2]. Sem a imposição de qualquer tipo de condição, os novos recursos injetados pelos bancos centrais seguiram a lógica financeira e, em vez de se dirigirem para a recuperação dos mercados habitacionais locais, procuraram investimentos em áreas mais lucrativas nos mercados emergentes, como a China[3].

Pacotes econômicos de estímulo, como o The American Recovery and Reinvestment Act (Arra) [Lei Americana de Recuperação e Reinvestimento], promulgado logo após a posse do presidente Obama, em 2009, também procuraram incentivar certos ramos da indústria através de isenções fiscais, além de aumentar recursos para seguro-desemprego e outros gastos sociais[4].

No mesmo ano, o governo federal também anunciou o programa Making Home Affordable [Tornando o Lar Acessível], que buscava, entre outras iniciativas, evitar execuções hipotecárias. Por meio de parcerias com o setor privado, o programa oferecia refinanciamento e modificações de empréstimos[5]. Desde o início, houve dúvidas sobre sua capacidade de diminuir a onda de execuções hipotecárias. As críticas se baseiam no pequeno número de bancos e fundos de investimento que aderiram ao programa – já que seu sucesso depende exclusivamente da vontade dos credores de aderir – e no modesto número de proprietários que estão realmente se beneficiando dele. Além disso, um grande número de empréstimos modificados através do programa foi apenas temporário, válido em um período de experiência com duração de até cinco meses, e só uma pequena porcentagem tornou-se permanente[6].

---

2 Observatori Drets Econòmics Socials i Culturals e Plataforma de Afectados por la Hipoteca, *Emergencia habitacional en el Estado español*, cit., p. 13.

3 Trata-se de um comentário de Joseph Stiglitz, citado pelo economista Michael Hudson em entrevista para *Democracy Now*. Ver: "New $600B Fed Stimulus Fuels Fears of US Currency War", *Democracy Now*, 5 nov. 2010. Disponível em: <www.democracynow.org/2010/11/5/new_600b_fed_stimulus_fuels_fears>. Acesso em: 10 nov. 2014.

4 The White House, *Fact Sheet: President Obama's Plan to Help Responsible Homeowners and Heal the Housing Market*, 1º fev. 2012. Disponível em: <www.whitehouse.gov/the-press-office/2012/02/01/fact-sheet-president-obama-s-plan-help-responsible-homeowners-and-heal-h>. Acesso em: 10 nov. 2014.

5 Idem.

6 Peter S. Goodman, "U.S. Will Push Mortgage Firms to Reduce More Loan Payments", *The New York Times*, 28 nov. 2009. Disponível em: <www.nytimes.com/2009/11/29/business/economy/29modify.html?pagewanted=all&_r=0>. Acesso em: 10 nov. 2014.

No Cazaquistão, a operação de salvamento dos bancos custou 4 bilhões de dólares aos fundos públicos (aproximadamente 4% do PIB do país). Além de resgatar os maiores bancos, o governo anunciou um pacote de estímulo econômico que disponibilizou 3 bilhões de dólares para o mercado imobiliário (dos quais 1 bilhão era destinado ao refinanciamento das hipotecas) e 3 bilhões para dinamização econômica nos setores industrial, agrícola e de infraestrutura. Os 3 bilhões de dólares destinados ao mercado imobiliário foram utilizados para comprar as construções inacabadas e refinanciar a dívida de mutuários sem outras propriedades cujas casas tivessem menos de 120 metros quadrados. A compra das construções inacabadas deu-se por meio da criação de um fundo imobiliário vinculado ao fundo soberano do país, o Samruk-Kazyna, de modo que se pudesse injetar dinheiro nas empresas de construção para concluir projetos que tiveram o ritmo reduzido ou foram paralisados em função da crise financeira. No total, 1,1 bilhão de dólares de recursos públicos foi alocado nesse fundo.

Em alguns países, as medidas pós-crise também incluíram uma regulação maior dos tipos de empréstimo. Isso levou as instituições financeiras a aumentar suas precauções antirrisco, elevando os juros e diminuindo o tempo de maturação dos empréstimos – e, consequentemente, tornando-os mais restritos[7]. Essas restrições, aliadas a um quadro mais geral de recessão e crise econômica, tiveram o efeito de diminuir ainda mais a oferta de crédito para compra de unidades residenciais, mesmo em contextos como o espanhol, de queda de preço de imóveis e de uma enorme taxa de vacância. Em países como a Inglaterra, onde os preços não caíram e a oferta de novos imóveis residenciais já era limitada há décadas, uma das principais medidas adotadas para enfrentar a crise foi o lançamento de um programa para estimular a construção de residências e sua venda via crédito hipotecário subsidiado.

A crise de crédito de 2007 teve suas peculiaridades no Reino Unido. Embora os preços de moradias tenham caído em algumas áreas – como resultado imediato da crise financeira –, já tinham se recuperado por volta de 2010. De fato, as principais características da crise de crédito foram as quedas em transações financeiras, empréstimos e construções[8]. O governo lançou, então, um pacote para estimular o mercado residencial e a economia, por meio de garantias governamentais da *mortgage equity*, ou seja, do valor líquido dos imóveis, descontada a dívida. Para ajudar as pessoas a terem acesso ao financiamento da hipoteca, o governo introduziu três

---

[7] FMI, *Global Financial Stability Report: Durable Financial Stability: Getting There from Here* (Washington-DC, FMI, abr. 2011), p. 115-6.

[8] Mary Robertson, "What Goes Up Mustn't Come Down", cit., p. 1.

esquemas, com diferentes tipos de subsídios: o New Buy Guarantee Scheme (esquema de garantias para a compra da casa própria), o Help to Buy Equity Loans (empréstimos subsidiados para a compra da casa própria) e o Help to Buy Mortgage Guarantees (garantias hipotecárias para a compra da casa própria)[9].

Vários outros países também adotaram mais incentivos e subsídios para o crédito hipotecário de compra da casa própria como remédio para a crise das hipotecas. É o caso de Montenegro, que lançou em 2010 um plano hipotécario para pessoas de baixa renda chamado 1000+ Stanova [1000+ Moradias]. Além de pretender diminuir o déficit habitacional do país, o programa foi especificamente lançado como resposta aos efeitos da crise de 2008. A política é destinada a pessoas de baixa renda que não têm condições de suprir sua demanda por moradia por meio do mercado. O projeto tem valor estimado de 50 milhões de euros, financiado por meio de empréstimo de 25 milhões junto ao Banco Europeu de Desenvolvimento. O restante foi financiado por bancos comerciais de Montenegro. O governo concede aos beneficiários subsídios nos juros para hipotecas comerciais. A proposta foi construir mil unidades habitacionais para impulsionar tanto o setor de construção civil quanto o bancário, ambos em crise[10].

Em Andorra, visando estimular o mercado imobiliário como resposta à crise de 2008, foi promulgada uma lei (Lei n. 31/2008) que aumenta o limite de investimento estrangeiro no mercado imobiliário e reduz o período de aviso-prévio para rescisão do contrato de locação[11]. Essa lei reedita, depois da crise, medidas amplamente utilizadas em outros países para desconstruir outras alternativas habitacionais e estimular a entrada dos circuitos financeiros globais no mercado imobiliário residencial.

Assim, dentre as medidas pós-crise resultante da financeirização da moradia, mais finanças para a moradia tem sido a resposta mais comum dos países. A crise não significou sequer um reforço para programas ou políticas de habitação social não mercantilizada, muito menos a implementação de novos modelos de provisão e gestão da moradia[12].

Nos Estados Unidos, apesar da centralidade do tema da moradia na crise econômica, o HUD tem permanecido com parcos recursos e as agências públicas

---

9 Ver Reino Unido, "Affordable Home Ownership Schemes", cit.

10 Resposta de Montenegro a questionário enviado em 2012.

11 Resposta de Andorra a questionário enviado em 2012.

12 FMI, *Global Financial Stability Report*, cit., p. 115-6.

de habitação não integraram os pacotes de estímulos. Pior ainda, as medidas de ajuste fiscal adotadas pelo Congresso em 2011 cortaram ainda mais recursos para pagamento de *vouchers* e para a manutenção, reforma e construção do estoque público de habitação[13].

No Reino Unido, medidas de ajuste fiscal diminuíram ainda mais os recursos para os proprietários de imóveis que participavam do programa de aluguel social, assim como reformas do sistema de bem-estar incidiram diretamente sobre os residentes de moradia de baixa renda, como já descrevemos no capítulo anterior.

Com ajuda de organismos internacionais, medidas de austeridade fiscal incluídas em planos de recuperação econômica têm resultado em cortes e, em muitos casos, na extinção dos poucos programas de apoio à habitação social existentes em alguns países. Esse é o caso da Grécia e de Portugal, por exemplo.

Na Grécia, até 2012, a principal entidade responsável por projetos de habitação para população de baixa renda era a Organização de Moradia para os Trabalhadores (OEK, na sigla em grego), criada em 1954. Os beneficiários dos programas da OEK incluíam: trabalhadores e empregados (fossem gregos ou imigrantes legais) que trabalhavam no setor privado e que contribuíam com a OEK; funcionários de entidades de direito público e do setor público em geral que contribuíam com a OEK; e pensionistas e aposentados de ambas as categorias anteriores. A OEK era vinculada ao Ministério do Trabalho e da Seguridade Social, mas tinha autonomia financeira. O financiamento dos programas era feito por meio das contribuições dos trabalhadores (1% do salário) e de seus empregadores (0,75% do salário de seus empregados). As casas eram vendidas pelo preço de custo e os beneficiários podiam pagá-las em 20 a 25 anos, sem juros, ou utilizar um subsídio locatício para pensionistas, solteiros e famílias de baixa renda. O benefício estava condicionado à renda da família e era a fundo perdido. Um Fundo Especial de Solidariedade para pagar dívidas atrasadas de famílias com severos problemas financeiros – especialmente pensado para casos de doença e de desemprego por longos períodos – podia dar apoio por um período de seis a doze meses. Ao longo de seus 58 anos de operação, 700 mil famílias tiveram acesso à moradia por meio da OEK.

A entidade de direito público foi abolida por lei em 2012, como parte dos pacotes de medidas de austeridade que a Grécia teve que adotar em razão da crise financeira[14].

---

[13] The White House, *Fact Sheet*, cit.

[14] Resposta da Grécia a questionário enviado em 2012.

Em vários outros países, o aumento de pessoas sem casa, as taxas crescentes de participação do aluguel privado, em unidades em condições de superlotação, e o aumento de despesas com a moradia em função dos aluguéis têm transformado a crise do *subprime* e das hipotecas em um novo negócio para os investidores financeiros. Uma parte do estoque habitacional desvalorizado e vazio – fruto de projetos não vendidos, de execuções hipotecárias ou, ainda, das "sobras" dos estoques públicos que não foram vendidas no tufão da privatização – está se transformando em novo destino para o ajuste espacial dos circuitos financeiros.

Na antiga Alemanha Oriental, por exemplo, grandes conjuntos públicos pré-fabricados, situados em cidades que perderam relevância econômica, estão sendo comprados por investidores privados a preços muito baixos e com a garantia de algum fluxo de retorno por meio de aluguéis pagos por sistemas de bem-estar. Corporações e fundos imobiliários internacionais, como Cerberus, German Annington, Level One e Tower Group, têm comprado esse tipo de imóvel[15].

Em várias cidades norte-americanas também é possível observar um fenômeno parecido. Desde 2011, mas com maior intensidade a partir de 2012, fundos de *hedge* e empresas de *private equity* de Wall Street têm comprado centenas de milhares de casas e apartamentos, principalmente aqueles que foram objeto de execuções hipotecárias. Só em 2012 foram 200 mil casas nas cidades mais atingidas pelas execuções. A maior empresa de *private equity* do mundo, o grupo Blackstone, tem sido a mais ativa nesse mercado. Usando uma subsidiária – Invitation Homes –, o grupo Blackstone arremata imóveis em leilões de hipotecas executadas pelos bancos, através de corretores imobiliários que vendem as casas de famílias endividadas antes de sua perda, e também diretamente de bancos que acumulam estoques pós-execuções. Investindo 100 milhões de dólares por semana nesse negócio desde outubro de 2012, o grupo Blackstone tornou-se o maior proprietário de imóveis residenciais dos Estados Unidos e anunciou seus planos de internacionalização, começando pelo mercado de casas com hipotecas executadas na Espanha[16]. O negócio – hoje chamado de "*REO-to-rental*" – consiste em comprar casas a preço de banana, investir em sua renovação, alugá-las

---

[15] Matthias Bernt, Laura Colini e Daniel Förste, *Financialization in the Backyard: Shrinkage, Welfare State Restructuring and New Housing Investment*, XVIII ISA World Congress of Sociology, Yokohama, 2014, mimeo.

[16] Laura Gottesdiener, "How Wall Street Has Turned Housing into a Dangerous Get-Rich-Quick Scheme – Again", *Mother Jones*, 29 nov. 2013. Disponível em: <www.motherjones.com/politics/2013/11/wall-street-buying-foreclosed-homes>. Acesso em: 11 nov. 2014.

por um período, aproveitando a alta do mercado dos sem-casa, e esperar um novo ciclo de alta no preço dos imóveis. Trata-se, mais uma vez, de um investimento altamente especulativo, cujas taxas imediatas de retorno – em torno de 7% a 10% ao ano – são tão altas que ele vem sendo chamado de "*next Wall Street Gold Rush*" [a próxima Corrida do Ouro de Wall Street]. É uma mudança significativa não apenas no mercado de aluguéis, mas também do financiamento imobiliário: pela primeira vez, fundos de investimento entram em um mercado (aluguel de casas e apartamentos residenciais) historicamente dominado por pequenos proprietários. Embora os fundos de *hedge* e de *private equity* ainda sejam os maiores *players*, alguns já anunciaram planos de se transformar em fundos de investimento imobiliário (*real estate investment trusts* – REIT, na sigla em inglês) para estender sua participação, antes concentrada em edifícios corporativos e shopping centers[17].

Os fundos de investimento imobiliário do grupo Blackstone, por exemplo, contam com investidores internacionais como J. P. Morgan, Citigroup, Deutsche Bank, Morgan Stanley, UBS, Bank of America, Goldman Sachs, alguns dos personagens mais notórios da crise hipotecária e financeira. Um antigo estrategista da Morgan Stanley, que deixou a instituição para lançar seu próprio fundo de *hedge*, entrou rapidamente nesse mercado. Oliver Chang lançou seu fundo anunciando o investimento de 1 bilhão de dólares no mercado de aluguéis. Em suas palavras:

> Os Estados Unidos estão se tornando uma sociedade de locatários e eu acredito que a oportunidade de comprar e gerir profissionalmente imóveis unifamiliares para aluguel representa uma das oportunidades de investimento mais atraentes entre todas as classes de ativos.[18]

O estímulo à criação de um setor corporativo de aluguel residencial, com a presença de fundos imobiliários, também faz parte do pacote de reformas do setor habitacional lançado pelo governo conservador britânico para enfrentar a crise, no fim de 2011. Mudanças no regime tributário para favorecer a venda de casas para pessoas físicas, em vez de empresas, e reformas no orçamento destinadas a estimular a formação e

---

[17] Candace Taylor, "Hedge Funds Try to Turn a Profit, One Home at a Time", *The Real Deal: New York Real Estate News*, 1 maio 2013. Disponível em: <http://therealdeal.com/issues_articles/hedge-funds-try-to-turn-a-profit-one-home-at-a-time>. Acesso em: 12 nov. 2014.

[18] Halah Touryalai, "Hedge Funds as Landlords? In Search of Returns, Wall Street Buys Up Foreclosed Homes", *Forbes*, 8 mar. 2012. Disponível em: <www.forbes.com/sites/halahtouryalai/2012/08/03/hedge-funds-as-landlords-in-search-of-returns-wall-street-buys-up-foreclosed-homes>. Acesso em: 12 nov. 2014. No original: "*America is moving toward a Rentership Society, and I believe the opportunity to purchase and professionally manage single-family rental homes represents one of the most compelling investment opportunities across all asset classes*".

desenvolvimento de REIT para atuar no mercado residencial britânico fazem parte das medidas para criar um setor corporativo profissional de proprietários de grandes estoques de unidades habitacionais voltadas ao mercado de locação[19].

Os resultados do "balé fantástico" da financeirização da moradia, em sua versão hipotecária – um estoque desvalorizado de casas vazias, assim como uma enorme pressão no mercado privado de aluguéis também resultante de um "estoque" de pessoas sem casa e sem alternativa de acesso à habitação –, podem ser interpretados, em termos schumpeterianos, como um processo de destruição criativa. Trata-se de uma mutação que revoluciona a estrutura econômica a partir de dentro, incessantemente destruindo a velha estrutura para poder criar uma nova. Essa ideia, já presente na obra de Marx, pressupõe que o capitalismo não apenas destrói e reconfigura a antiga ordem econômica, mas necessita de um movimento incessante de desvalorização – através da guerra ou de crises periódicas – para poder abrir caminho à criação de nova riqueza.

No início desta parte do livro já havíamos afirmado que, em função da superacumulação, a expansão territorial e setorial do mercado permitiu absorver o capital excedente, através da transformação da habitação em mercadoria e ativo financeiro em várias regiões do planeta. Isso, por sua vez, gerou um *boom* e um novo ciclo de superacumulação sob o controle dos agentes financeiros. Quando o mercado ficou saturado de *collateral*, a rápida retirada dos investidores imediatamente desvalorizou esse estoque, criando um novo mercado de aluguel residencial, o que constituiu uma nova fronteira para a acumulação financeira.

Esta é uma das contradições do capitalismo: o fato de que ele necessita do espaço físico para funcionar. Em certos momentos da história, o capitalismo destrói o espaço – e desvaloriza a maior parte do capital ali investido. Em um momento posterior, abre caminho para um novo ajuste espacial, através da abertura de novos territórios para um novo ciclo de acumulação[20].

Um detalhe, entretanto, ofusca a aparentemente bela trajetória da potência do capital financeiro em se reinventar. Pelo meio do caminho, ficaram pessoas endividadas, que perderam tudo o que tinham, inclusive sua única moradia, e não têm para onde ir.

---

[19] DCLG, *Laying the Foundations: A Housing Strategy for England* (Londres, DCLG, 2011). Disponível em: <www.gov.uk/government/publications/laying-the-foundations-a-housing-strategy-for--england--2>. Acesso em: 12 nov. 2014.

[20] David Harvey, "Globalization and the 'Spatial Fix'", *Geographische Revue – Zeitschrift für Literatur und Diskussion*, ano 3, caderno 2, 2001.

4
O modelo de subsídios à demanda

Um importante componente na expansão dos sistemas financeiros de habitação, presente também nos sistemas hipotecários que acabamos de comentar, é a disponibilização de recursos públicos sob a forma de subsídios – recursos dirigidos diretamente aos compradores de imóveis. O raciocínio por trás dos programas de subsídio à demanda é o de que mesmo famílias de menor renda poderão mobilizar suas poupanças para financiar suas moradias no livre mercado, apoiadas por um aporte financeiro oriundo de um fundo público. Os principais tipos de subsídio à demanda de moradia são:

- pagamentos diretos, seja na entrada (para reduzir o valor do empréstimo, os custos de contratação, o valor do seguro, ou, ainda, sob a forma de uma doação de capital), seja nas prestações mensais;
- subsídios vinculados a programas de poupança;
- subsídios embutidos nas taxas de juros ou pagamento de taxas de juros;
- isenções fiscais vinculadas ao pagamento de hipotecas ou a impostos imobiliários[1].

Além de representarem uma possibilidade de ampliação do mercado, os subsídios também estabelecem um vínculo entre o Estado e os indivíduos e famílias, através

[1] Existe uma distinção importante entre os subsídios que operam e os que não operam através do sistema financeiro. Por exemplo, a construção e gestão de moradias de aluguel ou a concessão de auxílios para ajudar locatários a pagar o aluguel não fazem parte dos circuitos financeirizados. Neste capítulo abordamos apenas os subsídios à demanda, destinados a promover a compra da casa própria através do mercado financeiro. Ver UN-Habitat, *Guide to Preparing a Housing Finance Strategy* (Nairóbi, UN-Habitat, 2009), p. 45.

de um gesto vivido e interpretado como uma "ajuda" para aqueles que aderirem ao modelo proposto. A maioria dos países emprega uma combinação das modalidades apresentadas. Na Europa, Estados Unidos, Canadá e Austrália, programas de subsídio à demanda assumem predominantemente a forma de isenções fiscais, subsídios a taxas de juros ou bônus em contas de poupança[2]. Na França, há uma mistura de subsídios que inclui bônus em contas de poupança para a compra ou reforma de unidades residenciais, bem como empréstimos sem juros para os que compram sua casa pela primeira vez[3].

Um dos subsídios à moradia mais comuns em países europeus como Alemanha e França é o sistema de contrato-poupança (*contract-savings*). Os poupadores que cumprem seus contratos podem se candidatar a empréstimos hipotecários com taxas de juros inferiores às do mercado. Esse modelo disseminou-se em vários outros países, especialmente nos europeus que abandonaram o comunismo. Além de estimular a venda de casas e apartamentos, ele também tem um sentido de incentivo à poupança, garantindo a adesão dos indivíduos ou famílias ao sistema financeiro e premiando aqueles que conseguem poupar, elemento fundamental da biopolítica da financeirização da vida. Parafraseando uma definição de "subsídio" atribuída ao Congresso norte-americano em 1969, o Banco Mundial o define como: "um incentivo disponibilizado pelo governo para permitir e persuadir um certo grupo de produtores ou consumidores a fazer algo que estes não fariam, através da diminuição do custo de oportunidade ou do aumento dos benefícios potenciais em fazê-lo"[4].

Isenções fiscais, taxas de juro subsidiadas e bônus para poupadores costumam beneficiar classes médias ou grupos que têm condições de poupar e que têm impostos a pagar em seus ajustes anuais de impostos sobre a renda[5]. Na grande maioria dos países, trata-se de um gasto regressivo, que mobiliza grandes quantidades de recursos públicos sem beneficiar os que mais dependem deles para conseguir acesso à moradia adequada. Nas Filipinas, por exemplo, os subsídios

---

2 Harold M. Katsura e Clare T. Romanik, *Ensuring Access to Essential Services: Demand-Side House Subsidies*. Social Protection Discussion Paper Series n. 0232, p. 6. (Washington-DC, Banco Mundial, 2002). Disponível em: <http://documents.worldbank.org/curated/en/2002/12/2160774/ensuring-access-essential-services-demand-side-housing-subsidies>. Acesso em: 6 jan. 2015. Resposta do Canadá a questionário enviado em 2012; resposta da Austrália a questionário enviado em 2012.

3 Resposta da França a questionário enviado em 2012.

4 Loïc Chiquier e Michael Lea (orgs.), *Housing Finance Policy in Emerging Markets*, cit., p. 436.

5 Idem.

às taxas de juros respondem por 90% do valor dos subsídios habitacionais. No entanto, 77% da população desse país não pode pagar por empréstimos no setor formal, mesmo com taxas de juros subsidiadas[6]. Nos Estados Unidos, como já apontamos neste trabalho, historicamente se gastou muito mais com isenções fiscais para rendas médias e altas do que para apoiar a moradia dos mais pobres. Na Espanha, isenções fiscais para a compra de propriedade constituíam metade do gasto público em habitação no início dos anos 1990, parcela que chegou a 80% do total em 2003[7].

Essas formas de subsídio já existiam – em países mais ou menos desenvolvidos – na fase keynesiana do capitalismo. Como já vimos no primeiro capítulo, em muitos países, a política de subsídios convivia com um sistema de habitação social como parte do sistema de bem-estar. Nos anos 1960 e 1970, na Espanha, na Grécia e em Portugal, assim como no Brasil e no México, os subsídios constituíam a única política habitacional.

No entanto, subsídios do tipo de doações de capital – *grant subsidies* – são mais comuns em países em desenvolvimento, especialmente na América Latina, onde a diferença entre os níveis de remuneração da maior parte dos indivíduos e grupos familiares e os preços dos imóveis no mercado é muito maior e onde predominou a autoconstrução da moradia no período fordista[8].

Em vários países, os processos neoliberais de reforma das políticas habitacionais interagem com formas tradicionais de provisão da moradia – como a autoconstrução da casa e dos bairros. São contextos em que a industrialização atraiu milhares de migrantes, sobretudo das zonas rurais, sem oferecer qualquer alternativa de inserção urbana por meio de políticas fundiárias e de moradia. Na Parte 2 deste trabalho, abordaremos com mais detalhe a natureza, o papel e o destino desses assentamentos nas últimas décadas.

A experiência da política habitacional chilena, implementada a partir do final dos anos 1970, constituiu o laboratório para que se construísse, já sob a égide do neoliberalismo, uma política habitacional via mercado, aplicável até em países emergentes onde os assentamentos informais eram a regra. O modelo chileno,

---

6 UN-Habitat, *The Role of Government in Housing Market: The Experiences from Asia* (Nairóbi, UN--Habitat, 2008), p. 39-40.

7 Jesús Leal, "La política de vivienda en España", *Documentación Social*, v. 138, 2005, p. 63-80, citado em Jaime Palomera, "How Did Finance Capital Infiltrate the World of the Urban Poor?", cit.

8 Council of Europe, *Housing Policy and Vulnerable Social Groups*, cit., p. 31.

cuja trajetória analisaremos a seguir, acabou se transformando em referência para outros países[9]. Esse modelo enfatiza: a mudança da responsabilidade pela provisão de moradia do governo para o setor privado; a oferta de uma doação de capital única para a compra da moradia e, ao mesmo tempo, o corte de todos os subsídios indiretos; e mecanismos de qualificação de beneficiários a partir de um sistema transparente de pontuação, baseado na renda familiar e na capacidade de poupar.

Os programas têm como objetivo aumentar as condições de acesso econômico à moradia, oferecendo um subsídio em dinheiro para cobrir parte do preço de uma casa formalmente construída e posta à venda no mercado por empresas privadas. Os subsídios também podem ser combinados com hipotecas.

O modelo chileno tem sido promovido como uma "*best practice*" por sua transparência, pela mudança da oferta habitacional para o mercado privado (considerado mais eficiente e eficaz do que o governo no atendimento da diversidade da demanda por moradias) e por seu foco nas populações pobres[10]. Esse modelo foi amplamente reproduzido na América Latina (Brasil, Colômbia, Costa Rica, Equador, El Salvador, Guatemala, México, Panamá, Peru e Venezuela)[11]. Fora da América Latina, o modelo de *grant subsidies* vem sendo implantado em larga escala na África do Sul desde 1994[12].

Chile, o laboratório

Em 1973, um golpe militar liderado pelo general Augusto Pinochet derruba o governo de Salvador Allende e implementa o que alguns autores denominam de "revolução neoliberal"[13]. De fato, muito antes de o FMI e os bancos multilaterais

---

9 Alan Gilbert, "Power, Ideology and the Washington Consensus: The Development and Spread of Chilean Housing Policy", *Housing Studies*, v. 17, n. 2, jul. 2002.

10 UN-Habitat, *Quick Guide to Policy Makers, Quick Guide 2*, cit., p. 57.

11 De acordo com respostas de El Salvador, Guatemala, México e Venezuela ao questionário. Aproximadamente 20% dos empréstimos do Banco Interamericano de Desenvolvimento (BID) para moradia foram alocados em programas de subsídio de capital. Ver Eduardo Rojas, *Sharpening the Bank's Capacity to Support the Housing Sector in Latin America and the Caribbean: Background Paper for the Implementation of the Social Development Strategy* (Washington-DC, BID, 2006).

12 Comissão Financeira e Fiscal da África do Sul, *Building an Inclusionary Housing Market: Shift the Paradigm for Housing Delivery in South Africa* (Midrand, FFC, 2012). Disponível em: <www.housingfinanceafrica.org/wp-content/uploads/2012/04/FFC-Presentation-Shifting-the-paradigm-for--housing-delivery-SA-FinMark-ForumApril-1.pptx.pdf>. Acesso em: 5 jan. 2015.

13 Ben Richards, "Poverty and Housing in Chile: The Development of a Neo-liberal Welfare State", *Habitat International*, v. 19, n. 4, 1995; Tomás Moulian, *Chile actual: anatomía de un mito*

promoverem as chamadas políticas de ajuste estrutural em países em desenvolvimento, sob a assistência tecnocrática dos "Chicago Boys"[14], o governo chileno assume radicalmente o papel de subsidiário nas políticas sociais, empreendendo reformas nos setores de educação, saúde, aposentadoria e habitação.

O contexto político-habitacional no momento do golpe era de mobilização e pressão crescente de movimentos sociais de moradia. Desde meados dos anos 1960, os *comités sin casa* começaram a ocupar terras vazias e organizaram *campamentos* como forma de pressionar o governo democrata-cristão de Eduardo Frei a cumprir as promessas de construção de casas anunciadas. Os *campamentos* também constituíram parte da base do crescimento dos partidos de esquerda, o que contribuiu para a eleição da Unidade Popular, sob a liderança de Allende, em 1970. As ocupações, que já eram mais de trezentas em Santiago, entre 1968 e 1970, passaram a se multiplicar. Em 1972, mais de 500 mil chilenos – 400 mil só em Santiago – viviam nos *campamentos*[15].

Em 1978, o governo Pinochet implantou reformas que revertiam políticas do mandato socialista de Allende, promovendo a liberalização dos preços, a devolução de empresas nacionalizadas aos antigos proprietários, a privatização de todas as empresas estatais, a eliminação de barreiras alfandegárias, a liberalização do mercado financeiro e sua abertura ao capital internacional. Nesse contexto, o Ministério da Habitação elabora um instrumento que visava garantir a produção massiva e sustentável de unidades de moradia pelo mercado privado, sistema que permanece ativo até os dias de hoje[16]. Em essência, a política consistia em: transferir o financiamento e a construção de moradia para o setor privado; estratificar

---

(Santiago, LOM Editores/Universidad Arcis, 1997), citado em Fernando Jiménez Cavieres, *Chilean Housing Policy*, cit.

[14] Segundo Cavieres, "muitos ministros sob o regime de Pinochet que ocupavam posições-chave no período eram estudantes de pós-graduação da Escola de Chicago, onde um dos professores mais influentes era Milton Friedman, economista laureado com o Prêmio Nobel, amplamente conhecido como um defensor aguerrido da economia neoliberal de livre mercado". Ver Fernando Jiménez Cavieres, *Chilean Housing Policy*, cit., p. 76, nota 18.

[15] Manuel Castells, *The City and the Grassroots: A Cross-Cultural Theory of Urban Social Movements* (Berkeley, University of California Press, 1983), p. 200, citado em Paul Posner, "Targeted Assistance and Social Capital: Housing Policy in Chile's Neoliberal Democracy", *International Journal of Urban and Regional Research*, v. 36, n. 1, jan. 2012.

[16] José Miguel Simian, *Eigentumsorientierte Wohnungspolitik in Deutschland und Chile. Kooperations- und Genossenschaftswissenschaftliche Beiträge* (Münster, Institut für Genossenschaftswesen der Universität Münster, 2000), p. 153-6, citado em Alfredo Rodríguez e Ana Sugranyes (orgs.), *Los con techo*, cit., p. 23-33.

a demanda com base em renda, poupança e outros critérios, baseados em sistemas unificados de pontuação (ficha CAS); disponibilizar subsídios através de doações de capital, articulados às poupanças das famílias.

O financiamento desse modelo dava-se por meio da poupança das famílias e de um sistema complexo de títulos vinculados à hipoteca, comercializados através do mercado secundário de hipotecas[17].

Na prática, de acordo com um folheto do Ministério da Habitação de 1979, a casa define-se como um bem que se adquire através do esforço de "poupança das famílias, com aportes do Estado através do subsídio. Beneficiários e Estado compartilham responsabilidades para responder ao sonho da casa própria". Em seu papel subsidiário e "em nome de todos os cidadãos do Chile, o Estado ajuda em dinheiro para a compra da casa e a solução para o teto. Assim você ganha a dignidade humana que tanto merece pela honra do seu trabalho. Isso não é paternalismo. É justiça social [...]"[18]. Os critérios para postular o subsídio passam por ser chefe de família, não ser proprietário, nunca ter obtido uma casa por meio de políticas do Estado e manter uma poupança, seja em bancos, seja em associações de poupança. Inicialmente, as exigências também incluíam ser proprietário de um terreno e ter a possibilidade de destinar 20% de sua renda para pagamento de um empréstimo hipotecário.

Em meados de 1984, quando um líder da Câmara Chilena da Indústria da Construção assume o ministério, uma reforma do sistema aumenta a quantidade de subsídios para as famílias de menor renda, que não conseguiam acessar os empréstimos bancários. Assim, ampliou-se o alcance do mercado de moradias e reativou-se o setor da construção, que estava em crise. Ainda em 1984, Pinochet aprova um decreto (Decreto 168, de 17 de outubro de 1984) que define tecnicamente a habitação social, estabelecendo um valor máximo de construção não superior a 400 UF (Unidad de Fomento) e estabelecendo as características arquitetônicas e urbanísticas das chamadas "*viviendas económicas*"[19].

---

17 A. R. Ferraz, *Economic Adjustment and Housing Policy: General Trends and the Chilean Case*, Primer Congreso Virtual de Arquitectura, 1999, mimeo; Claudio Adrián Pardo, *Housing Finance in Chile: The Experience in Primary and Secondary Mortgage Financing* (Washington-DC, BID, 2000); Eduardo Rojas, *The Long Road to Housing Reform. Lessons from the Chilean Experience* (Washington-DC, BID, 1999), citado em Fernando Jiménez Cavieres, *Chilean Housing Policy*, cit., 2006).

18 Ana Sugranyes, "La política habitacional en Chile, 1980-2000", cit., p. 29.

19 Ibidem, p. 23-33.

Do lado da oferta, a habitação social não seria mais contratada pelo Estado, mas ofertada pelo mercado. Em vez de os construtores produzirem o que o setor público determina, deveriam competir para produzir o que os consumidores "desejam". De acordo com esse modelo, as construtoras devem oferecer um produto mais barato do que aquele historicamente ofertado pelo Estado, possibilitando uma "escolha" de habitação para os pobres, acessível por meio de aportes do Estado. Para viabilizar a redução dos custos, o governo desregulou o setor, diminuindo os padrões de construção (como tamanhos mínimos de moradia e lotes) e empreendendo uma reforma no mercado de terras.

Em 1979, todas as restrições que existiam, desde o Plano Metropolitano de 1960, para urbanizar e expandir a região metropolitana foram abolidas, e a área urbanizável de Santiago passou de 36 mil para 64 mil hectares[20]. A reforma habitacional e urbana incluía claramente um componente político: entre 1979 e 1985, um processo de erradicação total dos *campamentos* foi acompanhado por uma descentralização político-administrativa da região metropolitana, com a divisão dos antigos 17 distritos em 34 e a transferência massiva de moradores dos *campamentos* mais centrais para os recém-criados distritos periféricos, muitos deles antigas áreas rurais. Mais de 28 mil famílias foram despejadas[21]. O caso mais dramático ocorreu em La Pintana, bairro cuja população aumentou 90% em dois anos (1982-1984) e onde quase 30% dos deslocados foram reassentados[22].

A ação – cujo objetivo declarado era o de acabar com os assentamentos irregulares – incidia diretamente sobre um território de grande valor imobiliário, estruturado por organizações populares e habitado por seus militantes. Ao mesmo

---

[20] Arnold Harberger, "Notas sobre los problemas de vivienda y planificación de la ciudad", *Auca*, n. 37, 1979; Carlos A. de Mattos, "Santiago de Chile, globalización y expansion metropolitana: lo que existía sigue existiendo", em Alfredo Rodríguez e Paula Rodríguez (orgs.), *Santiago, una ciudad neoliberal* (Quito, OLACCHI, 2009); Martim Smolka e Francisco Sabatini, "Land Market Deregulation Debate in Chile", *Land Lines*, v. 12, n. 1, jan. 2000. Disponível em: <www.lincolninst.edu/pubs/313_The-Land-Market-Deregulation-Debate-in-Chile->. Acesso em: 12 nov. 2014, citado em Fernando Jiménez Cavieres, *Chilean Housing Policy*, cit.

[21] Alfredo Rodrígueza e Ana Maria Icaza, "Chile: The Eviction of Low-Income Residents from Central Santiago de Chile", em Antonio Azuela de la Cueva, Emilio Duhau e Enrique Ortiz (orgs.), *Evictions and the Right to Housing: Experience from Canada, Chile, the Dominican Republic, South Africa, and South Korea* (Ottawa: International Development Research Centre, 1998). Disponível em: <www.idrc.ca/books/focus/861/bibliog.html>. Acesso em: 6 jan. 2015. Citado em Fernando Jiménez Cavieres, *Chilean Housing Policy*, cit.

[22] Fernando Kusnetzoff, "The State and Housing in Chile: Regime Types and Policy Choices", em Gil Shidlo (org.), *Housing Policy in Developing Countries* (Londres, Routledge, 1990), citado em Fernando Jiménez Cavieres, *Chilean Housing Policy*, cit.

tempo, muitos dos antigos *campamentos* localizados em distritos mais periféricos foram regularizados e receberam projetos de saneamento e infraestrutura. Para quem vivia em *campamentos* mais centrais, não havia uma postulação voluntária de subsídio, mas a obrigatoriedade do deslocamento, implementado com o apoio das Forças Armadas, para novos projetos habitacionais nas periferias, compostos por construções de 25 metros quadrados em lotes de 100 metros quadrados[23].

Aliadas à oferta massiva pelo mercado através da postulação voluntária, as remoções dos *campamentos* representaram a produção de um vasto território ocupado majoritariamente por casas populares, sem a constituição de urbanidade e cidade, com equipamentos e serviços insuficientes, sem heterogeneidade social nem diversidade de usos. Na procura competitiva pelos menores preços, o mercado privado concebe o *locus* da produção habitacional para os setores de baixa renda como as terras mais baratas, ou seja, o solo sem cidade. Este impacto implicou uma reestruturação da região metropolitana, com uma intensificação da segregação socioespacial[24].

Mais de 2 milhões de novas unidades residenciais foram produzidas entre 1980 e 2000, das quais 500 mil eram "*viviendas económicas*", o que reduziu drasticamente o déficit habitacional do país, ou seja, "resolveu" o "problema da moradia". Entretanto, vários estudos realizados a partir do final dos anos 1990 demonstram o contrário: o estoque construído não significava a solução, mas a criação de um novo problema. Se as "famílias sem-teto" eram o grande problema habitacional nos anos 1970 e 1980, o grande problema sócio-habitacional em Santiago do Chile na década de 2000 são as "famílias com teto". Quase todos os pobres chilenos são proprietários de casas ou apartamentos de baixíssima qualidade e os assentamentos precários representam menos de 4% do total de moradias. Mas, diante da dinâmica socioespacial de Santiago, as condições das casas e dos bairros onde elas estão inseridas definem um novo lugar, identificado com pobreza e marginalidade na cidade. Uma pesquisa realizada em 2002 pelo SUR, um centro de pesquisa chileno, revelou que 64,5% dos moradores dessas áreas querem "*irse de la vivienda*". Entre os motivos que justificam essa intenção foram apontados problemas de convivência entre vizinhos e percepções relacionadas à insegurança e às drogas. Entre os que

---

23 Alfredo Rodríguez e Ana Sugranyes (orgs.), *Los con techo*, cit.

24 Pablo Trivelli, "Sobre la evolución de la política urbana y la política de suelo en el Gran Santiago en el periodo 1979-2008", e Carlos A. de Mattos, "Santiago de Chile, globalización y expansión metropolitana: lo que existía sigue existiendo", ambos em Alfredo Rodríguez e Paula Rodríguez (orgs.), *Santiago, una ciudad neoliberal*, cit.

querem deixar a casa, 90% sentem medo e vergonha de viver ali. Para entender as razões dessa percepção, os pesquisadores cruzaram a informação georreferenciada dos conjuntos de "*vivienda económica*" com a localização de denúncias de violência na cidade. O resultado demonstrou que as maiores concentrações de violência intrafamiliar são observadas nas áreas de grande concentração do estoque de moradias populares. O estigma, as restrições, o confinamento espacial e o enquadramento institucional acabam por definir esses locais como verdadeiros guetos[25].

Para muitos removidos dos *campamentos*, o reassentamento implicou a perda do emprego, aumento de custos – especialmente de deslocamento –, dificuldades de acesso à educação e à saúde e, principalmente, o desmantelamento de suas redes informais e o desaparecimento das organizações comunitárias[26].

Em 2006, dois grandes conjuntos de moradia social, um com 900 e outro com 1,5 mil unidades, foram demolidos. Assim, depois de quase seis anos da publicação do primeiro artigo crítico sobre a política de habitação social no Chile[27], o governo reconheceu que ela constituiu-se basicamente na montagem de uma máquina de produção de casas baratas. Seu principal objetivo foi a dinamização do setor da indústria da construção e a penetração do setor financeiro no setor de moradia social, o que acabou gerando um novo problema habitacional e urbano: os guetos de pobres "com teto"[28].

As supostas liberdade de escolha e afirmação do desejo dos consumidores, propaladas entre as grandes vantagens dessa política, representam, na realidade, a mais descarada falta de opção: o governo usa recursos públicos para que produtos de péssima qualidade, que jamais seriam comprados se as pessoas tivessem dinheiro e liberdade de escolha, sejam comercializados. Ao contrário do que ocorre com o mercado habitacional voltado para famílias de mais alta renda (no qual a oferta tem que ser sensível aos requisitos da demanda e, portanto, à tríade produto/preço/localização, já que opera em um contexto competitivo), os operadores que oferecem moradia social têm demanda cativa, especialmente quando esta é altamente subsidiada.

---

25 Alfredo Rodríguez e Ana Sugranyes, "El traje nuevo del emperador: las políticas de financiamiento de vivienda social en Santiago de Chile", em Alfredo Rodríguez e Paula Rodríguez (orgs.), *Santiago, una ciudad neoliberal*, cit.

26 Ana Sugranyes, "La política habitacional en Chile, 1980-2000", cit., p. 23-33.

27 Elena Ducci, "Chile: The Dark Side of a Successful Housing Policy", em Joseph S. Tulchin e Allison M. Garland (orgs.), *Social Development in Latin America: The Politics of Reform* (Washington-DC/Boulder, Woodrow Wilson Center/Lynne Rienner Piublishers, 2000), p. 149-74.

28 Alfredo Rodríguez e Ana Sugranyes, "El traje nuevo del emperador", cit., p. 303.

Num contexto de déficit habitacional, os beneficiários de subsídios simplesmente "comprarão" o que estiver disponível e a seu alcance no momento. Fornecedores de moradia social podem, portanto, não ser muito sensíveis às preferências da demanda, ou simplesmente ignorá-las, uma vez que não há concorrência[29].

O "sucesso" da experiência chilena foi rapidamente incorporado às agendas de reforma das políticas habitacionais, em países em desenvolvimento, por agências de cooperação bilaterais ou multilaterais, particularmente pelo BID. De 1988 – quando um dos "inventores" do modelo chileno passa a integrar o *staff* do banco – em diante, praticamente todos os empréstimos envolvendo o setor habitacional passaram a incluir o modelo chileno de subsídios. O banco também enviou gestores da política habitacional do Chile a vários países latino-americanos para apresentar seus fundamentos e mecanismos. A partir de 1995, quando o Conselho Executivo do BID decidiu incluir oficialmente a produção formal de moradias como estratégia de combate à pobreza, o modelo foi definitivamente incorporado em todas as suas operações[30].

Para quem identificou semelhanças com o programa Minha Casa Minha Vida, no Brasil, não se trata de mera coincidência. Na Parte 3 deste volume abordaremos com mais vagar a trajetória de implementação desse programa. A lista de países na América Latina que implementam versões desse modelo não para de crescer – México, Guatemala, Bolívia, Equador, Brasil, El Salvador, Colômbia, Venezuela. Além do próprio BID, a Agência dos Estados Unidos para o Desenvolvimento Internacional (Usaid) teve um importante papel na promoção e difusão dessa política, promovendo debates, seminários e encontros das Câmaras de Construção e de gestores habitacionais dos países.

A influência desse modelo ultrapassou as fronteiras da América Latina. Em 1992, por exemplo, um dos principais pesquisadores do *staff* do Banco Mundial apresentou a política chilena à África do Sul recém-saída do *apartheid* e, em 1994, uma missão do Banco Mundial no país sugeriu um programa de subsídios bastante influenciado pela experiência do Chile[31].

---

29 Pablo Trivelli et al., *Urban Structure, Land Markets and Social Housing in Santiago, Chile*, jan. 2010, mimeo. Disponível em: <www.cafedelasciudades.com.ar/imagenes109/012411%20Informe%20final_PTrivelli.pdf>. Acesso em: 16 nov. 2014.

30 Alan Gilbert, "Power, Ideology and the Washington Consensus", cit.

31 Banco Mundial, *World Bank Housing Mission to South Africa, August 1994* (Washington-DC, Banco Mundial, 1994), mimeo, citado em Alan Gilbert, "Power, Ideology and the Washington Consensus", cit.

África do Sul

O tema da moradia na África do Sul tem uma longa história de politização e centralidade nas agendas de governo. Durante o período do *apartheid*, a proibição do acesso à propriedade para os negros (e restrições para indianos e asiáticos), aliada a grandes níveis de pobreza e concentração de renda, levou a uma situação habitacional extremamente precária nos anos 1970. Havia superlotação e explosão de assentamentos informais nos municípios, onde se concentrava a população trabalhadora e de baixa renda[32]. A moradia era, assim, não apenas expressão, mas também parte da maquinaria de opressão étnica e concentração de renda no país.

Ainda em 1976, sob a pressão de crescentes agitações nas cidades, uma conferência do setor privado em torno da qualidade de vida nas comunidades urbanas levou à criação da Urban Foundation, um *think tank* financiado pelo setor empresarial dedicado a formular políticas sociais. A fundação tinha um caráter filantrópico, mas também refletia as preocupações de parte desse setor com as dificuldades econômicas crescentes no país: além da ascensão de movimentos grevistas e outras formas de mobilização popular, os mercados locais tinham grandes limitações. A fundação foi a responsável por propor ao Partido Nacional reformas na política urbana que acabaram sendo implementadas nos anos 1980, sob enorme pressão de vários setores, inclusive internacionais. Sob a política da *"orderly urbanisation"* [urbanização ordenada] introduzida em 1986, o controle da migração da população negra para as cidades foi abolido, assim como lhe foi permitido adquirir propriedades, inclusive fora dos bantustões (áreas que haviam sido delimitadas para a moradia dos negros durante o período do *apartheid*).

A fundação também publicaria sua Proposta para a Política Habitacional Nacional, em 1990, propondo uma solução quantitativa para o problema da moradia. Um programa disponibilizaria lotes com serviços, produzidos pelo setor privado, que seriam adquiridos por meio de subsídios de doações de capital diretamente para os beneficiários. O Partido Nacional passa a demandar da fundação o desenho de um programa, aceito rapidamente pelo governo e implementado através de um organismo, o Independent Development Trust (IDT) [Fundo de Desenvolvimento Independente], para o qual foram disponibilizados recursos

32 Charlotte Lemanski, "Moving up the Ladder or Stuck on the Bottom Rung? Homeownership as a Solution to Poverty in Urban South Africa", *International Journal of Urban and Regional Research*, v. 35, n. 1, 2011, p. 59.

orçamentários da ordem de 2 bilhões de rands, cerca de 800 milhões de dólares[33]. Em torno de 100 mil "soluções" foram implementadas nos quatro anos seguintes através desse mecanismo.

Entre 1992 e 1994, ano das primeiras eleições democráticas, vencidas pelo Congresso Nacional Africano (ANC), um Fórum Nacional de Habitação reuniu os vários *stakeholders* para discutir a política habitacional, o que culminou com a realização de uma conferência nacional e um memorando de entendimento sobre o tema[34].

Em 1994, o lançamento do *Housing White Paper* [Relatório Oficial sobre Moradia] encerraria o debate e definiria o novo modelo de política habitacional no país: a construção de um milhão de casas nos cinco anos seguintes, através do National Housing Subsidy Scheme (NHSS) [Plano Nacional de Subsídio à Moradia], que disponibilizou doações de capital para que beneficiários qualificados comprassem suas casas próprias. Conhecido como RDP (Reconstruction and Development Program), o programa consistia no planejamento e construção de conjuntos habitacionais pelo setor privado para os governos provinciais e locais; as unidades seriam compradas pelos beneficiários através de subsídios diretos. Embora incluísse uma estrutura residencial permanente – afastando-se dos lotes com serviços do programa anterior, identificados como *"toilet homes"* –, o conceito incorporava a ideia de construção progressiva. Propunha-se que as casas poderiam ser posteriormente aumentadas e melhoradas através do acesso ao crédito hipotecário, uma vez que a estrutura residencial inicial poderia ser mobilizada como garantia[35].

Embora a ênfase do relatório e da nova Constituição da África do Sul estivesse no conceito de direito à moradia para todos, já em 1996 a introdução de uma estratégia macroeconômica aproximou muito a política habitacional aos paradigmas neoliberais. Conhecida como Gear (*Growth, Employment and Distribution* [Crescimento, Emprego e Distribuição]), identificava a casa própria e o setor habitacional com uma possibilidade de aumentar os ativos financeiros sob controle

---

[33] Jolyon Nuttall, *The First Five Years: The Story of the Independent Development Trust* (Cidade do Cabo, Independent Development Trust, 1997).

[34] Marie Huchzermeyer, "Housing for the Poor? Negotiated Housing Policy in South Africa", *Habitat International*, v. 25, n. 3, set. 2001.

[35] Kate Tissington, *A Resource Guide to Housing in South Africa 1994-2010: Legislation, Policy, Programmes and Practice* (Joanesburgo, Seri, 2011), p. 59. Disponível em: <www.seri-sa.org/images/stories/SERI_Housing_Resource_Guide_Feb11.pdf>. Acesso em: 16 nov. 2014.

dos mais pobres. Medidas como a privatização do estoque público municipal e a promoção do crédito hipotecário eram elementos importantes da estratégia. E os subsídios eram entendidos como possibilidade de promover a inclusão financeira e bancária de quem até então estivera excluído[36]. Dessa forma, articulava-se a afirmação político-partidária do ANC de promover o combate à pobreza e a inclusão da maioria trabalhadora negra por meio de um benefício estatal, a fundo perdido, ao mesmo tempo que se aderia à ideia de fomentar o mercado privado utilizando a habitação como porta de entrada.

Em sua fase inicial, o programa era destinado a famílias com renda mensal inferior a 3.501 rands e que não detinham qualquer outra propriedade. Era possível pleitear um valor entre 5 mil e 12,5 mil rands para comprar uma casa. Os locatários de apartamentos do Estado poderiam solicitar até 7,5 mil rands para facilitar a compra de um imóvel, inserido num processo de privatização do parque público existente. O programa não exigia qualquer forma de poupança ou de comprovação de renda como condição para conceder o benefício[37].

Uma vez que o setor bancário privado ainda estava extremamente relutante em penetrar nesse novo mercado, propôs-se também um Banco Nacional de Habitação que atuaria por meio de uma espécie de Community Reinvestment Act (inspirado no modelo norte-americano), a fim de forçar os bancos a emprestar em áreas que antes eram "*redlined*"[38]. Um dos grandes desafios era levar as instituições bancárias a superar o temor que tinham de emprestar via crédito hipotecário, já que o boicote ao pagamento das prestações fez parte das ações de pressão contra o regime do *apartheid* nos anos 1980[39].

Apesar da criação de um ambiente regulatório para garantir a execução hipotecária e do arcabouço institucional construído para incentivar o crédito hipotecário, o sistema bancário formal expandiu-se pouco na direção dos mercados de baixa renda. Em 2000, de todas as casas subsidiadas, apenas 14% também tinham algum empréstimo associado[40]. Em 2005, o governo criou o Finance-Linked Individual Subsidy

---

36 Charlotte Lemanski, "Moving up the Ladder or Stuck on the Bottom Rung?", cit., p. 60.

37 Resposta da África do Sul a questionário enviado em 2012.

38 Mzwanele Mayekiso, *Township Politics: Civic Struggles for a New South Africa* (Nova York, Monthly Review Press, 1996), p. 179, citado em Marie Huchzermeyer, "Housing for the Poor?", cit.

39 Marie Huchzermeyer, "Housing for the Poor?", cit.

40 Housing in Southern Africa, *Housing Minister Outlines 5-Year Strategy: Quality, Not Quantity Will Drive Future Housing Policy* (Joanesburgo, Institute for Housing of Southern Africa, jun. 1999), p. 2, citado em Marie Huchzermeyer, "Housing for the Poor?", cit.

Programme (Flisp) [Programa de Subsídio Individual Vinculado à Finança], que ampliou a elegibilidade de beneficiários de crédito para compra de imóveis na faixa de 3.501 a 7 mil rands mensais. A proposta era ajudar as famílias em suas obrigações relativas ao financiamento hipotecário. Ajustes nos juros de empréstimo e nos valores subsidiados foram feitos ao longo dos anos para acompanhar a inflação[41].

Entre 1994 e 2007, quase 2,4 milhões de subsídios foram alocados e um total de 44,1 bilhões de rands foi gasto dos fundos públicos para prover unidades habitacionais subsidiadas. A versão mais acessível e, de fato, a mais comumente aplicada foi a do subsídio de capital vinculado a projeto de conjuntos habitacionais[42]. Esse subsídio corresponde à propriedade de uma unidade habitacional e foi implementado através da construção de grandes conjuntos compostos por casas uniformes, isoladas, em sua maioria de apenas um quarto, em *layouts* padronizados, localizadas nas periferias urbanas, com título formal de propriedade privada. O setor privado promoveu esse produto como meio para que os pobres escapassem do ciclo de pobreza[43], mas logo surgiram críticas apontando que esses conjuntos segregados com a função de dormitórios são, na realidade, armadilhas de pobreza. Por sua vez, os beneficiários mostraram insatisfação com o produto recebido assim como com o processo[44]. Os políticos locais articularam principalmente a demanda por casas maiores. Por um lado, o governo respondeu por meio de uma emenda à Lei de Moradia que exigia a metragem mínima de trinta metros quadrados para casas construídas com subsídios do Estado, já que o programa havia entregado imóveis com até menos de dez metros quadrados. Por outro lado, os efeitos da constituição de um vibrante mercado privado de moradias tampouco se verificaram: as casas não se constituíram na esperada "escada antipobreza", ou seja, seu uso como garantia em empréstimos bancários tampouco se verificou.

A resposta governamental às críticas em relação à formação de guetos de pobres na periferia, apontados como uma nova forma de *apartheid* baseada em renda e classe social, foi o lançamento de uma nova fase do programa, o Breaking New

---

[41] Resposta da África do Sul a questionário enviado em 2012.

[42] De um total de 959.415 subsídios habitacionais aprovados até dezembro de 1998, 782.176, ou seja, 82%, eram vinculados a projetos de conjuntos habitacionais. GCIS, *South Africa Yearbook*, 1999. Infelizmente, a edição de 1999 não está mais disponível online; versões mais recentes estão disponíveis em: <http://www.gcis.gov.za/content/resourcecentre/sa-info/yearbook>. Acesso em: 21 out. 2015.

[43] Jolyon Nuttall, *The First Five Years: The Story of the Independent Development Trust*, cit., p.107.

[44] Mary R. Tomlinson, "South Africa's New Housing Policy: An Assessment of the First Two Years, 1994-1996", *International Journal of Urban and Regional Research*, v. 22, n. 1, 1998.

Ground [Abrindo Novas Fronteiras, em uma tradução livre], em 2004. De acordo com o governo, é um programa mais abrangente: ênfase em *homes over houses*, qualidade em vez de quantidade e maior destaque às comunidades em detrimento dos indivíduos. O projeto define a habitação no contexto dos assentamentos humanos sustentáveis. Em 2005, as faixas de renda foram reformuladas e o subsídio deixou de poder custear a compra do terreno. O foco do programa passou a ser o mercado de revenda de imóveis, ou seja, de compra de casas já construídas. Uma política de regularização de assentamentos informais também foi iniciada[45].

Apesar do esforço quantitativo, um déficit de 2,4 milhões de casas continuava a crescer, marcado pela densificação dos assentamentos informais, a revenda das casas e a volta para os assentamentos informais por parte de alguns beneficiários. Além disso, continuava havendo grandes processos migratórios, inclusive de origem internacional[46].

• • •

Os exemplos de programas de subsídios da África do Sul e do Chile para viabilizar a produção massiva de casas via mercado não são isolados. Como já apresentamos anteriormente, a partir da experiência pioneira do Chile, o modelo tem se propagado pela América Latina, África e Ásia.

Em países onde se encontra em operação há alguns anos, os efeitos socioterritoriais aparecem claramente. No caso do México, já se reconhecem um incremento da expansão urbana, diminuição de densidades e a presença de grande quantidade de casas padronizadas e minúsculas[47]. Além disso, a falta de inserção urbana dos conjuntos, desconectados das cidades, sem redes de infraestrutura básica, serviços públicos ou oportunidades de emprego[48], fez com que muitas pessoas que tinham contratado um crédito hipotecário optassem por retornar à cidade, deixando para locação a unidade habitacional adquirida[49]. Outra consequência dos

---

[45] Resposta da África do Sul a questionário enviado em 2012.

[46] Idem.

[47] Javier Corral, *La vivenda social em México: passado, presente y futuro* (Cidade do México, JSA, 2012), p. 34, citado em Higor Carvalho, *Social Housing Policies in The Era of Financial Accumulation: a comparative analysis between agents and impacts in Brazil and Mexico*, relatório apresentado no encontro da Latin American Studies Association (LASA), Porto Rico, 2015.

[48] Idem.

[49] Edith Jimenez Huerta, *Renting and Sharing: Housing Options for The Poor*, relatório apresentado no XIII International Sociology Association World Congress, 2014 (RC21-43 joint session: "Unequal cities and political economy of housing").

problemas relacionados aos conjuntos habitacionais produzidos nos últimos anos é a vacância. Quase 5 milhões de casas novas foram simplesmente abandonadas[50]. A imprensa denuncia que parte desses empreendimentos vagos foi ocupada por agentes do narcotráfico e relata também a dificuldade dos bancos em realizar as execuções hipotecárias dos bens, que, além de abandonados, também deixam de ter suas prestações pagas pelos adquirentes[51].

Programas de subsídio na África do Sul, no México e no Brasil, como veremos na Parte 3 deste livro, têm sido criticados por substituírem moradias informais espalhadas pelas cidades por habitações de baixo padrão, estigmatizadas, que vêm concentrando famílias de baixa renda. Esse processo tem reforçado – ou gerado – uma crescente segregação social e urbana, o aumento na disparidade de acesso a serviços urbanos, a piora das condições locais de vida, além do crescimento da degradação ambiental e dos problemas de segurança urbana.

Esses programas também têm negligenciado a habitabilidade da moradia. As casas construídas não apenas são mal localizadas, mas frequentemente são também muito pequenas ou de baixa qualidade material, com limitadas possibilidades de melhoria. Por exemplo, a moradia estatal básica em Santiago, em 1990, tinha dimensões de apenas 33-34 metros quadrados. Ainda que o tamanho médio tenha aumentado durante os anos 1990, em 1998 cada família dispunha de apenas 9,3 metros quadrados por ocupante. Na África do Sul, o espaço médio era inicialmente de apenas 25 metros quadrados e as casas não tinham subdivisões[52].

A princípio voltados para as populações mais pobres e vulneráveis, os programas de concessão de capital tiveram dificuldade em atingir as famílias de mais baixa renda, devido principalmente à impossibilidade que estas têm de reunir recursos suficientes para dar entrada na moradia ou para arcar com as parcelas definidas pelo mercado[53]. Em alguns casos, os subsídios eram tão baixos que não havia possibilidade, *a priori*, de comprar uma casa sem uma poupança ou um crédito substancial adicional. Mesmo quando conseguiam atender as exigências de crédito ou de poupança, muitos dos novos proprietários não tinham condições de

---

50 Javier Corral, *La vivenda social em México: passado, presente y futuro*, cit.

51 Victoria Burnett, "They Built It. People Came. Now They Go", *The New York Times*, 8 set. 2014. Disponível em: <www.nytimes.com/2014/09/09/world/americas/they-built-it-people-came-now--they-go.html>. Acesso em: 6 jan. 2015.

52 Alan Gilbert, "Power, Ideology and the Washington Consensus", cit., p. 29.

53 UN-Habitat, *Financing Urban Shelter*, cit.

manter os imóveis ou de pagar as contas de água ou de eletricidade, por exemplo, sendo forçados a vender suas casas[54].

Na tentativa de complementar recursos, alguns Estados promoveram o envolvimento tanto de bancos privados como de ONGs na oferta de microcrédito às famílias de baixa renda, além dos subsídios estatais oferecidos. A agência de cooperação sueca Sida foi particularmente pródiga em programas desse tipo na América Central. Esses programas atuam como intermediários institucionais entre as famílias e o Estado, possibilitando que elas superem a lacuna financeira e sejam elegíveis para os subsídios. Entretanto, pesquisas realizadas na África do Sul, no Paquistão e em outros países onde esses mecanismos foram experimentados mostram que a combinação do microfinanciamento com os subsídios não foi bem-sucedida[55].

Apesar de investimentos orçamentários substanciais dos governos e do foco específico em famílias de baixa renda, subsídios à concessão de capital promoveram, em parte, apenas o aspecto econômico-financeiro do direito à moradia adequada. Privilegiou-se a redução substancial do déficit de moradias em alguns países em desenvolvimento em detrimento de aspectos mais amplos desse direito, como habitabilidade, localização, disponibilidade de serviços e infraestrutura.

[54] Alan Gilbert, "Power, Ideology and the Washington Consensus", cit., p. 31-2.

[55] Loïc Chiquier e Michael Lea (orgs.), *Housing Finance Policy in Emerging Markets*, cit., p. 405-6. Abordaremos o tema do microcrédito no último capítulo desta parte do trabalho.

5
Microfinanciamento: a última fronteira, ou como tornar a favela financiável

É preciso procurar o dinheiro onde ele está: com os pobres. Eles não têm muito, mas são muitos.

Alphonse Allais[1]

Em seu livro *Poverty Capital*, Ananya Roy relata que quando Muhammad Yunus e o Banco Grameen de Bangladesh receberam o Prêmio Nobel da Paz, em 2006, o modelo de microfinanciamento do Grameen ganhou legitimidade internacional, após uma longa trajetória de crescimento nos círculos de combate à pobreza. Segundo Elizabeth Littlefield, CEO do Consultative Group to Assist the Poor (CGAP) [Grupo Consultivo para Auxílio dos Pobres], um fórum de doadores sediado no Banco Mundial que defende o desenvolvimento baseado no mercado: "Yunus foi um dos primeiros visionários que acreditou na ideia de que os pobres são clientes viáveis, valorosos e atrativos para empréstimos"[2].

A maioria da população pobre urbana do planeta vive em assentamentos não planejados nem previamente urbanizados, onde os próprios moradores produzem suas casas de forma gradual, mobilizando seus próprios recursos materiais e financeiros. Até os anos 1980, os habitantes de favelas e a população pobre das cidades não eram considerados um mercado para serviços financeiros[3]. As razões eram: a impossibilidade econômica das famílias de baixa renda, e mesmo de renda média,

[1] Citado em Cedric Gouverneur, "Microcrédito, o negócio da miséria", *Le Monde Diplomatique Brasil*, 3 abr. 2012. Disponível em: <www.diplomatique.org.br/artigo.php?id=1150>. Acesso em: 15 nov. 2014.

[2] Ananya Roy, *Poverty Capital: Microfinance and the Making of Development* (Nova York, Routledge, 2010), p. 89.

[3] UN-Habitat, *Financing Urban Shelter*, cit.

de arcarem com a dívida do financiamento da moradia; a incompatibilidade das exigências formais para a concessão de empréstimos financeiros (como falta de garantias e de capacidade de pagamento) com as características das famílias de baixa renda (renda baixa ou irregular, muitas vezes obtida com trabalho informal, bem como falta de segurança da posse da moradia); além do pouco interesse das instituições financeiras em emprestar aos mais pobres, já que estes geralmente "consomem" baixas quantias de empréstimo, envolvendo altos custos de transação e alto risco de *default*. Como resultado, famílias de baixa e média renda historicamente adotaram estratégias financeiras "informais" baseadas na poupança individual, em empréstimos ou remessas de valores por parte de familiares, em empresas especializadas em empréstimos ou em penhoristas e agiotas[4].

Entretanto, na década de 1980 surgiu um novo paradigma de financiamento que, aparentemente, seria capaz de atender aos mais pobres através da expansão de um crédito pequeno, informal e gerador de renda: o microfinanciamento. Os investidores financeiros privados foram convencidos da lucratividade do microfinanciamento e passaram a encarar os pobres como "bancáveis"[5]. O resultado foi que, desde então, houve um intenso aumento do fluxo de capital de investimento privado (apoiado por doadores, bancos multilaterais e organizações internacionais) no setor de microfinanciamento. Inicialmente voltado para financiar o empreendedorismo dos pobres – uma das bases ideológicas e econômicas de expansão de políticas neoliberais –, o microfinanciamento incluiu, mais recentemente, linhas para moradias destinadas a apoiar processos de autoconstrução progressiva. Na última década, a iniciativa foi incorporada como programa na ONU e no Banco Mundial, através da constituição de um Fundo para Melhoria de Favelas (Slum Upgrading Facility, da agência UN-Habitat) e da Iniciativa de Financiamento de Abrigo para Pobres (da Cities Alliance)[6].

Na experiência pioneira do Banco Grameen, em Bangladesh, o microfinanciamento adotava a linguagem dos direitos humanos ou do "direito ao crédito". O microcrédito era, então, definido como um empréstimo não lucrativo dirigido ao

---

4 Ver UN-Habitat, *Housing for All: The Challenges of Affordability, Accessibility and Sustainability – The Experiences and Instruments from the Developing and Developed Worlds* (Nairóbi, UN-Habitat, 2008), p. 11; idem, *Financing Urban Shelter*, cit., p. 99-100.

5 Don Johnston Jr. e Jonathan Morduch, "The Unbanked: Evidence from Indonesia", *The World Bank Economic Review*, v. 22, n. 3, 2008, p. 517.

6 Bruce Ferguson e Peer Smets, "Finance for Incremental Housing: Current Status and Prospects for Expansion", *Habitat International*, v. 34, n. 3, 2010, p. 288-9; Loïc Chiquier e Michael Lea (orgs.), *Housing Finance Policy in Emerging Markets*, cit., p. 395.

combate à pobreza e também ao empoderamento das mulheres. Indivíduos doavam recursos, a fundo perdido, para um fundo rotativo. Depois do empréstimo de pequenas quantias para mulheres de aldeias e assentamentos pobres de Bangladesh, os valores seriam devolvidos através de um processo que também envolvia a promoção da disciplina de mercado e, inicialmente, a constituição de grupos solidários e a corresponsabilização comunitária.

Na realidade, a concepção de combate à pobreza presente nesse modelo está centrada na promoção do empreendedorismo e não na redistribuição da renda, na abertura de oportunidades e na igualdade. O modelo de mitigação da pobreza é, assim, ao mesmo tempo, centrado nos pobres e contra o sistema de bem-estar. Yunus afirmou repetidas vezes que o autoemprego – e não o emprego assalariado formal – é o objetivo do Banco Grameen[7].

Rapidamente, o microfinanciamento deixou de ser domínio único de organizações sem fins lucrativos como o Banco Grameen e passou a incorporar também bancos comerciais e a integrar o mercado de capitais. A crescente presença comercial, em países em desenvolvimento, de grandes grupos bancários do Ocidente, bem como seu interesse em microfinanciamento (inclusive de moradias), parte da ideia de que a "base da pirâmide" representa um grande e inexplorado mercado[8].

Os novos modelos de microfinanciamento instituem regras rígidas de sustentabilidade financeira e enfatizam os lucros ao invés do desenvolvimento humano, apostando que "bilhões de baixo" – os mais pobres do mundo – vão servir como um "mercado de fronteira, abrindo novos horizontes para a acumulação do capital"[9]. A era do microfinanciamento é parte de uma transformação maior do próprio capitalismo, denominada por Bill Gates de "capitalismo criativo". Esse capitalismo mais gentil espera erradicar a "pobreza por meio do lucro"[10].

---

[7] David Bornstein, *The Price of a Dream: The Story of the Grameen Bank* (Nova York, Simon and Schuster, 1996), p. 331, citado em Ananya Roy, *Poverty Capital*, cit.

[8] C. K. Prahalad e Stuart L. Hart, "The Fortune at the Bottom of the Pyramid", *Strategy and Business*, n. 26, 2002, p. 1. Disponível em: <www.cs.berkeley.edu/~brewer/ict4b/Fortune-BoP.pdf>. Acesso em: 6 jan. 2014; Raquel Rolnik, *Relatório temático sobre a crise financeira*, A/HRC/10/7, 2009, escrito com a colaboração de Bahram Ghazi.

[9] Ananya Roy, *Poverty Capital*, cit., p. 5.

[10] C. K. Prahalad, *The Fortune at the Bottom of the Pyramid: Eradicating Poverty through Profits* (Upper Saddle River, Wharton School Publishing, 2004).

Nos últimos dez anos, vem crescendo o número de programas de microfinanciamento de moradias. Eles oferecem empréstimos a proprietários de casas, variando de 300 a até 8 mil dólares, com possibilidade de novos empréstimos e condições de amortização com prazo de um a quinze anos. Em comparação com o microfinanciamento para empreendedores, os microempréstimos para moradias envolvem, em geral, valores maiores e são concedidos por um período mais longo. Em relação aos empréstimos hipotecários, os microempréstimos envolvem valores bem menores, são concedidos por prazos mais curtos e seu público-alvo é aquele não atendido pelas instituições financeiras formais, privadas ou públicas[11]. Devido a seu escopo limitado, os microempréstimos para moradia são utilizados principalmente para financiar melhorias (como a construção de instalações sanitárias, por exemplo) ou para a ampliação das casas[12].

O microfinanciamento habitacional é hoje oferecido por uma grande variedade de instituições, inclusive agências de microfinanciamento, como o Banco Grameen e os afiliados da organização Accion. É oferecido também por bancos e instituições comerciais, como o Banco HDFC, na Índia, e a empresa Cemex, no México (programa Patrimonio Hoy), e ainda por organizações intergovernamentais e ONGs especializadas na oferta de habitação, como o Rural Housing Loan Fund [Fundo de Empréstimo para a Moradia Rural], da África do Sul, e a Habitat para a Humanidade[13].

Banco Mundial, Usaid e UN-Habitat têm sido ativos promotores desse tipo de ação. Financiando diretamente ou produzindo e disseminando conhecimento sobre o tema, seu papel tem sido fundamental para ampliar o alcance territorial dessas iniciativas. De acordo com o Banco Mundial,

> se conseguir atingir uma escala maior, o microfinanciamento da habitação pode desempenhar um papel importante na resposta aos déficits habitacionais "qualitativos" e complementar os mercados de hipoteca convencionais, que continuam limitados por uma "fronteira de acesso" – na expressão de D. Porteous e FinMark. O alcance potencial

---

[11] Center for Urban Development Studies, *Housing Microfinance Initiatives: Synthesis and Regional Summary – Asia, Latin America and Sub-Saharan Africa with Selected Case Studies* (Bethesda-MD, Microenterprise Best Practices/Development Alternatives Inc., 2000).

[12] Loïc Chiquier e Michael Lea (orgs.), *Housing Finance Policy in Emerging Markets*, cit., p. 399; Bruce Ferguson, "Housing Microfinance: A Key to Improving Habitat and the Sustainability of Microfinance Institutions", *Small Enterprise Development*, v. 14, n. 1, 2003, p. 21.

[13] UN-Habitat, *Financing Urban Shelter*, cit., p. 106-12; Doris Köhn e J. D. von Pischke (orgs.), *Housing Finance in Emerging Markets: Connecting Low-Income Groups to Markets* (Berlim, Springer, 2011), p. 33-5.

do microfinanciamento habitacional pode ser encontrado entre aqueles que não estão qualificados nos critérios atuais para empréstimo, mas que pagariam um juro de crédito maior para um empréstimo de microfinanciamento habitacional.[14]

Já para a UN-Habitat, quando lançou o já mencionado Slum Upgrading Facility, o argumento era de que, sendo o problema das favelas uma questão de finanças, seu enfrentamento consiste em assegurar acesso ao financiamento para melhorar as condições de vida de seus moradores. Isso deve ser atingido graças aos esforços de poupança e disciplina dos pobres, combinados com os recursos das finanças privadas, no interior da esfera do mercado. Não há qualquer menção ao tema da redistribuição social – o papel do Estado é o de prover condições que permitam a operação do mercado[15]. O ponto de partida da perspectiva da UN-Habitat é, portanto, a identificação de uma "lacuna de financiamento": "a dura realidade que combinou investimento público e privado e a assistência oficial para o desenvolvimento atinge apenas 5% a 10% do financiamento necessário para promover melhorias na habitação e nos serviços básicos na África Subsaariana, no sul e no sudeste da Ásia". A proposta do Slum Upgrading Facility é demonstrar que os projetos de aprimoramento das favelas, que vão desde a "melhoria de área" até a construção ou melhoria de casas, podem ser alcançados na base de investimentos financeiro-comerciais. Esse princípio está encapsulado no termo "bancável"[16].

A maior parte das iniciativas de microfinanciamento habitacional está situada nos países em desenvolvimento e mercados emergentes. A América Latina tem a maior carteira de microfinanciamento habitacional do mundo, em instituições como: MiBanco, no Peru; BancoSol, na Bolívia; Banco Solidario, no Equador; Banco Ademi, na República Dominicana; Calpiá (atual ProCredit), em El Salvador; e Génesis Empresarial, na Guatemala[17]. Esse tipo de financiamento também está crescendo muito na Ásia e, em ritmo menor, na África[18]. Exemplos

---

14 Loïc Chiquier e Michael Lea (orgs.), *Housing Finance Policy in Emerging Markets*, cit., p. 395-7.

15 Gruffydd Jones, "'Cities Without Slums'? Global Architectures of Power and the African City", em Karel A. Bakker (org.), *African Perspectives 2009 – The African Inner City: [Re]sourced* (Pretória, University of Pretoria, 2010), p. 769-70. Disponível em: <https://lirias.kuleuven.be/bitstream/123456789/294456/3/Pretoria2009proceedingsToC.pdf>. Acesso em: 6 jan. 2015.

16 Ibidem, p. 771.

17 UN-Habitat, *Housing for All*, cit., p. 22; idem, *Financing Urban Shelter*, cit., p.106.

18 Michael Kihato, *Scoping the Demand for Housing Microfinance in Africa: Status, Opportunities and Challenges* (Joanesburgo, Centre for Affordable Housing Finance in Africa, set. 2009), mimeo. Disponível

incluem o Kuyasa Fund (África do Sul), o Jamii Bora Trust (Quênia), o Kixi-Casa (Angola), o Pride (Tanzânia), o BRI (Indonésia), e o Card (Filipinas)[19]. As dimensões de alguns programas de microfinanciamento habitacional podem ser consideráveis. O Banco Grameen, por exemplo, já realizou mais de 650 mil empréstimos habitacionais[20].

Entretanto, as opções de microfinanciamento habitacional ao redor do mundo permanecem muito pequenas em relação ao PIB e às atividades de microfinanciamento em geral[21]. Ainda se trata de um serviço bastante direcionado a quem já é cliente de empréstimos empresariais de instituições de microfinanciamento. Num esquema típico de microfinanciamento, a parcela representada pelo portfólio "moradias" varia entre 4% e 8%.

As instituições de microfinanciamento empregam estratégias de garantia mais diversificadas e flexíveis em comparação com as garantias de hipotecas tradicionais, o que inclui a possibilidade de cossignatários, avaliação de renda futura, deduções na folha de pagamento, outros ativos financeiros (como seguro de vida) e a "garantia social" (reputação dos mutuários ou a análise dos círculos sociais aos quais pertencem)[22]. Algumas agências de microfinanciamento procuram minimizar a necessidade de garantia, utilizando o histórico do cliente[23]. Muitas delas, principalmente na Ásia e África, têm exigências de poupança que servem tanto como avaliação da capacidade de pagamento do mutuário quanto como um meio de adquirir fundos[24].

Embora as taxas de juros das agências de microfinanciamento sejam tipicamente mais baixas que as dos agiotas informais, elas são muito mais altas que as cobradas

---

em: <www.finmark.org.za/publication/scoping-the-demand-for-housing-microfinance-in-africa-status-opportunities-and-challenges>. Acesso em: 5 jan. 2015.

[19] Annika Nilsson, "Overview of Financial Systems for Slum Upgrading and Housing", *Housing Finance International*, v. 23, n. 2, dez. 2008, p. 20-1; Sally Merrill e Nino Mesarina, "Expanding Microfinance for Housing", *Housing Finance International*, v. 21, n. 2, dez. 2006, p. 21.

[20] Ver: <www.grameen-info.org/index.php?option=com_content&task=view&id=1122&itemind=973>. Acesso em: 4 dez. 2014.

[21] Loïc Chiquier e Michael Lea (orgs.), *Housing Finance Policy in Emerging Markets*, cit., p. 398.

[22] UN-Habitat, *Housing for All*, cit., p. 20; Sally Merrill, *Microfinance for Housing: Assisting the "Bottom Billion" and the "Missing Middle"* (Washington-DC, Urban Institute Center on International Development and Governance, jun. 2009), mimeo, p. 4.

[23] Idem, *Enabling Shelter Strategies: Review of Experience from Two Decades of Implementation* (Nairóbi, UN-Habitat, 2006), p. 91.

[24] Idem, *Financing Urban Shelter*, cit., p. 114.

pelas instituições financeiras formais e têm prazos de vencimento muito mais curtos. Na maioria dos casos, essas taxas variam entre 20% e 50%[25]. Por exemplo: o MiBanco, no Peru, cobra uma taxa anual de 37%[26] e o Banco Compartamos, no México, quase 70% de juros em seu programa de microfinanciamento habitacional[27]. Quanto mais pobre o cliente, mais provável que a agência de microfinanciamento tente compensar o risco de inadimplência reduzindo tanto o prazo de amortização do empréstimo como o montante deste[28]. Em alguns casos, o pequeno valor do empréstimo não é suficiente e precisa ser complementado por empréstimos adicionais de fontes externas, que têm taxas de juros também muito altas e expõem as famílias a um risco maior. O uso de taxas de juros flutuantes também leva a juros maiores durante o período de amortização, às vezes o dobro da taxa original[29]. Altas taxas de juros aumentam o endividamento dos clientes e agravam o círculo vicioso pobreza/probabilidade de inadimplência[30]. Em alguns casos, para realizar o pagamento, as famílias precisam vender ativos tradicionais (como equipamentos ou terra) ou então desviar outras fontes de renda (como remessas de valores ou pensões). Essas estratégias de "último recurso" explicam as taxas de amortização geralmente altas dos microfinanciamentos. Entretanto, reduzem a equidade entre as famílias, seu poder de recuperação econômica e o acesso econômico à moradia. Como geralmente acontece com empréstimos hipotecários de alto risco, clientes de microfinanciamento habitacional são penalizados por sua "baixa lucratividade" e são forçados a pagar mais por isso.

Além de representar mais uma das formas altamente exploradoras de empréstimo *subprime*, a pequena escala e a natureza da maior parte dos programas de microfinanciamento habitacional impedem que tais programas encarreguem-se de questões como a segurança da posse, a localização e a disponibilidade de infraestrutura e serviços. Ainda que a provisão de serviços financeiros para a ampliação e/ou melhoria das construções seja uma atividade relativamente direta e administrável, a participação no processo de aquisição da terra e oferta de infraestrutura é complexa

---

25 Idem, *Housing for All*, cit., p. 19.

26 Loïc Chiquier e Michael Lea (orgs.), *Housing Finance Policy in Emerging Markets*, cit., p. 410.

27 Ver: <www.compartamos.com>. Acesso em: 4 dez. 2014.

28 UN-Habitat, *Housing for All*, cit., p. 24-5.

29 P. K. Manoj, "Prospects and Problems of Housing Microfinance in India: Evidence from 'Bhavanashree' Project in Kerala State", *European Journal of Economics, Finance and Administrative Sciences*, n. 19, abr. 2010, p. 178.

30 UN-Habitat, *Housing for All*, cit., p. 23.

nas dimensões jurídica, financeira e política. Exige capacidades institucional e financeira, bem como poderes legais, normalmente disponíveis somente em órgãos de governos nacionais e locais. O enfoque na ampliação/melhoria da moradia pode, em alguns casos, promover a melhoria da habitabilidade e auxiliar favelados a aprimorar suas casas, mas pouco faz em relação a aspectos mais amplos do direito à moradia. Se, por um lado, o microfinanciamento habitacional amplia o acesso econômico à moradia, por outro, cria dificuldades, porque os mutuários aumentam substancialmente seus gastos com habitação e, mesmo depois de realizadas as melhorias, permanecem carentes de serviços de saúde, saneamento e educação; além do mais, como não contam com a segurança da posse, ainda correm o risco de serem despejados (sem compensação ou realocação) de suas casas já reformadas.

Há também uma crescente consciência do fracasso da indústria do microfinanciamento em alcançar a população mais pobre. Muitos programas de microfinanciamento habitacional, por serem orientados financeiramente, parecem focar mais na população urbana pobre de maior renda (por exemplo, com renda 50% superior à linha nacional de pobreza), nas famílias apenas próximas da pobreza (com renda até 120% ou 150% acima da linha nacional de pobreza)[31], nos "pobres economicamente ativos", às vezes com emprego formal, e, finalmente, naqueles que contam com estratégias diversificadas de meios de vida. Os ultrapobres, ou seja, aqueles que se encontram abaixo dos 15% da distribuição de renda, muitas vezes dispersos em áreas rurais e que representam um alto custo para os serviços de crédito ou infraestrutura, não são contemplados[32]. Em alguns programas de microcrédito, a exigência de segurança de posse pode restringir ainda mais o grupo de clientes aos pobres com condições econômicas relativamente "melhores".

No interior do vasto universo das ONGs e instituições de financiamento, na origem de muitos grupos estão práticas cooperativas de criação de fundos comunitários autogeridos. Elas estão particularmente presentes na África e na Ásia. Esses fundos trabalham com empréstimos e/ou poupanças em grupo, com o objetivo de auxiliar comunidades a financiar a regularização ou aquisição de terrenos, a implantação de infraestrutura e serviços, além de melhorias nas habitações. Os fundos comunitários oferecem, por exemplo, apoio técnico e financeiro para a aquisição de terrenos e infraestrutura (sistema viário, drenagem, abastecimento de água etc.) e conseguem

---

[31] Loïc Chiquier e Michael Lea (orgs.), *Housing Finance Policy in Emerging Markets*, cit., p. 36-7.

[32] Center for Urban Development Studies, *Housing Microfinance Initiatives* (Bethesda-MD, Microenterprise Best Practices/Development Alternatives Inc., 2000), p. 24.

envolver outros atores, tais como o governo e os proprietários originais do terreno. Esses grupos originam-se de processos coletivos de mobilização e organização[33]. Algumas organizações (como a Cooperativa Nacional de Habitação, no Quênia) oferecem o microempréstimo tanto a indivíduos como a grupos comunitários ou cooperativas[34]. Organizações internacionais do tipo "guarda-chuva" foram criadas para permitir e auxiliar operações de organizações com base comunitária originadas de movimentos sociais por moradia, como a Slum Dwellers International [Associação Internacional de Favelados] ou a Society for the Promotion of Area Resource Centres [Sociedade para a Promoção de Centros de Recursos Locais], na Índia[35].

Fundos comunitários como o Baan Mankong, na Tailândia, e o Community Mortgage Programme, nas Filipinas, demonstraram grande capacidade de expandir suas coberturas e executar projetos complexos de habitação e infraestrutura envolvendo governos nacionais e locais, proprietários de terra e diversas comunidades. O programa Baan Mankong, iniciado em 2003 pelo governo da Tailândia e implementado por uma agência não governamental – o Instituto de Desenvolvimento da Ação Comunitária –, tinha como objetivo melhorar as condições de vida de 300 mil famílias até 2008. Sua estratégia para oferecer moradia a famílias de baixa renda é canalizar recursos para organizações com base comunitária, que planejam e executam as obras[36]. Esse programa tornou-se referência na melhoria de favelas com apoio comunitário, embora tenha sido executado numa escala bem menor que a planejada[37].

Tais programas têm se desenvolvido paralelamente à evolução do microfinanciamento habitacional. Entretanto, eles apresentam uma abordagem significativamente diferente, enfatizando a propriedade coletiva e a mobilização e pressão em torno de aspectos mais amplos da moradia adequada, tais como a localização, o acesso à infraestrutura e serviços e a segurança da posse[38]. Como os fundos

---

33 Annika Nilsson, "Overview of Financial Systems for Slum Upgrading and Housing", cit., p. 19.

34 Erlend Sigvaldsen, *Key Issues in Housing Microfinance* (Oslo, Nordic Consulting Group, 2010), p. 16-7.

35 UN-Habitat, *Financing Urban Shelter*, cit., p. 99.

36 Bruce Ferguson e Peer Smets, "Finance for Incremental Housing", cit., p. 293-4; UN-Habitat, *Housing for All*, cit., p. 88-9; Somsook Boonyabancha, "Baan Mankong: Going to Scale with 'Slum' and Squatter Upgrading in Thailand", *Environment and Urbanization*, v. 17, n. 1, abr. 2005.

37 Em janeiro de 2011, 1.546 comunidades e 90 mil moradores estavam envolvidos ou haviam sido beneficiados por projetos do Baan Mankong. Ver UN-Habitat, *Affordable Land and Housing in Asia* (Nairóbi, UN-Habitat, 2011).

38 UN-Habitat, *Financing Urban Shelter*, cit., p. 120.

comunitários são menos orientados por aspectos financeiros, as taxas de juros sobre os empréstimos são em geral mais baixas do que as do microfinanciamento habitacional. Além disso, a duração dos empréstimos é geralmente maior, chegando a 25 anos[39]. Tais fundos exigem disponibilidade de recursos a fundo perdido e intenso envolvimento tanto do governo nacional como dos governos locais nas etapas de planejamento e execução, a fim de atingir a escala necessária, a sustentabilidade e a assistência técnica. Por outro lado, estão diretamente vinculados a – e são fruto de – organizações e movimentos sociais de luta pelo direito à moradia, cuja ação ultrapassa, em muitos casos, a operação de microfinanciamento *per se*.

Ainda é cedo para avaliar o impacto desses fundos comunitários sobre o acesso à moradia adequada para os mais pobres, sendo necessárias pesquisas mais sistemáticas e de longo prazo. Entretanto, sua sustentabilidade financeira já surgiu como um problema. Em virtude de sua larga escala e da dependência de múltiplos atores, os fundos comunitários dependem amplamente de doações financeiras e apoio técnico. Além disso, pesquisas indicam que eles padecem de baixas taxas de amortização e alta inadimplência. Preocupações adicionais foram levantadas pelo fato de esses empréstimos levarem a conflitos e desequilíbrios de poder nas comunidades envolvidas, devido a diferenças nas capacidades de pagamento das famílias e indivíduos[40].

Finalmente, no universo do microcrédito, várias instituições que iniciaram suas atividades como fundos comunitários autogeridos "evoluíram" na direção da financeirização. Por sua vez, o setor de microfinanciamento caminha na direção da securitização. A primeira iniciativa de securitizar um portfólio de microcréditos foi lançada em 2006 e deu ao Bangladesh Rehabilitation Assistance Committee (Brac), uma das maiores ONGs de assistência social e combate à pobreza no mundo, aproximadamente 180 milhões de dólares de financiamento. Estruturado pela RSA Capital, pelo Citigroup, pela Empresa de Desenvolvimento Financeiro da Holanda e pelo banco de desenvolvimento KFW, o negócio "envolve a securitização de recebíveis derivados dos microcréditos concedidos pelo Brac [...] e a criação de um fundo com finalidade especial que compra os recebíveis do Brac e emite certificados para os investidores que têm participações nesses recebíveis"[41].

---

39 Caso do Community Mortgage Programme, nas Filipinas.

40 Raquel Rolnik e Lidia Rabinovich, "Late-Neoliberalism", cit.; Raquel Rolnik, *Relatório temático sobre a crise financeira*, cit.

41 Ananya Roy, *Poverty Capital*, cit.

Fazle Abed, fundador e presidente do Brac, celebrou a securitização como "um marco para a indústria do microfinanciamento [...]. Nós trouxemos os mercados financeiros globais para a porta da casa de quase 1,2 milhão de famílias em Bangladesh"[42]. Em 2008, a ASA Internacional, uma *holding* global sediada em Londres e que administra fundos para instituições de microfinanciamento com operações na China, no Camboja, em Gana, Índia, Indonésia, Nigéria, Paquistão, Filipinas e Sri Lanka, segurou um empenho de 125 milhões de dólares em ações da Catalyst Microfinance Investors, um fundo de investimento em *private equity* cogerido por ela e pela Sequoia, uma empresa de investimento corporativo. Essas securitizações têm o intuito de criar acesso a um capital barato para as instituições de microfinanciamento e, assim, como afirma o Brac, "reduzir a dependência do financiamento volátil de doadores"[43].

Vale mencionar um relatório do Consultative Group to Assist the Poor, uma parceria global das principais agências de cooperação europeias, norte-americanas e multilaterais com fundações empresariais, destinada a promover a inclusão financeira dos pobres. Segundo ele, os fundos de microfinanciamento passaram "relativamente incólumes pela crise financeira", o que prova a resiliência desses portfólios de empréstimo. O relatório mostra que os ativos dos dez maiores fundos de investimento de microfinanciamento cresceram 32% em 2008, fazendo do "microfinanciamento uma das poucas classes de ativos com um retorno positivo em 2008". Essas relações entre "microempreendedores e mercados de capitais internacionais" estão sendo comemoradas e o microfinanciamento passou a ser visto como um mercado "em que possibilidades de arbitragem ainda podem ser exploradas"[44].

O microfinanciamento habitacional pode ser entendido, em termos de financeirização, em dois aspectos: primeiro, é um modelo que estabelece vínculos entre os moradores de favelas e os mercados de capitais nacionais e, mais recentemente, internacionais. Em segundo lugar, é um modelo que pressupõe uma visão financeira da vida, na qual a casa é apresentada como um ativo a ser investido, trocado e usado como garantia para alavancar financiamentos adicionais, a fim de financiar o consumo, o bem-estar ou a atividade empreendedora[45].

---

[42] Ver: <www.brac.net>. Acesso em: 17 dez. 2006.

[43] Ananya Roy, *Poverty Capital*, cit., p. 203.

[44] Consultative Group to Assist the Poor (CGAP), *The Global Fianancial Crisis and Its Impacts on Microfinance*, 2009, p. 5. Disponível em:<www.cgap.org/site-search/financial%20crisis>. Acesso em: 15 out. 2015.

[45] Gruffydd Jones, "'Cities Without Slums'?", cit., p. 785.

O microfinanciamento parece ser a nova fronteira *subprime* do capitalismo, na qual o capital destinado a promover o desenvolvimento e o capital financeiro fundem-se e colaboram de tal forma que novos sujeitos do desenvolvimento são identificados e novos territórios de investimento são abertos e consolidados. Assim como o *subprime* do mercado hipotecário norte-americano e as hipotecas "criativas" da Espanha, o microfinanciamento transforma territórios e populações estigmatizadas – por raça, classe, gênero e forma de posse – em objeto de colonização e exploração financeira, em nome da inclusão.

Segundo Ananya Roy, a lógica do *subprime* é a mesma do microfinanciamento,

> na medida em que ele permite o acesso ao crédito por parte dos pobres, mas em termos significativamente diferentes daqueles usufruídos pelos consumidores *prime* – sejam as altas taxas de juros do Compartamos, seja a disciplina rigorosa aprovada pelo Banco Grameen. Em outras palavras, o *subprime* marca os limites da democratização do capital.[46]

Dessa forma, o microfinanciamento marca a expansão do capital na direção de sua última fronteira urbana: as favelas da periferia do capitalismo, fim de linha de uma longa estratégia de desconstrução da moradia como direito e de sua transmutação em ativo financeiro. Em nome do combate à pobreza.

---

46 Ananya Roy, *Poverty Capital*, cit., p. 218.

2
Os sem-lugar ou a crise global de insegurança da posse

KOMATSU

Introdução

Camboja, 2008

Mao Sein, 34 anos, uma viúva catadora de papelão, está sentada com seus três filhos em um barraco coberto por uma esteira de palha, esperando as chuvas infinitas do período de monções pararem. Ela e os filhos foram realocados pelo governo para um terreno vazio dois anos atrás, quando uma incursão da polícia a retirou do assentamento onde vivia em Phnom Penh, capital do Camboja, a quase vinte quilômetros dali. Com seus barracos e precariedade, Andong – onde vive agora – lembra o campo de refugiados que abrigou seu avô, forçado pelo regime comunista brutal do Khmer Vermelho a abandonar a capital há trinta anos. Como milhares de outras pessoas no país, os habitantes de Andong são vítimas da usurpação de terras – urbana e rural –, que tem provocado remoções e levado as pessoas a morarem nas ruas. Com a economia crescendo, terras estão sendo transferidas para agricultura, mineração, turismo, pesca e incorporação imobiliária. Os despejos e confiscos podem ser violentos, incluindo incursões no meio da madrugada pela polícia ou militares. "Eles chegaram às duas da manhã", contou Mao Sein, "com cassetetes elétricos e nos empurraram para os caminhões, onde enfiaram algumas das nossas coisas e nos trouxeram para cá."

Em relatório lançado em fevereiro de 2008, a Anistia Internacional estimava em 150 mil o número de pessoas ameaçadas de remoção no Camboja, como resultado de disputas por terra, confiscos e novos projetos de desenvolvimento. Se essas pessoas realmente tiverem sido forçadas a se mudar, terá sido o maior deslocamento de cambojanos desde o período do Khmer Vermelho. Em 1975,

Phnom Penh foi evacuada, forçando a ida de milhares de pessoas para o campo. Quando o Khmer Vermelho foi derrubado do poder por uma invasão vietnamita, em 1979, centenas de milhares de cambojanos buscaram refúgio na Tailândia.

Muitos desses refugiados retornaram ao país nos anos 1990 e instalaram-se em um grande número de assentamentos informais em Phnom Penh. Mao Sein lembra-se da *pakdivat* – a revolução –, que fez sua família perder tudo, e lamenta que tudo esteja acontecendo de novo, dessa vez por causa da *akdivat*, o desenvolvimento. A economia do Camboja está crescendo quase 9% ao ano e a paisagem de Phnom Penh se transforma rapidamente com a construção de torres e shopping centers. Já em Andong, as pessoas constroem suas próprias casas lentamente, e já se vê uma rua parcialmente pavimentada. Mas Mao Sein desconfia de que esta possa ser uma moradia temporária, mais uma vez. A periferia de Phnom Penh está a poucos quilômetros de distância e, se a cidade continuar a se expandir, ela e seus vizinhos logo serão forçados a se mudar novamente[1].

Jacarta, junho de 2013

Quando me aproximo da antiga estação de trem, o cenário é devastador: escombros pelo chão, ferragens, pedaços de madeira, cimento, roupas espalhadas, bacias de plástico. À medida que me aproximo, vou sendo cercada por mulheres e crianças. Elas literalmente me agarram, aos prantos, gritando em indonésio palavras que não consigo entender. Olho rapidamente ao redor, buscando um dos tradutores que me acompanham na missão. Ele aproxima-se e tento, com a sua ajuda, acalmar as mulheres para que me contem suas histórias. Então, ficamos sabendo que aquele é um terreno pertencente à companhia da estrada de ferro estatal, a Indonesia State Railroad Company, cujas linhas e estações encontram-se desativadas há anos. As mulheres contam-me que pagam aluguel à companhia para poder montar suas barraquinhas de camelô naquele espaço. Esta é uma área muito central na cidade, por onde passam milhares de pessoas diariamente. Elas contam, ainda, que algumas famílias, além de manter o comércio nas barracas, também moram ali há vários anos. E que, de acordo com a nova política da estatal, os terrenos vazios deviam ser vendidos pelo melhor preço para incorporadores. Por isso, a companhia havia mandado a polícia retirá-los dali. Tudo isso havia acontecido

---

1 Seth Mydans, "In Cambodia, Land Seizures Push Thousands of the Poor into Homelessness", *The New York Times*, 27 jul. 2008. Disponível em: <www.nytimes.com/2008/07/27/world/asia/27cambodia.html?_r=0>. Acesso em: 17 nov. 2014.

naquela manhã e o desespero fazia ecoar a pergunta: e agora? Para onde vamos? O que será feito de nós?

Enquanto tento anotar as informações e explicar quem eu era e o que fazia ali, percebo que o tradutor também está chorando copiosamente. No caminho de volta para o carro, ele me conta a razão do choro: a saudade de sua aldeia, na ilha mais distante do vasto arquipélago do país. Depois da reforma fundiária, que transformou a propriedade coletiva do clã em propriedade individual das famílias, as terras onde vivia foram vendidas contra sua vontade. A partir de então, ele teve que abandonar a terra – e a ilha – e migrar para Jacarta, onde começou a trabalhar como missionário em uma igreja pentecostal. Ele, então, comenta que me acompanhar nas visitas a removidos e reassentados só reaviva dentro dele a memória daquele momento e a certeza de que sua saída, apesar de não ter sido feita de forma violenta pela polícia, também foi uma remoção forçada.

Haiti, junho de 2011

Um ano e meio após o terremoto que devastou Porto Príncipe, chego a uma cidade que conta com mais de mil campos de pessoas deslocadas internamente (*internally displaced persons* – IDP), nos quais quase 800 mil pessoas aguardavam alguma solução de moradia. As ameaças de remoção de parte desses campos eram diárias, especialmente daqueles que, desde janeiro de 2010, haviam se instalado em áreas privadas. Segundo dados do Camp Coordination and Camp Management Cluster – reunião de entidades encarregadas da montagem e gestão dos campos para os atingidos pelo terremoto –, mais de 220 mil pessoas em 179 campos da cidade estavam ameaçadas de remoção em fevereiro de 2011.

As agências humanitárias e de reconstrução estavam desesperadas com a falta de perspectivas e respostas para a situação. Acostumadas com a lógica de reconstruir rapidamente as casas nos terrenos onde as pessoas moravam anteriormente – e com mandato legal e aparato para isso –, estavam diante de uma situação totalmente diferente. A maioria dos moradores desses campos vivia anteriormente nas enormes favelas da cidade. Não apenas os terrenos onde supostamente suas casas seriam construídas não eram de sua propriedade, como muitas vezes sequer existiam com esse estatuto, já que nem se tratava de bairros estruturados por ruas e áreas públicas e lotes privados. Por outro lado, mesmo se as casas pudessem ser reconstruídas, a situação era paradoxal: os moradores dessas mesmas favelas não atingidos pelo terremoto tinham uma situação tão precária quanto os dos campos de IDP. Para muitos, viver nesses campos era vantajoso, pois pelo menos podiam contar com água, banheiros e, em algumas situações, escolas e centros de saúde. Apesar dos milhões de dólares em ajuda humanitária que foram despejados no Haiti, a situação era de paralisia em junho de 2011.

Ilhas Maldivas, janeiro de 2009

Por sugestão do governo, visito uma das ilhas que haviam sido escolhidas para abrigar um grande projeto de reconstrução, destinado a acolher comunidades que moravam em várias pequenas ilhas, antes do *tsunami* devastador que ocorreu em 2004. O governo me mostra com orgulho a qualidade das construções: as plantas de dessalinização da água, as escolas e os centros de saúde, os centros de reciclagem de lixo e as casas amplas, de três dormitórios, com cara de subúrbio norte-americano. Resolvi pedir para visitar uma das ilhas que haviam sido devastadas. Tive que insistir muito, pois isso não estava previsto na programação e, segundo meus interlocutores do governo e do Programa das Nações Unidas para o Desenvolvimento (PNUD), que haviam auxiliado a organizar a visita, "não havia nada para ver, já que tudo tinha sido destruído". Por fim, concordaram que nosso barco fizesse uma breve parada na ilha "devastada". Qual não foi minha surpresa ao ali desembarcar e constatar que todas as casas estavam de pé, basicamente desprovidas de portas, telhados e esquadrias, ou seja, daquilo que é possível retirar. A mesquita – a população do país é predominantemente islâmica – estava intacta.

Nos dias seguintes, pude entender melhor a situação. Há mais de uma década, o governo do país, com população de 300 mil habitantes espalhada em mais de quinhentas ilhas, havia lançado uma estratégia de "consolidação" da população em poucas ilhas, com o objetivo de facilitar o fornecimento de serviços públicos. O modelo previa concentrar a população nativa em alguns locais e arrendar as demais ilhas para *resorts* turísticos, prática que já vem sendo feita com enorme sucesso graças às características paradisíacas do país-arquipélago. As comunidades locais opunham-se à proposta, recusando-se a mudar e juntar-se a outras comunidades. O *tsunami* foi a oportunidade de implementar a estratégia: as ilhas atingidas foram declaradas "inabitáveis" e a ajuda internacional viabilizou a construção de alguns dos pontos de consolidação.

Buenos Aires, abril de 2011

Atravessamos as ruelas de uma das favelas mais antigas da capital argentina, a Villa 31, situada em local estratégico e habitada por milhares de pessoas. Foi uma das poucas que resistiram à política de remoção em massa durante os anos da ditadura, que, entre 1976 e 1983, retirou mais de 200 mil pessoas do tecido urbano. Como numa cena de filme do neorrealismo italiano dos anos 1960, enquanto caminhávamos, cada vez mais gente nos acompanhava, todos falando alto, ao mesmo tempo, tropeçando em cachorros e galinhas, pulando valas de esgoto a céu aberto, seguidos por rapazes de traços indígenas com câmeras na mão – eram a Rádio e a TV Villa 31.

Chegamos, enfim, a uma espécie de campo de futebol central. Àquela altura, já éramos mais de trezentas pessoas. Alguém apareceu com um megafone e a palavra foi disputada: uma vereadora, uma líder comunitária (depois soube que era funcionária do gabinete de um deputado), outro líder comunitário foram se sucedendo para reclamar dos planos nunca implementados, ou implementados aos pedaços – vislumbrei, em um canto, um parquinho infantil semidestruído. E a história daquele lugar foi se montando, para mim, em fragmentos. Apesar de a Câmara Municipal ter aprovado uma lei determinando que a Villa 31 seria definitivamente urbanizada e que uma *mesa de concertación*, com a participação da comunidade e do poder público, iria acompanhar e gerir esse processo passo a passo, e apesar de um projeto elaborado pela universidade já ter sido apresentado, não se via nem sinal da implementação dessa lei. Como disse uma senhora boliviana, baixinho, ao meu lado, depois de ouvir atentamente essa história: "*Señora, es una ley, no la realidad!*".

Rio de Janeiro, abril de 2012

O auditório do Clube de Engenharia estava lotado quando lá cheguei, convidada pelo Comitê Popular da Copa e Olimpíadas do Rio de Janeiro, para o lançamento do dossiê *Megaeventos e direito à moradia*. Ao meu lado, na mesa de debate, estava Altair Guimarães, presidente da Associação de Moradores da Vila Autódromo, uma das comunidades que resistiam (e resistem!) às remoções. Todos os presentes à mesa falavam em direitos, denunciavam abusos, numa espécie de "contravoz" ao uníssono que festejava a chegada de uma "revolução" urbana que ocorreria graças à "conquista" do direito de sediar a Copa do Mundo e as Olimpíadas na cidade. Quando chegou a vez de seu Altair falar, com jeito calmo e pausado ele começou a contar sua história: "Passei minha vida sendo jogado igual peteca, daqui para ali, dali para aqui". Em 1967, quando tinha 14 anos e vivia na comunidade da ilha dos Caiçaras, às margens da lagoa Rodrigo de Freitas, foi removido, com moradores de outras favelas no entorno, para o famigerado conjunto Cidade de Deus, celebrizado em filme de grande sucesso de bilheteria*.

> O que o governador Carlos Lacerda disse para justificar a remoção é que a minha comunidade sujava a lagoa e fazia os peixes morrerem. Hoje a gente vê que isso é uma grande mentira, porque os peixes continuam morrendo. Eles queriam era uma limpeza social, colocar pedalinhos, embelezar a cidade. Fiquei dos 14 anos até os meus 35 anos ali na Cidade de Deus, que era para ser uma cidade modelo e na verdade virou um verdadeiro arsenal de guerra. Tu sabe o que é eu, já casado, ter que deitar com as minhas filhas no chão por causa de bala traçante? Até que um dia a gente é surpreendido de novo com a remoção por conta da Linha Amarela [via expressa de ligação do aeroporto do Galeão com a Barra da Tijuca, construída nos anos 1990]. Eu tava ali no meio do caminho e tinha de sair. De novo.[2]

Sem alternativas, seu Altair foi se instalar na Vila Autódromo, antiga comunidade de pescadores, que desde 1975 transformou-se em bairro autoconstruído quando trabalhadores da obra do autódromo ali se instalaram. Nos anos 1990, a vila foi "legalizada", recebendo do governo estadual a concessão do direito real de uso por 99 anos. Mas, desde 1996, a Prefeitura do Rio vem fazendo várias tentativas de remover a comunidade, sob os mais diversos argumentos: razões ambientais, área de risco, obras dos Jogos Pan-Americanos e, agora, dos Jogos Olímpicos... A comunidade, organizada, lutou na Justiça e nas ruas pela permanência no local. "Nós estamos em Jacarepaguá, no olho do furacão das construtoras. Querem tirar a gente daqui para depois construírem condomínio de luxo aqui mesmo... Mas desta vez nós não vamos sair!"[3]

• • •

Uma crise global de insegurança da posse marca a experiência de vida de milhões de habitantes do planeta. São indivíduos e famílias que tiveram suas vidas

---

* O filme *Cidade de Deus*, lançado em 2002, é uma produção brasileira e foi dirigido por Fernando Meirelles, com codireção de Kátia Lund. É uma adaptação, feita por Bráulio Mantovani, do romance homônimo de Paulo Lins. (N. E.)

2 Trecho da fala de Altair Guimarães durante o evento.

3 Ciro Barros, "Altair enfrenta a terceira remoção da vida pelas Olimpíadas", *Pública: Agência de Reportagem e Jornalismo Investigativo*, 21 jun. 2013. Disponível em: <http://apublica.org/2013/06/altair-enfrenta-terceira-remocao-da-vida-pelas-olimpiadas>. Acesso em: 26 dez. 2014.

hipotecadas ou que perderam a possibilidade de permanecer nos bairros onde viviam, em função dos *booms* de preços nos mercados internacionais[4], como vimos na primeira parte deste trabalho. Além disso, milhões de pessoas foram removidas à força do local onde viviam, deslocadas por meio de usurpação de terras (*land grabbing*), e em função de grandes projetos de infraestrutura e renovação urbana, desastres naturais ou conflitos armados.

A crise de insegurança da posse manifesta-se sob muitas formas e em muitos contextos. As remoções forçadas são seu sinal mais visível e chocante. Não há estatísticas globais e abrangentes sobre remoções forçadas, mas as estimativas dos casos reportados por organizações humanitárias, assim como os comunicados recebidos pela Relatoria Especial da ONU para o Direito à Moradia Adequada, confirmam que as remoções forçadas ocorrem por toda parte e afetam milhões de pessoas por ano. O Centre on Housing Rights and Evictions (COHRE) [Centro pelo Direito à Moradia contra Despejos], por exemplo, estimou que, entre 1998 e 2008, mais de 18 milhões de pessoas foram afetadas por esse tipo de remoção[5]. Os impactos negativos das remoções são enormes: aprofundam a pobreza e destroem comunidades, deixando milhões de pessoas em situação extremamente vulnerável.

Muitas populações são deslocadas em razão de grandes projetos de infraestrutura ou da exploração econômica, como a expansão das áreas de mineração e o agronegócio. De acordo com estimativa de um ex-consultor do Banco Mundial, esses projetos afetaram 15 milhões de pessoas anualmente ao longo da década de 2000[6]. Intervenções urbanísticas visando adaptar cidades para sediar megaeventos têm sido fontes adicionais de insegurança e de remoções forçadas[7].

---

4 Ver o guia interativo sobre preços de imóveis residenciais no mundo: <www.economist.com/blogs/dailychart/2011/11/global-house-prices?fsrc=nlw|newe|1-09-2014|5356c24b899249e1ccad7591|>. Acesso em: 26 dez. 2014.

5 Citado no Programa de Assentamentos Humanos das Nações Unidas (UN-Habitat) e no documento *Losing Your Home: Assessing the Impact of Eviction* (Nairóbi, UN-Habitat, 2011, p. 1), elaborado em parceria com o Escritório do Alto Comissariado para Direitos Humanos da ONU. Para outros dados e relatos de casos, ver, por exemplo, o relatório anual de 2012 da Coalizão Internacional Habitat – Rede de Direitos à Terra e à Moradia (HIC-HLRN), *Struggling against Impunity: The Annual Report of Findings from the HIC-HLRN Violation Database* (Gizé, HIC-HLRN, 2012). Disponível em: <www.hlrn.org/img/documents/Habitat_Day_Rpt_2012.pdf>. Acesso em: 18 nov. 2014.

6 Michael Cernea, "IRR: An Operational Risks Reduction Model for Population Resettlement", *Hydro Nepal: Journal of Water, Energy and Environment*, v. 1, n. 1, 2007, p. 36.

7 Raquel Rolnik, *Relatório temático sobre megaeventos esportivos*, A/HRC/13/20, 2009, escrito com a colaboração de Brenda Vukovic.

Conflitos e desastres naturais, inclusive os que são exacerbados por processos de mudança climática em curso, também causam deslocamentos e podem minar a segurança da posse. Mais de 26 milhões de pessoas foram deslocadas internamente no final de 2011 devido a conflitos armados, violência ou violações de direitos humanos, enquanto quase 15 milhões o foram devido a desastres naturais[8].

A eclosão de um terremoto ou uma grande inundação, assim como o avanço de uma hidrelétrica ou de um grande projeto de instalações esportivas sobre um território habitado, tem impactos mais agudos quando ocorre sobre territórios cuja situação de posse pode ser contestada a qualquer momento por autoridades ou agentes privados. São muitas as palavras que nomeiam essa situação no contexto urbano: favelas, assentamentos irregulares, assentamentos informais, *slums*. Como veremos adiante, as formas de nomear não são inocentes e procuram definir uma situação de alteridade em relação à ordem jurídico-urbanística dominante, representando uma multiplicidade de casos muito distintos. Porém, podemos afirmar que, pelo menos no mundo urbano, esses espaços são marcados pela precariedade habitacional e por ambiguidades em relação à posse. Essa é a situação de mais da metade dos habitantes das cidades do Sul global[9], mas também está presente em cidades do mundo desenvolvido, onde ciganos, beduínos e outras minorias étnicas vivem em estado de permanente transitoriedade.

Infelizmente, não existem estatísticas globais sobre o número, a natureza e a situação de comunidades que se encontram hoje nessa condição. Até porque a própria natureza da condição de posse, da permanência ou transitoriedade, é, em parte, uma questão de percepção e experiência. Trata-se de uma noção altamente enraizada no contexto político, econômico, jurídico e cultural de cada região e nação, e, portanto, marcada por dificuldades de definição[10].

---

8 Internal Displacement Monitoring Centre, *Global Overview 2011: People Internally Displaced by Conflict and Violence* (Genebra: IDMC, 2012), p. 8. Disponível em: <www.unhcr.org/IDMC/IDMC-report.pdf>. Acesso em: 6 jan. 2015. Da mesma entidade, *Global Estimates 2011: People Displaced by Natural Hazard-Induced Disasters* (Genebra: IDMC, 2012), p. 4. Disponível em: <www.internal-displacement.org/publications/2012/global-estimates-2011-people-displaced-by-natural-hazard-induced-disasters>. Acesso em: 6 jan. 2015. Ver também Raquel Rolnik, *Relatório temático sobre segurança da posse*, A/HRC/22/46, 2013, escrito com a colaboração de Laure-Anne Courdesse.

9 UN-Habitat, *Handbook on Best Practices, Security of Tenure and Access to Land* (Nairóbi, UN-Habitat, 2003).

10 Algumas poucas iniciativas para medir a segurança da posse estão em andamento. Ver, por exemplo, Remy Sietchiping et al., *Monitoring Tenure Security within the Continuum of Land Rights: Methods and Practices*, Conferência Anual do Banco Mundial sobre Terra e Pobreza, Washington-DC, 2012, mimeo.

A UN-Habitat disponibiliza dados sobre "*slums*" – a palavra que adotou para definir assentamentos urbanos caracterizados por "superlotação, moradias precárias ou informais, acesso inadequado à água e saneamento e insegurança da posse"[11]. Em um dos seus estudos, a agência estimou que 924 milhões de pessoas viviam em *slums* em 2001[12]. Outra estimativa calcula que em 2010 eram cerca de 828 milhões[13]. No entanto, como em 2010 a segurança da posse não era levada em consideração pelos levantamentos feitos pela agência, este último número permite apenas vislumbrar a atual extensão da insegurança da posse em áreas urbanas[14].

Os chamados *slums*, ou favelas, não são de forma alguma o único exemplo de insegurança da posse. Na realidade, um amplo leque de indivíduos e grupos pode estar em situação insegura[15]: refugiados e pessoas deslocadas internamente, afetadas por conflitos, desastres e mudanças climáticas ou ameaçadas por esses fatores; pessoas em terras destinadas a projetos de desenvolvimento ou afetadas por estes; ocupantes de terras valiosas; inquilinos com ou sem títulos legais, em assentamentos informais ou em contextos formais, em áreas urbanas e rurais; migrantes internos ou internacionais; minorias; comunidades nômades; grupos afetados por discriminação baseada em casta ou estigma; pobres, sem-terra, sem-teto; arrendatários; trabalhadores em regime de servidão; outros grupos marginalizados, como pessoas com deficiência ou vivendo com HIV; povos nativos em países com histórico de colonização; grupos com direitos consuetudinários à terra; e até proprietários privados de casas hipotecadas. Embora ninguém esteja totalmente protegido da insegurança da posse, os mais pobres e vulneráveis arcam com a maior parte do ônus decorrente dessa situação.

Fundamentalmente, a insegurança da posse é uma questão de economia política – leis, instituições e processos de tomada de decisão relacionados ao acesso e

Disponível em: <http://landandpoverty.com/agenda/pdfs/paper/sietchiping_full_paper.pdf>. Acesso em: 6 jan. 2015.

11 UN-Habitat, *The Challenge of Slums: Global Report on Human Settlements 2003* (Nairóbi, UN-Habitat, 2003).

12 Idem, *Slums of the World: The Face of Urban Poverty in the New Millennium?* (Nairóbi, UN-Habitat, 2003), p. 24.

13 Idem, *State of the World's Cities 2010-2011: Bridging the Urban Divide* (Nairóbi, UN-Habitat, 2011), p. 33.

14 Idem. Ver, também da UN-Habitat, *Slums of the World*, cit.

15 Esta lista foi criada no encontro do grupo de especialistas em Genebra (Raquel Rolnik, *Relatório temático sobre segurança da posse*, cit., parágrafo 18) e beneficiou-se das contribuições do Defend Council Housing e da Help Age (ver: <www.helpageusa.org/older-womens-land-rights>, acesso em: 13 jan. 2015).

ao uso da moradia e da terra são atravessados pelas estruturas de poder existentes na sociedade. Assim, tanto as formas de gestão do solo como as estratégias de planejamento urbano têm uma enorme incidência sobre as possibilidades de acesso – ou bloqueio – à terra urbanizada para os moradores de menor renda[16]. É no interior desta trama jurídico-administrativa que se tecem os mecanismos de inclusão/exclusão na cidade.

Os programas de reforma na administração e gestão fundiária também apresentam enormes impactos para resolver ou exacerbar conflitos de terra e reforçar ou minar a segurança da posse. Eles também são marcados por opções políticas: quem determina a agenda para a reforma da governança fundiária? Como são distribuídos os benefícios da reforma[17]? Essas questões não podem ser ignoradas, especialmente em um contexto de crescente interesse pela terra e de um pluralismo jurídico conflituoso[18].

Em tempos de capitalismo financeirizado, em que a extração de renda sobrepõe-se ao mais-valor do capital produtivo[19], terras urbanas e rurais tornaram-se ativos altamente disputados. Isso tem produzido consequências dramáticas, especialmente – mas não exclusivamente – nas economias emergentes. As dinâmicas que acompanham a liberalização dos mercados de terras estão aumentando a pressão do mercado sobre os territórios controlados por comunidades de baixa renda. Isso ocorre num contexto global em que a terra urbanizada não está disponível para os grupos mais pobres. Comunidades ficam, então, sob a constante ameaça de espoliação de seus ativos territoriais.

---

[16] Banco Mundial, *Investigation Report – Cambodia: Land Management and Administration Project* (Washington-DC, Banco Mundial, 2010). Disponível em: <www-wds.worldbank.org/external/default/WDSContentServer/WDSP/IB/2010/12/01/000334955_20101201025955/Rendered/PDF/580160INVR0INS1se0only1910BOX353791.pdf>. Acesso em: 18 nov. 2014. Raquel Rolnik, *Relatório temático de missão ao Banco Mundial*, A/HRC/22/46/Add.3, 2013, escrito com a colaboração de Beatrice Quadranti, Natalie Bugalski e David Pred.

[17] David Palmer, Szilard Fricska e Babette Wehrmann, *Towards Improved Land Governance*: *Land Tenure Working Paper 11* (Roma/Nairóbi, FAO/UN-Habitat, 2009), p. 2. Disponível em: <www.fao.org/3/a-ak999e.pdf>. Acesso em: 6 jan. 2015.

[18] Daniel Adler e Sokbunthoeun So, "Toward Equity in Development when the Law Is Not the Law: Reflections on Legal Pluralism in Practice", em Brian Tamanaha, Caroline Sage e Michael Woolcock (orgs.), *Legal Pluralism and Development: Scholars and Practitioners in Dialogue* (Cambridge, Cambridge University Press, 2012); Klaus Deininger e Derek Byerlee, *Rising Global Interest in Farmland: Can It Yield Sustainable and Equitable Benefits?* (Washington-DC, Banco Mundial, 2011). Disponível em: <http://elibrary.worldbank.org/doi/book/10.1596/978-0-8213-8591-3>. Acesso em: 18 nov. 2014.

[19] David Harvey, *Seventeen Contradictions and the End of Capitalism* (Oxford, Oxford University Press, 2014), p. 241.

Embora as autoridades centrais e locais sejam as principais responsáveis por assegurar que as políticas fundiária e habitacional respeitem o direito à moradia adequada, as agências humanitárias e de desenvolvimento também desempenham um papel significativo. Por um lado, podem ser diligentes para evitar a cumplicidade involuntária com violações de direitos humanos; por outro, quando aliadas aos incorporadores, investidores e instituições financeiras nacionais e internacionais, podem ter impacto adverso nos direitos dos pobres urbanos e de outros grupos e tornar-se cúmplices em remoções forçadas e usurpações de terra.

As políticas de planejamento, administração e gestão da terra – inclusive das terras públicas – têm enorme impacto na construção da matriz segurança/insegurança. No entanto, assim como nas políticas habitacionais, a propriedade privada individual ganhou hegemonia sobre todas as outras formas de posse nos programas de reforma e administração fundiárias pelo mundo. Por focar na concessão de títulos de propriedade privada individual a usuários ou proprietários de terrenos não disputados, a maioria desses projetos tem se revelado inadequada para reconhecer e garantir todas as formas de posse e, em particular, para proteger os mais pobres[20].

Assim, programas de titulação podem contribuir para espoliar os ativos territoriais dos mais pobres, capturando uma reserva de terra para a expansão das fronteiras do capital. No próximo capítulo, procuraremos desvelar esse processo, mostrando as estratégias, políticas e mecanismos por meio dos quais se constroem (e destroem) os espaços da ambiguidade, tal como eles têm se apresentado no mundo urbano contemporâneo.

---

20 COHRE et al., *Untitled: Tenure Insecurity and Inequality in the Cambodian Land Sector* (Genebra/Phnom Penh, COHRE/Bridges Across Borders/Jesuit Refugee Service, 2009). Disponível em: <www.babcambodia.org/untitled/untitled.pdf>. Acesso em: 18 nov. 2014.

1
From enclosures to foreclosures: do exército de reserva à reserva de terras na era da financeirização

Desde o século XIX, diante da monstruosidade das cidades inglesas descritas por Charles Dickens[1], uma narrativa transformou-se em senso comum, multiplicando *ad nauseam* a ideia da existência de um "outro" sobrante nas cidades: as hordas de pobres desempregados ou trabalhando em regimes de informalidade, que subsistem em situações de precariedade habitacional. De acordo com essa visão, as cidades crescem mais rápido do que deveriam e não conseguem absorver todos os que para ela migram, gerando "inchamento" em vez de crescimento. Ainda de acordo com essa narrativa, trata-se de um movimento migratório – do campo para a cidade, ou de pequenas cidades para as metrópoles – que deveria ser evitado a qualquer custo, impedindo, assim, a produção desses verdadeiros monstros.

O que acabo de descrever é visão corrente entre leigos: nas centenas de debates e simpósios de que participei ao longo dos últimos 35 anos, não houve um único em que alguém não tenha se levantado na plateia para expressar essa posição. Porém, tal perspectiva também consubstanciou posições teóricas e fundamentou políticas públicas ao longo da história. Essa influência se deu, por exemplo, sobre a teoria da marginalidade, em voga nas Américas nos anos 1950 – segundo ela, os bairros populares autoconstruídos representavam a permanência de um setor

---

[1] Em *Oliver Twist* (trad. Machado de Assis e Ricardo Lísias, São Paulo, Hedra, 2002), *David Copperfield* (trad. José Rubens Siqueira, São Paulo, Cosac Naify, 2014) e *Tempos difíceis* (trad. José Baltazar Pereira Júnior, São Paulo, Boitempo, 2014), dentre outros romances escritos por Charles Dickens em meados do século XIX, a vida miserável dos moradores pobres das grandes cidades inglesas é descrita com maestria.

arcaico, tradicional, ligado ao rural, resistindo à modernidade representada pelas cidades[2]. Influenciou também as políticas de controle de movimentos migratórios implementadas por países comunistas no século XX, muitas delas ainda em vigor, como os *hukou* chineses[3].

Tais teorias, políticas e percepções têm em comum uma espécie de rejeição implícita à presença de vastos contingentes populacionais de pobres nas cidades e a construção de um amálgama em que certa espacialidade, marcada por parcos recursos materiais, é associada a uma condição sociopolítica: o *outcast* ou fora da ordem. A própria origem da palavra *slum*, amplamente utilizada na literatura internacional, revela a perversidade desse amálgama. De acordo com Mike Davis[4], a primeira menção escrita a ela de que se tem conhecimento refere-se a uma gíria da linguagem vulgar das ruas de Londres, um sinônimo de *racket* – golpista, trambiqueiro[5]. Mas, nos anos de cólera de 1830-1840, já se usava *slum* para designar os lugares onde os pobres moravam e não mais um tipo de crime que praticavam. Em meados do século XIX, *slums* já designava lugares que misturavam habitações precárias, superlotação, doença, pobreza e vício na França, nas Américas, na Índia: uma excrescência social e urbanística[6].

Avanços na teoria sobre as favelas, assim como nas políticas a elas relacionadas, não desmancharam o estigma territorial: ainda hoje, em cidades do mundo desenvolvido, emergente ou miserável, subsiste um discurso hegemônico discriminatório que mobiliza elementos étnicos, econômicos, jurídicos e espaciais para designar esse persistente "lugar dos párias urbanos"[7].

A teoria da marginalidade e sua concepção dualista foram fortemente contestadas por uma literatura marxista produzida nos anos 1970 na América Latina,

---

[2] Centro para el Desarrollo Económico y Social de América Latina (Desal), *Marginalidad en América Latina: un ensayo de diagnóstico*, (Barcelona, Herder, 1969), citado em Samuel Jaramillo Gonzalez, "Urbanización informal: diagnósticos y políticas – una revisión al debate latinoamericano para pensar líneas de acción actuales", em Clara Eugenia Salazar (org.), *Irregular: suelo y mercado en América Latina* (Cidade do México, El Colégio de México, 2012).

[3] George Martine e Gordon McGranahan (orgs.), *Urban Growth in Emerging Economies: Lessons from the Brics* (Abingdon/Nova York, Routledge, 2014).

[4] Mike Davis, *Planeta favela* (trad. Beatriz Medina, São Paulo, Boitempo, 2006), p. 32.

[5] Idem.

[6] Ibidem, p. 33.

[7] Loïc Wacquant, "Urban Outcasts: Stigma and Division in the Black American Ghetto and the French Urban Periphery", *International Journal of Urban and Regional Research*, v. 17, n. 3, set. 1993.

por autores como Francisco de Oliveira e Lúcio Kowarick[8]. Para esses autores, não se trata de um sistema dual que opõe arcaísmos a modernidades, mas de um modelo periférico de acumulação capitalista. Tal modelo necessita e reproduz uma parcela "sobrante" de mão de obra ao não torná-la proletária e não garantir suas condições de reprodução integralmente, reproduzindo formas de trabalho e produção ligadas à sobrevivência. A presença desse contingente populacional, assim como de suas atividades "informais", responderia então a uma dupla necessidade da acumulação no capitalismo periférico: manter baixos os custos de reprodução da força de trabalho e garantir um "exército industrial de reserva" permanente. A existência de um grande contingente populacional de pobres e destituídos dos meios de produção nas cidades permitiria, assim, a manutenção de baixos níveis salariais. Essa é a condição *sine qua non* para a competitividade das empresas que operam na periferia do capital, que não contam com as economias de escala e de aglomeração e com a tecnologia de que gozam seus competidores nos países centrais. Por outro lado, produtos de consumo essenciais à sobrevivência – incluindo a casa –, ofertados de forma não monetária ou a um preço bastante baixo, permitem que esses salários sejam mantidos a valores até mesmo inferiores ao mínimo vital. A autoconstrução da moradia representa, assim, a superexploração da força de trabalho, através do sobretrabalho e da espoliação urbana.

Na experiência dos países do Sul global que passaram por processos de industrialização visando à substituição de importações, em meados do século XX, a intensa migração e a formação de enormes assentamentos autoconstruídos compuseram a fórmula peculiar por meio da qual a "revolução capitalista" ocorreu. Constituiu-se, assim, um *locus* de reprodução da força de trabalho proletária, sob um grau extremo de desigualdade e baixos salários.

Entendida nesses termos, a dinâmica atual da urbanização no Sul global aparentemente reproduz os precedentes da Europa e da América do Norte no século XIX e no início do século XX, quando milhares de migrantes do campo foram os motores da industrialização de cidades como Manchester, Berlim e Chicago. De fato, cidades como São Paulo e Pusan, em meados do século XX, e, hoje, Ciudad Juarez, Bangalore e os grandes conglomerados chineses seguiram mais ou menos essa trajetória. Entretanto, nas palavras de Davis:

---

[8] Francisco de Oliveira, "A economia brasileira: crítica à razão dualista", *Estudos Cebrap*, n. 2, 1972; Lúcio Kowarick, *Capitalismo e marginalidade na América Latina* (Rio de Janeiro, Paz e Terra, 1975).

> a maioria das cidades do hemisfério Sul é mais parecida com a Dublin vitoriana, que, como enfatizou Emmet Larkin, não teve igual dentre "todos os montes de cortiços produzidos no mundo ocidental no século XIX [...] [porque] seus cortiços não foram resultado da Revolução Industrial. Dublin, na verdade, sofreu mais com os problemas da desindustrialização do que com a industrialização entre 1800 e 1850".[9]

A urbanização galopante em curso na África Subsaariana e em partes da Ásia tem pouca relação com processos de industrialização, crescimento de empregos e desenvolvimento econômico. Kinshasa, Cartum, Dar-es-Salaam e Daca cresceram muito nos difíceis anos da década de 1980 e no início da década de 1990, apesar da ruína da indústria de substituição de importações, da queda do salário real, da alta dos preços e da disparada do desemprego urbano[10].

A partir da crise da dívida, no início da década de 1980, programas de reestruturação econômica foram implementados globalmente, sob influência dos Estados Unidos e de outros países-membros do G7. Bancos e instituições multilaterais mobilizaram-se para promover programas de ajuste e de austeridade fiscal[11]. Em vários países do hemisfério Sul, essas políticas interagiram fortemente com o padrão "tradicional" de provisão habitacional para os pobres – os assentamentos autoconstruídos –, aprofundando e transformando as condições de pobreza e exclusão.

Os cortes em gastos públicos interromperam as frágeis tentativas de implementar sistemas de proteção social, especialmente em países que haviam passado por intenso processo de urbanização nos anos 1960 e 1970 (como o Brasil e outras nações latino-americanas). Por outro lado, a crise econômica também limitou as possibilidades de ganhos dos setores operários já estabelecidos na cidade. Na América Latina, os programas de provisão de moradia social, que já eram restritos, foram atingidos por cortes de gastos significativos. Por exemplo, entre 1990 e 2000, o chamado "déficit habitacional" da região cresceu de 38 milhões para 52 milhões de unidades, em contextos demográficos já marcados pela chamada transição, com quedas nas taxas de natalidade e fecundidade em todos os extratos de renda. O resultado foi a piora nas condições de pobreza e a queda em indicadores

---

9 Mike Davis, *Planeta favela*, cit., p. 26.

10 Josef Gugler, "Introduction: Rural-Urban Migration", em *Cities in the Developing World: Issues, Theory, and Policy* (Oxford, Oxford University Press, 1997), citado em Mike Davis, *Planeta favela*, cit.

11 Neil Brenner e Nik Theodore (orgs.), *Spaces of Neoliberalism: Urban Restructuring in North America and Western Europe* (Oxford, Blackwell, 2002).

de qualidade de vida dos pobres urbanos[12]. Embora os assentamentos populares informais tenham sido a solução habitacional adotada pela maior parte dos trabalhadores latino-americanos durante as décadas de expansão da industrialização e da urbanização, foi nos anos 1990 e no início dos anos 2000 que as favelas tiveram um enorme crescimento, inclusive em cidades como São Paulo, onde nunca se tornaram a forma predominante de moradia popular.

De acordo com Davis, essa

> expansão urbana "perversa" contradisse os modelos econômicos ortodoxos, que previam que o *feedback* negativo da recessão urbana retardaria ou até reverteria a migração do campo. O caso africano foi especialmente paradoxal. Como as cidades da Costa do Marfim, da Tanzânia, do Gabão e de outros países cuja economia se contraía 2% a 5% ao ano conseguiram ainda manter um crescimento populacional anual de 5% a 8%? Obviamente, parte do segredo é que as políticas de desregulamentação agrícola e "descampesinação" impostas pelo FMI (e hoje pela OMC) aceleraram o êxodo da mão de obra rural excedente para as favelas urbanas, ainda que as cidades deixassem de ser máquinas de empregos. As forças globais que "empurram" as pessoas para fora do campo – a mecanização em Java e na Índia, a importação de alimentos no México, no Haiti e no Quênia, a guerra civil e a seca de modo generalizado na África e, por toda parte, a consolidação de pequenas propriedades em grandes e a competição do agronegócio em escala industrial – parecem manter a urbanização mesmo quando a "atração" da cidade é enfraquecida drasticamente pelo endividamento e pela depressão. Ao mesmo tempo, o rápido crescimento urbano no contexto do ajuste estrutural, da desvalorização da moeda e da redução do Estado foi a receita inevitável da produção em massa de favelas.[13]

Embora a transformação do campo sob o impacto do mercado global de *commodities* – agrícolas ou de exploração mineral – tenha ampliado a escala da expulsão populacional e impulsionado a migração para as cidades, não se trata de um processo novo. Ele é conhecido desde as origens do capitalismo, quando os "*enclosures of the commons*" [cercamentos dos espaços comuns] impediram o acesso à terra por parte dos antigos servos, empurrando-os para a proletarização nas cidades[14].

---

[12] Minurvi, *Instrumentos financieros para mejorar el acceso a la vivienda de los sectores de menores ingresos en America Latina y el Caribe*, XV Asamblea General de Ministros y Autoridades Máximas de Vivienda y Urbanismo de América Latina y el Caribe, Montevidéu, 2005, mimeo.

[13] Mike Davis, *Planeta favela*, cit., p. 24-5.

[14] Karl Marx, *O capital: crítica da economia política,* Livro I: *O processo de produção do capital* (trad. Rubens Enderle, São Paulo, Boitempo, 2013).

Nesses termos, estaríamos, então, assistindo a mais um entre os vários ciclos históricos de expansão territorial e despossessão, que mais uma vez alarga as fronteiras como forma de criar um novo ajuste espacial para o capital?

As situações que descreveremos a seguir nos levam a crer que não se trata de mais um ciclo de ocupação capitalista do espaço, mas de uma nova relação do capital com o espaço. Sob a hegemonia do capital financeiro e rentista, a terra, mais do que um meio de produção, torna-se uma poderosa reserva de valor. Expulsão e despossessão não aparecem mais como uma máquina de produção de proletários, mas como uma espécie de efeito colateral de uma nova geografia, baseada no controle de ativos – "um título de propriedade capitalizado, cujo valor é determinado pela antecipação de um fluxo de rendimentos futuros ou de algum estado futuro de escassez"[15].

O movimento de usurpação de terras que podemos observar em zonas rurais de vários continentes pode justamente sinalizar para essa dimensão de escassez futura. Isso ficou claro depois da escalada dos preços de alimentos, entre 2007 e 2008, quando empresas, fundos de investimento e fundos soberanos de países agiram rapidamente, comprando grandes reservas de terras na África, Ásia e América Latina, com o anunciado propósito de aumentar a produção de alimentos. Mas, de acordo com José Graziano, diretor-geral da Organização das Nações Unidas para a Alimentação e a Agricultura (FAO), passados cinco anos, apenas 10% a 15% da terra adquirida na África estão sendo cultivados[16].

Como já vimos na primeira parte deste livro, desde o final dos anos 1970 o capital aplicado no mercado imobiliário e na terra ganhou centralidade ao apresentar-se como garantia capaz de alavancar mais crédito e oferecer remunerações cada vez maiores para a fome do crescimento composto (*compound growth*), a necessidade de remuneração exponencial do capital financeiro[17].

De acordo com Fernandez e Aalbers:

> O papel crescente da riqueza investida em terras e imóveis pode ser também ilustrado no best-seller *O capital no século XXI*, de Thomas Piketty*, especialmente na descrição

---

15 David Harvey, *Seventeen Contradictions and the End of Capitalism*, cit., p. 240.

16 Mark Tran, "Land Deals in Africa Have Led to a Wild West: Bring on the Sheriff, Says FAO", *The Guardian*, 29 out. 2012. Disponível em: <www.theguardian.com/global-development/2012/oct/29/land-deals-africa-wild-west-fao?intcmp=122>. Acesso em: 18 nov. 2014.

17 David Harvey, *Seventeen Contradictions and the End of Capitalism*, cit., p. 222.

* Trad. Monica Baumgarten de Bolle, Rio de Janeiro, Intrínseca, 2014. (N. E.)

do que ele denomina "metamorfose do capital". Os dados utilizados por ele mostram que a razão entre estoque de capital e renda segue uma curva em forma de U no período compreendido entre os séculos XVIII e XXI em diferentes economias. Um estoque de capital estável na casa de 600% de renda, ao longo dos séculos XVIII e XIX, estava amplamente baseado na terra agrícola e, cada vez mais, nos canais de investimentos coloniais. Depois da Primeira Guerra Mundial, a razão entre capital e renda diminuiu de forma dramática, para voltar a crescer apenas da década de 1970 em diante. Essa volta para um grande estoque de capital em relação à renda foi fortemente impulsionada pelo setor imobiliário. Em sua exposição sobre a transformação da composição do capital na perspectiva de uma *longue durée*, Piketty demonstra que o valor atual das propriedades imobiliárias em relação ao estoque geral de capital e de renda nacional atinge de fato proporções históricas.[18]

O movimento de tomada das terras por um capital financeirizado tem assumido várias formas. Uma delas é a compra – a partir da "regularização" da propriedade e de seu registro como propriedade privada, como abordaremos adiante. Mas isso se dá também por meio das chamadas "*land concessions*", ou concessões remuneradas de terras por parte do Estado para que empresas privadas as explorem ou cultivem.

No Camboja, por exemplo, desde meados dos anos 1990, mais de 940 mil hectares de terra rural foram concedidos a empresas privadas para o desenvolvimento de *plantations* agroindustriais. Das 59 concessões, 36 foram feitas para empresas estrangeiras (dentre as quais, 13 chinesas) e para figuras proeminentes do mundo empresarial e político do país[19].

Apesar da legislação que rege as concessões no país prever o registro da terra como propriedade estatal e a obrigatoriedade de consultas públicas, avaliações de impacto social e ambiental, além de restringir o tamanho máximo e o número de concessões que cada empresa pode fazer, na prática tais requisitos não têm sido obedecidos. Além disso, aqueles que são despejados para dar lugar às fazendas têm legalmente direito à indenização, mas dificilmente a obtêm, na medida em que os pequenos proprietários ocupantes das terras concedidas raramente têm o registro delas. Dessa forma, áreas de floresta, assim como áreas de agricultura sob o controle de pequenos proprietários e comunidades tradicionais – principalmente

[18] Manuel Aalbers e Rodrigo Fernandez, *Housing and the Variations of Financialized Capitalism*, seminário internacional The Real Estate/Financial Complex (Refcom), Leuven, 2014, mimeo, p. 7-8.

[19] Yash Ghai, *Relatório sobre a implementação da Resolução n. 60/251 da Assembleia Geral das Nações Unidas, de 15 de março de 2006, no Camboja*, A/HRC/4/36, 2007.

aquelas que não tinham ainda suas terras reconhecidas –, foram perdidas, com enormes impactos na sobrevivência física, material e espiritual desses grupos[20].

Mais de 400 mil cambojanos foram afetados pela usurpação de terras e por despejos desde 2003, de acordo com a Liga Cambojana para a Promoção e Defesa dos Direitos Humanos (Licadho), que trabalha em doze províncias do país. As comunidades têm reagido com mobilização e protestos, como ocorreu em Boeung Kak, onde houve mais de 3,5 mil despejados. O uso da força em conflitos relacionados a reintegrações de posse tem levado até mesmo a prisões de líderes e ativistas[21].

Os processos de usurpação de terras no Camboja não são isolados. Relatos de deslocamentos forçados em função de concessões de terra para atividades agroindustriais também estão presentes em vários outros países, principalmente na Ásia e na África Subsaariana[22].

Na Indonésia, concessões de terras florestais e pertencentes a comunidades tradicionais para plantio de babaçu (destinado à produção de biocombustível) e mineração também têm provocado conflitos e deslocado grupos inteiros para Jacarta e outras grandes cidades. A legislação fundiária do país é baseada em normas e práticas coloniais, às quais se sobrepuseram reformas pós-coloniais. Toda a terra do país enquadra-se em uma de duas categorias: propriedade florestal (cerca de 70% do território) e propriedade não florestal (os outros 30%). As propriedades florestais estão sob responsabilidade do Ministério dos Recursos Florestais e são regulamentadas pela Lei Florestal de 1967. As propriedades não florestais são geridas e administradas por uma agência estatal, a Agência Nacional de Terras (BPN, na sigla em indonésio), de acordo com a Lei Agrária de Base de 1960. Assim, a terra é administrada sob um sistema dual, gerido por dois órgãos distintos, ao qual se somam a herança colonial e a não integração dos direitos consuetudinários das comunidades tradicionais, a *adat*[23]. A Lei Agrária de Base reconhece a propriedade

[20] ACNUDH, *Economic Land Concessions in Cambodia: A Human Rights Perspective* (Phnom Penh, ACNUDH Camboja, jun. 2007). Disponível em: <http://cambodia.ohchr.org/WebDOCs/DocReports/2-Thematic-Reports/Thematic_CMB12062007E.pdf>. Acesso em: 12 jan. 2015.

[21] Mark Tran, "UN Urges Cambodia to Hold Companies to Account over Land Disputes", *The Guardian*, 14 maio 2012. Disponível em: <www.theguardian.com/global-development/2012/may/14/un-cambodia-companies-land-disputes?intcmp=239>. Acesso em: 18 nov. 2014.

[22] Olivier de Schutter, *Relatório temático sobre aquisições e arrendamentos de terra*, A/HRC/13/33/Add.2, 2010.

[23] Keith Clifford Bell, Shivakumar Srinivas e Juan Martinez, *Reforming Indonesia's Complex Legal Environment for Land Governance: Complementary Top-Down and Bottom-Up Approaches*, Annual World Bank Conference on Land and Poverty, Washington-DC, 2013, mimeo, p. 6.

privada, mas reserva o controle e a titularidade de todas as terras não registradas ao Estado. De acordo com a BPN, apenas 30% das terras não florestais são formalmente escrituradas[24] e cerca de 60 milhões de parcelas de terra não têm registro.

Desde 2006, o governo dispõe do Layanan Rakyat untuk Tanah Sertifikat (Larasita) [Serviço Popular de Escrituração Imobiliária], programa voltado à certificação da posse da terra para populações de baixa renda e pessoas que vivem em áreas rurais e remotas. O programa conta com serviços móveis de registro, que são gratuitos[25]. No entanto, a cobrança de alguns custos extras para atender a trâmites de registro mais complexos e a carência de informações sobre os procedimentos necessários à escrituração acabam alijando grande parte da população do país do sistema de registro fundiário, especialmente a que vive em aldeias mais remotas. Nos últimos anos, a BPN registrou, em média, cerca de um milhão de parcelas de terra por ano.

Embora a Lei Agrária de Base reconheça a validade permanente dos direitos decorrentes da lei *adat*, ou consuetudinária/tradicional, o titular do direito não pode registrá-lo ou tê-lo plenamente reconhecido pelo Estado até que obtenha escritura da BPN confirmando que a terra não é de propriedade estatal. Terras *adat* só podem ser registradas e receber escritura após terem sido enquadradas em um dos sete direitos fundiários da lei privada reconhecidos no artigo 16 da Lei Agrária de Base. Assim, embora em muitos casos os direitos de ocupantes das terras tenham raízes na lei *adat*, desde bem antes da criação do Estado da Indonésia, em 1945, os funcionários da agência BPN adotam a premissa de que toda terra não registrada pertence ao Estado até que se prove o contrário. Além disso, o *Hak ulayat* (que pode ser traduzido como "direito comunal de alocação") não pode ser registrado. Isso impede as comunidades de requererem registro coletivo.

A Lei Florestal de Base e a Lei de Mineração, ambas de 1967, tornaram todas as terras florestais propriedades do Estado e eliminaram os direitos *adat* das comunidades que vivem nessas áreas, caracterizando-as como "ocupações" ilegais. De acordo com o Ministério dos Recursos Florestais, no entanto, apenas 14% das terras florestais foram legalmente demarcadas. Direitos não reconhecidos, incluindo os das terras comunais *adat* situadas em propriedades florestais, continuam

---

[24] Banco Mundial, *Indonesia: Urban Poverty and Program Review* (Washington-DC, Banco Mundial, 2013). Informação fornecida pelo BPN à relatora especial para o Direito à Moradia Adequada em 3 de junho de 2013, em Jacarta.

[25] Informação fornecida pelo BPN em 3 de junho de 2013 e pelo Governo da Indonésia em 11 de outubro de 2013.

a gerar conflitos, pois existem cerca de 33 mil vilarejos (cerca de 48 milhões de pessoas) localizados em propriedades florestais ou em seu entorno. São lugares habitados há gerações e até mesmo séculos, sem que sua existência e suas terras tenham sido reconhecidas pelo Estado[26].

De 2004 a 2009, o Ministério dos Recursos Florestais destinou 1,2 milhão de hectares de florestas a atividades de mineração e planeja destinar outros 2,2 milhões entre 2010 e 2020. Áreas de floresta também foram concedidas para produção de óleo de babaçu – a Indonésia hoje controla 14,3% do mercado de óleo vegetal do mundo. Estima-se que dois terços de todas as plantações de babaçu atualmente existentes no país estão instaladas nessas áreas.

Conflitos fundiários são frequentes: entre 2004 e 2010, foram cerca de 2 mil casos, envolvendo 600 mil famílias e um total de 10 milhões de hectares de terras florestais[27]. Como o país não dispõe de um inventário completo de parcelas de terras confiavelmente georreferenciadas, sejam elas florestais ou não, e como não há uma autoridade única incumbida da resolução de disputas de terras, vigoram acordos formais e informais para lidar com essas questões. Os processos judiciais envolvendo litígios fundiários são morosos e geralmente de custo proibitivo para os pobres, principalmente quando não há assistência jurídica de qualidade disponível para famílias de baixa renda e inexiste um sistema transparente e acessível de informações sobre a terra. Os litígios fundiários de grande escala são comumente resolvidos por vias políticas, uma vez que os litigantes não confiam em nenhum processo civil[28].

Em relatório recente sobre o tema, a Oxfam[29] classificou o movimento que acabamos de descrever nos exemplos do Camboja e da Indonésia como "*a global land rush*" [uma corrida global pela terra], em clara referência à Corrida do Ouro (*Gold Rush*) norte-americana do século XIX, um processo selvagem de

---

[26] Keith Clifford Bell, Shivakumar Srinivas e Juan Martinez, *Reforming Indonesia's Complex Legal Environment for Land Governance*, cit., p. 8-12.

[27] Maharani Hapsari, "The Political Economy of Forest Governance in Post-Suharto Indonesia", em Hirotsune Kimura et al. (orgs.), *Limits of Good Governance in Developing Countries* (Yogyakarta, Gadjah Mada University Press, 2011), p. 103-37.

[28] Timothy Lindsey, "Square Pegs & Round Holes: Fitting Modern Title into Traditional Societies in Indonesia", *Pacific Rim Law and Policy Journal*, v. 7, 1998, p.699-719; Daniel Fitzpatrick, "Disputes and Pluralism in Modern Indonesian Land Law", *Yale Journal of International Law*, v. 22, 1997, p. 171-212.

[29] Oxfam, "'Our Land, Our Lives': Time out on the Global Land Rush", *Oxfam Briefing Paper*, Oxford, out. 2012. Disponível em: <www.oxfam.org/sites/www.oxfam.org/files/bn-land-lives-freeze-041012-en_1.pdf>. Acesso em: 18 nov. 2014.

apropriação de terras indígenas: *the wild West* [o oeste selvagem]. O avanço atual dá-se em contextos em que grande parte das terras ocupadas por comunidades rurais não é reconhecida formalmente, ou, quando o é, pertence a uma categoria "paralela" de posse, não integrada em um sistema único de registro e gestão.

> Estimativas feitas em 2002 registram que apenas entre 1% a 3% dos territórios dos Estados do Oeste da África eram ocupados por meio da aquisição de propriedade registrada. O direito fundiário "moderno", herdado da administração colonial e utilizado para definir as terras costumeiras como propriedade do Estado para, em seguida, concedê-las às companhias coloniais, sempre foi percebido como "estrangeiro" pela maioria das populações rurais africanas, desconectadas das percepções culturais e relações sociais relacionadas à posse da terra. Os títulos de propriedade registrada, por outro lado, são inacessíveis para a maior parte das comunidades rurais.[30]

A situação fundiária que acabamos de descrever constitui-se em uma das bases de vulnerabilização dos direitos à terra por parte das comunidades, tornando-as alvos fáceis de processos de usurpação. Entretanto, como já apontamos no início deste capítulo, não se trata de mais um movimento de extensão de fronteiras, e sim de um movimento que ocorre em um momento específico de avanço do capitalismo, marcado por duas condições: a ascensão do capital rentista e um quadro de escassez de terras e recursos naturais.

A crise de alimentos do final da primeira década dos anos 2000, juntamente com o crescimento demográfico decorrente dos efeitos dos avanços da medicina na extensão da longevidade e na diminuição das taxas de mortalidade infantil, trouxe à tona as previsões catastróficas de Malthus sobre as possibilidades de assegurar comida para todos. Por outro lado, o processo de ocupação do território do planeta sob a ordem capitalista, iniciado no século XVI com a "descoberta" das Américas, ainda na fase mercantil do capitalismo, acelerou-se a partir dos anos 1990, com a queda do Muro de Berlim e a derrubada dos últimos bloqueios que impediam os livres fluxos de capital em territórios que se encontravam sob controle comunista. O movimento a que estamos assistindo representa, então, uma espécie de última fronteira, em um quadro em que o capital terá cada vez menos um novo *wild West* para "conquistar".

David Ricardo, a partir das afirmações de Malthus, desenvolveu a teoria de que o capital acabará quando a terra e os recursos naturais forem tão escassos que todos

---

30 Vincent Basserie e Hubert M. G. Ouedraogo, "La Sécurisation foncière: un des défis majeurs pour le nouveau siècle", *Grain de sel*, n. 41-42, dez. 2007-maio 2008, p. 13.

os rendimentos serão absorvidos pelos salários necessários para cobrir o alto preço dos alimentos ou pela renda crescente extraída da terra, controlada por uma classe rentista improdutiva, mas poderosa. Em seu tempo, Malthus foi contraditado por economistas que apontaram a produtividade crescente do trabalho, graças à mecanização da agricultura, como fator de contratendência à escassez. Keynes, muitos anos depois, previa a eutanásia da classe rentista e a construção de um regime de crescimento conduzido pelo Estado (parcialmente implementado no período pós-1945)[31].

Na era pós-keynesiana, iniciada no final dos anos 1970, é impressionante, entretanto, o poder crescente do capital financeiro, exatamente o improdutivo capital rentista de que falava Ricardo. São os donos dos ativos transmutados em ações, futuros sobre dívidas, *swaps* de crédito, CDOs e outros instrumentos em princípio destinados a distribuir os riscos, mas que, ao final, transformaram a volatilidade de ganhos em curto prazo em um enorme campo para ganhos especulativos[32]. Nesse contexto, a renda sobre a terra tornou-se novamente central.

A especulação sobre a terra, assim como a aquisição em larga escala de terras em zonas rurais, mina os direitos de posse e as formas de subsistência locais[33]. Combinadas com a seca e outras alterações relacionadas ao clima, essas atividades são grandes impulsionadoras da migração rumo às cidades, onde, em geral, terra e moradia adequadas não estão disponíveis para os recém-chegados, especialmente os pobres. Como resultado, as pessoas passam a morar em assentamentos e moradias marcados por arranjos inseguros de posse. Estes são os mecanismos que, combinados, promovem a expansão de um vasto terreno urbano marcado pela ambiguidade e insegurança da posse[34].

Porém, para além de justificar a urbanização sem crescimento econômico, os processos que estamos testemunhando nesta fase apontam para uma nova dinâmica e um novo papel das terras ocupadas pelos pobres, em contextos urbanos e rurais. Na fase financeirizada e rentista do capital, as terras apropriadas sob regimes de posse que não a propriedade individual titulada e registrada, no campo e nas cidades, passam a funcionar como uma reserva, passível de ser ocupada a qualquer

---

[31] David Harvey, *Seventeen Contradictions and the End of Capitalism*, cit., p. 244.

[32] Ibidem, p. 240,

[33] Klaus Deininger e Derek Byerlee, *Rising Global Interest in Farmland: Can It Yield Sustainable and Equitable Benefits?*, cit.

[34] Raquel Rolnik, *Relatório temático sobre segurança da posse*, cit.

momento por frações do capital financeiro em sua fome incessante de novas garantias para seus ativos. Assim, de *locus* de um exército industrial de reserva, as favelas do mundo convertem-se em novas reservas de terra para extração de renda, sob a hegemonia do complexo imobiliário-financeiro[35].

Nos próximos capítulos, abordaremos os mecanismos, as políticas e as estratégias a partir dos quais esse processo ocorre hoje nas cidades, tomando como foco justamente os territórios sem nome, as favelas e assentamentos populares do mundo urbano. Para isso, tanto a construção da transitoriedade permanente como o estigma territorial são elementos fundamentais.

---

[35] Agradeço a David Harvey, que, debatendo comigo o conteúdo deste capítulo, sugeriu o marco conceitual adotado aqui.

2
Informal, ilegal, ambíguo: a construção da transitoriedade permanente

Meu nome é Flavia. Moro no Rio de Janeiro, a cidade mais linda do mundo. Tenho hoje 17 anos, enquanto fecho este diário, e sou uma invasora [...]. Eu tinha nove anos na época em que isso aconteceu e estava dentro de casa, a duzentos metros do campo de batalha. Mas dá para contar esta história, repetida nas conversas de varanda por meu tio e meu avô. [...] Os soldados atravessaram a trilha íngreme e escorregadia em fila indiana. Eram policiais do batalhão de choque, usavam capacetes, bastões, escudos, tinham bombas de gás lacrimogêneo e efeito moral e, claro, armas de fogo. A resistência tinha fechado os antigos portões de ferro maciço com correntes e cadeados, feito barricadas com troncos de árvores em todas as entradas. [...] Ao se aproximarem da entrada, os policiais se defrontaram com uma parede humana, braço enganchado com braço, fileira atrás de fileira, bloqueando todo o espaço entre o rio e barranco. [...] O pelotão entrou em forma e marchou até a barreira, batendo com os bastões nos escudos: então, como ninguém arredou pé, eles pararam cara a cara com a fileira da frente. Os soldados rosnavam "vai ser Carandiru"[1] [...]. À sua frente, umas duzentas pessoas: homens, mulheres, jovens, adultos, velhinhos e velhinhas, brancos, pretos, pardos, nenhuma arma, ninguém ameaçador. Ninguém saindo do lugar. Alguém entoou o hino nacional, logo todos cantavam. [...] Não eram bandidos, não eram inimigos: era gente. Ordem é ordem e é para ser cumprida. Os soldados deram o aviso: agora nós vamos entrar. No meio do povo, muita gente passou a rezar. E continuou no mesmo lugar. Então, como

---

1 "Massacre do Carandiru" é como ficou conhecida a chacina, em outubro de 1992, de 111 detentos do Pavilhão 9 da Casa de Detenção de São Paulo, popularmente conhecida pelo nome do bairro onde se localizava, Carandiru. Na ocasião, a Polícia Militar invadiu o local para reprimir um tumulto iniciado por uma briga entre presos.

uma cunha apontada para um ponto escolhido na muralha humana, o pelotão arremeteu. As barreiras quebradas, começou a batalha. Os bastões giravam e batiam, pessoas corriam para todos os lados. [...] Uma senhorinha de uns sessenta anos caiu no chão e desmaiou, o sangue jorrando da cabeça [...], um soldado tomou uma voadora no peito e saiu rolando, o capacete foi parar no rio. No meio da poeira, pessoas caíam e se levantavam [...], fugiam e depois voltavam se não estivessem muito machucadas. [...] Um dos rapazes que havia formado a barreira se escondeu entre as árvores, com uma pedra em cada mão; quando os soldados viessem, ele tacava uma, depois outra, então sumia no mato, pelo menos uma cabeça ele havia de quebrar. Então, quase instantaneamente, tudo acabou. Haviam chegado no local dois parlamentares, um advogado tinha ligado para o promotor, veio ordem para suspender a ação. Os soldados se reagruparam, a poeira abaixou. Os mais feridos foram saindo, uma ambulância estava estacionada do lado de fora, removeram a barricada, abriram o portão. A vitória era da resistência, apesar do massacre, o alvo tinha sido protegido [...].

Meu tataravô veio pra cá no comecinho do século passado, quando o Horto não tinha nada, era só mato e charco. Depois dele, meu bisavô e meu avô, já nascidos aqui, também trabalharam no IBDF*, no Ibama e no próprio Jardim Botânico: todos eles tiveram licença para construir suas casas em terrenos próximos ao parque, onde minha família vive até hoje. [...] No tempo do meu avô, ainda era um lugar longe do resto da cidade, mas já começavam a olhar pra cá, o governador Carlos Lacerda quis fazer aqui um cemitério, já tinha nome escolhido, Santa Catarina de Siena (até bonito, né?), mas os moradores embarreiraram. No tempo da ditadura, chegou a haver um decreto doando a terra para o BNH, para a construção de um conjunto habitacional de 65 prédios, mas, com a grita dos moradores e dos funcionários do Jardim Botânico, isso não foi pra frente. A partir de 1970, as coisas começaram a se movimentar mais rápido. A Rede Globo tinha se instalado na rua Von Martius, e foi se expandindo até ocupar quase todo o quarteirão. [...] Foi construído um condomínio de casas de luxo, onde foram morar muitos globais: nos terrenos mais altos, na encosta atrás, começaram a surgir mansões de gente rica de verdade, banqueiros, grandes industriais etc. Conforme a cidade aumentava, crescia o olho no Horto [...]. Houve tentativas de expulsar as famílias dos moradores antigos, ex-funcionários, para "aproveitar melhor o terreno". [...] O fato é que, de lá pra cá, os moradores do Horto nunca mais foram deixados em paz. [...] Tudo isso aconteceu muito antes de

---

* Instituto Brasileiro de Desenvolvimento Florestal, órgão criado em 1967 para cuidar da política florestal e dos recursos naturais renováveis no Brasil. Em 1989, foi fundido a outros três órgãos para dar origem ao Instituto Brasileiro do Meio Ambiente e dos Recursos Naturais Renováveis (Ibama). (N. E.)

eu começar a escrever este diário, mas é preciso explicar direitinho a história, para que se possa entender essa situação, meio complicada: na verdade, eu não me tornei uma invasora. Eu já era uma invasora, antes de nascer.[2]

O relato de Flávia[3], aqui reproduzido com seu consentimento, revela a trama complexa que define o lugar dos assentamentos populares nas cidades. Antes de mais nada, a ambiguidade, os sinais contraditórios, as leis e decretos que vão e vêm. Os moradores, que ali estavam antes da instalação de um Jardim Botânico no local, foram "incorporados" ao parque como trabalhadores, obtendo também a "licença para morar ali". Até aqui não é possível antever nenhum ato de ilegalidade ou transgressão. No entanto, provavelmente essa "licença" foi estabelecida como uma espécie de concessão por parte do empregador – o governo federal –, supostamente "proprietário" da área, e não representou, portanto, a transferência definitiva da propriedade do local para seus moradores. Até porque nem mesmo a propriedade pública do local se encontra, hoje, plenamente registrada em nome do governo federal[4]. Em seguida, a área é disputada para outros usos, mesmo no interior da máquina governamental. Nos anos 1960, o governador do Estado da Guanabara – correspondente ao atual município do Rio de Janeiro, que havia deixado de ser capital do Brasil – queria a área para construir um cemitério. Depois a mesma área foi cobiçada para se transformar em conjunto habitacional do Banco Nacional de Habitação (BNH). Um decreto chega a doá-la para o banco, mas, por fim, não é aplicado. Em ambos os casos, a resistência dos moradores articula-se aos interesses pela preservação do parque e a expulsão não acontece. Como em outros locais semelhantes na cidade, o lugar foi crescendo com moradias de descendentes, agregados e também de locatários.

Embora as duas tentativas de expulsão tenham sido malsucedidas, permanece o "estado de indefinição" em relação à propriedade do lugar, a ponto de este ter sido objeto de uma ação de reintegração de posse em 2005, com ostensiva presença de aparato repressivo. Contra ela, novamente os moradores resistiram, dessa vez em luta campal, ora evocando a condição de cidadãos da nação (quando diante da

---

[2] F. L. J., *Diário de uma invasora* (Rio de Janeiro, Livre Expressão, 2012), p. 5-15.

[3] Flávia me deu seu livro de presente, com dedicatória escrita em letras miúdas, em 3 de maio de 2013, durante evento em que, pela enésima vez, tentava defender o direito dos moradores do Horto de continuar residindo ali.

[4] De acordo com informações obtidas junto à Secretaria do Patrimônio da União, o processo de registro da área em nome da União foi iniciado em 2012. Foi suspenso por causa de uma decisão do Tribunal de Contas da União que interrompeu o processo de regularização fundiária em favor dos moradores do Horto.

muralha militar cantavam o hino nacional), ora a justiça divina (a reza), dado que a justiça terrena já havia tomado seu lado: ordem de despejo. E "ordem é ordem!".

De repente, a mesma justiça – terrena – interrompe a guerra. Sob a mediação política – dois parlamentares – e jurídica – um advogado e um promotor – a Justiça é acionada para suspender a ação militar. Mais uma vez, os moradores vencem a batalha, mas a guerra continua.

Em seu relato, Flávia questiona por que aquela "gente" estava sendo tratada como "bandido", como "inimigo". Inimigo de quem? Em seu relato, os "ricos, poderosos, globais" que haviam se instalado nas redondezas não mais toleravam sua presença em local tão valorizado pelo mercado. E o discurso ecologista e patrimonial de defesa do parque, que barrou a transformação do terreno em cemitério ou em conjunto habitacional do BNH nos anos 1960, agora é acionado para enquadrar os moradores como violadores da ordem.

Nesse relato estão presentes os ingredientes básicos que constituem este lugar: a transitoriedade permanente articulada ao estigma territorial. Apesar de ter nascido ali, assim como seu pai, avô e tataravô, Flávia é uma invasora e, portanto, uma transgressora. Mas a lei – e seu aparato – não está absolutamente ausente desse lugar. Pelo contrário: ele se constituiu de camadas de legalidade permeadas por tensões de toda ordem. Nas palavras de Vera Telles:

> Nas suas configurações contemporâneas, práticas e situações instauradas no centro da vida política (e da normalidade democrática) fazem estender uma zona de indeterminação entre a lei e a não lei, terrenos de fronteiras incertas e sempre deslocantes nos quais todos e qualquer um se transformam em vida matável, *homo sacer*.[5]

Situações como essa estão longe de ser especificidade brasileira ou latino-americana. Em estudo sobre os problemas de abastecimento de água em Mumbai, na Índia, Lisa Björkman relata como um empreendimento – Shivajinagar-Baiganwadi – construído pelo município para realocar moradores durante o período do estado de emergência decretado no país por Indira Gandhi, em 1975, transformou-se em "*slum, illegal area*". Naquele período, o governo do Estado de Maharastra, assim como o da então chamada Bombaim, estava nas mãos do Partido do Congresso Nacional, o mesmo de Indira Gandhi. Em um esforço de modernização da cidade – e, ao mesmo tempo, como resposta para as massas

[5] Vera da Silva Telles, *As cidades na fronteira do legal e do ilegal* (Belo Horizonte, Argvmentvm, 2010), p. 29.

que viviam em assentamentos precários –, o governo montou uma megaoperação cadastral, enumerando 1.680 bairros que estavam violando os códigos de urbanismo e as regras de adensamento do Plano Diretor de 1967. Os residentes dessas áreas (2,8 milhões de pessoas, ou quase metade da população da cidade no ano em que foi feito o cadastro, 1976) foram fotografados em frente às suas casas e para eles foi emitido um *photopass*, documento que associava determinadas famílias a determinadas casas do assentamento, garantindo "alguma forma de segurança da posse", assim como a possibilidade de indenização em caso de demolição ou deslocamento. Neste mesmo período, o governo, empoderado pelo estado de emergência, promoveu demolições massivas de todas as casas que estavam no meio do caminho de grandes projetos de infraestrutura e renovação urbana. Foi neste contexto que uma colônia municipal para reassentados foi criada nos limites de um aterro de lixo, em 1976: Shivajinagar-Baiganwadi. Ali, os residentes dos lotes de 10 × 15 pés (cerca de 3 x 4,5 metros), agrupados em fileiras de 16 em 94 quadras, deveriam pagar uma pequena quantia mensal como "indenização" por ocupar uma terra pertencente à municipalidade. No entanto, boa parte das famílias que foi reassentada nesse "bairro" jamais viveu ali. Em primeiro lugar, a maioria tinha redes sociais e de negócios nos locais onde vivia antes de ser expulsa e, simplesmente, retornou para esses locais. Além disso, os relatos dos primeiros anos de existência do "bairro" retratavam um lugar fedorento, próximo ao depósito de lixo e a um pântano cheio de mosquitos. Por essas razões, boa parte das famílias vendeu, alugou ou simplesmente abandonou seus lotes. A história que se sucedeu – o bairro crescendo e se transformando em uma das áreas mais densas da cidade – "apagou" a memória do assentamento como bairro planejado. Hoje, esse local é uma espécie de personificação da produção "ilegal" da cidade. Nas palavras de um engenheiro da Companhia de Águas de Mumbai: "Shivajinagar é uma área ilegal, não faz parte do plano da cidade. Eles ocuparam ilegalmente e continuam a construir ilegalmente; além disso, roubam água com conexões ilegais"[6].

Aqui também estão presentes os elementos básicos apontados no caso do Horto e da luta de seus habitantes por permanecer onde estão: territórios de definições cambiantes entre legal e ilegal, construídos a partir de pressões, mediações políticas e camadas de legalidades. Mas este caso também revela outros elementos: embora

---

[6] Lisa Björkman, "Becoming a Slum: From Municipal Colony to Illegal Settlement in Liberalization--Era Mumbai", em Gavin Shatkin (org.), *Contesting the Indian City: Global Visions and the Politics of the Local* (Oxford, Wiley-Blackwell, 2013).

o estigma territorial transforme habitantes em criminosos ou em violadores da ordem urbanística, o "crime" em questão – como em infinitos outros casos – é não obedecer ao planejamento, *locus* onde se definem as formas permitidas – ou proibidas – de organizar o espaço. Finalmente, também aparece com clareza neste caso o tema das relações de mercado. Os lotes são vendidos, comprados, alugados. Trata-se, portanto, de um potente mercado de terra e moradia dentro, mas também às margens, da cidade.

De acordo com Mike Davis,

> pode haver mais de 250 mil favelas na Terra. Sozinhas, as cinco maiores metrópoles do sul da Ásia (Karachi, Mumbai, Déli, Kolkata e Daca) somam cerca de 15 mil comunidades faveladas diferentes, com um total de mais de 20 milhões de habitantes. Uma população favelada ainda maior cobre o litoral em urbanização da África ocidental, enquanto outras conurbações imensas de pobreza espalham-se pela Anatólia e pelas terras altas da Etiópia; abraçam a base dos Andes e do Himalaia; explodem para longe dos núcleos de arranha-céus da Cidade do México, de Jo-burg [Joanesburgo], Manila e São Paulo; e, claro, ladeiam as margens dos rios Amazonas, Níger, Congo, Nilo, Tigre, Ganges, Irrawaddy e Mekong.[7]

Mas os *bustees* de Kolkata, os *chawls* e *zopadpattis* de Mumbai, os *katchi abadis* de Karachi, os *kampung* de Jacarta e Surabaya, os *iskwaters* de Manila, as *shammasas* de Cartum, os *umjondolos* de Durban, os *intra-murios* de Rabat, as *bidonvilles* de Abidjan, os *baladis* do Cairo, os *gecekondus* de Ancara e Istambul, os *conventillos* de Quito, as favelas do Brasil, as *villas miseria* de Buenos Aires, os *barrios* de Caracas e as *colonias populares* da Cidade do México não são apenas nomes diferentes para a mesma configuração. Por estarem profundamente enraizados nas economias políticas locais, são configurações particulares, assim como são particulares suas trajetórias no tempo.

No entanto, podemos afirmar que têm em comum o fato de constituírem zonas de indeterminação entre legal/ilegal, planejado/não planejado, formal/informal, dentro/fora do mercado, presença/ausência do Estado. Tais indeterminações são os mecanismos por meio dos quais se constrói a situação de permanente transitoriedade, a existência de um vasto território de reserva, capaz de ser capturado "no momento certo". É sobre esses mecanismos que nos debruçaremos nas seções seguintes.

---

[7] Mike Davis, *Planeta favela*, cit.

Legal/ilegal: sobreposições, pluralismos e... irresoluções

Ao tratar dos assentamentos populares das cidades ao redor do mundo, a categoria "ilegal" não deve – e não pode – ser absolutizada. Em vários casos, a maioria dos habitantes vive em sistemas de posse que podem ser considerados paralegais, semilegais ou quase legais, tolerados ou legitimados por leis costumeiras ou pelo simples uso ou tradição, reconhecidos ou simplesmente ignorados pelas autoridades[8].

Em primeiro lugar, a formação desses bairros não tem necessariamente origem numa violação da lei. Quando os futuros moradores ocupam uma terra vazia, sem consentimento de seu proprietário, estão, em princípio, violando a lei e podem estar sujeitos a punições legais por isso. Entretanto, em muitos casos, a terra pode não ter "proprietário" formal ou, ainda, ser objeto de disputa entre vários postulantes. Assim, mesmo numa situação que parece, a princípio, claramente configurada como ilegal, a presença dos ocupantes pode não ser imediatamente contestada, levando muitas vezes à consolidação da ocupação. A favela – ocupação de terra que pertence a outrem e termo escolhido pelos tradutores do livro de Mike Davis para designar esse "outro" espaço de muitos nomes – na realidade sequer representa a origem da maior parte dos assentamentos. Muito mais comuns do que a ocupação de terrenos são as distintas formas de compra ou aluguel de pedaços de terra que não foram objeto de parcelamento oficial do solo e que, em geral, nem poderiam ser aprovadas pelas normas em vigor.

Uma situação recorrente é a das terras comunais – pertencentes a grupos ou clãs – que, diante da expansão urbana, são cedidas a membros do clã ou vendidas aos pedaços para que ali construam suas casas urbanas. Essa situação é bastante comum em cidades da África Subsaariana: em vez de alocarem um "direito de uso", procedimento utilizado para disponibilizar terra para os membros de uma tribo, os lotes são vendidos. Embora essas transações raramente sejam legais, elas são aceitas pelas redes sociais a que pertencem os agentes envolvidos[9].

---

8 Alain Durand-Lasserve e Geoffrey Payne, *Holding On: Security of Tenure – Types, Policies, Practices and Challenges, background paper* preparado para o estudo sobre segurança da posse realizado pela relatora especial para o Direito à Moradia Adequada, 2012, mimeo. Disponível em: <www.ohchr.org/Documents/Issues/Housing/SecurityTenure/Payne-Durand-Lasserve-BackgroundPaper-JAN2013.pdf>. Acesso em: 20 nov. 2014.

9 Jean-François Tribillon, "Afrique de l'Ouest: consolider les droits fonciers urbains populaires", em Aitec (org.), *La Terre est à nous: Pour la fonction sociale du logement et du foncier, résistances et*

Formas comunais de posse também podem ser provisórias e servir como uma espécie de transição entre um status coletivo e formas individuais. Em cidades e periferias do Benin, por exemplo, onde os ocupantes têm apenas um acordo de compra e venda ou uma permissão temporária de ocupação, as terras são primeiro registradas em nome do Estado, que as transmite a uma associação de moradores (Association d'Intérêt Foncier) para depois, eventualmente, registrá-las como títulos individuais[10].

Esse também é o caso da propriedade dos *ejidos*, terras comunais resultantes da reforma agrária mexicana. Nas periferias da Cidade do México e de outras cidades do país, essas terras foram loteadas e vendidas para moradores autoconstruírem suas casas[11]. Tanto no caso do Benin como no do México, o direito que garante a posse comunal não permite a venda das terras, o que as impediria de ser parceladas, e estas, muitas vezes, encontram-se fora do limite considerado urbanizável pelos planos e leis de perímetro urbano.

Nessas situações, podemos falar claramente em pluralismo jurídico: o encontro, coexistência e, muitas vezes, conflito entre diferentes ordens jurídicas que operam sobre o mesmo território. Boaventura de Sousa Santos desenvolveu uma vasta pesquisa sobre o tema. De acordo com o autor:

> Parto da verificação, hoje pacífica na sociologia do direito (e fundamentada em múltiplas investigações empíricas), de que, ao contrário do que pretendem a filosofia política liberal e a ciência do direito que sobre ela se constituiu, circulam na sociedade não uma, mas várias formas de direito ou modos de juridicidade. O direito oficial, estatal, que está nos códigos e é legislado pelo governo ou pelo parlamento, é apenas uma dessas formas, se bem que tendencialmente a mais importante. Essas diferentes formas variam quanto aos campos da ação social ou aos grupos sociais que regulam, quanto à sua durabilidade – que pode ir da longa duração da tradição imemorial até a efemeridade de um processo revolucionário –, quanto ao modo como previnem os conflitos individuais ou sociais e como os resolvem sempre que ocorrem, quanto aos mecanismos de reprodução da legalidade, e distribuição ou sonegação do conhecimento

---

alternatives (Paris: Passerelle, 2014), p. 48; Alain Durand-Lasserve e Geoffrey Payne, *Holding On: Security of Tenure*, cit.

10 Alain Durand-Lasserve e Geoffrey Payne, *Holding On: Security of Tenure*, cit.

11 Antonio Azuela de la Cueva, "Los asentamientos populares y el orden jurídico en la urbanización periférica de América Latina", *Revista Mexicana de Sociología*, v. 55, n. 3, jul.-set. 1993; Ann Varley, "Urbanization and Agrarian Law: The Case of Mexico City", *Bulletin of Latin American Research*, v. 4, n. 1, 1985.

jurídico. Parto, assim, da ideia da pluralidade das ordens jurídicas, ou, de forma mais sintética e corrente, do pluralismo jurídico.[12]

A ideia de sobreposição de ordens jurídicas não se aplica apenas ao encontro do direito costumeiro com o direito estatal, situação que acabamos de descrever. Comprar, de pequenos proprietários e agricultores, pequenos lotes de terra nos limites das zonas urbanas é uma das formas mais difundidas de produção de assentamentos urbanos em várias regiões do mundo. Essas vendas normalmente são legais, já que acordos de compra e venda são feitos com testemunhas e registrados em cartórios. O comprador tem um documento que comprova a compra legal, mas, muitas vezes, o parcelamento é ilegal porque viola a legislação de zoneamento e parcelamento do solo ou porque o proprietário da gleba não demandou (ou não recebeu) um alvará para parcelar. Esse tipo de legalidade/ilegalidade é muito comum na América Latina (loteamentos irregulares ou clandestinos no Brasil) e na Ásia (colônias não autorizadas em cidades da Índia)[13]. Nesse caso, não se trata de sobreposição de ordens jurídicas distintas, mas de sobreposição de esferas distintas dentro do mesmo campo jurídico e governamental.

A legislação governamental não pode ser vista como uma massa indiferenciada e consistente de regras. O fato de que setores da ordem estatal tenham origem e residam em diferentes instituições com diferentes agendas, relacionando-se com diferentes circunscrições em distintos momentos da história, faz com que a ordem estatal seja, em si mesma, uma ordem plural[14]. São comuns as situações em que colidem legalidades e ilegalidades de distintas ordens, no âmbito do direito civil, urbanístico e ambiental. Assim, constitui-se um campo de indefinições amplamente mobilizado pelos moradores em suas lutas – inclusive no âmbito da Justiça – para permanecer onde estão.

No entanto, a noção de pluralismo jurídico vai além da natureza plural da juridicidade governamental e da coexistência de ordens urbanísticas distintas, como é o caso daquela entre direitos costumeiros e estatutários: tal noção constitui-se na natureza mesma das relações de ordem, autoridade e poder presentes nos bairros populares autoproduzidos.

---

[12] Boaventura de Sousa Santos, "Uma cartografia simbólica das representações sociais", *Revista Crítica de Ciências Sociais*, n. 24, mar. 1988.

[13] Alain Durand-Lasserve e Geoffrey Payne, *Holding On: Security of Tenure*, cit.

[14] Omar Razzaz, "Land Disputes in the Absence of Ownership Rights: Insights from Jordan", em Edésio Fernandes e Ann Varley (orgs.), *Illegal Cities: Law and Urban Change in Developing Countries* (Londres, ZED, 1998), p. 86.

As pesquisas e trabalhos de Pedro Abramo já demonstraram que, nos assentamentos populares informais, geralmente se constitui uma "autoridade local" que serve de figura mediadora dos conflitos que porventura ocorram nessas comunidades, especialmente em relação às condições contratuais que regem a ocupação dos lotes e casas por parte dos moradores. De acordo com Abramo, essas autoridades são resultado de processos históricos locais legitimadores. A legitimidade pode ser de natureza religiosa, étnica, cultural, política ou mesmo pode se dar a partir da violência e do controle pela força:

> Como a literatura de antropologia econômica nos revela em muitos estudos, os mecanismos de convivência comunitária que garantem a ordem social local exigem algum tipo de forma coercitiva para restringir e controlar os comportamentos conflitivos (ou desviantes). Essas formas podem assumir a forma de uma força coercitiva coletiva passiva, representativa e/ou impositiva. No caso do mercado informal de solo, as autoridades locais servem de instituição mediadora dos conflitos contratuais e permitem que esses contratos sejam respeitados e/ou negociados entre as partes, garantindo, dessa forma, a sua manutenção intertemporal e intergeracional. Muitos estudos antropológicos sobre a forma operacional dos mercados e de organizações formais descrevem formas de coerção que não se restringem a sua dimensão coercitiva legal. Da mesma maneira, no mercado informal de solo identificamos formas e mecanismos coercitivos muito distintos, mas que servem para garantir o que podemos chamar de "pacto contratual" de mercado. A história social e política de cada assentamento constrói e desconstrói esses mecanismos coercitivos.[15]

Boaventura de Sousa Santos nomeia o conjunto de normas e regras que regem a gestão dos territórios nas favelas e assentamentos populares como um direito interno, não oficial e precário,

> gerido, entre outros, pela associação de moradores, e aplicável à prevenção e resolução de conflitos no seio da comunidade decorrentes da luta pela habitação. Este direito não oficial – o direito de Pasárgada, como lhe poderei chamar – vigora em paralelo (ou em conflito) com o direito oficial brasileiro e é desta duplicidade jurídica que se alimenta estruturalmente a ordem jurídica de Pasárgada. Entre os dois direitos estabelece-se uma relação de pluralismo jurídico extremamente complexa, que só uma análise muito minuciosa pode revelar. Muito em geral pode dizer-se que não se trata de uma relação igualitária, já que o direito de Pasárgada é sempre e de múltiplas formas

---

[15] Pedro Abramo, "A cidade com-fusa: a mão inoxidável do mercado e a produção da estrutura urbana nas grandes cidades latino-americanas", *Revista Brasileira de Estudos Urbanos e Regionais*, v. 9, n. 2, 2007.

um direito dependente em relação ao direito oficial brasileiro. Recorrendo a uma categoria da economia política, pode dizer-se que se trata de uma troca desigual de juridicidade que reflete e reproduz, a nível sociojurídico, as relações de desigualdade entre as classes cujos interesses se espelham num e noutro direito.[16]

Analisando pormenorizadamente os documentos utilizados para registrar os contratos de compra e venda nas favelas do Rio de Janeiro, Alex Magalhães demonstra sua validade, quer da perspectiva da ordem jurídica estatal, quer do conceito de direito desenvolvido no seio social. Remete, então, à sua utilização nos processos de regularização fundiária, assim como nos atos de partilha realizados em processos de divórcio ou de sucessão hereditária. Assim como Boaventura, afirma que não se trata de coexistência pacífica entre "direitos", mas da desjuridicização permanente das situações jurídicas que envolvem as classes populares, refletindo e reproduzindo desigualdades de classe[17].

Poderíamos parar por aqui nossa análise da dinâmica entre legalidade/ilegalidade presente nas favelas e bairros populares das cidades. Entretanto, a questão da sobreposição de direitos, conceituada aqui como pluralismo jurídico, não resolve o tema da construção da permanente transitoriedade, fundamental para a constituição contemporânea desses espaços como reservas de terra. Ao trabalhar com os bairros populares em São Paulo, James Holston indica o elemento fundamental que completa a equação: a "irresolução jurídico-burocrática". Segundo Holston,

> as periferias urbanas de São Paulo se desenvolveram, assim como a maior parte do Brasil, [...] como uma arena de conflitos por terra na qual as distinções entre ocupação legal ou ilegal são temporárias e as relações entre elas, perigosamente instáveis. Nesse contexto, a lei costuma produzir complexidades processuais e substantivas insolúveis; essa irresolução jurídico-burocrática sempre dá início a soluções extrajudiciais [...]. Dessa forma, a legislação fundiária promove conflitos, e não resoluções.[18]

O campo da mediação, discricionariedade e arbitragem situa-se, geralmente, no âmbito político. É sobre ele que falaremos agora.

---

16 Boaventura de Sousa Santos, "Notas sobre a história jurídico-social de Pasárgada", em Cláudio Souto e Joaquim Falcão (orgs.), *Sociologia jurídica* (São Paulo, Pioneira, 1980).

17 Alex Ferreira Magalhães, *O direito das favelas* (Rio de Janeiro, Letra Capital/Faperj, 2013); idem, "O 'Galo cantou', mas não foi para os moradores das favelas: problematizando a política estadual de titulação de favelas", *Cadernos do Desenvolvimento Fluminense*, n. 1, fev. 2013.

18 James Holston, *Cidadania insurgente: disjunções da democracia e da modernidade no Brasil* (São Paulo, Companhia das Letras, 2013), p. 265-6.

Estado: soberania e exceção

Das afirmações anteriores, podemos depreender uma das mais importantes expressões da presença do Estado na formação e consolidação dos bairros populares. Embora a narrativa dominante trate esses locais como "resultados da ausência do Estado" ou territórios onde o "Estado não chega", as idas e vindas de processos de formação, consolidação e remoção desses assentamentos têm sido – e ainda são – fortemente constituídas e permanentemente mediadas pelo Estado.

Essa presença está, antes de mais nada, na origem de muitos assentamentos situados em terras públicas, cujos moradores obtiveram, em algum momento, licenças – documentadas ou não – por parte das autoridades locais para ali se instalar. Essa situação é particularmente presente em países que promoveram processos de nacionalização em massa da terra nos anos 1960 e 1970, como é o caso de vinte dos quarenta países da África Subsaariana[19]. Embora vários países tenham posteriormente revertido a estatização, ainda hoje quase toda a terra na Etiópia, em Ruanda e em Moçambique, por exemplo, pertence ao Estado, que concede direitos de uso e exploração. Em Botswana, um sistema de concessão de uso de terras pertencentes ao Estado foi posto em marcha nos anos 1970 através de certificados de ocupação que mantinham a propriedade sob domínio público[20].

No Camboja, depois da queda do regime do Khmer Vermelho, em 1979, os que retornaram a Phnom Penh foram seletivamente autorizados a ocupar prédios vazios situados em áreas próximas a seus empregos. Os assentados recebiam permissões temporárias das autoridades para ali se estabelecerem, apesar de todas as propriedades continuarem nas mãos do Estado. Quando a disponibilidade de prédios vazios acabou, começaram a acontecer ocupações de áreas vazias na periferia, o que hoje é tratado como "ocupação ilegal"[21].

---

[19] Akin L. Mabogunje, *Perspective on Urban Land and Urban Management Policies in Sub-Saharan Africa* (Washington-DC, Banco Mundial, 1992). Disponível em: <http://documents.worldbank.org/curated/en/1992/12/440245/perspective-urban-land-urban-management-policies-sub-saharan-africa>. Acesso em: 25 ago. 2015. Citado em Alain Durand-Lasserve e Geoffrey Payne, *Holding On: Security of Tenure*, cit.

[20] Saad Yahya, "The Certificate of Rights Story in Botswana", em Geoffrey Payne (org.), *Land, Rights and Innovation: Improving Tenure Security for the Urban Poor* (Londres, ITDG, 2002), citado em Alain Durand-Lasserve e Geoffrey Payne, *Holding On: Security of Tenure*, cit.

[21] Pierre Fallavier, *Understanding Slums: The Case of Phnom Penh (A Case Study for the Global Report on Human Settlements)* (Nairóbi, UN-Habitat, 2003), citado em Alain Durand-Lasserve e Geoffrey Payne, *Holding On: Security of Tenure*, cit.

Ser portador de um direito de ocupação não necessariamente significa ter segurança da posse. Casos de remoção forçada e violenta, como o do Camboja, já comentado anteriormente, assim como o de residentes detentores de direitos de ocupação em cidades da Nigéria, revelam a discricionariedade e instabilidade destas permissões temporárias de uso, que podem ser suspensas a qualquer momento sem reparações ou compensações adequadas[22].

Para além da presença como proprietário e promotor de bairros populares informais – processo com claras implicações políticas –, o Estado tem sido onipresente como principal mediador dos processos de consolidação dos assentamentos. Em contextos democráticos, em que os partidos políticos disputam o voto nesses territórios, o "desbloqueio" das impossibilidades legais/administrativas existentes para reconhecer a existência do assentamento e permitir a provisão de serviços e equipamentos transforma-se em potente moeda político-eleitoral. Esse mecanismo tem sido fundamental para manter a desigualdade e o controle da cidade pelas elites, ao mesmo tempo que reproduz mandatos políticos, constituindo vastas bases eleitorais para os partidos.

Considerando que a maior parcela dos investimentos em urbanização ocorre quando os bairros já estão ocupados e que esta demanda tem grandes dificuldades de ser atendida, a disputa pelo acesso ao investimento é acirrada e tem grande importância político-eleitoral. A condição de informalidade e/ou ilegalidade dos assentamentos gera impasses no interior dos órgãos burocráticos quanto à possibilidade de sua consolidação, abrindo espaço para que essa demanda só ocorra de forma seletiva e intermediada. Com a combinação entre o processo de urbanização da pobreza e a inserção precária desses moradores na cidade, os bens e serviços públicos que melhoram a condição de urbanidade dos bairros tornam-se uma das mais importantes demandas populares, levando a mobilizações locais relacionadas a moradia, transporte, saúde, saneamento etc.

A relação entre o sistema político-eleitoral e essas pressões é complexa. De um lado, emergem partidos cujas lideranças identificam-se com esses movimentos e trazem parte das agendas desses atores para dentro das instituições da democracia formal e do aparato estatal. Por outro, a lógica da competição político-partidária também penetra no universo dos movimentos, transformando sua cultura.

---

[22] COHRE e Serac, *The Myth of the Abuja Master Plan: Forced Evictions as Urban Planning in Abuja, Nigeria* (Genebra/Lagos, COHRE/Serac, 2008). Disponível em: <http://abahlali.org/files/Myth_of_the_Abuja_Master_Plan.pdf>. Acesso em: 20 nov. 2014.

À esquerda ou à direita no espectro político-partidário, os partidos e políticos precisam competir pelo voto popular e, assim, de alguma maneira, relacionar-se com a demanda por inserção na cidade reivindicada tanto pela população organizada em movimentos como por aquela mais ampla e desorganizada. Foi dessa forma que os investimentos em urbanidade, assim como a tolerância, autorização ou mesmo promoção de assentamentos precários, converteram-se em um potente dispositivo eleitoral com grandes possibilidades de retorno político para seus promotores, seja sob a forma do voto popular, seja pelo acesso aos meios para o financiamento de campanhas. O território popular é, assim, permanentemente investido pelo mundo da política, que ali espera receber o prêmio por parte daqueles que, por seu intermédio, foram seletivamente beneficiados com recursos públicos[23].

O raciocínio exposto acima, desenvolvido por mim para o contexto brasileiro, tem incrível ressonância com a análise de Partha Chatterjee para o contexto indiano. Chatterjee afirma que os pobres do meio urbano não têm sido tratados como cidadãos de plenos direitos, apesar de sua demanda por infraestrutura e equipamentos urbanos ser formulada na linguagem dos direitos de cidadania. Para esse autor, porque a vida e a sobrevivência dos pobres nas cidades dependem da ocupação "ilegal" da terra e do exercício de atividades produtivas e comerciais "informais", a estrutura formal-legal impede permanentemente a extensão de direitos formais para os moradores desses bairros, que negociam bens e direitos com o Estado através da sociedade "política" e não da sociedade "civil". A sociedade civil seria o domínio da soberania popular que garante a igualdade de direitos – da qual está excluída a maior parte dos habitantes do mundo. Já a sociedade política forneceria serviços através de arranjos paralegais[24].

Os *cut-off-dates*, que definem uma data para delimitar os moradores que podem ser reconhecidos e receber benefícios e separá-los daqueles que não podem, são um exemplo claro da diferença enunciada acima. Não é a universalidade da condição humana do morador, nem mesmo a legalidade/ilegalidade da situação de ocupação o que permite diferenciar portadores e não portadores de direitos.

---

[23] George Avelino Filho, "Clientelismo e política no Brasil: revisitando velhos problemas", *Novos Estudos Cebrap*, n. 38, 1994; José Murilo de Carvalho, "Mandonismo, coronelismo, clientelismo: uma discussão conceitual", *Dados*, v. 40, n. 2, 1997; Raquel Rolnik, "Democracia no fio da navalha: limites e possibilidades para a implementação de uma agenda de reforma urbana no Brasil", *Revista Brasileira de Estudos Urbanos e Regionais*, v. 11, n. 2, 2009.

[24] Partha Chatterjee, *Politics of the Governed: Reflections on Popular Politics in Most of the World* (Nova York, Columbia University Press, 2004), citado em Lisa Björkman, "Becoming a Slum", cit.

Trata-se de uma negociação puramente política, discricionária, um "pacto" territorial que tem como objetivo responder a pressões de massas urbanas ao mesmo tempo que reafirma a transitoriedade e o estigma territorial.

Esse pacto territorial firmado entre as classes dominantes e os grupos sociais emergentes se baseia na manutenção de uma ordem que não se transforma para incorporar diferentes formas de ocupação do espaço, mas apenas tolera, seletivamente, exceções à regra. Ao serem reconhecidas, as exceções são "premiadas" com o direito de permanecer, com investimentos públicos em infraestrutura e serviços urbanos. Desta forma, a maioria "clandestina" entra na política urbana devendo um favor àqueles que a julgam admissível.

A relação política estabelecida pelo pacto territorial é o que a literatura sobre a questão social tem chamado de "ideologia da doação". Isso significa que o ato fundador da cidadania é uma relação de doação do Estado à população. A doação, mesmo que inicialmente um ato voluntário, livre e generoso, tem realmente uma dupla dimensão. Aquele que doa o faz a partir do reconhecimento de uma necessidade. Como tal, a doação tem um caráter obrigatório, um sentido de reparação. Por outra parte, o ato de doação implica também outra obrigação, aquela de receber. Cada presente só se completa com a aceitação do que é dado: quem dá o faz também por necessidade e quem recebe se comporta dessa maneira por necessidade. Como tal, receber benefícios é um direito, mas é igualmente uma responsabilidade. Por essa razão, o Estado não precisa somente dar, mas também criar uma obrigação de receber.

Finalmente, o termo que completa e confere significado à relação é *retribuição*. Aquele que recebe o presente cria um vínculo que leva a um ato de retribuição. Como tal, o poder de dar está em produzir no receptor a consciência da obrigação de retribuir como uma responsabilidade política de natureza ética. É interessante notar a diferença entre a retribuição de uma doação e o pagamento de uma dívida. A retribuição de uma doação não tem data-limite nem valor previamente definido: é um reconhecimento de uma obrigação que vai além da dimensão utilitária. O vínculo estabelecido pressupõe, no entanto, a ascendência do doador sobre o receptor, cuja condição é de devedor. Isso implica um compromisso cujo retorno não está previamente estabelecido – uma fatura sem valor nem data de vencimento definidos – e que pode ser solicitado a qualquer momento, sob distintas formas[25].

---

[25] Raquel Rolnik, *A cidade e a lei: legislação, política urbana e territórios na cidade de São Paulo* (São Paulo, Studio Nobel, 1997).

Não vamos aqui entrar no debate sobre o que a ciência política denominou populismo ou clientelismo. Para este texto, esse debate tem pouca relevância, na medida em que representa apenas uma dentre diversas formas políticas de exercício desses pactos. O importante aqui é assinalar duas questões: a primeira refere-se ao fato de que tais pactos decorrem da força da mobilização e da pressão política dos moradores dos assentamentos, atores fundamentais neste processo. A segunda é o efeito produzido por essas formas específicas de ação do Estado sobre o território e também sobre a natureza das relações de soberania que ali se estabelecem.

É nesse sentido que Vera Telles emprega o termo "margens" para nomear esses territórios:

> não se trata de um fora do Estado e da lei, lugar de anomia, desordem, estado de natureza. São espaços produzidos pelos modos como as forças da ordem operam nesses lugares, práticas que produzem as figuras do *homo sacer* em situações entrelaçadas nas circunstâncias de vida e trabalho dos que habitam esses lugares. No entanto, são também lugares em que a presença do Estado circunscreve um campo de práticas e de contracondutas, no qual os sujeitos fazem (e elaboram) a experiência da lei, da autoridade, da ordem e seu inverso, em interação com outros modos de regulação, microrregulações, poderíamos dizer, ancoradas nas condições práticas da vida social. Personagem presente nesses territórios produzidos como "margem" e, no intrincamento das relações e circuitos que aí se superpõem, ele é também parte ativa dos ordenamentos sociais que aí também vão se fazendo, nos modos sempre situados, relacionais, contextuais pelos quais os critérios de ordem e seu inverso são negociados.[26]

Instabilidade, irresolução e temporariedade são as chaves para entender a forma como as exceções vão se construindo politicamente nas cidades, marcando indelevelmente os bairros populares pela ambiguidade da situação de "margem".

Nas seções anteriores, abordamos de maneira genérica a forma como as leis, empregadas aqui em sentido plural, constituem esses territórios e, ao mesmo tempo, os demarcam como "ilegais". Neste conjunto de normas, a regulação urbanística tem um papel central, na medida em que articula e define as atribuições propriamente espaciais dessa ordem. Vamos então a ela.

---

[26] Vera da Silva Telles, *As cidades na fronteira do legal e do ilegal*, cit., p. 29.

A demarcação das fronteiras entre legal e ilegal: o planejamento urbano

Em trabalho anterior sobre a cidade de São Paulo, reconstituímos a história da regulação urbanística e seus efeitos sociopolíticos na constituição de uma cidade dualizada, marcada por processos de exclusão territorial dos mais pobres[27].

Na literatura econômica neoclássica sobre o impacto da legislação urbana no desenvolvimento dos mercados informais da terra, prevalece a análise que relaciona a difusão da informalidade com o alto nível de exigência dos padrões da regulação urbanística. Essa literatura teve início nos anos 1960 com os trabalhos de William Alonso. Entretanto, foi na década de 1970 que se consolidou a ideia de que os preços do solo urbano e dos imóveis não dependem somente da relação entre oferta e demanda, pois também há um limite (artificial) da oferta, estabelecido pela legislação urbanística. Assim, essa perspectiva relacionou a existência de regras de uso e controle do solo urbano derivadas do planejamento urbano com o aumento dos preços de moradia nas cidades. Stephen Mayo e Shlomo Angel foram os primeiros a associar as regulamentações urbanísticas com a inelasticidade da oferta. Embora não tratassem exatamente dos mercados de terra nas cidades onde bairros em desacordo com a legislação ocupam grandes extensões, esses trabalhos foram amplamente utilizados para "explicar" um dos mecanismos que impedem o acesso dos pobres ao mercado formal de solo e moradia[28].

De acordo com esse ponto de vista, altos padrões e parâmetros urbanísticos provocam a elevação dos preços da terra, o que dificulta – ou impossibilita – o acesso dos pobres à moradia e ao solo urbano. A consequência é, então, o crescimento de um mercado de terra fora dos padrões, tolerado pelas autoridades municipais, já que, nas cidades onde isso ocorre, não há alternativas de moradia ou de localização de baixo custo. Finalmente, segundo a mesma concepção, uma política pública progressista deveria procurar restringir ao máximo essas exigências para possibilitar a oferta legal de moradia para os pobres por parte do mercado formal de bens imóveis[29].

Entretanto, se examinarmos mais de perto o funcionamento dos mercados da terra urbana e seus vínculos com a legislação urbana, o que aparece como o mais

---

27 Raquel Rolnik, *A cidade e a lei*, cit.

28 Ciro Biderman, *La informalidad en Brasil: ¿Tienen importancia las reglamentaciones sobre el uso de la tierra y la edificación?* (Cambridge-MA, Lincoln Institute of Land Policy, 2008), p. 2. Disponível em: <www.lincolninst.edu/pubs/1717_La-informalidad-en-Brasil>. Acesso em: 20 nov. 2014.

29 Banco Mundial, *Housing: Enabling Markets to Work* (Washington-DC, Banco Mundial, 1993).

claro fracasso da legislação urbana – a existência de mercados informais paralelos – constitui, na verdade, seu maior êxito na economia política da urbanização excludente. Em tese, o planejamento urbano e a regulação urbanística dele decorrente deveriam operar como uma espécie de molde para a cidade ideal ou desejada. Todavia, completamente construída sob a lógica econômica e adaptada aos ritmos e estratégias do mercado, especialmente os dos incorporadores e promotores de investimentos imobiliários para os setores de maior renda, a legislação urbana serve basicamente para definir e lhes reservar as melhores áreas, impedindo sua "invasão" pelos pobres. Sua maior função – ainda mais eficaz graças à presença de mercados informais da terra – é a construção de barreiras invisíveis para conter a penetração de territórios populares nas áreas de melhor localização, garantindo sua destinação para os produtos imobiliários dos grupos de mais alta renda na cidade[30].

Contrariamente às regras do jogo que regulam a formação dos subúrbios populares das periferias e favelas, em geral totalmente invisíveis nos mapas de zoneamento das cidades, a estruturação do espaço das elites inscreve-se de forma extremamente detalhada na legislação urbanística. Dessa forma, a legislação urbanística consagra como lei as morfologias dos produtos imobiliários ofertados na cidade e reforça a *gestalt* discriminatória da cidade. Ao contrário da cidade irregular, nos bairros exclusivos ocupados pelas elites, a principal característica das regras de planejamento é perpetuar o tipo de contrato comercial estabelecido entre as partes no momento de seu desenvolvimento imobiliário, elemento fundamental para assegurar que os investimentos substanciais ali realizados proporcionem retornos no longo prazo e minimizem os riscos de perda de valor. Por outra parte, desobedecer aos padrões e às regras é a maneira de tornar os assentamentos informais muito rentáveis: como os mercados informais de terra geralmente se desenvolvem em áreas desvalorizadas, a possibilidade de produzir densidades altíssimas – típicas dos bairros populares – constitui a maneira de aumentar a rentabilidade nessas áreas.

Para viabilizar essa alta rentabilidade, duas condições dependentes do poder concessionário do Estado são necessárias: a terra deve ser ocupada com uma intensidade e densidade de construção muito além dos padrões municipais permitidos e a expectativa de chegada de melhorias urbanas deve também estar presente. Por outro lado, a garantia de exclusividade e rentabilidade do solo são elementos centrais de um planejamento urbano que cartografa em minúcias regulatórias os

[30] Raquel Rolnik, "Legislación urbana y mercados informales de tierra: el vínculo perfecto", em Edésio Fernandes (org.), *Derecho, espacio urbano y medio ambiente* (Madri, Dykinson, 2000).

produtos imobiliários de alta renda, destinando às elites as áreas urbanizadas, mais bem localizadas e dotadas de serviços, enquanto "ignora" territórios ultradensos que se desenvolvem em áreas não urbanizadas ou menos aptas à urbanização.

Mas não é apenas a lógica econômica – e de rentabilidade imobiliária – que define o "dentro" e o "fora" da lei, tal como se apresentam no planejamento urbano. Trata-se também de uma poderosa maquinaria de discriminação étnico-cultural, que define como "proibidas" formas de morar inscritas em certas práticas socioculturais. Em trabalhos anteriores[31], procurei demonstrar como as formas de habitação coletiva desenvolvidas por afro-brasileiros em cidades do Brasil, com raízes em práticas religiosas e sociais, foram sendo estigmatizadas e proibidas pelos códigos de edificação e leis de zoneamento das cidades.

Em situações em que um grupo étnico domina um território multiétnico, as normas de planejamento – como parte dos regimes fundiários – podem se transformar em mecanismos poderosos para controlar – e, eventualmente, destituir – comunidades estabelecidas há muito tempo, em geral por minorias étnicas. Esse é o caso de Israel e sua relação com as aldeias árabes e beduínas, estabelecidas antes da criação do Estado judeu na Palestina, em 1947, no território hoje sob seu controle[32]. De acordo com Oren Yiftachel e Alexander Kedar, um conjunto de normas, instituições e estruturas legais foi estabelecido pelo Estado de Israel para facilitar o controle e a expansão de uma nação judaica sobre o território, construindo a dominação de uma classe étnica, o que os autores denominam de "etnocracia"[33].

O sistema institucional legal que regula o acesso à terra em Israel, vinculando-a a projetos de desenvolvimento, está estabelecido sobre três pilares: um sistema centralizado de planejamento que define o que, quando, como e onde novas construções podem ser erigidas; um sistema de administração de terras (Israel Land Administration) que controla 93% do território; e um complexo sistema legal, em que os questionamentos são admitidos, filtrados e negociados através de decisões em cortes hierarquizadas. Esse regime de gestão e planejamento de terras propiciou o acesso à moradia para um grande número de cidadãos israelenses,

---

31 Idem, *A cidade e a lei*, cit.; idem, "Territórios negros nas cidades brasileiras: etnicidade e cidade em São Paulo e no Rio de Janeiro", *Revista de Estudos Afroasiáticos*, n. 17, 1989.

32 Idem, *Relatório de missão a Israel e aos Territórios Ocupados da Palestina*, A/HRC/22/46/Add.1, 2012, escrito com a colaboração de Marcelo Daher e Isabel Ricupero, parágrafo 24.

33 Alexander Kedar e Oren Yiftachel, "Land Regime and Social Relations in Israel", em Hernando de Soto e Francis Cheneval (orgs.), *Realizing Property Rights: Swiss Human Rights Book*, v. 1 (Zurique, Ruffer & Rub, 2006).

incluindo imigrantes judeus e refugiados de regimes antissemitas. Mas o mesmo sistema ancorou práticas discriminatórias de base étnica em relação a comunidades – aldeias e assentamentos – preexistentes na Palestina.

Algumas dessas aldeias são "reconhecidas" e têm sua possibilidade de expansão "planejada", enquanto outras não. Ser uma comunidade não reconhecida implica invisibilidade em termos administrativos e, consequentemente, falta de serviços públicos na dimensão necessária. Por outro lado, se um território não é planejado, não pode se expandir nem receber novas construções. Como a pressão demográfica exige ampliação das estruturas existentes, novas construções e expansões são feitas sem permissão, o que implica sujeição a ordens de demolição e remoções sem indenização, além de multas, pagamento do custo de demolição e eventuais penalidades criminais. Pequenas cidades árabes, bairros em Jerusalém Oriental e aldeias beduínas no deserto de Neguev e na Cisjordânia são exemplos de locais onde se aplica essa política. O contraste entre a capacidade dos planejadores em estabelecer novos assentamentos judaicos e seu fracasso em expandir as aldeias e assentamentos não judaicos é evidente: desde 1948, o Estado planejou e implementou mais de setecentos novos assentamentos judaicos, enquanto nenhuma nova comunidade não judaica – à exceção de comunidades de beduínos forçadas a se urbanizar – foi implementada[34].

A situação dos beduínos no deserto do Neguev aponta para outros elementos da dimensão étnico-cultural dos processos de expropriação e reordenamento legal do espaço operados, no interior do território israelense, pelo planejamento. Os beduínos vivem nesse deserto há centenas de anos, com um modo de vida nômade, baseado em atividades de pastoreio. Desde 1948, a política do Estado de Israel foi a de não reconhecer a posse da terra por parte desses grupos e promover a urbanização dessas comunidades em "cidades planejadas", com a justificativa de poder lhes prover serviços. A condição para uma família ou clã ganhar acesso a essas cidades é renunciar às demandas de reconhecimento de suas terras. A situação atual nessas cidades planejadas é de desemprego, dependência, crime e tensão social[35].

O modelo de planejamento adotado sem diálogo com os modos de vida e formas de ocupação tradicionais é mais uma engrenagem da máquina de despossessão e dominação etnoclassista, a mesma que podemos observar na difícil e complexa situação dos ciganos na Europa. A presença de assentamentos ciganos e de grupos itinerantes em cidades europeias representa hoje um desses "outros" invisíveis ou "ilegais", de

---

[34] Raquel Rolnik, *Relatório de missão a Israel e aos Territórios Ocupados da Palestina*, cit.

[35] Idem.

acordo com as normas de planejamento urbano, mesmo quando instalados em terrenos de sua propriedade. São grupos de origens diversas, dentre eles, os roma, povo com vínculos ancestrais na Índia que chegou à Europa nos séculos XIV e XV[36].

A falta de acomodações residenciais e de condições de trânsito que sejam consideradas culturalmente adequadas está, com frequência, na raiz do estigma e da discriminação enfrentados por ciganos e *travellers*[37] na Europa. A situação de exclusão territorial implica um leque de outros problemas, que abrange do acesso à educação e ao trabalho até cuidados de saúde apropriados ou a inclusão na vida comunitária. Boa parte desses assentamentos é marcada pela precariedade das condições de infraestrutura. Na Eslováquia, por exemplo, em 2005, 10% dos assentamentos ciganos não tinham acesso à eletricidade e 81% não tinham esgoto[38]. Na Romênia, os indicadores para eletricidade e abastecimento sanitário são semelhantes e menos de 15% dos assentamentos têm casas com banheiros[39]. Na Sérvia, metade dos ciganos vive em assentamentos precários[40]. Em Montenegro, 48% dos domicílios ciganos estão localizados nas imediações de aterros de lixo[41].

Como boa parte dos assentamentos é considerada ilegal, existe um bloqueio do registro dos seus moradores como cidadãos nos municípios onde estão instalados, impedindo, consequentemente, o acesso a serviços públicos. Muitos ciganos e *travellers* são encurralados entre uma oferta insuficiente de moradia adequada, por um lado, e a insegurança dos acampamentos e construções desautorizados, de outro. Enfrentam, ainda, um ciclo de despejos, muitas vezes sucessivos e realizados com

---

[36] Claude Cahn, *Social Control and Human Rights: A Case Study of the Roma in Europe* (Versoix, ICHRP, 2009).

[37] *Travellers* são grupos itinerantes, presentes no Reino Unido, que se deslocam pelo território, inclusive de outras regiões da Europa, em *trailers*, estabelecendo-se por alguns meses em locais onde já se encontram alguns parentes.

[38] Alliance of Women in Slovakia et al., *Joint Submission: Shadow Report to the Committee on the Elimination of Discrimination against Women for the Slovak Republic*, Bratislava, 2008, p. 52. Disponível em: <www2.ohchr.org/english/bodies/cedaw/docs/ngos/IWRAW_Asia_Pacific_Slovak41.pdf>. Acesso em: 10 out. 2015.

[39] Open Society Institute, *Broadening the Agenda: The Status of Romani Women in Romania* (Nova York, Open Society Institute, 2006), p. 66-7. Disponível em: <www.soros.org/initiatives/roma/articles_publications/publications/broadening_20060313>. Acesso em: 6 jan. 2015.

[40] PNUD (Programa das Nações Unidas para o Desenvolvimento), *At Risk: The Social Vulnerability of Roma, Refugees and Internally Displaced Persons in Serbia* (Belgrado, PNUD, 2006), p. 29. Disponível em: <www.policy.hu/peric/grouppubl.html>. Acesso em: 6 jan. 2015.

[41] Idem, *At Risk: The Social Vulnerability of Roma, Refugees and Internally Displaced Persons in Montenegro* (Podgorica, PNUD, 2006), p. 35. Disponível em: <www.policy.hu/peric/grouppubl.html>. Acesso em: 6 jan. 2015.

violência. Para conseguir evitar os despejos e ter acesso a serviços, muitas famílias aceitam morar em habitações permanentes, ainda que relutem em fazê-lo. No entanto, são muitas vezes hospedadas nos edifícios mais degradados e expostas a uma hostilidade mais direta e violenta, focada na etnia e no estilo de vida[42]. Na Itália, por exemplo, uma legislação de emergência adotada em 2008 constituiu a base legal para remoções e destruições de acampamentos ciganos e de outros grupos itinerantes. Embora essa legislação tenha sido suspensa em 2011, despejos violentos e reassentamentos em guetos isolados e murados aconteceram em várias cidades[43].

Normas de planejamento urbano têm sido um poderoso instrumento de discriminação desses grupos no espaço urbano europeu. Na Inglaterra, por exemplo, são as normas de planejamento e de proteção aos *green belts** que são evocadas pela população não cigana das comunidades – e pelas autoridades – para impedir a presença desses grupos, como foi o caso de Dale Farm, no distrito de Basildon[44].

Assentamentos autoconstruídos há décadas por comunidades ciganas, em cidades como Istambul ou Sófia, têm sido objeto de demolições para dar lugar a projetos de renovação urbana, com a realocação das comunidades para lugares, muitas vezes, distantes[45].

Nos exemplos de comunidades árabes e beduínas em Israel, assim como nos dos ciganos e *travellers* na Europa, é o planejamento urbano e suas regulações que demarcam as fronteiras entre legal e ilegal, justapondo uma política discriminatória de natureza étnica a um embate entre formas de ocupação e a relação de comunidades com o território. Ainda que a primeira dimensão nem sempre esteja presente – pelo menos não de forma explícita –, a segunda é onipresente nos bairros populares. Além do estado de necessidade e da precariedade dos recursos, estão presentes na organização territorial desses bairros morfologias, tipologias e formas de uso correspondentes a formas de organização e estratégias econômicas de setores majoritários da cidade, sistematicamente bloqueadas pelas regulações.

---

[42] Idem.

[43] Raquel Rolnik, *Relatório de missão ao Reino Unido,* A/HRC/25/54/Add.2, 2014, escrito com a colaboração de Juana Sotomayor.

* Áreas ao redor das maiores cidades inglesas, delimitadas por lei, nas quais há restrições à urbanização e incentivo a atividades agrícolas e à preservação de florestas. (N. E.)

[44] Raquel Rolnik, *Relatório de missão ao Reino Unido*, cit.

[45] Ver, de Raquel Rolnik: *Relatório temático sobre a crise financeira,* A/HRC/10/7, 2009, escrito com a colaboração de Bahram Ghazi, parágrafos 86-7; e *Relatório de missão a Ruanda,* A/HRC/22/46/Add.2, 2012, escrito com a colaboração de Boris-Ephrem Tchoumavi, parágrafos 39-40.

Dentre os elementos mais característicos dos bairros populares estão a multifuncionalidade – ou usos mistos – e o chamado uso multifamiliar "horizontal", ou seja, o compartilhamento de um terreno por várias unidades domiciliares, assim como a flexibilidade ou incrementalismo na forma de construção. Estas são estratégias claramente mercantis, de aproveitamento máximo do espaço não apenas para moradia, mas também para geração de renda, tanto através do trabalho ou comércio domiciliar como do aluguel de cômodos ou pedaços das casas. Para começar, na epistemologia do planejamento, a categoria "residencial" se refere a espaços exclusiva ou predominantemente residenciais, o que exclui desde logo a natureza dos espaços multifuncionais que caracterizam os bairros populares. Além disso, as tipologias geralmente classificadas como "multifamiliares" são edifícios de apartamentos e não os "quintais" ou "lajes" compartilhados. É dessa forma que os bloqueios aos quais nos referimos antes são acionados pela regulação urbanística para delimitar fronteiras do dentro/fora da lei.

Usaremos o exemplo – talvez extremo – dos *kampung* de Jacarta, Surabaya e Yogyakarta, grandes cidades indonésias, para problematizar o que acabamos de afirmar.

O *kampung* [vilarejo] é um assentamento urbano com raízes locais, habitado principalmente por pessoas pobres e de classe média baixa. Constitui uma área de uso misto, densamente povoada, que serve de local de trabalho e moradia para a maioria da população urbana da Indonésia. Estima-se que 60% dos moradores de Jacarta vivam em *kampung*[46]. Eles existem nas cidades javanesas desde o período pré-colonial. As cidades da ilha de Java constituíram-se no século XVI como portos e grandes entrepostos de comércio internacional. Por essa razão, grupos étnicos de múltiplas origens envolvidos com essas atividades estavam estabelecidos na cidade: além dos javaneses, malaios e bugis, chineses, hindus e árabes. De acordo com a tradição da cultura urbana javanesa, a cidade era composta por um conjunto de bairros, os *kampung*, comunidades de residência e trabalho, parte dos quais subsistem até hoje. Desde o período pré-colonial, uma das funções essenciais do *kampung* era a de acomodar os novos imigrantes. Durante o período da dominação holandesa, isso se traduziu em quarteirões organizados de acordo com a origem – como o Pecinan, dos chineses, e o Pekojan, dos mouros. Desde

[46] Jieming Zhu, *Symmetric Development of Informal Settlements and Gated Communities: Capacity of the State. The Case of Jakarta, Indonesia* (Singapura, Asia Research Institute, 2010), p. 9; Paul McCarthy, "Urban Slums Report: The Case of Jakarta, Indonesia", em UN-Habitat, *Understanding Slums: Case Studies for the Global Report on Human Settlements 2003* (Nairóbi, UN-Habitat, 2003). Disponível em: <www.ucl.ac.uk/dpu-projects/Global_Report/pdfs/Jakarta.pdf>. Acesso em: 6 jan. 2015.

o princípio de sua existência, a administração da cidade geria apenas o território composto pelos palácios, mercados e pelo porto. Cada *kampung* era autônomo e tinha suas próprias regras.

Nestes quinhentos anos de história, os *kampung* não mudaram substancialmente suas características de área de uso misto, onde as atividades comerciais e de produção ocupam geralmente o andar térreo e os espaços residenciais, os andares superiores – que hoje já chegam a três ou quatro pisos nos assentamentos mais densos. No nível da rua, a produção de todo tipo de comida, roupas, brinquedos, móveis, além de lojas de conserto de eletroeletrônicos, ultrapassa a área privada, criando espaços semipúblicos que não são apenas espaços de circulação e de conexão com a cidade, mas também espaços semiprivados, de interação social e econômica. Um exemplo é a presença de áreas vazias pavimentadas que podem – a depender da hora do dia e do dia da semana – funcionar como área de secagem de roupas, playground, campo de badminton para crianças e jovens ou espaço para celebração de festas, quando são cobertas com tendas de pano e enfeitadas[47].

A relação atual entre os marcos de planejamento e regulação urbana e os *kampung* varia de cidade para cidade e também de acordo com as relações políticas que sucessivas administrações – locais e nacionais – estabeleceram com estes. Em geral, os *kampung* têm uma situação precária do ponto de vista da infraestrutura: falta de acesso a água, saneamento, drenagem e instalações de controle de enchentes. Eles também costumam ter um status jurídico ambíguo. No entanto, as condições de habitação nos *kampung* variam, já que, no decorrer do tempo, alguns receberam serviços urbanos, como água encanada, arruamento e sistemas de drenagem. A Indonésia – e Surabaya em particular – tem um longo histórico de programas de melhoramento de favelas, que remonta a intervenções sanitárias ainda no período colonial. O programa de melhoramento dos *kampung* (Kampung Improvement Program – KIP), lançado em 1969, é considerado um dos maiores e mais bem-sucedidos projetos de urbanização de favelas do mundo. Nos últimos anos, no entanto, essa política perdeu espaço e recursos[48].

Embora a inserção administrativa e jurídica desses assentamentos varie de uma cidade para outra – em algumas delas, pelo menos parte desses assentamentos é reconhecida nos planos municipais –, parte deles é consensualmente classificada pelo Estado como "ilegal". São os *kampung* localizados nas margens de rios, canais,

---

[47] Jo Santoso, *The Fifth Layer of Jakarta* (Jacarta, Centropolis, 2009).

[48] Banco Mundial, *Indonesia: Urban Poverty and Program Review*, cit., p. 6.

ferrovias, corredores verdes e parques, não raro em zonas propensas a inundações. Como estão em contradição com os atuais planos territoriais nacionais e locais, tornam-se inteiramente "invisíveis" nos mapas da cidade, "ilegais" e vulneráveis a expulsões[49]. Todos os níveis de governo se abstêm de implementar políticas e programas habitacionais nesses assentamentos e, raramente, investem em instalações e infraestrutura. Como resultado, as condições de vida nessas áreas são piores que em outros tipos de *kampung*. Esses assentamentos nitidamente abrigam os mais pobres dentre os pobres urbanos, o que inclui migrantes internos sem documentação[50].

Ao delimitar esses territórios como "ilegais", muitas vezes se sobrepondo aos tecidos urbanos preexistentes, as normas de planejamento, construção e ocupação do solo definem uma geografia de invisibilidade para a política urbana ou classificam uma presença constituída – mas nunca plenamente estabelecida – como exceção. Aqui, o conceito de *estado de exceção* pode ser útil. Giorgio Agamben define *soberania* como o poder de determinar o estado de exceção. Para ele, o paradoxo da soberania consiste no fato de que o soberano encontra-se, ao mesmo tempo, dentro e fora da ordem jurídica[51]. O aparato legal e de planejamento urbano tem o poder de declarar a suspensão da ordem urbanística, determinando o que é "ilegal" e o que não é, assim como quais formas de "ilegalidade" poderão subsistir e quais devem desaparecer[52].

Por meio de mecanismos de natureza política, a expansão, consolidação, permanência ou expulsão são constantemente disputadas e, eventualmente, negociadas. No entanto, a classificação operada pelo planejamento e pelos sistemas de posse da terra vai além da dimensão territorial. A expressão "nós somos ilegais" – que, no seu contexto semântico, liga o status de ilegalidade com a própria condição humana de seus habitantes – pode ser interpretada como indicação de que, nas atitudes dos habitantes para com o sistema jurídico nacional, tudo se passa como se a legalidade das formas de ocupação da terra repercutissem sobre todas as outras relações sociais, mesmo sobre aquelas que nada têm a ver com a terra ou com a habitação[53].

---

49 Ibidem, p. 5.

50 Na condição de relatora especial, pude testemunhar que alguns assentamentos foram urbanizados pelos próprios moradores ao longo do tempo.

51 Giorgio Agamben, *Homo sacer: o poder soberano e a vida nua* (Belo Horizonte, Editora UFMG, 2002).

52 Ananya Roy, "Urban Informality: Toward an Epistemology of Planning", *Journal of the American Planning Association*, v. 71, n. 2, 2005, p. 149.

53 Boaventura de Sousa Santos, "Notas sobre a história jurídico-social de Pasárgada", cit.

A construção do estigma territorial é um elemento fundamental da engrenagem política que legitima a expulsão. Mas, ao lado do estado de transitoriedade permanente – que marca o caráter de "reserva" da terra – e do estigma territorial, a construção da hegemonia da propriedade privada individual registrada sobre todas as demais formas de posse também está claramente na origem de processos massivos de despossessão. É o que abordaremos a seguir.

3

A propriedade privada, os contratos e a linguagem globalizada das finanças

> As casas dos pobres estão construídas sobre lotes com direitos de propriedade inadequadamente definidos, as empresas não estão constituídas com obrigações claras e as indústrias se ocultam onde os financistas e investidores não podem vê-las. Sem direitos adequadamente documentados, essas posses resultam em ativos difíceis de converter em capital, não podem ser comercializadas fora dos estreitos círculos locais onde as pessoas mantêm confiança mútua, não servem de garantia para um empréstimo nem como participação em um investimento.[1]

Nos últimos 250 anos da história da relação social entre a humanidade e o território, uma forma específica de uso e direitos sobre a terra – a propriedade privada individual – se sobrepôs às demais. Esse movimento tem início com o cercamento das terras comunais na Europa do século XVIII, através de um processo definido por Polanyi como "deslocamento territorial" – ou a separação entre terra e trabalho –, e avançou em direção à sua consagração jurídico-política na construção do Estado liberal. Mais recentemente, passou a se estender sobre o conjunto do planeta, através da expansão global das formas capitalistas de produção e consumo[2].

De acordo com Marx, "se a terra estivesse [...] à livre disposição de todos, então estaria faltando um elemento principal para a formação do capital. [...] Assim,

---

1 Hernando de Soto, *El mistério del capital* (Cidade do México, Diana, 2001), p. 32 [ed. bras.: *O mistério do capital*, trad. Zilda Maldonado, Rio de Janeiro, Record, 2001].

2 Rosa Congost, *Tierras, leyes, historia: estudios sobre "la gran obra de la propiedad"* (Barcelona, Crítica, 1997); Karl Polanyi, *A grande transformação: as origens de nossa época* (Rio de Janeiro, Elsevier, 2012), citado em Raúl Wagner, "La construcción social de la propiedad privada en la evolución histórica reciente del país y la región", em Susana Aravena et al., *La vivienda, entre el derecho y la mercancía: las formas de propiedad en América Latina* (Montevidéu, Trilce, 2014).

a 'produção' do trabalho não remunerado de outra pessoa se tornaria impossível e isso poria um fim definitivo à produção capitalista"[3]. Quando o capitalismo encontra situações em que a propriedade privada da terra não existe, ele deve dar passos ativos para criá-la e, desse modo, garantir a produção do trabalho assalariado. Dessa forma, a barreira erigida entre o trabalho e a terra é socialmente necessária para a perpetuação do capitalismo. Mas, ao criar uma barreira ao trabalho, o capital também cria barreiras para si mesmo, na medida em que o proprietário de terras captura parte da renda produzida através do processo de extração de mais-valor. Se, de um lado, a terra é liberada e transformada em campo aberto para a operação do capital, de outro, seu "cercamento" e transformação em mercadoria introduzem a renda fundiária e seus exploradores, como agentes ativos no processo de competição. Marx define assim esse processo: "a renda, em vez de ligar o homem à Natureza, simplesmente vincula a exploração da terra à competição"[4]. De acordo com Polanyi, "separar a terra dos homens e organizar a sociedade com a finalidade de satisfazer as exigências de um mercado imobiliário são elementos vitais da concepção utópica de uma economia de mercado"[5].

A propriedade privada da terra e sua apropriação através da compra e venda no mercado – forma de extração da renda fundiária e elemento fundamental do regime de acumulação capitalista – também têm uma dimensão política essencial. Ainda de acordo com Polanyi, "a liberdade de comerciar com as propriedades, em especial com a propriedade das terras, constitui uma parte essencial da concepção benthamiana de liberdade individual"[6] e, como tal, também faz parte do *corpus* de ideias liberais que, no século XVIII, constituem o Estado moderno. Mas a liberdade defendida pelos liberais é a liberdade negativa: a liberdade no sentido de não estar impedido por uma proibição ou não ser obrigado a realizar determinada ação. Essa acepção de liberdade – formulada no âmbito da luta contra o despotismo monárquico – coincide com a concepção de propriedade de Locke – aquela que abrange vida, liberdade e patrimônio –, estabelecendo uma homologia entre "ter direitos", "ser proprietário" e "ser livre"[7].

---

[3] Karl Marx, *Theories of Surplus Value* (Londres, Lawrence and Wishart, 1969), parte 2, p. 43-4, citado em David Harvey, *Os limites do capital* (trad. Magda Lopes, São Paulo, Boitempo, 2013), p. 462.

[4] Ibidem, p. 464.

[5] Karl Polanyi, *A grande transformação*, cit., p. 199.

[6] Ibidem, p. 201.

[7] Letícia Marques Osório, *The Social Function of Property and the Human Right to Security of Tenure in Latin America with a Particular Focus on Brazil* (Tese de doutorado em Direito, Essex, School of Law, University of Essex, 2013).

> Quando se entende liberdade de forma negativa, tem-se uma visão exclusivista da liberdade: liberdade é a minha esfera de ação, da qual não participam os outros e que só se encontra limitada pela esfera de ação dos outros. Esta definição é a definição moderna da liberdade: a liberdade como autonomia e, especialmente, como a exclusão dos outros de uma esfera própria, do ser deixado em paz. E a propriedade passa a ser esta garantia de poder sobre uma parcela de coisas que exclui outrem. [...]
>
> [...] Entretanto, esses direitos não se restringem somente ao livre usufruto individual de seu corpo e de suas posses; mas também à capacidade do homem, como ser dotado de razão, de alienar esses direitos através do contrato. Assim, podem não somente alienar seus bens como também o produto do trabalho de seu corpo. Essa é a igualdade proclamada pelos liberais, a igualdade que todos devem ter perante a lei de serem proprietários e de transferirem suas propriedades através do contrato. Segundo Norberto Bobbio, "o direito privado ou dos privados é o direito do estado de natureza, cujos institutos fundamentais são a propriedade e o contrato".[8]

Como, desta forma, a liberdade é função da propriedade, um governo responsável pela liberdade de seus cidadãos deve garantir a propriedade como uma de suas principais obrigações. Por outro lado, um ataque à forma de propriedade da terra poderia lançar uma dúvida considerável sobre a outra, a dos meios de produção, dos quais o capital deriva seu próprio poder e legitimidade. Por isso, a preservação (e promoção) da propriedade privada da terra desempenha uma função ideológica, legitimadora de todas as formas de propriedade privada. Daí sua mímese com a condição plena de cidadania[9].

Dessa forma, para o pensamento liberal, propriedade, direito e cidadania se entrelaçam. Isso fundamenta tanto políticas de promoção da propriedade privada da moradia (como vimos na primeira parte deste livro) como programas de reforma de sistemas fundiários e de titulação de assentamentos informais. Amplamente implementados em países de todos os continentes desde os anos 1980, foram elementos centrais da expansão do modelo econômico capitalista em sua fase neoliberal.

De acordo com esse modelo, a característica dos sistemas de posse baseados na propriedade individual registrada é, em síntese, tornar esta um veículo de investimento capaz de maximizar seu valor e de diminuir custos de transação. Deininger, um dos especialistas mais requisitados pelo Banco Mundial no campo das

---

[8] Paulo Baptista Caruso MacDonald, "Propriedade e direitos humanos: os limites do individualismo possessivo", *Revista da Associação dos Juízes do Rio Grande do Sul*, v. 33, n. 101, 2006.

[9] James Holston, *Cidadania insurgente*, cit., p. 159; David Harvey, *Os limites do capital*, cit., p. 463.

políticas fundiárias, afirma as características essenciais que sistemas de gestão fundiária devem ter para permitir plenamente o funcionamento dos mercados:

> 1) *Duração*. Como um dos principais efeitos dos direitos de propriedade é aumentar os incentivos para os investimentos sobre a terra, a duração garantida por esses direitos têm de pelo menos corresponder ao período de tempo de acumulação dos retornos destes investimentos.
>
> 2) *Modalidades de demarcação e de transferência da propriedade*. Os direitos à terra devem ser definidos de tal forma que seja possível identificá-los facilmente e transferi-los a um baixo custo em relação ao valor total da terra a ser transferida.
>
> 3) *Instituições de* enforcement. Em comparação com os direitos de propriedade informais, a vantagem-chave da formalidade é a possibilidade de recorrer ao poder do Estado para fazer cumprir esses direitos.[10]

Apesar de o texto estar dirigido ao crescimento econômico e à redução da pobreza, o interessante aqui é perceber como a segurança da posse – entendida como elemento essencial da proteção da vida e dignidade humanas – não tem a mínima relevância. O foco é o crescimento econômico, o retorno sobre os investimentos, os custos de transação. A introdução do mesmo texto explicita essa posição:

> Direitos de propriedade afetam o crescimento econômico de várias maneiras. Em primeiro lugar, direitos de propriedade assegurados vão aumentar os incentivos de investimento por parte de famílias e indivíduos e, na maioria das vezes, também vão criar melhores condições de acesso ao crédito, o que não só vai viabilizar investimentos, mas também propiciar um seguro substituto em caso de choques [...]. Direitos de propriedade fundiária bem definidos e assegurados são elementos-chave para assegurar a propriedade de ativos das famílias, para o desenvolvimento produtivo e para o funcionamento do mercado produtivo. Se os direitos de propriedade forem mal definidos ou não puderem ser garantidos a um baixo custo, indivíduos e empreendedores vão ser obrigados a gastar recursos valiosos para defender sua terra, desviando, assim, os esforços de outros propósitos, como os investimentos. A posse segura da terra também facilita a transferência da terra a um baixo custo por meio do aluguel e da venda, melhorando a alocação da terra ao mesmo tempo que apoia o desenvolvimento dos mercados financeiros. Sem direitos assegurados, os proprietários de terra ficam menos

[10] Klaus Deininger, *Land Policies for Growth and Poverty Reduction* (Washington-DC/Oxford, Banco Mundial/Oxford University Press, 2003), p.xxiii. Disponível em: <http://documents.worldbank.org/curated/en/2003/06/2457830/land-policies-growth-poverty-reduction>. Acesso em: 5 jan. 2015.

> propensos a alugá-las, o que pode impedir sua capacidade e disposição de se envolver no trabalho não agrícola ou na migração rural-urbana.
>
> Intervenções mal projetadas no mercado de terra e a regulação desses mercados por burocracias enormes – e, muitas vezes, corruptas – continuam a dificultar iniciativas de pequenas empresas e o desenvolvimento econômico não agrário em diversas partes do mundo. Essas intervenções não só limitam o acesso à terra por parte dos sem-terra e dos pobres em áreas rurais e urbanas do mundo em desenvolvimento, mas também desencorajam o aluguel por parte dos proprietários, que ficam impedidos de fazer o uso mais produtivo de suas terras, também reduzindo a produtividade e o investimento. Custos de transação elevados em mercados fundiários tornam a concessão de crédito mais difícil ou exigem o desenvolvimento custoso de garantias alternativas – ambos os casos reprimem o desenvolvimento do setor privado.[11]

A relação entre a segurança da posse e a redução da pobreza está presente de forma central desde o lançamento da Campanha Global pela Segurança da Posse, em 1999, pela UN-Habitat. A "posse segura" era um dos elementos propostos pela agência na primeira versão dos chamados objetivos de desenvolvimento do milênio, em 2000, antes de desaparecer dos indicadores adotados.

> A origem dos objetivos de desenvolvimento do milênio remonta à realização da Cúpula Mundial de Desenvolvimento Social, em 1995, em que ONGs e ativistas do mundo todo tiveram uma grande participação [...]. Em 1996, países doadores do Comitê de Ajuda ao Desenvolvimento (CAD) da OCDE adotaram uma série de objetivos de desenvolvimento internacional. Desde essa data, os países da OCDE, bem como as instituições financeiras internacionais, passaram a ter uma grande influência no desenvolvimento dos objetivos de desenvolvimento do milênio, particularmente depois do lançamento dos documentos *Shaping the 21st Century*, pela OCDE, e *A Better World for All*, pelo Banco Mundial. [...] O texto final, adotado em 2001, excluía das metas a segurança da posse e estava situado em um contexto mais amplo, que relacionava o "combate à pobreza" com "crescimento econômico".[12]

Desde então, a ideia de defesa da segurança da posse dos assentamentos populares, uma reivindicação histórica dos movimentos sociais e ativistas pelo direito à moradia, tem sido traduzida por meio de reformas fundiárias, programas de

---

11 Ibidem, p. xix.

12 Marie Huchzermeyer, "'Slum' Upgrading or 'Slum' Eradication? The Mixed Message of the MDGs", em Malcolm Langford, Andy Summer e Alicia Ely Yamin (orgs.), *The Millennium Development Goals and Human Rights: Past, Present and Future* (Nova York, Cambridge University Press, 2013), p. 300.

titulação e até mesmo por políticas de erradicação de favelas. Estas últimas foram caracterizadas pelo lema "*Cities without Slums*", que passou, de forma ambígua, a sintetizar as metas, como veremos adiante.

Bem antes da adoção das metas de desenvolvimento do milênio, o Banco Mundial e bancos regionais de várias agências de cooperação – particularmente da Austrália, Alemanha, Noruega, Suécia e Estados Unidos – já estavam promovendo programas de reforma, registro e titulação fundiários pelo mundo. Quando um novo governo foi eleito na Grã-Bretanha em 1997, o Department for International Development (DFID) – agência de cooperação internacional britânica – também lançou seu documento estratégico dirigido a políticas de redução da pobreza e de promoção do crescimento econômico, passando a financiar essas iniciativas[13].

O debate sobre o papel da titulação na redução da pobreza ganhou enorme proeminência com a publicação, em 2001, do livro *O mistério do capital*, de Hernando de Soto. O autor sustenta a existência de uma correlação direta entre a propriedade privada da terra e a riqueza do Ocidente e procura explicar a persistência da pobreza em países pobres e de média renda em termos de seus regimes de propriedade "subdesenvolvidos". De acordo com De Soto, os pobres possuem ativos, porém os utilizam de forma "defeituosa", transformando-os em "capital morto". O que De Soto quer dizer com isso é que, sem títulos formais de propriedade, seus ativos não podem ser utilizados como garantia para empréstimos destinados a investir em negócios. Ao titular suas terras, os pobres poderão "despertar" esse capital morto e, assim, ter acesso ao capital para melhorar suas casas, criar empresas e, portanto, sair da pobreza[14].

Não por acaso, De Soto e suas ideias tiveram um imenso sucesso nos círculos de Washington e Londres. Não por acaso, Bill Clinton declarou no *The Observer*, em 2009, que considerava De Soto o "maior economista vivo do mundo"; outros admiradores incluem George Bush, Vladimir Putin e Margaret

---

[13] Julian Quan, *Reflections on the Development Policy Environment for Land and Property Rights, 1997-2003*, International Workshop on Fundamental Rights in the Balance: New Ideas on the Rights to Land, Housing & Property, Sussex, 2003, mimeo, citado em Alain Durand-Lasserve et al., *Social and Economic Impacts of Land Titling Programmes in Urban and Peri-Urban Areas: A Review of the Literature*, 2007, mimeo. Disponível em: <www.birmingham.ac.uk/Documents/college-social-sciences/government-society/idd/research/social-economic-impacts/social-economic-impacts-literature-review.pdf>. Acesso em: 5 jan. 2014,

[14] Alain Durand-Lasserve et al., *Social and Economic Impacts of Land Titling Programmes in Urban and Peri-Urban Areas*, cit., p. 4-5.

Thatcher[15]. Sua articulação entre propriedade privada e luta contra a pobreza parecia a "pedra filosofal" do capitalismo em tempos de globalização e financeirização: como estender as fronteiras da financeirização da terra e da moradia sobre um solo transacionado sob lógicas que utilizam termos diferentes da linguagem "universal" dos registros formais de compra e venda?

Ao examinar as lógicas e a natureza dos contratos que regem as relações – mercantis – nos chamados "assentamentos informais", Pedro Abramo aponta os limites da penetração dos mercados formais nesses territórios. Para ele,

> o mercado informal de solo deve estar fora dos marcos dos direitos, mas deve ter uma estrutura institucional própria que garanta a reprodução temporal das práticas mercantis informais de compra, venda e locação de solo e/ou imóveis que [...] garantam em termos intertemporais e intergeracionais os contratos de natureza implícita estabelecidos nas transações informais de mercado.
>
> No caso do mercado informal de solo, onde temos irregularidades (informalidade) de natureza da titulação, das normas urbanísticas e construtivas, os contratos de compra, venda e locação não poderiam ser considerados contratos com o amparo da lei, pois os seus objetos estariam irregulares em relação aos direitos regulatórios. Isso significa que qualquer conflito não pode ser resolvido pelos instrumentos de mediação e de execução legais. [...] Quando a lei não se constitui no elemento de garantia das relações contratuais de mercado, outras formas de garantia devem se desenvolver para restabelecer uma relação de confiança entre as partes envolvidas na relação contratual de mercado. [...] Do contrário, a relação de troca mercantil não se realiza em razão da desconfiança mútua de um eventual rompimento unilateral do contrato informal. Em outras palavras, sem as instituições formais, o mercado informal de solo deve estabelecer as suas próprias instituições reguladoras, incluindo os mecanismos coercitivos, no caso de rompimento contratual unilateral de uma das partes [...]. No caso do mercado informal de solo urbano, uma base importante que garante o funcionamento do mercado e da sua cadeia contratual são as relações de confiança e de lealdade que as duas partes contratantes estabelecem entre si; assim, os compradores e os vendedores, da mesma maneira que os locadores e locatários, depositam no outro uma relação de confiança que tem como base a expectativa de reciprocidade a partir de uma relação de lealdade entre as partes. A base dessa instituição informal de mercado não é de caráter legal, mas depende da permanência no tempo de uma forma particular de interdição social:

[15] Geoffrey Payne, Alain Durand-Lasserve e Carole Rakodi, "The Limits of Land Titling and Home Ownership", *Environment and Urbanization*, v. 21, n. 2, out. 2009, p. 445.

a forma confiança-lealdade. Essa relação de reciprocidade interpessoal marca muitas relações sociais, mas, no caso de relações mercantis, ela foi excluída pela característica do mercado de promover um encontro contratual entre anônimos.

No caso do mercado informal e popular de solo, em que a relação de reciprocidade-confiança-lealdade é uma das instituições fundadoras da possibilidade de existência da troca mercantil informal, temos a necessidade de uma personalização das relações contratuais.

Essa personalização pode não ser totalmente transparente e assumir um caráter opaco, mas a personalização (alguém que vendeu ou alugou e alguém que comprou ou alugou) introduz a possibilidade da relação de confiança-lealdade na constituição de uma relação contratual que por definição é implícita (informal), isto é, não está garantida pelos direitos que regulam os contratos econômicos. Assim, no mercado informal de solo, são justamente a eliminação da impessoalidade e a personalização da relação contratual que garantem o mecanismo de confiança e lealdade que permite um contrato de compra e venda ou locação informal.[16]

Tanto o processo de reforma fundiária como o de titulação têm sido utilizados como poderosos mecanismos para eliminar formas de relação com a terra e com a moradia que, por uma razão ou outra, não sejam regidas pela impessoalidade e anonimato dos encontros contratuais. A já citada revisão bibliográfica realizada por Durand-Lasserve, Fernandes, Rakodi e Payne identificou exemplos de programas de titulação de terras em 35 países e o vasto número de mais de 200 documentos relacionados a eles, formulados no âmbito de governos nacionais ou de organismos multilaterais. A maioria desses programas e projetos é dirigida à criação ou modernização de cadastros e de registros fundiários ou ao desenvolvimento de instituições administrativas para lidar com regularização fundiária e titulação[17].

A lista é certamente maior. Apenas no âmbito do Banco Mundial, entre 1995 e 2014, foram mais de quarenta projetos relacionados a regularização fundiária, titulação, registro imobiliário e/ou cadastro, apenas no meio urbano, em países da América Latina – principalmente Peru e países da América Central –, em antigos países socialistas da Ásia Central e dos Bálcãs, e em países do Sudeste e do

---

16 Pedro Abramo, "La ciudad informal com-fusa: el mercado y la produccion de la territorialidad urbana popular", em Claudia Eugenia Salazar (org.), *Irregular: suelo y mercado en América Latina* (Cidade do México, El Colégio de México, 2012), p. 30-1.

17 Alain Durand-Lasserve et al., *Social and Economic Impacts of Land Titling Programmes in Urban and Peri-Urban Areas*, cit.

Sul Asiático, como Tailândia, Filipinas, Sri Lanka e Paquistão[18]. Não por acaso, também, esses programas aparecem "empacotados" como componentes de empréstimos de ajuste estrutural (*structural adjustment loans* – SAL), posteriormente rebatizados como empréstimos para políticas de desenvolvimento (*development policy loans* – DPL) ou como projetos de implementação de reformas de sistemas financeiros e de mercados imobiliários.

Examinaremos, a seguir, programas de reforma fundiária que tivemos a oportunidade de conhecer em dois países: Ilhas Maldivas e Ruanda. Eles mostram como as reformas fundiárias entre os anos 1990 e 2000 foram dirigidas predominantemente para desatar os nós que ainda prendiam certas porções do território a comunidades tradicionais ou de baixa renda, permitindo sua livre e segura circulação como ativos no mercado – de preferência – internacional.

Ilhas Maldivas

As Maldivas são um arquipélago composto por uma cadeia de atóis de corais formada por 1.192 ilhas, em área de mais de 90 mil quilômetros quadrados e com 820 quilômetros de extensão. Famílias de pescadores e marinheiros vivem nas ilhas há mais de 3 mil anos. Dentre as ilhas, apenas 203 (59% da área total) são habitadas, perfazendo aproximadamente 300 mil pessoas. De todas as ilhas, 96% têm menos de um quilômetro quadrado de área[19].

A geografia característica das Maldivas desempenha um papel importante em questões políticas, econômicas e sociais. Cerca de um terço de sua população está concentrada na capital, Malé. A população remanescente está dispersa entre as ilhas e, além de Malé, apenas outras três ilhas têm população superior a 5 mil pessoas; 74 ilhas têm população inferior a 500 pessoas. Embora ainda existam muitas ilhas não habitadas, algumas especificidades da geografia do arquipélago e de seu modelo econômico contribuem para constituir uma forma de escassez de terras para moradia. As características físicas do território das Maldivas tornam o país especialmente vulnerável a fenômenos climáticos globais, tais como possíveis mudanças climáticas e suas consequências, o que inclui um número cada vez

---

[18] Para acessar esta lista, basta procurar por "land reform" na ferramenta de busca do site do Banco Mundial. Disponível em: <www.worldbank.org>. Acesso em: 13 jan. 2015.

[19] Maldivas, *Maldives Submission under Human Rights Council resolution 7/23*, set. 2008. Disponível em: <www2.ohchr.org/english/issues/climatechange/docs/submissions/Maldives_Submission.pdf>. Acesso em: 12 jan. 2015.

maior de desastres naturais e a elevação do nível do mar. Cerca de 80% das ilhas têm altitude menor do que um metro acima do nível do mar[20].

O turismo, atividade econômica responsável hoje por mais de 30% do PIB e do emprego no país, foi implementado através de um modelo de *leasing* de ilhas inteiras para *resorts* "*all-inclusive*". Enquanto isso, em 2008, a Comissão de Direitos Humanos das Maldivas estimava que 12 mil famílias não dispunham de moradia própria. Cerca de 85% das famílias em Malé compartilham um pequeno apartamento com outras ou vivem em espaços temporários ou improvisados. Em 60% dos domicílios da cidade, há 2,5 pessoas ou mais por dormitório, o que caracteriza superlotação[21]. Em 2006, de acordo com o Censo de População e Habitação das Maldivas, o número médio de pessoas por quarto em Malé era de 3,1.

Por outro lado, um *boom* nos valores dos aluguéis tem marcado o mercado imobiliário da capital. De março a junho de 2008, a alta de preços no setor habitacional alcançou 10%[22]. Os aluguéis exorbitantes deixam as famílias – especialmente as mais pobres, que migram das ilhas rurais – sem escolha a não ser viver em unidades habitacionais superlotadas. Algumas famílias em Malé e em Villingili chegam a gastar 80% de sua renda com aluguel. Isso leva a situações extremas, com mais de quinze pessoas compartilhando um mesmo cômodo. De modo semelhante, trabalhadores migrantes que não podem pagar por condições adequadas de moradia são forçados a conviver em espaços pequenos com muitas outras pessoas. Em 2009, o número total de trabalhadores imigrantes era de 70 mil.

O país avançou em seus indicadores sociais desde 1997, tendo erradicado a pobreza absoluta (menos de um dólar *per capita* por dia) em 2005. Porém, se adotarmos renda inferior a três dólares por dia como critério para a linha de pobreza, então, 19% da população vive nessas condições. Soma-se a isso o alto índice de desemprego – 16,5% em 2009, que atinge 23,7% entre as mulheres[23].

No sistema tradicional de alocação de terras das Maldivas, toda terra é pública e todos os cidadãos têm o direito de nascença de receber uma gleba. Esse sistema está hoje ameaçado em função de vários fatores. Em primeiro lugar, o

---

20 Idem.

21 Raquel Rolnik, *Relatório de missão às Ilhas Maldivas*, A/HRC/13/20/Add.3, 2009, escrito com a colaboração de Bahram Ghazi.

22 Maldivas, *Maldives Submission under Human Rights Council resolution 7/23*, cit.

23 PNUD, *Rapid Economic/Poverty Assessment of the Maldives* (Colombo, PNUD, 2009) Disponível em: <www.undp-alm.org/resources/pifs/undp-maldives-project-document-february-2009>. Acesso em: 30 out. 2015.

crescimento demográfico resultante da queda da mortalidade infantil e do aumento da expectativa de vida tem resultado na divisão progressiva dos lotes, que se tornam cada vez menores e insuficientes para abrigar uma família. Por outro lado, a migração e a concentração de habitantes em Malé introduziram o modelo de aluguel como forma predominante de moradia e uma grande pressão por aumento de oferta de moradia na cidade. Assim, o tema da terra e da moradia ganhou centralidade na agenda política do país e o governo propôs uma nova Lei Fundiária em 2002, aprovada em 2003. A lei introduz procedimentos para alocação e registro de terras por parte do governo para indivíduos e empresas, mas também regula a possibilidade de compra dessas terras por parte dos atuais ocupantes. Introduz também o tema das hipotecas e a possibilidade de uso da terra como garantia para empréstimos.

Após a promulgação da Lei Fundiária, uma consultoria do Banco Mundial recomendou ao governo que realizasse várias modificações na legislação, eliminando barreiras para o estabelecimento de um sistema financeiro de moradia. Essas alterações, aprovadas em 2004, retiraram obstáculos à execução de hipotecas, pelo banco, por falta de pagamento das prestações dos imóveis adquiridos. Além disso, regularam com maior precisão a individualização de apartamentos e espaços comerciais em edifícios multifamiliares e empreendimentos comerciais, por meio das figuras do condomínio e da fração ideal[24].

No comunicado de imprensa em que o presidente apresenta a lei, essas medidas são anunciadas como essenciais para enfrentar o déficit de moradias:

> O presidente Mohamed Nasheed anunciou as reformas que serão propostas pelo governo para a legislação que regula a terra e as transações de terra nas Maldivas [...]. O presidente afirmou que existe uma série de reformas previstas para a legislação fundiária existente e a necessidade de nova legislação para facilitar o uso da terra como propriedade comercial transferível e para atenuar a escassez de terras nas Maldivas [...]. Em seu pronunciamento de hoje, o presidente enfatizou que a falta aguda de terras e seu alto custo prevaleceram no país não em razão do número limitado de terras, mas por causa dos obstáculos para transacioná-las.
>
> Ele afirmou que o governo queria mudar a forma com que as transações fundiárias eram feitas nas Maldivas para facilitar o uso da terra para finalidades comerciais, como um ativo comercial transferível.

---

[24] Raquel Rolnik, *Relatório de missão às Ilhas Maldivas*, cit.

> O presidente afirmou que não seria possível alcançar o desenvolvimento nacional e o crescimento econômico sem libertar a terra de obstáculos legais e procedimentais desnecessários e sem permitir sua transação comercial.[25]

No anúncio do presidente, está claramente articulada a "tese" para explicar a escassez de terras e de moradias e os altos preços dos aluguéis: a terra é cara e inacessível em função dos limites existentes para sua livre circulação como mercadoria e como ativo financeiro. Um relatório do FMI, publicado em 2005 como resposta a um pedido do país por recursos emergenciais logo após o *tsunami*, comenta, no item "desenvolvimento econômico recente", as reformas nos sistemas financeiro e fundiário adotadas nas Maldivas. As medidas, que incluíam a abertura para fluxos internacionais e a introdução de sistemas de propriedade individual e hipotecas, foram avaliadas como elementos positivos na "lição de casa" que o país devia fazer na direção da liberalização econômica[26].

Entretanto, um relatório do Departamento de Estado norte-americano sobre as possibilidades econômicas de investimentos nas Ilhas Maldivas em 2014 avalia que, embora essas reformas tenham introduzido importantes avanços na consolidação de um sistema de propriedades individuais registradas,

> há pouca propriedade privada da terra e investidores estrangeiros não podem ser proprietários de terra. A administração Nasheed propôs uma nova lei de reforma fundiária que poderia resultar em mais comércio e mais propriedade privada, mas o projeto ainda está pendente no Parlamento.[27]

A direção das reformas propostas – no sentido de disponibilizar uma base fundiária para a financeirização do mercado imobiliário – certamente aumentaria a oferta de certos tipos de produtos, atraindo investidores estrangeiros. No entanto, os maldivianos de mais baixa renda, os desempregados e trabalhadores migrantes – ou seja, aqueles que estão sofrendo hoje com as piores condições de moradia –, provavelmente não serão os beneficiados por essas reformas. Um aspecto positivo do sistema de alocação tradicional de terras nas Maldivas (ao menos para os maldivianos) – o acesso à terra para moradia a todos, independentemente de

---

[25] Presidência das Maldivas, *President Announces Land Reform Measures (Press Release)*, Malé, 8 jun. 2011. Disponível em: <www.presidencymaldives.gov.mv/?lid=11&dcid=5422>. Acesso em: 28 ago. 2015.

[26] FMI, *Maldives: Use of Fund Resources-Request for Emergency Assistance* (Washington-DC, FMI, 2005). Disponível em: <www.imf.org/external/pubs/ft/scr/2005/cr05145.pdf>. Acesso em: 28 ago. 2015.

[27] Estados Unidos, *2014 Investment Climate Statement – Maldives* (Washington-DC, U.S. Department of State, jun. 2014). Disponível em: <www.state.gov/e/eb/rls/othr/ics/2014/227151.htm>. Acesso em: 6 jan. 2015.

classe social e renda – está sendo abandonado sem que qualquer outra medida de proteção e promoção do direito – universal – à moradia seja proposta no lugar.

Ruanda

O contexto de uma grande reforma fundiária em Ruanda, apoiada pelo DFID britânico e pelo governo da Holanda e implementada a partir de 2005, é marcado pela enorme complexidade na economia política da terra naquele país. O tema do acesso à terra e do seu controle está nas raízes de conflitos e tensões sociopolíticas e do genocídio dos tutsis, ocorrido em 1994. Essas tensões incluem a concentração da terra, o colapso econômico e o grande número de sem-terra antes de 1994, assim como as relações clientelistas estabelecidas durante o século XIX, quando a terra transformou-se em fator de diferenciação entre hutus e tutsis, exacerbado pelas estratégias de controle político exercidas pelo domínio colonial belga. Desde 1959, com a independência do país e a alternância entre hutus e tutsis no poder, milhares de refugiados – de uma ou de outra origem étnica – ora se estabeleceram em países vizinhos, ora retornaram, procurando retomar o controle sobre a terra. Tudo isso deve ser entendido em um contexto de escassez estrutural histórica de terras para a agricultura, principal atividade econômica deste que é o país mais densamente povoado da África. A área média das propriedades e posses rurais caiu de 2 hectares, em 1960, para 1,2 hectare, em 1984, e para 0,7 hectare, no início dos anos 1990. Em 2001, quase 60% das famílias tinham menos de 0,5 hectare de terra[28].

As formas tradicionais de acesso à terra – sob diferentes regimes tribais, desde o período colonial – têm se sobreposto à compra, à venda e ao aluguel da terra, registrados ou não. Desse modo, podemos identificar no país várias formas de posse, como arrendamento, parceria, meação, direitos de pastagem, usufruto e outras[29].

Em 2004, o governo propôs uma nova Lei de Terras, aprovada no Parlamento em 2005, como parte fundamental tanto da consolidação de um processo de paz como do enfrentamento da escassez de terras e promoção do crescimento econômico. Por isso, a legislação não apenas aborda as formas de aquisição e registro

---

[28] Raquel Rolnik, *Relatório de missão a Ruanda*, cit.

[29] Herman Musahara e Chris Huggins, "Land Reform, Land Scarcity and Post-Conflict Reconstruction: A Case Study of Rwanda", em Chris Huggins e Jenny Clover, *From the Ground up: Land Rights, Conflict and Peace in Sub-Saharan Africa* (Nairóbi/Pretória, ACTS/ISS, 2005). Disponível em: <www.issafrica.org/pubs/Books/GroundUp/6Land.pdf>. Acesso em: 6 jan. 2015.

de propriedades, mas também define estratégias de uso com vistas a um melhor aproveitamento econômico da terra para a agricultura.

A política de registro e titulação de terras tem como objetivo promover maior segurança da posse da terra, resolver os litígios fundiários e modernizar as práticas de gestão fundiária, em sintonia com as exigências da economia de mercado. Tal política adota como modelo a propriedade individual registrada, eliminando as formas comunais e tradicionais, mas reconhecendo as posses atuais. Ainda, institui e regula o arrendamento de terras, assim como as relações entre locador e locatário. Eliminando obstáculos para o registro da terra em nome de mulheres, a política avança na direção da igualdade de direitos e da proibição de todas as formas de discriminação por sexo, nacionalidade ou origem.

Segundo o governo, o processo de registro de terras e titulação fundiária é descentralizado nos distritos e aldeias e tem início com a elaboração e produção de planilhas de campo para cada lote. Isso é feito com a ajuda de fotografias aéreas e outros recursos técnicos. Uma série de reuniões públicas é então organizada para explicar o processo aos envolvidos. As reuniões tratam de temas como o papel das comissões de adjudicação, os direitos dos cidadãos e outros tópicos. A etapa seguinte é a demarcação das glebas por agrimensores, pelas comissões de adjudicação e pelas populações locais. Todos os litígios são então documentados para poderem ser averiguados e as custas, pagas pelos proprietários. O governo emite, então, um recibo. Os mapas são digitalizados por meio do software ArcGIS e os dados, inseridos em um sistema de informação central. Segue-se outra fase, em que as contestações e correções podem ser feitas em nível local. Os títulos são impressos e concedidos apenas no final do processo. Os novos titulares pagam por esses títulos, mas há isenção fiscal para os contribuintes que possuem menos de dois hectares.

Embora todo o processo estabeleça espaços de contestação e mecanismos de julgamento de situações de disputa, incorporando práticas tradicionais de resolução de conflitos, o pequeno número de contestações registradas, em um contexto histórico marcado por disputas de terra, sugere uma situação de subnotificação. Mais ainda, considerando que é grande o número de refugiados hutus fora do país nesse momento e que os prazos e mecanismos existentes são exíguos, a implementação do programa de titulação pode eventualmente despertar mais conflitos de terra.

De acordo com o escritório do ombudsman do governo e com várias outras fontes, as disputas de terra constituem a vasta maioria das reivindicações, reclamações e processos judiciais em Ruanda. Além disso, um questionário para medir a percepção dos cidadãos, formulado pelo Conselho Assessor do governo de Ruanda, em 2010, mostra que menos de 10% da população do país conhece e entende a Lei Fundiária de 2005. O reduzido tempo disponível para apresentar objeções e correções – duas semanas – torna todo o processo incompatível com a precisão e a confiança. O volume de informações que devem ser checadas e analisadas, bem como as dificuldades que as pessoas podem ter para acessar os cartórios, torna tecnicamente impossível impetrar uma ação no tempo previsto[30].

No entanto, este é apenas um dos aspectos preocupantes da reforma fundiária, especialmente no contexto histórico de disputa étnica que marca a região. Existem outras questões a serem consideradas: além de promover o registro das propriedades sob um sistema unificado e sob a égide do modelo de propriedade privada titulada, a reforma fundiária também faz parte de uma estratégia de planejamento do uso do solo orientada pela política de "*land consolidation*". Essa forma de remembramento fundiário tem como objetivo promover a junção das pequenas glebas existentes, ao mesmo tempo que proíbe maiores redivisões por herança em áreas que já são diminutas. A justificativa é que, assim, as terras serão mais produtivas para fins agrícolas do que as glebas fragmentadas, promovendo desenvolvimento rural e permitindo a mecanização e modernização da agricultura[31]. Tais áreas são identificadas pelo governo e delimitadas para serem cultivadas posteriormente, seja em regime de monocultura, seja com um número bem reduzido de cultivos. Os cultivos devem ser escolhidos de modo a atender às necessidades do mercado, como expressa o decreto sobre o tema. Isso pode ser feito por grupos de agricultores organizados em cooperativas ou por agroindústrias que arrendam a terra. A reforma regula e facilita o processo de concessão e arrendamento dessas terras. Em todos esses casos, elas são consideradas um insumo e têm valor pecuniário. O processo todo é, portanto, impulsionado por uma determinação em se afastar da produção de alimentos ou da agricultura de subsistência e promover a agricultura comercial.

Um programa de apoio ao processo de consolidação disponibiliza financiamento, assistência técnica, sementes e outras formas de auxílio. Embora a consolidação seja um ato voluntário dos proprietários nos termos da lei, o programa de apoio

---

30 Raquel Rolnik, *Relatório de missão a Ruanda*, cit.

31 Ver Decreto Ministerial 14/11.30, de 21 de dezembro de 2010, sobre modelos de consolidação e uso do solo.

e assistência só está disponível para as propriedades consolidadas. Além disso, são a autoridade local e o Ministério da Agricultura que definem onde, como e com que configuração o remembramento pode e deve ocorrer.

Ainda que alguns processos de remembramento de terras amplamente apoiados por ONGs e doadores tenham viabilizado cooperativas com aumento de produção e melhoria das condições econômicas dos participantes em alguns "distritos-piloto", pode-se observar que esta não é absolutamente a regra ou a tendência no conjunto do país. Um relatório produzido pela Usaid[32] em projeto de acompanhamento da implementação da reforma fundiária aponta para os limites desse modelo.

Embora incida sobre a especificidade da luta interna por um recurso vital e escasso – a terra –, a reforma fundiária de Ruanda optou, como em outros casos, pelo modelo único da privatização, formalização, registro e consolidação das propriedades, apostando na modernização via livre mercado. Não é difícil prever que, para além das questões de natureza étnica, a estratégia de consolidação fundiária pode expor os pequeníssimos proprietários às pressões do agronegócio, com a consequente concentração da propriedade de terras nas zonas rurais e o aumento da migração para os centros urbanos.

Por outro lado, em Kigali, para onde se dirige a migração interna no país, nenhuma proposta de moradia para os migrantes faz parte da agenda da reforma fundiária.

Como parte do esforço do governo de planejar o país para o futuro, o Plano Diretor de Kigali foi aprovado em 2007 para orientar o desenvolvimento da cidade. O plano aponta para a necessidade de desenvolver melhorias em assentamentos não planejados, onde vive hoje a maioria dos cidadãos de Kigali, e enfatiza a necessidade de melhoria no serviço de água e saneamento básico, já que a maioria dos moradores da capital não tem água encanada em suas casas.

Para sua implementação, o Plano Diretor requer o desenvolvimento de planos de bairro detalhados. O primeiro deles foi elaborado para o bairro de Nyarugenge, em área central da cidade, que corresponde ao setor de Kigali já urbanizado e que apresenta hoje a melhor infraestrutura. Grande parte dessa área foi zoneada para se tornar um *central business district* e uma região residencial de alto padrão,

---

32 Usaid, *Rwanda: Property Rights and Resource Governance*, s. d. Disponível em: <http://ltpr.rmportal.net/sites/default/files/country-profiles/full-reports/USAID_Land_Tenure_Rwanda_Profile.pdf>. Acesso em: 12 jan. 2015.

fazendo com que todos os bairros de baixa renda ali situados ficassem em "desconformidade" em relação ao plano. De acordo com a Lei Fundiária de 2005, os registros de títulos de propriedade para os atuais ocupantes só podem ser atribuídos aos imóveis urbanos se eles estiverem de acordo com os usos propostos pelo plano. Isso significa que os antigos – e novos – moradores de assentamentos populares situados em áreas bem localizadas em Kigali não terão suas propriedades reconhecidas. Mesmo que não sejam removidos de imediato – o que, no entanto, já está ocorrendo, como veremos ainda no próximo capítulo –, os moradores estão sofrendo as pressões do mercado, pois o Plano Diretor reserva ao bairro um tipo de uso e uma forma de ocupação que só podem ser alcançados por grandes imóveis e grandes investidores. Dessa forma, a reforma fundiária fortalece os interesses de grandes proprietários, fragilizando os pequenos[33].

As experiências das Maldivas e de Ruanda, assim como as do Camboja e da Indonésia já mencionadas, mostram como programas de reforma fundiária que, em princípio, visam incrementar a segurança da posse para os atuais ocupantes e promover o desenvolvimento econômico e o combate à pobreza podem não cumprir suas promessas. Sob a égide do modelo único da liberalização dos mercados e dos ativos, as condições de acesso a terra e moradia dos mais pobres e vulneráveis podem estar sendo fragilizadas, e não fortalecidas.

É nesta mesma linha que apresentamos a seguir o debate sobre as políticas massivas de titulação e seus efeitos, já bastante desenvolvidas no âmbito internacional.

O mistério da titulação (e da privatização): quem se beneficia com os títulos registrados?

O debate sobre as políticas de titulação massiva e seus efeitos econômicos para os pobres já produziu centenas de pesquisas e artigos em todo o mundo, e agências promotoras dessa estratégia, como a Usaid e o Banco Mundial, chegaram a reavaliar suas posições. Por essa razão, não reproduziremos o debate, já que se trata de tema amplamente abordado.

No entanto, vale a pena ao menos sintetizar alguns dos "achados" de pesquisas que questionam e relativizam os pressupostos básicos da utopia do "capitalismo para todos", baseada na transformação de todos os vínculos com a terra e com a moradia em propriedade privada registrada. A utopia da mágica da propriedade

[33] Raquel Rolnik, *Relatório de missão a Ruanda*, cit.

consiste na ideia de que, uma vez que os pobres tenham a terra titulada, o mercado fará o resto. Ou seja, o mercado proverá infraestrutura e serviços para todos, oferecerá crédito formal e autorregulará o mercado imobiliário inflado pela entrada desses novos ativos e clientes. Nesse processo, todas as famílias obterão sua casa própria e até mesmo farão dinheiro com ela ao poder hipotecá-la[34]. A utopia também se aplica às titulações da terra rural: graças aos títulos fundiários, os proprietários de parcelas rurais serão capazes de ter acesso ao crédito agrícola e, investindo em mecanização, sementes e outros insumos, poderão aumentar seus lucros. Na última década, dezenas de artigos e pesquisas questionaram esses pressupostos. Apresentamos a seguir seus principais argumentos[35].

1. Falta de evidências sobre os resultados econômicos de programas de titulação

Dados os investimentos intelectuais e financeiros feitos até agora em programas de regularização fundiária de assentamentos informais baseados em titulação de terras, é surpreendente notar a escassez de evidências independentes para defender ou questionar essa opção como a política mais apropriada para promover o desenvolvimento econômico e social e reduzir a pobreza urbana. Essa falta de evidência é reconhecida no relatório preparado pelo Land Tenure Center (LTC) [Centro para o Direito de Posse da Terra] sobre as reformas fundiárias promovidas pela Usaid, uma grande defensora de programas de titulação. O texto afirma que

> esses resultados são mínimos no que diz respeito ao quanto foi atingido pelos objetivos e finalidades dos projetos, e simplesmente não existem no que diz respeito ao impacto de longo prazo no desenvolvimento do mercado de terras e no desenvolvimento socioeconômico. A escassez de resultados é devida tanto à falta de documentação dos projetos, principalmente de relatórios finais e avaliações, quanto à qualidade da informação prestada pelos relatórios disponíveis. A falta de estudos de avaliação do impacto pós-projeto tornou impossível a determinação de impactos de longo prazo.[36]

---

[34] Alan Gilbert, *On the Mystery of Capital and the Myths of Hernando de Soto: What Difference Does Legal Title Make?*, 2001, mimeo. Disponível em: <www.ucl.ac.uk/dpu-projects/drivers_urb_change/urb_infrastructure/pdf_land%20tenure/ESFN_AERUS_Gilbert_mystery_capital.pdf>. Acesso em: 22 dez. 2014.

[35] Para uma revisão ampla da literatura e documentos sobre o tema, ver Alain Durand-Lasserve et al., *Social and Economic Impacts of Land Titling Programmes in Urban and Peri-Urban Areas*, cit., onde foram sugeridos alguns dos temas abordados nesta seção.

[36] Land Tenure Center (LTC), *Guidelines for Analysis of Usaid's Land Market Projects: Documents Annex 3 Assessment Guidelines* (Madison, University of Wisconsin, 2002), p. 7-8, citado em Alain

Por outro lado, no mundo rural e especialmente na África, já foi demonstrado que o registro de terras teve um impacto insignificante ou não teve impacto algum no aumento do investimento ou da renda rural de seus habitantes[37]. Avaliações dos processos de formalização e registro das terras rurais nos antigos países socialistas também questionam se a sequência "reforma fundiária, titulação, registro, emergência de mercados de terras, consolidação, crescimento da agricultura e aumento da eficiência" aplicou-se em todos os casos, mostrando resultados muito distintos nos diferentes contextos em que a mesma política de registro foi aplicada[38].

2. Os moradores pobres de assentamentos informais titulados passam a acessar crédito nos bancos?

Pesquisas realizadas no Peru, um dos primeiros países a experimentar a titulação em massa *à la* De Soto, assim como na Colômbia, na Turquia, no México e na África do Sul, demonstraram que a presença de títulos teve pouco impacto no acesso ao crédito formal por parte dos pobres. Os argumentos não apenas envolvem a continuidade de barreiras que impedem esse acesso, mas também questionam o interesse dos pobres em obtê-lo, em razão da necessidade de submeter-se a uma regularidade de pagamentos e às condições estabelecidas, que pouco dialogam com as estratégias econômicas dos grupos de mais baixa renda[39]. No

Durand-Lasserve et al., *Social and Economic Impacts of Land Titling Programmes in Urban and Peri-Urban Areas*, cit.

37 Thomas Pinckney e Peter Kimuyu, "Land Tenure Reform in East Africa: Good, Bad or Unimportant?", *Journal of African Economies*, v. 3, n. 1, 1994; David A. Atwood, "Land Registration in Africa: The Impact on Agricultural Production", *World Development*, v. 18, n. 5, maio 1990.

38 Peter Ho e Max Spoor, "Whose Land? The Political Economy of Land Titling in Transitional Economies", *Land Use Policy*, v. 23, n. 4, out. 2006.

39 Gustavo Riofrio, *Why Have Families Mortgaged so Little?*, Lincoln Institute Workshop on Comparative Policy Perspectives on Urban Land Market Reform in Latin America, Southern Africa and Eastern Europe, Cambridge-MA, jul. 1998, mimeo; Julio A. Calderón Cockburn, "Comparative Analysis of the Benefited and Non-Benefited Population by the National Formalization Plan", em Instituto Nacional de Estadística y Informatica (Inei), *Has the Well-Being of the Population Improved? A Balance of the Main Social Policies and Programs* (Lima, Inei, 2001); Sule Özüekren, "Informal and Formal Housing Construction in Turkey: Blurred Boundaries and Regulations", em Reino Hjerppe e Pii Elina Berghäll (orgs.), *Urbanization: Its Global Trends, Economics and Governance* (Helsinki, Vatt-Government Institute for Economic Research, 1998); Patrick Bond e Angela Tait, "The Failure of Housing Policy in Post-Apartheid South Africa", *Urban Forum*, v. 8, n. 1, mar. 1997; Robina Goodlad, "The Housing Challenge in South Africa", *Urban Studies*, v. 33, n. 9, nov. 1996; Mary R. Tomlinson, "South Africa's New Housing Policy: An Assessment of the First Two Years, 1994-1996", *International Journal of Urban and Regional Research*, v. 22, n. 1, 1998, citado em Alan Gilbert, *On the Mystery of Capital and the Myths of Hernando de Soto*, cit.; Edésio Fernandes, "La influencia de *El*

México, por exemplo, os moradores evitam o crédito formal, preferindo arranjos informais com parentes ou amigos. Tomar dinheiro emprestado de um banco ou agência governamental significa perder a flexibilidade, que é um dos fatores-chave para que as pessoas vivam nesse tipo de assentamento. Os moradores comparam o pagamento de um empréstimo formal a fazer pagamentos mensais de aluguel[40].

3. O registro formal da propriedade aumenta a segurança da posse?

A literatura sobre assentamentos informais já apontou que a segurança da posse não está necessariamente relacionada com a existência de um título formal registrado, mas sim com a percepção – política, cultural, social – da possibilidade de permanência[41]. Pesquisando assentamentos informais no México, Ann Varley discute o argumento de que a legalização é necessária para permitir às pessoas que melhorem suas condições habitacionais[42]. Sem a segurança da posse dada pelo título, os moradores seriam tolos se investissem na melhoria de casas das quais poderiam ser despejados. Como disse um morador de um *ejido* legalizado na Cidade do México, em entrevista a Varley: "'com a regularização, nós conseguimos construir [i.e., melhorar] a casa – não existe segurança sem o título'. No entanto, ele foi a única pessoa entre os membros entrevistados de 150 famílias a fazer essa conexão explícita"[43].

Na prática, a maioria dos moradores fundamenta sua avaliação sobre a segurança de sua posse com base na tolerância oficial para com seus assentamentos e a existência ou não de melhorias na infraestrutura. Consequentemente, as pessoas melhoram suas casas quando e na medida em que conseguem custear as reformas, independentemente de terem título formal da terra ou não[44].

---

misterio del capital de Hernando de Soto", *Land Lines*, v. 14, n. 1, jan. 2002. Disponível em: <www.cepal.org/pobrezaurbana/docs/foro/La_influencia_de_El_misterio_del_capital_de_HernandodeSoto.pdf>. Acesso em: 22 dez. 2014.

40 Ann Varley, "Private or Public: Debating the Meaning of Tenure Legalization", *International Journal of Urban and Regional Research*, v. 26, n. 3, set. 2002.

41 Alain Durand-Lasserve, *L'Exclusion des pauvres dans les villes du Tiers-Monde* (Paris, L'Harmattan, 1986); Patrick McAuslan, *Urban Land and Shelter for the Poor* (Londres, Earthscan, 1985); Alex Ferreira Magalhães, "O 'Galo cantou', mas não foi para os moradores das favelas", cit., citado em Alan Gilbert, *On the Mystery of Capital and the Myths of Hernando de Soto*, cit.

42 Ann Varley, "Private or Public", cit.

43 Idem, "Urbanization and Agrarian Law", cit.

44 Idem, "Private or Public", cit.

4. Os programas de titulação melhoram a qualidade de vida nos assentamentos?

Estudos recentes questionaram a sustentabilidade urbana e socioeconômica de assentamentos já legalizados no México, no Peru, em El Salvador e em outros países que promoveram processos de titulação e registro[45]. Por terem se limitado ao registro patrimonial, sem que tivesse ocorrido investimentos em infraestrutura e serviços ou regularização administrativa e ambiental, não foram capazes de promover a integração socioespacial desses locais às cidades onde estão inseridos.

A atenção que De Soto despertou e o debate que isso gerou produziram uma revisão de política no seio da comunidade internacional. Por exemplo, Buckley e Kalarickal afirmam que o consenso anterior sobre essa questão mudou, ficando mais nuançado, já que a maior parte dos analistas e gestores de políticas deixaram de apenas pressupor que a formalização necessariamente aumenta a segurança da posse e leva a empréstimos com garantia (*collateralized lending*)[46]. No mesmo documento, os autores afirmam também que "seria perigoso promover programas de titulação formal como a única solução para os problemas dos pobres urbanos, como alguns têm sugerido"[47]. Em 2003, Deininger faz uma espécie de revisão autocrítica da política ao afirmar que

> Agora está amplamente reconhecido que o foco exclusivo em títulos formais do documento de 1975 era inapropriado e que será necessário prestar muito mais atenção na legalidade e na legitimidade de arranjos institucionais existentes. De fato, questões de governança, de resolução de conflitos e de corrupção que praticamente não eram reconhecidas pelo documento de 1975 estão entre as principais razões pelas quais a terra tem assumido o primeiro plano da agenda em vários países. Apesar de haver mais oportunidades para soluções em que todos saiam ganhando (*win-win*), lidar apenas com a eficiência não vai resolver todas as questões de equidade de forma automática.[48]

---

[45] Emilio Duhau, *Impacts of Regularization Programs: Notes on the Mexican Experience*; e Aida Zeledon, *De Facto and Legal Regularization Programs in El Salvador*, ambos apresentados no Lincoln Institute Workshop on Informal Land Markets: Land Tenure Regularization and Urban Upgrading Programs, Cambridge-MA, out. 2001; Ayako Kagawa, *Policy Effects and Tenure Security Perceptions of Peruvian Urban Land Tenure Regularization Policy in the 1990s*, N-AERUS Workshop, Leuven, jun. 2001; citados em Edésio Fernandes, "La influencia de *El misterio del capital* de Hernando de Soto", cit.

[46] Robert M. Buckley e Jerry Kalarickal (orgs.), *Thirty Years of World Bank Shelter Lending: What Have We Learned?* (Washington-DC, Banco Mundial, 2006).

[47] Ibidem, p. 23.

[48] Klaus Deininger, *Land Policies for Growth and Poverty Reduction*, cit., p. xv.

Buckley e Kalarickal também sugerem que a titulação não necessariamente resulta no aumento dos ativos dos pobres, ao afirmar que "ao mesmo tempo que existem boas razões para concordar com a ideia de que melhorar direitos de propriedade deve ser uma parte essencial da reforma, há também uma série de problemas práticos que reduzem potencialmente esses pretensos grandes ganhos"[49]. Entre esses problemas, apontam:

- A titulação é, muitas vezes, um processo custoso. Não é só uma questão de formalizar arranjos informais que já existem. Na maioria das vezes, reivindicações contraditórias de propriedade seguem-se ao anúncio de programas de titulação.
- Boa parte da terra em que as casas informais são construídas é obtida por meio de ocupação ilegal em propriedade privada e os donos não recebem indenização. [...]
- A rede mais ampla de contratos e restrições sociais, bem como uma grande variedade de questões de economia política, pode reduzir o valor atribuído a títulos de propriedade de forma isolada. [...]
- Um título vale menos se não puder ser utilizado como garantia. Esse resultado ocorre sempre que não existe sistema financeiro formal eficaz, o que é o caso em muitos países em desenvolvimento. [...]
- A perspectiva antropológica sobre a posse – isto é, um *continuum* de categorias de posse com níveis diferentes de segurança da posse – é válida. Ao longo desse espectro, alguns podem dar um valor muito mais forte a certos títulos do que a outros.[50]

Sob a saraivada de críticas à prescrição de um modelo único de registro e titulação (a propriedade privada individual), a Global Land Tool Network – parceria entre a UN-Habitat e outras instituições multilaterais e bilaterais que desenvolvem instrumentos para programas de reforma fundiária voltados ao combate à pobreza e à segurança da posse – propôs o conceito de "*continuum* de categorias de posse", aprovado no Conselho da UN-Habitat em 2011. Embora o *continuum* tenha sido usado para expressar o leque e a diversidade das situações de posse, ele é ilustrado por um diagrama linear, com uma flecha apontando da esquerda (direitos fundiários informais) para a direita (direitos fundiários formais)[51]. Na sequência, o

---

[49] Robert M. Buckley e Jerry Kalarickal (orgs.), *Thirty Years of World Bank Shelter Lending*, cit., p. 30-1.

[50] Ibidem, citado em Alain Durand-Lasserve et al., *Social and Economic Impacts of Land Titling Programmes in Urban and Peri-Urban Areas*, cit., p. 7.

[51] UN-Habitat e GLTN, *Secure Land Rights for All* (Nairóbi, UN-Habitat, 2008), p. 8.

continuum foi imediatamente adotado pelos círculos do Banco Mundial e outras agências de cooperação[52].

O diagrama linear, porém, tem muitas implicações. Em primeiro lugar, ao colocar a propriedade privada individual no ponto final do *continuum* (como a forma de posse mais formal e segura), parece sugerir que esta é um tipo ideal ou uma meta final. Porém, muitas outras categorias, em outros sistemas de posse, igualmente oferecem altos níveis de segurança, legalidade e legitimidade, não sendo esta, como já vimos, a posse absolutamente garantida e rota inevitável para o desenvolvimento econômico.

Além disso, ao abordar a questão em termos de direitos formais e informais, o diagrama do *continuum* reflete o pensamento binário que permeia a narrativa sobre as formas de posse e vínculos das pessoas com a terra que ocupam. Dualidade entre arranjos de posse estatutários e consuetudinários[53], legais e ilegais, formais e informais.

Como já vimos, as categorias de posse são, com frequência, parcialmente formais, reconhecidas ou legais, gerando zonas de sombra e combinações de legalidade, formalidade e extralegalidade. O grau de segurança oferecido por cada uma das categorias de posse nem sempre corresponde a leituras formalistas ou legalistas dos arranjos existentes; ao contrário, pode variar de acordo com o contexto político e socioeconômico.

A revisão da política do Banco Mundial e de organismos como a Usaid é relevante e está diretamente relacionada tanto às pressões de movimentos sociais como ao *advocacy* de organismos de defesa de direitos humanos. No entanto, a mudança não se refletiu claramente no "*core*" de suas atividades. Projetos de titulação seguem sendo financiados pelo banco e por outras agências multilaterais, sob a justificativa de que se trata de uma opção dos governos. É claro que, em uma organização tão grande e diversa como o Banco Mundial, mudanças na política setorial levam tempo para perpassar os departamentos operacionais e regionais. Por outro lado, é importante assinalar que a crítica à política expressa em 2003[54] não necessariamente abandonou os pressupostos econômico-financeiros do banco.

---

52 Deutsche Gesellschaft für Internationale Zusammenarbeit (GIZ), *Securing Land Rights, Briefing Note*, Bonn, 2011, mimeo.

53 World Resources Institute, *World Resources Report – The Wealth of the Poor: Managing Ecosystems to Fight Poverty* (Washington-DC, World Resources Institute, 2005), p. 60-1.

54 Banco Mundial, *Land Policy for Pro-Poor Development* (Washington-DC, Banco Mundial, 2003).

Em 2006, uma discussão on-line sobre direitos de propriedade organizada pelo Departamento de Desenvolvimento do Setor Privado do Banco Mundial perguntou: os programas de titulação da propriedade informal podem garantir o aumento dos investimentos das empresas? A partir das respostas a essa pergunta, o departamento concluiu que, embora muitos países em desenvolvimento tenham buscado garantir direitos de propriedade implementando programas de titulação, estes em geral não foram suficientes para fomentar o crescimento do setor privado. Isso porque esses países ainda oferecem pouca segurança para os investidores. Claramente, seções do banco como o Fias (Foreign Investment Advisory Service) [Serviço de Aconselhamento ao Investimento Externo] estão mais preocupadas com o ambiente para investimentos estrangeiros capazes de estimular a economia dos países e utilizar recursos fundiários escassos para usos "mais eficientes" do que em resolver os problemas da insegurança da posse dos mais pobres[55].

Mesmo nos documentos de revisão crítica dos programas de titulação e registro dos especialistas do banco, a avaliação é de que eles não funcionam não por serem inadequados para transformar o conjunto da terra em *collateral*, mas por serem insuficientes:

> No entanto, na maioria dos países em desenvolvimento, onde os mercados de capitais não são desenvolvidos e onde existe um espectro de estruturas de propriedade [*spectrum of ownership*], a titulação sozinha não vai "destravar" [*unlock*] o capital. Embora esses direitos de propriedade possam muitas vezes ser uma condição necessária para desenvolver um mercado habitacional plenamente funcional, eles não são uma condição suficiente para destravar os trilhões que estão trancados em ativos mortos.[56]

Na primeira parte deste trabalho, procuramos apresentar um conjunto de reformas dos sistemas financeiros voltadas ao desenvolvimento de mercados habitacionais, considerando a existência de direitos de propriedade como condição necessária. Evidentemente, a política dos bancos e organismos multilaterais e bilaterais não pode explicar nem justificar os movimentos adotados por um grande conjunto de países na direção da titulação e registro das propriedades. Em muitos países, conceder títulos a assentados "informais" tem sido não apenas uma resposta a pressões por parte dessas comunidades como também uma forma de manter o modelo de exclusão territorial.

---

[55] Alain Durand-Lasserve et al., *Social and Economic Impacts of Land Titling Programmes in Urban and Peri-Urban Areas*, cit.

[56] Robert M. Buckley e Jerry Kalarickal (orgs.), *Thirty Years of World Bank Shelter Lending*, cit., p. 23.

Só é possível compreender plenamente o conjunto de atores envolvidos e potenciais ganhadores e perdedores no contexto das políticas de titulação examinando cada situação em particular. Entretanto, essa análise mais global – expressa nas estratégias dos bancos e organismos de cooperação multilaterais e bilaterais – revela como uma política voltada ao "combate à pobreza" e à "insegurança da posse" constituiu-se também em um dos mecanismos que, ao afirmar a hegemonia e a predominância da propriedade privada sobre as demais, ao favorecê-la nos processos de transformação urbana, aumentaram a vulnerabilidade dos mais pobres em processos de despossessão. Só é possível entender de que forma isso ocorre nas cidades se examinarmos o papel da terra – e dos mercados fundiários – nos processos mais amplos de transformação urbana que ocorreram nas últimas décadas, sob a égide dos mesmos postulados macroeconômicos. É o que faremos a seguir.

4

Unlock land values – insegurança da posse na era dos grandes projetos

Chengdu, China, 2013

Fu Liang estaciona sua bicicleta em frente ao Golden Lakeshore, uma coleção de luxuosos palacetes cujo *stand* de vendas, decorado com candelabros e mobília de veludo, evoca a fantasia de uma Toscana aristocrática. "Aqui é onde eu vivia", diz. Em 2010, depois de ser ameaçado por milícias e receber do governo local 9 yuans[1] por metro quadrado de seu pequeno lote, onde mantinha um tanque de criação de peixes, Fu Liang teve de ir embora. O lote foi rapidamente revendido pela municipalidade para um incorporador, por 640 yuans o metro quadrado. Depois de concluir o projeto de sua fantasia toscana, o incorporador vai vender os palacetes-*villas* por 6,9 mil yuans o metro quadrado. O senhor Fu Liang está agora desempregado, mais um entre dezenas de milhares de pequenos agricultores que viviam nas periferias de Chengdu, cidade localizada no sudoeste da China[2].

A história de Fu Liang pode ser reproduzida ao infinito. Trata-se, basicamente, de revelarmos o "santo" do milagre urbano chinês. Quem visita o país e fica maravilhado com a capacidade de construção da infraestrutura e o desenvolvimento imobiliário que transforma campos miseráveis de pequenos agricultores em prósperas cidades de torres gigantescas provavelmente não imagina qual é a forma predominante de financiamento da expansão da infraestrutura municipal e do desenvolvimento

[1] Em 2010, 9 yuans correpondiam a 1,34 dólares.

[2] Tom Orlik, "Tensions Mount as China Snatches Farms for Homes", *The Wall Street Journal*, 14 fev. 2013. Disponível em: <http://online.wsj.com/articles/SB1000142412788732490600457828718212 3200020>. Acesso em: 24 nov. 2014.

imobiliário local. A terra pública objeto de venda ou *leasing* para incorporadores privados e para parcerias público-privadas (PPPs) com investidores em projetos de infraestrutura foi antes "adquirida" através da desapropriação de milhões de camponeses e moradores das cidades, por valores muito abaixo do mercado.

As fazendas coletivas e terras estatais já haviam sido privatizadas desde 1998, quando as reformas fundiárias concederam direitos de propriedade para os ocupantes das terras por trinta anos. De acordo com uma pesquisa feita em 2011 pelo Landesa Rural Development Institute em dezessete províncias da China, as indenizações pagas a agricultores nas desapropriações de suas terras correspondem, em média, a cerca de 2% do valor de mercado delas. A expropriação da terra pública tem sido a principal fonte de financiamento municipal, não apenas através do *leasing* para investidores privados, mas também do uso como garantia para empréstimos. A venda e o arrendamento da terra expropriada representaram 26% dos orçamentos municipais totais em 2010, de acordo com o Ministério das Finanças – em alguns municípios, chegaram a 70% das receitas[3]. O Gráfico 4 revela os números e a lógica do mecanismo que acabamos de descrever.

Gráfico 4. O negócio das terras na China

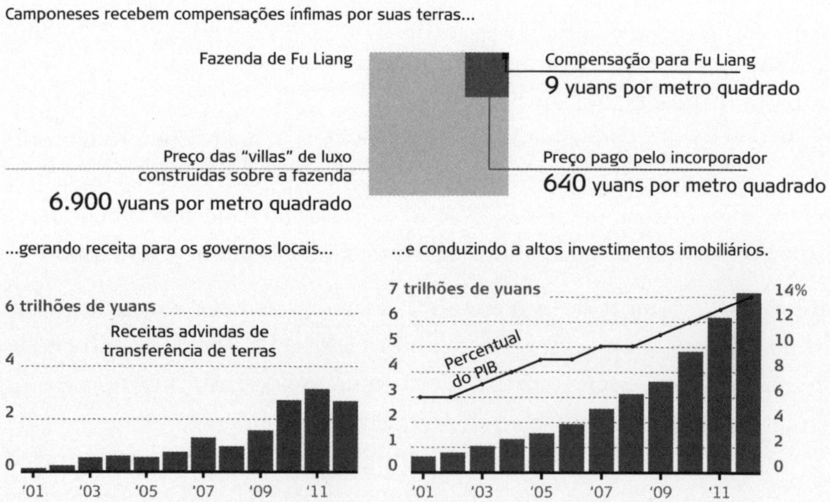

Nota: 1 trilhão de yuans = $160 bilhões de dólares

Fonte: Tom Orlik, "Tensions Mount as China Snatches Farms for Homes", cit.

---

[3] Landesa, *China's Farmers Benefiting from Land Tenure Reform* (Seattle, Landesa, 2010), mimeo. Disponível em: <www.landesa.org/where-we-work/china/research-report-2010-findings-17-province-china-survey>. Acesso em: 10 nov. 2014.

O modelo pode ser ilustrado com o caso da construção de um anel viário em torno de Changsha, capital da província de Hunan. Para construir uma via expressa, a municipalidade utilizou a Ring Road Corporation, uma *joint venture* público-privada listada na Bolsa de Valores de Xangai, mas com controle acionário do governo da província de Hunan. A cidade de Changsha transferiu para a Ring Road Corporation o uso do solo e o direito de incorporar uma faixa de terreno de 200 metros de cada lado ao longo dos 33 quilômetros da via, totalizando 3,3 mil hectares. Para iniciar o projeto, metade do custo da obra foi financiada por meio do *leasing* dos terrenos, já devidamente "limpos" de seus antigos usos e ocupantes. A outra metade foi alavancada pela Ring Road Corporation através de empréstimos do Banco de Desenvolvimento da China e de bancos comerciais, contra o valor antecipado da terra remanescente, depois de tornada acessível e valorizada com a implementação da obra. Como os municípios chineses não podem tomar empréstimos diretamente, eles emitem uma "*comfort letter*" [carta de conforto] para os bancos privados, atestando que a corporação público-privada será capaz de pagar sua dívida, graças ao compromisso de desenvolvimento imobiliário futuro assegurado pela autoridade de planejamento do município[4].

O modelo também está presente em vários megaprojetos de infraestrutura urbana associados a parques tecnológicos e protótipos de cidades independentes e autogovernadas na Índia, especialmente em Bangalore, região que concentra a indústria de tecnologia da informação. Um exemplo é o Bangalore-Myosore Infrastructure Corridor, uma via expressa com seis pistas a ser construída entre Bangalore e Mysore, as duas cidades mais populosas do Estado de Karnataka. Sob operação da Nice (Nandi Infrastructure Corridor Enterprises), um consórcio de empresas indianas, norte-americanas e fundos de investimento, cinco cidades privadas serão construídas ao longo dos 130 quilômetros da via expressa. Cada uma conterá um centro corporativo, um parque industrial, um shopping center e um centro de "ecologia e patrimônio cultural" para preservar a memória da vida rural que o projeto irá explodir pelos ares. O governo, depois de expropriar a terra de camponeses a preço de terra rural, a arrenda para o consórcio por cinco dólares o acre. Depois de vinte anos, a via expressa será pública, mas as cidadelas continuarão privadas. Em 2007, uma parceria entre um dos maiores incorporadores da Índia, a DLF – que havia recém-concluído a maior operação de abertura

[4] George E. Peterson, *Unlocking Land Values to Finance Urban Infrastructure* (Washington-DC, Banco Mundial, 2009), p. 66-7.

de capital em bolsa da Índia até então –, e a Dubai World – corporação de investimentos e *joint ventures* do fundo soberano dos Emirados Árabes Unidos – ganhou a licitação para construir e explorar uma das cidadelas, em um negócio de 15 bilhões de dólares. Certamente, não foi a via expressa, mas o "valor destravado" com a conversão da Karnataka rural em propriedade imobiliária urbana o que atraiu os investidores norte-americanos e dos Emirados Árabes. Ao analisar o processo de transformação urbana em curso na chamada "*India rising*" (a inclusão da Índia como força econômica global), Michael Goldman denomina a política urbana de Bangalore de "urbanismo especulativo"[5].

O esquema que acabamos de apresentar expressa o novo papel da terra urbana na produção financeirizada das cidades. Não se trata apenas de competição no mercado por localizações e de pressão permanente pelo postulado do uso mais rentável da terra, mas de uma nova forma de agenciamento da terra que combina investimentos privados em infraestrutura e *real estate* e é promovida por corporações que articulam engenharia, gestão de obras e projetos e produtos financeiros. Investimentos globais em infraestrutura têm sido uma das estratégias adotadas por grandes fundos soberanos, como China Investment Corporation, Abu Dhabi Investment Authority e Dubai World, mas também por grandes fundos de pensão[6].

Mais recentemente, fundos de investimento privados aumentaram sua participação neste setor: apenas no terceiro trimestre de 2009, mais de 7 bilhões de dólares de investimentos estrangeiros diretos migraram para o mais novo instrumento de capital especulativo da Índia. Esses fundos de infraestrutura urbana foram articulados por Citigroup, Morgan Stanley, Goldman Sachs, Blackstone e D. E. Shaw, justamente os donos dos fundos de *hedge* e derivativos que afundaram a economia global em 2007-2008[7].

No exemplo chinês, assim como no caso de Bangalore, aparece a nova lógica de produção da cidade, inclusive no que diz respeito a sua infraestrutura pública, composta por cinco elementos:

---

5 Michael Goldman, "Speculative Urbanism and the Making of the Next World City", *International Journal of Urban and Regional Research*, v. 35, n. 3, maio 2011.

6 Confederation of British Industry, *An Offer They Shouldn't Refuse: Attracting Investment to UK Infrastructure* (Londres, CBI, 2011), p. 33. Disponível em: <www.cbi.org.uk/media/1507874/cbi_-_an_offer_they_shouldn_t_refuse_-_attracting_investment_to_uk_infrastructure.pdf>. Acesso em: 5 jan. 2015.

7 Michael Goldman, "Speculative Urbanism and the Making of the Next World City", cit., p. 565.

- Como os governos locais não podem se endividar, recorrem a mecanismos "inovadores" de financiamento da expansão de sua infraestrutura.
- A terra é mobilizada para alavancar o financiamento, na medida em que assegura um fluxo de ganhos futuros.
- É a diferença entre o que o governo paga pela terra e o valor que ela poderá gerar no futuro que remunera o investidor.
- A necessidade e a escala de remuneração futura do investidor vão determinar o uso futuro da terra e, portanto, o conteúdo do projeto.
- O destino de quem ocupava a terra é totalmente irrelevante para o modelo. Cabe aos governos entregar os terrenos "limpos".

Vamos, então, examinar cada um desses elementos e a forma com que têm se constituído cada vez mais em engrenagens da máquina de despossessão.

Novas formas de financiamento municipal

A literatura sobre o impacto do neoliberalismo nas políticas urbanas identificou a emergência do chamado "empreendedorismo municipal" como resposta local à erosão da base econômica e fiscal das localidades, em função dos processos de reestruturação produtiva e ajuste fiscal. Os governos das cidades abandonaram a visão administrativista predominante nos anos 1960 em direção a uma ação "empreendedora" nos anos 1970 e 1980[8]. De um lado, as cidades foram envolvidas por um ambiente geoeconômico marcado por caos monetário, movimentos especulativos do capital financeiro, estratégias globais de localização de corporações multinacionais e intensificação da competição entre localidades. Ao mesmo tempo, o retraimento dos regimes de bem-estar e de transferências intergovernamentais impôs limites ao financiamento das políticas urbanas. Por outro lado, os programas neoliberais de desregulação, privatização e redução do gasto público também penetraram na agenda dos governos locais, o que transformou suas políticas urbanas em verdadeiros laboratórios, com experimentos que vão do marketing de cidades a zonas especiais de promoção econômica, megaprojetos globais e organização de corporações locais de desenvolvimento urbano[9].

---

[8] David Harvey, "From Managerialism to Entrepreneurialism: The Transformation in Urban Governance in Late Capitalism", *Geografiska Annaler (B)*, v. 71, n. 1, 1989, p. 4.

[9] Neil Brenner e Nik Theodore (orgs.), *Spaces of Neoliberalism*, cit.

As chamadas "parcerias público-privadas" (PPPs) estão entre as estratégias de gestão e promoção do desenvolvimento urbano que mais se disseminaram no período recente. Com origem nas cidades norte-americanas nos anos 1980, rapidamente se disseminaram para as cidades do Reino Unido e de outros países europeus, para dali integrar a agenda de capacitação técnica e disseminação de conhecimento dos *think-tanks* de organismos de cooperação.

As PPPs abrangem um vasto campo de associações entre instituições governamentais e empresas para a consecução de objetivos comuns específicos – por exemplo, a promoção econômica da cidade, a realização de grandes eventos e a gestão de recursos hídricos. Trata-se de uma relação de natureza distinta das concessões ou privatizações, em função do caráter societário da relação entre as partes, estabelecido por meio de um contrato, com implicações importantes para a questão da governança, como veremos adiante. As PPPs têm sido cada vez mais mobilizadas em projetos de modernização da infraestrutura diretamente ligados à competitividade dos sistemas urbanos. A justificativa não se resume apenas à escassez de recursos para financiar os projetos, mas também envolve a suposta ausência de competências técnicas, agilidade, flexibilidade e capacidade de gestão das administrações locais para implementar projetos de grande complexidade[10].

Em 1999, o Banco Mundial criou a Public-Private Infrastructure Advisory Facility (PPIAF) [Consultoria para a Infraestrutura Público-Privada], financiada por um fundo de múltiplos doadores que inclui a Usaid, as agências de cooperação de países europeus, o Japão, a Austrália e o Banco de Desenvolvimento da Ásia. O objetivo dessa *advisory facility* específica era:

> fornecer assistência técnica para os governos de países em desenvolvimento, a fim de fomentar um ambiente de estímulo ao investimento privado, incluindo a elaboração de políticas, leis, regulações, instituições e capacitações governamentais necessárias. Ela também apoia os governos a desenvolver projetos específicos de infraestrutura com a participação do setor privado.[11]

Entre os produtos de "capacitação técnica" disponibilizados pela PPIAF, a mobilização de terra pública para financiamento de infraestrutura através de PPPs é uma das principais estratégias sugeridas para promover o desenvolvimento urbano em países em desenvolvimento. Na apresentação do volume que expõe essas

[10] Rose Compans, *Empreendedorismo urbano: entre o discurso e a prática* (São Paulo, Editora Unesp, 2004), p. 114-6.

[11] Ver: <www.ppiaf.org/page/about-us/annual-reports>. Acesso em: 26 dez. 2014.

alternativas, Katherine Sierra, vice-presidente para Desenvolvimento Sustentável do Banco Mundial – setor onde está alocada a divisão urbana do banco –, assim define as vantagens dessa estratégia:

> Muitas cidades de países em desenvolvimento estão subutilizando a terra pública, que teria muito mais valor se vendida e convertida em ativos de infraestrutura. Extrair valores fundiários constituiu grande parte da estratégia de investimento dos países ocidentais no século XIX, quando as cidades estavam crescendo mais rapidamente. Como parte do mix de fontes de financiamento disponíveis, usar ativos fundiários para financiar infraestrutura possui várias vantagens. Muitos instrumentos deste tipo geram recursos antecipadamente, facilitando o investimento em projetos mais complexos. Mobilizar finanças a partir de transações com a terra também gera sinalizações de preço que aumentam a eficiência dos mercados de terra urbana e contribuem para racionalizar o modelo de desenvolvimento urbano como um todo.[12]

Apesar do discurso da crise fiscal e da capacidade do setor privado de empreender – atraindo capitais, assumindo riscos, introduzindo competitividade e eficiência –, as PPPs urbanas são, em geral, voltadas a megaprojetos de desenvolvimento urbano e, quase sem exceção, conduzidas e financiadas pelo Estado. Os riscos são assumidos pelo Estado, que geralmente também é o responsável por cobrir os déficits, quando ocorrem.

O que parece claro, portanto, é que a "inovação" reside menos na capacidade do setor privado de viabilizar recursos para a implementação de uma política urbana do que no papel do Estado em viabilizar projetos cujo objetivo é extrair renda da terra urbana, através de um processo de criação ou revalorização de localizações[13]. De acordo com a citada apresentação feita por Katherine Sierra, o efeito colateral benfazejo da mobilização de terra para os grandes projetos é "sinalizar" para uma alocação mais eficiente e "racional" da terra urbana no conjunto da cidade, ou seja, para a eliminação de usos e formas de ocupação menos lucrativas ou em poder de setores sociais incapazes de utilizá-las como ativos financeiros.

Nesse sentido, a terra pública, adquirida através do poder do Estado e por ele administrada, tem um papel fundamental. De acordo com Deininger, também em documento produzido pelo Banco Mundial:

---

[12] Katherine Sierra, "Foreword", em George E. Peterson, *Unlocking Land Values to Finance Urban Infrastructure*, cit., p. x.

[13] Erik Swyngedouw, Frank Moulaert e Arantxa Rodriguez, "Neoliberal Urbanization in Europe: Large-Scale Urban Development Projects and the New Urban Policy", em Neil Brenner e Nik Theodore (orgs.), *Spaces of Neoliberalism*, cit., p. 201-5.

> Especialmente em países em desenvolvimento, geralmente falta ao Estado a capacidade necessária para gerir a terra e utilizá-la para seu melhor uso. Apesar disso, surpreendentemente grandes parcelas de terra continuam sob propriedade e gestão estatais. Em áreas periurbanas, isso pode resultar no fato de que terras desocupadas e de grande potencial permaneçam vazias, enquanto o investimento é travado pela burocracia e por processos não transparentes de tomada de decisão que podem atrair corrupção. A experiência demonstra que a transferência do controle efetivo dessas terras para o setor privado poderia beneficiar os governos locais, aumentar o investimento e o capital. Nos lugares em que a terra pública está ocupada por pessoas pobres de boa-fé, por um longo período de tempo, e onde foram feitas melhorias significativas, esses direitos devem ser reconhecidos e formalizados a um custo nominal para evitar resultados patrimoniais negativos. Nos casos em que terras urbanas valiosas de propriedade estatal estão vazias, leiloá-las para quem der o maior preço é a melhor opção, especialmente se os rendimentos puderem ser utilizados para indenizar os proprietários originários ou para fornecer terras e serviços para os pobres nas franjas urbanas e com um custo muito menor.[14]

Como já comentamos no início deste capítulo, é na diferença entre o que é pago para seus ocupantes para "liberar" a terra e a expectativa de seu rendimento futuro que reside a base do sucesso dessa forma de urbanismo especulativo. A maior desvalorização possível na aquisição dessas terras é, portanto, um elemento central de seu "sucesso". Como e por meio de que mecanismos isso ocorre na prática, em distintos países, são questões que abordaremos a seguir.

Despossessão como estratégia de multiplicação do valor da terra

Os mecanismos de aquisição das terras públicas, assim como o aparato jurídico (ou sua ausência) que sustenta os processos de expropriação, são profundamente dependentes das relações políticas estabelecidas entre o Estado – que expropria – e os indivíduos ou comunidades – que são expropriados. Em geral, as desapropriações ou *eminent domain* – ou seja, a capacidade soberana do Estado de requisitar terras para si, alegando razões de interesse público – estão estabelecidas nas leis e normas que regem a aquisição de terras públicas.

Nos casos da China e da Índia, que expusemos na abertura deste capítulo, fizemos referência a situações em que havia uma clara assimetria de poder entre

---

[14] Klaus Deininger, *Land Policies for Growth and Poverty Reduction*, cit., p. xii.

expropriados e promotores do projeto. Para os primeiros, a urgência do dinheiro – e, portanto, sua vulnerabilidade para aceitar valores mais baixos –, a ignorância a respeito dos direitos, a falta de acesso a serviços legais especializados e, claramente, no caso da China, o autoritarismo e a violência das ameaças paramilitares resultam em debilidade para negociar suas terras.

Nos exemplos que apresentaremos a seguir, é possível detectar os principais mecanismos através dos quais se "debilitam" certas categorias de possuidores da terra, que se tornam os mais fáceis e lucrativos alvos de despossessão. As formas através das quais se definem as indenizações, assim como as razões que podem justificar a privação da propriedade, são os elementos centrais desse mecanismo[15].

Cazaquistão

O colapso do bloco soviético também resultou na falência de várias cidades na área rural do Cazaquistão, fazendo com que a migração para Almaty, então a capital do país, aumentasse de forma exponencial. A cidade passou a ser cercada por assentamentos informais, um fenômeno inexistente no período anterior. Em 2006, um terço do total de habitantes da cidade – 700 mil pessoas – morava nesses assentamentos, boa parte com permissões formais carimbadas por burocratas da *akimat* (prefeitura) ainda nos últimos anos do período soviético. De forma geral, o governo não buscou remover essas ocupações até meados dos anos 2000, quando o *boom* econômico-imobiliário requisitou parte dessas terras para o desenvolvimento de projetos como shopping centers, hotéis, edifícios corporativos e condomínios residenciais.

A remoção violenta e sem qualquer tipo de indenização de dois grandes assentamentos – Bakay e Shanyrak –, que se transformaram em batalhas campais, trouxe o tema dos assentamentos e sua regularização para o centro da agenda política. Bakay e Shanyrak estão situados nas terras intermediárias entre o centro de Almaty e o aeroporto internacional. Parte dessa área já havia sido vendida pela *akimat* para o Investgroup Limited, um dos conglomerados econômico-financeiros do Cazaquistão envolvidos na promoção de PPPs com investidores estrangeiros em atividades que vão da mineração ao desenvolvimento imobiliário. De uma situação tolerada e, eventualmente, regularizada pelas autoridades, com forte intermediação de funcionários que fizeram da legalização seu "negócio", os assentamentos

[15] Antonio Azuela de la Cueva (org.), *Expropiación y conflicto social en cinco metrópolis latinoamericanas* (Cidade do México/Cambridge-MA, Unam/Lincoln Institute of Land Policy, 2013), p. 19. Disponível em: <http://ru.iis.sociales.unam.mx/jspui/handle/IIS/4584>. Acesso em: 5 jan. 2015.

passaram a ser criminalizados e seus ocupantes, enquadrados como "invasores". De acordo com a legislação do país, construções não autorizadas em lotes vagos estão sujeitas a demolição pelas pessoas responsáveis pela sua construção ou às suas custas. Nenhuma compensação ou habitação alternativa é devida em função da demolição. Bakay e Shanyrak resistiram às remoções e passaram a judicializar o conflito; as cortes acabaram por reconhecer a propriedade de alguns dos moradores. Em 2008, quando o mercado entrou em colapso com a crise financeira, a política predominante voltou a ser a de tolerância em relação aos assentamentos[16].

Aqui fica claro, mais uma vez, como os assentamentos autoproduzidos funcionam como reserva de terra, mobilizada a custo zero, no momento de necessidade de constituição de uma frente fundiária para o complexo imobiliário-financeiro. Mas não são apenas os assentamentos informais sob o radar do mercado que foram expropriados para dar lugar a empreendimentos econômicos privados.

De acordo com a Constituição do país, a alienação forçada da propriedade para atender a necessidades do Estado é apenas permitida em casos excepcionais, de acordo com os procedimentos definidos em lei e apenas sob a condição de indenização adequada. Esses casos excepcionais são listados no artigo 84 do Código Fundiário e incluem:

- obrigações internacionais;
- fornecimento de terra para atender a necessidades de defesa, criação de reservas naturais, *resorts* ou áreas recreativas, históricas e culturais, ou o estabelecimento e a operação de zonas econômicas especiais;
- exploração de depósitos de recursos naturais;
- construção de rodovias, linhas elétricas, linhas de comunicação, tubulações, redes de engenharia para uso público em áreas povoadas e outras instalações importantes para o Estado;
- demolição de casas abandonadas em risco de desmoronamento;
- implementação de planos gerais de desenvolvimento que implicam a construção de instalações enquadradas na categoria de casos excepcionais, e a construção de instalações previstas em programas nacionais e regionais e em projetos

[16] Saulesh Yessenova, "Borrowed Places: Eviction Wars and Property Rights Formalization in Kazakhstan", em Donald C. Wood (org.), *Economic Action in Theory and Practice: Anthropological Investigations* (Bingley, Emerald Group Publishing Limited, 2010).

de investimento necessários para atender a necessidades do Estado e cumprir os objetivos públicos.

O último artigo, bastante genérico, não define o que são "programas nacionais e regionais" e os "projetos de investimento necessários para atender a necessidades do Estado e cumprir os objetivos públicos". A legislação é ambígua em relação à definição de "circunstâncias excepcionais" e "necessidades do Estado", deixando espaço para interpretações arbitrárias e abrangentes. Os tribunais nacionais também tendem a interpretar os conceitos de "necessidades do Estado" e "projetos de investimento" de maneira muito genérica, de modo a incluir projetos realizados por empresas privadas de construção e financiados com investimentos privados.

O poder decisório sobre a alienação forçada é concedido à *akimat*, que é responsável pela implementação dos "planos gerais de desenvolvimento". A resolução da *akimat* é realizada por meio de uma aquisição total (artigo 85 do Código Fundiário), a partir das definições de seu "plano".

Na maioria dos casos, a indenização monetária concedida ao proprietário ou usuário da terra não é suficiente para permitir às famílias removidas adquirir uma moradia adequada a preço de mercado na mesma área. Isso porque mudanças de zoneamento que transformam o uso agrícola em uso urbano são feitas somente após a expropriação, para permitir que os empreendedores privados implementem projetos de investimento incluídos no plano geral de desenvolvimento. Como o Estado tem o poder de definir o uso e a ocupação do solo, este também é um mecanismo utilizado para aumentar a diferença entre o preço da terra expropriada dos pequenos proprietários e aquele da terra envolvida em grandes projetos.

Esse é um dos mecanismos com os quais o governo do Cazaquistão adquiriu áreas para desenvolver projetos de produção de habitação por construtoras privadas, aos quais nos referimos na primeira parte deste livro.

Indonésia

Como vimos em capítulo anterior, uma parte dos assentamentos informais da Indonésia está particularmente sujeita a remoções forçadas em função de sua localização na chamada "*tanah terlantar*", ou terra pública não utilizada – situada, por exemplo, debaixo de pontes e viadutos, às margens de rios e córregos e ao longo de linhas de trem. O termo surgiu em 1998, quando a Indonésia se encontrava em plena recessão econômica, em razão da crise asiática de 1997.

Nesse período, o Estado permitiu aos sem-teto que se instalassem nesses locais como uma solução temporária para acomodar centenas de desempregados das indústrias que acabavam de falir. *Tanah terlantar* incluiria também terras públicas adscritas a projetos de desenvolvimento, como Kemayoran, o antigo aeroporto de Jacarta, fechado em 1985, que estava sendo transformado em uma área com torres residenciais, escritórios, campos de golfe e hotéis de grandes cadeias internacionais. Entre 1998 e 1999, enquanto esperava os investidores se restabelecerem do baque da crise financeira, o governo permitiu a formação de assentamentos informais em certos trechos da área para, alguns anos depois (2004-2005), removê-los a custo zero[17].

Alguns desses assentamentos já se encontram bastante consolidados, como outros *kampung*, especialmente os de ocupação mais antiga, às margens de rios e represas. Ciliwung, em Jacarta, com mais de 200 mil habitantes, Stren Kali, em Surabaya, e Code, em Yogyakarta, são exemplos de assentamentos que, há décadas, estão situados às margens de rios que atravessam as cidades. Desde 1993, quando uma legislação de proteção ambiental definiu que o afastamento mínimo das margens dos rios em todo o país seria de 15 metros, esses assentamentos passaram a se confrontar com uma situação de "ilegalidade". Como ocorreu em outras situações semelhantes, a crise financeira de 1997 postergou a implementação dessa regra e esses assentamentos permaneceram. Entretanto, as grandes enchentes que ocorreram no país em 2007 transformaram novamente essas comunidades em alvo para remoções, reforçando sua condição de "invasoras". A distinção entre esses e outros assentamentos informais é importante, na medida em que moradores de *kampung* que são detentores de *land certificates* devem receber indenização em dinheiro, uma terra alternativa ou até eventualmente integrar programas de regularização *in situ*, em caso de remoção. Para os moradores às margens dos rios, a única opção é a política de *rusunawa*: unidades habitacionais de aluguel barato, construídas pelo governo nas periferias da cidade, evidentemente em número insuficiente para atender o que seria a demanda de centenas de milhares de famílias[18].

A distinção tem impacto direto, portanto, no custo da remoção. Em outras palavras, no valor a ser pago para "limpar" a terra ocupada informalmente e, eventualmente, repassá-la a outros usos. No caso da Indonésia, embora haja consenso sobre a

---

[17] Abidin Kusno, "Housing the Margin: Perumahan Rakyat and the Future Urban Form of Jakarta", *Indonesia*, v. 94, out. 2012, p. 43-4.

[18] Raquel Rolnik, *Relatório de missão à Indonésia*, A/HRC/25/54/Add.1, 2014, escrito com a colaboração de Lidia Rabinovich.

necessidade de remoção, visões diferentes sobre o destino das áreas "limpas" estão presentes no governo: por um lado, há aqueles que defendem que elas se transformem em áreas verdes; por outro, há o Ministério da Habitação, que pretende usar parte dessas áreas para promover sua política de construção massiva de casas via mercado e crédito hipotecário. Não por acaso, na política urbana e habitacional contemporânea da Indonésia, há uma convergência entre o lançamento de programas de titulação, o estabelecimento de uma política de financeirização da moradia (por meio de um mercado secundário de hipotecas e de um programa de crédito hipotecário chamado Liquidity Facility for Housing Finance) e a criminalização da ocupação de certas áreas da cidade.

O caso das famílias que vivem à beira do rio Code, em Yogyakarta, definida pelas leis de planejamento do país como área sujeita a preservação dos recursos hídricos e, portanto, proibida para habitação, é representativo da complexidade da questão: em 2011, 53% dos moradores viviam ali há mais de 25 anos e, portanto, muito antes do enquadramento da área como *tanah terlantar* e da legislação ambiental, ambas estabelecidas no fim dos anos 1990. Mas apenas 38% possuíam certificado de propriedade da terra, 9% possuíam uma autorização de uso e 12% viviam sob o status de *magersari*, ou seja, eram autorizados a permanecer na terra pelo sultão de Yogyakarta – que acumula também a função de governador –, enquanto 41% pagavam aluguel para ocupar casas ou quartos[19].

Em meados dos anos 1980, Romo Mangunwijaya, arquiteto, teólogo e escritor, liderou um projeto participativo de reabilitação da comunidade. O projeto abriu espaços públicos e introduziu saneamento e coleta de lixo, em um trabalho que envolveu os moradores através de *gotong royong*, ou autogestão, com participação de ativistas voluntários e estudantes. O projeto recebeu o Prêmio Aga Khan de Arquitetura, em 1992[20].

A ideia de consolidação de um assentamento como o do rio Code, que nos anos 1990 parecia viável, hoje está submersa sob a narrativa da "proteção" do meio ambiente e, consequentemente, da vida das pessoas, o que transforma qualquer

---

19 Parwoko's Weblog, *Landscape Analysis to the Informal Settlement on the Code Riverfront in Yogyakarta – Indonesia*, 2012. Disponível em: <http://parwoko.wordpress.com/2012/08/08/landscape-analysis-to-the-informal-settlement-on-the-code-riverfront-in-yogyakarta-indonesia>. Acesso em: 12 fev. 2015.

20 Muhammad Kamil, "Participatory Design: The Social Role of Architects and Architecture in Kampung Upgrading", *Inside Indonesia*, n. 118, out.-dez. 2014. Disponível em: <www.insideindonesia.org/current-edition/participatory-design>. Acesso em: 12 jan. 2015.

tentativa de resistência em uma espécie de irresponsabilidade. As marchas e contramarchas dos processos de remoção passam hoje pelo tema da proteção ambiental e dos riscos associados às mudanças climáticas e aos desastres naturais.

Nesta mesma chave, talvez nenhum caso seja mais eloquente da nova maquinaria da despossessão a baixo custo que o da Turquia e seu programa de remoção dos *gecekondus*.

Turquia

Os *gecekondus*, como são denominados os assentamentos informais em Istambul, Izmir e outras grandes cidades da Turquia, foram historicamente o local que abrigou a grande leva de migrantes do campo em direção às oportunidades das cidades industriais durante o processo de modernização da Turquia, a partir de meados do século XX. Embora os *gecekondus* tenham sido produzidos pelos próprios habitantes, a relação do governo com esses assentamentos foi marcada pela tolerância, ambiguidade e, muitas vezes, pela concessão de anistia, por propostas de consolidação e por processos de titulação no nome dos habitantes. Entretanto, esse cenário mudou no contexto da reestruturação produtiva, do ajuste urbano e da implementação de políticas neoliberais empreendidos pelo governo de Recep Erdoğan, do Adalet ve Kalkinma Partisi [Partido da Justiça e do Desenvolvimento] (AKP), no poder desde 2003[21].

Em Istambul, assim como em Izmir e outras cidades importantes, grandes projetos de reestruturação urbana foram implementados. Esses projetos motivaram intervenções em áreas antes ocupadas por *gecekondus*, sob esquemas de remoção total ou reconstrução *in situ* de moradia vertical produzida pelo mercado formal. Toki, a agência de promoção habitacional fundada em 1984 responsável por esses empreendimentos, foi radicalmente reestruturada nos anos 2000. Passou a ser o mais poderoso agente de desenvolvimento imobiliário do país, com competência não apenas para administrar toda a terra pública, como também para gerir o planejamento e definir o zoneamento dessas áreas, além de, posteriormente, promover a incorporação imobiliária nesses locais, seja diretamente, seja através

---

[21] Caglar Keyder, "Globalization and Social Exclusion in Istanbul", *International Journal of Urban and Regional Research*, v. 29, n. 1, mar. 2005; Neslihan Demirtas-Milz, "The Regime of Informality in Neoliberal Times in Turkey: The Case of the Kadifekale Urban Transformation Project", *International Journal of Urban and Regional Research*, v. 37, n. 2, mar. 2013; Ozan Karaman, "Urban Renewal in Istanbul: Reconfigured Spaces, Robotic Lives", *International Journal of Urban and Regional Research*, v. 37, n. 2, mar. 2013.

de parcerias com incorporadores privados[22]. Desde 2003, a agência já produziu 541 mil novos apartamentos, em 1.350 áreas, mais da metade substituindo *gecekondus*, e planejava produzir ainda mais 500 mil até o fim de 2023[23].

A ação da Toki sobre os assentamentos foi "facilitada" por medidas legais decretadas pelo governo: declarações de emergência e demarcações de área a partir do grande terremoto de 1999. Para isso, o governo utilizou decretos que já haviam sido estabelecidos desde 1978, identificou as áreas sujeitas a terremotos e ordenou, desde 2007, a eliminação dos edifícios ou sua substituição por construções com capacidade de resistência a sismos. Além disso, a mudança no Código Penal do país, em 2004, passou a considerar a construção de assentamentos informais como crime passível de punição com cinco anos de prisão. Essas medidas também contribuíram para mudar o papel dos *gecekondus* no imaginário das cidades – de local de trabalhadores pobres a local de aproveitadores engajados em todo tipo de atividade ilegal, inclusive terrorismo[24].

Formalmente, o processo de desapropriação passa por várias etapas, desde uma primeira proposta de avaliação do imóvel por parte dos funcionários municipais até, eventualmente, um processo na Justiça, caso o governo e o morador não cheguem a um acordo. Os moradores podem optar por receber o valor em dinheiro ou utilizá-lo como parte do pagamento ou da entrada no financiamento de um apartamento do programa habitacional da mesma agência. Em alguns casos, especialmente nas periferias, as casas próprias produzidas pelo mercado formal sob o regime de hipotecas se situam na mesma área onde se localizavam os assentamentos demolidos. Em outros casos, como localizações situadas em *prime-land*, a oferta para os removidos dos *gecekondus* é de aquisição de um apartamento em bairro distante. O processo de desapropriação dos moradores dos assentamentos tem sido, na realidade, marcado por negociações caso a caso, pressões por meio do fechamento e demolição de equipamentos públicos locais, ameaças por parte de funcionários encarregados da negociação e outras formas de pressão visando à mais rápida e vantajosa – para a Toki – adesão por parte dos moradores[25].

---

22 Tuna Kuyucu e Özlem Ünsal, "'Urban Transformation' as State-Led Property Transfer: An Analysis of Two Cases of Urban Renewal in Istanbul", *Urban Studies*, v. 47, n. 7, jun. 2010, citado em Neslihan Demirtas-Milz, "The Regime of Informality in Neoliberal Times in Turkey", cit.

23 Resposta da Turquia a questionário enviado em 2012.

24 Ozan Karaman, "Urban Renewal in Istanbul", cit., p. 719.

25 Neslihan Demirtas-Milz, "The Regime of Informality in Neoliberal Times in Turkey", cit., p. 701-8.

Além de revelar os processos de despossessão de assentamentos populares como forma de aquisição de terra a baixo custo para projetos de incorporação imobiliária através de PPPs, o exemplo da nova política em relação aos *gecekondus* sinaliza também outra dimensão da financeirização da terra e da moradia, articulando o que comentamos neste capítulo com o exposto na Parte 1 deste livro. No caso da Turquia, assim como nas intenções expressas no caso da Indonésia, não se trata necessariamente de "deslocar" os pobres, mas de simultaneamente transformar o território que ocupam em ativos transacionáveis e empurrá-los na direção de um mercado nascente de hipotecas, não apenas mercantilizando as terras, mas também transformando as vidas – com todas as suas implicações – em vidas hipotecadas[26].

O caso da Turquia também é expressivo de como o tema dos riscos associados a desastres naturais – no caso, terremotos – é mobilizado como discurso competente e inequívoco para definir, seletivamente, o que deve ser demolido ou permanecer e quem deve ser deslocado ou não. O governo propôs e o Parlamento aprovou, em 2012, a chamada Lei de Transformação de Áreas sob Risco de Desastre, que confere plenos poderes ao governo central para desapropriar "em regime de urgência" edifícios ou bairros considerados sob risco, promovendo demolições sem passar por processos de negociação com os proprietários. O método já havia sido previamente utilizado na Lei de Proteção e Preservação do Patrimônio Histórico, de 2006, que, na prática, foi a base legal para a demolição da quase totalidade de edifícios em Sulukule, bairro histórico de Istambul habitado majoritariamente por ciganos, e sua substituição por empreendimentos de renda muito mais alta. Neste caso, a vulnerabilidade a terremotos também foi mobilizada como argumento para a demolição e para as remoções em massa, ainda que, segundo especialistas, esse risco não fosse maior do que em outros bairros da cidade[27].

O tema do "risco", associado a processos de aquisição de terra a baixo custo e sua transferência para empreendimentos mais lucrativos, também marca a experiência de reconstrução de cidades pós-desastres naturais, como inundações e terremotos.

---

[26] Ozan Karaman, "Urban Renewal in Istanbul", cit., p. 730.

[27] European Roma Rights Centre, *European Roma Rights Centre Submission to the European Commission on Turkey* (Budapeste, ERRC, maio 2012). Disponível em: <www.errc.org/article/errc-submission-to-the-european-commission-on-turkey-may-2012/3992>. Acesso em: 12 jan. 2015.

Reconstrução pós-desastres e mecanismos de despossessão

"Viver em risco" foi a forma como Lúcio Kowarick definiu a vulnerabilidade socioeconômica, política e civil de amplas parcelas dos pobres urbanos em cidades do Norte e do Sul[28]. Tomamos emprestado desse conceito a ideia de que as várias dimensões da precariedade multiplicam-se de forma que os mais vulneráveis, como aqueles que vivem em condições de pobreza ou em situação de insegurança da posse, estão mais propensos a viver em áreas sujeitas a desastres naturais. São eles também que tendem a passar por maiores riscos de despossessão e perda das condições de subsistência quando um desastre ocorre e os que dele se recuperam com mais dificuldade.

Como já vimos, o lugar ocupado por essas populações no território e no espaço social implica (ou, também, é fruto de) discriminação, impactando na capacidade das pessoas e comunidades de se protegerem de desastres e de se recuperarem após sua ocorrência. A discriminação de comunidades em contextos de resposta aos desastres pode não ser visível de imediato. De fato, o termo "desastre natural" esconde o processo social que construiu o lugar do risco e definiu como, por que e em que condições este foi ocupado.

Os exemplos do que acabamos de afirmar são inúmeros. Quando o furacão Katrina assolou Nova Orleans, em 2005, os afro-americanos e as pessoas pobres (duas categorias que em grande medida se entrelaçam) foram os mais devastadoramente atingidos, porque viviam, em sua maioria, nas áreas mais baixas da cidade, sujeitas a inundações. Além disso, a maioria da população da área metropolitana – principalmente os mais pobres – não tinha meios para escapar da enchente[29]. Os impactos e custos específicos da passagem do furacão estavam, portanto, intimamente relacionados com padrões sociais, econômicos e de uso do solo preexistentes, por sua vez diretamente relacionados a políticas de habitação e de planejamento urbano já vigentes na cidade.

As respostas pós-Katrina nos Estados Unidos por parte dos governos federal e estadual foram em sua maioria ausentes quando se tratava de apoiar inquilinos

---

28 Lúcio Kowarick, *Viver em risco: sobre a vulnerabilidade socioeconômica e civil* (São Paulo, Editora 34, 2009).

29 The Brookings Institution, *New Orleans after the Storm: Lessons from the Past, a Plan for the Future* (Washington-DC, out. 2005), p. 6. Disponível em: <www.brookings.edu/research/reports/2005/10/new-orleans-after-the-storm>. Acesso em: 6 jan. 2015.

de baixa renda – em sua maioria, afro-americanos – e de enfrentar a série de obstáculos que os impedia de ter acesso a moradias economicamente acessíveis. Apesar de existir um programa federal de *vouchers* habitacionais, na prática, as famílias com *vouchers* de aluguel tinham dificuldades para encontrar onde morar. As razões incluíam a escassez de unidades públicas e de aluguel (devido aos danos produzidos pelo furacão, mas também à redução drástica, já abordada na primeira parte deste trabalho, das ofertas de habitação popular), o aumento no preço dos aluguéis, a discriminação por parte dos proprietários, o ritmo lento de construção de unidades habitacionais para locação e a decisão dos estados do golfo do México de redirecionar a massa de verbas federais para reconstruir unidades de proprietários em vez de aumentar as ofertas para os locatários. Com opções de aluguel muito limitadas, um número considerável de famílias teve o retorno à cidade e a suas antigas casas negado *de fato*, o que resultou num aumento do número de pessoas sem-teto[30].

A destruição de grande parte do estoque habitacional de Nova Orleans em decorrência do furacão Katrina também foi vista como uma oportunidade para alterar fundamentalmente as características habitacionais e urbanas da cidade. Chama atenção o fato de que os quatro maiores conjuntos habitacionais públicos de Nova Orleans (os "*big four*"), que abrigavam majoritariamente moradores afro-americanos, foram demolidos para dar lugar a projetos de requalificação destinados a comunidades de renda mista e a outros usos. Ainda que, em alguns casos, talvez inexistissem alternativas viáveis frente à gravidade dos danos nos edifícios, as demolições foram justificadas pela necessidade de recuperação da cidade e por razões de saúde e segurança[31]. Um aspecto problemático foi que os novos conjuntos projetados incluíam um número muito menor de unidades habitacionais públicas em relação ao total disponível antes do furacão Katrina[32].

---

30 Elizabeth Ferris e Daniel Petz, *A Year of Living Dangerously: A Review of Natural Disasters in 2010* (Washington-DC/Londres, The Brookings Institution/London School of Economics, 2011); Raquel Rolnik, *Relatório de missão aos Estados Unidos*, A/HRC/13/20/Add.4, 2010, escrito com a colaboração de Denise Hauser; Advisory Group on Forced Evictions (AGFE), *Mission report to New Orleans*, 2009, mimeo. Disponível em: <morror.unhabitat.org/downloads/docs/10009_1_593996.pdf>. Acesso em: 20 out. 2015.

31 Julia Cass e Peter Whoriskey, "New Orleans to Raze Public Housing", *The Washington Post*, 8 dez. 2006. Disponível em: <www.washingtonpost.com/wp-dyn/content/article/2006/12/07/AR2006120701482.html>. Acesso em: 12 jan. 2015.

32 Anistia Internacional, *Un-natural Disaster: Human Rights in the Gulf Coast* (Washington-DC: Anistia Internacional, 2010), p. 6. Disponível em: <www.amnestyusa.org/sites/default/files/pdfs/unnatural-disaster.pdf>. Acesso em: 5 jan. 2015.

A demolição foi mais um impedimento ao regresso dos moradores de baixa renda a Nova Orleans[33].

Em Honduras, na passagem do furacão Mitch, em 1998, os grupos mais intensamente afetados incluem mulheres pobres, camponeses e indígenas, muitos dos quais viviam sob condições de posse insegura e em áreas vulneráveis, expostas a fortes ventos, enchentes e deslizamentos de terra[34].

Depois das enchentes que assolaram o Paquistão em 2010, foram os mais pobres e vulneráveis que carregaram o fardo da catástrofe, a qual os deixou sem qualquer bem ou rede de segurança. Aqueles que foram desalojados pelas enchentes e perderam seus bens e meios de sobrevivência consistiam, majoritariamente, em diaristas e trabalhadores sem-terra que viviam em lugares temporários ou semipermanentes[35]. Limitações semelhantes aparecem nas avaliações das necessidades pós-desastre. Apesar de as condições relacionadas à posse e à propriedade da terra constarem dos relatórios das agências de reconstrução, elas raramente são tratadas nas políticas, estratégias e prioridades setoriais postas em prática. Na avaliação das necessidades pós-enchentes desenvolvida por instituições financeiras internacionais e pelo governo do Paquistão, o componente de política habitacional proposto não fez menção à propriedade da terra ou à questão da posse, mas só focalizou as técnicas e os custos da reconstrução habitacional, sem considerar que para os mais atingidos o problema não era teto, mas chão.

Já o terremoto no Haiti, em 2010, exacerbou e tornou visível um problema relativamente oculto até então: as péssimas condições que caracterizam os assentamentos informais em que vive a maioria da população de Porto Príncipe. Como em todos os outros países de que tratamos, os assentamentos foram autoconstruídos e nunca haviam sido formalmente reconhecidos pelas autoridades. Eles tinham pouco ou nenhum acesso a infraestrutura e serviços básicos. Com o terremoto, muitos moradores mudaram-se para acampamentos organizados pela ajuda

---

33 Raquel Rolnik, *Relatório de missão aos Estados Unidos*, cit., parágrafo 30.

34 Idem, *Relatório temático sobre reconstrução pós-conflito e pós-desastre*, A/HRC/16/42, 2011, escrito com a colaboração de Jean du Plessis, parágrafo 32.

35 Paquistão, Asian Development Bank e Banco Mundial, *Pakistan Floods 2010: Preliminary Damage and Needs Assessment* (Islamabad, nov. 2010), p. 68. Disponível em: <http://siteresources.worldbank.org/PAKISTANEXTN/Resources/293051-1264873659180/6750579-1291656195263/PakistanFloodsDNA_December2010.pdf>. Acesso em: 12 jan. 2015. Azmat Budhani e Haris Gazdar, *Land Rights and the Indus Flood, 2010-2011: Rapid Assessment and Policy Review* (Oxford, Oxfam, jun. 2011). Disponível em: <www.oxfam.org/en/research/land-rights-and-indus-flood-2010-2011>. Acesso em: 12 fev. 2015.

humanitária, fosse porque suas casas e bairros haviam sido destruídos ou danificados, fosse para receber comida ou assistência médica, participar de programas de trabalho temporário, economizar no aluguel ou, ainda, esperar receber uma casa. Dezesseis meses após o terremoto, ainda havia 634 mil pessoas vivendo em cerca de mil acampamentos e, em 2011, a população dos acampamentos diminuía em ritmo cada vez mais devagar, o que sugeria que as pessoas não tinham outro lugar para ir ou decidiram que, por mais precária que fosse a situação naqueles locais, ela ainda assim era melhor que a de origem[36]. Assim, o terremoto evidenciou padrões de discriminação urbana e desigualdade há muito enraizados no país. Desastres em outros lugares tiveram efeitos semelhantes.

A resposta aos desastres parece diferir bastante de acordo com a forma de posse das pessoas atingidas – se se tratam de proprietários individuais formalmente registrados ou de todos aqueles com outros tipos de arranjo de posse. Na maioria dos programas de reconstrução habitacional, a documentação de posse e a prova jurídica de direitos são pré-requisitos para que alguém seja elegível como beneficiário. A consequência é a exclusão dos mais pobres e vulneráveis, incluindo aqueles que moram em assentamentos informais com direitos de posse temporários ou informais. Em alguns países, inquilinos despejados e ocupantes geralmente se veem excluídos de esquemas de reconstrução de habitação permanente, projetados para restituir os bens de proprietários afetados pelo desastre. Limitações semelhantes aparecem nas avaliações das necessidades pós-desastres.

Os exemplos acima mostram como a discriminação, tanto quanto a vulnerabilidade, é um fator-chave que incide no impacto do desastre e na resposta a ele. A discriminação baseada no estatuto da posse levanta um problema mais amplo, a saber, a relutância ou a inabilidade de governos e de organizações nacionais e internacionais em reconhecer e proteger todas as formas de posse de modo igual.

É comum ouvirmos que, por fazerem *tabula rasa*, os desastres oferecem grandes oportunidades para se lançarem reformas de larga escala e projetos de desenvolvimento ambiciosos. Os desastres oferecem oportunidades, mas também sérios riscos.

O *tsunami* que ocorreu em 2004 no oceano Índico apresentou-se como oportunidade para transformações territoriais, supostamente com o objetivo de melhorar

[36] International Organization on Migration, *Displacement Tracking Matrix*, 2011. Disponível em: <www.eshelter-cccmhaiti.info/jl/index.php?option=com_content&view=article&id=11&Url=>. Acesso em: 13 jan. 2015.

as condições de vida da população e diminuir os riscos de novos desastres. Com base nesse objetivo, vários países afetados logo delimitaram áreas vedadas à reconstrução de moradias (zonas tampão), ao longo de uma faixa que variava de cem a quinhentos metros da costa. O fechamento de tais áreas para habitação, se inteiramente implementado, teria levado à realocação de mais de 100 mil moradias em alguns casos[37]. Declarou-se que essas áreas eram imprescindíveis para proteger os habitantes diante de futuros desastres. Mas seu fechamento também teve profundo impacto na subsistência da população local, principalmente de moradores que dependem do mar para extrair seu sustento.

Ao mesmo tempo, surgiram planos ambiciosos voltados à "requalificação" e ao turismo de luxo, inclusive para essas áreas costeiras que, por questão de segurança, haviam sido vedadas a seus antigos moradores. A comissão de turismo do Sri Lanka anunciou, à época, que o *tsunami* tinha trazido uma oportunidade única de fazer de seu país um "destino turístico de classe mundial"[38]. Enquanto as pessoas deslocadas eram proibidas de regressar às suas casas, a mesma proibição não foi aplicada aos complexos hoteleiros. Em alguns lugares, as incorporadoras simplesmente aproveitaram a oportunidade para usurpar terras, especialmente das comunidades mais vulneráveis. Hotéis de luxo surgiram em muitas áreas costeiras. Comunidades e organizações da sociedade civil queixaram-se de que a criação dessas áreas vedadas serviu para expulsar arbitrariamente a população costeira pobre e as comunidades indígenas, em benefício de empresas e de novas instalações e equipamentos voltados ao turismo[39].

No Chile, após o terremoto seguido de *tsunami* ocorrido em fevereiro de 2010, a reconstrução de centros urbanos e áreas costeiras esteve principalmente a cargo do setor privado. De acordo com uma das diretrizes do Plano Nacional de Reconstrução, as famílias podiam optar por reconstruir suas moradias nos mesmos terrenos em que

---

[37] Oli Brown e Alec Crawford, *Addressing Land Ownership after Natural Disasters: An Agency Survey* (Winnipeg, International Institute for Sustainable Development, 2006), p. 6. Disponível em: <www.iisd.org/pdf/2006/es_addressing_land.pdf>. Acesso em: 5 jan. 2015; Human Rights Watch, "After the Deluge: India's Reconstruction Following the 2004 Tsunami", *Human Rights Watch*, v. 17, n. 3, maio 2005, p. 41. Disponível em: <www.hrw.org/reports/2005/india0505/india0505.pdf>. Acesso em: 6 jan. 2015.

[38] Tourism Concern, *Post-Tsunami Reconstruction and Tourism: A Second Disaster?* (Londres, Tourism Concern, 2005). Disponível em: <www.naomiklein.org/files/resources/pdfs/tourism-concern-tsunami-report.pdf>. Acesso em: 6 jan. 2015.

[39] Malcolm Langford e Jean du Plessis, *Dignity in the Rubble? Forced Evictions and Human Rights Law* (Genebra, COHRE, 2006).

viviam ou adquirir imóveis já existentes ou recém-construídos. No entanto, como a reconstrução das habitações foi financiada principalmente pelo modelo de subsídios voltados à propriedade individual, já abordado na primeira parte deste trabalho, as construtoras particulares preferiram edificar moradias em áreas novas, situadas na periferia das cidades, e não nas áreas centrais das quais muitos moradores haviam sido deslocados – áreas estas em que os terrenos e moradias eram muito mais caros.

Os exemplos acima mostram que a "vida em risco", condição de ocupação de áreas sujeitas a desastres por populações vulneráveis, pode rapidamente ser convertida em mobilização de novas reservas de terra, sob a égide do argumento de "reconstruir melhor". Este pode ser mais um dentre os vários mecanismos de operação da despossessão.

Megaprojetos, megaeventos e despossessão

Como já apontamos no início deste capítulo, é a necessidade de remuneração do capital financeiro investido nos processos de transformação urbanística que define seu conteúdo urbanístico. Por essa razão, não se trata mais da implementação de transformações urbanísticas como instrumentos de estratégias e planos de desenvolvimento futuro das cidades, definidos por e a partir das necessidades dos cidadãos, mas, na expressão de François Ascher[40], de um "urbanismo *ad hoc*" de projetos, que privilegia a negociação em detrimento da regra majoritária e o contrato em detrimento da lei.

A literatura sobre os grandes projetos e a transformação do planejamento urbano modernista na era neoliberal é vasta e tem identificado como tais projetos têm sido um elemento central de reposicionamento competitivo das cidades frente às transformações econômicas do capitalismo pós-fordista[41].

Porém, mais do que reafirmar a existência desse papel com novos objetos e casos onde isso ocorreu, interessa a este trabalho questionar por que são especificamente estas paisagens pós-modernas de torres corporativas, museus, artefatos culturais, hotéis de luxo e shopping centers que se constituem no conteúdo desses macroprojetos, reproduzidos com uma espécie de "carimbo" de "mais-do-mesmo-

---

[40] François Ascher, *Les Nouveaux principes de l'urbanisme* (Avignon, L'Aube, 2004), p. 83-4.

[41] Susan Fainstein, "Mega-Projects in New York, London and Amsterdam", *International Journal of Urban and Regional Research*, v. 32, n. 4, dez. 2008; Peter Newman e Andy Thornley, *Urban Planning in Europe: International Competition, National Systems, and Planning Projects* (Londres, Routledge, 1996).

-posando-de-peça-única". E mais: quais elementos-chave dessas operações as diferenciam do chamado "arroz com feijão" dos processos de incorporação imobiliária, valorização e especulação que sempre definiram a produção capitalista das cidades, posicionando-as como novas formas de produção do espaço construído, mas também de governança?

Se, até o momento, focalizamos processos de despossessão ou, nas palavras de Harvey[42], processos de "acumulação via espoliação dos ativos dos mais pobres", e demonstramos como a captura da terra transformou-se em mecanismo essencial para a expansão do processo de financeirização do capitalismo, nos megaprojetos vamos identificar o "cordão umbilical que une acumulação por espoliação com a construção da hegemonia do capital financeiro, como sempre com o apoio dos poderes do Estado"[43]. De fato, os megaprojetos transformaram-se em uma das

> estratégias mais visíveis e centrais levadas a cabo pelas elites da cidade na busca de crescimento econômico e competitividade, marcando esse novo tipo de política urbana que ativamente produz, ordena, incorpora e define os novos regimes políticos e econômicos que operam nas escalas local, regional, nacional e global. Esses projetos são a expressão material de uma lógica de desenvolvimento que vê o marketing do lugar como meio de gerar crescimento e como forma de empreender uma disputa competitiva para atrair investimentos. Projetos urbanos desse tipo são, portanto, não apenas o mero resultado, a mera resposta ou consequência de mudanças políticas e econômicas coreografadas em outro lugar. Pelo contrário, afirmamos que esses grandes projetos urbanos são os próprios catalisadores da mudança política e urbana, alimentando processos que não são sentidos apenas localmente, mas também nos âmbitos regional, nacional e internacional.[44]

Estudos locais de megaprojetos urbanos na Itália e na Índia já demonstraram como sua implementação foi um processo "vivido" de realinhamento econômico-político de atores locais. Esse processo foi central para a reestruturação do capital corporativo e para o desenvolvimento de uma nova estratégia de acumulação centrada na mobilização da terra como ativo fictício[45].

---

42 David Harvey, *O novo imperialismo* (São Paulo, Loyola, 2003), p. 115-33.

43 Ibidem, p. 126.

44 Erik Swyngedouw, Frank Moulaert e Arantxa Rodriguez, "Neoliberal Urbanization in Europe", cit., p. 546.

45 Maria Kaika e Luca Ruggiero, "Land Financialization as a 'Lived' Process: The Transformation of Milan's Bicocca by Pirelli", *European Urban and Regional Studies*, jun. 2013; Llerena Guiu Searle, "Conflict and Commensuration: Contested Market Making in India's Private Real Estate Development Sector", *International Journal of Urban and Regional Research*, v. 38, n. 1, jan. 2014.

Para serem implementados, os megaprojetos adotaram medidas de excepcionalidade, como: congelamento ou flexibilização dos instrumentos urbanísticos tradicionais, contorno de determinações legais e de competências de órgãos institucionais, criação de agências com poderes especiais ou excepcionais de intervenção e de tomada de decisão, mudanças nas leis nacionais e regionais. Essas são algumas das novas formas de gestão experimentadas, muitas das quais acabaram por se transformar em novas práticas que foram contaminando e se espalhando para um conjunto mais amplo de intervenções no território.

Entretanto, ao observar os novos tipos de arranjos entre atores públicos e privados, o que se descortina é uma nova forma de

> privatização do processo de desenvolvimento, conduzida pelo Estado, representando uma nova forma de governança, diferente daquela oferecida pelos sistemas tradicionais de regulação e gestão. Os imperativos democráticos foram substituídos institucionalmente e transformados em exigências contratuais para as empresas envolvidas.[46]

Mike Raco demonstra seu argumento ao analisar o processo de implementação do plano de Londres para sediar as Olimpíadas de 2012. Sua análise tem grande ressonância com a definição de Carlos Vainer[47] ao analisar a preparação do Rio de Janeiro para sediar a Copa do Mundo de 2014 e as Olimpíadas de 2016: a "democracia direta do capital".

Estaríamos, portanto, diante de um processo de radicalização da transformação da cidade em empresa. Esse processo não implica apenas uma mudança nos circuitos econômicos, com um papel mais ativo e predominante da extração de renda sobre a produção, mas também uma transformação do modelo político de governo. Nele, a hegemonia é construída pela captura contratual dos fundos públicos e implementada por meio de um sistema blindado do controle social, através de um complexo de procedimentos regulatórios e estruturas de gestão com fortíssima participação dos investidores[48].

---

[46] Mike Raco, "Delivering Flagship Projects in an Era of Regulatory Capitalism: State-led Privatization and the London Olympics 2012", *International Journal of Urban and Regional Research*, v. 38, n. 1, jan. 2014, p. 176.

[47] Carlos Vainer, "Cidade de exceção: reflexões a partir do Rio de Janeiro", *Anais do XIV Encontro Nacional da Anpur*, Rio de Janeiro, 2011. Disponível em: <http://br.boell.org/sites/default/files/downloads/carlos_vainer_ippur_cidade_de_excecao_reflexoes_a_partir_do_rio_de_janeiro.pdf>. Acesso em: 6 jan. 2015.

[48] Ibidem, p. 195.

É a linguagem dos contratos, aliada à linguagem dos produtos imobiliários da "laje corporativa", do shopping center e do centro cultural pós-moderno, que, sobre uma terra esquadrinhada pelo registro universal da propriedade, permite a entrada segura do capital especulativo internacional[49]. Tanto faz se estamos em Dubai, Astana, Joanesburgo, Mumbai ou Rio de Janeiro: falamos a mesma língua, nos identificamos na mesma paisagem, estamos pisando o mesmo chão, abstrato, abstraído – e subtraído – do território vivido por quem estava ali. Nada de puxadores de *tuk-tuk* passeando no meio de vacas, nada de vendedores ambulantes oferecendo comidas "exóticas", nada de modos de vida e de ser particulares: não é por acaso que os processos de despossessão são também máquinas de aniquilamento, material e simbólico, de modos de vida.

Também não é por acaso que a preparação de cidades para sediar megaeventos esportivos tem sido um dos *fronts* mais evidentes desse processo. Em primeiro lugar, em função da própria natureza dos eventos, capazes de mobilizar o apoio de maiorias, com um forte elemento de coesão social e patriotismo, próprio de competições esportivas internacionais. Sem esse elemento, tal apoio dificilmente seria obtido para ações desse tipo.

Em muitas cidades, é no período que transcorre entre a designação da cidade anfitriã e a realização do evento que essas transformações são implementadas. Expulsões e despejos forçados são características comuns dos preparativos para os megaeventos. O aumento da demanda por espaço para construir locais esportivos, alojamentos e vias públicas canaliza-se mediante projetos de reabilitação urbana que frequentemente tornam necessária a demolição de moradias existentes e a abertura de espaços para novas obras. A importância que se concede à criação de uma nova imagem internacional da cidade como parte integrante da preparação dos jogos supõe a eliminação de manifestações de pobreza e subdesenvolvimento. Isso ocorre predominantemente por meio de projetos de reurbanização que dão prioridade à construção de um espaço constituído por produtos imobiliários de fácil identificação e leitura no mundo corporativo.

As pautas históricas e necessidades das cidades, inscritas em seus planos, regras e normas e na disputa cotidiana de seus habitantes por espaços e recursos, cedem lugar a um projeto estruturado a partir de um modelo de negócios superimposto sobre o território, por meio de um estado de suspensão das normas e conflitos

[49] Pedro Fiori Arantes, *Arquitetura na era digital-financeira: desenho, canteiro e renda da forma* (São Paulo, Editora 34, 2012).

ali inscritos. Isso permite o "sucesso" do empreendimento, ou o compromisso de que será possível, ao longo dos prazos contratuais, garantir a extração de renda necessária para os investidores.

Quando as áreas objeto dos projetos são habitadas, seus moradores podem ter que enfrentar deslocamentos massivos, despejos forçados e demolição de suas casas. Geralmente, os projetos também atingem moradores de bairros no entorno da área dos jogos e hotéis, que também podem receber intervenções de "embelezamento" e securitização. São cenários que compõem a paisagem dos projetos, além de constituir um cinturão de proteção, de transição entre estes e o resto da cidade, com seus espaços caóticos e confusos. Favelas e conjuntos habitacionais populares estão dentre os espaços considerados esteticamente negativos e, portanto, se não forem removidos, podem receber intervenções em sua imagem. Nos Jogos Olímpicos de Atenas, por exemplo, um conjunto habitacional que resistiu à demolição foi coberto por um outdoor gigante que o escondia da via de acesso ao estádio[50].

Na maioria dos casos, não se exploram suficientemente as alternativas aos despejos, não se realizam consultas prévias aos deslocamentos com as comunidades afetadas e não se compensam os atingidos com indenizações suficientes para acessar outra moradia equivalente ou com reassentamentos em locais próximos. O certo é que proprietários, locatários e ocupantes sem título se veem submetidos à pressão de autoridades públicas ou dos agentes imobiliários privados para que abandonem a área. Em muitas situações, os despejos são acompanhados de violência, ameaças e agressões contra os moradores. Geralmente, a urgência dos prazos é utilizada como argumento para justificar a ausência de diálogo, a violência nas ações de despejo e a inobservância dos direitos das comunidades afetadas[51].

A situação das pessoas que vivem em assentamentos autoconstruídos é particularmente preocupante no contexto da preparação dos megaeventos. Como símbolo de pobreza e subdesenvolvimento, normalmente se considera que essas construções arruínam a imagem que a cidade procura promover com a organização dos jogos. Diante da ambiguidade de sua condição de posse e da permanente transitoriedade de sua inserção na cidade, estes são os primeiros locais a serem demolidos quando se organiza um megaevento. A precariedade urbanística, a alta

---

[50] Stavros Stavrides, "Urban Identities: Beyond the Regional and the Global: The Case of Athens", em Jamal Al-Qawasmi, Abdesselem Mahmoud e Ali Djerbi (orgs.), *Regional Architecture and Identity in the Age of Globalization* (Túnis, CSAAR Press, 2008).

[51] Raquel Rolnik, *Relatório temático sobre megaeventos esportivos*, cit.

densidade e a pobreza são mobilizadas para fundamentar a remoção, e a insegurança da posse, para viabilizar essa remoção a baixo custo.

As zonas onde esses assentamentos se encontravam convertem-se em infraestrutura de mobilidade, locais esportivos ou complexos residenciais e hoteleiros – ou, simplesmente, em paisagem "limpa" de sua presença. As administrações locais geralmente não oferecem indenização nem moradias adequadas aos desalojados dos assentamentos improvisados. Comunidades inteiras são muitas vezes obrigadas a se deslocar, geralmente para as partes mais externas da cidade ou para zonas rurais, onde não encontram meios de sustento nem oportunidades de emprego, e onde estão longe de suas redes econômico-financeiras e sociais[52].

Podemos citar os seguintes exemplos de remoções decorrentes de intervenções urbanísticas realizadas por cidades-sede no âmbito da preparação para um mega-evento esportivo:

- em Seul, 15% da população sofreu despejos forçados e 48 mil edifícios foram demolidos antes dos Jogos Olímpicos de 1988[53];
- em Barcelona, duzentas famílias foram desalojadas com a finalidade de dar lugar à construção de novos anéis viários antes dos Jogos Olímpicos de 1992[54];
- em Pequim, nove projetos relativos à construção, para os Jogos Olímpicos de 2008, do grande estádio de superfície, de mais de 1 milhão de metros quadrados, exigiram o reassentamento de moradores. Houve denúncias de despejos massivos, realizados às vezes por homens não identificados, no meio da noite e sem aviso prévio, durante os quais moradores e ativistas foram submetidos a repressão, ameaças e detenções arbitrárias[55];
- em Nova Déli, 35 mil famílias foram desalojadas de terras públicas para preparar os Jogos da Commonwealth de 2010[56];

---

[52] Idem.

[53] Solomon J. Greene, "Staged Cities: Mega-Events, Slum Clearance, and Global Capital", *Yale Human Rights and Development Law Journal*, v. 6, n. 1, 2003.

[54] COHRE, *Fair Play for Housing Rights. Mega-events, Olympic Games and Evictions* (Genebra, COHRE, 2007), p. 197.

[55] Human Rights Watch, "Demolished: Forced Evictions and the Tenant's Rights Movement in China", *Human Rights Watch*, v. 16, n. 4, mar. 2004. Disponível em: <www.hrw.org/reports/2004/china0304/china0304.pdf>. Acesso em: 6 jan. 2015.

[56] COHRE, *Fair Play for Housing Rights*, cit., p. 28.

• na África do Sul, o projeto de moradias N2 Gateway, que compreendia a construção de moradias de aluguel na Cidade do Cabo para a Copa do Mundo de 2010, teve como consequência a remoção de mais de 20 mil moradores do assentamento informal de Joe Slovo. Os moradores foram realocados em áreas pobres nos limites da cidade, em casas cobertas de folhas metálicas que os habitantes denominavam "*microwave*" [micro-ondas][57].

Mesmo que não sejam consequência direta da construção de instalações para abrigar os jogos ou de projetos de urbanização destinados a melhorar a imagem da cidade anfitriã, deslocamentos massivos podem ocorrer em razão de processos indiretos, como a mudança do perfil dos moradores de uma área em função do aumento dos preços dos imóveis e, consequentemente, dos custos da moradia. O repentino interesse dos investidores imobiliários em áreas "promovidas" pelos eventos em regiões consideradas de baixo valor aumenta os preços de compra e aluguel. Isso repercute na acessibilidade econômica da moradia para os moradores locais e, com frequência, tem como resultado sua expulsão de fato dessas regiões. Principalmente os inquilinos, quando não têm meios de alugar as novas unidades, veem-se obrigados a ir para outras regiões e, frequentemente, não recebem indenização, outra moradia ou ajuda financeira. Esse processo tem como efeito forçar as comunidades de baixa renda a abandonar essas regiões em favor de residentes das classes média e alta. Dessa maneira, o bairro sofre uma mudança profunda em sua composição demográfica.

Entre os exemplos de deslocamento devido ao aumento dos custos de moradia, figuram:

• Seul, onde o preço dos apartamentos aumentou 20,4% nos primeiros oito meses de 1988 e o da terra, 27% durante o ano, no que foi o maior aumento desde 1978[58];

• Barcelona, onde o aumento dos preços de moradia num período de cinco anos em torno dos Jogos Olímpicos alcançou a taxa de 131%, enquanto no resto do país ficou em 83%[59];

---

57 Caroline Newton, "The Reverse Side of the Medal: About the 2010 Fifa World Cup and the Beautification of the N2 in Cape Town", *Urban Forum*, v. 20, n. 1, fev. 2009, p. 9.

58 Solomon J. Greene, "Staged Cities", cit., p. 172.

59 COHRE, *Barcelona 1992 - International Events and Housing Rights: A Focus on the Olympic Games* (Genebra, COHRE, 2007).

- Atlanta, onde cerca de 15 mil moradores de baixa renda viram-se obrigados a abandonar a cidade devido ao aumento dos aluguéis, que passou de uma taxa anual de 0,4% em 1991 para 7,9% em 1996, antes dos Jogos Olímpicos daquele ano;
- Sydney, onde o aumento dos preços de moradia nos cinco anos precedentes aos jogos foi de 50%, enquanto no resto do país ficou em 39%[60];
- Pequim, onde aproximadamente 1,5 milhão de pessoas foram deslocadas de seus lares para permitir a renovação urbana antes dos Jogos Olímpicos de 2008[61];
- Londres, onde os preços imobiliários nas zonas ao redor do sítio olímpico elevaram-se entre 1,4% e 4,6% depois do anúncio da cidade como sede das Olimpíadas, enquanto nas demais áreas haviam caído 0,2%[62].

A repercussão dos processos de revitalização e embelezamento na acessibilidade econômica da moradia é ainda maior quando afeta bairros com conjuntos habitacionais populares. Muitas vezes, os projetos urbanos implementados como parte da preparação para os megaeventos incluem a demolição desses conjuntos, quando são de propriedade do Estado, já que, desta forma, o governo evita desapropriações. Assim, diminui ainda mais a disponibilidade de moradia de baixo custo, levando os setores da população que dela dependem a situações ainda mais vulneráveis e à violação de seus direitos.

Ocorreram demolições de conjuntos habitacionais populares no âmbito dos projetos ligados aos megaeventos ou redução da oferta de moradia de baixo custo em lugares como:

- Atlanta, onde 1,2 mil unidades de moradia social foram destruídas antes dos Jogos Olímpicos[63];
- Sydney, cujos informes disponíveis indicam que cerca de 6 mil pessoas ficaram sem casa antes dos jogos[64];

---

60 East Thames Group, *Home Games: A Study of the Housing and Regeneration Legacies of Recent Olympic and Paralympic Games and the Implications for Residents of East London* (Londres, East Thames Group, 2012), p. 14. Disponível em: <www.east-thames.co.uk/assets_cm/files/pdf/post_olympic_booklet.pdf>. Acesso em: 15 jan. 2014.

61 COHRE, *One World, Whose Dream? Housing Rights Violations and the Beijing Olympic Games* (Genebra, COHRE, 2008).

62 Raquel Rolnik, *Relatório temático sobre megaeventos esportivos*, cit.

63 East Thames Group, *Home Games*, cit., p. 13.

64 Ibidem, p. 16.

• Vancouver, onde mais de 1,4 mil unidades habitacionais de pessoas de baixa renda foram perdidas em razão da especulação imobiliária gerada pelos Jogos Olímpicos de Inverno de 2010[65];

• África do Sul, cujo ministro da Moradia observou que o plano de construir centenas de milhares de moradias de baixo custo poderia ser afetado pelas novas exigências orçamentárias do período anterior à Copa do Mundo de 2010[66];

• Londres, cuja administração demoliu a Clays Lane State, um conjunto de moradia social histórico que ficava na área olímpica e era habitado por cerca de quatrocentas pessoas. Segundo a London Development Agency, o imóvel não satisfazia as normas do governo em matéria de habitação adequada[67];

• Tóquio, que, no âmbito do projeto de reforma e ampliação das instalações esportivas construídas para as Olimpíadas de 1964, apresentou planos de demolir o conjunto habitacional em que então haviam sido reassentadas as pessoas removidas em razão da construção de um estádio[68].

A situação das pessoas sem-teto também tende a piorar no contexto dos megaeventos. Pouco antes de sua realização, algumas autoridades locais adotam medidas para retirar os sem-teto das áreas frequentadas por turistas. Às vezes lhes são oferecidos incentivos para que abandonem essas áreas, mas, na maioria dos casos, eles são objeto de remoção e reassentamento forçado durante os eventos. Legislações especiais são produzidas de modo a tipificar como delitos atos como dormir nas ruas e mendigar. Da mesma forma, leis que proíbem os vendedores ambulantes e as garotas de programa de realizarem suas atividades durante o evento são promulgadas. Em alguns casos, são utilizados acampamentos para alojar pessoas sem-teto e outros grupos "antiestéticos" enquanto se realiza o evento.

Podemos citar os seguintes exemplos de penalização de pessoas sem-teto em contexto de megaeventos:

---

65 Pivot Legal Society, *Cracks in the Foundations: Solving the Housing Crisis in Canada's Poorest Neighbourhood* (Vancouver, Pivot Legal Society, set. 2006), p. 1-3. Disponível em: <www.pivotlegal.org/sites/pivotlegal.org/files/CracksinFoundation.pdf>. Acesso em: 15 jan. 2015.

66 Miloon Kothari, *Relatório de missão à África do Sul*, A/HRC/7/16/Add.3, 2007.

67 Raquel Rolnik, *Relatório temático sobre megaeventos esportivos*, cit.

68 As informações sobre Tóquio foram obtidas em minha viagem ao país e, especificamente, em minha visita a esse conjunto habitacional.

- em Seul, as atividades de embelezamento para os Jogos Olímpicos de 1988 incluíram a detenção de pessoas sem-teto em instalações fora da cidade. Para preparar a Copa do Mundo de 2002, as autoridades locais criaram uma lista de lugares onde a presença de pessoas sem-teto era proibida[69];
- em Barcelona, as pessoas sem-teto foram trasladadas para fora da cidade durante os jogos[70];
- em Atlanta, sem-teto vagar pelas ruas foi declarado ilegal e mais de 9 mil sem-teto foram indiciados[71];
- em Vancouver, a cidade contratou serviços de segurança privada para retirar as pessoas sem-teto e os moradores de rua das zonas comerciais[72].

Em que pesem o número de removidos e as violações de direitos nos processos que acabamos de descrever, tanto a organização de megaeventos como a implantação de grandes projetos urbanos e processos de reconstrução pós-desastres representam, em termos territoriais – e numéricos –, uma gota no oceano de assentamentos precários nas cidades do mundo. Trata-se, em grande parte, da implementação de enclaves nas cidades, desenhados conforme a linguagem internacional das finanças e governados por estas. Sua importância, entretanto, transcende os impactos diretos sobre o território: ao incidir sobre um terreno tecido sob a égide da transitoriedade e do estigma, estabelecem narrativas e práticas que contribuem para descontruir a cultura de direitos que, juntamente com a construção material e econômica, se constituiu a duras penas nesses lugares.

Além disso, ao "experimentar" uma forma de governança do espaço e da política urbana baseada na captura contratual dos fundos públicos e implantada por meio de um sistema bloqueado dos controles sociais e intermediações políticas, a formação desses enclaves enfraquece ainda mais a capacidade dos mais pobres de participar ativamente na definição dos destinos da cidade – e, portanto, de lutar por um lugar. Nas cidades onde são implantados, os enclaves confrontam

> as práticas diárias de contestação subalterna sobre o espaço urbano: as lutas cotidianas dos vendedores ambulantes para usar as calçadas e ruas, das pessoas ocupando edifícios e espaços vazios para morar; a insistência dos subalternos de demandar e usar

[69] COHRE, *Fair Play for Housing Rights*, cit., p. 198.

[70] East Thames Group, *Home Games*, cit., p. 15.

[71] COHRE, *Fair Play for Housing Rights*, cit., p. 198.

[72] Raquel Rolnik, *Relatório temático sobre megaeventos esportivos*, cit.

todos os espaços disponíveis para construir, viver, habitar, produzir, comerciar. É este "livre-arbítrio" que a agenda global de governabilidade procura capturar e usar.[73]

Nesse sentido, expulsões e remoções ligadas a grandes projetos são apenas uma face violenta e, portanto, mais visível de processos em curso de criminalização e fortalecimento do estigma territorial. Tais processos incidem sobre os territórios populares aliados à sua "capitalização", entendida como captura de sua lógica econômica, política e social pela lógica dos mercados e finanças.

Como expusemos ao longo desta parte do livro, os programas de titulação de terras são a maneira mais explícita de incorporação desses territórios às formas hegemônicas de circulação dos ativos, permitindo diretamente sua inclusão no mercado de terras. Entretanto, formas mais sutis e obsequiosas, como a entrada do crédito (sob a forma de microcrédito ou da ampliação do endividamento), também têm operado no dia a dia desses espaços, introduzindo as chamadas habilidades do mercado. Eventualmente, essas formas descapitalizam alguns dos sujeitos que se beneficiam da vasta trama social, econômica e política que constitui os assentamentos populares.

O slogan "*Cities without slums*" [Cidades sem favelas], que acabou sintetizando o pensamento e a ação sobre os assentamentos populares formulados no âmbito da cooperação internacional e incluídos nas Metas do Milênio, expressa o que acabamos de afirmar. Sua emergência reflete a formação da ideia, no interior do campo liberal, do "fim da pobreza" através de políticas que promovam um crescimento includente, baseado no mercado, ou seja, uma ampliação do mercado na direção dos mais pobres. As Metas do Milênio, assim como a incorporação da noção de "desenvolvimento humano", expressam essa nova posição. É o chamado "*bottom billion capitalism*", o capitalismo dos bilhões "de baixo"[74].

Por sua vez, "*Cities without slums*" pode ser lido em dois sentidos: tanto como palavra de ordem para acabar com as favelas do mundo, através das remoções e reassentamentos, quanto para "incluí-las" no mercado urbano, através de sua regularização e da formalização de suas atividades econômicas. A história desse

[73] Gruffydd Jones, "'Cities Without Slums'? Global Architectures of Power and the African City", em Karel A. Bakker (org.), *African Perspectives 2009 – The African Inner City: [Re]sourced* (Pretória, University of Pretoria, 2010), p. 769-70. Disponível em: <https://lirias.kuleuven.be/bitstream/123456789/294456/3/Pretoria2009proceedingsToC.pdf>. Acesso em: 6 jan. 2015.

[74] Ananya Roy, *Poverty Capital: Microfinance and the Making of Development* (Nova York, Routledge, 2010), p. 140.

slogan elucida as armadilhas de uma política pública que pretende conciliar a proteção social dos pobres e o combate à pobreza com a ideia da terra urbana como ativo financeiro, sob a égide de um "crescimento includente"[75].

Em 1999, o Banco Mundial e a agência UN-Habitat formaram uma nova organização, a Cities Alliance, com o objetivo de convencer e financiar governos a regularizar e urbanizar assentamentos populares, assim como a integrá-los a estratégias mais gerais de planejamento territorial (*city development strategies*). Essa iniciativa representava uma resposta a um dos pontos centrais da Agenda Habitat, definida pela Conferência Habitat II, em Istambul, em 1996, que, sob pressão de movimentos e organizações populares, demandava a introdução de infraestrutura e serviços e a segurança da posse para os assentamentos populares. Entretanto, a Cities Alliance é lançada com o slogan "*Cities without slums*", que aparece pela primeira vez no título de sua publicação inaugural: *Cities Alliance for Cities without Slums: Action Plan for Moving Slum Upgrading to Scale*.

Em 2000, a Assembleia Geral da ONU adotou a meta lançada pela Cities Alliance de melhorar a vida de 100 milhões de habitantes de favelas até 2020, que se transformou, assim, na 11ª das Metas do Milênio. A adoção, por parte da ONU, de uma meta relacionada a *slums* e a mobilização do slogan "*Cities without slums*" para expressá-la disseminaram, a partir daí, a palavra de ordem "cidades sem favelas" como lema para a elaboração de políticas, projetos e até legislação em vários países do mundo[76].

O uso da palavra *slum* não é inocente. Trata-se de identificar o vasto território autoproduzido pelos pobres nas cidades com o estigma e, portanto, de justificar as políticas de eliminação desses espaços. A linguagem de guerra frequentemente empregada tampouco é inocente: trata-se de controlar territórios estruturados sob a lógica das necessidades de sobrevivência e da invenção, para que o capital financeiro – a moeda que circula livremente, desencarnada de qualquer território – possa ali pousar em paz.

Essa nova forma de colonização opera através tanto da ocupação do território e substituição das formas de vida que ali existiam, com remoções e demolições, como do processo cotidiano de construção dos indivíduos consumidores e sujeitos de crédito, alargando os mercados e finanças globais cultural e concretamente.

---

75 Idem, "Slum-free Cities of the Asian Century: Postcolonial Government and the Project of Inclusive Growth", *Singapore Journal of Tropical Geography*, v. 35, n. 1, mar. 2014.

76 Marie Huchzermeyer, "'Slum' Upgrading or 'Slum' Eradication?", cit.

3
Financeirização nos trópicos: moradia e cidade no Brasil emergente

22222
222
31

Introdução

Maio de 2011, Rio de Janeiro

Enquanto subo a escadaria do morro da Providência, área portuária do Rio de Janeiro, o olhar dos moradores, estampado em retratos gigantes colados nos muros das casas, me acompanha. Era a denúncia de que, em pouco tempo, elas iriam desaparecer[1]. Todos os moradores das casas lindeiras à escadaria, que por mais de cem anos foi o principal acesso à comunidade, teriam de sair para dar lugar a um teleférico que levaria até o alto do morro, onde mais casas desapareceriam para que a área se transformasse num mirante. De lá de cima tem-se uma vista privilegiada do Porto Maravilha, marca do mais novo complexo imobiliário-financeiro do Rio de Janeiro, em execução por meio de uma parceria público-privada (PPP) encarregada de implementar as obras e de gerir os serviços por quinze anos. Três quartos da área a ser ocupada pelo empreendimento são constituídos por terrenos públicos, em sua maioria antigas instalações portuárias ou retroportuárias e galpões.

Na subida do morro, àquela época, ainda não era possível, ver os edifícios envidraçados, como o Porto Atlântico Business Square ou o Porto Maravilha Corporate. Nem mesmo as Trump Towers, que seriam lançadas no ano seguinte, ou o Museu do Calatrava, em construção no antigo píer.

---

[1] As fotos fazem parte de intervenção artística idealizada pelo fotógrafo francês JR, que desenvolveu trabalhos semelhantes no mundo inteiro no projeto *Inside Out*. Mais de cem moradores do morro da Providência participaram da intervenção. Mais informações sobre o projeto *Inside Out* em: <www.insideoutproject.net/en>. Acesso em: 25 dez. 2014.

Lá em cima, o clima era de apreensão e conflito. Ninguém sabia ao certo quando, como e para onde iria com o novo projeto de "urbanização", a ser implementado pelo mesmo consórcio de empreiteiras que havia vencido a licitação do Porto Maravilha, projeto de renovação urbana na área portuária, onde o morro da Providência está localizado. O consórcio foi o único concorrente da licitação para executar um projeto que ele mesmo havia elaborado para oferecer de "presente" ao prefeito recém-eleito, que decidiu implantá-lo, aprovando tudo rapidamente na Câmara dos Vereadores. Para a maioria das pessoas – especialmente para as que teriam de ser removidas –, um teleférico não era a prioridade de intervenção no morro, que já havia passado por outro projeto de urbanização há menos de dez anos – o Favela-Bairro. Porém, como em todas as outras favelas urbanizadas por esse programa, a prefeitura e o governo do estado não assumiram a gestão do lugar de forma definitiva: o lixo não era coletado como no resto da cidade, não havia manutenção do sistema de drenagem etc.

Em abril de 2010, foi instalada no morro da Providência uma Unidade de Polícia Pacificadora (UPP), estratégia lançada pelo governo do Estado do Rio de Janeiro em fins de 2008 para ocupar e reconquistar territórios sob controle de narcotraficantes. As UPPs mobilizam um contingente militar de ocupação formado por soldados da Força Nacional (policiais de outros estados) e pela polícia do Estado do Rio de Janeiro. Com uma UPP dentro da favela e um projeto de teleférico, a Providência estava definitivamente encravada em um dos territórios atingidos pelo projeto Rio Olímpico, pacote de obras e intervenções urbanísticas posto em ação na esteira da preparação da cidade para receber as Olimpíadas em 2016 e a Copa do Mundo em 2014.

Como as negociações eram feitas com os moradores de forma individual e em momentos diferentes, boatos atravessavam a comunidade: "tal liderança recebeu não sei quantos mil da prefeitura para aceitar ir embora e convencer os outros", "tal liderança estava sendo paga por um parlamentar de oposição para armar uma resistência", "dizem que o governo federal vai fazer um conjunto habitacional do programa Minha Casa Minha Vida, que vai ocupar uma garagem de ônibus lá embaixo", "dizem que todos os removidos não vão caber nesse conjunto", "dizem que quem quiser sair já recebe uma casa prontinha na Zona Oeste, a trinta quilômetros daqui", "que vai ter auxílio-aluguel para quem quiser esperar" ou "que quem esperar arrisca ficar sem nada"...

Informações precisas não estavam nem estão disponíveis nem no Portal da Transparência, nem na "matriz de responsabilidades da Copa", nem no *website* da prefeitura. Ninguém sabia ao certo o que iria acontecer. E era nesse clima que as famílias atingidas "negociavam" sua saída com a prefeitura.

A ocupação pela polícia e um projeto definido de fora e sem diálogo com a comunidade estão gerando remoções: provavelmente, esta foi a enésima vez que tais coisas aconteceram ao longo dos mais de cem anos de existência da comunidade do morro da Providência. Apenas três anos depois de o Brasil ver nascer sua primeira favela oficial, com a permissão do Ministério da Guerra para que ali se alojassem veteranos sem-terra da Guerra de Canudos – terminada em outubro de 1897 –, uma carta do delegado encarregado da ordem pública ao chefe de polícia comentava que

> ali é impossível ser feito o policiamento porquanto neste local, foco de desertores, ladrões e praças do exército, não há ruas, os casebres são construídos de madeira e cobertos de zinco e não existe em todo o morro um só bico de gás, de modo que, para a completa extinção dos malfeitores apontados, se torna necessário um grande cerco que, para produzir resultado, precisa pelo menos de um auxílio de oitenta praças completamente armados.[2]

O referido delegado conclui sugerindo que "o meio mais prático de ficar completamente limpo o aludido morro é ser pela Diretoria de Saúde Pública ordenada a demolição de todos os pardieiros que em tal sítio se encontram"[3]. No morro da Providência, incursões policiais, ameaças de remoção, investimentos públicos, programas de urbanização e regularização sucederam-se ao longo de um século. O Porto Maravilha é, basicamente, o mais novo capítulo de uma história marcada por ambiguidades, acertos com os poderes, resistências, negociações, porosidades e conflitos.

Ao descer a escadaria de volta, depois de percorrer o morro, deparo com uma cena patética: um cadeirante é um dos personagens retratados nas fachadas das casas. E é justamente o projeto de acessibilidade que vai expulsá-lo do morro.

Dezembro de 2013, Zona Sul de São Paulo

Às margens de um rio, cujo curso já havia sido invertido para poder gerar energia elétrica para a cidade que se industrializava no século XX, a paisagem de complexos de torres de escritórios, shopping centers e hotéis de luxo anuncia o novo

---

[2] Alba Zaluar e Marcos Alvito (orgs.), *Um século de favela* (4. ed., Rio de Janeiro, Editora FGV, 2004), p. 8.

[3] Ibidem, p. 9.

"centro de negócios" da São Paulo do século XXI. Seu Gerôncio leva-me para conhecer seu apartamento, um dos 252 que foram construídos na área onde estava situada a favela do Jardim Edith. Essa comunidade abrigava quase 3 mil famílias numa área de 68 mil metros quadrados, situada entre a avenida Marginal do rio Pinheiros e a avenida Luiz Carlos Berrini. O terreno da favela era vizinho ao World Trade Center, empreendimento do grupo WTC Association, o mesmo que havia construído as Twin Towers (as torres gêmeas no sul de Manhattan, destruídas em 2001). Essa área vizinha abrigava uma torre de escritórios, um hotel cinco estrelas da rede Meliá, um centro de convenções, uma área para exposição, um heliponto e um shopping de design com duzentas lojas[4]. Em 1996, o World Trade Center era o mais novo dos empreendimentos lançados na região: grande parte era fruto de *joint ventures* com empresas, fundos de investimentos internacionais, fundos imobiliários ou outras formas de captação de capital financeiro – principalmente de fundos de pensão – que penetraram no mercado imobiliário paulistano nos anos 1990.

O Jardim Edith, assim como toda a região em que o terreno da antiga favela está situado, se insere no perímetro da Operação Urbana Consorciada Água Espraiada, uma modalidade de PPP iniciada em 1991 e modificada em 2002. Ela organiza-se basicamente em torno da obra de canalização do córrego Água Espraiada e da abertura de avenidas, ampliando as possibilidades de expansão das fronteiras da nova centralidade dos negócios e da alta renda em São Paulo e captando recursos de venda de certificados de potencial adicional de construção (Cepac) disponibilizados para a área. O Jardim Edith é uma das zonas especiais de interesse social (Zeis) – perímetros demarcados no zoneamento da cidade, destinados à produção de habitação de interesse social (HIS) – incluídas na lei que instituiu a operação urbana. Isso ocorreu depois de muita pressão dos moradores, que, organizados, ocuparam a Câmara dos Vereadores até que fossem incluídos os perímetros de Zeis, na madrugada da aprovação da nova lei, em dezembro de 2002[5].

O Jardim Edith fazia parte de uma sequência de 68 núcleos de favelas instaladas às margens do córrego Água Espraiada desde que aquelas terras haviam sido desapropriadas para a construção de um trecho do anel viário da cidade, nos

[4] Mariana Fix, *Parceiros da exclusão: duas histórias da construção de uma "nova cidade" em São Paulo – Faria Lima e Água Espraiada* (São Paulo, Boitempo, 2001), p. 19 e 37.

[5] Idem, *São Paulo cidade global: fundamentos financeiros de uma miragem* (São Paulo, Boitempo, 2007), p. 104.

anos 1970, tendo sofrido um forte crescimento populacional entre as décadas de 1970 e 1980[6]. Parte desses núcleos foi removida no início dos anos 1990 com o apoio de um *pool* de empresas que se instalaram na região e que constituíram um fundo a fim de sustentar financeiramente as estratégias da prefeitura para retirar os moradores da área. As alternativas oferecidas aos moradores eram: passagem de volta para a terra natal; 1,5 mil reais por família (esses valores eram negociáveis e podiam chegar a 11 mil reais, como consta de depoimento de uma ex-moradora); um apartamento novo situado no Jaguaré ou no Jardim Educandário, na divisa com Taboão da Serra (e um alojamento provisório até que estes fossem construídos), ou um apartamento em Cidade Tiradentes, imenso conglomerado de conjuntos habitacionais populares produzidos no extremo leste da cidade desde os anos 1980. Aproximadamente 20% das famílias removidas foram transferidas para os conjuntos residenciais, situados a dez, quinze ou mais de trinta quilômetros do local. O restante aceitou a oferta em dinheiro e o "caminhão gratuito" para a mudança e foi se instalar em outras favelas próximas ou em áreas de proteção de mananciais na Zona Sul da cidade[7]. Novas tentativas de remoção das famílias que permaneciam na área ocorreram no início de 2001, com uma ação movida pelo próprio Departamento de Estradas de Rodagem (DER).

Nesse contexto, a inserção das áreas remanescentes de favelas como Zeis no texto da Lei da Operação Urbana, ao final de 2002, foi considerada uma grande vitória por parte dos moradores. Mesmo assim, seu Gerôncio contou-me que não pararam as pressões para que saíssem dali. Cada vez que uma família saía, o barraco era imediatamente derrubado por tratores que passavam rente às casas remanescentes e, "acidentalmente", atingiam um muro; o entulho era deixado entre as casas, degradando o ambiente, de forma que as famílias sentiam-se pressionadas a "fechar logo o acordo" e sair. Finalmente, em 2008, uma ação civil pública evitou que a favela continuasse a ser removida, abrindo espaço para um acordo judicial com a prefeitura, que se comprometeu a construir um empreendimento de HIS no local[8]. A liminar valeu-se da justificativa de que se tratava de uma Zeis, no contexto de pressão intensa da população organizada em conjunto com

---

[6] Idem.

[7] Ibidem, p. 98-101; idem, *Parceiros da exclusão*, cit.

[8] Paulo Somlanyi Romeiro, *Zonas Especiais de Interesse Social: materialização de um novo paradigma no tratamento de assentamentos informais ocupados por população de baixa renda* (Dissertação de Mestrado em Direito, Faculdade de Direito-PUC-SP, São Paulo, 2010), p. 77.

a Defensoria Pública. Finalmente, com a intervenção adicional do Ministério Público, também integrante do Grupo de Gestão da Operação Urbana, em dezembro de 2010 foi iniciada a construção de 252 apartamentos no próprio local para os moradores remanescentes do Jardim Edith.

• • •

As cenas nas cidades do Rio de Janeiro e de São Paulo que acabamos de descrever retratam os pontos de encontro – e de conflito – entre o avanço do complexo imobiliário-financeiro e os territórios populares. Estes, como vimos, foram constituídos na chave da transitoriedade permanente, forma específica de inclusão precária e excludente dos pobres nas cidades, consolidada pelos próprios moradores ao longo de décadas de embates e parcerias com o Estado.

Porém, apenas essas cenas – pontos de encontro de extremos – não são suficientes para sintetizar as transformações e permanências em curso nas cidades brasileiras. Essa experiência particular se insere na grande mudança econômica, política e territorial que ocorre nas cidades do planeta, sob a égide do consumismo triunfante, na era da hegemonia do pensamento e das práticas de gestão neoliberais.

Os processos que descrevemos de forma panorâmica e, portanto, genérica nos capítulos anteriores podem ser melhor observados e compreendidos na especificidade histórica da economia política de cada país e cidade. É o que pretendemos fazer nesta terceira parte do livro, ao situar o mesmo tema de que tratamos até o momento – ou seja, o processo de financeirização da moradia e do solo urbano – no contexto das transformações que ocorreram no Brasil no fim do século XX e nas primeiras décadas do novo milênio. Esse período abrange processos de redemocratização política e momentos de estagnação e retomada do crescimento econômico. Abrange também a chegada ao poder – inicialmente, em nível local e, em seguida, nacional – de uma coalizão liderada pelo Partido dos Trabalhadores (PT), força política que emergiu das lutas sindicais, dos movimentos sociais e da reorganização de grupos de esquerda ao longo dos anos 1980 e 1990. Uma de suas agendas era a construção de um Estado de direitos, em que o acesso à moradia adequada e o direito à cidade eram elementos importantes. Por outro lado, é exatamente no mesmo período que o país vê avançar a hegemonia dos circuitos globalizados do capital e das finanças, assim como das agendas e pautas neoliberais, especialmente nas políticas habitacionais e urbanas, o que faz com que esse momento seja marcado por ambiguidades e contradições.

Em primeiro lugar, estamos falando de um país que, depois de passar por quase duas décadas de estagnação ou recessão (1980-1998), retomou uma trajetória de crescimento econômico. No período entre 1999 e 2009, o PIB brasileiro cresceu a uma taxa anual de 3,27%, enquanto a população ocupada aumentou a uma taxa anual de 2,29%[9]. Ao mesmo tempo, o salário mínimo teve reajuste nominal de 155% e aumento real de 73% entre janeiro de 2003 e março de 2010[10]. Desde 2005, também ocorreu uma mudança na condução da política econômica, que passou a ter a expansão do mercado interno como um de seus pilares, incorporando parcelas maiores da população brasileira. Assim, o aumento do consumo interno, com a inclusão de estratos mais baixos de renda, tornou-se a estratégia mais relevante para o crescimento[11].

No âmbito das políticas sociais, foram implementadas políticas públicas dirigidas à população mais miserável, com o objetivo de retirá-la do nível de subsistência precário em que se encontrava, através de programas de transferência de renda (Bolsa Família) e de um conjunto de ações sociais destinadas a aumentar as oportunidades de empreendedorismo e desenvolvimento econômico[12]. Considerando os rendimentos do trabalho, o aumento do emprego, os ganhos na previdência e as políticas sociais, o número de pobres no Brasil caiu de 57 milhões para menos de 30 milhões de pessoas, ou de 30% para 15% da população, entre 2001 e 2008[13].

De outro lado, ampliou-se a renda das famílias, principalmente daquelas situadas na base da pirâmide social. Enquanto o rendimento médio familiar *per capita* no topo das faixas de renda no Brasil (10% mais ricos) cresceu 1,6%, em média, entre 2003 e 2008, o da base da pirâmide (10% mais pobres) cresceu 9,1% ao ano, em média. Isso se deveu, inicialmente, à política de aumento do valor do salário mínimo, que permitiu injetar 1 trilhão de reais na renda dos trabalhadores somente no período de 2003 a 2010. Outro fator que contribuiu para esse aumento de renda na base foi a política de transferência direta de renda aos diversos

---

9 Raquel Rolnik e Jeroen Klink, "Crescimento econômico e desenvolvimento urbano: por que nossas cidades continuam tão precárias?", *Novos Estudos Cebrap*, n. 89, mar. 2011, p. 89.

10 Ermínia Maricato, *O impasse da política urbana no Brasil* (Petrópolis, Vozes, 2011), p. 34.

11 Tagore Villarim de Siqueira, "Competitividade sistêmica: desafios para o desenvolvimento econômico brasileiro", *Revista do BNDES*, v. 16, n. 31, jun. 2009, p. 141.

12 Maria Hermínia Tavares de Almeida, "A política social no governo Lula", *Novos Estudos Cebrap*, n. 70, nov. 2004.

13 Ermínia Maricato, *O impasse da política urbana no Brasil*, cit., p. 35.

segmentos vulneráveis (idosos, pessoas com necessidades especiais, desempregados, pobres etc.) por meio da previdência e da assistência social[14].

Cabe também destacar a retomada do papel dos bancos e fundos públicos na provisão de crédito e na alavancagem dos investimentos públicos e privados, por meio de programas como o Programa de Aceleração do Crescimento (PAC) e o Minha Casa Minha Vida. Enquanto o primeiro incluiu grandes obras de infraestrutura de logística e energia, investimentos em saneamento e urbanização de favelas, o segundo ampliou significativamente os subsídios públicos para a construção de casas. Por fim, houve também o fomento a setores econômicos específicos, como os de produção de automóveis e construção naval[15]. No total do PIB, a presença das operações de crédito cresceu de 24,2%, em 2002, para 45%, em 2009. Com isso, o volume de recursos envolvidos nos financiamentos à pessoa física mais que quadruplicou entre 2003 e 2009. Nesse campo, ressalta-se o avanço do financiamento para a habitação, que subiu de 25,7 bilhões, em 2004, para 80 bilhões, em 2009[16].

Dessa forma, podemos afirmar que, sob o comando do PT, o Brasil realizou, na prática, a agenda do crescimento associado ao combate à pobreza, incluindo no mercado parcelas até então totalmente alijadas dele, mas também ampliando a capacidade de consumo via valorização dos salários e ampliação de crédito para as famílias.

Estamos falando também de um país que, depois de vinte anos de ditadura militar, retomou lentamente, nos anos 1980, uma trajetória democrática, universalizando o direito de voto e garantindo a possibilidade de organização social, política e partidária.

Do ponto de vista da política urbana, a partir de um intenso debate no seio da sociedade civil, nos partidos e entre governos acerca do papel dos cidadãos e de suas organizações na gestão das cidades, as décadas de 1980 e 1990 foram marcadas por avanços legais no campo do direito à moradia e do direito à cidade. A Constituição de 1988 incorporou um capítulo sobre política urbana, estruturado em torno da noção de função social da cidade e da propriedade, do reconhecimento dos direitos de posse dos milhões de moradores das favelas e periferias das

---

[14] Marcio Pochmann, "Políticas sociais e padrão de mudanças no Brasil durante o governo Lula", *SER Social*, v. 13, n. 28, jan.-jun. 2011, p. 26-7.

[15] André A. Sant'Anna, Gilberto R. Borça Jr. e Pedro Q. de Araújo, "Mercado de crédito no Brasil: evolução recente e o papel do BNDES (2004-2008)", *Revista do BNDES*, v. 16, n. 31, jun. 2009, p. 43-8.

[16] Marcio Pochmann, "Políticas sociais e padrão de mudanças no Brasil durante o governo Lula", cit.

cidades do país e da incorporação direta dos cidadãos aos processos decisórios relacionados a essa política[17].

Foi também nesse período que os processos de descentralização federativa e de fortalecimento da autonomia dos poderes locais, propostos desde a Constituição de 1988, foram progressivamente implantados. Tal implantação, porém, foi limitada tanto pelos constrangimentos do ajuste macroeconômico como pela alta dose de continuidade política que o processo de redemocratização brasileiro envolveu, como veremos adiante[18].

Sinais e reflexos do crescimento econômico são visíveis em localidades, cidades e metrópoles brasileiras em várias regiões. A expansão e a maior disponibilidade de subsídios públicos ao crédito para a produção habitacional, associadas ao crescimento da economia, têm provocado um dos maiores ciclos de crescimento do setor imobiliário nas cidades[19]. Por outro lado, as décadas de grande fluxo migratório do campo para as cidades ficaram para trás: a não ser nas cidades da fronteira do agronegócio e da exploração mineral, é sobretudo o crescimento vegetativo – muito mais lento – que imprime a dinâmica da expansão demográfica atual. As décadas de consolidação progressiva dos territórios populares – favelas, loteamentos periféricos e conjuntos habitacionais – não nos permitem mais falar em um espaço dual, marcado pela diferença centro/periferia. Se, por um lado, os espaços que se constituíram nos anos do grande crescimento urbano (1960-1980) são hoje dotados de água, luz, equipamentos públicos e espaços comerciais, por outro, uma nova geografia da pobreza e da vulnerabilidade social, muito mais heterogênea e complexa, define o "lugar dos pobres" na cidade, um grupo social também muito mais heterogêneo[20].

---

[17] Raquel Rolnik, "Democracia no fio da navalha: limites e possibilidades para a implementação de uma agenda de reforma urbana no Brasil", *Revista Brasileira de Estudos Urbanos e Regionais*, v. 11, n. 2, 2009.

[18] Leonardo Avritzer, "Modelos de deliberação democrática: uma análise do orçamento participativo no Brasil", em Boaventura de Sousa Santos (org.), *Democratizar a democracia: os caminhos da democracia participativa* (Porto, Afrontamento, 2003), p. 572; Lee Alston et al., *Who Decides on Public Expenditures? A Political Economy Analysis of the Budget Process: The Case of Brazil* (São Paulo, Fipe/USP, 2005).

[19] Rosana Denaldi, Karina Leitão e Silvana Zioni, "Nota técnica: infraestrutura e desenvolvimento urbano", em Tânia B. Araújo (org.), *Trajetórias do Brasil frente aos compromissos assumidos pelo governo Lula 2003-2009*, dimensão melhoria da qualidade de vida (Brasília, CGEE, 2010), mimeo.

[20] Haroldo da Gama Torres e Eduardo Marques, "Reflexões sobre a hiperperiferia: novas e velhas faces da pobreza no entorno municipal", *Revista Brasileira de Estudos Regionais e Urbanos*, n. 4, 2001; Suzana Pasternak Taschner e Lucia Bógus, "A cidade dos anéis", em Luiz Cesar de Queiroz Ribeiro (org.), *O futuro das metrópoles: desigualdades e governabilidade* (Rio de Janeiro, Revan, 2000).

Entretanto, "periferia" e "favela" são ainda categorias urbanísticas e culturais fortes. Apesar dos investimentos acumulados nesses assentamentos, que contam muitas vezes com infraestrutura básica e equipamentos sociais, eles ainda são marcados por precariedades – presentes na má qualidade dos serviços públicos, na escassez de urbanismo, na lista dos artefatos urbanos ainda por fazer ou obter – e por um estigma territorial persistente.

As dinâmicas econômicas recentes têm desafiado as cidades a absorver o crescimento, melhorando suas condições de urbanização de modo a sustentá-lo do ponto de vista territorial. Os desafios não são poucos, já que não se trata apenas de expandir a infraestrutura das cidades para absorver um crescimento futuro: a base – financeira, política e de gestão – do processo de urbanização consolidou um modelo marcado por imensas disparidades socioespaciais e grande degradação ambiental[21]. Apesar dos sucessos da política econômica – entre eles, o aumento do gasto público no setor de habitação e saneamento – e das promessas de descentralização e de extensão do direito à cidade presentes no Estatuto da Cidade, as marcas do modelo predatório e discriminatório de cidade continuam em plena vigência, constituindo o que podemos denominar hoje de crise urbana. Essa crise tem origem nas permanências e persistências de um modelo excludente, predatório e patrimonialista, ao mesmo tempo que reverbera, no nível local, as mudanças mais globais que descrevemos nas duas partes anteriores deste livro.

Uma observação inicial deve ser feita no que diz respeito à periodização dos padrões atuais das políticas de habitação social. Diferentemente dos países da Europa ocidental, o Brasil nunca teve nada parecido com um sistema de bem-estar ao longo de sua história. Nesse sentido, falar sobre a introdução de uma agenda neoliberal no país não significa tratar do desmantelamento de uma série de direitos sociais já estabelecidos. Por essa razão, os processos de liberalização dos últimos anos do século XX assumem sentido substancialmente diferente no Brasil[22].

O chamado Estado desenvolvimentista do período do pós-guerra, ao qual correspondeu a montagem de um sistema de bem-estar social na Europa, não teve um arranjo comparável no Brasil. Se a forte intervenção do Estado na economia foi uma característica comum em ambas as experiências, o impulso de modernização

---

[21] Raquel Rolnik, "Democracia no fio da navalha", cit.

[22] Raquel Rolnik e Álvaro Luis dos Santos Pereira, *The Financialization of Housing and Spatial Segregation: New Frontiers in Brazilian Cities*, XVIII ISA World Congress of Sociology, Yokohama, 2014, mimeo.

vivido no Brasil, entre o final dos anos 1960 e meados dos anos 1970, não foi além da concretização de um processo rápido de industrialização. A notória transformação do aparato produtivo não foi acompanhada por um crescimento generalizado dos salários, nem por qualquer evolução substancial no que diz respeito à garantia de direitos sociais pelo Estado.

Na verdade, as depreciadas condições materiais de reprodução da força de trabalho figuraram como uma das principais "vantagens competitivas" mobilizadas pelo país para acelerar seu processo tardio de industrialização[23]. É a chamada "espoliação urbana", modelo de inserção urbanística dos trabalhadores nas cidades que explica, segundo Lúcio Kowarick, a "lógica da desordem"[24].

Outro traço emblemático do modelo desenvolvimentista delineado, que diverge das experiências norte-americana e europeia ocidental, é o autoritarismo. Enquanto nessas regiões a era do pós-guerra foi marcada pela consolidação de uma democracia parlamentar, o regime político brasileiro seguiu uma trajetória bastante diferente. O frágil regime democrático estabelecido depois de 1945 foi interrompido por uma ditadura militar que durou mais de vinte anos (1964-1985) e praticamente bloqueou qualquer avanço social significativo que poderia ter sido alcançado como subproduto do rápido processo de modernização econômica que se desenvolvia no país.

Esse modelo desenvolvimentista e socialmente perverso resultou na consolidação de uma das sociedades mais desiguais do mundo, em que a maioria da população não tem atendidas necessidades básicas, tal como a habitação. De fato, a falta de oferta de moradia acessível tornou-se um dos principais problemas sociais do país, em um contexto de urbanização vertiginosamente rápida.

Combinado com uma estrutura de regulação fundiária excludente, o modelo de urbanização estabeleceu as condições de espraiamento de enormes assentamentos autoconstruídos nas franjas urbanas, em que formas ambíguas de segurança da posse e padrões não planejados de uso do solo prevalecem. Não surpreende que o direito à moradia e, num sentido mais amplo, o direito à cidade tenham se tornado uma das mais importantes demandas dos movimentos sociais e de outros atores progressistas no processo de democratização que seguiu os anos de ditadura militar[25].

---

[23] Francisco de Oliveira, *Crítica à razão dualista / O ornitorrinco* (São Paulo, Boitempo, 2003).

[24] Lúcio Kowarick, *A espoliação urbana* (Rio de Janeiro, Paz e Terra, 1980).

[25] Raquel Rolnik, "Democracia no fio da navalha", cit.

Na década de 1980, quando o modelo desenvolvimentista autoritário dos anos 1960 e 1970 já dava claros sinais de esgotamento, a congregação de um arranjo de forças sociais de oposição levou a um processo de democratização que culminou com a promulgação da Constituição Federal de 1988. Sob pressão de movimentos sociais urbanos que surgiram principalmente nas grandes cidades, o novo texto constitucional afirmou uma série de direitos sociais e foi amplamente reconhecido como um importante avanço jurídico em direção à inclusão social e à diminuição de desigualdades históricas[26]. Especificamente no campo da política urbana, a Constituição de 1988 reconheceu a função social da propriedade como um princípio, bem como os direitos de ocupantes informais, o que criou uma base jurídica para a efetivação do direito à cidade e a implementação da chamada agenda da reforma urbana[27].

No entanto, para se tornarem efetivas, as mudanças sinalizadas pela nova ordem constitucional exigiam mais do que o estabelecimento de princípios jurídicos. Elas exigiam pôr em prática políticas públicas em grande escala, uma condição que não poderia ser satisfeita sem gastos públicos elevados e sem uma reforma radical nas políticas urbanas de caráter excludente. Porém, naquele contexto, o cenário econômico global levou os governos nacionais na direção oposta. Em vez da expansão de políticas redistributivas, a ascensão do consenso neoliberal forçou os países a adotarem reformas fiscais ortodoxas, o que resultou em uma retração generalizada dos gastos públicos no que diz respeito aos direitos sociais[28]. Da mesma forma que a maioria dos países latino-americanos, o Brasil passou por uma séria crise financeira ao final dos anos 1980, o que restringiu suas possibilidades de seguir uma agenda desenvolvimentista. Por outro lado, a transição da ditadura para a democracia não significou a derrocada das forças políticas que estavam no poder. Por mais que novos atores – como movimentos sociais urbanos (entre eles, os de moradia) e o novo movimento sindical – tenham entrado em cena por meio de novos partidos e participado cada vez mais nos órgãos legislativos e executivos no nível local, os líderes dos antigos partidos e das antigas oligarquias ainda detinham grande influência e controle político[29].

---

26 Luís Fernando Massonetto, *O direito financeiro no capitalismo contemporâneo: a emergência de um novo padrão normativo* (Tese de Doutorado em Direito, FD-USP, São Paulo, 2006).

27 Edésio Fernandes, "Constructing the 'Right to the City' in Brazil", *Social Legal Studies*, v. 16, n. 2, jun. 2007.

28 Gilberto Bercovici e Luís Fernando Massonetto, "A constituição dirigente invertida: a blindagem da constituição financeira e a agonia da constituição econômica", *Boletim de Ciências Económicas*, v. 49, 2006.

29 Wendy Hunter e Timothy J. Power, "Lula's Brazil at Midterm", *Journal of Democracy*, v. 16, n. 3, jul. 2005.

Como consequência, o país viveu uma forte polarização entre duas coalizões políticas nas eleições de 1989, o primeiro escrutínio direto para o governo federal desde a erosão da ditadura militar. Os setores de esquerda estavam congregados em torno da primeira candidatura de Luiz Inácio Lula da Silva, dirigente sindical que emerge dos movimentos dos anos 1970-1980 para se tornar presidente do Partido dos Trabalhadores e sua principal liderança política, representando um programa fortemente reformista à época. No lado oposto, os setores de direita apoiavam a candidatura de Fernando Collor, um jovem candidato conservador, herdeiro de antigas oligarquias alinhadas com o pensamento neoliberal. Depois de uma disputa eleitoral difícil, Lula foi derrotado e o projeto neoliberal-conservador triunfou. Se a ascensão das forças políticas progressistas nos anos 1980 representou um desvio da onda neoliberal que abateu o mundo nesse período, ela não foi forte o suficiente para resistir na década seguinte – e a nova Constituição permaneceu um programa não realizado.

No entanto, é importante ressaltar que a consolidação de um novo arranjo das forças de direita nos anos 1990 e a implementação de uma agenda conservadora estavam longe de constituir um processo tranquilo e sem conflitos. Se essas coalizões políticas estiveram à frente do governo federal por três mandatos consecutivos (1990-1994; 1995-1998; 1999-2002), as forças de oposição lideradas pelo PT e por outros herdeiros políticos dos partidos comunista e socialista aumentaram sua participação na vida institucional, o que incluiu a eleição de prefeitos e representantes no parlamento local em diversas cidades. Podemos afirmar que, no interior desse campo – autodenominado por seus atores "democrático-popular" –, três grandes eixos constituíram o centro da agenda de reforma urbana das administrações eleitas: o reconhecimento dos direitos dos posseiros, a luta contra a "especulação imobiliária" e a democratização do processo decisório sobre as políticas urbanas[30].

Muitas políticas habitacionais e urbanas inovadoras, originárias da agenda pela reforma urbana, foram desenvolvidas por essas coalizões democrático-populares locais em algumas cidades: participação direta no processo decisório por meio da eleição de conselhos e câmaras populares, orçamento participativo, mutirões, programas de regularização de assentamentos informais e uso do zoneamento como instrumento para reconhecer ocupações e prover segurança da posse para assentamentos

---

[30] Vicente Trevas, Inês Magalhães e Luiz Barreto (orgs.), *Governo e cidadania: balanço e reflexões sobre o modo petista de governar* (São Paulo, Fundação Perseu Abramo, 1999).

informais[31]. No entanto, as possibilidades de mudanças substantivas nas condições de urbanização trazidas por essas experiências permaneceram muito limitadas, em razão da frágil base fiscal dos governos locais e dos cortes drásticos nos repasses do governo federal. Mesmo assim, elas tiveram papel importante, na medida em que congregaram forças dissidentes e consolidaram uma nova base política que foi essencial para a vitória da coalizão liderada pelo PT em 2002. Também foram fundamentais para lançar as bases de uma agenda e de um programa político alternativo.

Além de conquistar administrações locais importantes durante esse período, a esquerda também constituiu uma forte oposição política no Congresso Nacional. Ela não foi forte o suficiente para interromper todas as reformas conduzidas pelo governo, mas conseguiu postergar e mitigar algumas delas, como a privatização de serviços urbanos essenciais, por exemplo, abastecimento de água e saneamento. O reconhecimento constitucional do direito à moradia como direito fundamental, em 2000, e a aprovação do Estatuto da Cidade (Lei n. 10.257), em 2001, são exemplos de conquistas pontuais – mas não menos importantes – de movimentos sociais e forças de esquerda, no âmbito de suas lutas pelo direito à cidade.

Apesar da crescente força de sindicatos e movimentos sociais e de sua articulação em partidos de esquerda como o PT, eles permaneceram atores marginais na arena política do país ao longo dos anos 1990, especialmente nos primeiros anos do governo de Fernando Henrique Cardoso, período de enraizamento do projeto neoliberal. Em vez de promover os direitos sociais reconhecidos pela Constituição de 1988 ou as demandas dos movimentos sociais, a agenda governamental dos anos 1990 estava focada no retraimento da intervenção estatal, no ajuste e na consolidação de instituições de mercado. Se o recuo do papel do Estado sob o neoliberalismo provou ser mais um discurso retórico do que uma verdade[32], a natureza de suas ações mudou de forma drástica. Os gastos públicos não foram realmente reduzidos, como sugere o discurso dos apoiadores do modelo neoliberal, mas, sim, reorientados da promoção de direitos sociais – mesmo que em dimensão muito limitada, no caso do Brasil – em direção à aceleração do desenvolvimento de um ambiente *market friendly*[33].

---

[31] Evelina Dagnino, Alberto J. Olvera e Aldo Panfichi (orgs.), *A disputa pela construção democrática na América Latina* (São Paulo/Campinas, Paz e Terra/Editora da Unicamp, 2006).

[32] David Harvey, "From Managerialism to Entrepreneurialism: The Transformation in Urban Governance in Late Capitalism", *Geografiska Annaler (B)*, v. 71, n. 1, 1989.

[33] Jago Dodson, *Rolling the State: Government, Neoliberalism and Housing Assistance in Four Advanced Economies* (Brisbane, Griffith University, 2006). Disponível em: <www.griffith.edu.au/__data/assets/pdf_file/0003/48576/urp-rp07-dodson-2006.pdf>. Acesso em: 5 jan. 2015.

Se as decisões dos formuladores de política pública, em nível nacional, e os padrões de intervenção estatal eram cada vez mais submetidos às condições e aos princípios estabelecidos por instituições financeiras internacionais, como o Banco Mundial, o FMI e a OMC, a resposta às necessidades sociais deveria ser a promoção do acesso a bens e serviços por meio de relações de mercado[34].

Não podemos deixar de assinalar que, principalmente a partir dos anos 1990, penetram também no país o ideário e as práticas do chamado "empreendedorismo urbano". Essa resposta neoliberal à crise econômico-política do modelo de Estado provedor encontra espaços de confluência perversa com alguns temas e críticas constantes na plataforma da reforma urbana[35]. A descentralização e o fortalecimento dos governos locais, a titulação e registro de propriedade de áreas ocupadas por favelas, a crítica à rigidez do planejamento urbano modernista e a defesa de participação da sociedade civil no planejamento, entre outras mudanças, introduziam conteúdos por vezes diametralmente opostos sob a mesma agenda. O argumento da eficiência dos empreendedores privados tornou-se uma das pedras de toque da economia política hegemônica do período e a linguagem dos direitos sociais e da cidadania foi progressivamente substituída pela linguagem da inclusão pelo consumo[36].

Uma expressão repetida incessantemente no país – das campanhas políticas às mesas de bar – oferece uma versão simplificada do paradoxo diminuição da pobreza/crescimento econômico e agudização da crise urbana: da porta para dentro avançamos (leia-se: compramos geladeiras, computadores, celulares, viagens de férias etc.), da porta para fora estamos cada vez pior (leia-se: a dimensão pública, coletiva, das políticas, a infraestrutura social e econômica inexistente, insuficiente ou precária).

A crise manifesta-se de forma aguda nas cidades, por meio do tema da mobilidade. Um modelo de cidade concentrador de oportunidades de desenvolvimento econômico e humano em setores restritos do território (onde vivem e circulam os segmentos de mais alta renda), aliado à expansão permanente de periferias homogêneas e escassamente urbanizadas, foi historicamente alimentado por uma

---

[34] Banco Mundial, *Housing: Enabling Markets to Work* (Washington-DC, Banco Mundial, 1993).

[35] Carlos Vainer, "Pátria, empresa e mercadoria: notas sobre a estratégia discursiva do Planejamento Estratégico Urbano", em Otília Arantes, Ermínia Maricato e Carlos Vainer (orgs.), *A cidade do pensamento único: desmanchando consensos* (Petrópolis, Vozes, 2000).

[36] Peter Saunders, *A Nation of Home Owners* (Londres, Unwin, 1990); Richard Ronald, *The Ideology of Home Ownership: Homeowner Societies and the Role of Housing* (Nova York, Palgrave MacMillan, 2008).

política de suporte à circulação de automóveis privados e de manutenção de um sistema de transporte coletivo por ônibus de baixíssima qualidade.

Ao viabilizar a posse do automóvel, o modelo propiciou o aumento da velocidade de deslocamento da classe média. Enquanto a classe média aumentou as distâncias percorridas e sua velocidade – já que teve acesso a uma tecnologia de transporte mais rápida, viabilizando permanentemente novas frentes de expansão imobiliária –, o usuário de transporte coletivo seguiu preso à mesma alternativa tecnológica e de gestão. O desprezo pelo transporte coletivo de massa, confiado a sistemas de ônibus operados precariamente, levou, então, a que os usuários de ônibus circulassem à mesma velocidade das décadas de 1930 e 1940, mas percorrendo distâncias muito maiores, o que, proporcionalmente, elevou muito os tempos de percurso[37].

O modelo, reeditado *ad nauseam* ao longo das últimas décadas, funcional para cidades em que menos de um quarto dos habitantes possuíam automóveis, não suportou a explosão no consumo de carros e motocicletas por parte da chamada "nova classe média". A indústria automobilística, base importante para o crescimento econômico (era responsável por 13% do PIB em 1999 e 19,8%, em 2009), despeja 3 milhões de automóveis de passageiros e comerciais leves por ano, desde 2008. Esse enorme volume entupiu as cidades e comprometeu – em função da poluição, dos acidentes e congestionamentos – a saúde de seus habitantes[38]. O pacto de vida e morte com os automóveis e o desprezo pelo transporte coletivo de massa, aliados ao modelo de cidade concentrador, impõem a imobilidade para o conjunto da sociedade.

É nesse contexto que depredações e explosões de ônibus deixam de ser cenas incomuns nas cidades. Constituem uma das faces atuais da violência, tema recorrente e expressão da crise urbana, presente no imaginário – e na realidade – das cidades brasileiras de forma marcante desde o final dos anos 1990. Foi quando

> o país entrou em compasso com o capitalismo contemporâneo – abertura de mercados aos capitais globalizados, reestruturação produtiva, novas tecnologias, mudanças nas práticas gerenciais, flexibilização do contrato de trabalho e, para dizer tudo isso de uma só vez: a implosão da chamada "norma fordista", com efeitos conhecidos no

---

[37] Eduardo Alcântara de Vasconcellos, *Circular é preciso, viver não é preciso: a história do trânsito na cidade de São Paulo* (São Paulo, Annablume, 1999), p. 233-6, 252-3, citado em Raquel Rolnik e Danielle Klintowitz, "(I)Mobilidade na cidade de São Paulo", *Estudos Avançados*, v. 25, n. 71, jan./abr. 2011.

[38] Ermínia Maricato, *O impasse da política urbana no Brasil*, cit., p. 79.

aumento do desemprego de longa duração, na precarização do trabalho, nos contingentes crescentes de sobrantes do mercado de trabalho.[39]

Particularmente nos anos 1990, o assalariamento recuou de forma contínua, interrompendo o ciclo histórico de mobilidade ocupacional nas cidades que cresceram no período fordista de industrialização, a partir dos anos 1950. Um dos elementos centrais – para os setores populares – da transição política do autoritarismo para um regime democrático, as promessas de extensão de direitos e de igualdade de oportunidades, expressas na "Constituição cidadã" de 1988, foram abortadas por uma transição econômica que aumentou drasticamente a pobreza e reduziu as possibilidades do Estado de estabelecer políticas redistributivas[40].

É exatamente nesse momento que o narcotráfico, entre outros ilegalismos, penetra nas cidades:

> [...] o narcotráfico tornou-se uma referência econômica (garante a sobrevivência de muitas pessoas), social (ajuda pessoas ou associações) e moral. [...] Há capilaridades entre o tráfico de drogas e a economia, que podem se transformar em grandes fluxos, visíveis nos espaços da cidade. E o poder público – em particular a polícia, que há muito tempo opera no mercado da proteção-repressão – vê seus "negócios" crescerem em decorrência desses fluxos.[41]

A violência, assim como o medo, não apenas incidiu sobre as formas de organização social, como também impactou na reestruturação física das cidades, "gerando novas formas de segregação espacial e discriminação social: os enclaves fortificados"[42]. Os enclaves são

> espaços privatizados, fechados e monitorados, destinados a residência, lazer, trabalho e consumo. Podem ser shopping centers, conjuntos comerciais e empresariais ou condomínios residenciais. Eles atraem aqueles que temem a heterogeneidade social dos bairros urbanos [...] e preferem abandoná-los para os pobres, os marginais, os sem-teto. [...] Privatização, cercamentos, policiamento e técnicas de

---

[39] Vera da Silva Telles, "Debates: a cidade como questão", em Vera da Silva Telles e Robert Cabanes (orgs.), *Nas tramas da cidade: trajetórias urbanas e seus territórios* (São Paulo, Humanitas, 2006), p. 57.

[40] Elizabeth Leeds, "Cocaína e poderes paralelos na periferia urbana brasileira: ameaças à democratização em nível local", em Alba Zaluar e Marcos Alvito (orgs.), *Um século de favela*, cit., p. 234.

[41] Robert Cabanes e Isabel Georges, "Perspectivas", em Robert Cabanes et al. (orgs.), *Saídas de emergência: ganhar/perder a vida na periferia de São Paulo* (São Paulo, Boitempo, 2011), p. 17-8.

[42] Teresa Pires do Rio Caldeira, *Cidade de muros: crime, segregação e cidadania em São Paulo* (São Paulo, Editora 34/Edusp, 2000), p. 9.

> distanciamento criam um outro tipo de espaço público: fragmentado, articulado em torno de separações rígidas e segurança sofisticada, no qual a desigualdade é um valor estruturante.[43]

Na cultura urbana contemporânea, o "enclave fortificado" tem como oposto – simbólico e real – a "periferia" e a "favela", onde "mora" a violência, consubstanciada na presença dos intermediários da distribuição do narcotráfico, imagem que os meios de comunicação não pararam de reproduzir nas últimas décadas. A identificação dos territórios populares com o crime e dos seus habitantes como criminosos, conforme vimos no caso do morro da Providência, é, entretanto, muito anterior à presença do narcotráfico nas cidades. O uso da violência por parte da polícia e de estruturas privadas de repressão contra a classe trabalhadora, os pobres e os não brancos no Brasil é antigo e amplamente documentado. Tendo como origem os castigos físicos durante a escravidão, a tortura e outras formas de abuso atravessaram a história republicana de maneira que a população – especialmente a população não branca e pobre – tem sofrido continuamente com vários tipos de violência policial e injustiça legal[44].

A conduta da Polícia Militar nas favelas e periferias, caracterizada por abusos como execuções sumárias, tortura e invasão de casas sem mandado de busca, é não apenas um elemento estruturador da cultura, mas também uma herança do regime militar. Durante sua fase mais repressiva, em 1969, uma parte das polícias foi incorporada às Forças Armadas para controlar a agitação social e política, inclusive para combater a guerrilha antiditadura, com prerrogativas de uso de métodos repressivos violentos. Em 1977, já durante o lento e gradual processo de abertura política do regime, foram-lhe concedidas as mesmas garantias legais vigentes no final dos anos 1960, "obliterando assim as fronteiras entre a guerra contra a guerrilha e o crime comum"[45].

Embora assuma hoje a forma específica de "guerra contra o tráfico" e, do ponto de vista territorial, de "guerra contra as favelas", a violência que redesenhou as cidades nas últimas duas décadas e que permanece como uma das questões urbanas centrais é estrutural e institucional. Representa uma das formas mais visíveis de

---

43 Ibidem, p. 12.

44 Ibidem, p. 136.

45 Paulo Sérgio Pinheiro, "Police and Political Crisis: The Case of the Military Police", em Martha K. Huggins (org.), *Vigilantism and the State in Modern Latin America: Essays on Extralegal Violence* (Nova York, Praeger, 1991), p. 173, citado em Elizabeth Leeds, "Cocaína e poderes paralelos na periferia urbana brasileira", cit.

dominação étnica e de classe e impõe limites para a extensão da cidadania e da democracia ao conjunto do território:

> O modo como o Estado reage ao tráfico de drogas nas favelas constituiu um exemplo atual (numa série de paralelos históricos) de repressão a um "comportamento aberrante" da classe inferior e, logo, de repressão de segmentos expressivos de toda uma classe. Mais importante, a onipresença do tráfico de drogas – em suas práticas neoclientelistas – ameaça o frágil processo de criação, em nível local, de estruturas democráticas capazes de fortalecer e mobilizar politicamente as comunidades de baixa renda.[46]

Por outro lado, os trabalhadores que construíram as periferias e favelas, nos anos 1960 e 1970, organizados em entidades da Igreja Católica, nos sindicatos e, a partir dos anos 1980, nos partidos, operaram como atores políticos na transição democrática, articulando o desejo de ascensão social à integração à condição de cidadãos. No entanto, seus organismos de representação, assim como sua cultura política, foram perdendo hegemonia político-cultural nesses territórios a partir da crise dos anos 1990, ao mesmo tempo que ampliavam seu espaço no *establishment* político, ainda que de forma subalterna. De acordo com Gabriel Feltran,

> se nos anos 1980 o conflito social pôde ser pautado numa perspectiva de integração das camadas trabalhadoras, pela aposta da contrapartida social do assalariamento, agora trata-se sobretudo de gerenciar as fronteiras entre periferias e direito – de modo compartilhado entre Estado, políticas e o "mundo do crime" – pela ênfase sistemática nas representações da violência urbana.[47]

O estigma territorial das periferias e favelas – elemento central de uma cultura urbana excludente – foi assim reforçado nos anos 1990, reinventando-se no novo milênio nas cidades brasileiras, apesar dos avanços de renda e emprego que permitiram o aumento do consumo das classes populares. Isso se deve, em parte, ao caráter político-militar-territorial do comércio de drogas, que se mimetiza com os bairros populares, transformando favelas e periferias em sinônimo de insegurança e objeto permanente de políticas de segurança: "Esta territorialização reforça estereótipos e estigmatiza segmentos sociais do espaço urbano, mas

---

[46] Elizabeth Leeds, "Cocaína e poderes paralelos na periferia urbana brasileira", cit., p. 235.

[47] Gabriel Feltran, Transformações sociais e políticas nas periferias de São Paulo, em Lúcio Kowarick e Eduardo Marques (orgs.), *São Paulo: novos percursos e atores – sociedade, cultura e política* (São Paulo, Editora 34/CEM, 2011), p. 360.

também constitui novas redes de sociabilidade que emergem das relações de poder que demarcam este território"[48].

Entretanto, há um ponto de encontro/convergência dos "trabalhadores" e "empreendedores" que ascenderam socialmente, aumentando sua renda e poder de consumo, com os "bandidos" e os mercados ilícitos. Trata-se de

> uma lógica mercantil formalmente integrada pela monetarização, o que produz uma forma de vida comum, desejável por todos, centrada na expansão do consumo. Se são figurados como vivendo em universos morais distintos, trabalhadores e bandidos trocam bens e serviços monetarizados entre si, na medida em que os mercados que operam encontram-se profundamente vinculados; policiais e traficantes também têm seus acertos, e só podem ser financeiros, para que o tráfico possa operar com benefício para ambos; playboys e manos adoram as mesmas motos e carros, submetendo-se a inúmeras relações diretas nas distintas posições dos mercados de trabalho e consumo que ocupam. Todos respeitam a riqueza como signo de status. O dinheiro é objetivamente elevado ao estatuto de forma mediadora entre grupos populacionais em conflito, suplantando em muito a legitimidade da lei e da moral, que invariavelmente os afastariam.[49]

Por sua vez, a contraposição entre o enclave fortificado e o espaço "anômico" do hábitat popular ultrapassou as fronteiras de classe, constituindo modelo urbanístico para o conjunto da sociedade. Dois indicadores recentes confirmam esta hipótese: o modelo adotado pelo Minha Casa Minha Vida – programa público de produção de 3 milhões de moradias, que abordaremos em mais detalhes adiante – e os "rolezinhos", nome dado às "ocupações", *flash mobs* acertados pela internet, de milhares de jovens das periferias e favelas de São Paulo em shopping centers. Ao fixar obrigatoriamente um modelo de "condomínios fechados e murados com áreas de lazer internas", o programa de moradia reproduz em miniatura os enclaves das classes médias. Já a origem do "rolezinho" são os encontros, nos shoppings, de admiradores e fãs de "famosinhos" da internet e de cantores de funk com seus ídolos. Ao representar "ameaças" à segurança dos shoppings e sua seletividade de usuários, expondo a clivagem racial e de classe presente na cidade, alguns "rolezinhos" foram violentamente reprimidos pela polícia.

48 Michel Misse, "Rio como um bazar: a conversão da ilegalidade em mercadoria política", *Insight Inteligência*, v. 3, n. 5, 2002, p. 15.

49 Gabriel Feltran, "O valor dos pobres: a aposta no dinheiro como mediação para o conflito social contemporâneo", *Caderno CRH*, Salvador, v. 27, n. 72, set.-dez. 2014, p. 497.

Os "rolezinhos" também afirmam o modelo dos "templos de consumo" como os novos espaços de socialização e lazer na cidade. Dinheiro e consumismo passam a ser novas utopias, imediatas, de inserção social.

Além da (i)mobilidade e da persistência perversa da violência, embebidas nos símbolos de status e consumo, um terceiro elemento marca a crise das cidades brasileiras: a habitação. Como vimos, o padrão histórico de moradia no Brasil sempre foi o da autoconstrução em loteamentos precários nas periferias ou das ocupações de terrenos públicos ou privados vazios, as favelas. Durante o período de transição democrática – anos 1980 e 1990 –, o número e a proporção de moradores em favelas nas principais cidades brasileiras cresceram de forma significativa, processo este não totalmente interrompido na década seguinte. Em São Paulo, por exemplo, a proporção da população favelada no total da cidade era pouco relevante até a década de 1980. Um levantamento da Prefeitura de São Paulo realizado em 1973 indicou cerca de 70 mil habitantes, ou 1% da população do município à epoca. Estimativas baseadas no Censo indicaram, para o ano de 1991, uma população favelada de 900 mil habitantes, ou 9% da população total, enquanto, em 2000, a cidade passaria a ter 1,2 milhão de habitantes em favelas, correspondendo a 11% da população municipal[50]. A proporção manteve-se praticamente a mesma – 11% da população total – em 2010[51].

Em 2010, na cidade do Rio de Janeiro, a população residente em favelas representava 23% do total, ou 1.443.000 habitantes. As favelas continuaram a crescer na última década, numa velocidade superior à da cidade como um todo. Entre 2000 e 2010, a população do Rio cresceu 8%. Enquanto as favelas expandiram-se a uma taxa de 19%, a população da "não favela" cresceu apenas 5%[52]. Esse é apenas um dos indicadores da precariedade habitacional, uma vez que moradores de loteamentos informais, cortiços e conjuntos habitacionais produzidos há décadas por governos e hoje "favelizados" também compõem este quadro.

---

[50] Eduardo Marques e Camila Saraiva, "A dinâmica social das favelas na região metropolitana de São Paulo", *Pensamento & Realidade*, v. 21, 2007.

[51] Prefeitura de São Paulo, *Plano Municipal da Habitação Social da Cidade de São Paulo* (São Paulo, PMSP, 2011). Disponível em: <www.habisp.inf.br/theke/documentos/pmh/pmh_versao_outubro_2011_pdf/PMH_outubro_2011.pdf>. Acesso em: 12 fev. 2015.

[52] Fernando Cavallieri e Adriana Vial, "Favelas na cidade do Rio de Janeiro: o quadro populacional com base no Censo 2010", em *Coleção Estudos Cariocas* (Rio de Janeiro, Instituto Pereira Passos, 2012). Disponível em: <http://portalgeo.rio.rj.gov.br/estudoscariocas/download%5C3190_FavelasnacidadedoRiodeJaneiro_Censo_2010.PDF>. Acesso em: 12 dez. 2014.

Além do adensamento das favelas, nos últimos anos testemunhamos um crescimento acentuado de ocupações organizadas de terrenos e edifícios vazios, em várias cidades brasileiras, principalmente em São Paulo e Belo Horizonte. Desde os anos 1980, movimentos sociais organizados por moradia promoveram ocupações planejadas de terrenos nas periferias, com o duplo objetivo de chamar a atenção e pressionar por uma política habitacional, para, assim, "resolver" o problema dos sem-teto, ainda que de forma provisória. Em meados dos anos 1990, essas ocupações começaram a atingir edifícios vazios situados em áreas centrais[53]. Mais recentemente, uma nova onda de ocupações organizadas, tanto em terrenos periféricos como em edifícios vazios em áreas centrais, tem mais uma vez colocado a crise habitacional em evidência. As ocupações e os despejos – realizados a partir de reintegrações de posse ordenadas pelo Poder Judiciário e executadas pela Polícia Militar, muitas vezes com uso da violência – tornaram-se cenas cotidianas nas grandes e médias cidades.

Em junho de 2014, às vésperas do início da Copa do Mundo, famílias ocuparam um terreno em Itaquera, em São Paulo, próximo ao estádio onde ocorreria o jogo de abertura. Batizada de "Copa do Povo", a ocupação começou com cerca de trezentas famílias, mas, três dias depois, mais de 2 mil já estavam acampadas no local. A maioria das pessoas vinha de comunidades e bairros próximos. Segundo as lideranças do movimento, o fato é que elas simplesmente não conseguiam mais pagar os altos valores dos aluguéis na região[54].

Nos anos de crescimento econômico, as grandes cidades brasileiras viveram um *boom* nos preços de imóveis. Prêmio Nobel de Ciências Econômicas em 2013, Robert Shiller, professor na Universidade Yale, visitou o Brasil naquele mesmo ano e, observando a situação no Rio de Janeiro e em São Paulo, chamou a atenção para o fato de que os preços dos imóveis haviam aumentado de forma dramática, subindo mais que o dobro da inflação. Na ocasião, ele alertou para a possível formação de uma bolha imobiliária. Criado em 2008, o índice Fipe-Zap – um indicador de preços de imóveis – apontou uma valorização de cerca de 200% no preço dos imóveis em São Paulo, entre 2008 e 2014. Os aluguéis subiram quase na mesma proporção, muito acima dos ganhos salariais e de renda dos mais pobres.

O descolamento entre a evolução da massa salarial por empregado e o PIB *per capita* nas cidades economicamente mais dinâmicas sugere que a distribuição funcional da renda – isto é, entre salários, lucros e renda da terra – continua

---

[53] Nabil Bonduki, *Habitação e autogestão: construindo territórios de utopia* (Rio de Janeiro, Fase, 1992).

[54] Guilherme Boulos, *Por que ocupamos? Uma introdução à luta dos sem-teto* (São Paulo, Scortecci, 2012).

favorecendo os fatores de produção (capital e terra) em detrimento do fator trabalho. O quadro remete a uma história de concentração de patrimônio, poder econômico e poder político. Cabe lembrar que, na ausência de mecanismos compensatórios, o dinamismo econômico e a distribuição funcional da renda distorcida compõem um coquetel perverso, tendendo a agravar a situação do trabalhador pela exclusão socioespacial, alimentada pela valorização especulativa da terra[55].

No caso brasileiro, o aumento exponencial da disponibilidade de crédito – inclusive de crédito imobiliário, uma das medidas centrais do modelo econômico desenvolvimentista – incidiu de forma intensa sobre o preço dos imóveis. Isso se deu particularmente após 2009, quando já vigorava a crise financeira internacional detonada pela derrocada do crédito *subprime* no mercado hipotecário norte-americano. Nesse contexto, um programa de estímulo à produção de casas – o Minha Casa Minha Vida – lançou 100 bilhões de reais em crédito imobiliário residencial em dois anos, articulado a um programa de subsídios para a compra de 1 milhão de unidades residenciais produzidas pelo mercado privado. Essa mesma conjuntura coincide com a preparação de doze cidades brasileiras para recepcionar a Copa do Mundo de 2014, e, no caso do Rio de Janeiro, também as Olimpíadas de 2016, potencializando a expansão do complexo imobiliário-financeiro no Brasil e agudizando a financeirização da terra urbana e da moradia.

Nos capítulos seguintes, procuraremos mostrar como um governo de coalizão liderado pelo Partido dos Trabalhadores – que se constituiu e cresceu politicamente resistindo ao neoliberalismo – promove o avanço da financeirização da terra e da moradia no país, agravando a crise urbana.

Abordaremos os efeitos político-territoriais da experiência brasileira da "inclusão via ampliação do mercado". Centraremos o foco em dois eixos, que também foram adotados como fio condutor da análise nas partes precedentes. O primeiro é o modelo de produção massiva da casa própria via mercado – o programa Minha Casa Minha Vida. O segundo é constituído pelos projetos urbanos mais claramente identificados com as novas formas de financiamento e governança, utilizando como exemplos as operações urbanas, em São Paulo, e os projetos ligados à Copa e às Olimpíadas, no Rio de Janeiro. Mais do que examinar criticamente esses projetos, que já foram abordados por literatura abundante e de alta qualidade no Brasil, interessa-nos apontar os nexos – assim como as particularidades – desses processos com o panorama internacional que acabamos de descrever.

---

[55] Raquel Rolnik e Jeroen Klink, "Crescimento econômico e desenvolvimento urbano", cit., p. 101.

1
Minha Casa Minha Vida e financeirização da moradia no Brasil

Produção habitacional e capital financeiro

Embora já existisse um mercado de apartamentos lançados para a venda desde o final dos anos 1920, no Rio de Janeiro, e dos anos 1940, em São Paulo, é no período após a Segunda Guerra Mundial que um setor de incorporação imobiliária especializado e profissionalizado passa a atuar como verdadeiro mercado de residências próprias[1]. Sobretudo a partir dos anos 1950, os incorporadores poderiam ser ou empresas imobiliárias associadas a bancos, ou negócios predominantemente familiares de construção, ou, ainda, companhias seguradoras e de capitalização[2].

Entretanto, foi em 1964, no âmbito de uma das reformas lançadas pelo governo militar imediatamente após o golpe, que se constituiu um banco público especializado em financiamento habitacional – o Banco Nacional da Habitação (BNH). Foram criados também instrumentos financeiros como as sociedades de crédito imobiliário e as letras imobiliárias, compondo um Sistema Financeiro da Habitação (SFH). No mesmo ano, foi editada a lei de incorporações imobiliárias, regulando um setor que já atuava há mais de uma década. A lei permitia o estabelecimento de condomínios e a individualização da alienação das cotas-parte, ou seja, a compra e venda de apartamentos[3].

---

[1] Rossella Rossetto, *Produção imobiliária e tipologias residenciais modernas: São Paulo, 1945/1964* (Tese de Doutorado em Arquitetura e Urbanismo, FAU-USP, São Paulo, 2002).

[2] Idem.

[3] Luciana de Oliveira Royer, *Financeirização da política habitacional: limites e perspectivas* (São Paulo, Annablume, 2014), p. 51.

O lançamento do BNH foi fruto da coalizão de interesses empresariais, particularmente ligados à indústria da construção civil, que, a partir do Instituto de Pesquisas e Estudos Sociais (Ipes) – instituição criada em 1961, por empresários e doações do governo norte-americano, para formular uma contraofensiva política à ascensão de João Goulart –, articulou-se à União Democrática Nacional (UDN) e ao lacerdismo. Antes do golpe militar e no âmbito de sua campanha presidencial, "Lacerda já havia anunciado o compromisso público de instituir um Banco Nacional de Habitação Popular, visando à construção de milhões de casas populares no Brasil inteiro para fazer de cada trabalhador um proprietário e dar às classes médias um lugar ao sol"[4]. Essa posição foi reiterada pelas declarações da primeira presidente do BNH, Sandra Cavalcanti: "a casa própria faz do trabalhador um conservador que defende o direito de propriedade". Ela expressava a preocupação – a exemplo do já citado regime franquista espanhol – de que a política habitacional baseada na casa própria fosse um instrumento de combate às ideias comunistas e progressistas no país, em plena Guerra Fria. Entretanto, "foi o papel econômico desta política habitacional – que dinamizou a economia, através da geração de empregos e fortalecimento do setor da construção civil – que a transformou num dos elementos centrais da estratégia dos governos militares"[5].

Dessa forma, desde a criação do BNH até nossos dias, estabeleceu-se um campo de convergência – e, como veremos, também de conflito – entre as três dimensões decorrentes da definição de um organismo financeiro como *locus* de formulação e implementação da política habitacional e da opção originária de fazer de cada brasileiro um proprietário. Em primeiro lugar, a política depende e incide sobre as estratégias monetárias e fiscais do país. Em segundo lugar, está ideológica e politicamente alicerçada na ideia de combate ao "déficit habitacional", ou seja, na ideia de que as necessidades habitacionais correspondem a uma demanda reprimida de "casas próprias" a serem construídas. Em terceiro lugar, trata-se de um instrumento de fomento à atuação de um setor – a indústria da construção civil –, além de, evidentemente, ser um dos motores do próprio setor financeiro.

Essas três dimensões ganharam maior ou menor proeminência ao longo da história do SFH – cuja arquitetura básica ainda está em vigor, mesmo após a extinção

---

[4] Marcus A. B. C. de Mello, "Classe, burocracia e intermediação de interesses na formação da política de habitação", *Espaço e Debates*, n. 24, ano VIII, 1988, p. 76.

[5] Nabil Bonduki, "Política habitacional e inclusão social no Brasil: revisão histórica e novas perspectivas no governo Lula", *Arq.urb*, n. 1, 2008. Disponível em: <www.usjt.br/arq.urb/numero_01/artigo_05_180908.pdf>. Acesso em: 12 dez. 2014.

do BNH, em 1986 –, dependendo do grau de influência política dos distintos interesses articulados em torno do sistema.

Logo após o golpe de Estado conservador de março de 1964, os lacerdistas, um dos grupos civis que apoiaram a intervenção militar, participam da formulação da lei que cria o BNH. Também nomeiam a primeira presidente do banco, Sandra Cavalcanti, que havia sido secretária de Serviços Sociais no governo Carlos Lacerda, no recém-criado Estado da Guanabara. Sob sua gestão, foram feitas remoções em massa de favelas e foram construídos conjuntos habitacionais como a Vila Kennedy e a Cidade de Deus, através da Cohab-GB (Companhia de Habitação da Guanabara), organizada pelo governo da Guanabara com financiamento da Usaid. A política de construção de casas fazia parte da Aliança para o Progresso, nome dado ao programa norte-americano de cooperação com a América Latina, lançado por Kennedy em 1961, com o objetivo de promover o desenvolvimento e barrar o comunismo, que já havia se instalado em Cuba e ameaçava o continente. Sob a batuta de Cavalcanti e seguindo o exemplo da Cohab Guanabara, já constituída desde 1962, foram criadas dezenove Cohabs em todo o país, entre maio de 1964 e outubro de 1965, ou seja, em aproximadamente dezessete meses[6].

Em 1965, outro grupo ligado ao Ministério da Fazenda e do Planejamento assume o controle do BNH e o segmento empresarial e financeiro da coalizão ganha hegemonia. Esse grupo investe no desenvolvimento do outro lado do modelo, o sistema de poupança e empréstimo, baseado no esquema norte-americano de *savings and loans*. Tratava-se de uma contraofensiva do grupo empresarial, que, insatisfeito com o modelo de participação das construtoras como contratistas das Cohabs, reivindicava instrumentos e veículos para que pudesse atuar autonomamente, ou seja, auferindo grandes lucros da promoção imobiliária: "a apropriação da renda fundiária e os ganhos na esfera da circulação"[7]. O resultado significou não apenas uma mudança nos quadros de direção do banco, mas também a introdução da correção monetária de prestações, o aumento do teto do valor dos imóveis passíveis de serem financiados e isenções tributárias para a indústria da

[6] Luciana de Oliveira Royer, *Financeirização da política habitacional*, cit., p. 53; Marcelo Burgos, "Dos parques proletários ao Favela-Bairro: as políticas públicas nas favelas do Rio de Janeiro", em Alba Zaluar e Marcos Alvito (orgs.), *Um século de favela*, cit.

[7] Marcus A. B. C. de Mello, "Classe, burocracia e intermediação de interesses na formação da política de habitação", cit., p. 78.

construção civil, entre outras medidas que estimulavam a indústria da incorporação e o crédito habitacional para a compra da casa própria pelas classes médias[8].

Na mesma direção, o BNH converte-se em empresa pública em 1966, seguindo o modelo da Fannie Mae, criada nos Estados Unidos em 1938 com o objetivo de comprar a carteira hipotecária dos bancos que originavam os financiamentos, aumentando sua liquidez para novos empréstimos. A partir desse momento – e ainda mais nos anos seguintes, quando aumenta a participação de representantes das instituições financeiras privadas na direção do banco –, o BNH transforma-se em instrumento privilegiado de financiamento interno da economia do país. Ao mesmo tempo, é nesse período que o governo cria o Fundo de Garantia do Tempo de Serviço (FGTS), um fundo financeiro formado pela contribuição mensal de empregadores aos seus empregados. O FGTS funciona mediante depósito de 8% das remunerações em conta vinculada de natureza privada, sob gestão pública, conformando uma poupança compulsória do trabalhador. A partir de 1967, o FGTS passa a ser o principal *funding* do BNH. A magnitude dos recursos do FGTS alçou o BNH à condição de segundo estabelecimento bancário do país, desde sua criação até o início dos anos 1970, e o fundo é, até os dias de hoje, a grande fonte de recursos da política habitacional[9].

A criação do FGTS e sua transformação na principal fonte de recursos para a política habitacional – e de saneamento – no país fortaleceram a dimensão financeira do programa, ao subordinar as decisões sobre para quem, onde, como e de que forma investir em habitação à necessidade de remuneração dos recursos desse fundo. Isso explica, em parte, por que apenas 30% do total de 4,5 milhões de financiamentos habitacionais concedidos através do BNH, entre 1970 e 1986, tenha se dirigido aos setores de menor renda[10]. Explica, igualmente, a diversificação dos investimentos do banco, que na década de 1970 passa a financiar também grandes obras de infraestrutura, às quais nos referiremos adiante[11].

Mas é na economia política da habitação que a existência do FGTS e de seus recursos, entendidos como peça central do sistema, tem maior importância. Ao contrário dos recursos das cadernetas de poupança, que são voluntários, trata-se

---

[8] Idem; ver também Luciana de Oliveira Royer, *Financeirização da política habitacional*, cit., p. 54.

[9] Luciana de Oliveira Royer, *Financeirização da política habitacional*, cit., p. 55.

[10] Ibidem, p. 67.

[11] Ermínia Maricato, "Autoconstrução, a arquitetura possível", em *A produção capitalista da casa (e da cidade) no Brasil industrial* (2. ed., São Paulo, Alfa-Ômega, 1982), p. 80.

de uma poupança compulsória de todos os trabalhadores registrados, destinada a complementar suas aposentadorias e garantir renda em períodos de desemprego. Dessa maneira, capturam-se o interesse dos trabalhadores e suas reivindicações por ganhos sob a forma de salários – ou benefícios – por meio do apoio a medidas que garantam a lucratividade financeira das operações de habitação. E mais: como veremos adiante, desde 1989 as centrais sindicais criadas no período da transição democrática passam a fazer parte do Conselho Curador do FGTS, juntamente com a representação dos empregadores e do governo. Esse desenho é fundamental para compreendermos o entrelaçamento político entre o capital financeiro e a nova liderança sindical nos anos 1990 e 2000.

Uma nova inflexão na direção do fortalecimento do papel do BNH como promotor de "casas populares" ocorre em meados dos anos 1970 – por um lado, reverberando a política do Banco Mundial (sob a gestão de McNamara) e, por outro, expressando a inflexão da política econômica estabelecida pelo II Plano Nacional de Desenvolvimento (PND). O II PND deslocou seu foco das indústrias da construção, automobilística e de bens de consumo duráveis para as de bens de capital e construção pesada[12]. Nessa época, fortalecem-se as Cohabs, que empreendem grandes conjuntos habitacionais nas periferias das cidades. Também são introduzidos programas de apoio à autoconstrução, tais como lotes urbanizados e financiamento de centros sociais e equipamentos urbanos nos conjuntos já implantados, apesar de estes últimos representarem parcela pouco significativa dos recursos investidos pelo BNH. É desse período, por exemplo, a construção do conjunto habitacional José Bonifácio (Itaquera II e III), executada entre 1978 e 1982. Este foi o maior conjunto produzido pela Cohab de São Paulo: 19,6 mil unidades, em uma gleba de mais de 1 milhão de metros quadrados construídos, com população estimada em 76,8 mil habitantes em 1983[13].

Aqui não abordaremos as razões da extinção do BNH, em 1986, já amplamente tratadas pela literatura sobre o assunto[14]. Cabe apenas mencionar que, além da

---

[12] Marcus A. B. C. de Mello, "Classe, burocracia e intermediação de interesses na formação da política de habitação", cit.

[13] Mariana Fix, *Financeirização e transformações recentes no circuito imobiliário no Brasil* (Tese de Doutorado em Desenvolvimento Econômico, IE-Unicamp, Campinas, 2011), p. 102.

[14] Marta Arretche, "Intervenção do Estado e setor privado: o modelo brasileiro de política habitacional", *Espaço & Debates*, v. 10, n. 31, 1990; Sérgio de Azevedo, "Vinte e dois anos de habitação popular (1964-1986): criação, trajetória e extinção do BNH", *Revista de Administração Pública*, v. 4, n. 22, out.-dez. 1988; Gabriel Bolaffi, *Aspectos socioeconômicos do Plano Nacional de Habitação* (Tese de Doutorado em Arquitetura e Urbanismo, FAU-USP, São Paulo, 1972); Ermínia Maricato, *Política*

crise de liquidez frente ao quadro inflacionário, de recessão e de aumento da inadimplência, que gerou um rombo nas contas do banco, pesou também para sua extinção a ruptura da coalizão de interesses empresariais e políticos que se articularam para sua criação, em um quadro mais geral de crise do regime ditatorial e de sua base de sustentação econômica e política.

A paralisação do sistema armado pelo BNH, assim como o período de recessão e estagnação econômica dos anos 1980, representou uma retração da atividade imobiliária e do financiamento habitacional. Esse cenário só começa a mudar a partir de meados dos anos 1990, quando reformas tanto no modelo de regulação do crédito habitacional quanto na estrutura e composição do capital das empresas envolvidas no mercado imobiliário residencial passam a ser implementadas.

Em 1994, no âmbito das políticas de ajuste estrutural e reforma monetária, foi lançado o Plano Real. Com o objetivo de controlar a inflação, introduziu uma nova moeda e promoveu uma reforma no sistema financeiro que incluiu, entre outras medidas, a abertura do mercado para bancos estrangeiros. A abertura do sistema bancário fazia parte do conjunto de medidas propostas por organismos internacionais como FMI e Banco Mundial, que exerciam enorme pressão sobre os países emergentes, inclusive através de acordos multilaterais. A tese era de que a entrada de bancos estrangeiros traria mais eficiência e modernizaria o sistema bancário, além de facilitar um maior afluxo de capitais internacionais. De fato, após um ciclo de privatizações de bancos estaduais e de fusões e aquisições, a participação dos bancos estrangeiros no Brasil cresceu, porém não a ponto de promover a desnacionalização do sistema bancário, a exemplo do que ocorreu na Argentina, no Chile e no México[15].

O setor imobiliário foi um alvo importante das reformas liberalizantes levadas a cabo no mesmo período. A Associação Brasileira das Entidades de Crédito Imobiliário e Poupança (Abecip), criada em 1968, logrou ampliar a influência do capital financeiro no comando decisório do BNH[16] e participou ativamente

---

habitacional no regime militar: do milagre brasileiro à crise econômica (Petrópolis, Vozes, 1987); Marcus A. B. C. de Mello, "Classe, burocracia e intermediação de interesses na formação da política de habitação", cit. Para uma revisão bibliográfica, ver Luciana de Oliveira Royer, *Financeirização da política habitacional*, cit., p. 52 e seguintes.

[15] Patricia Olga Camargo, *A evolução recente do setor bancário no Brasil* (São Paulo, Cultura Acadêmica, 2009).

[16] Marcus A. B. C. de Mello, "Classe, burocracia e intermediação de interesses na formação da política de habitação", cit., p. 81.

da formulação e da negociação em torno da criação de um Sistema Financeiro Imobiliário, inspirado no modelo de mercado de hipotecas norte-americano, reformado nos anos 1970[17]. O sistema introduziria, a partir dos anos 1990, inovações para ampliar a participação do capital financeiro no mercado imobiliário, criando novos produtos financeiros e constituindo um ambiente propício para vincular o mercado de títulos ao mercado imobiliário. Dentre as novidades, podemos listar:

- certificado de recebíveis imobiliários (CRI);
- fundos de investimento imobiliário (FII);
- regras para o estabelecimento de companhias securitizadoras de créditos imobiliários;
- introdução do regime de alienação fiduciária[18].

A introdução de operações de securitização foi recomendada pelos entusiastas dessas reformas regulatórias como meio de captar recursos para a produção financeira imobiliária no longo prazo. Ela também foi apresentada como passo importante para a redução de custos de crédito e para o desenvolvimento do mercado de capitais no país, em um sentido mais amplo. Foi propagandeada como uma espécie de passaporte para a modernização financeira. Os defensores do modelo sugeriram sua implementação como se o crescimento da oferta de moradia para baixa renda e uma diminuição de seus custos fossem o resultado automático da abertura para o crédito de longo prazo – supostamente uma barreira crônica enfrentada por países em desenvolvimento, que poderia ser superada com essas reformas. Para eles, a melhor política de habitação social que se poderia fazer era desenhar um marco regulatório confiável para o setor imobiliário, com o objetivo de atrair investidores em potencial e fomentar a oferta habitacional através de relações de mercado[19].

Mas, para isso, era fundamental fortalecer as garantias de retorno dos investimentos. A introdução do regime de alienação fiduciária – uma modalidade contratual que não estava prevista no direito civil brasileiro antes de 1997 –

---

[17] Peter Marcuse, *Subprime Housing Crisis*, 2008, mimeo. Disponível em: <www.hic-gs.org/articles.php?pid=2281>. Acesso em: 4 set. 2015.

[18] Luciana de Oliveira Royer, *Financeirização da política habitacional*, cit.; Thêmis Amorim Aragão, *Housing Policy and the Restructuring of Real Estate Sector in Brazil*, seminário internacional The Real Estate/Financial Complex (Refcom), Leuven, 2014, mimeo.

[19] Loïc Chiquier e Michael Lea (orgs.), *Housing Finance Policy in Emerging Markets* (Washington-DC, Banco Mundial, 2009).

tem exatamente esse objetivo. Para proteger a segurança da posse dos moradores, a lei brasileira não permite a penhora do bem de família em caso de dívida, quando ele representa a única propriedade da família e quando é efetivamente utilizado para fins de moradia. Do ponto de vista dos investidores, essa proibição representava um obstáculo para o desenvolvimento do financiamento imobiliário no setor habitacional. Essa restrição foi superada com o advento da possibilidade da venda de unidades habitacionais por meio de contratos de alienação fiduciária, que mantêm a propriedade jurídica da unidade habitacional com o credor até o pagamento total da dívida, momento em que o tomador do empréstimo obtém o título de propriedade. Essa mudança específica no direito privado brasileiro destravou a possibilidade de mobilizar casas como garantia de operações financeiras. Foi um passo importante na direção de um ambiente regulatório orientado para o mercado, ao mesmo tempo que expôs os moradores à perda da casa em caso de não pagamento de prestações – mesmo que se trate da única moradia da família[20].

A tentativa de introduzir um mercado hipotecário secundário não foi um sucesso imediato no Brasil. Este ganharia impulso apenas alguns anos mais tarde, depois de uma primeira rodada de ajustes regulatórios no modelo implementado inicialmente, de mudanças nas condições macroeconômicas e, sobretudo, de mais incentivos públicos, através de isenções fiscais[21]. Entretanto, os certificados de recebíveis (CRI), assim como a formação de fundos de investimento imobiliário (FII), só passaram a ser utilizados pelos mercados de incorporação imobiliária comercial envolvidos na promoção de edifícios corporativos e shopping centers, como veremos adiante[22].

Para o mercado imobiliário residencial, são outras medidas de caráter regulatório – além da recuperação do FGTS, decorrente da retomada do crescimento econômico do país e do aumento do número de trabalhadores registrados – que vão implicar a retomada do crédito habitacional em novas bases, no início da década de 2000, constituindo os antecedentes do programa Minha Casa Minha Vida.

---

[20] Raquel Rolnik e Álvaro Luis dos Santos Pereira, *The Financialization of Housing and Spatial Segregation*, cit.

[21] Álvaro Luis dos Santos Pereira, Luciana de Oliveira Royer e Aline Viotto Gomes, "Mercado de capitais e mercado imobiliário: a crescente importância dos títulos de base imobiliária", *Anais do XV Encontro Nacional da Anpur*, Recife, 2013. Disponível em: <http://unuhospedagem.com.br/revista/rbeur/index.php/anais/article/view/4554>. Acesso em: 4 set. 2015.

[22] Mariana Fix, *Financeirização e transformações recentes no circuito imobiliário no Brasil*, cit.

Em primeiro lugar, entre 1995 e 1998, as cartas de crédito individuais – o financiamento direto ao mutuário final de uma unidade pronta, destinado às classes médias – absorveriam 76% dos recursos do FGTS no âmbito do SFH. Com isso, o paradigma mudava "de um modelo centrado no financiamento à produção de habitações novas, e baseado em uma rede de prestadoras públicas, para um modelo centrado no financiamento ao mutuário final"[23].

Em seguida, ainda sob o governo de Fernando Henrique Cardoso, dois programas de habitação social são lançados, ainda em pequena escala. Em um destes, o Programa de Arrendamento Residencial (PAR), o empreendedor privado era responsável por toda a operação, da compra do terreno até a construção, passando pela elaboração do projeto; cabia aos governos municipais apenas a "seleção da demanda" e, ao governo federal, o financiamento direto e subsidiado ao mutuário final através da Caixa Econômica Federal, herdeira do BNH. Pelo Programa Social de Habitação (PSH), também lançado no governo FHC, o Estado leiloava subsídios por região e bancos de segunda linha podiam adquiri-los para, em parceria com os municípios, construir as casas. No final de seu segundo mandato, o governo FHC esteve próximo também de fechar um acordo com o Banco Mundial para reestruturar o sistema financeiro habitacional, o que não se concretizou:

> O banco pretendia implementar no país um modelo próximo ao sistema chileno, que considerava o mais bem-sucedido na América Latina, e que estava sendo transplantado para o México com o apoio de dois empréstimos do próprio Banco Mundial, em 1988 e 1992, no total de 1,1 bilhão de dólares (valores atuais).[24]

Em 2004, já sob o governo Lula, três novas medidas são adotadas na direção da ampliação do crédito habitacional e da retomada do circuito de venda de moradias: a já citada regulamentação da alienação fiduciária; uma resolução do Banco Central que obrigou os bancos a aplicarem uma porcentagem do Sistema Brasileiro de Poupança e Empréstimo (SBPE) e do Fundo de Compensação das Variações Salariais (FCVS) em empréstimos imobiliários; e a chamada "MP do Bem", que isentava de impostos a venda de imóveis, desde que seu resultado fosse imediatamente aplicado na compra de outro imóvel residencial. Com as alterações, as aplicações com recursos do SBPE passaram de menos de 2 bilhões de reais, em 2002, para cerca de 18 bilhões de reais, em 2007. Finalmente, em

---

[23] Mariana Fix, *Financeirização e transformações recentes no circuito imobiliário no Brasil*, cit., p. 123.

[24] Pedro Fiori Arantes, *O ajuste urbano: as políticas do Banco Mundial e do BID para as cidades latino-americanas* (Dissertação de Mestrado em Arquitetura e Urbanismo, FAU-USP, São Paulo, 2004), p. 56.

2005, uma resolução do Conselho Gestor do FGTS permitiu ampliar os subsídios oferecidos pelo governo federal e praticamente dobrar o orçamento da área de habitação para aquele ano[25].

Embora as medidas mencionadas tenham impulsionado o crédito habitacional e introduzido um novo papel para o setor privado na promoção habitacional, trata-se ainda de operações no âmbito do SFH e da mobilização de fundos públicos, agora operados pela Caixa. Não se trata, portanto, de um processo de "financeirização", na medida em que nem a formação de um mercado secundário de hipotecas, nem a participação mais intensa de fundos e veículos financeiros ocorreram. Isso se dará, entretanto, no âmbito do processo de reestruturação das empresas, que abordaremos a seguir.

Nas empresas – o poder de garantir

Durante o período de recessão, diante da retração na disponibilidade de crédito, as empresas construtoras e incorporadoras lançaram mão de uma nova modalidade de serviço de crédito: o autofinanciamento ou crédito cooperativo. Utilizando um marco regulatório que havia sido promulgado em 1971, as construtoras mobilizavam um capital excedente de famílias de alta renda que desejavam investir no setor imobiliário para proteger seus recursos em tempos de hiperinflação. Os "cooperados" aportavam capital inicial e também pagavam as prestações no lançamento do edifício. Com o edifício pronto, eram convidados a migrar para o sistema hipotecário do SFH, que àquela altura restringia suas operações apenas a imóveis já prontos. Com a migração de parte dos devedores para o SFH, as construtoras dispunham de mais capital e liquidez para novos empreendimentos. Para gerenciar essas operações, as construtoras foram criando suas próprias companhias subsidiárias de crédito e diversificando seu perfil e forma de gestão[26].

Mas é a partir do final dos anos 1990 que começam a ocorrer grandes mudanças no setor de incorporação residencial, com fusões, aquisições e entrada de *equity funds* e *asset management companies* nas empresas. A Cyrela, por exemplo, empresa familiar fundada em São Paulo em 1962, associa-se em 1996 à IRSA, incorporadora argentina da qual participava George Soros, para criar a Brazil Realty. Parte

---

25 Mariana Fix, *Financeirização e transformações recentes no circuito imobiliário no Brasil*, cit., p. 134.

26 Thêmis Amorim Aragão, *Housing Policy and the Restructuring of Real Estate Sector in Brazil*, cit.

da Gafisa, empresa também familiar que atuava no Rio de Janeiro desde 1954, é comprada pela GP Investments em 1997[27].

Esse movimento realizado por fundos de investimento na direção de mercados emergentes na América Latina se intensificou depois da crise asiática de 1997-1998 e da retomada do crescimento econômico na região. Particularmente no setor de construção e incorporação, ele já estava em marcha no México e na Argentina, mas se desacelerou nesses dois países a partir das crises que os atingiram, em 1994 e em 2000, respectivamente.

A GP Investments, por exemplo, fundada em 1993 por Jorge Lemann e seus sócios no Banco Garantia (banco de investimentos vendido em 1998 ao Credit Suisse), mobilizou investidores em todo o mundo para gerenciar o capital e/ou controlar cinquenta companhias latino-americanas, principalmente brasileiras, dos setores imobiliário e de varejo, e também de logística e telecomunicações. Atualmente, o fundo tem sede nos Estados Unidos, nas Bermudas, na Suíça e em São Paulo. Foi a GP que trouxe para a Gafisa, em 2005, a Equity International, um dos maiores fundos de investimento imobiliário dos Estados Unidos, que adquiriu 32% do capital da incorporadora[28]. Em 2006, sob a liderança da GP e da Equity, a Gafisa fez sua *Initial Public Offering* (IPO, ou, na sigla em português, OPA – Oferta Pública de Ações), arrecadando 927 milhões de reais com a venda de 47% de suas ações[29]. Em 2007, a incorporadora arrecadou 1,17 bilhão de reais[30] em uma operação de *follow-on*. No mesmo ano, a GP sai da Gafisa, realizando um lucro de aproximadamente 6,5 vezes o capital investido[31].

Trajetórias semelhantes podem ser observadas em outras grandes incorporadoras do setor, com a entrada de fundos de investimento internacionais. Depois de ser parcialmente adquirida pelo Spinnaker Capital Group, com sede em Londres, a Even promoveu abertura de capital na Bolsa de Valores em 2007. Em 2006,

---

27 Mariana Fix, *Financeirização e transformações recentes no circuito imobiliário no Brasil*, cit. Ver também os *websites* das empresas: <www.cyrela.com.br> e <www.gafisa.com.br>. Acesso em: 12 dez. 2014.

28 Higor Rafael de Souza Carvalho e Daniel Ávila Caldeira, *Housing Under Finance Influence: The Case of São Paulo, Brazil*, International Sociological Association Forum, Amsterdã, 2013, mimeo.

29 Dado do relatório financeiro da companhia. Ver: <www.gafisa.com.br/NoticiaDetalhes.aspx?noticiaId=27>. Acesso em: 13 dez. 2014.

30 Conforme anúncio de encerramento de distribuição pública primária e secundária de ações ordinárias divulgado pela Bolsa de Valores de São Paulo. Ver: <www.bmfbovespa.com.br/pt-br/mercados/download/Gafisa-Anuncio-Encerramento-28032007.pdf>. Acesso em: 13 dez. 2014.

31 Higor Rafael de Souza Carvalho e Daniel Ávila Caldeira, *Housing Under Finance Influence*, cit.

a MRV vendeu 16,7% de seu capital para o fundo de investimento Autonomy Capital Research LLP, do britânico Charles Gibbins[32]. Em outubro de 2011, 7,8% das ações da Cyrela eram de propriedade de um banco de investimento francês (o Carmignac Gestion), 5,3% de seu capital era de uma empresa norte-americana, líder de gestão de ativos – a BlackRock Inc. –, enquanto 5,18% das ações eram detidas pela Janus Capital Management LLC, outra empresa de investimento dos Estados Unidos. No mesmo mês, 7,2% das ações da PDG eram de propriedade da BlackRock e 5,06% eram da T. Rowe Price Associates, uma financeira norte-americana. A BlackRock também possuía 5,1% das ações da Gafisa[33].

Em todas essas companhias, o mesmo movimento de compra de parte da empresa por um ou mais fundos de investimentos, compra de companhias concorrentes e lançamento em bolsa revelam o processo de tomada da incorporação residencial pelo setor financeiro nos primeiros anos da década de 2000. O caso mais explícito desse novo tipo de arranjo é o da PDG (Poder De Garantir), criada em 2003, a partir de um fundo de participações de um grupo de ex-sócios do Banco Pactual (quando este foi vendido para um banco suíço). A empresa foi adquirindo incorporadoras e corretoras (Agra, Abyara, Klabin Segall) e trouxe também uma série de fundos de investimento que já haviam entrado nessas empresas (como Enrique Bañuelos – processado na Espanha por manipulação de ações no período do *boom* imobiliário espanhol –, Morgan Stanley Real State, Credit Suisse, Polo Capital Management)[34].

A injeção de capital financeiro implicou o aumento de poder e controle de suas subsidiárias de crédito, transformando-as também em securitizadoras e submetendo as estratégias das construtoras à lógica de seu braço financeiro. Em muitos casos, os CEOs dos fundos também assumiram posições de comando na empresa, integrando seus conselhos de administração e cargos gerenciais.

Para estabelecer um plano de investimento de longo prazo, parte importante do novo capital injetado nas incorporadoras foi investida em reservas fundiárias (*landbanks*). Em 2014, 22 empresas estavam listadas na Bovespa. Entre elas, 9 concentravam 100 bilhões de reais (37 bilhões de dólares) em terra, o que representa quase 620 mil quilômetros quadrados de solo urbano, em várias cidades do país.

[32] Mariana Fix, *Financeirização e transformações recentes no circuito imobiliário no Brasil*, cit., p. 152-6.

[33] Higor Rafael de Souza Carvalho e Daniel Ávila Caldeira, *Housing Under Finance Influence*, cit.

[34] Mariana Fix, *Financeirização e transformações recentes no circuito imobiliário no Brasil*, cit., p. 158-61.

Como veremos adiante, isso trará consequências importantes no aumento de preços dos terrenos nas principais cidades[35].

Além de nacionalizar sua atuação, passando a atuar em várias regiões do país, as grandes incorporadoras introduziram uma nova linha, ou marca, voltada para a chamada "baixa classe média". De acordo com Lúcia Shimbo, entre as catorze empresas que atuavam nesse segmento e que participavam da Bovespa em 2009, apenas duas (MRV e Tenda) iniciaram sua atuação, na década de 1970, com foco exclusivo no setor. Outras três (Inpar, Rodobens e Rossi) lançaram esses produtos no final dos anos 1990. As demais, voltadas historicamente para o segmento residencial de alta renda, criaram marcas específicas, como "Fit" e "Living", ofertando produtos "acessíveis" ou "populares", entre 2004 e 2007[36].

Para muitos dos investidores que entraram nas empresas, passar a compor sua administração não era exatamente uma novidade. Por exemplo, a Equity International já havia, em 2002, entrado na Homex, uma empresa mexicana de construção civil voltada predominantemente para o mercado de habitação econômica que registrou um crescimento expressivo na primeira década de 2000, como resultado de sua capitalização através de vários programas de financiamento público. No momento do investimento inicial da Equity, a Homex construía 5 mil casas por ano. A empresa tornou-se a maior do setor no México, construindo e vendendo aproximadamente 60 mil casas por ano a partir de 2008. A Equity liderou a oferta pública inicial da companhia e a dupla listagem na Bolsa do México (BMV:HOMEX) e de Nova York (NYSE:HXM) em 2004. A empresa foi a primeira e continua a ser a única construtora mexicana com ações negociadas na NYSE. Em 2006, a Equity começou a sair da Homex, monetizando sua participação por meio de vendas organizadas no mercado público e aos fundadores da companhia[37].

Nesse momento, a Equity entra no mercado residencial brasileiro através da Gafisa, trazendo não apenas capital, mas também as estratégias empresariais dos fundos de investimentos. Gary Garrabrant, sócio de Sam Zell na Equity até 2012 (quando deixa o fundo para montar sua própria empresa), participou do Conselho de Administração da Gafisa entre 2005 e 2010 e chegou a presidi-lo. Teve,

---

35 Thêmis Amorim Aragão, *Housing Policy and the Restructuring of Real Estate Sector in Brazil*, cit.

36 Lúcia Zanin Shimbo, *Habitação social de mercado: a confluência entre Estado, empresas construtoras e capital financeiro* (Belo Horizonte, C/Arte, 2012), p. 77.

37 Ver: <www.equityinternational.com/pt-br/nav-pt-br/portfolio-cat/lista-por-pais/mexico-pt-br/homex/3912>. Acesso em: 13 dez. 2014.

também, papel importante na crise de 2008 e no lançamento do programa Minha Casa Minha Vida, como veremos a seguir.

A política habitacional do governo Lula: antecedentes

Em 2002, depois de ter sido derrotado por três vezes, Luiz Inácio Lula da Silva enfim venceu a eleição presidencial. Ao adotar um discurso político moderado, o antigo líder sindical foi capaz de conciliar o apoio de setores políticos históricos do PT com o de um novo eleitorado, insatisfeito com os resultados das administrações do Partido da Social Democracia Brasileira (PSDB) de FHC e seduzido pelo reformismo proposto pelo PT.

Se a vitória de Lula teve significado simbólico forte, ganhando sentido de triunfo histórico dos trabalhadores, migrantes, pobres e marginalizados da sociedade brasileira, e se representou uma vontade de mudança generalizada, ela não significou uma ruptura radical, mas antes uma acomodação de interesses e intenções conflitantes. A candidatura de Lula se baseou em uma coalizão ampla e pluralista, que abarcou políticos de partidos conservadores e antigos rivais, representantes de grandes empresas e outros *stakeholders* que estavam em lados opostos em eleições anteriores. A ampliação do eleitorado de Lula, que tornou sua vitória possível, foi baseada em um programa de reformas gradual e cauteloso, comprometido com o respeito às instituições de mercado e a manutenção da estabilidade macroeconômica[38]. A governabilidade, por sua vez, dependeu de alianças com partidos políticos conservadores que haviam aderido à coalizão por conveniência, e não por convergência programática. Disso resultou um equilíbrio político frágil, que exigiu concessões reiteradas para ser mantido. Nesse cenário político, as margens efetivas para mudança permaneceram muito limitadas[39].

Uma das primeiras iniciativas tomadas pelo governo Lula foi a criação do Ministério das Cidades. Esse órgão governamental foi especificamente encarregado de formular a política urbana em nível nacional e fornecer apoio técnico e financeiro a governos locais, integrando as arenas institucionais das políticas federais de habitação, saneamento e transportes, que, desde o início da Nova República, haviam transitado por catorze ministérios e secretarias distintos. Inicialmente

[38] André Singer, *Os sentidos do lulismo: reforma gradual e pacto conservador* (São Paulo, Companhia das Letras, 2012).

[39] Raquel Rolnik e Álvaro Luis dos Santos Pereira, *The Financialization of Housing and Spatial Segregation*, cit.

ocupado por membros do PT e por assessorias e lideranças de movimentos sociais urbanos surgidos nos anos 1980 e 1990, o novo ministério marcava o reconhecimento da agenda da reforma urbana como prioridade política. Seus integrantes levavam para o governo federal práticas e políticas que haviam sido experimentadas nos governos locais pelos quais o PT havia passado. Dentre elas, os processos participativos para a elaboração de políticas, como as conferências, assim como as experiências de autogestão na produção da habitação, que, a partir da primeira administração do PT em São Paulo (1989-1992), ganharam escala e força política entre os movimentos de moradia[40].

A proposta de política habitacional do governo já estava esboçada desde a campanha eleitoral. O chamado Projeto Moradia fazia parte de um conjunto de propostas do Instituto Cidadania, coordenado por Lula, tendo em vista a construção de uma política de desenvolvimento para o país que associasse o enfrentamento da questão social ao crescimento econômico e à geração de empregos[41]. Durante um ano, a equipe que o formulou promoveu inúmeras reuniões técnicas e seminários com movimentos sociais, entidades empresariais, técnicas e acadêmicas, ONGs, sindicatos e setores do poder público, a fim de recolher propostas e debater alternativas.

Lançado em 2000, o projeto propôs a criação do Sistema Nacional de Habitação, formado pelos três entes da federação, que atuariam de forma estruturada sob a coordenação do novo Ministério das Cidades. O controle social seria exercido pelo Conselho Nacional das Cidades e por órgãos semelhantes nos estados e municípios, aos quais caberia gerir fundos de habitação que deveriam concentrar recursos orçamentários para subsidiar moradia para a população de baixa renda. Para implementar essa proposta, seria prioritária a aprovação do projeto de lei de iniciativa popular que instituiria o Fundo Nacional de Habitação, bandeira do movimento de moradia que tramitava desde 1991 no Congresso Nacional. Inspirado no modelo do Sistema Único de Saúde, esse projeto de lei propunha um sistema federativo de articulação de orçamentos sob controle social. A política de subsídios previa um

---

40 Nabil Bonduki, *Habitação e autogestão*, cit.

41 Sob a supervisão de Lula e a coordenação geral de Clara Ant (arquiteta, ex-deputada pelo PT e assessora de Lula), a coordenação do Projeto Moradia foi formada por André de Souza (representante da Central Única dos Trabalhadores – CUT – no Conselho Curador do FGTS), Ermínia Maricato, Evaniza Rodrigues (liderança da União dos Movimentos de Moradia), Iara Bernardi (então deputada federal pelo PT), Lúcio Kowarick, Nabil Bonduki e Pedro Paulo Martoni Branco.

mix de recursos não onerosos do Orçamento Geral da União (OGU) e do FGTS para viabilizar o crédito e o acesso à moradia digna para a população de baixa renda.

Para concentrar a destinação de recursos do FGTS a famílias de baixa renda, seria indispensável retomar a produção habitacional pelo mercado para atender a classe média, reativando o crédito imobiliário, particularmente o SBPE (recursos da poupança), que não vinha cumprindo os dispositivos legais que exigem a aplicação de seus fundos em habitação. A criação de um fundo de aval era considerada estratégica para reduzir os riscos de crédito e os juros. O Projeto Moradia enfatizava também a necessidade de aprovação do Estatuto da Cidade para facilitar e baratear o acesso à terra, combatendo a especulação com imóveis ociosos[42].

Em outubro de 2003, primeiro ano do governo Lula, o Ministério das Cidades realizou a primeira Conferência Nacional das Cidades, com 2,5 mil delegados eleitos num amplo processo de mobilização social, em mais de 3 mil municípios. A eleição do Conselho Nacional de Habitação foi fruto desse processo, sendo 56% de seus representantes oriundos da sociedade civil (movimentos sociais, entidades empresariais, entidades profissionais, acadêmicas e ONGs) e 42%, do governo (esferas federal, estadual e municipal). Os movimentos sociais ganharam grande peso na composição do conselho, ocupando quase metade da representação da sociedade civil[43]. Nessa conferência, além da criação e composição do Conselho Nacional de Habitação, instalado em 2004, foram propostas as diretrizes para a política habitacional do governo.

Entretanto, o principal elemento da política habitacional continuava sendo o SFH e seu principal *funding*, o FGTS, que permaneceram sob a gestão da Caixa, subordinada ao Ministério da Fazenda. De acordo com Nabil Bonduki:

> O ministro Olívio Dutra e sua equipe encontraram enormes dificuldades para pôr em prática as propostas na área de financiamento, diante de uma rígida política monetária, sob o comando ortodoxo do Ministério da Fazenda. Durante 2003 e 2004, escassearam os recursos orçamentários, continuando a prevalecer os programas do FGTS criados no governo anterior, apesar dos esforços do Ministério das Cidades em priorizar a população de baixa renda, onde está concentrado o déficit. A nova Política Nacional de Habitação (PNH) elaborada pelo Ministério e aprovada no Conselho de

[42] Nabil Bonduki, "Do Projeto Moradia ao programa Minha Casa, Minha Vida", *Teoria e Debate*, v. 82, maio 2009.

[43] Na primeira composição do conselho, os movimentos sociais detinham dezenove cadeiras, enquanto as entidades empresariais ocupavam sete.

> Habitação de 2004 incorporaria a maioria das propostas do Projeto Moradia (com exceção do Fundo de Aval), mas aspectos importantes não puderam ser implantados de imediato. Sem subsídios significativos, prevalecia a visão bancária da Caixa Econômica Federal, sem alterações substanciais na concessão do crédito.[44]

A aprovação da Resolução n. 460 do Conselho Curador do FGTS, que começou a gerar efeitos em 2005, possibilitou a ampliação significativa dos subsídios habitacionais com recursos desse fundo. Com isso, ampliou-se o atendimento à população de renda mais baixa[45].

Em 2005, sob a pressão dos movimentos, o presidente Lula anuncia, na abertura da II Conferência Nacional das Cidades, seu compromisso de aprovar no Congresso o projeto de lei de iniciativa popular que criava o Sistema Nacional de Habitação de Interesse Social (SNHIS), com um fundo (FNHIS) e um conselho, o que de fato ocorreu ainda naquele ano. De acordo com o modelo da lei, todos os recursos públicos destinados à habitação fazem parte do sistema, inclusive os onerosos, e devem se submeter à Política e ao Plano Nacional de Habitação. Os recursos do FNHIS são oriundos do Orçamento Geral da União, de outros fundos e de fontes não onerosas. O atendimento prioriza as famílias de menor renda, através da concessão de subsídios, com caracterização diferenciada por regiões. Os recursos são utilizados para diversos tipos de intervenção, como produção habitacional e de lotes urbanizados, urbanização, regularização fundiária, melhoria habitacional, reforma e conversão de imóveis para habitação. Seu repasse ocorreria diretamente para os fundos estaduais e municipais, que se responsabilizariam pela execução dos programas. De acordo com o modelo do SNHIS, o Ministério das Cidades é o gestor do FNHIS e a Caixa, banco público de fomento, é o agente operador. Há, também, abertura para a diversificação de agentes operadores e financeiros. O Conselho Gestor Nacional é paritário e composto por 24 membros, metade deles representando o governo federal e metade, a sociedade civil (movimentos populares, empresários do setor, trabalhadores, ONGs e universidades). Tem como competências alocar os recursos, aprovar as diretrizes, prioridades e estratégias, regulamentar, estabelecer regras de repasse e concessão de subsídios.

Desde 2003, o Fundo Nacional de Habitação encontrou forte oposição na equipe econômica, o que postergou sua criação para o final de 2006. Em vez de ser institucionalizado como um fundo financeiro, para o qual são aportados recursos

---

44 Nabil Bonduki, "Do Projeto Moradia ao programa Minha Casa, Minha Vida", cit., p. 4.

45 Idem.

orçamentários, ele foi instituído como um fundo orçamentário – sujeito, portanto, ao contingenciamento e às rígidas regras de licitação. Além disso, o fundo contava com poucos recursos. O pleno funcionamento do SNHIS ficaria também condicionado à adesão de estados e municípios, que, para isso, deveriam constituir seus próprios fundos e conselhos e elaborar planos de habitação. Entre 2006 e 2008, os recursos do FNHIS foram basicamente destinados para apoiar a elaboração de planos municipais e estaduais de habitação, além de algumas poucas ações na área de urbanização de favelas.

A Política Nacional de Habitação, elaborada em 2004, previa o estabelecimento de dois subsistemas de habitação: o Subsistema de Habitação de Interesse Social e o Subsistema de Habitação de Mercado, separados de acordo com o perfil da demanda e com fontes distintas de recursos. Além disso, visava ampliar maciçamente os recursos do FGTS e do SBPE para os financiamentos habitacionais e arregimentar outros fundos para esse fim, na perspectiva de ampliar o mercado para atingir os "setores populares" e permitir a "otimização econômica dos recursos públicos e privados investidos no setor habitacional"[46]. Para isso, estava prevista a criação de mecanismos tanto de proteção aos financiamentos habitacionais quanto de captação de recursos, o que incluía aqueles disponíveis no mercado de capitais.

Desde 2003, o governo operou para ampliar os valores de financiamento habitacional contratados pelo sistema FGTS-SBPE, ou seja, o Subsistema de Habitação de Mercado. Naquele ano, o valor total contratado era de aproximadamente 5 bilhões de reais. Em 2008, na metade do segundo governo Lula, esse valor excedeu 40 bilhões de reais[47].

Entretanto, se a implementação do SNHIS e a agenda de reforma urbana do Ministério das Cidades, ainda em estágios muito iniciais, já enfrentavam resistências por parte da equipe econômica, sofreram um golpe maior em 2005, com a mudança de ministro e a saída da maior parte da equipe do ministério. Depois que irrompeu um grande escândalo de corrupção – o chamado mensalão –, o governo foi forçado a dar mais espaço para seus aliados conservadores, de forma a manter o apoio político no Congresso. Nesse contexto, o controle do Ministério das Cidades passou para o Partido Popular (PP), herdeiro político da Arena, partido da situação durante os anos do regime militar. Apesar da reestruturação do ministério, a Secretaria de Habitação permaneceu sob o controle do PT, assim como a Presidência da Caixa e sua

[46] Brasil, *Política Nacional de Habitação* (Brasília, Ministério das Cidades, 2004).

[47] Lúcia Zanin Shimbo, *Habitação social de mercado*, cit.

Vice-Presidência de Governo, onde estavam alocados o SFH e toda a implementação dos programas da área de desenvolvimento urbano do governo.

No âmbito da mesma crise, Dilma Rousseff, que era ministra das Minas e Energia desde o início do governo, assume a Casa Civil, substituindo José Dirceu, atingido pela crise do mensalão. A mudança transforma este ministério em grande gestor do governo, passando a comandar politicamente a área de habitação e infraestrutura urbana. Finalmente, no início de 2006, muda o comando da Fazenda: Guido Mantega, economista desenvolvimentista do núcleo histórico do PT e com grande relação com os sindicalistas, assume a pasta. A estratégia de crescimento econômico a partir da ampliação do consumo dos trabalhadores passa a ser, então, a política dominante.

Desde o final do primeiro mandato de Lula até o final do primeiro governo de Dilma Rousseff, a sucessora no poder, o incentivo ao consumo figurou como elemento de importância crucial e em escala cada vez maior. Nesse período, as ações do governo federal para ampliar o consumo se iniciaram com a expansão de um programa de transferência de renda que remonta ao governo anterior – o Bolsa Família. O programa concede a famílias pobres um benefício mensal que varia de acordo com a renda e o tamanho da família. O passo seguinte dos governos do PT para fomentar o consumo foi a expansão continuada do valor real do salário mínimo. Em seguida, essas medidas foram complementadas pela concessão de incentivos para a produção e aquisição de bens duráveis, por meio de isenções fiscais, linhas de crédito com baixas taxas de juro e, em alguns casos, subsídios diretos. Essas medidas geraram o que ficou conhecido como "nova classe média" – o que, na realidade, representa o aumento do poder de consumo de trabalhadores e de pequenos empresários. O programa Minha Casa Minha Vida, que examinaremos a seguir, representou a medida mais importante, nesse sentido, do primeiro mandato de Dilma Rousseff[48].

"Minha Casa Minha Dívida, Minha Casa Minha Dilma": o programa Minha Casa Minha Vida – atores e interesses[49]

Como já apontamos na seção anterior, desde o início da década, tanto o crédito habitacional como o número de unidades produzidas pelo mercado estavam

[48] Raquel Rolnik e Álvaro Luis dos Santos Pereira, *The Financialization of Housing and Spatial Segregation*, cit.

[49] "Minha Casa Minha Dívida" e "Minha Casa Minha Dilma" são formas jocosas utilizadas por integrantes dos movimentos de moradia para denominar o programa.

crescendo. Em 2007, já eram quase 550 mil as unidades financiadas pelo FGTS e pelo SBPE, e o volume de empréstimos já alcançava 40 bilhões de reais em meados de 2008[50]. As incorporadoras haviam feito grandes estoques de terreno e, naquele ano, estavam preparadas para lançar por volta de 200 mil unidades no "segmento econômico".

Quando estoura a crise hipotecária e financeira nos Estados Unidos, os investidores começam a vender suas ações. No final de 2008, estas já estavam sendo negociadas por uma fração de seu valor patrimonial. A situação era de crise internacional e ameaça de quebradeira do setor, o que poderia contaminar toda a sua cadeia produtiva e, consequentemente, a estratégia econômica do governo brasileiro. Segundo Mariana Fix,

> o governo chegou a propor como resposta ao problema da crise das empresas do setor a Medida Provisória 443, de 2008, autorizando o governo, em especial a Caixa Econômica Federal, por meio da criação de uma subsidiária (Caixa Participações), a comprar ações de empresas da construção civil – construtoras e incorporadoras. O setor imobiliário se opôs fortemente à medida e a CBIC (Câmara Brasileira da Indústria da Construção) acusou o governo de tentar estatizar o setor. Assim, o setor advogava apoio do governo como condição necessária para produção de habitação de baixo custo e, simultaneamente, liberdade para a construção das casas nos seus termos.[51]

Nesse momento, os empresários atingidos, liderados pela Gafisa e apoiados pela CBIC, passam a intensificar o *lobby* junto à Fazenda para implementar um "pacote habitacional" nos moldes do programa mexicano, que, por sua vez, havia sido inspirado no modelo chileno. Por meio de subsídios diretos ao comprador, o governo viabilizaria a compra das 200 mil unidades que as construtoras capitalizadas estavam preparadas para lançar no mercado – operação que estaria ameaçada pela crise se não houvesse essa intervenção estatal. Esses subsídios seriam dados na forma de aportes para os compradores finais, além de maior facilidade nos créditos hipotecários, com a introdução de um fundo garantidor dos empréstimos. As negociações iniciais entre os empresários do setor e o Ministério da Fazenda se deram sem a participação do Ministério das Cidades ou da equipe que estava formulando o Plano Nacional de Habitação, sem nenhuma interlocução com o Conselho das Cidades ou com o Conselho da Habitação, e sem diálogo com o SNHIS e seu fundo recém-regulamentado.

---

50 Mariana Fix, *Financeirização e transformações recentes no circuito imobiliário no Brasil*, cit., p. 135.

51 Ibidem, p. 139.

Desde 2006, esses fóruns já vinham perdendo incidência na definição dos rumos da política. O "pacote" foi elaborado pelo governo em diálogo direto com os empresários e investidores envolvidos e, inicialmente, tinha como objetivo salvar as empresas da *débâcle* e, ao mesmo tempo, funcionar como medida contracíclica para garantir empregos e crescimento num cenário internacional desfavorável. Nesse sentido, suas ações deveriam ser imediatas e, portanto, desviar de qualquer política complexa que exigisse longo tempo de maturação ou que encontrasse resistências, como é o caso de uma política fundiária.

Entretanto, quando o "pacote habitacional" é apresentado ao presidente Lula, no final de 2008, ele "politiza" as medidas: em vez das 200 mil casas, propõe construir 1 milhão e aumenta a parcela do programa que deveria ser dirigida aos setores de mais baixa renda – inicialmente eram 20% das unidades, já que o principal foco era o "segmento econômico" (faixas de quatro a dez salários mínimos, a clientela potencial desses produtos). A ideia de acrescentar uma faixa, totalmente subsidiada e por fora do crédito hipotecário, para a baixíssima renda, a chamada "faixa 1", para a qual prefeitos e governadores indicariam os beneficiários, já constava de propostas para o "pacote" trazidas pela Caixa. Há alguns anos, a Caixa já operava o Programa de Arrendamento Residencial (PAR) com modelo operacional semelhante, porém ainda sem esses grandes subsídios. Para a Caixa, utilizar o modelo do PAR seria muito mais simples e rápido do que criar um novo modelo operacional.

Estabelecidas as linhas básicas do "pacote", no início de 2009, o governo promove uma série de reuniões para discuti-lo com alguns segmentos antes de seu lançamento, em março. São realizadas novas rodadas de discussão com empresários do setor, prefeitos e governadores – buscando adesão e isenções de impostos estaduais e municipais, ainda na direção de redução de custos. Nessas rodadas são feitos alguns ajustes na proposta, que começa a ser tratada não mais como "pacote", mas como "programa". Batizado, então, de Minha Casa Minha Vida (MCMV) pela área de marketing do governo, o programa deveria se transformar na mais importante ação no campo econômico-social, articulando a oferta de moradia, demanda histórica e ativo eleitoral tradicionalmente forte, com uma estratégia keynesiana de crescimento econômico e geração de empregos.

Entre o fim de 2008 e o início de 2009, enfraquecidos com o desmonte do Ministério das Cidades e com o esvaziamento do Conselho das Cidades e preocupados com os rumores sobre o lançamento do pacote habitacional elaborado sem sua participação, os movimentos de moradia e o Fórum Nacional de Reforma Urbana realizaram diversas atividades de mobilização. As ocupações e manifestações organizadas em diversos estados resultaram em audiências com o presidente Lula e com a então ministra da Casa Civil, Dilma Rousseff. Essas audiências aconteceram no início de 2009, quando foram apresentadas pelos movimentos propostas a serem incluídas no "pacote" habitacional. Na pauta estavam a destinação de uma parcela das "1 milhão de casas" para construção por autogestão, além de propostas de melhorias nas formas de financiamento, viabilização de terrenos, entre outras. Dessa negociação resultou o compromisso de que o programa incluiria uma modalidade – o Minha Casa Minha Vida Entidades – que receberia inicialmente 500 milhões de reais, do total de 34 bilhões de reais em subsídios, para serem destinados à produção de moradias por associações e cooperativas autogestionadas.

Ainda em 2009, movimentos de sem-terra, envolvidos na luta pela reforma agrária, também pressionaram o governo e conseguiram aprovar uma modalidade de construção de casas para suas cooperativas e pequenos produtores de agricultura familiar – o PNH-Rural –, que também obteve 500 milhões de reais para a construção de casas[52]. Desde o lançamento do programa, MCMV-Entidades e PNH-Rural representam, juntos, 1% do total das unidades e recursos do MCMV.

Tendo inicialmente formulado o programa para que atendesse apenas as regiões metropolitanas e cidades com mais de 100 mil habitantes, áreas de atuação do "segmento econômico" das incorporadoras, o governo foi pressionado para que o MCMV abarcasse o conjunto dos municípios do país durante a negociação para a aprovação da lei de criação do programa no Congresso. Mais da metade das 308 emendas que o projeto de lei recebeu no Congresso era de autoria de deputados cuja base estava nos pequenos municípios, estendendo o programa para cidades com menos de 50 mil habitantes. Em 2010, 63,7% dos deputados do Congresso tinham como base eleitoral municípios com menos de 100 mil habitantes[53].

---

[52] Evaniza Lopes Rodrigues, *A estratégia fundiária dos movimentos populares na produção autogestionária da moradia* (Dissertação de Mestrado em Arquitetura e Urbanismo, FAU-USP, São Paulo, 2013).

[53] João Luiz Pereira Marciano, "Planilha Excel com resultados das eleições de 2010", Material da disciplina Instrumentos de Pesquisa em Ciências Sociais (Brasília, Cefor-Câmara dos Deputados, 2014). Disponível em: <www.educacaoadistancia.camara.leg.br/ead_cfd/mod/resource/view.php?id=2271>. Acesso em: 9 jun. 2014.

Embora 45% da população brasileira viva em municípios desse porte, estes constituem 95% dos 5.565 municípios existentes no país[54] e têm grande peso político no Congresso Nacional. A literatura da ciência política brasileira já demonstrou como as áreas urbanas, grandes cidades e regiões metropolitanas são sub-representadas no Congresso, prevalecendo uma representação de natureza localista e paroquial, muitas vezes sob controle de velhas oligarquias regionais[55]. O resultado da negociação no Congresso implicou a extensão do programa para cidades menores, de 50 mil habitantes, e a criação de mais uma modalidade – destinada a municípios com menos de 50 mil habitantes, o "Minha Casa Minha Vida-Sub 50".

Acomodados os atores e interesses que exerceram algum tipo de pressão para serem incluídos no programa, este foi lançado em cerimônia presidida por Lula em março de 2009. Na ocasião, além do presidente, que apresentou o programa, discursaram um representante dos governadores, um representante dos prefeitos, o presidente da CBIC e o presidente da Gafisa. Na plateia, representantes dos movimentos sociais de moradia, incomodados com sua ausência no palco, sinalizaram e obtiveram do presidente o direito à fala.

Apesar de importantes para garantir o apoio político do programa entre movimentos de moradia e políticos de cidades pequenas, as modalidades MCMV-Entidades, PNH-Rural e MCMV-Sub 50 representavam menos de 10% do total de unidades e recursos previstos em seu lançamento, o que torna o MCMV-Empresas o núcleo duro dessa política.

O MCMV – Empresas apresenta condições específicas para diferentes faixas de renda, com valores distintos no que diz respeito aos subsídios, aos mecanismos financeiros e comerciais, bem como ao limite de valor das unidades. A primeira faixa (até 1,6 mil reais de renda familiar) oferece um produto quase totalmente subsidiado, construído por empresas privadas, mas distribuído pelos governos locais. Os beneficiários são definidos pelos governos locais com base em seus próprios cadastros de demanda. Os moradores são obrigados a pagar uma taxa mensal – que corresponde a 5% da renda familiar[56] – para a Caixa, responsável por comprar as unidades da empresa encarregada da construção. A diferença

[54] Instituto Brasileiro de Geografia e Estatística (IBGE), *Censo demográfico – 2010* (Brasília, IBGE, 2010). Disponível em: <www.ibge.gov.br/home/estatistica/populacao/censo2010>. Acesso em: 12 jan. 2015.

[55] Nelson Rojas de Carvalho, *E no início eram as bases: geografia política do voto e comportamento legislativo no Brasil* (Rio de Janeiro, Revan, 2003).

[56] O valor foi posteriormente prefixado em cinquenta reais mensais para essa faixa.

entre o custo da unidade e a quantia total paga pelos moradores é coberta por recursos do Fundo de Arrendamento Residencial (FAR), um fundo público alimentado pelo orçamento federal. Os subsídios representam, portanto, a quase totalidade do custo da unidade. A segunda faixa (famílias com renda mensal entre 1,6 mil reais e 3,1 mil reais) também é beneficiada por subsídios, mas em menor grau. Os compradores nessa condição dispõem de um subsídio direto que vai até 23 mil reais, cerca de 20% do limite de preço da unidade no momento da assinatura do contrato. Eles também são beneficiados por linhas de crédito com taxas de juros abaixo das condições de mercado e pela concessão de garantia por um fundo público (Fundo Garantidor da Habitação – FGHab). Os benefícios da terceira faixa (renda familiar mensal até 5 mil reais) são apenas crédito mais barato e a garantia do FGHab.

Para as faixas 2 e 3, tanto a construção como a comercialização das unidades habitacionais é feita diretamente pela empresa privada que construiu os imóveis. A Caixa financia a produção e fornece subsídios para quem quiser comprar as unidades, mas os riscos e responsabilidades são assumidos pela empresa. Em todos os casos, existe um teto de preço para a unidade que deve ser cumprido para que o projeto se beneficie dos subsídios e das condições de crédito: 76 mil reais para a primeira faixa e até 190 mil reais para a segunda[57].

Imediatamente após o lançamento do programa, as incorporadoras recuperaram o valor de suas ações na Bolsa. O Gráfico 5, elaborado por Thêmis Aragão, demonstra esses efeitos.

Gráfico 5. Índice da Bovespa e Índice Imobiliário (Imob)

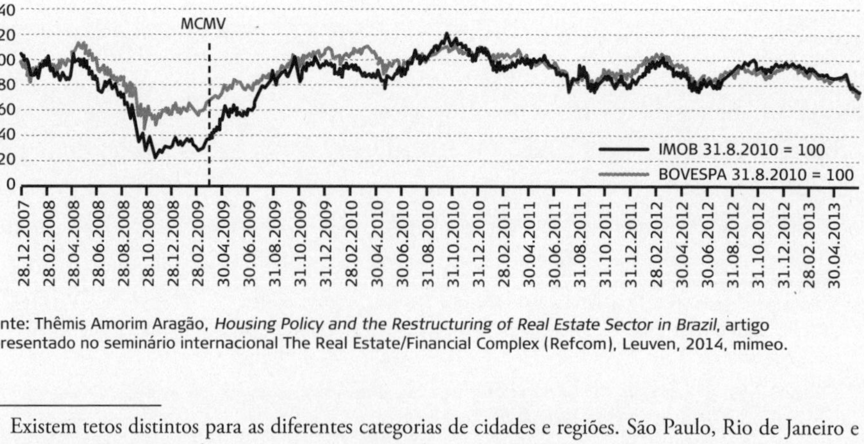

Fonte: Thêmis Amorim Aragão, *Housing Policy and the Restructuring of Real Estate Sector in Brazil*, artigo apresentado no seminário internacional The Real Estate/Financial Complex (Refcom), Leuven, 2014, mimeo.

57 Existem tetos distintos para as diferentes categorias de cidades e regiões. São Paulo, Rio de Janeiro e outras regiões metropolitanas têm os tetos mais altos e as cidades do interior, os mais baixos.

Examinando esses efeitos no balanço das empresas – em relação tanto ao número de unidades lançadas quanto ao valor das ações –, Higor Carvalho e Daniel Caldeira chegam aos mesmos resultados apontados antes. De acordo com os autores,

> o número de unidades habitacionais oferecidas no mercado e o preço das ações negociadas publicamente parecem seguir a mesma tendência. Entretanto, a própria natureza do desenvolvimento imobiliário faz com que esta seja uma indústria que não consiga responder às externalidades tão rapidamente quanto o mercado de ações. No auge da crise financeira mundial de 2008, houve uma forte queda no preço dos papéis da Gafisa, e a produção de novas unidades também despencou. Do início de 2008 até o primeiro semestre de 2009, o movimento de queda persistiu. Naquele ano, o ritmo de produção chegou a atingir números próximos àqueles de 2000, e o preço da ação da companhia caiu para cinco reais cada (caindo de cerca de trinta reais cada, em 2007). Após o lançamento do programa federal MCMV, os preços das ações foram recuperados rapidamente e a produção foi retomada – na segunda metade de 2010, a Gafisa lançou cerca de 3 mil unidades habitacionais novas, o recorde superior para a década. [...] O desempenho da Cyrela seguiu a mesma tendência da Gafisa [...]. Após entrarem na Bolsa em 2005, os papéis se valorizaram muito rapidamente, e no segundo semestre de 2007 seus 5.611 lançamentos de unidades novas superaram o que havia sido produzido nos cinco anos precedentes. Embora seu desempenho tenha sido afetado durante a crise financeira internacional de 2008-2009, tanto a valorização acionária como a produtividade foram rapidamente recuperadas graças ao lançamento do programa federal MCMV. A implantação do MCMV alterou também o panorama de produção do grupo. Enquanto em 2007 cerca de 2/3 da produção imobiliária do grupo tinha sido realizada sob a marca Cyrela, significando produtos de alto padrão, em 2009 cerca de 2/3 dos lançamentos foram unidades habitacionais da marca popular Living.[58]

Não há dúvida de que o setor imobiliário e, especialmente, as incorporadoras financeirizadas e seus investidores foram altamente beneficiados pelo programa, já que este não só os salvou da derrocada, como impulsionou o valor de suas ações. Realizados seus lucros, essas grandes empresas, que foram as que mais lançaram unidades no programa em sua primeira fase, começam lentamente a deixá-lo na fase 2, voltando-se para seus nichos mais tradicionais de mercado. De qualquer forma, impulsionado pelo programa, o crédito

[58] Higor Rafael de Souza Carvalho e Daniel Ávila Caldeira, *Housing Under Finance Influence*, cit.

habitacional passou de 1,55% do PIB do país, em 2006, para 3,48% em 2010 e 6,73% em 2013[59].

Além disso, é indiscutível o efeito contracíclico do MCMV sobre a indústria da construção civil. De acordo com dados da *Revista do Sinduscon*, o sindicato das empresas de construção, o setor cresceu 47,1% no período 2003-2013, enquanto o PIB no mesmo período cresceu 45,9%. Foram criados 2,23 milhões de postos de trabalho formais. A partir de 2010, cerca de 1 milhão de unidades financiadas pelo FGTS e SBPE foram lançadas por ano, um número quatro vezes maior do que em 2003; a produção de tintas cresceu 75% e a de vergalhões, 72%, no mesmo período[60]. Nesse sentido, podemos afirmar que, do ponto de vista do crescimento econômico e da geração de empregos, a estratégia foi bem-sucedida, o que, sem dúvida, angariou apoio de setores empresariais e sindicais.

Entretanto, não é possível entender a gênese e o sucesso do programa sem atentarmos para suas dimensões políticas. A centralização dos recursos para financiamento define um papel central por parte do governo federal sobre as políticas habitacionais[61], o que resulta no controle de importante capital político-eleitoral. Não é de estranhar que o MCMV tenha sido lançado em março de 2009, um ano e meio antes do período de disputa eleitoral para presidente. Além de conter os efeitos políticos nefastos que uma crise econômica poderia gerar sobre a sucessão presidencial, serviu para fortalecer a candidatura da ministra-chefe da Casa Civil, Dilma Rousseff – lançada como "mãe do Minha Casa Minha Vida" – à sucessão de Lula, que não podia mais se reeleger.

Um dos pontos centrais do programa é possibilitar a superação de qualquer tipo de resistência que poderia ser oferecida por partidos de oposição em governos locais. As relações entre entes federativos estão sujeitas às coalizões e aos arranjos partidários em todos os níveis. Neste sentido, os alinhamentos partidários costumavam ser importantes para que o governo federal conseguisse realizar seus programas no plano local, gerando capital político para seus promotores. Mas uma inovação trazida pelo MCMV é a possibilidade de, ao delegar a promoção de empreendimentos habitacionais a empresas, superar o "federalismo partidário":

---

59 Sinduscon/FGV, *Conjuntura da Construção*, ano XII, n. 3, out. 2014, p. 6. Disponível em: <www.sindusconsp.com.br/downloads/imprensa/conjunturadaconstrucao/conjuntura_out2014web.pdf>. Acesso em: 6 jan. 2015.

60 Ibidem, p. 4, 6-7.

61 Marta Arretche, *Capacidades administrativas dos municípios brasileiros para a política habitacional* (Brasília/São Paulo, Ministério das Cidades/Cebrap, 2012), p. 164.

o programa é implementado nos municípios quer estes sejam governados por partidos que compõem a base aliada, quer não. Assim, o governo federal obtém dividendos políticos independentemente da vontade da gestão local.

Como forma de obter maior controle sobre a implementação do programa no território, a União sentiu a necessidade de se fazer mais presente nos municípios, o que pode ser percebido, principalmente, pela evolução do papel desempenhado pela Caixa. Além de reiterar o papel de agente financiador, regulador e fiscalizador que o banco vem exercendo desde a extinção do BNH, o MCMV o transformou em importante ator no nível local, responsável por fazer o programa "rodar" e funcionar como importante elo entre os agentes envolvidos – governo federal, empresas, governos locais e beneficiários[62]. Sendo assim, foi ainda mais fortalecido o papel do agente financeiro como principal formulador e implementador da política.

Segundo o discurso de técnicos do Ministério das Cidades e do Ministério da Fazenda[63], o modelo proposto para o MCMV teria sido adotado justamente em função da avaliação, por parte dos gestores federais, de que os municípios não possuem capacidade para implementar uma política habitacional. De fato, nas avaliações do MCMV realizadas pela Rede de Pesquisa Cidade e Moradia[64] no país, foi constatado que todos os municípios pesquisados abandonaram suas políticas para "rodar" o programa a partir do momento em que ele foi lançado. De acordo com entrevistas realizadas com gestores nas cidades, graças ao MCMV eles não precisavam mais destinar recursos orçamentários para ações na área de habitação nem se preocupar em viabilizar projetos. O papel mais claramente assumido por todos os municípios, portanto, foi o de indicar os beneficiários a serem

[62] Raquel Rolnik, Rodrigo Iacovini e Danielle Klintowitz, "Habitação em municípios paulistas: construir políticas ou "rodar" programas?", *Revista Brasileira de Estudos Urbanos e Regionais*, v. 16, n. 2, nov. 2014.

[63] Maria Rita Loureiro, Vinicius Macário e Pedro Guerra, *Democracia, arenas decisórias e políticas públicas: o Programa Minha Casa Minha Vida* (Brasília, Ipea, 2013). Disponível em: <www.ipea.gov.br/portal/index.php?option=com_content&view=article&id=20470>. Acesso em: 6 jan. 2015.

[64] A Rede Cidade e Moradia constituiu-se a partir da chamada pública MCTI/CNPq/MCIDADES n. 11/2012, uma iniciativa promovida pelo governo federal para avaliar os resultados do programa MCMV. Fazem parte da rede as seguintes instituições: LabCidade – FAU-USP; Instituto Pólis; Peabiru; PUC-SP; IAU-São Carlos; IPPUR-UFRJ; FAU-UFRJ; UFMG; UFRN; UFC; UFPA. Com base num método de análise desenvolvido coletivamente, as instituições mencionadas conduziram pesquisas sobre o padrão de inserção urbana dos empreendimentos do MCMV em diversas cidades do país, discutindo regularmente as constatações feitas a partir dos respectivos objetos de estudo. O objeto de estudo do LabCidade, coordenado por mim, foram as regiões metropolitanas de São Paulo e Campinas.

atendidos pela faixa 1 a partir de um cadastro habitacional atualizado, única condição que os municípios devem atender, além de aprovar o projeto, para poder "distribuir" as casas. Além de ser relativamente fácil criar e manter um cadastro (exigindo pouco em termos de capacidade institucional), o programa também permite a utilização de outras fontes de informações habitacionais ou outros cadastros direcionados a políticas assistenciais já existentes. Assim, nem sequer um cadastro específico de moradia precisa ser feito e mantido pelo município para que ele possa participar do programa.

Ao delegar essa indicação da demanda ao município, o MCMV permite a manutenção das velhas gramáticas políticas de interação entre poder público e eleitores[65] no plano local, segundo a qual a distribuição de benefícios constitui importante ativo para atrair capital político. Indicar a demanda significa, por um lado, um baixo investimento do ponto de vista financeiro e institucional e, por outro, um grande recurso para angariar votos em pleitos municipais.

Os benefícios eleitorais proporcionados pela inauguração dos novos empreendimentos habitacionais são sempre "fatos políticos" de dimensão local, regional e nacional, conferindo legitimidade ao exercício do poder por sua elevada "visibilidade" no conjunto das realizações dos governos[66]. As inaugurações contam não só com a presença dos chefes do Executivo e do Legislativo local, como também, muitas vezes, de membros do Executivo e do Legislativo federal. Cada unidade produzida vale para duas contagens, ou seja, o capital político gerado serve tanto para o município quanto para o governo federal, além de deputados integrantes da base aliada.

Por fim, é importante destacar que, embora em pequena escala e com grandes dificuldades para operar um programa desenhado para construtoras, os movimentos sociais obtiveram ganhos relevantes com o MCMV no sentido de atender às suas bases, compostas principalmente por famílias em busca de uma moradia[67]. Esses ganhos demonstram ainda que, se por um lado os movimentos continuam a não participar efetivamente dos processos decisórios da política habitacional, por outro eles foram incluídos na lista de atores contemplados com a distribuição dos benefícios dos investimentos na área. Assumindo uma parcela pouco significativa

---

[65] Edson de Oliveira Nunes, *A gramática política do Brasil: clientelismo, corporativismo e insulamento burocrático* (4. ed., Rio de Janeiro, Garamond, 2010).

[66] Regina Coeli Moreira Camargos, *Estado e empreiteiros no Brasil: uma análise setorial* (Dissertação de Mestrado em Ciência Política, IFCH-Unicamp, Campinas, 1993).

[67] Evaniza Lopes Rodrigues, *A estratégia fundiária dos movimentos populares na produção autogestionária da moradia*, cit.

das moradias produzidas e utilizando, sobretudo, sua representação nos conselhos, os movimentos passaram a integrar o jogo do controle da distribuição dos ativos políticos do governo, juntamente com lideranças e grupos partidários que compõem sua base[68].

O êxito econômico e político do programa repercute na eleição de Dilma Rousseff em 2010 e em sua reeleição em 2014, períodos em que são lançados o MCMV-2 (2011) e o MCMV-3 (2014), com novas metas. De acordo com o Ministério do Planejamento, em agosto de 2014 o programa já havia contratado 3,5 milhões de unidades e entregado cerca de 1,7 milhão de casas e/ou apartamentos[69]. De pacote de salvamento de incorporadoras financeirizadas, o MCMV transformou-se na política habitacional do país, baseada no modelo único de promoção da casa própria, acessada via mercado e crédito hipotecário. Abortou-se, assim, a incipiente construção de uma política habitacional diversificada, aderente às especificidades locais e sob controle social, aposta dos movimentos sociais e dos militantes da reforma urbana no início do governo Lula.

Mesmo na faixa 1, em que o pagamento da prestação é simbólico, o sentido é a introdução da disciplina financeira e a adesão à sua lógica. Para esta faixa, são duas as dívidas: a prestação mensal, que precisa ser paga durante dez anos, sob pena da perda da casa, e a dívida política, a ser retribuída sob a forma de votos para quem "me deu a casa".

O programa é representativo de padrões específicos de articulação entre agentes públicos e privados no capitalismo brasileiro. Se, por um lado, foi desenhado para incentivar empresas privadas a se comprometerem com a produção de habitação para moradores de baixa renda, por outro, permaneceu altamente dependente de recursos públicos, mobilizados para subsidiar a aquisição da propriedade por compradores de baixa e média rendas. Esse arranjo financeiro ambivalente implica a transferência de riscos para as instituições públicas, ao mesmo tempo que mantém os lucros – geralmente aumentados por subsídios indiretos – com agentes privados, reiterando os padrões históricos de apropriação de fundos públicos por atores privados no país[70].

---

68 Raquel Rolnik, Rodrigo Iacovini e Danielle Klintowitz, "Habitação em municípios paulistas", cit.

69 Ver: Ministério do Planejamento, *Governo federal responde editorial do jornal* O Estado de S. Paulo, 8 ago. 2014. Disponível em: <www.planejamento.gov.br/conteudo.asp?p=noticia&ler=11533>. Acesso em: 7 dez. 2014.

70 Raquel Rolnik e Álvaro Luis dos Santos Pereira, *The Financialization of Housing and Spatial Segregation*, cit.

Passados os primeiros anos e inauguradas mais de um milhão de novas casas próprias, emergem os efeitos colaterais. É sobre isso que nos debruçaremos agora.

Minha Casa Minha Vida – efeitos "colaterais"?

O programa atribui o poder de decisão sobre a localização e o desenho do projeto para os agentes privados. Mesmo no caso da faixa 1, em que o papel de incorporador é formalmente atribuído ao FAR, as empresas privadas são as verdadeiras responsáveis por encontrar e adquirir a terra e por elaborar os projetos. No entanto, o critério para orientar as decisões desses agentes não pode ser outro senão o da rentabilidade. Considerando que o teto dos preços e as dimensões das unidades estão previamente estabelecidos, o lucro do empreendedor se baseia na economia de custos obtida no processo de produção. Essa economia é obtida através da padronização, da escala (número de unidades reproduzidas), da rapidez de aprovação e construção e do menor custo possível com a compra do terreno[71]. O resultado dessa equação financeira é a construção de megaempreendimentos padronizados inseridos nas piores localizações das cidades, isto é, onde o solo urbano é mais barato[72].

De acordo com Lúcia Shimbo, a padronização das tipologias habitacionais está em estreita relação com a padronização do processo de produção, que envolve desde a uniformização das medidas, materiais e componentes, até as formas de execução e gestão no canteiro. Isso explica, por exemplo, como uma empresa pode ter produzido "40 mil unidades em um ano, seguindo apenas três tipologias habitacionais em mais de setenta cidades brasileiras"[73]. A padronização, tanto do tamanho das unidades como de seus arranjos internos, tem como consequência a inadequação ao tamanho das famílias e, sobretudo, a não flexibilidade da moradia ao longo do ciclo familiar, não permitindo incorporar atividades econômicas ou acomodar parentes através de "puxadinhos"[74]. Isso já está de fato ocorrendo em alguns conjuntos, indo na direção da "informalização" dos espaços desenhados pelo crescimento ordenado do mercado.

---

71 Lúcia Zanin Shimbo, *Habitação social de mercado*, cit.

72 Ver o relatório de pesquisa do LabCidade em: <www.labcidade.fau.usp.br>. Acesso em: 15 dez. 2014.

73 Lúcia Zanin Shimbo, *Habitação social de mercado*, cit., p. 211.

74 Dentre os entrevistados pela pesquisa do LabCidade, 68,8% sentem falta de algum espaço ou ambiente que possuíam na moradia anterior. Essa ausência é sentida mais fortemente por moradores reassentados (74,5%), que acessaram o programa não através de inscrição voluntária e sorteio, mas porque sofreram remoção de seu lugar de moradia anterior. Dentre os que declararam que sentiam falta de algum espaço ou ambiente, 70,5% apontaram que sentem falta de um quintal.

De acordo com representantes de construtoras de grande porte entrevistados na pesquisa realizada pelo LabCidade (Rede Cidade e Moradia), a escala é uma condição para a lucratividade no contexto do programa: foi afirmado que, com taxas de retorno inferiores a 15%, só vale a pena construir empreendimentos de faixa 1 com mais de seiscentas unidades habitacionais. Embora apresentem impactos urbanísticos muitas vezes desastrosos, os grandes conjuntos possibilitam significativos ganhos de escala para as construtoras, ampliando sua margem de lucro[75]. Em algumas situações, observa-se a aglomeração de diversos empreendimentos em uma mesma região, formando verdadeiros bolsões de moradia popular, bastante semelhantes às cidades-dormitório que foram constituídas pela produção habitacional pública em décadas anteriores.

O tema da localização, por sua vez, está diretamente relacionado aos efeitos que o aumento vertiginoso de disponibilidade de crédito e o crescimento da renda tiveram sobre os preços fundiários, principalmente nas grandes cidades. De acordo com o Gráfico 6, elaborado por Thêmis Aragão, os preços imobiliários passam a crescer muito acima dos índices de inflação, dos custos de construção e dos aumentos de renda.

Gráfico 6. Preços imobiliários, aumento real da renda, custos da construção (IPCC) e taxa de inflação (IPCA)

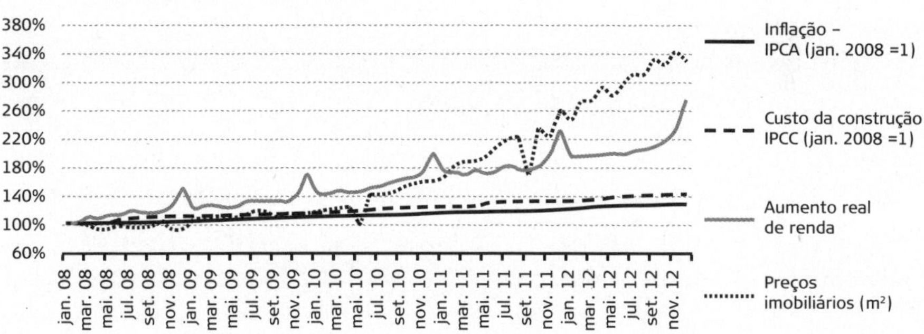

Fonte: Thêmis Amorim Aragão, *Housing Policy and the Restructuring of Real Estate Sector in Brazil*, cit.

Considerando que, na maior parte das cidades brasileiras, os empregos, serviços, oportunidades econômicas e culturais se concentram em pequenas parcelas dos

[75] Raquel Rolnik et al., "O programa Minha Casa Minha Vida nas regiões metropolitanas de São Paulo e Campinas: aspectos socioespaciais e segregação", *Cadernos Metrópole*, v. 17, n. 33, maio 2015.

territórios de média e alta renda, esses locais conheceram uma verdadeira explosão de preços. Dentre as diferentes faixas de renda atendidas pelo programa, os conjuntos para faixa 3 são os que mais se aproximam das áreas centrais mais bem equipadas das cidades, enquanto os empreendimentos para faixa 1 estão claramente dispersos pelas periferias mais afastadas, próximos às margens das cidades, em lugares que não apenas são distantes dos territórios privilegiados, mas também são homogêneos do ponto de vista social. Se o programa passou a atingir uma camada da população que historicamente não era atendida pelas iniciativas federais na área habitacional, não chegou a interferir no lugar tradicionalmente ocupado por ela nas cidades, reproduzindo o padrão periférico.

Na pesquisa do LabCidade sobre o MCMV nas regiões metropolitanas de São Paulo e Campinas, encontramos dois padrões distintos de localização: empreendimentos de grande porte, produzidos em grandes terrenos localizados em frentes de expansão nos limites da mancha urbana; e empreendimentos de pequeno e médio porte, produzidos em terrenos menores (muitas vezes públicos) remanescentes de periferias consolidadas.

No primeiro caso, a inserção de empreendimentos do MCMV em frentes de expansão assemelha-se ao padrão de produção de HIS em São Paulo entre os anos 1970 e 1980. Na época, imensos aglomerados de conjuntos habitacionais da Cohab – o mais emblemático deles é Cidade Tiradentes – foram construídos fora da malha urbana, em áreas sem infraestrutura adequada, sem espaços comerciais ou equipamentos públicos, precariamente conectadas ao tecido urbano e com condições inadequadas de transporte público e mobilidade.

No segundo padrão observado, a inserção de empreendimentos do MCMV se dá em periferias consolidadas, predominantemente nas reservas de terras remanescentes dos conjuntos produzidos em décadas anteriores. Trata-se de glebas menores, sobras dos conjuntos habitacionais mencionados. Se antes essas áreas estavam fora da malha urbana, hoje estão situadas numa periferia consolidada, servida por equipamentos sociais e inserida num tecido que se formou a partir de um padrão de urbanização bastante precário e fragmentado. Embora atualmente essas áreas já possuam dinâmica urbana própria, dispondo de subcentralidades e com alguma diversidade de comércios e serviços, indicadores como o Índice Paulista de Vulnerabilidade Social (IPVS), a renda domiciliar e a densidade de empregos mostram que tais localidades ainda são bastante homogêneas e precárias. De modo geral, elas oferecem poucas oportunidades de desenvolvimento econômico e cultural aos seus moradores e mantêm características de bairros-dormitório, com baixa qualidade urbanística. Trata-se da concentração de um conjunto expressivo de empreendimentos de grande porte, com tipologia padronizada, destinados a uma mesma faixa de renda e inseridos num tecido urbano monótono, com pouca diversidade de usos – ainda que agora disponha de um mínimo de equipamentos e serviços básicos no entorno ou em bairros vizinhos.

Mapa 1. Empreendimentos de faixa 1 na região metropolitana de São Paulo sobre dados de renda média domiciliar (IBGE, 2010)

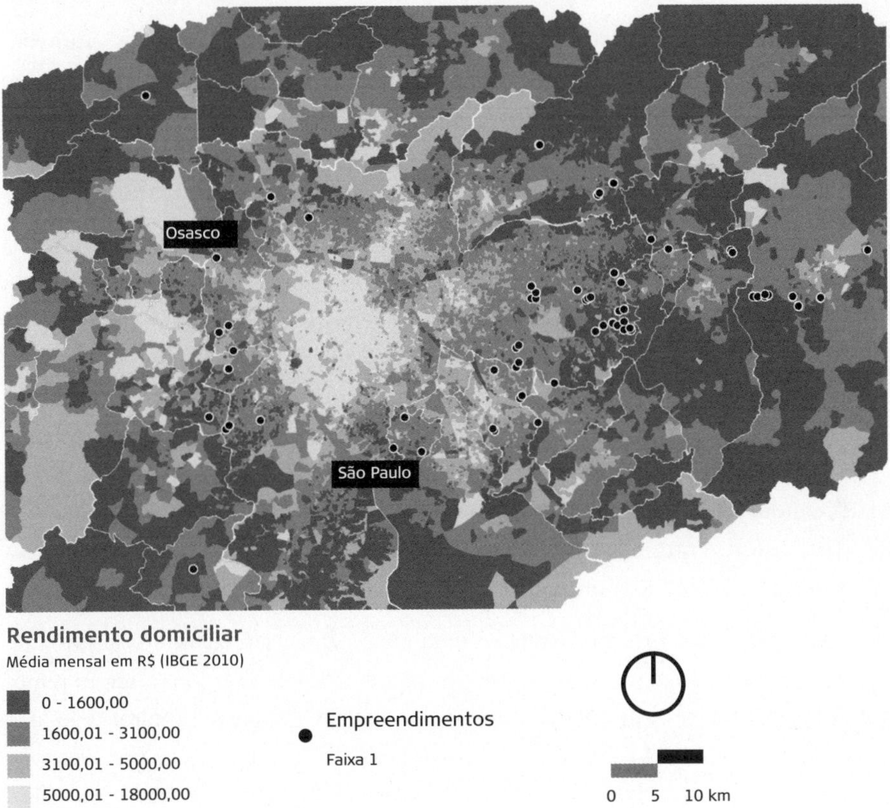

Fonte: Instituto Brasileiro de Geografia e Estatística (IBGE), *Censo demográfico – 2010*, cit.

A política habitacional desempenhou historicamente um papel central na consolidação do modelo urbano dessas regiões metropolitanas, assim como na reprodução de seu padrão de segregação socioespacial. A construção de grandes conjuntos habitacionais em áreas periféricas onde a terra é mais barata – forma de provisão habitacional predominante ao longo de décadas – contribuiu substancialmente para impulsionar o espraiamento urbano, a proliferação de um padrão urbanístico monofuncional e o estabelecimento de uma divisão territorial entre ricos e pobres. Apesar dos muitos bilhões de reais em subsídios públicos, o programa MCMV não impacta a segregação urbana existente. Pelo contrário, apenas a reforça, produzindo novas manchas urbanas monofuncionais ou aumentando a densidade populacional de zonas guetificadas já existentes. A intensa produção de moradia sem cidade ao longo das décadas de urbanização intensa acabou por gerar ampla segregação e uma série de problemas sociais que trouxeram ônus significativos para o poder público nas décadas seguintes, fenômeno que está se repetindo novamente.

O programa também não contribui para qualificar as áreas onde os empreendimentos são implantados e reduzir sua precariedade. A forma do condomínio fechado e murado, obrigatória para conjuntos verticais do programa, reproduz enclaves fortificados sobre um tecido urbano – das periferias consolidadas – fragmentado e desconexo, não contribuindo para transformá-lo ou qualificá-lo.

Por outro lado, a forma do condomínio exige dos moradores o pagamento de uma taxa mensal de manutenção. As entrevistas realizadas com moradores do MCMV em cidades do Estado de São Paulo demonstraram que, embora o peso da prestação não seja relevante diante da renda – apesar de poder representar mais de 17% da renda na faixa 1 –, quando se adiciona o valor da taxa condominial o comprometimento médio já dá um primeiro salto, passando para quase 40% da renda nessa faixa. Em muitos dos conjuntos pesquisados, a inadimplência com as taxas condominiais e os conflitos decorrentes de problemas com a manutenção dos conjuntos, a cargo dos moradores/proprietários, já revelam uma perspectiva de possível colapso na manutenção dos empreendimentos em poucos anos.

O peso das despesas dos moradores é ainda maior se considerarmos os gastos com água, luz e gás. Esse impacto afeta principalmente reassentados que sofreram remoção forçada, uma vez que a nova moradia traz consigo gastos que muitos deles não possuíam, por se beneficiarem de ligações clandestinas de água e luz, por exemplo, e certamente não arcarem com taxas condominiais[76]. Conforme a Tabela 1 a seguir, os gastos nas faixas inferiores de renda podem chegar a até 77% da renda.

Essa questão remete a outro efeito "colateral" do programa, que foi o de disponibilizar um instrumento para reassentar famílias removidas em função de estarem

[76] Esse grupo corresponde a 329 (35,4%) das 930 famílias entrevistadas. Dos entrevistados desse grupo, 83% não pagavam aluguel antes e 96% não pagavam condomínio, 37% não tinham despesa com conta de energia elétrica e 33%, com conta de água.

Tabela 1. Despesas com moradia atual: valor e comprometimento da renda familiar, por intervalos de renda dos moradores de empreendimentos do MCMV-faixa 1 no Estado de São Paulo, 2013

Faixas de renda (R$)		Até 550,00	551,00 a 950,00	951,00 a 1.600,00	1.601,00 a 3.100,00	3.101,00 a 5.000,00	maior que 5.001,00
Média de renda (R$)		340,55	781,00	1.298,79	2.159,49	3.781,67	5.600,00
Média de gastos (R$)	Prestação	59,21	64,92	64,87	76,66	126,67	51,00
	Prestação + Condomínio	134,12	144,53	146,06	159,05	209,52	136,00
	Prestação + Condomínio + Contas	265,29	264,29	274,25	293,72	349,18	270,67
Comprometimento médio da renda	Prestação	17,4%	8,3%	5,0%	3,5%	3,3%	0,9%
	Prestação + Condomínio	39,4%	18,5%	11,2%	7,4%	5,5%	2,4%
	Prestação + Condomínio + Contas	77,9%	33,8%	21,1%	13,6%	9,2%	4,8%

Fonte: Elaboração LabCidade, em 2013, com base em 930 questionários aplicados com moradores de empreendimentos do MCMV faixa 1 situados nas regiões metropolitanas de São Paulo, Campinas, Baixada Santista e Região Administrativa de Ribeirão Preto pelas equipes do LabCidade-FAUUSP, PUC-SP, Instituto Pólis e IAU-USP.

habitando "áreas de risco" ou no meio do caminho de grandes projetos. Como veremos com mais vagar no próximo capítulo, o programa viabilizou políticas massivas de remoção, como ocorreu em Campinas, onde moradores de diversas favelas situadas em áreas próximas a rios e córregos foram reassentados em grandes conjuntos nas franjas da cidade. Nesse caso, os deslocamentos contribuíram claramente para "ajustar" os valores do solo, retirando as famílias de baixa renda de localizações mais centrais e reassentando-as em regiões homogêneas de renda média domiciliar muito baixa.

Por fim, a pesquisa identificou a existência de empreendimentos dominados por grupos ligados ao tráfico de drogas e/ou a milícias. Este domínio se dá tanto territorialmente, através do controle dos espaços coletivos, quanto administrativamente, através do papel exercido pelos síndicos, muitas vezes impostos e controlados por tais grupos. Estes chegam a determinar que beneficiários abandonem seus imóveis para que outras famílias, indicadas por eles, possam ocupá-los. Essa situação foi mencionada apenas algumas vezes em entrevistas, mas foi possível perceber que o silêncio em relação ao tema se devia ao medo de represálias. Mesmo assim, podemos ver alguns indícios dessa situação se levarmos em conta que 38,4% das famílias consideram seu condomínio violento/perigoso e 45,8% o consideram mais violento/perigoso do que a moradia anterior. Além disso, das 494 famílias que já pensaram em se mudar (53% do total), aproximadamente 49,6% apontaram a violência como causa.

Mapa 2. Residencial Sirius, origem das famílias residentes e renda média domiciliar (IBGE 2010). Campinas, 2014

Rendimento domiciliar em R$ (IBGE)

- 0 - 1600,00
- 1600,01 - 3100,00
- 3100,01 - 5000,00
- 5000,01 - 18000,00

- Reassentamento
- Outras formas de acesso ao programa

Fonte: LabCidade, 2014.

Tais dados demonstram como a violência está fortemente presente nos empreendimentos analisados. Embora, como já comentamos, a violência seja parte integrante de nossa cultura, ao longo da história de nossas cidades construímos a ideia de que existe "o lugar" da violência: esse lugar seria a favela. Desde os tempos da Primeira República, as favelas são vistas como lugar sem norma nem lei e, portanto, espaço propício para acolher desordeiros, bandidos e criminosos. Essa ideia termina justificando que, por exemplo, no afã de combater o tráfico, a polícia entre nas casas de moradores de favelas arrebentando tudo, atirando e deixando vítimas pelo caminho.

Essa ideia alimenta outra, repetida há pelo menos cinquenta anos: a de que retirar os moradores desses lugares e realocá-los em conjuntos habitacionais murados, formalizados, regularizados e ordenados levaria ao fim da violência. Nem mesmo a experiência desastrosa da Cidade de Deus, no Rio de Janeiro, derrubou esse mito. E continuamos insistindo.

2
Na fronteira da expansão do complexo imobiliário-financeiro

A utopia da cidade para todos

A reestruturação produtiva e a crise fiscal que atingiram as cidades brasileiras no final dos anos 1970 contribuíram para ampliar a base do movimento pela reforma urbana. Ele passou a incluir não apenas os moradores de assentamentos informais, de periferias e favelas das cidades, mas também setores das classes médias profissionais liberais (arquitetos, engenheiros e advogados, por exemplo) que, sobretudo a partir de seus sindicatos recém-organizados, apoiaram e integraram essa coalizão[1]. Como já apontamos, a plataforma pela reforma urbana constituiu uma das chamadas "emendas populares" à Constituição[2]. Além de incluir o reconhecimento dos assentamentos informais e sua integração à cidade, a emenda propunha medidas de combate à "especulação imobiliária", introduzindo o conceito de função social da cidade e da propriedade urbana e a proposta de "democracia direta". Em outras palavras, propunha a constituição de espaços institucionais participativos de escuta, pactuação, elaboração e controle social sobre as políticas urbanas, por meio de instrumentos como conferências, conselhos, plebiscitos e referendos.

Especialmente nas cidades mais atingidas pela crise dos anos 1970 e onde também se reestabeleciam organizações sindicais e movimentos populares naquele

[1] Margaret E. Keck, *The Workers' Party and Democratization in Brazil* (New Haven, Yale University Press, 1992), p. 190-3.

[2] O processo constituinte de 1988 incluiu a possibilidade de apresentação de propostas sob a forma de projetos de lei por cidadãos comuns, desde que fossem subscritos por 30 mil eleitores e apresentados por entidades legalmente constituídas.

momento, essa coalizão logrou eleger, ainda ao longo da década de 1980, administrações locais comprometidas com um modelo redistributivista e de ampliação da cidadania, as chamadas gestões "democrático-populares". Embora com recursos orçamentários extremamente limitados, esse modelo previa a melhoria de serviços públicos, a inclusão das favelas e periferias como objeto de investimento, o apoio a cooperativas, incubadoras, programas de geração de renda e outros projetos sociais, enfrentando o vazio de políticas desse tipo no nível nacional[3].

O novo modelo redistributivo local implicou também a revisão conceitual e metodológica do marco do planejamento e regulação urbanísticos. Isso se deu especialmente depois que o capítulo de política urbana da Constituição, sob a pressão corporativa dos arquitetos e planejadores, havia estabelecido os planos diretores municipais como *locus* de definição da função social das propriedades urbanas no âmbito de cada cidade e determinado a obrigatoriedade de sua elaboração por parte dos municípios com mais de 20 mil habitantes.

A formulação do planejamento como instrumento de reforma urbana tinha como finalidade incidir sobre o modelo de desenvolvimento urbano, construído ao longo de quatro décadas de urbanização intensa e marcado pela exclusão político-territorial de parcelas majoritárias da população. Implicava, portanto, a "quebra do controle excludente do acesso à riqueza, à renda e às oportunidades geradas no (e pelo) uso e ocupação do solo urbano, assegurando a todos o direito à cidade como riqueza social em contraposição a sua mercantilização"[4].

Também procurava incidir sobre o modelo de gestão do território e sobre a definição de políticas urbanas na direção da construção da cidadania, para além de seu aspecto normativo, voltado para os procedimentos político-eleitorais. Para isso, buscava promover, no âmbito de cada território, a produção de um sentido coletivo de sua destinação e controle, confrontando um modelo de sociabilidade individualista que não respeita o interesse público[5].

---

[3] A falta de recursos ampliava a participação direta dos beneficiários na própria execução dos trabalhos, como é o caso de inúmeras experiências de "mutirões" de urbanização dos bairros, em que a prefeitura fornecia máquinas e materiais e os moradores, a mão de obra. Ver Raquel Rolnik, "Urbanização a conta-gotas", *Versus: Revista de Ciências Sociais Aplicadas do CCJE/UFRJ*, v. 2, 2009.

[4] Orlando Alves dos Santos Jr., "Cidade, cidadania e planejamento urbano: desafios na perspectiva da reforma urbana", em Sarah Feldman e Ana Fernandes (orgs.), *O urbano e o regional no Brasil contemporâneo: mutações, tensões, desafios* (Salvador, Edufba, 2007), p. 297.

[5] Maria Celia Paoli, "Movimentos sociais no Brasil: em busca de um estatuto político", em Michaela Hellmann (org.), *Movimentos sociais e democracia no Brasil: "sem a gente não tem jeito"* (São Paulo, Marco Zero, 1995), p. 376.

Ao longo dos anos 1980, crescem as intervenções municipais nas áreas ocupadas precariamente, sobretudo através de investimentos progressivos em infraestrutura. Entretanto, muitas vezes, a situação "irregular" ou "ilegal" do assentamento cria barreiras, no interior do aparato jurídico-administrativo das gestões públicas, que impedem esses investimentos. Ao longo do processo de redemocratização brasileiro, os investimentos em urbanização – e, muitas vezes, a própria criação desses assentamentos – ganharam importância crescente no jogo político-eleitoral. Do ponto de vista das relações de poder e do controle político que ali se estabelecem, esse jogo é reforçado pelo caráter discricionário das ações estatais[6].

É exatamente contra o caráter discricionário, e a partir de uma perspectiva de universalização de direitos, que as primeiras experiências de inserção e reconhecimento das favelas no âmbito do planejamento urbano e da regulação urbanística acontecem nas cidades brasileiras. As experiências pioneiras do Recife e de Belo Horizonte, nos anos 1980, inovaram não por investir nas favelas – o que já vinha sendo feito de forma pontual em várias cidades do país –, mas por identificar e demarcar essas áreas no zoneamento da cidade como Zonas Especiais de Interesse Social (Zeis), reconhecendo sua existência e estabelecendo compromissos para sua regularização.

No caso do Recife, o Prezeis (Plano de Regularização das Zonas Especiais de Interesse Social) propunha regras de intervenção para a implantação de programas de urbanização e a consolidação destes por meio da elaboração de planos especiais, de processos democrático-participativos e do reconhecimento da existência de padrões de ocupação específicos[7]. O Prezeis inovou também ao criar um sistema de gestão que envolvia Comissões de Urbanização e Legalização (Comuls) locais, integradas por moradores e prefeitura, com caráter deliberativo, responsáveis pela

---

6 Raquel Rolnik, "Democracia no fio da navalha", cit.

7 Milton Botler e Geraldo Marinho, "O Recife e a regularização dos assentamentos populares", *Revista Pólis*, n. 29, 1997; João Sette Whitaker Ferreira e Daniela Motisuke, "A efetividade da implementação de Zonas Especiais de Interesse Social no quadro habitacional brasileiro: uma avaliação inicial", em Laura Machado de Mello Bueno e Renato Cymbalista (Orgs.), *Planos Diretores Municipais: novos conceitos de planejamento territorial* (São Paulo, Annablume/Instituto Pólis/Puccamp, 2007); Lívia Miranda e Demóstenes Moraes, "O Plano de Regularização das Zonas Especiais de Interesse Social (Prezeis) do Recife: democratização da gestão e planejamento participativo", em Adauto Lúcio Cardoso (org.), *Habitação social nas metrópoles brasileiras: uma avaliação das políticas habitacionais em Belém, Belo Horizonte, Porto Alegre, Recife, Rio de Janeiro e São Paulo no final do século XX* (Porto Alegre, Antac, 2007); Demóstenes Moraes, *Por uma política de habitação de interesse social para o Recife: apontamentos sobre o Prezeis* (Recife, URB, 2005). Disponível em: <www.habitare.org.br/pdf/publicacoes/arquivos/51.pdf>. Acesso em: 5 set. 2015.

gestão dos planos de urbanização de cada Zeis. Constituiu-se, além disso, um Fórum Permanente do Prezeis, que discutia e deliberava sobre problemas e estratégias de gestão do conjunto das áreas demarcadas.

Belo Horizonte também foi pioneira no tema ao criar o Programa Municipal de Regularização de Favelas (Profavela), em 1983, na contramão de políticas de desfavelamento e remoção de famílias. Estabeleceu-se um zoneamento específico que reconhecia a existência das ocupações do ponto de vista legal[8].

A partir dessas duas experiências de introdução de Zonas Especiais de Interesse Social nos zoneamentos das cidades, as políticas de regularização e urbanização de favelas e a promulgação de legislações específicas com instrumentos de regularização e reconhecimento dos direitos de posse generalizaram-se no país. Isso se deu principalmente após a incorporação, no Estatuto da Cidade e na Medida Provisória n. 2.220 que o acompanhou, de instrumentos destinados a reconhecer e regularizar os assentamentos. Entre os municípios brasileiros, a adoção das Zeis se dissemina no período de 2001 a 2009, com um expressivo aumento a partir de 2005, quando foram incorporadas nos planos diretores: "[...] o número de municípios com Zeis passou de 672 em 2001 para 1.799 em 2009, o que representa um incremento de 168%"[9].

Aparentemente, o que afirmamos revela o quanto um princípio essencial definido na Constituição e instrumentalizado no Estatuto da Cidade, na MP n. 2.220 e na legislação posterior está sendo implementado no país. Mas a luta cotidiana dos assentamentos informais e ocupações para resistirem às remoções e expulsões violentas e se integrarem definitivamente à cidade é bem mais complexa e contraditória. Ainda nos anos 1990, quando o *front* desses conflitos encontrava-se sobretudo no âmbito municipal, a consolidação de favelas situadas em áreas centrais já era objeto de disputas e controvérsias[10]. Não foi por acaso que, embora aprovado no Congresso, o instrumento que possibilita justamente a concessão de

---

[8] Edésio Fernandes, "Perspectivas para a renovação das políticas de legalização de favelas no Brasil", em Pedro Abramo (org.), *A cidade da informalidade: o desafio das cidades latino-americanas* (Rio de Janeiro, 7Letras/Faperj/Lincoln Institute of Land Policy, 2003).

[9] Orlando Alves dos Santos Jr. e Daniel Todtmann Montandon (orgs.), *Os planos diretores municipais pós-Estatuto da Cidade: balanço crítico e perspectivas* (Rio de Janeiro, Letra Capital, 2011), p. 31.

[10] Jacqueline Severo da Silva, "Regularização fundiária, exercitando um novo paradigma: um conflito também ideológico – apresentação de casos", *Planejamento e Políticas Públicas*, n. 34, jan.-jun. 2010. Disponível em: <www.ipea.gov.br/ppp/index.php/PPP/article/viewFile/174/187>. Acesso em: 6 jan. 2015.

áreas públicas ocupadas irregularmente para seus moradores – a concessão especial para fins de moradia – foi vetado pelo então presidente da República, FHC. Negociações posteriores resultaram na promulgação de uma Medida Provisória que restringiria a utilização prevista pela redação original, proibindo a aplicação desse instrumento a áreas verdes e de preservação ambiental.

Por outro lado, o sistema oficial de financiamento da habitação e do desenvolvimento urbano federal, inclusive sob controle da coalizão liderada pelo PT, jamais reconheceu outros instrumentos que não a propriedade plena escriturada como passíveis de garantir a total segurança da posse, apesar de o ordenamento jurídico incluir outros instrumentos. Também é fundamental acrescentar que, embora os instrumentos de regularização tenham sido objeto de várias normas, decretos e leis, as ações concretas de regularização são verdadeiras corridas de obstáculos, com processos que muitas vezes se estendem por décadas. Finalmente, no final dos anos 1990 e início dos anos 2000, quando foram ampliados os recursos públicos disponíveis para a urbanização de assentamentos, o que se observa é a desconstituição dos processos e fóruns participativos, a urbanização seletiva de favelas e processos massivos de remoção em decorrência da implementação de projetos e obras, muitas vezes com uso da violência, como veremos adiante.

Além da utilização das Zeis como instrumento de reconhecimento e inclusão dos assentamentos populares autoproduzidos no marco do planejamento urbano, tendo como base as experiências do Recife e de Belo Horizonte, foi também no nível local, a partir da experiência de Diadema, no ABC Paulista, em 1993, que esse instrumento foi incorporado como forma de combate à retenção especulativa de terrenos. Assim, estabeleceu-se uma reserva de terras para habitação de interesse social em áreas que o plano diretor municipal considerava subutilizadas ou vazias. As Zeis foram identificadas como estratégia de melhor aproveitamento das áreas que já tinham infraestrutura, a fim tanto de garantir as necessidades habitacionais quanto de combater a especulação imobiliária[11]. No entanto, várias tentativas das administrações municipais no sentido de implementar instrumentos de gestão do solo, como a progressividade na cobrança de impostos prediais em áreas vazias e subutilizadas ou a compulsoriedade de ocupação, sofreram resistência por parte das câmaras legislativas e do Judiciário, que alegavam falta de regulamentação federal.

[11] Laila Nazem Mourad, *Democratização do acesso à terra urbana em Diadema* (Dissertação de Mestrado em Urbanismo, Puccamp, Campinas, 2000); Renato Cymbalista, *Refundar o não fundado: desafios da gestão democrática das políticas urbana e habitacional no Brasil* (São Paulo, Instituto Pólis, 2005). Disponível em: <www.polis.org.br/uploads/746/746.pdf>. Acesso em: 5 jan. 2014.

Em 2001, a aprovação do Estatuto da Cidade "resolve" esse impasse e estabelece o prazo de cinco anos para que todas as cidades enquadradas no critério da obrigatoriedade elaborassem seus planos diretores. Assim, quando a equipe liderada por Olívio Dutra, que vinha das experiências de "socialismo municipal"[12], assume o Ministério das Cidades, decide estruturar uma campanha, dirigida aos governos e à sociedade civil, pela implementação de planos diretores participativos, via Conselho Nacional das Cidades. O objetivo da campanha era disseminar os novos conteúdos e métodos que o planejamento territorial e, particularmente, os planos diretores deveriam incorporar, considerando a missão a eles atribuída pelo novo marco legal. A lei exige que os planos considerem as realidades socioterritoriais de cada município, a "função social de cada segmento de seu território", a partir de um processo participativo de discussão e pactuação que deve ocorrer em arenas públicas em cada cidade.

A partir de debate na Câmara Técnica de Planejamento e Gestão do Solo Urbano do Conselho Nacional das Cidades e em parceria com as entidades da sociedade civil e os órgãos governamentais integrantes do conselho, o ministério decidiu apoiar a organização de núcleos de mobilização e capacitação da campanha em cada estado do país. A estratégia visava articular uma rede de parceiros em todo o território nacional, constituída por entidades técnicas e acadêmicas, instituições de pesquisa, poder público estadual e municipal, movimentos sociais e populares e, em alguns estados, o Ministério Público[13].

A experiência de constituição de políticas no Conselho Nacional das Cidades, assim como os processos de planejamento territorial participativo, apostava na construção de espaços públicos como *locus* de exercício da solidariedade cívica e de conquista do "direito a ter direitos" pelos muitos brasileiros que se viam inseridos de forma precária nas cidades e políticas urbanas. A agenda desafiava a máquina pública, burocracias estatais, partidos e lideranças políticas a

---

[12] Benjamin Goldfrank e Andrew Schrank, "Municipal Neoliberalism and Municipal Socialism: Urban Political Economy in Latin America", *International Journal of Urban and Regional Research*, v. 33, n. 2, jun. 2009.

[13] O ministério forneceu apoio através da disseminação de materiais didáticos – o "Kit do Plano Diretor" –, com vídeo, cartilhas e materiais de referência técnica, e também deu suporte a promotores de oficinas de capacitação em todas as regiões do país: foram realizadas mais de 380 oficinas, envolvendo 22 mil participantes, entre técnicos e gestores locais e lideranças sociais. Além disso, repassou recursos próprios ou de parceiros no âmbito do governo federal para apoiar a contratação de serviços por parte dos municípios: aproximadamente um terço dos municípios obrigados a elaborar planos diretores receberam auxílio financeiro federal para isso.

> produzir instituições capazes de gerar trocas e acordos entre os diferentes atores locais a respeito do futuro de sua sociedade, promover redes de atores trabalhando sobre problemas públicos, instalar instrumentos de mobilização dos cidadãos, criar normas para garantir a implementação destes acordos, ter capacidade estratégica de articulação política e, sobretudo, ganhar a confiança dos atores e reduzir as incertezas do sistema político.[14]

Nessa agenda, o espaço público é tomado em sua dupla acepção: como campo de interações políticas (arena) e como expressão territorial do pacto que essas interações estabelecem. Do ponto de vista da política urbanística, tratava-se de repactuar a cidade, reconhecendo e definindo uma política de ocupação sustentável de seus territórios e garantindo um lugar adequado para todos os habitantes. Do ponto de vista político, a ampliação dos espaços e atores de representação política permitiria incorporar novos sujeitos nas arenas decisórias das políticas urbanas, de modo que múltiplos projetos de cidade pudessem se expressar e disputar a direção e o sentido das políticas.

A partir da convocatória do Ministério das Cidades, mais de 4 mil municípios brasileiros promoveram processos locais de discussão de políticas de desenvolvimento urbano, fosse através de conferências municipais, da elaboração de planos diretores participativos ou da participação em conselhos instituídos a partir desses processos. Uma grande diversidade de experiências foi vivida por quem se envolveu nesses espaços, já que eles se espalharam por todo o país, articulando atores e incidindo sobre configurações político-territoriais as mais diversas. Evidentemente, nas cidades onde havia movimento popular organizado, este se apropriou do espaço político aberto pelo debate do plano como mais um *front* de afirmação de sua presença e de inclusão de suas agendas. É o caso, por exemplo, de São Paulo.

Em muitas cidades, debates públicos sobre temas de política urbana ocorreram pela primeira vez. Em outras, tratou-se apenas de um procedimento formal – a convocação de uma audiência pública e seu registro em ata – para que o poder político local não pudesse ser acusado e, eventualmente, punido por descumprir a lei. Boa parte dos executivos locais apostou na realização desses processos na expectativa de cumprir a exigência legal e, assim, se credenciar para acessar recursos federais para obras de urbanização. Entretanto, pesquisa coordenada pelo Observatório das

---

14 Carlos Roberto Sanchez Milani, "Les Paradoxes du 'principe participatif' dans la gestion publique locale", em Daniel van Eeuwen (org.), *Le nouveau Brésil de Lula: dynamique des paradoxes* (La Tour d'Aigues, l'Aube, 2006), p. 232.

Metrópoles mostra que, apesar do êxito quantitativo de elaboração de planos diretores municipais e da presença dos "novos instrumentos" do Estatuto da Cidade,

> Muitos planos apenas transcreveram os trechos do Estatuto, outros incorporaram os instrumentos sem avaliar sua pertinência em relação ao território e à capacidade de gestão do município, outros, ainda, incorporaram alguns fragmentos de conceitos e ideias do Estatuto de modo desarticulado com o próprio plano urbanístico [...]. A pesquisa evidenciou uma generalizada inadequação da regulamentação dos instrumentos nos planos diretores no que se refere à autoaplicabilidade ou efetividade dos mesmos, principalmente no caso dos instrumentos relacionados à indução do desenvolvimento urbano.[15]

Por outro lado, o modelo de "integração pelo consumo" – crescimento com geração de empregos e melhoria das condições salariais –, hegemônico a partir de 2006, consolida-se priorizando o uso de recursos públicos para promover desenvolvimento urbano via grandes projetos de infraestrutura. Tais projetos redesenham a rede urbana do país sem fortalecer espaços de planejamento e ordenamento territorial nem construir um sistema de gestão do território federativo que leve as fragilidades e potências dos processos locais em consideração.

Em poucas palavras: a integração pelo consumo desconsiderou os processos – incipientes – de planejamento territorial participativo e, literalmente, se sobrepôs a eles. Trata-se do descolamento entre os enunciados do plano diretor e os grandes investimentos vigentes ou em vias de realização. De acordo com relatório sobre os planos elaborados no Rio de Janeiro:

> os grandes investimentos se impõem ao plano como condicionantes externos, ou seja, as grandes definições de investimento são tomadas sem qualquer relação com os planos municipais e os planos não dialogam como poderiam com os investimentos existentes ou previstos. Investimentos em usinas, siderúrgicas, aeroportos, grandes obras viárias, obras do PAC sequer são mencionados nos planos e não se relacionam explicitamente a nenhuma estratégia ou diretriz para o desenvolvimento.[16]

O mesmo podemos afirmar em relação aos recursos para provisão habitacional do programa Minha Casa Minha Vida. Como vimos, eles não possuem nenhum

---

[15] Orlando Alves dos Santos Jr. e Daniel Todtmann Montandon (orgs.), *Os planos diretores municipais pós-Estatuto da Cidade*, cit., p. 31-4.

[16] Pedro Manuel Rivaben de Sales, "Operações Urbanas Consorciadas", em Orlando Alves dos Santos Jr. e Daniel Todtmann Montandon (orgs.), *Os planos diretores municipais pós-Estatuto da Cidade*, cit., p. 7.

componente de política fundiária, a não ser mais um pacote de instrumentos jurídicos para permitir a regularização fundiária de assentamentos precários e viabilizar a titulação de terras, essencial para ampliar o terreno do mercado hipotecário. Sem relação com os investimentos subsequentes, o planejamento urbano local se constitui em exercício retórico que, assim como em outros vários *corpora* normativos, funciona no registro da "ambiguidade constitutiva": trata-se de uma lei que pode ou não ser posta em prática, a depender da capacidade do poder político local de inseri-la no vasto campo das intermediações do sistema político.

Porém, não é possível compreender a derrota política da plataforma de reforma urbana no interior da coalizão governamental pós-2006 – justamente quando esta ganha musculatura financeira para implementar sua agenda – sem apontar para a emergência e o fortalecimento do "ajuste urbano"[17] nas práticas e narrativas das gestões locais no mesmo período. No início da última década, enquanto o Movimento pela Reforma Urbana procurava fomentar o debate em torno da desmercantilização do solo urbano em várias cidades brasileiras, planos estratégicos eram desenhados para reposicionar as cidades no âmbito da competição global através da atração de investimentos internacionais – plataforma neoliberal de resposta à crise. Essa plataforma surgiu de uma espécie de consenso geral no mundo capitalista avançado de que benefícios seriam obtidos por cidades que assumissem um comportamento empresarial em relação ao desenvolvimento econômico[18].

Vários trabalhos já apontaram como o planejamento estratégico expressou, no Brasil, o paradigma da política urbana voltado para a competição entre cidades. Também já demonstraram como o planejamento estratégico tornou-se instrumento fundamental em administrações de cunho político neoliberal, como foi o caso da gestão de César Maia na prefeitura do Rio de Janeiro, que até mesmo esvaziou o Plano Diretor aprovado naquela cidade em 1992[19]. De acordo com Vainer,

> não há como desconhecer a centralidade da ideia de competição entre cidades no projeto teórico e político do planejamento estratégico urbano. É a constatação da competição entre cidades que autoriza a transposição do modelo estratégico do

[17] Pedro Fiori Arantes, *O ajuste urbano*, cit.

[18] David Harvey, "Do gerenciamento ao empresariamento: a transformação da administração urbana no capitalismo tardio", *Espaço e Debates*, ano XVI, n. 39, 1996, p. 49.

[19] Pedro Novais Lima Jr., *Uma estratégia chamada "planejamento estratégico": deslocamentos espaciais e atribuições de sentido na teoria do planejamento urbano* (Tese de Doutorado em Planejamento Urbano e Regional, Ippur-UFRJ, Rio de Janeiro, 2003); Carlos Vainer, "Pátria, empresa e mercadoria: notas sobre a estratégia discursiva do Planejamento Estratégico Urbano", cit.

mundo das empresas para o universo urbano, como é ela que autoriza a venda das cidades, o emprego do marketing urbano, a unificação autoritária e despolitizada dos citadinos e, enfim, a instauração do patriotismo cívico.[20]

Entretanto, mais do que contrapor políticas urbanas "socialistas", atribuídas a coalizões de esquerda que governaram – e governam – na América Latina, a políticas "neoliberais", correspondentes a cidades governadas por coalizões de direita na mesma região[21], interessa-nos aqui explicar a presença simultânea e contraditória dos dois ideários no interior das gestões "de esquerda". O caso paulistano ilustra o que acabamos de apontar: o Plano Diretor Estratégico da Cidade de São Paulo elaborado na administração de Marta Suplicy, eleita pelo PT em 2000, incorporou diversos instrumentos do Estatuto da Cidade para regularização fundiária, reconhecimento da posse e ampliação do acesso a terra urbanizada. Mas o mesmo plano também demarcou parte significativa do território municipal como área sujeita a operações urbanas consorciadas, em que parcerias público-privadas podem promover projetos não submetidos às regras gerais de regulação da cidade, desenhados para atrair capitais e investimentos privados e, assim, ampliar as fronteiras do complexo imobiliário-financeiro. É o que procuraremos, modestamente, explicar a seguir.

Primeiros ensaios – operações interligadas e operações urbanas em São Paulo

A primeira experiência de flexibilização do zoneamento a permitir alterações das regras de controle do uso do solo em troca de pagamento de contrapartidas por parte dos incorporadores decorreu de um convênio de cooperação entre as cidades de São Paulo e Toronto, no final dos anos 1980. A introdução das chamadas "operações interligadas" foi um dos efeitos desse convênio. A cidade havia acabado de eleger Jânio Quadros, sustentado por uma coligação de direita, o primeiro prefeito (1985-1988) por eleições diretas após a ditadura militar[22]. O instrumento nasce como Lei de Desfavelamento (Lei n. 10.209, de 1986), e a operação interligada consiste em dar autorização especial para a alteração dos parâmetros urbanísticos (gabaritos, índices de ocupação do solo, usos permitidos, afastamentos, taxa de

[20] Carlos Vainer, "Pátria, empresa e mercadoria: notas sobre a estratégia discursiva do Planejamento Estratégico Urbano", cit., p. 99.

[21] Benjamin Goldfrank e Andrew Schrank, "Municipal Neoliberalism and Municipal Socialism", cit.

[22] Na primeira eleição direta para a prefeitura da capital paulista, Jânio Quadros, liderando a coligação PTB/PFL, derrotou Fernando Henrique Cardoso, que se candidatou pelo PMDB (partido de oposição na ditadura), e Eduardo Suplicy, candidato pelo PT (partido criado formalmente em 1981).

ocupação etc.) em um determinado terreno ocupado por favelas. A autorização era solicitada pelo proprietário em troca da construção e doação ao poder público de habitações de interesse social para a população favelada em outro local. O número de unidades era calculado com base em percentual do potencial sobrelucro que os empreendedores teriam com os novos parâmetros.

Dois anos depois, passa a ser permitido aos proprietários interessados que, em vez de construir diretamente as casas populares, contratem o Fundo de Atendimento à População Moradora em Habitação Subnormal (Funaps) da prefeitura para fazê-lo: "O pagamento em dinheiro ao Funaps da contrapartida [...] possibilitou a criação de uma receita potencialmente de grande magnitude, transferida da iniciativa privada para um Fundo Social (Funaps)"[23].

Por essa razão, quando no pleito seguinte é eleita a primeira prefeita do PT em São Paulo, Luiza Erundina (1989-1992), o instrumento continua a ser utilizado, tendo financiado quase 4 mil das 10 mil moradias produzidas pelo município naquela gestão. O financiamento incluiu projetos de construção de moradias por mutirão e autogestão, urbanização de favelas e reforma de edifícios em áreas centrais, num contexto – como vimos no primeiro capítulo desta parte – de inexistência de programas e recursos federais. Entretanto, na administração Erundina, o instrumento desvinculou-se de qualquer ação de desfavelamento. Foram também introduzidos novos métodos de cálculo e negociação de contrapartidas, aumentando não apenas o número de operações, mas também o valor pago pelos empreendedores por metro quadrado[24].

Na administração seguinte, novamente sob uma gestão de direita (Paulo Maluf, 1993-1996)[25], as operações interligadas continuam, embora sob pressão da Câmara Municipal, que exigia participar no processo de aprovação e negociação. Os recursos, agora em dinheiro, passam a financiar o projeto Cingapura, operação de construção de edifícios que substitui parte das favelas situadas junto às principais avenidas de São Paulo. Finalmente, em 1998, a aplicação da lei é suspensa pelo

---

[23] Adauto Lúcio Cardoso et al., "Flexibilização da legislação urbanística no Rio de Janeiro: uma avaliação das operações interligadas", *Anais do VIII Encontro Nacional da Anpur*, Porto Alegre, 1999.

[24] Daniel Julien van Wilderode, "Operações interligadas: engessando a perna de pau", em Raquel Rolnik e Renato Cymbalista (orgs.), *Instrumentos urbanísticos contra a exclusão social* (São Paulo, Pólis, 1997).

[25] Paulo Maluf iniciou sua carreira política na Arena, partido de situação da ditadura militar, e foi prefeito e governador de São Paulo durante aquele período. Foi condenado em vários processos por corrupção, de forma que, no léxico político, "malufar" transformou-se em sinônimo de "desviar dinheiro público".

Judiciário. Ela é declarada inconstitucional em 2000 e, no ano seguinte, é objeto de uma Comissão Parlamentar de Inquérito na Câmara Municipal, a partir de acusações de desvio de quase 80 milhões de dólares que não foram repassados ao fundo de habitação nas gestões de Paulo Maluf e de seu sucessor, Celso Pitta[26].

A história que acabamos de contar revela por onde passam os fios da trama que constrói, sorrateiramente, a versão local de um paradigma global. O ponto de partida é, sem dúvida, a crise fiscal. De fato,

> desde 1983, a capacidade própria de investimento da cidade de São Paulo ingressou no negativo. O diagnóstico realizado pela administração de Mário Covas em 1984 apontava que, pela primeira vez na história recente da cidade, as despesas relacionadas ao serviço da dívida superaram o nível de investimento.[27]

Por quê? A estagnação econômica do país, aliada ao galopante aumento das taxas de juros internacionais, causava enormes impactos sobre o pagamento da dívida. A receita para enfrentar o inexorável déficit orçamentário vem da sugestão dos canadenses, através da "cooperação" entre cidades. Tal "cooperação" é um dos novos mecanismos que redefinem o âmbito das relações internacionais globais, com cidades e municípios assumindo maior autonomia e independência nos contatos internacionais, a fim de defender seus interesses no ambiente global. Trata-se da chamada "paradiplomacia", uma das novas "armas" do empreendedorismo urbano. No momento em que Toronto "irmanava-se" com São Paulo, a Canada Housing and Mortgage Corporation, autoridade canadense de promoção da casa própria no país, buscava novas formas de parcerias público-privadas para enfrentar a crise fiscal no Canadá. Financiava estudos para a municipalidade de Toronto sobre os *linkage programs* de São Francisco, nos Estados Unidos, e da província da Colúmbia Britânica, no próprio Canadá. Essa política exigia de empreendedores corporativos a produção de moradias em suas áreas de atuação, sob a forma de recursos financeiros ou doação de terras[28].

No mesmo período, cidades norte-americanas introduziriam o chamado "*inclusionary zoning*". O zoneamento inclusivo pode significar incentivos sob a forma de "bônus de densidades" ou a possiblidade de aumento de potencial construtivo

---

[26] Luiz Guilherme Rivera de Castro, *Operações Urbanas em São Paulo: interesse público ou construção especulativa do lugar* (Tese de Doutorado em Arquitetura e Urbanismo, FAU-USP, São Paulo, 2006).

[27] Daniel Julien van Wilderode, "Operações interligadas", cit., p. 53.

[28] Ver: <www.cmhc-schl.gc.ca/en/inpr/afhoce/afhoce/afhostcast/afhoid/pore/usdele/index.cfm>. Acesso em: 29 out. 2015.

em troca da produção de certo número de unidades *affordable* no edifício, por parte do empreendedor[29].

A "tradução" do instrumento por parte da administração janista define a produção de casas como "contrapartida" – e não como "obrigação", como era o caso dos *linkage programs* –, "interligando" os dois lados da equação rentista: retiram-se as favelas das cidades e resolve-se a pressão do setor imobiliário para aumentar o potencial construtivo, engessado sob a rigidez do zoneamento. De qualquer forma, ao "interligar" os ganhos de potencial com a provisão de casas populares, o mecanismo aciona o dispositivo "mágico" da casa própria. Na economia política da cidade, trata-se de um mecanismo justo, que vai ajudar os pobres e resolver um problema social. Com isso dissolvem-se as resistências à flexibilização e as desconfianças em relação aos objetivos especulativos do instrumento. E ganha-se o apoio dos partidos "de esquerda".

A derrogação de um dos elementos essenciais do planejamento urbano modernista, o zoneamento, através de sua flexibilização seletiva, também faz parte do ideário neoliberal. Assim como nas relações de trabalho, trata-se da criação de um ambiente menos regulado e com mais liberdade de ação para o mercado. Entretanto, não se trata de suspender ou substituir o zoneamento, instrumento construído à imagem e semelhança do mercado, mas de abrir as possibilidades de exceção, como demonstra Wilderode:

> as operações interligadas revelam o obsoletismo do zoneamento. Mas, apesar de permitir a derrogação da lei do zoneamento, as operações interligadas não se contrapõem a este. Ao contrário, a permanência do zoneamento é peça fundamental para o funcionamento do mecanismo interligado [...], trata-se de criar uma exceção à regra antiga e essa exceção gera muito mais lucro do que deixam transparecer os laudos dos avaliadores credenciados (e pertencentes ao próprio setor privado).[30]

De fato, no modelo de gestão urbanística da cidade brasileira, o setor imobiliário – *real estate* – tem, historicamente, enorme poder. Ele não só está presente na construção da legislação urbanística – feita por e para setores restritos das cidades, frente à maioria irregular e ilegal –, como também exerce influência nas câmaras municipais e conselhos em que participam representantes da sociedade

---

[29] Nico Calavita e Kenneth Grimes, "Inclusionary Housing in California: The Experience of Two Decades", *Journal of the American Planning Association*, v. 64, n. 2, 1998.

[30] Daniel Julien van Wilderode, "Operações interligadas", cit., p. 54.

civil[31]. A Comissão Normativa de Legislação Urbanística (CNLU), por exemplo, que analisava e aprovava os empreendimentos interligados e os termos da negociação de contrapartidas, contava com sete membros do setor empresarial, de um total de doze.

De acordo com Wilderode, a captura do sobrelucro – e sua socialização por meio das casas populares – na verdade situava-se em torno de 25% para os usos residenciais e menos de 7% para os usos comerciais. Entretanto, a cobrança pelo potencial adicional ressoava nas propostas progressistas de urbanistas e juristas, que, desde o final dos anos 1970, defendiam o estabelecimento do chamado "solo criado" no país para que o empreendedor pagasse pela construção acima do coeficiente único, que poderia ser estabelecido pelo município. A "Carta de Embu", de 1977, sintetizava essa posição[32]. A proposta do solo criado visava à recuperação antecipada de mais-valor imobiliário, decorrente de investimentos públicos em infraestrutura e serviços, e o concebia como instrumento para resgatar a isonomia entre proprietários, desfeita pelo zoneamento, ao estabelecer um índice único e cobrar os aumentos de densidade estabelecidos por este. Ao ser incorporada pelo movimento de reforma urbana, transformou-se em instrumento de financiamento de políticas sociais, com corte francamente redistributivo[33]. Ela será, como veremos adiante, introduzida na cidade no Plano Diretor de 2002, sob uma nova gestão petista, a da prefeita Marta Suplicy (2001-2004).

Dessa forma, práticas e ideários de origens e objetivos distintos se entrelaçam, disputando sentidos, mas também traçando um caminho que progressivamente disponibiliza instrumentos e amplia a área da cidade que, recortada de um planejamento geral, se abre para o complexo imobiliário-financeiro.

Finalmente, não podemos deixar de comentar o melancólico fim das operações interligadas. Sua aplicação foi contestada judicialmente por defensores do zoneamento. As operações foram suspensas e voltaram à cena pública apenas quando se instalou a CPI na Câmara. Ali apareceu também outro traço do "negócio" dessas

---

31 Raquel Rolnik, *A cidade e a lei: legislação, política urbana e territórios na cidade de São Paulo* (São Paulo, Studio Nobel, 1997).

32 A "Carta de Embu" declarava que: "Admite-se que, assim como o loteador é obrigado a entregar ao poder público áreas destinadas ao sistema viário, equipamentos públicos e lazer, igualmente, o criador de solo deverá oferecer à coletividade as compensações necessárias ao reequilíbrio urbano reclamado pela criação do solo adicional". Ver Álvaro Villaça Azevedo et al., *Solo criado/Carta de Embu* (São Paulo, Fundação Prefeito Faria Lima - Cepam, 1977).

33 Adauto Lúcio Cardoso et al., "Flexibilização da legislação urbanística no Rio de Janeiro", cit.

operações: as gestões de Maluf e Pitta, além de viabilizar ganhos para o *real estate*, não destinaram nenhum recurso para as "casas populares". Assimilado o instrumento e sua aplicação, seu uso nas habitações populares já era irrelevante àquela altura.

Enquanto a cidade experimentava as operações interligadas, também desenhava um novo instrumento – as operações urbanas, ou parcerias entre o governo e empresas, poder público e iniciativa privada – para alcançar resultados urbanísticos em setores específicos de seu território. Propostas pela primeira vez no projeto de Plano Diretor de 1985, na gestão de Mário Covas, tinham como objetivo ampliar a oferta de infraestrutura, equipamentos urbanos e habitação em 35 áreas da cidade, sobretudo nas periferias consolidadas que já contavam com alguma função de centralidade[34].

No entanto, a proposta foi engavetada para ressurgir na gestão de Jânio Quadros. Foi incluída novamente no Plano Diretor, mas implementada apenas a partir da gestão da prefeita Luiza Erundina. Embora as operações urbanas tivessem como referência a realização de grandes projetos urbanos, a exemplo das Zones d'Aménagement Concerté (ZAC) francesas, as primeiras a serem viabilizadas em São Paulo foram mais uma concentração de operações interligadas em um dado perímetro do que uma intervenção visando modificar claramente o tecido urbano. Na realidade, as três primeiras operações instituídas na cidade, Anhangabaú-Centro, Faria Lima e Água Branca, surgiram como estratégia para levantar recursos para pagar obras viárias, em um quadro de penúria fiscal, a partir da venda de potencial construtivo e de outras exceções à legislação vigente[35].

Em sua gestão, o prefeito Jânio Quadros havia iniciado um grande pacote de obras viárias (englobando túneis, viadutos, canalização de rios e implantação de novas avenidas) em cinco frentes simultâneas, distribuídas entre nove grandes empreiteiras. Tais obras foram iniciadas ao mesmo tempo, entre 1986 e 1987, sem que a prefeitura tivesse recursos garantidos para pagá-las integralmente. A princípio, o valor total era de 330 milhões de reais. No final de sua gestão, já havia subido para 416 milhões de reais, em razão de aditamento dos contratos dos túneis. Dessa forma, quando Luiza Erundina assumiu a prefeitura, 270 milhões de reais haviam sido pagos (de 405 milhões de reais executados), resultando em um saldo de 135 milhões de reais a pagar e um orçamento total para sua finalização

---

[34] Luiz Guilherme Rivera de Castro, *Operações Urbanas em São Paulo*, cit.

[35] Camila Maleronka, "A construção do instrumento urbanístico operação urbana consorciada", *Anais do XI Seminário de História da Cidade e do Urbanismo*, v. 11, Vitória, 2010. Disponível em: <http://unuhospedagem.com.br/revista/rbeur/index.php/shcu/article/view/1266/0>. Acesso em: 6 jan. 2015.

de 900 milhões de reais. Como não foram obtidos financiamentos externos, as obras foram paralisadas para reavaliação pela nova equipe de governo. A decisão tomada foi a de renegociar preços e concluir as obras do Anhangabaú, em função de sua localização central na cidade, assim como prosseguir com as obras de um minianel viário, previsto desde os anos 1970, interrompendo as demais[36].

Nesse contexto, delimitar uma operação urbana no entorno do túnel e do parque que seria feito sobre o Anhangabaú, em pleno centro da cidade, foi a alternativa para levantar recursos adicionais para a obra. No entanto, sua justificativa salientava a necessidade de "revitalização" do Centro, de forma a atrair investidores por meio da oferta de potencial construtivo adicional e outras exceções à legislação. A Operação Urbana Anhangabaú foi então lançada em 1991.

Assim como a Operação Urbana Anhangabaú, a Operação Urbana Faria Lima, incluída no Plano Diretor (não aprovado) de 1991 e regulamentada apenas em 1995, está diretamente ligada a um projeto viário. A proposta de sua inclusão no Plano Diretor da cidade partiu do escritório de arquitetura de Júlio Neves, envolvido nos projetos de edificação da nova centralidade corporativa da cidade, situada na região Sudoeste, e que exercia também funções de assessoria na prefeitura na gestão de Jânio Quadros. Inicialmente denominado Boulevard Sul, o projeto de extensão da avenida Faria Lima era apresentado à equipe da prefeitura como viabilizador de "importantes obras viárias sem custos para a prefeitura"[37]. De acordo com Ermínia Maricato e João Whitaker,

> o interesse do mercado pela região da Marginal Pinheiros, ao longo da av. Faria Lima e Água Espraiada [...], tem relação com a movimentação da iniciativa privada na criação de uma nova "centralidade globalizada" – e segregada, evidentemente – na capital paulista. Formou-se um forte grupo de pressão sobre o poder público, que contava inclusive com arquitetos de renome com particular interesse na operação (fizeram projetos e planos urbanísticos para o local) [...], ou seja, a operação urbana torna-se um fim em si, um elemento de alavancagem de uma megaoperação imobiliária.[38]

---

36 Maria Irene Q. F. Szmrecsanyi e José Eduardo de Assis Lefèvre, "Grandes empreiteiras, Estado e reestruturação urbanística da cidade de São Paulo, 1970-1996", *Anais do IV Seminário de História da Cidade e do Urbanismo*, v. 4, Rio de Janeiro, 1996. Disponível em: <http://unuhospedagem.com.br/revista/rbeur/index.php/shcu/article/view/515>. Acesso em: 6 jan. 2015.

37 Mariana Fix, "A 'fórmula mágica' da parceria público-privada: operações urbanas em São Paulo", *Cadernos de Urbanismo*, ano 1, n. 3, 2000.

38 Ermínia Maricato e João Sette Whitaker Ferreira, "Operação consorciada: diversificação urbanística participativa ou aprofundamento da desigualdade?", em Letícia Marques Osório (org.), *Estatuto da*

Não houve interesse por parte de incorporadores e investidores em participar da Operação Anhangabaú. Apesar de prever a outorga onerosa de 150 mil metros quadrados, a operação vendeu apenas 13% de seu estoque em sete anos de vigência[39]. No entanto, a Operação Urbana Faria Lima foi considerada um grande sucesso, atraindo a participação de incorporadores e arrecadando, até o momento – outubro de 2014 –, mais de 2 bilhões de reais[40]. Seu modelo introduziu os Certificados de Potencial Adicional de Construção (Cepacs), um título financeiro de base imobiliária, e serviu de inspiração para o texto que define as operações urbanas consorciadas no Estatuto da Cidade, aprovado, em nível nacional, em 2001.

Os Cepacs são emitidos pela prefeitura e correspondem a um volume futuro de metros quadrados adicionais. Os certificados são leiloados em "pacotes" e negociados no mercado secundário através da Bolsa de Valores. O detentor de Cepacs pode transformá-los diretamente em potencial construtivo adicional se participar de uma incorporação ou vendê-los para um incorporador que deseja empreender no perímetro da operação. Uma tabela de conversão relaciona a quantidade de Cepacs a metros quadrados adicionais, dependendo do subperímetro em que se pretende construir o projeto. O preço dos Cepacs é determinado em leilões e, como qualquer outro título financeiro, oscila conforme os interesses do mercado, que, por sua vez, depende da valorização dos espaços urbanos aos quais a operação está vinculada[41].

Substituindo a outorga onerosa "no balcão", ou seja, a venda de potencial construtivo vinculada a projetos, a introdução do Cepac avança na financeirização: modifica a forma jurídica da propriedade imobiliária e, consequentemente, amplia as possibilidades de apropriação da renda, ao aproximar renda e juros em um único ativo financeiro. De acordo com Fix, trata-se de

> um sistema que vai sendo ajustado (aperfeiçoado, nos termos de seus defensores) de modo a libertar os imóveis para a circulação do capital portador de juros e vincular os

Cidade e reforma urbana: novas perspectivas para as cidades brasileiras (Porto Alegre, Sergio Fabris Editor, 2002), p. 10.

39 Eduardo Alberto Cusce Nobre, *Reestruturação econômica e território: expansão recente do terciário na marginal do rio Pinheiros* (Tese de Doutorado em Arquitetura e Urbanismo, FAU-USP, São Paulo, 2000).

40 Ver resumo da movimentação da Operação Urbana Consorciada Faria Lima, elaborado pela SP-Urbanismo em 25 nov. 2014. Disponível em: <www.prefeitura.sp.gov.br/cidade/secretarias/upload/desenvolvimento_urbano/sp_urbanismo/arquivos/oufl/ouc_faria_lima_resumo_financeiro_outubro_2014.pdf>. Acesso em: 17 dez. 2014.

41 Mariana Fix, *Financeirização e transformações recentes no circuito imobiliário no Brasil*, cit., p. 181-2.

> mercados de terra e imóveis, os usos do solo, e a organização espacial em um processo geral de circulação de capital.[42]

Como já mencionamos, os Cepacs foram incluídos no texto da lei da Operação Urbana Faria Lima durante a gestão do prefeito Maluf. Porém, só puderam ser aplicados depois de incluídos na lei nacional, o Estatuto da Cidade, pois pairavam dúvidas jurídicas sobre sua natureza e sua incidência ou não na dívida pública do município, que já havia alcançado seu limite. A utilização de Cepacs nas operações urbanas Faria Lima e Água Espraiada foi finalmente aprovada pela Câmara dos Vereadores de São Paulo, em 2004, depois de instrução normativa da Comissão de Valores Mobiliários (CVM) definir a operacionalidade do instrumento em 2003, já na gestão da prefeita Marta Suplicy.[43]

> A primeira negociação de direitos adicionais de construção ocorreu em julho de 2004 através de pregão eletrônico na Bolsa de Valores de São Paulo no âmbito da Operação Urbana Água Espraiada, quando foram vendidos 100 mil Cepacs ao valor unitário nominal de 300 reais, apurando-se um total de 30 milhões de reais. No final de 2004 foi realizado o primeiro leilão de Cepacs na Operação Urbana Faria Lima, tendo sido ofertados 90 mil Cepacs a um preço inicial de 1,1 mil reais cada, mas vendidos apenas 9.091, com arrecadação de cerca de 10 milhões de reais.
>
> Este fracasso nas vendas de Cepacs, ou aparente desinteresse do setor privado na área mais dinâmica da cidade (avenida Faria Lima) do ponto de vista dos investimentos imobiliários, deveu-se à conjunção de vários fatores [...]. Quando a aprovação dos Cepacs pela Câmara de Vereadores de São Paulo tornou-se iminente, muitos empreendedores anteciparam as licenças para seus projetos nos quais se utilizariam os procedimentos anteriores no cálculo das contrapartidas. Além disso, o ciclo do mercado imobiliário ainda encontrava-se em baixa e o leilão foi realizado menos de uma semana antes do término do mandato da prefeita Marta Suplicy, que havia perdido as eleições, [...] o que trazia certa insegurança aos investidores. Mas o fracasso do primeiro e do segundo leilões na OU Faria Lima foi seguido do grande êxito do terceiro

---

[42] Ibidem, p. 181.

[43] A equipe técnica que desenhou a operacionalização do instrumento e o negociou com a CVM foi liderada por Fernando Haddad, subsecretário de Finanças da prefeitura à época. Posteriormente, é ele também que vai liderar a equipe que irá propor o projeto de lei de regulamentação das PPPs no Ministério do Planejamento, na primeira gestão de Lula na Presidência da República. Fernando Haddad foi eleito prefeito de São Paulo em 2012.

(2007), quando foram vendidos 150 mil Cepacs a um preço inicial de 1.240 reais, isto é, com um aumento de quase 13%.[44]

Não é nossa intenção neste trabalho analisar e avaliar as operações urbanas em São Paulo, tema que foi objeto de inúmeras teses e artigos nos últimos quinze anos. Como apontamos no início deste capítulo, trata-se de identificar de que forma instrumentos que fortalecem as conexões entre capital financeiro e capital imobiliário vão conquistando territórios em cidades sob governos de "esquerda" e impondo sua lógica sobre o destino dos lugares, ao submeterem as definições das formas de uso e características de ocupação às necessidades de rentabilidade desses ativos.

Para examinar essa questão, observando as operações urbanas – principalmente as exitosas, como a Água Espraiada e a Faria Lima –, é fundamental apontar os atores envolvidos nesses territórios e a forma através da qual estabelecem contatos, alianças e estratégias de apoio, gravitando em torno de interesses políticos e econômicos para influenciar a tomada de determinadas decisões. No caso, é no entrelaçamento entre governos, empreiteiras e fundos de pensão, materializado nas "avenidas imobiliárias"[45] construídas em São Paulo nos anos 1990 e 2000, que encontraremos esses pontos de conexão.

Avenidas imobiliárias, empreiteiras e fundos de pensão

"A Avenida é dos Fundos." Com esse título, a *Revista da Associação Brasileira dos Fundos de Pensão* comemorava que seus associados haviam ajudado a viabilizar quase todos os principais empreendimentos na avenida Engenheiro Luís Carlos Berrini[46].

A Berrini, como é conhecida, foi aberta nas várzeas do rio Pinheiros no final dos anos 1970. Constituiu o primeiro polo empresarial fora da região central e da avenida Paulista, no momento em que São Paulo conhecia um incremento de seu setor terciário[47]. Sua ocupação – assim como a de outros setores da região, que viria a seguir – foi impulsionada pela construção das vias expressas às margens

[44] Paulo Sandroni, *O Cepac (Certificado de Potencial Adicional de Construção) como instrumento de captação de mais-valias urbanas e financiamento de grandes projetos urbanos*, 2008, mimeo. Disponível em: <http://gvpesquisa.fgv.br/sites/gvpesquisa.fgv.br/files/publicacoes/Paulo%20sandroni%20-%20Cepac08.pdf>. Acesso em: 6 jan. 2015.

[45] A expressão é do urbanista paulistano Candido Malta Campos Filho.

[46] Mariana Fix, *São Paulo cidade global*, cit., p. 50.

[47] Eduardo Alberto Cusce Nobre, *Reestruturação econômica e território*, cit.

do rio Pinheiros, entre 1968 e 1971. A área já havia sido objeto de operação de supervalorização fundiária nos anos 1930, quando a multinacional canadense Light&Power, que havia invertido o curso do rio para gerar energia elétrica, embolsou parte da renda resultante do loteamento de suas margens. Graças à parceria entre a Light&Power e uma companhia loteadora, a Cia. City, foram lançados na região alguns loteamentos voltados para famílias de alta renda, como Morumbi e Alto de Pinheiros[48]. A disponibilidade de terrenos, a presença de setores residenciais de alta renda, assim como o lançamento do primeiro shopping center na cidade (o Iguatemi, no final dos anos 1960), também nas proximidades da Marginal, impulsionaram a expansão terciária naquela direção.

Mas a entrada dos fundos de pensão no mercado imobiliário paulistano e a mudança na estratégia imobiliária das empresas – que, em vez de construírem e imobilizarem suas sedes próprias, passaram a ser locatárias de lajes ou edifícios em contratos de longa duração – foram determinantes para o *boom* de torres corporativas, centros de convenções, shoppings e hotéis na região, a partir do final dos anos 1980[49]. Entre 1984 e 1999, foram lançados mais de 800 mil metros quadrados de edifícios corporativos, com forte participação do Previ, Funcef, Sistel e outros fundos de pensão[50].

As entidades fechadas de previdência complementar, ou fundos de pensão, foram criadas no Brasil em 1977 como ferramenta estratégica para a geração de poupança interna e formação de um mercado de capitais durante o regime militar. Inspiradas em similares norte-americanas, foram criadas inicialmente em bancos e empresas estatais, com o patrocínio de empresas públicas. Em 2010, totalizavam 369 entidades, que juntas movimentavam o montante de 504 bilhões de reais, equivalente a 17,5% do PIB nacional. Embora os fundos patrocinados por empresas privadas sejam a maioria em número, os ativos dos fundos de patrocínio público têm clara predominância em valor (64,7%) sobre os demais (35,3%), o que confere a esses atores maior poder econômico, político e simbólico. Os

---

[48] Quando o braço de eletricidade da Light é estatizado pelo governo federal, em 1978, o restante da empresa se reorganiza como Brascan Holding, passando a atuar em mineração, energia, agronegócio e setor imobiliário (incorporação, shoppings e hotéis). A Brascan, denominada posteriormente Brookfield, abre um banco de investimentos em 1989 e torna-se uma das incorporadoras poderosas da Barra da Tijuca, no Rio de Janeiro, e do polo empresarial da Zona Sul de São Paulo, tendo participado de um dos primeiros fundos de investimento imobiliário residencial estruturados: o Panamby.

[49] Eduardo Alberto Cusce Nobre, *Reestruturação econômica e território*, cit.; Mariana Fix, *São Paulo cidade global*, cit.

[50] Eduardo Alberto Cusce Nobre, *Reestruturação econômica e território*, cit., p. 523.

maiores fundos no Brasil são: Previ, dos funcionários do Banco do Brasil; Petros, da Petrobras; Funcef, da Caixa Econômica Federal; Valia, da Vale (empresa de mineração e siderurgia, privatizada nos anos 1990)[51].

Desde o período da ditadura militar, quando foram criados, os fundos tiveram importância estratégica para o governo e foram intensamente mobilizados para a consecução de suas políticas. Durante a gestão de Fernando Henrique Cardoso, foram convocados pelo governo, juntamente com o Banco Nacional de Desenvolvimento Econômico e Social (BNDES), para que participassem dos leilões das estatais e passassem a ser acionistas minoritários dessas empresas, formando, juntamente com os bancos e com os fundos de *private equity*, sociedades de propósito específico (SPEs) com o objetivo único de adquirir essas ações[52]. Segundo Sérgio Lazzarini,

> durante o processo de privatização, o governo FHC estava sendo duramente criticado pelas oposições de esquerda por estar tentando entregar empresas nacionais ao capital estrangeiro. Ao mesmo tempo seria preciso garantir à opinião pública que os leilões seriam um sucesso [...]. Para atenuar estas críticas e viabilizar politicamente o processo, fundos de pensão de estatais e o BNDES foram ativamente acionados.[53]

A partir do final dos anos 1990, cresce dentro da Central Única dos Trabalhadores (CUT) e das demais centrais sindicais um movimento, liderado pelo Sindicato dos Bancários, de intervenção técnico-política na regulação dos fundos de pensão. O objetivo era ampliar a agenda e o controle político dessas instituições pela nova liderança sindical que havia construído a CUT e o PT[54]. Em 2001, um

---

51 Maria Chaves Jardim, *Observatório de investimentos na Amazônia: fundos de pensão* (Brasília: Inesc, 2010).

52 Idem.

53 Sérgio Lazzarini, *Capitalismo de laços: os donos do Brasil e suas conexões* (Rio de Janeiro, Campus/Elsevier, 2011), p. 11.

54 Um exemplo foi o Encontro dos Dirigentes de Entidades Representativas de Participantes de Fundos de Pensão, realizado em Brasília, em 2001, com a participação do Sindicato Nacional de Entidades Fechadas de Previdência Privada (Sindapp). Em documento encaminhado ao presidente Fernando Henrique Cardoso, os participantes reivindicaram a ampliação do segmento de previdência complementar, por meio da permissão a outros setores da sociedade para constituir seus próprios fundos de pensão e do aumento da participação de representantes dos trabalhadores na direção desses fundos. O documento reivindicava ainda "a pluralidade das entidades de previdência complementar dos servidores públicos" ("Carta de Brasília", 17 out. 2002). Entre os signatários do documento, merecem atenção os nomes de Luiz Gushiken, Ricardo Berzoini e José Pimentel, os quais, durante o primeiro mandato de Lula, estiveram em cargos de comando e se envolveram de forma ativa na reforma da previdência social encaminhada pelo governo em 2003. Ver Maria Chaves Jardim, "'Nova' elite no Brasil? Sindicalistas e ex-sindicalistas no mercado financeiro", *Sociedade e Estado*, v. 24, n. 2, maio-ago. 2009.

projeto de lei fortemente apoiado por congressistas eleitos a partir da base sindical reformaria a regulação do setor, ampliando a participação dos representantes dos trabalhadores nos órgãos deliberativos e diretivos das entidades.

Em outubro de 2002, esses novos dirigentes das entidades de previdência complementar lançam a "Carta de Brasília", apoiando a candidatura de Lula à Presidência da República:

> Os abaixo-assinados foram eleitos pelos trabalhadores para a direção dos seus fundos de pensão, estão comprometidos com a gestão independente e séria dos recursos frente a qualquer governo e manifestam seu apoio à candidatura Lula, certos de que esta é a melhor opção para que os fundos venham a desenvolver seu potencial, cumpram seus compromissos e contribuam com o desenvolvimento do país.[55]

De fato, uma vez eleito, como veremos adiante, Lula irá mobilizar fortemente a participação dos fundos em PPPs e grandes projetos industriais e de infraestrutura no país. Normalmente geridos por profissionais eleitos por colegas das próprias estatais e por outros executivos apontados pelo governo, os fundos de pensão apresentam íntima associação com sindicatos e associações de funcionários. A trajetória desses fundos, sobretudo a partir da entrada do novo movimento sindical na disputa pelo controle desses recursos, vai defini-los como uma das arenas de construção do diálogo e da convergência de interesses entre a "elite sindical" e a "elite financeira"[56].

Para garantir a ampliação constante de benefícios para os trabalhadores, a rentabilidade financeira dos fundos deveria ser a maior possível. Constitui-se, assim, nas palavras de Francisco de Oliveira, um verdadeiro ornitorrinco, representante dos trabalhadores e, ao mesmo tempo, partícipe do controle da esfera financeira:

> A estrutura de classes também foi truncada ou modificada: as capas mais altas do antigo proletariado converteram-se, em parte, no que Roberto Reich chamou de "analistas simbólicos": são administradores de fundos de previdência complementar [...]; fazem parte de conselhos de administração [...]. Tal simulacro produziu o que Robert Kurz chamou de "sujeitos monetários": trabalhadores que ascendem a essas funções estão preocupados com a rentabilidade de tais fundos, que ao mesmo tempo financiam a reestruturação produtiva que produz desemprego [...], [trata-se] de uma verdadeira nova classe social, que se estrutura sobre, de um lado, técnicos

---

[55] Maria Chaves Jardim, *Observatório de investimentos na Amazônia*, cit.

[56] Idem, "'Nova' elite no Brasil?", cit.

> e economistas *doublés* de banqueiros, núcleo duro do PSDB, e [de outro] trabalhadores transformados em operadores de fundos de previdência, núcleo duro do PT. A identidade dos dois casos reside no controle de acesso aos fundos públicos, no conhecimento do "mapa da mina".[57]

As entidades de previdência complementar foram os principais investidores do segmento de escritórios de alto padrão, shopping centers e *resorts*, entre meados da década de 1990 e meados da década de 2000. Após esse período, sob pressão do governo para dirigir suas participações para investimentos na área de hidrelétricas, siderurgia, mineração e infraestrutura, os fundos vão se retirando do mercado imobiliário. Durante os anos 1990 e até meados da década de 2000, eles funcionaram como

> uma espécie de substituto do crédito imobiliário na destinação de fluxos de capital para o imobiliário; alguns dos fundos chegaram a investir mais de 20% do seu patrimônio em imóveis, um fluxo de capitais significativo e que teve consequências importantes para a estrutura do setor imobiliário na época.[58]

A partir de 2002, regulamentações do Banco Central passam a diminuir o percentual máximo de participação em ativos imobiliários por parte dos fundos para 16%, proporção que decresce progressivamente dois pontos percentuais a cada dois anos até atingir 8% como percentual máximo em 2009[59]. Entretanto, como desde 1994, no âmbito do Sistema Financeiro Imobiliário (SFI), já haviam sido regulamentados os fundos de investimento imobiliários (FII) e os Certificados de Recebíveis Imobiliários (CRI), na prática os fundos de pensão continuaram participando desse mercado mediante a compra de cotas dos FII, já que poderiam investir até 100% de seus recursos no mercado de capitais.

É no mercado comercial que os FII vão realizar mais um passo na direção da financeirização, ou seja, da possibilidade da desvinculação do valor do bem em relação ao bem em si, ou, nas palavras de Paulo César Pereira[60], da "desabsolutização da propriedade" – a possibilidade de extração de renda sobre um ativo desvinculada da propriedade do próprio ativo. Do ponto de vista do circuito imobiliário, a vantagem dos FII é que eles permitem reunir recursos atraindo investidores que

---

57 Francisco de Oliveira, *Crítica à razão dualista / O ornitorrinco*, cit., p. 146-7.

58 Mariana Fix, *Financeirização e transformações recentes no circuito imobiliário no Brasil*, cit., p. 179.

59 Adriano Botelho, *O urbano em fragmentos: a produção do espaço e da moradia pelas práticas do setor imobiliário* (São Paulo, Annablume/Fapesp, 2007), p. 175.

60 Citado em ibidem, p. 171.

não têm necessariamente interesse em se tornar proprietários dos imóveis, transformando as cotas em papéis facilmente transacionáveis no mercado[61].

De acordo com Adriano Botelho[62], em 2005, os fundos de pensão eram os grandes investidores dos fundos imobiliários, os quais, naquele momento, totalizavam 2,5 bilhões de reais, de acordo com a CVM. Entretanto, novas regulamentações do Banco Central passam a considerar também a participação nos FII como investimentos imobiliários e a limitá-la, o que provocará a redução da participação dos fundos de pensão nos fundos imobiliários, de fato, na segunda metade da década de 2000. Entretanto, de acordo com dados da CVM, mesmo com a saída progressiva das entidades de previdência complementar, os fundos imobiliários já somavam mais de 57 bilhões de reais em 2014.

A rentabilidade e os papéis que permitem a extração da renda, sejam eles cotas de FII, CRIs ou Cepacs, são abstratos, mas as transformações urbanas que lhes dão sustentação são de tijolo, cimento e aço. Estas só se viabilizam com a construção de uma hegemonia política e cultural nas cidades, através de coalizões envolvendo atores como os empreendedores e financiadores da operação, o governo e os meios de comunicação[63].

As entidades de previdência complementar foram grandes participantes da construção do polo empresarial da Zona Sul paulistana e, portanto, integraram a coalizão que constituiu, no interior do vetor sudoeste da cidade, uma nova frente imobiliária. Para garantir altas taxas de retorno, os fundos de pensão e os fundos imobiliários preferiam os edifícios comerciais classificados pelas consultorias imobiliárias como "triplo A", ou seja, de alto padrão, e os shopping centers. Sempre que possível, o imóvel deveria estar situado em um eixo de valorização imobiliária; assim, sua localização era determinante[64].

Entretanto, em contextos de escassez de urbanidade, a localização e as perspectivas de valorização do lugar dependem fundamentalmente dos investimentos públicos em infraestrutura, sobretudo viários e de transporte, que determinam o valor de localização do espaço intraurbano, conferindo maior acessibilidade.

---

61 Mariana Fix, *Financeirização e transformações recentes no circuito imobiliário no Brasil*, cit.

62 Adriano Botelho, *O urbano em fragmentos*, cit.

63 Otília Arantes, "Uma estratégia fatal: a cultura nas novas gestões urbanas", em Otília Arantes, Ermínia Maricato e Carlos Vainer (orgs.), *A cidade do pensamento único: desmanchando consensos* (Petrópolis, Vozes, 2000).

64 Mariana Fix, *Financeirização e transformações recentes no circuito imobiliário no Brasil*, cit.

Com isso, elevam-se os preços e aumenta a rentabilidade dos investimentos imobiliários[65]. De acordo com João Whitaker, "essa é a essência da disputa pelos fundos públicos: assegurar-se que para cada 'frente' será possível canalizar maiores investimentos públicos, que gerarão maiores valorizações"[66]. Referindo-se ao novo polo empresarial sul, o autor acrescenta:

> a finalização da mais desejada e importante frente imobiliária da cidade, "a nova centralidade globalizada" da região da Marginal de Pinheiros [...] depende quase que exclusivamente de investimentos viários na região e portanto da força de pressão dos *lobbies* para direcionar os investimentos públicos conforme seus interesses.[67]

É neste enlace que emerge outro ator fundamental da coalizão: as empreiteiras, responsáveis pela construção dos túneis, avenidas e pontes "de design contemporâneo" que se transformarão em símbolo desse novo lugar e, ao mesmo tempo, viabilizarão a expansão dessa frente. Como vimos, as operações urbanas articulam, na prática, o interesse dos incorporadores e de seus investidores ao interesse das empreiteiras. E, ao anteciparem recursos, os Cepacs viabilizam seu financiamento.

Estado brasileiro e empreiteiras, uma longa relação

No Brasil, um padrão de relacionamento sólido e duradouro estabeleceu-se historicamente entre um segmento do empresariado nacional – os empreiteiros – e o Estado. Raízes profundas enlaçam empreiteiras e agentes públicos, e o próprio processo de estruturação do setor de engenharia pesada foi fomentado fortemente pelo Estado, numa "articulação funcional" que implica não apenas uma intensa imbricação entre interesses públicos e privados, mas também a enorme capacidade de influência por parte das empreiteiras, inclusive na definição de políticas públicas[68].

A íntima associação entre Estado e capital privado, através de um "jogo interno de troca de vantagens sustentada fundamentalmente por meio de uma rede patriarcal",

---

65 Flávio Villaça, *Espaço intraurbano no Brasil* (São Paulo, Studio Nobel/Fapesp, 1998).

66 João Sette Whitaker Ferreira, *O mito da cidade-global: o papel da ideologia na produção do espaço urbano* (São Paulo/Petrópolis/Salvador, Editora Unesp/Vozes/Anpur, 2007), p. 186.

67 Ibidem, p. 188-9.

68 Regina Coeli Moreira Camargos, *Estado e empreiteiros no Brasil*, cit., citado em Rodrigo Faria Gonçalves Iacovini, *Rodoanel Mário Covas: atores, arenas e processos* (Dissertação de Mestrado em Arquitetura e Urbanismo, FAU-USP, São Paulo, 2013).

nas palavras de Faoro[69], não se refere apenas à relação entre empreiteiras e Estado, mas a um modo específico de funcionamento do capitalismo no país, o "patrimonialismo". Faoro atribui essa característica à especificidade de nossa formação histórica, em especial ao passado colonial: na ausência de um sistema impessoal e normatizado, atribui-se ao privado e à sua capacidade de estabelecimento de laços diretos com o poder discricionário da Coroa a possibilidade de viabilizar sua ação econômica. Segundo o autor, essa lógica atravessou o Império e a Primeira República para se consolidar no período getulista, quando o Estado ganha maior protagonismo na condução da economia. Atualizando as leituras de Raymundo Faoro para o estágio atual do capitalismo no país, e preocupado fundamentalmente com o enorme poder do Estado brasileiro sobre o mercado, Sérgio Lazzarini desenvolve a tese de que

> os donos do poder são aqueles que se inserem e se articulam em um emaranhado de laços corporativos entre atores públicos e privados – laços que se expressam por meio de interações ocorridas no âmbito da propriedade e dos instrumentos de controle das empresas.[70]

Nesses termos, a relação entre empreiteiras e Estado seria apenas uma entre tantas manifestações dessa característica estrutural do Estado brasileiro que atravessa regimes políticos e formas de organização do capital.

Embora possamos de fato detectar a característica patrimonialista nas relações históricas entre Estado e empreiteiras, é necessário refletir sobre a especificidade desse setor e sua trajetória no país se quisermos entender as transformações recentes no espaço construído, assim como o processo de construção do complexo imobiliário-financeiro no Brasil. Essas empresas constituem atualmente os atores centrais desse processo, articulando e liderando a nova forma de financiamento da infraestrutura e governança das relações Estado-setor privado: as PPPs.

A literatura sobre a história e a evolução das empreiteiras no país[71] aponta para três momentos da forma de financiamento e de execução de projetos de infraestrutura:

- de meados do século XIX até a década de 1930, quando obras de ferrovias, energia, portos e serviços urbanos eram executadas por empresas estrangeiras e

[69] Raymundo Faoro, *Os donos do poder: formação do patronato político brasileiro* (3. ed., São Paulo, Globo, 2001), p. 447.

[70] Sérgio Lazzarini, *Capitalismo de laços*, cit., p. 13.

[71] Pedro Henrique Pedreira Campos, *A ditadura dos empreiteiros: as empresas nacionais de construção pesada, suas formas associativas e o Estado ditatorial brasileiro, 1964-1985* (Tese de Doutorado em História Social, ICHF-UFF, Niterói, 2012); Regina Coeli Moreira Camargos, *Estado e empreiteiros no Brasil*, cit.

financiadas por meio de captação de recursos no mercado privado, através de emissão de títulos e ações;

- da década de 1930 até meados da década de 1950, quando o Estado entra como contratador e também realizador de obras públicas;
- de meados da década de 1950 (período JK) até hoje, com o Estado exercendo a função de contratante e o mercado privado, a de contratado, utilizando recursos oriundos dos fundos públicos.

Como afirmamos anteriormente e veremos em seguida, o período atual é marcado por uma quarta forma de financiamento e execução das obras e serviços, fortemente intermediada pelo Estado e com grande protagonismo das empreiteiras.

As empreiteiras nacionais surgem, sobretudo, quando o governo Vargas implanta seu Plano Nacional de Viação e transforma, em 1945, o Departamento Nacional de Estradas de Rodagem (DNER) em autarquia, que passa a ser o primeiro ponto de articulação entre firmas de engenharia nacionais recém-fundadas e o governo[72]. As primeiras empresas são, na maior parte, do Rio de Janeiro[73],

> em função da proximidade com o governo federal e o sistema de obras públicas do então Distrito Federal. Entretanto, apesar da forte atuação das empresas junto ao aparelho do Estado – e muitas vezes em função justamente disto –, as empreiteiras cariocas experimentaram trajetória de decadência nos anos 1960 e na ditadura, dando lugar a mineiras, paulistas e nordestinas.[74]

Durante o governo JK, especialmente a partir da construção de Brasília, ganham espaço as empreiteiras mineiras[75]. É nesse período – democrático – que as conexões entre as empreiteiras e os partidos políticos são estabelecidas mais claramente:

> Na alocação de cargos e funções do aparelho de Estado entre os integrantes da aliança que elegeu JK, coube a indicação da diretoria do DNER à cúpula do PSD, à qual justamente se encontravam politicamente ligados os empreiteiros, em especial os empreiteiros de Minas Gerais. Questionados sobre as razões que haviam levado JK a presenteá-los com a diretoria do DNER, os empreiteiros mineiros são claros em afirmar

---

72 Maria Irene Q. F. Szmrecsanyi e José Eduardo de Assis Lefèvre, "Grandes empreiteiras, Estado e reestruturação urbanística da cidade de São Paulo, 1970-1996", cit., p. 1.021.

73 Caso da Carioca Engenharia, a que nos referiremos adiante.

74 Pedro Henrique Pedreira Campos, *A ditadura dos empreiteiros*, cit., p. 130.

75 Caso da Andrade Gutierrez, a que nos referiremos adiante.

> a relação de dependência mútua existente entre eles e o governo. Nesta relação, as empreiteiras precisavam das obras rodoviárias do programa de metas para crescerem e JK precisava articular uma base de apoio político, atendendo aos interesses de um grupo de empresários mineiros que haviam contribuído substancialmente para sua campanha à Presidência da República.[76]

Além disso, a construção de estradas, aeroportos, estádios de futebol e obras contra a seca (através do Departamento Nacional de Obras contra as Secas – Dnocs) também alavancou a constituição das grandes empresas nesse período. A descentralização dos recursos do DNER para os DERs regionais contribui para criar um mercado para as empreiteiras locais, principalmente as paulistas[77]. Finalmente, ainda nos anos 1950, a criação da Petrobras abriu um novo mercado para a construção de instalações relacionadas à exploração e refino de petróleo, estimulando a criação de grupos de engenharia principalmente na Bahia, onde foi instalado um dos polos petroquímicos[78].

Já durante o período da ditadura militar, a constituição de um sistema elétrico – a Eletrobras – e a intensa construção de barragens e hidrelétricas foram responsáveis por um crescimento espetacular das empresas barrageiras[79]. Durante esse período, as empreiteiras diversificaram suas atuações. Envolveram-se no setor militar (usina nuclear) e de mineração, na construção de metrôs, entre outros tipos de atividade, e internacionalizaram-se. Para penetrar em mercados latino-americanos, contaram com o auxílio financeiro da Carteira de Comércio Exterior do Banco do Brasil e de outros incentivos estatais, tanto sob a forma de isenções quanto da atuação direta da diplomacia brasileira[80]. Por outro lado, as grandes obras da ditadura, como a ponte Rio-Niterói, a Transamazônica, a Usina de Itaipu e inúmeros estádios de futebol, contribuíram para consolidar um setor oligopolista nacional na área de construção pesada, fortemente imbricado com o Estado.

No final da década de 1970, em função da crise econômica e fiscal, o governo central teria progressivamente diminuído os investimentos, desaquecendo o mercado de obras. Por isso, as empreiteiras teriam se voltado a negociações com estados e capitais estaduais, participando da implantação de sistemas de saneamento,

---

[76] Regina Coeli Moreira Camargos, *Estado e empreiteiros no Brasil*, cit., p. 91-2.

[77] Caso da Camargo Corrêa, a que nos referiremos adiante.

[78] Caso da Odebrecht e, posteriormente, da OAS, a que nos referiremos adiante.

[79] Pedro Henrique Pedreira Campos, *A ditadura dos empreiteiros*, cit., p. 28.

[80] Idem.

como é o caso, por exemplo, da Camargo Corrêa, e até mesmo da construção do metrô de São Paulo, de cuja execução participaram a mesma Camargo Corrêa e empresas como Andrade Gutierrez[81]. Àquela altura, meados da década de 1980, já ocorriam eleições diretas para prefeitos das capitais, e a disputa para governador e cargos no Legislativo se acirrava com o crescimento do PMDB, partido de oposição. Surgia, assim, a necessidade de financiamento das campanhas eleitorais:

> as eleições estaduais e municipais foram ocasião de barganha entre candidatos e patrocinadores da campanha, os tratos patrimonialistas deixando de ser conduzidos apenas no segundo escalão, como ocorrera na década de 1970, para serem feitos diretamente com futuros membros do Executivo. O orçamento da cidade de São Paulo, terceiro do país, tornou-se mais atraente quando a Constituinte transferiu para prefeituras verbas anteriormente da União.[82]

De acordo com esses mesmos autores, o pacote de obras proposto por Jânio Quadros em 1985, ao qual nos referimos no início deste capítulo, contou com a participação das grandes empreiteiras nacionais. Essas obras não seriam fruto de uma ação planejada de intervenção na área de transportes por parte da municipalidade, mas decorreriam de propostas apresentadas por grandes empresas projetistas, selecionadas de acordo com critérios pessoais pelo então prefeito. Trata-se, respectivamente, das seguintes obras e empreiteiras: túneis sob o parque Ibirapuera (CBPO e Constran); boulevards JK I e II (Serveng-Civilsan, CBPO e Constran); túneis sob o rio Pinheiros (Camargo Corrêa); minianel viário (Andrade Gutierrez); canal e avenida ao longo do córrego Água Espraiada (Mendes Jr.); conjunto viário Jacu-Pêssego (CR Almeida); reurbanização do Vale do Anhangabaú (Andrade Gutierrez)[83].

Essa visão é corroborada pelo estudo de Marques e Bichir, que, analisando as licitações de obras viárias realizadas em São Paulo entre 1978 e 1998, chegaram a um padrão de concentração das grandes empreiteiras:

> Apenas a maior empresa vencedora (Andrade Gutierrez), que representa apenas 0,3% do universo de empresas contratadas, conquistou mais de 10% do valor total contratado no período. Se somadas, as vitórias de apenas 23 empresas, aproximadamente 6% do universo, correspondem a mais de 70% do total licitado. As dez maiores vencedoras foram, em ordem decrescente de volume total contratado, as seguintes

81 Maria Irene Q. F. Szmrecsanyi e José Eduardo de Assis Lefèvre, "Grandes empreiteiras, Estado e reestruturação urbanística da cidade de São Paulo, 1970-1996", cit., p. 1.023.

82 Ibidem, p. 1.025.

83 Idem.

> empresas: Andrade Gutierrez, CR Almeida, Construtora OAS, CBPO, Camargo Corrêa, Constran, Cowan, Serveng-Civilsan, Mendes Jr. e Firpavi. [...] Estas grandes empresas compõem um grupo seleto que realiza grandes contratos com a Empresa Municipal de Urbanização (Emurb*), empresa pública vinculada à Secretaria de Vias Públicas de São Paulo. [...] apenas seis contratos [...] significam aproximadamente 42% do valor total contratado no período. [...] Os dados reforçam a impressão de que a Emurb foi sempre utilizada para a realização das maiores obras, que necessitavam de agilidade operacional, através de empresas de grande porte, típicas do mercado de obras públicas nacionais.[84]

Dentre as obras listadas no "pacote" lançado pelo prefeito Jânio Quadros, a maior parte está diretamente relacionada à expansão e à consolidação do polo empresarial sul e vão aparecer novamente na lista de obras das operações urbanas Água Espraiada e Faria Lima, somadas a outras, como a ponte Octávio Frias de Oliveira, construída pela OAS. As operações urbanas também seriam gerenciadas pela Emurb, que administrava tanto as grandes obras como os recursos financeiros arrecadados nas operações, constituindo-se, assim, no ponto de articulação entre grandes empreiteiras e governo local, no caso paulistano[85].

Entretanto, em São Paulo e também em outros municípios e estados, a partir da redemocratização, as ligações e conexões das empreiteiras com o governo passam pelos partidos políticos e, mais particularmente, pelos operadores do financiamento das campanhas. Geralmente esses operadores são quadros ligados à estrutura partidária que podem, eventualmente, também exercer funções de governo em posições que lhes permitam continuar desempenhando o papel de elo entre governo e empreiteiras.

Desde o processo de redemocratização, as grandes empreiteiras converteram-se nos maiores financiadores de campanhas políticas, principalmente para cargos do Executivo (presidente, governador, prefeito), esfera com maior poder de definir e controlar os contratos de obras[86]. Em geral, as empresas com maior capacidade

* A Emurb foi extinta em 2009, após ter sido dividida em duas empresas públicas, a São Paulo Urbanismo (SP Urbanismo) e a São Paulo Obras (SP Obras). (N. E.)

84 Eduardo Marques e Renata Bichir, "Estado e empreiteiras II: permeabilidade e políticas urbanas em São Paulo (1978-98)", *Dados – Revista de Ciências Sociais*, v. 46, n. 1, 2003, citado em Rodrigo Faria Gonçalves Iacovini, *Rodoanel Mário Covas*, cit., p. 149-50.

85 A SP Urbanismo continua gerenciando as operações urbanas, e a SP Obras, as grandes obras. Seguem, portanto, sendo o ponto de articulação mencionado.

86 Pedro Henrique Pedreira Campos, *A ditadura dos empreiteiros*, cit.

de contribuição financeira fazem doações para vários partidos, apostando valores maiores naqueles com mais chances de vitória. Para as empreiteiras, as doações funcionam como uma espécie de "seguro" para garantir que serão contratadas pelo novo governo e pagas dentro dos prazos se tiverem contratos em andamento. Para os políticos envolvidos, trata-se de uma "retribuição" pelo apoio recebido[87]. Por outro lado, a reprodução do mecanismo depende das margens de lucro obtidas nas obras, sobrelucro que "paga" seu investimento na manutenção das articulações políticas. Desta forma, a dinâmica setorial da construção pesada é politizada, na medida em que "os condicionantes para a obtenção de obras, assim como de seu lucro, são de natureza política, ligados à capacidade das empresas de articularem esquemas de influência nos aparelhos de Estado"[88].

No limite, essa articulação possibilita que as grandes e superempreiteiras não apenas redirecionem o orçamento público – inclusive através de *lobbies* nos legislativos –, mas também formulem os projetos de infraestrutura que irão executar, "vendendo-os" para seus potenciais clientes, ou seja, os governos e empresas estatais[89]. Certamente, esse é o caso do "pacote de obras" (túneis, avenidas, pontes e canalização de rios) que, em conjunto com o aumento dos potenciais construtivos, constitui o "plano urbanístico" das operações urbanas. Fecha-se, assim, o círculo: as "avenidas imobiliárias" financiam o custo das obras propostas pelas empreiteiras, abrindo simultaneamente novas frentes para a extração de renda e alimentando a máquina de financiamento das campanhas.

Estabelecendo uma analogia com o complexo cafeeiro consagrado na historiografia, fundamental na formação do capitalismo e da indústria de São Paulo, Szmrecsanyi e Lefèvre denominam "complexo urbanístico" aquilo que acabamos de expor: é a estrutura burocrática do Estado – articulada ao *lobby* das empreiteiras –, a aliança entre empreiteiras, incorporadoras e, indiretamente, indústria automobilística, que define o destino do espaço construído na cidade[90].

Além disso, ao longo dos anos 1990, várias empreiteiras participam em empreendimentos imobiliários como estratégia de diversificação de negócios, associando-se a incorporadoras e investidores na construção de complexos de torres corporativas

---

[87] Rodrigo Faria Gonçalves Iacovini, *Rodoanel Mário Covas*, cit., p. 189.

[88] Regina Coeli Moreira Camargos, *Estado e empreiteiros no Brasil*, cit., p. 54.

[89] Ibidem, p. 56.

[90] Maria Irene Q. F. Szmrecsanyi e José Eduardo de Assis Lefèvre, "Grandes empreiteiras, Estado e reestruturação urbanística da cidade de São Paulo, 1970-1996", cit., p. 1.020.

e espaços comerciais. Valem-se, por exemplo, de relações previamente estabelecidas com o BNDES para trazer recursos para o financiamento de shoppings, definidos como "equipamento urbano" nas linhas de financiamento do banco. Valem-se também dos vínculos históricos com os setores de obras públicas para definir os investimentos em obras viárias que viabilizam uma nova frente de expansão.

A hegemonia do modelo rodoviarista e sua relação com o automóvel como elemento estruturador da política urbana já foram largamente exploradas pela literatura sobre o tema no Brasil[91]. Entretanto, o "complexo" que acabamos de descrever inclui, além dos setores mencionados pelos autores, o setor financeiro e o mercado eleitoral. A presença da nova elite sindical nos fundos de pensão, assim como a necessidade de financiamento de campanhas cada vez mais caras, é o que nos ajuda a compreender os novos laços entre esse "complexo" e a nova coalizão política, liderada pelo PT e integrada por novos e velhos partidos.

As avenidas imobiliárias do polo empresarial sul e seu modo de constituição técnico-político correspondem, no entanto, a uma espécie de ensaio geral para formas mais avançadas assumidas pelo complexo imobiliário-financeiro, desenvolvidas, sobretudo, na última década. Nestas, a privatização do processo de desenvolvimento urbano assume uma nova forma de governança, em que "imperativos democráticos, como os relacionados aos impactos socioambientais e direitos trabalhistas, foram substituídos institucionalmente e convertidos em requisitos contratuais das empresas"[92]. Nas palavras de Carlos Vainer, trata-se da

> instauração da cidade de exceção [...], uma nova forma de regime urbano, onde, não obstante o funcionamento (formal) dos mecanismos e instituições típicas da república democrática representativa, os aparatos institucionais formais progressivamente abdicam de parcela de suas atribuições e poderes. A lei torna-se passível de desrespeito legal e parcelas crescentes de funções públicas do Estado são transferidas a agências livres de burocracia e controle político [...]. [Trata-se da] afirmação, sem mediações, da democracia direta do capital.[93]

---

91 Renato Luiz Sobral Anelli, "Redes de mobilidade e urbanismo em São Paulo: das radiais/perimetrais do Plano de Avenidas à malha direcional PUB", *Arquitextos*, v. 82, ano 7, mar. 2007; Eduardo Alcântara de Vasconcellos, *Circular é preciso, viver não é preciso*, cit.

92 Mike Raco, "Delivering Flagship Projects in an Era of Regulatory Capitalism: State-led Privatization and the London Olympics 2012", *International Journal of Urban and Regional Research*, v. 38, n. 1, jan. 2014, p. 176.

93 Carlos Vainer, "Cidade de exceção: reflexões a partir do Rio de Janeiro", *Anais do XIV Encontro Nacional da Anpur*, Rio de Janeiro, 2011, p. 10-2. Disponível em: <http://br.boell.org/sites/default/fi-

Na próxima seção, examinaremos intervenções urbanísticas na cidade do Rio de Janeiro relacionadas à preparação para sediar jogos da Copa do Mundo de 2014 e as Olimpíadas de 2016. Utilizaremos os exemplos do Porto Maravilha e do projeto Rio-Olímpico para mostrar como eles se relacionam com os atores e processos que acabamos de descrever. Novamente, aqui, mais do que apresentar uma visão crítica desses projetos – já amplamente realizada em dissertações, teses e artigos de grande qualidade[94] –, nosso interesse é ajudar a revelar mais uma face do "ornitorrinco", ou seja, da especificidade do avanço do complexo imobiliário-financeiro nas cidades do Brasil pós-Lula.

Rio de Janeiro Olímpico

2 de outubro de 2009

Nas ruas, podiam-se ouvir os gritos de comemoração. Uma multidão assistia ao telão montado pela prefeitura na praia de Copacabana. Diretamente de Copenhague, a tela transmitia o anúncio da vitória do Rio de Janeiro como sede das Olimpíadas de 2016, derrotando as candidaturas de Chicago e Madri. A ministra-chefe da Casa Civil, Dilma Rousseff, foi ao Rio reforçar a torcida, acompanhada do ministro das Cidades, Márcio Fortes. Na praia, muitos estavam vestidos de verde e amarelo, atendendo à convocação para ajudar a colorir a orla, sobre a qual foi estendida uma faixa de 2,5 mil metros com o slogan "*Rio Loves You*"[95]. Na tela, Lula chorava copiosamente, abraçado ao governador do Rio de Janeiro, Sérgio Cabral. Ao fundo, Henrique Meirelles, presidente do Banco Central, e

---

les/downloads/carlos_vainer_ippur_cidade_de_excecao_reflexoes_a_partir_do_rio_de_janeiro.pdf>. Acesso em: 6 jan. 2015.

[94] Nelma Gusmão de Oliveira, *O poder dos jogos e os jogos de poder: os interesses em campo na produção de uma cidade para o espetáculo esportivo* (Tese de Doutorado em Planejamento Urbano e Regional, Ippur-UFRJ, Rio de Janeiro, 2012); Rosane Rebeca de Oliveira Santos, *O planejamento da cidade é o planejamento dos jogos? O megaevento olímpico como instrumento de (re)ordenação do território carioca* (Dissertação de Mestrado em Arquitetura e Urbanismo, FAU-USP, São Paulo, 2013); Renato Cosentino Vianna Guimarães, *Barra da Tijuca e o projeto olímpico: a cidade do capital* (Texto de qualificação para Mestrado em Planejamento Urbano e Regional, Ippur-UFRJ, Rio de Janeiro, 2014), mimeo; Letícia de Carvalho Gianella, "A produção histórica do espaço portuário da cidade do Rio de Janeiro e o projeto Porto Maravilha: correspondência entre os grandes ciclos de acumulação capitalista e as morfologias urbanas", *Espaço e Economia*, ano II, n. 3, 2013; Fernanda Sánchez, "A reinvenção das cidades na virada de século: agentes, estratégias e escalas de ação política", *Revista de Sociologia e Política*, v. 16, jun. 2001.

[95] Isabela Vieira, "Cem mil pessoas devem acompanhar em Copacabana anúncio da sede das Olimpíadas", *Agência Brasil*, 1 out. 2009. Disponível em: <http://memoria.ebc.com.br/agenciabrasil/noticia/2009-10-01/cem-mil-pessoas-devem-acompanhar-em-copacabana-anuncio-da-sede-das-olimpiadas>. Acesso em: 6 jan. 2015.

Carlos Nuzman, presidente do Comitê Olímpico Brasileiro, observavam a cena. No jornal *O Globo*, a manchete era "Yes, we can: Rio derrota Chicago e será sede das Olimpíadas de 2016". Eike Batista, àquela altura um dos homens mais ricos do Brasil, dono de empresas de mineração, transporte e petróleo recém-lançadas na Bolsa, havia doado 10 milhões de reais para a campanha olímpica do Rio e era um dos que mais celebravam a vitória da cidade naquele dia.

Março de 2014

O Comitê Popular da Copa e Olimpíadas do Rio de Janeiro e o Instituto Mais Democracia lançam o folheto "Quem são os donos do Rio?". Nele aparecem listadas grandes obras, com seus respectivos valores, financiadores e executores. BNDES e Caixa, somados, lideram os financiamentos, com 10,5 bilhões de reais. São seguidos pela prefeitura (10,4 bilhões de reais) e pelo governo do estado (8,7 bilhões de reais). Entre as obras listadas, estão os projetos do PAC de Manguinhos e do Alemão[96], a Vila Olímpica, a reforma do estádio do Maracanã e obras de transporte como o VLT do Centro, a Transolímpica, a Transcarioca, a Linha 4 do metrô, além da reforma do aeroporto do Galeão. O folheto inclui também o projeto Porto Maravilha. À exceção das obras dos PACs Manguinhos e Alemão, empreendidas por meio de licitações ganhas, respectivamente, por Andrade Gutierrez/Camargo Corrêa e Odebrecht, todas as demais são concessões ou PPPs, implementadas por consórcios integrados por Odebrecht, Andrade Gutierrez, Camargo Corrêa e OAS. A reforma do Maracanã, por exemplo, foi feita pela Andrade Gutierrez e pela Odebrecht. Esta última, juntamente com a IMX, de Eike Batista, ganhou a licitação para explorar o estádio. Durante quatro anos, o empresário doou 80 milhões de reais por ano para equipar as Unidades de Polícia Pacificadoras (UPPs) implantadas em favelas no entorno do cenário dos jogos. A UPP do Alemão foi instalada em maio de 2012; a de Manguinhos, em janeiro de 2013.

Quando o Consórcio Construtor Rio Barra (CCRB), liderado pela Odebrecht, concluir a construção da Linha 4 do metrô, esta será operada pela Invepar, *joint venture* que atua na área de transportes, cujos sócios são a OAS e os principais fundos de pensão, Previ e Funcef. A Vila Olímpica, batizada por seus construtores de "Ilha Pura", tem 31 prédios, com 3.604 apartamentos "de alto nível" que servirão de moradia para 18 mil atletas durante os jogos. Os apartamentos já estão sendo

[96] Desde 2007, o Plano de Aceleração do Crescimento (PAC) englobava grandes investimentos governamentais em infraestrutura, incluindo a urbanização de favelas em áreas metropolitanas.

vendidos por um preço mínimo de 800 mil reais. O empreendimento está sendo edificado por um consórcio integrado por Odebrecht, Andrade Gutierrez e Carvalho Hosken. Esta última é uma das incorporadoras mais poderosas da Barra da Tijuca desde os anos 1970[97].

Dezembro de 2014

Recebo um folheto promocional do lançamento do Hotel Holiday Inn Porto Maravilha, da Odebrecht Realizações Imobiliárias. Além de mencionar o Holiday Inn como "maior bandeira de hotéis do mundo" para procurar convencer o possível investidor, o folheto aponta o Porto Maravilha como futuro polo corporativo da cidade, com "5 milhões de metros quadrados revitalizados", e o Rio de Janeiro como cidade brasileira que recebe a maior quantidade de investimentos externos. Citando a Federação das Indústrias do Rio de Janeiro (Firjan), anuncia que o Rio deve receber 266 bilhões de dólares entre 2014 e 2016. O folheto também indica a Odebrecht Realizações Imobiliárias como pioneira em lançamentos imobiliários no Porto Maravilha. O Hotel Holiday Inn irá ocupar o terreno da Praia Formosa, antigo pátio de estação ferroviária que, desde a extinção da Rede Ferroviária Federal S.A (RFFSA), passou a ser propriedade da União.

Ao receber o folheto, lembro-me do projeto de casas populares que o Ministério das Cidades desenvolveu com a Caixa em 2005 para esse terreno. A integralização dos terrenos da Praia Formosa, da Usina do Asfalto e do Pátio da Marítima ao Fundo de Investimento Imobiliário da Região do Porto (Fiirp), em 2013, garantiu o repasse de 1 bilhão de reais à Operação Urbana Porto Maravilha, valor necessário para remunerar o consórcio na segunda etapa de obras e serviços, com duração de doze meses.

• • •

As três cenas que acabamos de descrever incluem os principais atores da construção da mais nova versão do complexo imobiliário-financeiro urbano no Brasil. Ambientadas no Rio de Janeiro e ocorridas ao longo dos seis últimos anos, elas desvelam, nas palavras de Vainer: "o processo lento, complexo e continuado de constituição de um bloco hegemônico, que tinha a oferecer à cidade em crise, desde os anos 1970, e sobretudo 1980, um novo projeto"[98]. Ali estão nomeados e

---

[97] Samantha Lima, "Empresário terá de construir e vender 3.600 apartamentos da vila dos atletas", *Folha de S.Paulo*, 7 dez. 2014. Disponível em: <www1.folha.uol.com.br/mercado/2014/12/1558665-empresario-tera-de-construir-e-vender-3600-apartamentos-da-vila-dos-atletas.shtml>. Acesso em: 7 jan. 2015.

[98] Carlos Vainer, "Cidade de exceção", cit.

identificados esses atores: os três níveis de governo (mais particularmente, o presidente, a ministra da Casa Civil e depois presidenta, o governador e o prefeito), a Rede Globo, os "empresários amigos do Rio" na figura de Eike Batista, a Firjan, os bancos públicos, as grandes empreiteiras, os velhos e novos incorporadores imobiliários, os fundos de pensão dos trabalhadores dos bancos públicos, os investidores estrangeiros. Mas, sobretudo, foram mencionadas suas novas formas de entrelaçamento: *joint ventures* e PPPs, ambas financiadas por fundos públicos.

Como vimos na segunda parte deste livro, os megaeventos esportivos propiciaram o ambiente político – e de apoio da opinião pública – favorável a essa transformação, "blindando" os projetos do escrutínio democrático-burocrático do dia a dia da gestão pública. Trouxeram também, através da rede de consultores, tecnologias técnico-políticas e de gestão que já haviam sido empregadas em outros países[99]. Mas não foram os megaeventos que, como elemento externo, importaram coalizões, alianças estratégicas e capitais. Antes, no Brasil, o novo regime urbano foi uma construção local, tecida através de práticas com raízes profundas em nossa história e cultura, comandadas pelo Estado, a serviço do capital, em nome do crescimento e da geração de empregos.

Como vimos, essa construção se valeu da experiência das operações urbanas de São Paulo, mas se deveu também à reforma do marco regulatório de contratação de obras e serviços empreendida nos governos de esquerda: a regulamentação das PPPs, as reformas na lei de concessões, a possibilidade das manifestações públicas de interesse (MPIs) e, finalmente, a adoção do regime diferenciado de contratações (RDC), que abordaremos a seguir.

Parcerias público-privadas, manifestações públicas de interesse, regime diferenciado de contratação e concessões urbanísticas – a institucionalização do "complexo"

Em junho de 2002, em plena campanha eleitoral para a Presidência, o mercado financeiro, receoso, ameaçava a *débâcle* com a possível vitória de Lula, aumentando o "risco Brasil" e desvalorizando a moeda. Nesse momento, Lula lança a

---

[99] Nelma Gusmão de Oliveira, "Força-de-lei: rupturas e realinhamentos institucionais na busca do 'sonho olímpico' carioca", *Anais do XIV Encontro Nacional da Anpur*, Rio de Janeiro, 2011. Disponível em: <http://unuhospedagem.com.br/revista/rbeur/index.php/anais/article/view/3134/3068>. Acesso em: 12 jan. 2015.

Carta aos brasileiros no Congresso do PT, onde se compromete com o controle da inflação, o equilíbrio fiscal, a meta do superávit primário e o cumprimento dos contratos do país. A carta critica a política econômica do governo anterior, responsabiliza-o pela crise e afirma uma agenda "responsável" de crescimento com distribuição de renda, acalmando o mercado.

Os primeiros anos do governo Lula foram marcados pela ortodoxia monetária expressa na carta e consubstanciada no comando de Antonio Palocci e equipe no Ministério da Fazenda: juros altos, superávit primário estratosférico e baixa execução orçamentária. No polo oposto, estavam o Ministério do Planejamento, comandado por Guido Mantega, e a Casa Civil, por José Dirceu e, posteriormente, por Dilma Rousseff. Travado pela política econômica, o Ministério do Planejamento buscava alternativas para aumentar investimentos em infraestrutura que não incidissem nas metas de superávit primário. É nesse contexto que o ministério elabora a lei das parcerias público-privadas e consegue aprovar, em dezembro de 2004, o projeto de lei de sua institucionalização[100]. Inspirada no modelo britânico, a lei brasileira das PPPs surgia da necessidade de realizar vultosos investimentos em infraestrutura, principalmente em transportes e energia, fugindo das limitações da legislação de licitações e concessões. O deslocamento do ministro do Planejamento, Guido Mantega, para o BNDES, em 2004, garantiria a disponibilidade de recursos do banco para financiar as empresas privadas nos grandes projetos.

Apesar de aprovada no Congresso – e de terem sido garantidos os recursos do fundo público para financiar as empresas –, a lei ainda enfrentava, segundo a visão expressa nos corredores da Esplanada dos Ministérios, uma "crônica falta de projetos". Em 2005 e 2006, em meio a tratativas do governo com as empreiteiras barrageiras para a viabilização da Usina de Santo Antônio, no rio Madeira, a Odebrecht propõe incluir um novo instrumento – a manifestação pública de interesse (MPI) – no decreto que regulamentou as PPPs e as concessões, editado em 2006[101]. Baseada no modelo utilizado na União Europeia, a MPI permite ao interessado na obra futuramente contratada por meio de uma PPP ou concessão que formule o projeto, apresente a modelagem técnica e financeira da parceria e, caso esta seja aproveitada pelo futuro edital da PPP, tenha seu trabalho de formulação ressarcido pelo vencedor da licitação. O proponente da modelagem também pode participar da licitação.

[100] Lei n. 11.079/2004.

[101] Decreto n. 5.977/2006.

Finalmente, em âmbito federal, já em plena preparação do país para a Copa e as Olimpíadas, o governo instituiu um novo regime de contratações – o regime diferenciado de contratações –, aplicado a obras relacionadas aos jogos, à infraestrutura aeroportuária e viária, ao PAC, às ações de saúde e educação e à construção de presídios[102]. Além de diminuir prazos e recursos e iniciar pelos menores preços (e não pela habilitação e proposta técnica), a lei introduz a chamada "contratação integrada". Por essa modalidade, a obra pode ser contratada sem o projeto, que será elaborado pela empreiteira depois de vencida a licitação.

É ainda importante salientar que o Estatuto da Cidade também havia incorporado o instrumento da "concessão urbanística", sem, no entanto, ter definido exatamente do que se tratava. Incluído no Plano Diretor de São Paulo de 2002, o instrumento foi regulamentado em 2009 na cidade e teve uma primeira tentativa de aplicação em um plano de reurbanização da região central. O chamado Projeto Nova Luz pretendia conceder ao privado o poder de desapropriar 400 mil metros quadrados de um dos bairros mais antigos da cidade, a Santa Ifigênia, mas enfrentou enorme contestação dos moradores e comerciantes atingidos e foi barrado no Judiciário em 2011. Em função da mobilização política contra o Projeto Nova Luz, a possibilidade da desapropriação por parte dos privados gerou um debate jurídico. Mas a questão já foi resolvida, graças a um artigo enxertado em lei federal de 2013 que trata da construção de silos, declarando explicitamente que o privado concessionário pode desapropriar imóveis[103].

A trajetória que descrevemos acima aponta como, ao longo da última década, o marco regulatório das relações entre empresas contratadas para a realização de obras e Estado vai sendo reformado, com a transferência progressiva para as primeiras do poder de planejar, definir projetos, executá-los e fazer a gestão de espaços e serviços. Dessa forma, vão se constituindo espaços cada vez mais regidos por relações contratuais privadas e recortados dos constrangimentos político-burocráticos do Estado. As empreiteiras definem os projetos, constroem e fazem a gestão pelo menor preço. O Estado só paga a conta.

No âmbito da preparação das cidades para a Copa e as Olimpíadas, essa lógica é finalmente implementada sobre os grandes projetos urbanos, por meio das

[102] Atualmente, tramita no Congresso um projeto de lei para estender o regime para além das obras relacionadas aos jogos. A extensão do RDC para obras relacionadas a educação, saúde e presídios mobiliza novamente uma "isca social" para neutralizar seus críticos.

[103] Lei n. 12.873/2013.

concessões urbanísticas e PPPs. Pedaços inteiros de cidade – notadamente áreas públicas – são transferidos às empresas para serem ocupados e, posteriormente, geridos pelo complexo imobiliário-financeiro durante o período necessário para a extração de renda daquele lugar.

A constituição de um território recortado do conjunto da cidade, construído e controlado sob a lógica da extração de renda e da promoção do consumo, gerido de forma paralela à gestão geral da cidade, expande-se assim dos "enclaves" residenciais e comerciais – como condomínios fechados e shopping centers – em direção a pedaços inteiros de cidade. Desse modo, atores privados passam a ter também exercício de governo, ampliando, portanto, a zona de indefinição entre o privado e o público e reconfigurando a ordem política[104]. O projeto Rio Olímpico, definido e implantado de forma paralela e sem nenhum diálogo com o planejamento "público" expresso no Plano Diretor da cidade, é talvez o exemplo contemporâneo mais eloquente do que acabamos de comentar[105].

Cidade para quem?

O projeto olímpico do Rio tem como centro o Parque Olímpico, na Barra da Tijuca, além de dois "*clusters*" em torno do Complexo Esportivo de Deodoro e do estádio do Maracanã. Além disso, já em 2010, foi incluída a área do porto, que abrigará a Vila da Mídia e a Vila dos Árbitros.

No entanto, o "coração dos jogos" é a Barra da Tijuca, a principal frente de expansão do mercado imobiliário do Rio de Janeiro desde a década de 1970. Com sua paisagem praiana, oferece a alternativa "natural" de expansão diante do encarecimento dos terrenos da Zona Sul[106]. A ocupação da Barra foi viabilizada graças às obras viárias empreendidas pelo governo Negrão de Lima, como o elevado das Bandeiras, que incluía os túneis Dois Irmãos (atual Zuzu Angel), do Joá e de São Conrado, além da pavimentação da avenida Alvorada (atual Ayrton Senna) e da avenida das Américas, melhorando a ligação com Jacarepaguá[107]. Nos anos 1980,

---

104 Erik Swyngedouw, "The Post-Political City", em Bavo (org.), *Urban Politics Now: Re-imagining Democracy in the Neoliberal City* (Roterdã, NAI Publishers, 2007).

105 Rosane Rebeca de Oliveira Santos, *O planejamento da cidade é o planejamento dos jogos?*, cit., p. 38.

106 Luiz Cesar de Queiroz Ribeiro, *Dos cortiços aos condomínios fechados: as formas de produção da moradia na cidade do Rio de Janeiro* (Rio de Janeiro, Civilização Brasileira/Ippur-UFRJ/Fase, 1997), p. 308.

107 Adauto Lúcio Cardoso, "O espaço do capital: a Barra da Tijuca e a grande promoção imobiliária", *Anais do III Encontro Nacional da Anpur*, Águas de São Pedro, 1989.

as administrações que se sucederam investiram maciçamente em infraestrutura, como abastecimento de água e luz. Não faltaram esforços para urbanizar a região, o que permitiria a intensa ocupação da área com condomínios residenciais, shopping centers e outros espaços comerciais[108].

Os terrenos da Barra, especialmente aqueles que concentravam os maiores potenciais de aproveitamento de acordo com o plano urbanístico elaborado por Lúcio Costa, pertenciam a quatro grandes proprietários: Pasquale Mauro, Carlos Fernando de Carvalho (Carvalho Hosken), Tjong Hiong Oei (ESTA S.A.) e Múcio Athayde (Grupo Desenvolvimento)[109]. Isso gerou um novo padrão de incorporação na cidade, oligopolizado, marcado pela atuação de um pequeno grupo de proprietários de terra em associação a um grupo reduzido de incorporadores[110]. É sobre esse mesmo padrão que se implanta o projeto do Parque Olímpico, que inclui como sócio um dos "donos da Barra" – Carvalho Hosken.

De acordo com Nelma Gusmão[111], o edital previa que o consórcio vencedor da licitação para concessão administrativa dos serviços de implementação e manutenção do Parque Olímpico arcaria com os custos de construção e manutenção de algumas das instalações por quinze anos. Além de uma contrapartida pecuniária, receberia em troca a contrapartida imobiliária, na forma de transferência de propriedade de uma área de 1,18 milhão de metros quadrados, equivalente a 75% da área onde se localizará o parque. Conforme acordo firmado após o resultado da licitação, seu vencedor, o consórcio Rio Mais, composto pelas construtoras Odebrecht, Andrade Gutierrez e Carvalho Hosken, ficaria responsável por edificar algumas instalações. Elas incluem um hotel com quatrocentos quartos, o centro principal de mídia e três pavilhões que constituirão o futuro Centro Olímpico de Treinamento (COT) para atletas de alto rendimento. Além da contrapartida pecuniária e imobiliária, à prefeitura caberia a responsabilidade pelas obras de vários equipamentos do Parque Olímpico que não estão contemplados na PPP e que serão realizadas com recursos federais, como o Parque Aquático, o Centro de Tênis, o Centro Internacional de Transmissão (IBC), entre outros[112].

---

108 Idem.

109 Idem.

110 Luiz Cesar de Queiroz Ribeiro, *Dos cortiços aos condomínios fechados*, cit., p. 326.

111 Nelma Gusmão de Oliveira, "Força-de-lei", cit.

112 Ver: <www.rio2016.org/noticias/noticias/lancamento-da-pedra-fundamental-marca-o-inicio-das-obras-do-parque-olimpico>. Acesso em: 19 dez. 2014.

Além do terreno público, a área que servirá de contrapartida imobiliária para a construção do Parque Olímpico da Barra da Tijuca compreende também o espaço onde vive a comunidade da Vila Autódromo, uma ocupação de pescadores que cresceu com a chegada de operários da construção de um autódromo nas cercanias. Esses moradores habitam o local há mais de trinta anos e já possuem o direito legal de uso da terra (concessão de direito real de uso para fins de moradia), mas agora se encontram ameaçados de remoção.

A concentração de grandes potenciais construtivos nas áreas que serão incorporadas pelo consórcio foi possível graças à aprovação do Plano de Estruturação Urbana das Vargens (PEU das Vargens) em 2009. O Plano Diretor de 1991 as havia considerado uma área de contenção da expansão urbana, com o duplo objetivo de redirecionar o *boom* imobiliário que se dirigiu para lá nos anos 1980, fortalecendo as zonas Oeste e Norte da cidade, e preservar características ambientais frágeis e inaptas para a urbanização – como o complexo lagunar que constitui uma baixada encharcada e extremamente irrigada. Mas a implementação do Plano Diretor exigia o desenvolvimento de planos específicos, os PEUs, diante do que o prefeito César Maia (PFL, atual DEM) promoveu várias tentativas (frustradas) de aprovar um texto ampliando os potenciais construtivos da Barra – em 2004, 2006 e 2007, quando o próprio Executivo entra com uma arguição de inconstitucionalidade de um plano restritivo aprovado na Câmara. Finalmente, já sob a gestão Eduardo Paes (PMDB), em 2009, e sob o "consenso dos jogos", o PEU das Vargens é aprovado "a toque de caixa"[113], viabilizando não apenas o empreendimento do Parque Olímpico, mas vários outros na mesma região.

Como já apontamos, a área portuária, inicialmente não incluída no dossiê da candidatura do Rio, é transformada em um dos pontos de ancoragem do projeto. Isso se dá através do "Porto Maravilha", nome-marca de uma operação urbana consorciada naquela zona.

A exemplo de outras frentes portuárias que sofreram obsolescência desta função, a área do porto do Rio de Janeiro, situada em pleno Centro da cidade, já havido sido objeto de várias propostas de "reabilitação" por parte da prefeitura. Foi, aliás, objeto de proposta de César Maia em 2001: o projeto "Porto Rio", que incluía a instalação de uma filial do Museu Guggenheim projetada por Jean Nouvel[114]. No

113 Rosane Rebeca de Oliveira Santos, *O planejamento da cidade é o planejamento dos jogos?*, cit., p. 53.

114 Júlio Cláudio da Gama Bentes, *Análise dos planos urbanísticos recentes para a região portuária do Rio de Janeiro*, I Enanparq, Rio de Janeiro, 2010. Disponível em: <www.anparq.org.br/dvd-enanparq/simposios/129/129-639-2-SP.pdf>. Acesso em: 7 jan. 2015.

mesmo período, o governo do estado, sob a gestão de Benedita da Silva, do PT, procurava destituir a empresa que havia arrematado os armazéns da Companhia Docas em 1997 e que, até aquele momento, não havia feito investimentos no local. Empresas como a OAS também procuravam comprar os antigos terminais e armazéns, mas boa parte dessas iniciativas esbarrava na propriedade pública – predominantemente federal – dos terrenos, sob a gestão fragmentada de vários órgãos e autarquias, como a RFFSA e a Companhia Docas, entre outros. Quando da preparação do primeiro dossiê da candidatura, as equipes técnicas da prefeitura chegaram a propor que ali fosse instalada boa parte das estruturas dos jogos. A proposta foi vetada pelo Comitê Olímpico Brasileiro, liderado por Carlos Nuzman, um dos mais atuantes protagonistas da construção da "Operação Barra da Tijuca".

Boa parte dos terrenos da área portuária (62%) era de propriedade do governo federal, o que dificultava um acerto com a prefeitura, dado o desalinhamento político-partidário entre as gestões. No entanto, desde 2004, sob a liderança do Ministério do Planejamento – onde se encontrava a gestão do patrimônio fundiário da União – e do Ministério das Cidades, o governo Lula procurava estabelecer um convênio com os governos estadual e municipal do Rio de Janeiro, a fim de dar uma destinação conjunta para os terrenos subutilizados. Naquele momento, um dos objetivos centrais do convênio era o uso de parte desse patrimônio para promoção de habitação social, já que a área estava sendo objeto de inúmeras ocupações de prédios vazios. Explorava-se a possibilidade de utilização do Programa de Arrendamento Residencial (PAR) para esses empreendimentos, assim como a destinação de terrenos para o programa Crédito Solidário, para construção por cooperativas autogestionárias. O prefeito César Maia, entretanto, recusava-se a integrar o convênio[115].

Paralelamente, depois que as PPPs foram regulamentadas e observando a propensão do governo federal em disponibilizar os terrenos, a OAS decide investir em um projeto de uma PPP da zona portuária, elaborando um plano urbanístico, a modelagem econômico-financeira e o modelo jurídico para desenvolver o negócio sobre os terrenos públicos. No entanto, a empreiteira teria que esperar a aliança política PT-PMDB eleger Sérgio Cabral para o governo do Estado do

[115] O prefeito chegou a demitir seu secretário de Urbanismo, Alfredo Sirkis, pelo *Diário Oficial*, no dia em que este se preparava para assinar um convênio entre governos para trabalhar com o patrimônio fundiário do porto de forma conjunta.

Rio de Janeiro, em 2006, e Eduardo Paes para a prefeitura, em 2008, para que seu projeto pudesse se realizar[116].

Em bilhete escrito em abril de 2007, o presidente da OAS, Léo Pinheiro, revela seu *lobby* junto aos governos estadual e federal para colocar o projeto do Porto Maravilha de pé, um negócio de 8 bilhões de reais: "o governador e o presidente da República não só tomaram conhecimento como já desencadearam ações de apoio ao projeto"[117]. Imediatamente após a posse, o prefeito Eduardo Paes encaminha três projetos de lei à Câmara Municipal, transformando exatamente o plano e a modelagem apresentados pela OAS em texto legal. Um mês depois de anunciada a vitória do Rio para sediar as Olimpíadas, os projetos são votados em regime de urgência na Câmara Municipal. O prefeito anuncia ao Comitê Olímpico Internacional (COI) sua intenção de encaminhar a inclusão do porto como um dos *clusters* olímpicos. As leis referem-se à criação de uma área especial de interesse urbanístico na zona portuária, ao projeto de uma operação urbana consorciada, incluindo a venda de Cepacs, e à criação da Companhia de Desenvolvimento Urbano da Região do Porto do Rio de Janeiro (CDURP).

A principal diretriz urbanística do projeto é o estímulo à transformação gradativa do uso portuário de cargas em usos residencial, comercial, de serviços, cultural e de lazer, bem como a possibilidade de construção de torres de até cinquenta andares de altura. As alterações de uso e o aumento de potenciais são obtidos por meio de outorga onerosa do direito de construir e também outorga onerosa de alteração de uso, vendidas através da emissão de Cepacs. Na qualidade de títulos mobiliários, regulados pela CVM, os Cepacs podem ser negociados na bolsa de valores até sua vinculação a um determinado lote, quando se transformam em metros quadrados adicionais.

Os terrenos públicos federais sobre os quais se implanta o projeto foram vendidos para a CDURP, a partir de uma avaliação feita pela Caixa. Essa avaliação partiu do valor dos terrenos antes do lançamento da operação urbana consorciada, ou seja,

---

[116] O conteúdo do bilhete foi publicado pela *Folha de S.Paulo*. Por meio de entrevistas, tivemos conhecimento de que esse projeto foi apresentado pela OAS sob a forma de uma MPI ainda em 2006, durante a gestão Cesar Maia. Entretanto, não foi possível localizar esse documento.

[117] Estelita Hass Carazzai e Mario Cesar Carvalho, "Empreiteiro relata lobby para fazer obra no porto do Rio", *Folha de S.Paulo*, 7 dez. 2014. Disponível em: <www1.folha.uol.com.br/poder/2014/12/1558759-empreiteiro-relata-lobby-para-fazer-obra-no-porto-do-rio.shtml>. Acesso em: 6 jan. 2015. Segundo o jornal *Folha de S.Paulo*, o bilhete foi encontrado no *closet* da casa do empreiteiro, em diligência da Polícia Federal no âmbito da Operação Lava Jato, que investigava propina e superfaturamento de contratos na Petrobras. Léo Pinheiro estava preso naquele dia.

com potencial para usos logísticos e baixos potenciais construtivos[118]. De acordo com a modelagem, ao arrematar 8 bilhões de reais com a venda de Cepacs, a CDURP utiliza esses recursos para pagar um concessionário privado, por um período de quinze anos, pela implementação da operação. Isso inclui tanto a execução das obras previstas (demolição da via perimetral, reforma do espaço, redes de infraestrutura e mobiliário etc.) como a gestão dos serviços públicos (limpeza urbana e coleta de lixo, conservação de áreas verdes, sistema de iluminação pública, drenagem de águas pluviais, sistema viário, sinalização vertical, horizontal e luminosa, logradouros públicos e monitoramento por câmeras)[119]. A licitação para a concessão da operação foi vencida pelo único concorrente: o consórcio Novo Porto, composto pelas construtoras Odebrecht, OAS e Carioca Engenharia.

Iniciada a operação e lançado o primeiro leilão dos Cepacs, estes foram vendidos em lote único a um único comprador: um banco público, a Caixa Econômica Federal. Utilizando recursos do FGTS, a Caixa estrutura um fundo imobiliário para participar da operação. A CDURP utiliza então os direitos de compra sobre os terrenos públicos (agora de sua propriedade), no mesmo valor pelo qual os adquiriu, para repassá-los ao fundo do FGTS, à medida que incorporadores manifestarem o interesse por lançar empreendimentos na área. Finalmente, o fundo imobiliário do FGTS, até o presente momento, tem procurado participar como sócio dos empreendimentos, ao invés de vender aos empreendedores seus Cepacs e direitos de compra.

Para além das (discutíveis) diretrizes urbanísticas, gostaríamos de chamar a atenção aqui para a natureza dos arranjos e dos atores envolvidos em uma megaoperação de extração de renda sobre um patrimônio fundiário público. Para que o objetivo de remunerar os fundos imobiliários envolvidos seja alcançado, o lugar é transformado, implantando as peças arquitetônico-imobiliárias necessárias para apresentar-se a um mercado global mediante a gigantesca plataforma de marketing aberta pelas Olimpíadas: escritórios triplo A, hotéis de bandeira internacional, shoppings e as indefectíveis âncoras culturais. Entre estas últimas, o Museu do Amanhã (projeto do arquiteto Santiago Calatrava) e o Museu de Arte do Rio, ambos executados pela Fundação Roberto Marinho, da Rede Globo, através de captação de incentivos fiscais e recursos da prefeitura.

---

118 A Secretaria do Patrimônio da União contestou os valores, considerando-os baixos e demandando uma nova avaliação. Entretanto, por uma decisão política por parte do governo federal, estes valores foram mantidos.

119 Lei Municipal n. 32.576, de 28 de julho de 2010. O contrato, edital e anexos estão disponíveis em: <www.portomaravilha.com.br/web/esq/cdurContratos.aspx>. Acesso em: 19 dez. 2014.

Até esse ponto, poderíamos estar falando de grandes projetos urbanos em qualquer parte do mundo. Entretanto, no Rio de Janeiro, a "operação" se viabiliza através de um concerto específico de atores, liderado claramente pelo Estado e totalmente financiado por um fundo público: o FGTS. Há um enorme protagonismo das empreiteiras, que, no caso específico do porto, atuam em todas as partes do processo: como proponentes, formuladoras, planejadoras, implementadoras das obras, concessionárias dos serviços e sócias investidoras nas incorporações e empreendimentos.

No meio do caminho tem gente

Além das obras do Parque Olímpico e do Porto Maravilha, o projeto Rio Olímpico inclui a extensão da linha 1 do metrô (ligação Barra-Zona Sul) e os corredores de ônibus (BRTs) Transoeste, Transcarioca e Transolímpica, que ligarão a Barra ao Aeroporto do Galeão, à região de Campo Grande e ao *cluster* de Deodoro. Para a construção desses corredores, estão sendo feitas desapropriações e remoções de favelas em áreas superiores às faixas propriamente do domínio, assim como estão sendo estabelecidos potenciais para outorga onerosa nas áreas lindeiras.

Um exemplo do que acabamos de afirmar, apontado por Lucas Faulhaber, é o Plano de Reestruturação Urbana do Corredor T5/Transcarioca, que prevê a desapropriação de 1.627 lotes, totalizando uma área de 1.476.383,39 metros quadrados[120]. Segundo o projeto, priorizou-se a desapropriação de terrenos com áreas remanescentes reaproveitáveis para construção, de modo a possibilitar a remodelação dos bairros. O plano também estabelece um parâmetro urbanístico exclusivo para as áreas sob influência desse corredor, com coeficientes até quatro vezes maiores que os dos bairros que atravessa – em geral loteamentos formais populares autoconstruídos –, a serem adquiridos via outorga onerosa. O mesmo plano estipula uma faixa de quinze metros de desapropriações ao longo das vias, em área de favela, para "recomposição da malha urbana informal". Assim, o projeto do corredor Transcarioca pretende remover total ou parcialmente as favelas Arroio Pavuna, Comunidade São Francisco de Assis, Vila Sapê, Chácara do Tanque, Chacrinha do Mato Alto, Vila Campinho, Comendador Lisboa, Vila Santo Antônio, Uga-Uga, Avenida Teixeira de Castro e Parque União.

---

[120] Lucas Faulhaber, *Rio Maravilha: práticas, projetos políticos e intervenção no território no início do século XXI* (Trabalho Final de Graduação em Arquitetura e Urbanismo, FAU-UFF, Niterói, 2012). Disponível em: <http://issuu.com/lucas.faulhaber/docs/tfg_lucasfaulhaber>. Acesso em: 7 jan. 2015.

De acordo com Lucas Faulhaber[121], um fato recorrente em todos os projetos é o total desconhecimento do desenho dessas intervenções por parte da população afetada. Além disso, os trajetos dos BRTs são alterados constantemente, o que levanta a suspeita, por parte das comunidades atingidas, de que se trata apenas de mais um pretexto para as remoções, como no caso da Vila União, em Curicica. A comunidade já estava relacionada para receber obras de urbanização do programa Morar Carioca, com projeto em desenvolvimento por um escritório contratado. No entanto, sem maiores explicações do poder público, os trabalhos foram suspensos. Ao mesmo tempo, setecentas famílias tiveram suas casas marcadas pela prefeitura, indicando a necessidade do despejo para dar passagem a um trecho da Transolímpica, via que prevê cobrança de pedágio por 35 anos pelo consórcio vencedor formado por Odebrecht, OAS e CCR[122].

O levantamento de favelas removidas ou ameaçadas de remoção realizado por Rosane Rebeca de Oliveira Santos mostra uma "geografia das remoções" diretamente vinculada aos *clusters* olímpicos e a projetos de mobilidade a estes relacionados[123]. No levantamento, aparecem não apenas as favelas atingidas diretamente por obras, mas um conjunto de remoções e reassentamentos ligados à "mitigação de risco".

Em outubro de 2009, logo após o anúncio da vitória do Rio, a prefeitura divulgou que seria necessário reassentar mais de 3,5 mil famílias através do Plano de Legado Urbano e Ambiental Rio Olimpíadas 2016. Estas ações incluíram a remoção de um número ainda maior de núcleos após as chuvas de 2010, que causaram deslizamentos em várias encostas. O levantamento da Geo-Rio foi contestado por mapeamento encomendado pela Defensoria Pública[124]. Logo em seguida, foi lançado o plano Morar Carioca, com o objetivo de urbanizar 100% das favelas remanescentes até 2020. De acordo com a prefeitura, a prioridade seriam as comunidades localizadas num raio de quatro quilômetros das instalações olímpicas[125]. O mapa a seguir, elaborado por Rosane Rebeca de Oliveira Santos a partir de informações obtidas pelo Comitê Popular da Copa e Olimpíadas, mostra a convergência entre remoções, ocupações de favelas pelas UPPs, *clusters* olímpicos e suas ligações por projetos de mobilidade.

---

121 Idem.

122 A CCR, concessionária de várias rodovias pedagiadas, é uma empresa do grupo Camargo Corrêa e participa também da implantação do VLT do Porto Maravilha.

123 Rosane Rebeca de Oliveira Santos, *O planejamento da cidade é o planejamento dos jogos?*, cit.

124 Ibidem, p. 98.

125 Idem.

Mapa 3. Remoções e reassentamentos no Rio de Janeiro

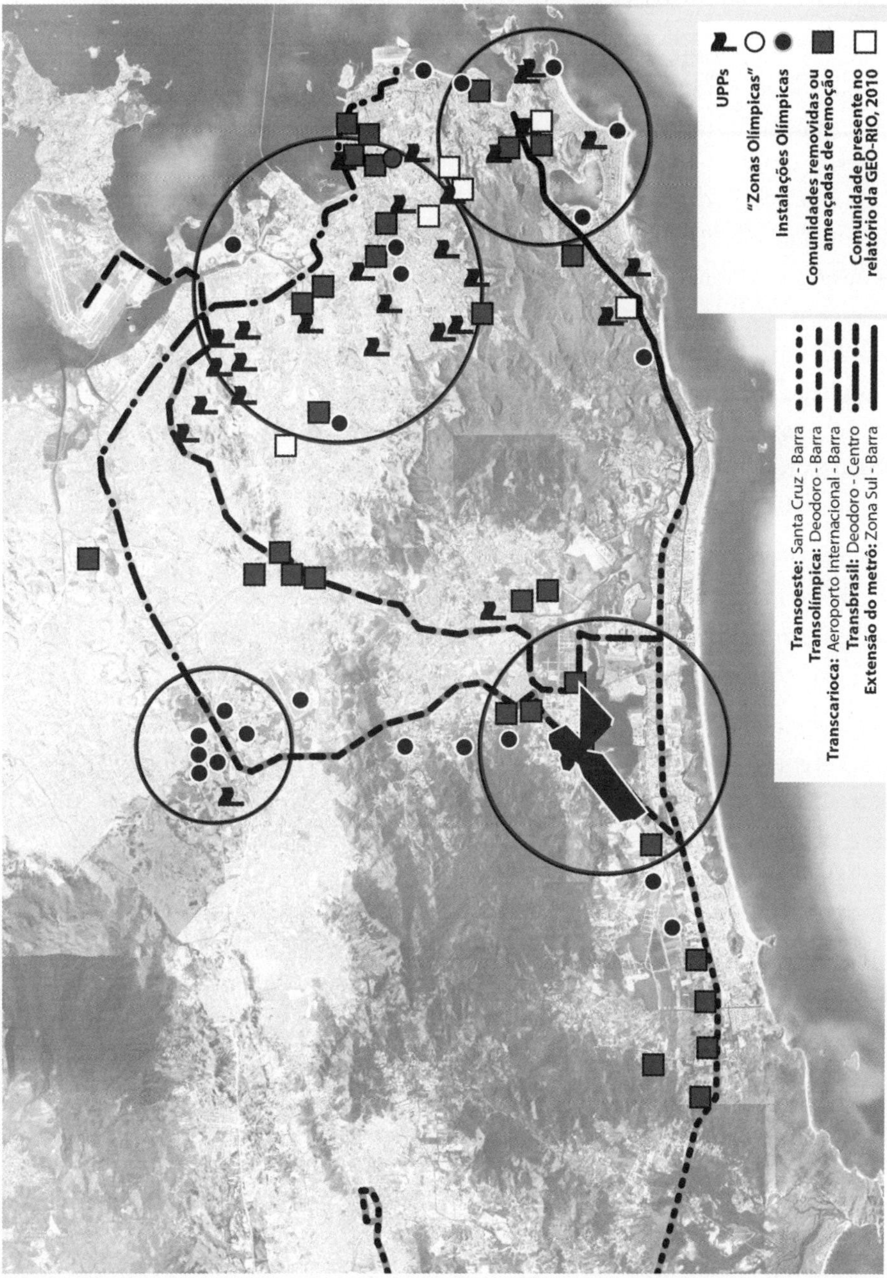

Fonte: Rosane Rebeca de Oliveira Santos, *O planejamento da cidade é o planejamento dos jogos?*, cit., p. 101.

"Saia do Morro Hoje" (SMH) – o programa Minha Casa Minha Vida como instrumento de remoções

Falta de informações sobre os projetos, falta de definição de trajetos, implementação de obras sem qualquer debate público nem possibilidade de apresentação de alternativas, procedimentos individualizados e negociados "caso a caso", formas diversas de pressão e ameaças, falta de retirada de entulho das casas demolidas, indenizações insuficientes para que as famílias pudessem acessar uma moradia alternativa – várias foram as denúncias de violações do direito à moradia nas remoções relacionadas à implantação do projeto Rio Olímpico. Entretanto, a gestão municipal chamava essa prática de "remoções democráticas", termo cunhado em 2010 pelo vereador Adilson Pires (PT), à época líder do governo na Câmara Municipal do Rio de Janeiro e, posteriormente, vice-prefeito no segundo mandato de Eduardo Paes. Quando anunciava o plano de redução da área favelada da cidade, de acordo com o "plano de legado", o então secretário de Habitação, Jorge Bittar (PT), declarava:

> Não faremos remoções como no passado. O processo acontecerá sem traumas. Vamos oferecer alternativas às famílias que vivem em áreas de risco e insalubres. Além do [projeto] Minha Casa Minha Vida, elas podem optar por comprar imóveis usados ou [receber] indenização. Neste último caso, para voltar à terra natal.[126]

Não é exatamente o que os moradores relatam: além das formas de violência que descrevemos no início desta seção, muitos moradores tomaram conhecimento de que seriam removidos através da marcação das letras SMH (Secretaria Municipal da Habitação) e de um número em tinta spray por parte da prefeitura, sem autorização prévia dos moradores nem explicação. A sigla foi batizada pelos moradores de "Saia do Morro Hoje"[127]. Além disso, as indenizações em dinheiro baseiam-se apenas nas "benfeitorias" ou no valor das casas, não incorporando o valor dos terrenos, mesmo em situações em que já se davam as condições para usucapião ou mesmo quando as comunidades já possuíam documentos de concessão do direito

---

[126] Jorge Bittar, citado em Isabela Bastos e Selma Schmidt, "Plano Estratégico: Paes quer reduzir em 3,5% total da área de favelas até 2012", *Extra*, Rio de Janeiro, 5 dez. 2009. Disponível em: <http://extra.globo.com/noticias/rio/plano-estrategico-paes-quer-reduzir-em-35-total-da-area-de-favelas-ate-2012-207796.html#ixzz3O9xuwFyI>. Acesso em: 12 jan. 2015.

[127] Comitê Popular da Copa e Olimpíadas do Rio de Janeiro, *Megaeventos e violações dos direitos humanos no Rio de Janeiro* (Rio de Janeiro, Comitê Popular da Copa e Olimpíadas do Rio de Janeiro, 2013), p. 27. Disponível em: <http://comitepopulario.files.wordpress.com/2013/05/dossie_comitepopular-coparj_2013.pdf>. Acesso em: 7 jan. 2015.

real de uso. Em entrevista concedida em fevereiro de 2014[128], o secretário municipal de Habitação, Pierre Batista, admitiu que 20.299 famílias (cerca de 67 mil pessoas) sofreram deslocamentos compulsórios desde 2009, ou seja, mais de dez casas por dia de governo. Isso sem contar os imóveis localizados em áreas formais que foram alvo de desapropriação para dar lugar às obras de intervenção urbana.

Considerando que, para a maior parte dos moradores, as indenizações em dinheiro eram insuficientes para adquirir uma nova moradia, a opção pelo apartamento do programa Minha Casa Minha Vida era, na realidade, a única disponível.

De acordo com Cardoso, Araújo, Nunes Jr. e Jaenisch, a maior parte dos empreendimentos do MCMV está situada na Zona Oeste do Rio de Janeiro, que concentra aproximadamente 47% de todas as unidades financiadas. Destacam-se os bairros de Campo Grande e Santa Cruz, que, juntos, abrigam quase 30% do total[129]. Se levarmos em consideração apenas a faixa 1, esses dois bairros concentram 53% de todas as unidades voltadas para o público com renda familiar de zero a três salários mínimos. A Zona Oeste é a região mais mal servida de transportes, equipamentos, empregos e serviços da cidade. Por outro lado, a Barra da Tijuca e a Zona Norte – justamente as áreas em processo de valorização e expansão no projeto Rio Olímpico – concentram 51% de todas as unidades voltadas ao público com renda familiar de seis a dez salários mínimos.

Outro ponto que merece destaque é a quase completa ausência de unidades financiadas na área central da cidade. O mesmo estudo[130] realizou uma pesquisa com os moradores removidos do morro do Urubu e reassentados no conjunto Ipê Amarelo, no Realengo, e com removidos de Olaria e Copacabana, em decorrência das chuvas de 2010, e reassentados no conjunto Ipê Branco, no mesmo "complexo".

> Em média, os Ipês de Realengo distam 25 km das antigas residências, desarticulando relações profissionais e interpessoais. Vale ressaltar que foi relatado inúmeras vezes pelos moradores, nas visitas de campo realizadas, a insatisfação com a exigência de

[128] Stefanie Dodt, "Remoções: Ética ou cosmética?", *Conta Rio*, s. d. Disponível em: <http://contario.net/remocoes-etica-ou-cosmetica>. Acesso em: 19 dez. 2014.

[129] Adauto Lúcio Cardoso et al., *Quando um direito vira produto: impactos do programa Minha Casa Minha Vida na cidade do Rio de Janeiro*, XIII Simpósio Nacional de Geografia Urbana, Rio de Janeiro, 2013. Disponível em: <www.simpurb2013.com.br/wp-content/uploads/2013/11/1485_gt02.pdf>. Acesso em: 5 jan. 2014.

[130] Ibidem, p. 13.

morar por dez anos no local, quando poderão ter acesso a suas escrituras [...], período no qual os moradores não podem vender ou alugar a residência.[131]

O mapa do Rio de Janeiro apresentado a seguir mostra de forma clara a operação que, ao mesmo tempo, desloca moradores da frente de expansão do complexo imobiliário-financeiro e constitui um mercado de consumo cativo do produto casa própria, de baixa qualidade, em bairros precários.

Mapa 4. Remoções e reassentamentos no Rio de Janeiro

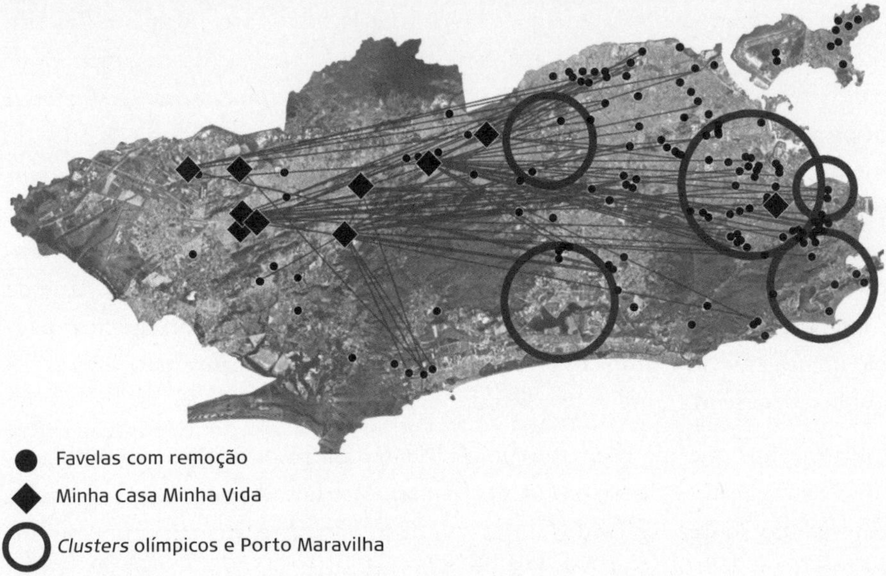

Fonte: Lucas Faulhaber, *Rio Maravilha: práticas, projetos políticos e intervenção no território no início do século XXI*, cit.

[131] Ibidem, p. 14.

3
O velho e o novo na política urbana brasileira

A literatura e a cinematografia de ficção estão cheias de roteiros nos quais um personagem adormece profundamente em um momento para acordar décadas depois, revelando os estranhamentos em relação ao mundo contemporâneo. Se alguém no Brasil acordar em 2014 depois de um sono profundo de quase meio século, certamente se surpreenderá com as transformações do país. Os retirantes miseráveis retratados com maestria em *Morte e vida severina* por João Cabral de Melo Neto praticamente desapareceram, assim como os malandros cariocas de terno branco retratados nos filmes da Atlântida.

As cidades daquele tempo, explodindo de migrantes em uma sociedade comandada pelo mundo agrário, transformaram-se em grandes metrópoles complexas e diversificadas. Poderíamos seguir por infinitas páginas apontando as grandes mudanças que os anos 1970, 1980, 1990 e 2000 provocaram nas cidades do país, como já descrevemos nesta parte do livro.

Entretanto, ao percorrer as cidades, ali está presente o mar de conjuntos habitacionais populares que o léxico da língua portuguesa falada no Brasil denominou "os BNHs". Para lá foram removidos os "invasores" das zonas centrais, em fronteiras recém-abertas ou precariamente consolidadas de "não cidades". Ali estão as favelas e ocupações, resistindo bravamente em sua estratégia de pertencer e não pertencer ao mesmo tempo, atingidas periodicamente por ondas de violência ou mãos caridosas.

Ali estão também os túneis, viadutos e vias expressas construídos pelas mesmíssimas empreiteiras, configurando as novíssimas frentes de incorporação imobiliária.

Ali estão, ainda, os laços que articulam essas frentes imobiliárias, assim como as novas fronteiras, aos novos e velhos partidos e forças políticas no governo das cidades. Assim poderiam ser descritos, em 2014, a paisagem dos conjuntos faixa 1 do MCMV, o polo empresarial sul de São Paulo ou o projeto Rio Olímpico.

No entanto, a partir dos processos que procuramos descrever ao longo desta parte do livro, é possível identificar as raízes troncudas de um modelo de Estado capturado por interesses privados e conformado por uma cultura de opressão e exclusão, simultaneamente tensionado por um processo de combate à pobreza e inclusão via consumo e pela tomada da terra urbana e da moradia pelas finanças globais. Os pobres compram apartamentos, contratam planos de saúde e matriculam seus filhos em escolas e universidades privadas. Mas, para eles, o mercado lança novos produtos, de qualidade muito inferior, reiterando a geografia da desigualdade[1].

As empreiteiras e incorporadoras continuam comandando a lógica de expansão das cidades, mas agora através de entrelaçamentos muito mais complexos entre si e com os fundos de pensão dos trabalhadores, dirigidos por ex-sindicalistas, que eventualmente também estão presentes nos legislativos e executivos municipais. Constitui-se, assim, uma versão brasileira do complexo imobiliário-financeiro.

Para se manterem no poder, os grupos no governo das cidades continuam dependendo do financiamento de suas campanhas eleitorais por esses empresários e dos votos das favelas e periferias. Para tentar conter o desvio de recursos públicos envolvidos nesses fluxos, mais e mais controles são estabelecidos sobre a gestão pública, de forma que ela se torna cada vez mais burocratizada, lenta e com pouca capacidade de execução.

Entretanto, vai avançando cada vez mais um espaço recortado dos imperativos democráticos e de controle social, definido e administrado diretamente pelo próprio complexo imobiliário-financeiro, reforçado pelo desmonte progressivo e pela crítica do Estado "ineficiente" e "corrupto".

Não, não concluiremos este livro como se o que acabamos de descrever não fosse marcado por porosidades, resistências e quebras de consensos. É a isso que dedicaremos nossas notas finais.

---

[1] Lia Rolnik de Almeida, *Evolução da participação dos serviços nos orçamentos familiares, 2003-2009* (Trabalho Final de Graduação em Ciências Econômicas, IE-Unicamp, Campinas, 2014).

Notas finais
porosidades, resistências e a quebra do consenso

LUTAMOS PELA NOSSA CASA
VILA AUTÓDROMO
NOSSAS
NÃO
SÃO VIDROS
PARA PEGAR
QUEBRAR
DESTRUIR!
NÓS TEMOS
DIREITO DE
UMA LAGOA
LIMPA E SEM
ESCOTOS
PELA
NOSSA
vila
O POPULAR
O RIO

17 de junho de 2013

Mais de 100 mil pessoas ocupam as ruas de São Paulo. Os manifestantes concentram-se na avenida Faria Lima e, de lá, dividem-se em dois grupos: um se dirige à avenida Paulista e o outro, ao polo empresarial sul, ocupando a Marginal do rio Pinheiros, a avenida Berrini e a ponte estaiada. Mais de 100 mil pessoas também ocupam as ruas do centro do Rio de Janeiro. Além de São Paulo e Rio, Natal, Porto Alegre, Goiânia, Brasília, Fortaleza, Curitiba, Belo Horizonte, Vitória, Recife e dezenas de outras cidades brasileiras tiveram suas ruas ocupadas por milhares de manifestantes, quando protestos contra o aumento das passagens de transporte coletivo detonaram uma onda de manifestações em todo o país. Em São Paulo e Rio, os protestos tornaram-se mais massivos depois que as primeiras manifestações foram violentamente reprimidas pela polícia.

11 de junho de 2013, Istambul

Após duas semanas de ocupação da praça Taksim por manifestantes, o governo reage, desocupando o local à força. Desde o dia 27 de maio, dezenas de pessoas ocupam o parque Gezi – que faz parte da praça Taksim – em protesto contra sua destruição para dar lugar à construção de um shopping center. Desde que foi anunciado, o projeto foi questionado por várias pessoas e grupos. Não havendo canais de diálogo, e diante da iminente desconstituição do parque, não restou saída senão a resistência no próprio local, com acampamentos e protestos. A violência da desocupação policial, com bombas de gás lacrimogêneo e aparato de guerra, reforçou ainda mais a intensidade das manifestações, que se espalharam também para Ancara e outras cidades do país.

• • •

Em junho de 2013, tanto no Brasil como na Turquia, as vozes que ecoavam nas ruas vinham de movimentos, coletivos e pessoas que expressavam um múltiplo e vasto campo de dissenso em relação às cidades e aos países em que vivem. Essas vozes não surgiram durante as explosões de junho nem morreram quando as ruas se esvaziaram novamente, voltando a seu fluxo habitual de circulação de pessoas e coisas[1].

Nos grandes meios de comunicação, locutores e comentaristas manifestavam surpresa ao ver eclodir, em países que não estavam vivendo uma crise econômica, movimentos que se assemelhavam ao Occupy, nos Estados Unidos, e ao 15M e aos Indignados, na Espanha. Turquia e Brasil fazem parte de um seleto grupo de países que passaram por uma trajetória de prosperidade e emergiram no cenário econômico internacional como novas grandes economias nos primeiros anos do milênio. Quando os protestos começaram em Istambul, a grande imprensa os caracterizou como expressão de um pequeno grupo de ambientalistas contrários ao corte dos plátanos do parque Gezi, uma das últimas áreas verdes do centro de Istambul. Quando os protestos se alastraram, ganhando multidões, foram então interpretados como expressão da oposição ao avanço de medidas islamizantes radicais que vem ocorrendo no país, com a adoção de medidas como a proibição da venda de bebidas alcoólicas e de beijos em lugares públicos.

No caso brasileiro, o editorial de um semanário liberal francês assim interpretava os eventos de junho:

> Como na Turquia, as manifestações que lançaram às ruas mais de um milhão de pessoas nas cidades brasileiras ecoaram como um trovão em um céu aparentemente sereno. Entretanto, elas demonstram, para além dos protestos contra a alta das tarifas nos transportes públicos, a *débâcle* do milagre brasileiro, que, após uma década de crescimento excepcional (5% ao ano), que aumentou a renda *per capita* de 7,5 mil para 11,8 mil dólares e fez emergir uma classe média de 90 milhões de pessoas, cresceu apenas 0,9% em 2012, por conta da política estatista e protecionista da presidenta Dilma Rousseff.[2]

---

[1] Raquel Rolnik, "Place, Inhabitance and Citizenship: The Right to Housing and the Right to the City in the Contemporary Urban World", *Internacional Journal of Housing Policy*, v. 14, n. 3, 2014.

[2] Nicolas Baverez, "Le grand basculement vers le Sud", *Le Point*, 27 jun. 2013. Disponível em: <www.lepoint.fr/editos-du-point/nicolas-baverez/le-grand-basculement-vers-le-sud-27-06-2013-1686497_73.php>. Acesso em: 12 jan. 2015. Citado em Raquel Rolnik, "Apresentação – As vozes das ruas: as

Tomando como base os pontos centrais da cartilha neoliberal, o artigo prossegue apontando o elevado custo do trabalho, a alta carga tributária, o intervencionismo estatal e, por fim, a corrupção como os responsáveis pelo grande descontentamento manifestado nas ruas.

As visões brevemente expostas acima tratam de enquadrar a indignação, contendo-a em um nicho ideológico – o "estatismo" de Dilma ou o "islamismo" de Erdoğan –, caracterizados como imperfeições a serem corrigidas em um modelo de sucesso, organizado sob os imperativos de uma economia neoliberal globalizada, controlada pelo sistema financeiro.

Ao longo deste livro, procuramos mostrar como esse modelo vai penetrando nas cidades e nas políticas urbanas e de moradia, capturando territórios, expulsando e colonizando espaços e formas de viver. Os efeitos dessa colonização são político-territoriais, já que se trata também da emergência de uma nova forma de governo das cidades, denominada por alguns autores de pós-política ou pós-democrática, em que o dissenso e a negociação democrática são suprimidos em nome da eficiência e das tecnologias de governo[3].

Esse regime expressaria o que Jacques Rancière denomina "escândalo da democracia": apesar de prometer igualdade, a democracia tal como tem sido praticada produz uma forma de governo instituída de maneira oligárquica. Nela, o poder político se funde perfeitamente com o poder econômico, implantando uma forma de governança que molda consensualmente a cidade de acordo com os desejos e necessidades das elites econômicas, políticas e culturais transnacionais[4].

As novas formas de governança conduzem à expansão das fronteiras do mercado por meio de processos contínuos de acumulação por espoliação, ou de capitalização do espaço e da vida, através da captura e do cercamento de espaços públicos, da extensão da mercantilização da terra e da moradia ou simplesmente de expulsões[5]. Nas palavras de Žižek, trata-se da "expansão do reino do mercado, combinada ao enclausuramento do espaço público, à diminuição de serviços públicos

---

revoltas de junho e suas interpretações", em Ermínia Maricato et al., *Cidades rebeldes: passe livre e as manifestações que tomaram as ruas do Brasil* (São Paulo, Boitempo, 2013).

[3] Erik Swyngedouw, *Post-Democratic Cities: For whom and for what?*, Regional Studies Association Annual Conference Pecs, Budapeste, 2010. Disponível em: <www.variant.org.uk/events/pubdiscus/Swyngedouw.pdf>. Acesso em: 12 jan. 2015.

[4] Jacques Rancière, *O ódio à democracia* (trad. Mariana Echalar, São Paulo, Boitempo, 2014).

[5] David Harvey, *O novo imperialismo* (São Paulo, Loyola, 2003).

(saúde, educação, cultura) e ao aumento do funcionamento autoritário do poder político"[6]. Agamben vai ainda além quando descreve as novas formas de governo das metrópoles:

> não se está diante de um processo de crescimento e desenvolvimento da antiga cidade, mas da instauração de um novo paradigma [...]. Certamente, um de seus traços evidentes é que há uma passagem do modelo de *polis* fundada sobre um centro, no qual há um espaço público, uma ágora, para uma nova espacialização metropolitana, na qual certamente está ocorrendo um processo de "despolitização", cujo resultado é uma curiosa zona em que não é possível decidir o que é privado e o que é público.[7]

No entanto, a implementação desse modelo não ocorre sem batalhas políticas e sociais e sem diversas formas de resistência. Das lutas de povos indígenas e de outras populações tradicionais pela permanência e preservação de seu território às lutas dos movimentos camponeses contra a biopirataria e a produção de alimentos geneticamente modificados; das resistências contra remoções por grandes projetos às lutas antiglobalização e aos protestos contra programas de austeridade, estamos vivendo uma verdadeira era de rebeliões, resistências e ocupações, que acontecem simultaneamente em vários pontos do planeta. O paradoxo da globalização econômica neoliberal é justamente enfraquecer e ativar as forças sociais de resistência simultaneamente[8].

Como acabamos de afirmar, o objeto e a direção dessas lutas e rebeliões são vastos. Abrangem desde pautas localizadas e territorializadas até agendas mais amplas, como o questionamento dos sistemas atuais de governo das coisas e pessoas, da economia, da relação com os recursos naturais e das formas de representação política. De acordo com Harvey, tal como em outros períodos históricos em que ocorreram transformações profundas de modos de vida e relações sociais (como, por exemplo, entre 1640 e 1680, na Inglaterra, e de 1830 a 1848, na França), é grande a fecundidade de ideias, experimentações e proposições de alternativas nesses movimentos: "A ênfase no âmbito desses movimentos no tema da 'restituição dos bens comuns' indica, contudo, profundas continuidades com batalhas de muito tempo atrás"[9].

---

6 Slavoj Žižek, "Problemas no paraíso", em Ermínia Maricato et al., *Cidades rebeldes*, cit., p. 186.

7 Giorgio Agamben, "Metropolis", *Sopro*, n. 26, abr. 2010. Disponível em: <www.culturaebarbarie.org/sopro/verbetes/metropolis.html>. Acesso em: 7 set. 2015.

8 Barry K. Gills e Kevin Gray, "People Power in the Era of Global Crisis: Rebellion, Resistance and Liberation", *Third World Quarterly*, v. 33, n. 2, abr. 2012.

9 David Harvey, *O novo imperialismo*, cit., p. 134.

Na Turquia e no Brasil – assim como nos Estados Unidos, na Espanha ou na Grécia –, a ocupação das ruas, durante vários dias, por movimentos, coletivos e indivíduos não se resume a uma só pauta, mas tem como uma de suas questões centrais o tema dos "bens comuns", ou melhor, de sua usurpação pelo modelo político-territorial que tem tomado conta das cidades. Na Turquia, a defesa do parque Gezi expressa muito mais que o protesto contra o corte de algumas árvores: é a demanda pela manutenção do caráter público do espaço urbano e de sua diversidade, em oposição à sua mercantilização. Trata-se de insurgência contra a política do ex-primeiro-ministro e atual presidente Recep Tayyip Erdoğan, centrada em grandes projetos imobiliários e remoções em massa, e também contra as formas autoritárias de decisão que estão por trás dessas ações[10].

No Brasil, podemos pensar essas manifestações como um terremoto – metáfora mais adequada do que o trovão mencionado no editorial do semanário francês – que perturbou a ordem de um país que parecia viver uma espécie de vertigem benfazeja de prosperidade e paz. Esse terremoto fez emergir não uma, mas uma infinidade de agendas mal resolvidas, contradições e paradoxos. No campo imediato da política, o sismo revelou fissuras na perversa aliança entre, por um lado, o que há de mais atrasado, excludente e prepotente no Brasil e, por outro, os impulsos de mudança que conduziram o país na luta contra a ditadura e no processo de redemocratização: uma aliança que tem bloqueado o desenvolvimento de um Brasil não apenas próspero, mas também cidadão.

Não por acaso, o tema do direito à cidade, expresso através da proposta de tarifa zero por parte do Movimento Passe Livre (MPL), foi o estopim da revolta. Ou, nas palavras de Carlos Vainer, parafraseando Mao Tse-Tung: "a fagulha que incendiou a pradaria"[11]. De acordo com um dos manifestos do MPL, a livre e irrestrita circulação é um componente essencial do direito à cidade que as catracas – expressão da lógica do transporte como acumulação de valor – bloqueiam[12]. "Não são apenas 20 centavos", um dos slogans que circulou nas ruas e redes sociais, procurava deixar claro, para utilizar as palavras de Paulo Arantes em uma entrevista, que "pelo tênue fio da tarifa é todo o sistema que desaba, do valor da força de

---

[10] Mehmet Kuymulu, "Reclaiming the Right to the City: Reflections on the Urban Uprisings in Turkey", *City*, v. 17, n. 3, 2013; Raquel Rolnik, "Place, Inhabitance and Citizenship", cit.

[11] Carlos Vainer, "Quando a cidade vai às ruas", em Ermínia Maricato et al., *Cidades rebeldes*, cit., p. 36.

[12] Movimento Passe Livre, "Não começou em Salvador, não vai terminar em São Paulo", em Ermínia Maricato et al., *Cidades rebeldes*, cit., p. 13.

trabalho a caminho do local de exploração à violência da cidade segregada rumo ao colapso ecológico"[13].

O tema do acesso livre a serviços e espaços coletivos comuns e de qualidade e a defesa de um "lugar" na cidade constituíram parte importante das vozes nas ruas de junho: a demanda por educação e saúde públicas de qualidade também esteve presente ("Queremos escolas e hospitais padrão Fifa"), assim como os movimentos anti-Copa do Mundo, que por meio de comitês populares da Copa (e das Olimpíadas, no caso do Rio de Janeiro) já vinham, desde 2010, organizando protestos e mobilizações contra as remoções, privatizações e suspensão de direitos.

Mas, nessas rebeliões contemporâneas, o espaço público – tanto em seu sentido físico, material, como em sua acepção política – é mais do que objeto de reivindicação e cenário inerte onde se desenrolam as batalhas. As "ocupações" – de ruas, praças e edifícios – vêm se multiplicando nas cidades brasileiras através de intervenções de coletivos culturais e movimentos sem-teto, muitas vezes em alianças estratégicas. Esse tem sido o resultado de um duplo movimento: do lado da arte, desde meados dos anos 1990 e em várias partes do mundo, temos a imersão crescente de ações de coletivos artísticos em problemáticas situacionais, trabalhando a partir da cidade e nela intervindo através de representações e situações performáticas[14]. Já do ponto de vista dos movimentos sociais, temos a contestação das formas tradicionais de representação política, como parlamentos, partidos e sindicatos, e a proliferação de grupos autonomistas e anarquistas e de novas formas de autorrepresentação. Referindo-se ao edifício Prestes Maia, situado no Centro de São Paulo e ocupado em 2002 por integrantes do Movimento dos Sem-Teto do Centro (MSTC), Vera Pallamin comenta o efeito provocado pelas intervenções dos coletivos artísticos:

> estampada na paisagem urbana, [a imagem] torna-se um selo a positivar e amplificar as ações ali sendo travadas por reconhecimento moral e subsídios públicos. Nesses termos, vê-se como os modos de sua espacialização e entrecruzamentos sensíveis alteram sua tessitura político-estética.[15]

---

[13] Ivan Marsiglia, "O futuro que passou. Entrevista com Paulo Arantes", *O Estado de S. Paulo*, 22 jun. 2013. Disponível em: <www.estadao.com.br/noticias/geral,o-futuro-que-passou,1045705>. Acesso em: 12 jan. 2015.

[14] Joana Zatz Mussi, *O espaço como obra: ações, coletivos artísticos e cidade* (São Paulo, Annablume/Fapesp, 2014).

[15] Vera Pallamin, "Do lugar-comum ao espaço incisivo: dobras do gesto estético no espaço urbano", em Maria Beatriz de Medeiros e Marianna Monteiro (orgs.), *Espaço e performance* (Brasília, Editora da Pós-Graduação em Arte da UnB, 2007), p. 192.

Em Istambul, Nova York, Madri ou São Paulo, a ocupação de espaços por longos períodos tem sido uma das principais táticas empregadas pelos movimentos. Mesmo nas ocupações temporárias – que duram o tempo de uma manifestação –, o local ocupado já carrega uma simbologia importante. É o que Charles Tilly denomina "geografia simbólica": os lugares carregam significados que comunicam a mensagem que o movimento quer disseminar[16]. Não por acaso, o movimento Occupy toma o Zuccotti Park, em frente a Wall Street, símbolo do controle das finanças corporativas na vida política e social do país, responsável pela crise financeira e pela enorme concentração de renda (o "1% contra 99%", principal slogan do movimento). Não por acaso, a ponte estaiada, símbolo da São Paulo financeirizada global[17], é ocupada na manifestação de 17 de junho.

As ocupações temporárias representam também uma espécie de freada brusca no moto-contínuo do funcionamento das cidades, tornando visíveis temas submersos sob a avalanche do cotidiano.

Mas a ocupação de longa duração – como experimentada na praça Tahrir, no Cairo, na praça Taksim, em Istambul, ou no Zuccotti Park, em Nova York, assim como em edifícios vazios de São Paulo e de outras cidades brasileiras – traz outro componente: a possibilidade de experimentar e "prefigurar", ou seja, de exercer formas de organização, de tomada de decisão, de autogoverno e de gestão da vida coletiva, e de instaurar alternativas no presente, ensaiando futuros possíveis[18].

Finalmente, a ocupação carrega também a dimensão de confronto. Uma ocupação militar é o controle de um espaço e a dominação de um território insurgente ou inimigo. Já a ocupação empreendida por um movimento social significa "liberar" o lugar para permitir que a população nele intervenha, desafiando a tentativa das autoridades de excluí-la (de um lugar, de um projeto, de um processo decisório). Trata-se, portanto, também de confrontação, mas em sentido inverso ao da ocupação policial/militar[19].

---

16 Charles Tilly, "Spaces of Contention", *Mobilization*, v. 5, n. 2, set. 2000, p. 137.

17 "Global" tem duplo sentido aqui, refere-se também à Rede Globo, principal rede de comunicação do país desde o período da ditadura, e um dos alvos das Jornadas de Junho, que tem sua sede em São Paulo localizada nessa região. A ponte estaiada serve como cenário do telejornal local da emissora.

18 Peter Marcuse, "Keeping Space in its Place, in the Occupy Movements", *Progressive Planning*, v. 191, abr. 2012.

19 John Hammond, "The Significance of Space in Occupy Wall Street", *Interface*, v. 5, n. 2, nov. 2013.

Contra essa apropriação radical do espaço, tecnologias de repressão derivadas dos campos militares e organizadas sob uma gramática bélica vão declarando verdadeira guerra à insurgência e impondo uma gestão militarizada dos espaços.

Estamos, portanto, diante de uma "guerra dos lugares" ou de uma guerra "pelos lugares". Nessa guerra, o que está em jogo são processos coletivos de construção de "contraespaços": movimentos de resistência à redução dos lugares a *loci* de extração de renda e, simultaneamente, movimentos de experimentação de alternativas e futuros possíveis. Como toda guerra, esta é marcada pelo confronto e pela violência.

Como vimos, a colonização da terra urbana e da moradia pelas finanças é um processo global poderoso que, mesmo diante de crises como a de 2008, continua como movimento hegemônico. Ela enraizou-se e penetrou em contextos diversos, sob o protagonismo de atores locais e globais. As políticas habitacionais e urbanas, assim como o urbanismo e a gestão fundiária, analisados ao longo deste livro, não foram neutros em relação a esse processo. Pelo contrário, operaram ativamente no sentido de criar as condições materiais, simbólicas e normativas para transformar territórios vividos em ativos abstratos.

Mas, nas margens, porosidades e fissuras desse processo "fermenta um novo conglomerado híbrido de práticas, promessas e desejos, tensionando situações de crescente exclusão política e desempoderamento social"[20].

As explosões e os protestos envolvendo multidões são sismos por meio dos quais é possível vislumbrar a potência desse fermento. Entretanto, não é apenas nessas ocasiões, mas no dia a dia de cada um dos *fronts* dessa luta, que se desenrola a guerra dos lugares. Ela está em cada resistência a despejos e remoções, em cada luta antiprivatização e homogeneização do espaço, em cada apropriação do espaço coletivo como lugar da multiplicidade e da liberdade. Está, enfim, no exercício cotidiano de formulação e de luta pelo direito à cidade:

> São exatamente essas práticas que requerem atenção urgente, carinho, reconhecimento e valorização. Elas exigem o seu próprio espaço; elas exigem a criação de suas próprias paisagens culturais e de suas próprias geografias emblemáticas. Trata-se de espaços onde a condição pós-política é questionada, a política, retratada, e as práticas de democratização radical, experimentadas.[21]

---

[20] Erik Swyngedouw, *Post-Democratic Cities: For whom and for what?*, cit., p. 13.

[21] Idem.

Da mesma forma como a ação do planejamento urbano e da política habitacional tem sido fundamental para expandir as fronteiras do capitalismo financeirizado sobre o território, também é necessária muita imaginação urbanística e normativa para proteger, promover e potencializar essas novas geografias.

Do ponto de vista disciplinar, isso implica, antes de mais nada, romper com a máxima do "*highest and best use*" – o uso mais lucrativo do solo urbano, correspondente à taxa máxima de retorno financeiro daquela localização – como paradigma para a definição dos usos e formas de ocupação da cidade. Em vez disso, seguir na direção da universalização do direito à moradia e à cidade e de reapropriação dos "*commons*" – ou espaços comuns, públicos – como centro da ação de planejar. Implica, também, um movimento político no sentido inverso dos caminhos atuais – despolitizados – da governança urbana, na direção da cidadania, do dissenso e da criação.

Assim como não é possível ainda convergir, na miríade de movimentos e lutas sociais em andamento, para o desenho de uma nova utopia de organização política e social, pós-capitalista e pós-socialista, também não é possível – nem necessário – definirmos hoje um novo modelo de cidade.

Por ora, basta sabermos que, da praça Taksim, em Istambul, às Jornadas de Junho, no Brasil; dos movimentos antirremoção no contexto de megaeventos, na Cidade do Cabo, em Tóquio ou no Rio de Janeiro, à plataforma dos hipotecados, na Espanha, e às manifestações contra a gentrificação em cidades do Sul e do Norte globais, as lutas urbanas estão em franca ascensão. O conceito lefebvriano de direito à cidade está definitivamente vivo e nas ruas.

POSFÁCIO

Na semana em que a primeira edição deste livro saiu da gráfica, no início de dezembro de 2015, Eduardo Cunha, então presidente da Câmara dos Deputados, acolhia o pedido de *impeachment* da presidenta Dilma Roussef, a partir da aceitação de um documento apresentado por Hélio Bicudo, Miguel Reale Junior e Janaína Paschoal. Os anos subsequentes provocaram mudanças radicais no cenário econômico e político, com o aprofundamento da crise econômica, o afastamento da presidenta e o fortalecimento de um movimento de massas anti-PT, além da constituição de um governo liderado pelo antigo vice de Dilma, Michel Temer, que terminou marcado por medidas pesadas de ajuste fiscal e reformas neoliberais.

O cenário descrito e examinado na parte 3 deste livro, portanto, sofreu grandes transformações, cuja extensão e duração ainda não é possível alcançar e analisar. Tenho acompanhado criticamente tais transformações escrevendo semanalmente no jornal *Folha de S.Paulo*, no portal UOL e na minha própria página do Facebook (@raquelrolnik) sobre política urbana e habitacional em São Paulo, no Brasil e no mundo. Posso afirmar sem medo de errar que um dos efeitos dessas mudanças tem sido o aprofundamento da crise habitacional nas grandes cidades brasileiras, o que constitui-se em um verdadeiro estado de emergência habitacional, cujos sinais mais evidentes são o aumento do número de moradores de rua e de ocupações precárias (em terrenos periféricos ou prédios abandonados) e o adensamento de núcleos e favelas, além de um ciclo ascendente de despejos e remoções.

A crise habitacional, entretanto, não se resume ao cenário brasileiro pós-crise econômica, que se aprofunda desde 2014, e ao choque neoliberal que sucedeu o golpe jurídico-midiático que afastou a presidenta Dilma. Mesmo concluído meu mandato de relatora da ONU em 2014, procurei acompanhar a evolução das políticas e do cenário habitacional na Europa, na América Latina e nos Estados Unidos nos últimos anos, aproveitando as oportunidades de participação em eventos, congressos e simpósios para me informar acerca de suas evoluções mais recentes. Isto foi possível particularmente na Espanha, no Reino Unido, nos Estados Unidos e no Chile, países que não apenas tive a oportunidade de visitar mais de uma vez recentemente como também através das trocas intelectuais com parceiros que acompanham e refletem sobre o tema. Desse acompanhamento e de minha pesquisa resultou a redação de um posfácio para uma das edições em espanhol deste livro, da editora Descontrol, revisto posteriormente para a edição em inglês da editora Verso[1].

Incluo nesta segunda edição brasileira do livro a sistematização dessas reflexões no âmbito internacional, procurando atualizar alguns elementos descritos na parte 1 deste volume.

A explosão do aluguel residencial e as novas fronteiras da financeirização da moradia

9 de junho de 2017 – Carrer Leiva, Hostafrancs, Barcelona, Espanha

A caminho da sede da Plataforma de Afectados por la Hipoteca [Plataforma dos Afetados pela Hipoteca] (PAH), onde participaria de um debate sobre as propostas contidas no projeto de lei de iniciativa popular sobre moradia, protocolado no Congresso espanhol em janeiro de 2018, passo por um edifício coberto por faixas: "*nos quieren echar*" [querem nos despejar], "*l'habitatge es un Dret!*" [a habitação é um Direito!], "*families forced to leave*" [famílias forçadas a sair], "*no som bitxos, som persones*" [não somos cadelas, somos pessoas], "*@Somleiva37 em lluita*" [@Somleiva37 em luta]. Já na sede da PAH, ouço as histórias de execuções hipotecárias que continuam desde a crise de 2008, mas também as histórias de vitórias alcançadas a partir da organização da plataforma e da constituição de movimentos em torno da moradia na cidade. No caminho entre o metrô e a sede do movimento, vou ouvindo os relatos sobre as novas faces da crise da moradia na cidade:

---

[1] *La guerra de los lugares: la colonización de la tierra y la vivienda en la era de las finanzas* (trad. Ana Laura Granero, Barcelona, Descontrol, 2018) e *Urban Warfare: Housing Under Global Finance* (trad. Gabriel Hirschhorn e Bianca Tavolari, Londres, Verso, 2018).

despejos de apartamentos alugados há anos, aumento vertiginoso dos preços de aluguéis, novas organizações de vizinhos em bairros fortemente atingidos por esses processos, formação de um *sindicat de llogaters* [sindicato de inquilinos] a partir das organizações que se formam em vários bairros da cidade etc.

18 de junho 2017 – Tetuan 31, Eixample, Barcelona, Espanha

> Com 91 anos, Pura Solano, que, quando se mudou para o prédio, era a mais nova do lugar, hoje é a última moradora com contrato de aluguel antigo. Os primeiros de sua família a se instalar no número 31 da praça Tetuan foram seus tios-avós durante a Semana Trágica. Ela não se lembra exatamente de que ano era quando chegou, mas sabe que foi antes de 1960. "Já aguentei uma reforma. Meu apartamento é diferente dos demais, que já foram reformados. Agora, vamos ver o que farão. Ter que passar por isso, na minha idade...", nos conta Pura na cozinha de sua casa, cercada por suas vizinhas. "A mim não disseram nada, mas quero lutar por minhas vizinhas, não quero que as despejem. Por que têm que deixar suas casas se nunca deixaram de pagar um mês de aluguel sequer?", diz a anciã, emocionando suas vizinhas. No último mês de março, a incorporadora AAA comprou o imóvel onde vive Pura. "Fazia meses, desde novembro do ano passado, que temíamos que algo iria acontecer, pois entraram nos apartamentos e começaram a tirar as medidas", diz Alicia Pañart, que vive no edifício há oito anos, com o marido e dois filhos, de 14 e 16 anos. Seu contrato vai expirar em 31 de janeiro, e ela já sabe que não irão renová-lo, como aconteceu com seus vizinhos. Os temores, que começaram com as visitas dos técnicos e se intensificaram com a carta que anunciava a venda, foram confirmados há um mês e meio, quando Pip Nolan, uma das reunidas na cozinha de Pura e cujo contrato será o primeiro a vencer, em 30 de junho, recebeu o temido "burofax" anunciando a não renovação. Pipa, que vive no prédio há seis anos, está esperando um transplante de rim. "Eu sei que tenho que ir embora e estou procurando outro apartamento, mas não encontro nada. As imobiliárias fazem *casting* de inquilinos, e ninguém quer alugar para uma mulher sozinha, estrangeira, com dois filhos pequenos", explica.[2]

Leio o artigo que conta a história de Pura e suas vizinhas e decido buscar seu endereço na internet. Imediatamente, saltam na minha tela dezenas de ofertas de apartamentos na praça Tetuan para alugar (por dia ou por semana), em sites

---

[2] Helena López, "Cómo se vacía la ciudad de vecinos (y qué pasa después)", *elPeriodico*, 18 jun. 2017, disponível online. Tradução minha.

de empresas como Habitat Apartments, MH Apartments, AirBnb, Friendly Rentals e muitos outros:

> *Located in the Eixample, an area known for it's modernist architecture and considered to be more residential than Ciutat Vella, the Tetuan apartment is a great apartment; not only is it newly refurbished and decorated to the highest standards, it's location makes it a perfect choice for your visit to Barcelona* [...].[3]

> Esses apartamentos estão localizados em um luxuoso edifício modernista reformado no centro de Barcelona e são o alojamento perfeito para passar férias agradáveis e tranquilas na cidade.[4]

Entendi imediatamente que os apartamentos onde vivem Pura e suas vizinhas já são uma espécie de ilha em um mar de "*pisos turísticos*", como são denominados os apartamentos reformados e alugados por curtas temporadas para visitantes da cidade.

3 de janeiro de 2017 – Fulton County, Georgia, Estados Unidos

> Em uma tarde gelada de dezembro em Atlanta, um juiz alertou Reiton Allen de que ele teria sete dias para deixar sua casa, ou os oficiais de justiça iriam retirar seus pertences e deixar na calçada. Na sala lotada do Fórum, o motorista de caminhão, com sua barba grisalha, se levantou, baixou os olhos e torceu seu boné preto de *baseball*. Com 44 anos e pai de dois filhos, alugou uma casa de uma empresa chamada HavenBrook Homes, uma subsidiária de um dos maiores fundos de investimentos, o Pacific Investment Management (PIMCO). Em Fulton County, esses grandes proprietários institucionais tendem a promover duas vezes mais despejos do que os pequenos, de acordo com um novo estudo da Atlanta Federal Reserve. "Nunca fui despejado desta maneira", declarou Allen, que acabou acumulando dívidas em função de uma despesa inesperada com creche, ao mesmo tempo que seu aluguel subia para mais de novecentos dólares por mês.[5]

---

3 "Localizado no Eixample, uma área conhecida por sua arquitetura modernista e considerada mais residencial do que Ciutat Vella, o apartamento Tetuan é um grande apartamento, não apenas por ter sido recentemente reformado e decorado de acordo com os mais altos padrões, mas também porque sua localização faz dele uma escolha perfeita para sua visita a Barcelona." Buscar por "The Tetuan Apartment" no site Friedly Rentals, disponível online; acesso em: 30 jan. 2018. Tradução minha. Fiz questão de manter em inglês no texto, como no anúncio original, para sublinhar o absurdo.

4 Buscar por "MH Apartments Tetuan" no site Booking.com, disponível online; acesso em: 30 jan. 2018. Texto original em espanhol; tradução minha.

5 Prashant Gopal, "Wall Street, America's New Landlord, Kicks Tenants to the Curb", Bloomberg News, 3 jan. 2017, disponível online. Tradução minha.

Cenas como esta estão longe de ser excepcionais. Antes, ocorrem aos milhares, não apenas nas mencionadas Barcelona e Atlanta, mas em várias outras cidades, como Berlim, Nova York, Los Angeles, Dublin e Lisboa[6]. Trata-se de uma nova onda de financeirização da moradia, cujo epicentro é a moradia de aluguel. Há um novo tipo de locador, geralmente corporativo e ligado a gestores de ativos financeiros transnacionais, que passou a controlar um grande volume de casas ou apartamentos para locação em várias cidades.

Assim como na onda anterior, baseada na promoção da compra da casa própria pelas famílias, por meio da expansão do crédito hipotecário, estamos falando de um processo global promovido pelo mesmo novo império colonial sem bandeira nem rosto: as finanças globais. Desterritorializado e abstrato, fictício e especulativo por natureza – pois este é o caráter do mercado financeiro: o jogo das expectativas e apostas futuras –, este novo poder colonial ocupa as cidades, capturando espaços de vida e transformando-os rapidamente em *paisagens para a renda*, capazes de garantir um fluxo de remuneração futura relacionado ao lugar, sob a forma de capital de juros. Como acontece em todos os demais processos globais e impérios coloniais, embora a financeirização seja global, se expressa de maneira profundamente particular e única em cada localidade, dependendo das economias políticas específicas da terra e do urbano em cada um dos tempos e espaços onde aterrissa.

Como na onda anterior, mais uma vez os efeitos vão além da reestruturação dos mercados residenciais, resultando em processos de despossessão e deslocamento de grupos e comunidades, atingindo especialmente os não brancos, os mais pobres e vulneráveis e também os jovens em busca de um lugar para morar. Mais uma vez, é a lógica financeira da operação – as apostas e as estratégias para garantir o aumento de rendimentos sobre o capital investido – que prevalece, e não as necessidades de habitação dos moradores das cidades.

---

6 Desiree Fields e Sabina Uffer, "The Financialisation of Rental Housing: A Comparative Analysis of New York City and Berlin", *Urban Studies*, v. 53, n. 7, 2016; Michael Byrne, "'Asset Price Urbanism' and Financialization after the Crisis: Ireland's National Asset Management Agency", *International Journal of Urban and Regional Research*, v. 40, n. 1, 2016, p. 31-45; Gertjan Wijburg, Manuel B. Aalbers e Susanne Heeg, "The Financialization of Rental Housing 2.0: Releasing Housing into the Privatized Mainstream of Capital Accumulation", *Antipode*, jan. 2018; Susanne Soederberg, "The Rental Housing Question: Exploitation, Eviction and Erasures", *Geoforum*, v. 1, n. 10, 2017; Melissa García-Lamarca, "From Mortgage Securitisation to REITs: Dispossession and Financialised Housing 2.0 in Spain?", Universitat Autònoma de Barcelona, 18 out. 2017, *working paper*.

Assim como nos processos analisados na primeira parte deste livro, a financeirização do aluguel residencial conta com a enorme participação – e também com o protagonismo – dos Estados nacionais na promoção da desregulação regulada[7] que permite, viabiliza, apoia e incentiva a penetração e a expansão desse novo negócio nas cidades, fortalecendo cada vez mais um urbanismo de ativos financeiros[8].

Pessoas atingidas pelas violações decorrentes desse processo e defensores do direito à moradia e à cidade são, então, desafiados a desenvolver formas de resistência. Enfrentam a obscuridade e a abstração inerentes ao mundo das finanças, formulando narrativas críticas e desenvolvendo novas estratégias de ação e de mobilização, fazendo emergir assim um novo *front* e novos atores na política urbana em cada uma das cidades[9].

Finalmente, embora essa nova onda tenha sido detectada especialmente em cidades europeias e norte-americanas, já se fazem notar indícios de que ela também atinge o chamado Sul Global. Em Santiago do Chile, por exemplo, uma gestora de ativos denominada Asset Chile vem mobilizando recursos de investidores para adquirir edifícios residenciais inteiros em áreas centrais, a fim de lançá-los no mercado de aluguéis[10]. Em São Paulo, a imobiliária Vitacon recentemente juntou-se ao *equity fund* Capital Land, de Cingapura, a fim de investir na construção de 5 mil unidades para locação[11]. E, mais uma vez, como já assinalamos neste livro, começam a circular intensamente nos países da periferia do capitalismo relatórios técnicos produzidos por *think thanks* de agências multilaterais, apresentados em seminários organizados para governos e setores empresariais, demonstrando a hora e a vez das políticas públicas de fomento ao aluguel residencial[12].

---

7 Cf. Manuel B. Aalbers, *Financialization of Housing: A Political Economy Approach* (Londres, Routledge, 2016), p. 117.

8 Ver Michael Byrne, "'Asset Price Urbanism' and Financialization after the Crisis", cit.

9 Ver Desiree Fields, "Contesting the Financialization of Urban Space: Community Organizations and the Struggle to Preserve Affordable Rental Housing in New York City", *Journal of Urban Affairs*, v. 37, n. 2, 2014.

10 Ver Juan Manuel Villagrán, "Asset Chile afina compra de nuevos edifícios y eleva fondo de renta inmobiliaria residencial", *Economía y Negocios*, 20 jan. 2018, e María de los Ángeles Pattillo, "Edificios con un solo dueño y destinados 100% a renta residencial se concentran en Santiago e Independencia", *El Mercurio*, 3 set. 2016, ambos disponíveis online.

11 Assistir à entrevista com Alexandre Frankel, CEO da Vitacon, no programa *Moeda Forte*, apresentado pelo diretor de redação da *IstoÉ Dinheiro* Carlos Sambrana, 6 mar. 2018, disponível online.

12 Andrés G. Blanco, Vicente Fretes Cibils e Andrés F. Muñoz, *Procura-se casa para alugar: opções de política para a América Latina e Caribe* (Washington, D.C., Banco Interamericano de Desenvolvimento, 2014), e Ira Gary Peppercorn e Claude Taffin, *Rental Housing: Lessons from International Experience*

De forma geral, a entrada de grandes investidores financeiros no mercado residencial de aluguel sucedeu o estouro da bolha imobiliária e a crise financeira hipotecária de 2008, justamente por aproveitar a oportunidade de comprar os chamados "ativos tóxicos" resultantes da crise a preços extremamente baixos. Conhecidos como "investidores abutres", conglomerados financeiros globalizados compram ativos desvalorizados para convertê-los em uma nova fronteira a ser conquistada, penetrando territórios até então negligenciados pelo mercado e lançando neles um novo produto. Por meio da constituição de fundos de *private equity*, fundos de *hedge*, fundos imobiliários[13] ou outros instrumentos, mobilizam rapidamente uma enorme massa de capital, através de acionistas ou de empréstimos, capaz de comprar "estoques" ou "pacotes" de imóveis disponíveis no mercado com valores depreciados.

Na história das cidades, os ciclos de destruição/desvalorização do espaço construído não são, absolutamente, novos. Esses ciclos constituem novas frentes de expansão para atores com grande capacidade de mobilizar capital. No entanto, o que parece novidade, neste momento, é, por um lado, a escala do processo, de dimensão proporcional à enorme concentração de capital financeiro global, e, por outro, a velocidade, diretamente relacionada à revolução tecnológica da representação do valor, às transações *online* e *on time*, em circuitos cada vez mais abstratos e distantes do trabalho social contido no espaço construído que esses circuitos representam e mais ainda daqueles que os habitam[14].

Inicialmente, esses fundos entraram no mercado comprando imóveis diretamente dos bancos, que por sua vez acumulavam hipotecas executadas ou com prestações muito atrasadas; também era possível adquirir os imóveis de empresas constituídas pós-crise especialmente para "limpar" o portfólio de bancos. Muitos compraram também diretamente de proprietários endividados e desesperados. Mas, como veremos adiante, esses fundos também capturaram parte do estoque residencial controlado e regulado, além de conjuntos de habitação social em cidades endividadas e sufocadas por políticas de ajuste fiscal. Esgotada a fase das compras no atacado de estoques "podres" ou "tóxicos", resultantes da ação inclusive

---

and Policies for Emerging Market (Washington, D. C., The World Bank, 2013), ambos os livros disponíveis online.

13 No Brasil, trata-se dos chamados fundos de investimento imobiliário (FIIs). Em inglês, são conhecidos como *real estate investment trusts* (REITs). A sigla em inglês será empregada daqui em diante.

14 Ver David Harvey, *17 contradições e o fim do capitalismo* (trad. Rogério Bettoni, São Paulo, Boitempo, 2016), p. 223-4.

dos mesmos atores financeiros que haviam gerado a crise, esses *global corporate landlords*[15] [senhorios corporativos globais] já estavam enraizados nos mercados locais e participando com grande peso – expresso no volume de unidades sob seu controle. A partir daí, passam a atuar de forma monopolista, pressionando por uma alta generalizada de preços de aluguel e indexando esses mercados. Novamente, a própria crise financeira acabou por gerar a demanda por esse novo produto – a moradia de aluguel gerida por conglomerados financeiros –, formado tanto pela expulsão de pessoas de suas casas hipotecadas como pelo despejo daqueles que, diante do fim das facilidades de crédito, não conseguiam mais acessar casas próprias.

Desde 2008, fundos de *private equity* começaram a comprar casas devolvidas por famílias endividadas nos Estados Unidos. Mas foi em 2011 que alguns dos maiores fundos de *private equity* que investem no setor imobiliário – como Blackstone e Colony Capital – entraram no negócio, constituindo subsidiárias que acumularam centenas de milhares de unidades residenciais, principalmente em cidades devastadas pelo colapso do mercado de hipotecas[16]. A Blackstone, por exemplo, acumula hoje 82 mil unidades residenciais em dezessete mercados dos Estados Unidos[17], resultado de sua fusão com a Colony Starwood em 2017[18]. De acordo com um relatório produzido em 2014 por uma organização de defesa do direito à moradia em Atlanta, Georgia, o estoque residencial nas mãos de fundos de *private equity* nos Estados Unidos somava 200 mil unidades já em 2013[19].

Inicialmente, a compra de ativos tóxicos resultantes da crise pelos fundos era uma jogada de curto prazo, com a expectativa de comprar imóveis a preços muito baixos para, em seguida, colocá-los à venda novamente, obtendo assim rendimento alto e rápido. A remuneração rápida e fácil vinha da diferença entre o custo do capital (que, naquele momento, estava disponível para esses investidores) e os

---

15 Cf. Joe Beswick et al., “Speculating on London’s Housing Future: The Rise of Global Corporate Landlords in ‘Post-Crisis’ Urban Landscapes”, *City*, v. 20, n. 2, p. 321-41.

16 Ibidem, p. 324; ver também Rob Call, Denechia Powell e Sarah Heck, *Blackstone: Atlanta’s Newest Landlord – The New Face of Rental Market*, Occupy Our Homes Atlanta/The Right To The City Alliance Homes For All Campaign, abr. 2014, disponível online.

17 Consultar o site da Invitation Homes, disponível em: <https://invitationhomes.com/>; acesso em: 30 jan. 2018.

18 Idem.

19 Rob Call, Denechia Powell e Sarah Heck, *Blackstone: Atlanta’s Newest Landlord*, cit., p. 6; Jade Rahmani, Bose George e Ryan O’Steen, *Single-Family REO: An Emerging Asset Class* (3. ed., Nova York, Keefe, Bruyette & Woods, 2013).

rendimentos obtidos com a venda ou com o aluguel. Em um segundo momento, porém, houve um movimento de consolidação e fusão dessas empresas, assim como sua transformação em companhias de capital aberto e uma profissionalização como locadores/gestores corporativos de aluguel residencial, sob a forma de subsidiárias de aluguel residencial pertencentes a fundos imobiliários, como veremos adiante[20]. Além de atuar nos Estados Unidos, vários gestores de fundos também participaram de leilões na Espanha. A Blackstone, por exemplo, arrematou o estoque da massa falida da Catalunya Caixa por 3,6 bilhões de euros, muito embora esse mesmo estoque fosse avaliado na ocasião em 6,5 bilhões de euros[21].

A entrada dos fundos "abutre" nos mercados residenciais em colapso foi, assim, amplamente promovida e facilitada por governos federais e locais, como ocorrera na onda anterior. Como parte dos pacotes de medidas pós-crise, esses governos regulamentaram e incentivaram a entrada desses abutres, abrindo seus mercados. Uma das maneiras por meio das quais isso ocorreu foi a constituição de companhias gestoras de ativos (*asset management companies*), uma das medidas contidas nas políticas de socorro aos bancos (*bail-out*) adotadas pelos governos. Além da injeção massiva de recursos públicos em bancos que corriam risco de falência, essas políticas incluíram a segregação dos ativos tóxicos das carteiras bancárias, ou seja, a retirada de sua carteira das dívidas com poucas possibilidades de serem pagas. Foi o caso, por exemplo, da Ireland's National Asset Management Agency (Nama) e da espanhola Sociedad de Gestión de Activos Procedentes de la Reestructuración Bancaria (Sareb)[22].

No caso da Sareb, que inicialmente acumulou uma carteira de 200 mil unidades imobiliárias, das quais 56% eram residenciais[23], a entrada de fundos de *private equity*, sobretudo norte-americanos, se deu através da contratação de prestadores de serviço encarregados de negociar hipotecas e remover moradores ou ocupantes para poder, então, possibilitar sua revenda em "pacotes". TPG, Apollo e Cerberus Capital Management ganharam esses contratos para, em seguida, munidos das informações sobre o estoque, comprar (eles mesmos ou outros fundos) os

20 Matthew Goldstein, "Major Rental-Home Companies Set to Merge as U.S. House Prices Recover", *The New York Times*, 10 ago. 2017, disponível online.

21 Joe Beswick et al., "Speculating on London's Housing Future", cit., p. 325.

22 Cf. Michael Byrne, "Bad Banks: The Urban Implications of Asset Management Companies", *Urban Research and Practice*, v. 8, n. 2, jun. 2015, p. 255-66.

23 Ver Melissa García-Lamarca, "From Mortgage Securitisation to REITs", cit.; e Michael Byrne, "'Asset Price Urbanism' and Financialisation After the Crisis", cit.

pacotes em leilões. No Reino Unido, a Cerberus também comprou o portfólio de 118.323 hipotecas executadas securitizadas que pertenciam a UKAR, organizada pelo governo britânico, depois de concorrer em leilão com Goldman Sachs, Blackstone, JP Morgan e Car Val.

Além disso, tanto na Espanha como na Irlanda, as próprias gestoras de ativos tóxicos e os próprios fundos de investimento pressionaram fortemente os governos para adotar uma legislação que permitisse e estimulasse a constituição de fundos imobiliários para comprar o parque imobiliário depreciado pela crise, adotando e adaptando os modelos existentes de REITs.

Introduzido na legislação norte-americana nos anos 1960, esses fundos imobiliários permitem que investidores participem de empreendimentos imobiliários como cotistas, sem precisar se envolver na propriedade direta de imóveis específicos. Com cotas transacionadas em bolsas de valores, tais fundos ganharam um enorme potencial de atrair capitais globais, na medida em que estabeleceram uma relação desmaterializada com os próprios produtos que compõem seu portfólio. Sua disseminação no mercado imobiliário tem sido uma das formas de superação do caráter fixo, individualizado e enraizado dos imóveis (a própria expressão em espanhol, "*bienes raíces*", representava a fixidez), permitindo sua livre circulação e liquidez no mercado abstrato e fictício dos fluxos financeiros[24].

No caso espanhol, o marco regulatório de *sociedades cotizadas de inversión en el mercado inmobiliario* (Socimis) foi inicialmente instituído em lei em 2009, mas, em 2012, foi reformulado para ganhar atratividade. A reformulação incluiu, por exemplo, a isenção total de impostos sobre os rendimentos decorrentes do aluguel dos imóveis. Uma das Socimis constituídas foi a Anticipa, organizada a partir do citado estoque imobiliário "podre" da Catalunya Caixa adquirido pela Blackstone em 2014. Outros fundos imobiliários também foram constituídos da mesma forma. Sua estratégia passou a ser, então, esvaziar rapidamente os apartamentos para colocá-los no mercado de aluguel e, eventualmente, vendê-los individualmente ou em pacotes, geralmente para outros fundos ou REITs[25].

Mas a constituição de *global corporate landlords* também se deu – tanto na Espanha quanto em outros países europeus, como a Alemanha – através da aquisição

---

[24] Ver Manuel B. Aalbers e Brett Christophers, "The Housing Question under Capitalist Political Economies", Housing, *Theory and Society*, v. 31, n. 4, 27 ago. 2014, p. 422-8.

[25] Alba Brualla, "Anticipa, filial de Blackstone, quiere ser la mayor gestora de pisos en alquiler", *El Economista*, 30 mar. 2017, disponível online.

de moradias sociais públicas, vendidas por prefeituras e governos para fundos e REITs. Na Espanha, a primeira Socimi da Blackstone foi a Fidere, que comprou 1.860 unidades habitacionais públicas da Empresa Municipal de la Vivienda (EMV), de Madri, em outubro de 2013. Essa transação gerou enormes controvérsias e foi judicializada, mas, até agora, as unidades permanecem nas mãos do fundo norte-americano[26]. Na Alemanha, a privatização – e, sobretudo, a financeirização do estoque de habitação social – ocorreu em várias cidades, mas mais intensamente em Berlim: se em 1990 a capital alemã tinha 30% de seu parque residencial constituído por unidades públicas de moradia, em 2008 essa proporção foi reduzida a metade[27]. Ao contrário dos processos de privatização das habitações sociais públicas vendidas para seus locatários – como aconteceu, por exemplo, no Reino Unido –, em Berlim 212 mil unidades residenciais públicas foram privatizadas, a maioria no início do milênio, através da venda no atacado para grandes fundos de investimentos. Essa decisão foi tomada pela cidade para enfrentar seu déficit fiscal ao final dos anos 1990 e continuou a ser posta em prática por governos de diferentes coalizões políticas. Das dezenove companhias públicas de moradia de Berlim, duas foram inteiramente vendidas para fundos de *private equity* (GSW e Gehag). Outras venderam apenas uma parte das unidades de que eram proprietárias.

O fundo Cerberus, que adquiriu a companhia pública GSW em 2004, tornando-se, assim, o maior locador da Alemanha, foi apoiado pela Whitehall Funds, a subsidiária para o mercado imobiliário da Goldman Sachs[28]. Depois de comprar o estoque, o Cerberus saiu progressivamente de Berlim para reinvestir seus lucros na Espanha, aproveitando a *débâcle* do mercado imobiliário no país; adquiriu, por exemplo, a carteira falida do Bankia Habitat em 2013[29]. Na Alemanha, os fundos de investimento passaram a ser então substituídos por REITs e empresas de moradia com capital aberto em bolsa, como a Deutsche Wohnen e a Vonovia. Inicialmente, os altos rendimentos do negócio estavam muito mais relacionados à diferença entre o custo do capital mobilizado para a compra dos imóveis e o resultado da venda do que propriamente às expectativas de oportunidades de aumento

[26] Alfonso Simón Ruiz, "Blackstone construye un gigante de viviendas para el alquiler en España", *Cinco Días*, 15 maio 2017, disponível online.

[27] Manuel B. Aalbers, *Financialization of Housing*, cit., p. 121.

[28] Ibidem, p. 123.

[29] Idem.

nos valores de aluguéis[30]. Entretanto, em um segundo movimento, começaram a ser adotadas estratégias de aumento de rendimentos dos aluguéis, mesmo no contexto alemão e de Berlim, onde existem políticas de controle desses preços. Inicialmente utilizando-se de brechas na regulação dos aluguéis – como a adaptação dos imóveis para conservação climática –, esses *global corporate landlords* foram progressivamente aumentando os preços dos aluguéis, em especial nas áreas mais centrais, eliminando os tetos estabelecidos pela legislação ou desviando deles. Em grandes conjuntos habitacionais periféricos, com altas taxas de vacância e população moradora de baixíssima renda, a estratégia de crescimento dos rendimentos foi focada na redução dos custos e, portanto, na falta de investimento em manutenção e, consequentemente, no abandono e deterioração física dos lugares[31]. A expulsão dos moradores, assim como a deterioração de suas condições de moradia, foi, portanto, consequência direta e imediata de tais estratégias financeiras.

Assim como Berlim, que é historicamente uma cidade de locatários, Nova York também viu grandes fundos de investimentos entrarem em seu mercado de aluguel residencial, inclusive no mercado de aluguel privado protegido (*stabilized rent*). Embora o estoque público de habitação social da cidade seja de apenas 6% do parque residencial, desde os anos 1970 o percentual de aumento dos preços de aluguel para unidades privadas – que correspondem hoje a mais de 1 milhão de moradias, ou 45% do total de apartamentos da cidade – é regulado anualmente por um Conselho de Orientações do Aluguel (*Rent Guidelines Board*). Entretanto, ao longo dos anos 1990, novas leis foram "desregulando" o estoque habitacional protegido, permitindo, por exemplo, que o imóvel fosse excluído dos tetos de aumento quando o valor do aluguel atingisse 2 mil dólares (hoje 2,5 mil dólares) e a unidade estivesse desocupada (*vacancy decontrol*), assim como possibilitando a transferência para os valores dos aluguéis de parte dos investimentos em melhorias nos apartamentos e prédios realizados pelo proprietário[32]. De acordo com um relatório produzido em 2009 pela Association of Neighborhood and Housing Development (ANHD), entre 2005 e 2009, aproximadamente 100 mil unidades residenciais com aluguel controlado e estabilizado – ou 10% do

[30] Ver Desiree Fields e Sabina Uffer, "The Financialisation of Rental Housing", cit., p. 8.

[31] Idem. Ver também Susanne Soederberg, "The Rental Housing Question", cit., 2017.

[32] Benjamin F. Teresa, "Managing Fictitious Capital: The Legal Geography of Investment and Political Struggle in Rental Housing in New York City", *Environment and Planning A*, v. 48, n. 3, 2016, p. 472. Ver também Desiree Fields, "Contesting the Financialization of Urban Space", cit., p. 149.

estoque de Nova York – foram compradas por fundos de *private equity*[33]. Ainda no caso de Nova York, as expectativas de rendimento por parte desses investidores acabaram não se realizando, levando, muitas vezes, a situações de abandono e degradação física dos edifícios. Em outras situações, a partir de pequenas intervenções e reformas, ou simplesmente de estratégias de pressão sobre locatários de baixa renda, a entrada desses fundos no mercado residencial virou a ponta de lança de processos de gentrificação em vários bairros.

Apesar de o percentual de unidades controladas por esses fundos corresponder a uma fatia pequena do mercado residencial local nas várias cidades que mencionamos, seus efeitos sobre esse mercado – assim como sobre a condição de vida e habitacional dos locatários – têm sido enormes. Em primeiro lugar, a distribuição desse estoque na geografia das cidades não é aleatória, muito menos dispersa. Bairros inteiros entraram em colapso com a crise financeira hipotecária nos subúrbios e periferias das cidades, assim como regiões centrais onde ainda era possível encontrar disponíveis imóveis para locação a baixos preços, mas que passaram a ser capturadas pelo mercado, em processos intensos e conflituosos de gentrificação e resistências.

No caso de Barcelona, o estudo de Melissa García-Lamarca demonstra os ciclos sucessivos de despossessão na cidade e mapeia suas vítimas[34]. Ao georreferenciar os endereços de indivíduos e famílias que procuraram a já citada Plataforma dos Afetados pela Hipoteca por estarem sob risco de execução hipotecária e, posteriormente, ao cruzar esses dados com a localização e os preços de imóveis para locação pertencentes às Socimis da Blackstone, a pesquisa deixa clara a dimensão socioespacial da nova fronteira da financeirização da moradia. Foram os bairros operários do norte/nordeste, e também do extremo sul da cidade, onde vive a população de menor renda de Barcelona, que sofreram as maiores desvalorizações com a crise e o maior número de execuções hipotecárias. Nesses mesmos bairros, 95% das unidades de aluguel ofertadas pelas subsidiárias da Blackstone têm hoje valores acima da média local[35].

Podemos observar um cenário semelhante em Atlanta, onde a pesquisa já mencionada[36] revela a concentração de imóveis pertencentes a fundos em certos

---

33 Benjamin F. Teresa, "Managing Fictitious Capital", cit., p. 142.

34 Melissa García-Lamarca, "From Mortgage Securitisation to REITs", cit.

35 Ibidem, p. 9-10.

36 Rob Call, Denechia Powell e Sarah Heck, *Blackstone: Atlanta's Newest Landlord*, cit.

subúrbios, nos quais também foram observados preços de aluguel acima da média do município. Ainda de acordo com o relatório, entre os locatários da Invitation Homes, 45% gastavam mais do que 30% de seus rendimentos com o pagamento de aluguel, comprometendo as demais despesas e, eventualmente, contraindo dívidas por atrasos e falta de pagamentos. Em Fulton County, município da periferia da área metropolitana de Atlanta, mais de 20% das casas de aluguel receberam um aviso de despejo em 2015 e 12,2% foram efetivamente despejados, de acordo com um relatório do Federal Reserve Bank of Atlanta[37]. Resultados semelhantes foram encontrados em Los Angeles e Riverside, na Califórnia, onde atua outra subsidiária da Blackstone, a THR Califórnia[38].

O processo em marcha em Fulton County revela quem são, de fato, os grandes atingidos pela maquinaria da despossessão: a composição racial da população do município é majoritariamente não branca, sendo 44,3% negros[39]. Também é predominantemente não branca (negra e hispânica) a maior parte dos locatários atingidos por despejos em Nova York. Com o aumento do número de unidades habitacionais retiradas do estoque protegido, os despejos foram intensificados. De acordo com os dados de ações de despejo constantes do New York City Public Advocate's Office, entre janeiro de 2013 e junho de 2015, foram mais de 450 mil ações, das quais 80% foram movidas por menos de 10% dos autores, demonstrando a enorme concentração de propriedade dos imóveis onde ocorreram essas ações[40]. Os bairros onde isso tem ocorrido com mais intensidade são predominantemente habitados por hispânicos (Bronx, Washington Heights ou Bushwick) ou por negros (Crown Heights, no Brooklyn)[41]. Em Berlim, os conjuntos habitacionais privatizados onde o número de despejos cresceu são majoritariamente habitados por famílias de imigrantes de baixa renda[42].

---

37 Elora Raymond et al., *Community & Economic Development Department Federal Reserve Bank of Corporate Landlords, Institutional Investors, and Displacement: Eviction Rates in Single-Family Rentals*, Federal Reserve Bank of Atlanta, 2016, *discussion paper* n. 2016-4, p.14.

38 Strategic Actions for a Just Economy, Right to the City Alliance e The Homes for All Campaign (orgs.), *Renting from Wall Street: Blackstone's Invitation Homes in Los Angeles and Riverside*, jul. 2014, relatório disponível online.

39 US Census Bureau, "Profile of General Population and Housing Characteristics: 2010 Demographic Profile Data", *American Fact Finder*, 29 dez. 2015, disponível online.

40 Marcelo Rochabrun e Cezary Podkul, "The Fateful Vote that Made New York City Rents So High", *ProPublica*, 15 dez. 2016, disponível online.

41 US Census Bureau, "Overview of the United States", *Statistical Atlas*, disponível online; acesso em: 23 jan. 2018, última atualização em: 4 set. 2018.

42 Susanne Soederberg, "The Rental Housing Question", cit., p. 4.

Os mais pobres, não brancos, imigrantes e os mais vulneráveis são as maiores vítimas do *subprime* e do desmonte das políticas públicas de moradia no primeiro ciclo de financeirização descrito neste livro. São exatamente aqueles que se transformam novamente em veículos de extração de renda no novo ciclo de financeirização da moradia – o aluguel residencial. Do ponto de vista dos investidores, trata-se de maximizar a rentabilidade do capital investido, "desbloqueando" a riqueza contida nos espaços residenciais construídos ou, nas palavras do estudo lançado pelo Banco Mundial para convencer os governos sobre as vantagens dessa nova fronteira: "Os mercados de aluguel desempenham também um papel fundamental no aumento do valor de mercado dos ativos imobiliários residenciais e na geração de receitas a partir do desbloqueio da riqueza contida no estoque residencial"[43]. "Desbloquear", aqui, significa liberar os constrangimentos que impedem a disponibilização imediata desses bens, ou seja, expulsar moradores incapazes de pagar valores definidos por um mercado local controlado por proprietários com grande poder de estabelecimento de preços.

Essa capacidade de determinação dos preços está diretamente relacionada ao volume do estoque sob controle dos fundos. Mas também é resultado das práticas adotadas por esses grupos para "desbloqueá-lo". Coerção e intimidação são as palavras mais ouvidas nos relatos de moradores deslocados ou pressionados a deixar as casas e apartamentos onde vivem de aluguel. Na Espanha e nos Estados Unidos, tais relatos incluem as táticas de pressão para que moradores de casas hipotecadas com prestações em atraso aceitem acordos para liberar os imóveis, mas também incluem as estratégias utilizadas pelos senhorios para que locatários em antigos prédios de aluguel controlado em Nova York (ou de habitação pública em Berlim e, de forma geral, em bairros em processo de gentrificação em diversas cidades) deixem os edifícios[44]. Piorar os serviços ou a manutenção é uma das táticas mais utilizadas: invernos sem calefação, edifícios em obras com gente morando dentro, ameaças de denúncia para os serviços de imigração, cheques de pagamentos mensais sistematicamente devolvidos, além de ofertas em dinheiro vivo para que abandonem ou não renovem os contratos.

---

[43] "*Rental markets also play a key role in enhancing the market value of housing assets and in generating revenues from an unlocked housing wealth*"; citado em Ira Gary Peppercorn e Claude Taffin, *Rental Housing*, cit., p. x.

[44] Desiree Fields, "Contesting the Financialization of Urban Space", cit.; Desiree Fields e Sabina Uffer, "The Financialisation of Rental Housing", cit.; e Susanne Soederberg, "The Rental Housing Question", cit.

A esses mecanismos soma-se a adoção, por parte dos países ou localidades, de legislação de flexibilização e facilitação de despejos, como a *Ley de Arrendamientos Urbanos* (LAU) espanhola e as sucessivas leis de retirada dos tetos de aluguel em estoques protegidos em Berlim ou Nova York. A alta generalizada nos preços de aluguéis combinada ao congelamento dos salários dos locatários na mesma proporção e a ausência de mecanismos eficazes de proteção e acesso à moradia geram aumentos nos despejos e fazem com que mais pessoas se tornem sem-teto. O número de sem-teto em metrópoles norte-americanas como Nova York, Los Angeles e Seattle explodiu nos últimos anos – no país são mais de 550 mil[45].

De acordo com um relatório produzido pelo Joint Center for Housing Studies da Universidade de Harvard e publicado em 2013, a proporção de moradores em casas e apartamentos de aluguel nos Estados Unidos disparou desde 2005, ultrapassando 35%, o que representa o pico dos últimos trinta anos. Ao mesmo tempo, durante o mesmo período, cresceu também o número e a proporção de locatários que comprometem mais de 30% de sua renda com aluguel, atingindo 50% em 2013. Essa proporção é muito mais aguda na base da pirâmide social, a faixa de renda mais baixa, na qual 83% dos locatários comprometeram, naquele ano, mais de 30% da renda com o pagamento do aluguel[46]. Essa tendência continuou nos anos subsequentes: um relatório produzido pelo Furman Center para as regiões metropolitanas dos Estados Unidos afirma que, entre 2013 e 2015, o valor dos aluguéis cresceu acima da inflação e da renda, e o número e a proporção de locatários continuaram a aumentar, assim como se perpetuaram os problemas de acesso[47].

Na Inglaterra, particularmente nas grandes cidades, como Londres e Manchester, houve uma verdadeira explosão do percentual de locatários e dos preços de aluguéis no setor privado, decorrente tanto do desmonte das políticas de locação social pública quanto da diminuição de potenciais compradores de casa própria em função da diminuição da oferta de crédito pós-crise financeira imobiliária e, principalmente, do aumento dos níveis de pobreza. Nesses locais também têm crescido exponencialmente os despejos e a insegurança habitacional. Desde o

[45] The US Department of Housing and Urban Development, *The 2017 Annual Homeless Assessment Report (AHAR) to Congress*, dez. 2017, disponível online.

[46] Joint Center for Housing Studies of Harvard University, *America's Rental Housing: Evolving Markets and Needs*, Harvard University, 9 dez. 2013, disponível online.

[47] Sewin Cha e Gita Khun Jush, *2017 National Rental Housing Landscape: Renting in the Nation's Largest Metros*, NYU Furman Center, 2017, disponível online.

Housing Act de 1988, a chamada "*section 21 no fault possession procedure*"[48] permite que um locador possa despejar seu inquilino após seis meses de contrato sem apresentar qualquer justificativa. A presença de locadores institucionais, entretanto, ainda não é muito significativa, a não ser no setor de moradias estudantis. Entretanto, o governo está firmemente engajado em promover a constituição e a expansão desse setor. Em 2012, o governo comissionou um estudo para examinar os obstáculos e propor medidas para atrair fundos de investimento globais para o mercado de moradias de aluguel[49]. Em 2013, uma força-tarefa foi criada no Department of Communities and Local Government para implementar algumas das medidas propostas[50].

Para os analistas financeiros, situações como essas representam oportunidades de mercado. Como atesta uma peça publicitária da *Forbes*:

> Agora o mercado imobiliário residencial está "quente" – e os donos de apartamentos estão ganhando dinheiro muito rápido. Mas não se preocupe, eu não vou recomendar que você corra para comprar um prédio inteiro. Em vez disso, eu tenho três REITs residenciais que você pode adquirir através da conveniência do seu computador (ou do seu telefone, se você preferir!), com rendimentos de até 7,3%. Os valores dos aluguéis estão tão altos no país inteiro neste momento que nenhuma pessoa que ganha o salário mínimo por quarenta horas na semana consegue pagar pelo aluguel de um apartamento de dois quartos – um fato que se deve parcialmente aos baixos salários mínimos, mas também à alta dos valores dos aluguéis.[51]

Podemos verificar um processo semelhante de alta de preço de aluguéis na Espanha. A alta é particularmente intensa em algumas cidades, como Madri e Barcelona. De acordo com o relatório produzido pela prefeitura de Barcelona em 2016, a partir de 2013, verifica-se uma alta generalizada de preços de aluguéis acompanhada por um aumento do comprometimento da renda com seu pagamento[52]. Um relatório sobre as condições de vida na área metropolitana de

---

48 A expressão "*section 21 no fault possession procedure*" pode ser traduzida como "seção 21: procedimento de repossessão sem culpa".

49 Department of Communities and Local Government, *Review of the Barriers to Institutional Investment in Private Rented Homes*, Londres, ago. 2012, disponível online.

50 Joe Beswick et al., "Speculating on London's Housing Future", cit., p. 321-41.

51 Brett Owens, "Better than Buying an Apartment Complex: 3 REITs Paying Up to 7.3%", *Forbes*, 18 jun. 2017, disponível online.

52 Ajuntament de Barcelona, *Preu de lloguer dels habitatges a Barcelona*, Gabinet Tècnic de Programació, 29 jan. 2016, disponível online.

Barcelona divulgado em 2017 revela que mais da metade das unidades habitacionais metropolitanas (51,7%) cujos membros vivem em apartamentos alugados destina o mínimo de 40% de sua renda para custos associados à moradia. A mesma pesquisa de âmbito metropolitano indica que os habitantes da cidade de Barcelona passaram a assumir, em 2016, custos médios com moradia que são 20% superiores aos do ano 2011[53].

Mais uma vez, as altas de preços nos valores dos aluguéis e, particularmente, a crise de acesso à moradia alugada apresentam uma geografia específica. Como vimos, as altas são particularmente intensas nos bairros que concentravam estoques de unidades hipotecadas e/ou de aluguel regulado que foram tomados pelos *global corporate landlords*, com suas táticas de esvaziamento e de aumento de preços, seja para a venda das unidades ou para o aumento da rentabilidade do aluguel. Mas, em Nova York, Barcelona, Londres ou Berlim, as altas de preços também foram particularmente intensas em bairros centrais valorizados, que sofreram processos agudos de mudança de perfil da população moradora. O estudo da prefeitura de Barcelona mencionado anteriormente aponta bairros como Ciutat Vella e Eixample como aqueles onde as altas de preços foram mais intensas[54]. Em Berlim, embora a maior parte (55%) do estoque de unidades residenciais das companhias de habitação privatizadas estivesse localizada nas periferias, havia também unidades localizadas em bairros centrais, como Mitte ou Prenzlauerberg, onde os *global corporate landlords* reabilitaram o estoque para devolvê-lo ao mercado por preços muito mais altos[55].

Em Nova York e em Barcelona, particularmente, esse processo foi intensificado em função da presença do turismo e de um mercado global de segunda residência, que retirou unidades do mercado de aluguel de longo prazo para moradia.

Para uma elite transnacional endinheirada, comprar imóveis de alto luxo em cidades globais, capitais culturais ou destinos turísticos se transformou em uma "caixa forte" para parte de seu capital, funcionando basicamente como uma reserva de valor estável ou ao menos com potencial de valorização. Grande parte dessas compras é feita através de *offshores* em paraísos fiscais e, portanto, fora dos radares

---

[53] Sergio Porcel, Lara Navarro-Varas e Manel Pons, "Enquesta de condicions de Vida, 2016. Resultats sintètics: àrea metropolitana de Barcelona", *Quaderns Espai Metròpoli*, Institut d'Estudis Regionals i Metropolitans de Barcelona, nov. 2017, disponível online.

[54] Ajuntament de Barcelona, *Preu de lloguer dels habitatges a Barcelona*, cit.

[55] Desiree Fields e Sabina Uffer, "The Financialisation of Rental Housing", cit., p. 10.

e dos impostos dos governos federais e locais[56]. Londres, Nova York e Miami são cidades onde esse fenômeno é bastante visível e intenso há algum tempo, mas, nos últimos anos, Barcelona também entrou na mira de investidores estrangeiros. Um dos fatores que contribuiu para isso foi a adoção, por parte do governo espanhol, como uma das medidas de combate à crise, do chamado *golden visa*, isto é, a concessão de cidadania em troca de investimentos imobiliários. Desde 2013, estrangeiros que fizerem aportes de meio milhão de euros em imóveis na Espanha conseguem garantir a residência permanente de toda a família e a possibilidade de cidadania plena em dez anos, sem nem precisar morar no país efetivamente[57]. Uma propriedade comprada e alugada para terceiros preenche todos os requisitos do *golden visa* espanhol. Passados três anos do início da política, 2.236 investidores se beneficiaram da cidadania espanhola, trazendo 2,16 bilhões de euros para o país, 72% dos quais foram diretamente para imóveis. Portugal tem um programa semelhante, também com grande impacto no mercado imobiliário, principalmente em Lisboa. Nas palavras do executivo da MK Premium, uma das negociadoras de edifícios inteiros em Barcelona (e agora com escritório em Madri): "Há dois anos, em 2015, no fim de 2014, era um ano apenas chinês, porque, com os 500 mil euros [obtendo a nacionalidade espanhola em troca de investimentos], os chineses vinham para comprar edifícios inteiros. Foi um ano em que vendemos apenas para chineses"[58].

Programas como esse são altamente controversos, não apenas pelo fato de a cidadania passar a ser uma mercadoria. Em primeiro lugar, a identidade dos investidores é secreta, o que dificulta o seu controle. Em segundo, há grandes suspeitas de que os *golden visas* sejam utilizados para lavagem de dinheiro de corrupção ou tráfico de drogas e armas, já que há pouco controle sobre sua origem. Por fim, como já apontamos, tais transações podem ter efeitos perversos sobre o mercado residencial local, na medida em que facilitam e promovem a entrada de capitais transnacionais para compra de edifícios residenciais, inflacionando seus preços.

---

56 Rodrigo Fernandez, Annelore Hofman e Manuel Aalbers, "London and New York as a Safe Deposit Box for the Transnational Wealth Elite", *Environment and Planning A*, v. 48, n. 12, 2016.

57 Ver o programa *Spain Golden Visas*, disponível online no portal da empresa La Vida Golden Visas, mantida pelo Investment Migration Council de Genebra; acesso em 19 jan. 2018.

58 Ver a entrevista de Marc Iglesias a Daniel Leyva, sócio e administrador da imobiliária MK Premium, "Daniel Leyva: 'Nosaltres farem el que més ens convingui, com qualsevol propietari del món'", *Directa*, 9 jun. 2017, disponível online.

Finalmente, em casos como os de Barcelona e Nova York, outro elemento de grande impacto nos mercados residenciais de aluguel é a disseminação de plataformas de compartilhamento que conectam os que querem alugar (apartamentos inteiros ou cômodos) com aqueles que querem pagar menos do que o valor de uma diária de hotel em sua viagem. O exemplo mais conhecido – e pioneiro – de plataformas desse tipo é o AirBnB. A empresa se autodescreve como um "mercado comunitário confiável"[59], em que "anfitriões" – as pessoas que querem alugar uma casa, um apartamento, um quarto, um sofá ou mesmo castelos, iglus e áreas para camping – e "hóspedes" se encontram. Diferentemente da indústria hoteleira, que depende de investimentos massivos em construções, imóveis e contratação de funcionários, o AirBnB concentra a maior quantidade de anúncios de imóveis no mundo sem ser proprietário de nenhum deles[60]. O AirBnB funciona, assim, como um "agregador"[61]. Os "anfitriões" são "parceiros" que anunciam seus bens na plataforma, são usuários tanto quanto os "hóspedes".

Embora o AirBnB se apresente como um "mercado comunitário", na verdade trata-se de uma *startup* lucrativa – e financeirizada –, cujo preço de mercado ultrapassa 1 bilhão de dólares, sem abrir seu capital na bolsa de valores[62]. A conta da lucratividade é simples: o site cobra uma comissão de 10% por cada reserva feita e outros 3% pelo processamento do pagamento. Além do "anfitrião", os "hóspedes" também pagam uma taxa de 6% a 12% pelo serviço. É, portanto, um mercado de duas pontas que consegue rentabilizar de ambos os lados. A atratividade – e rentabilidade – da plataforma pode ser constatada a partir de seus investidores. Dentre eles, estão empresas de capital de risco (Mighty Capital, Sequoia Capital, Bracket Capital e outras), empresas globais de serviços financeiros (Morgan Stanley, JP Morgan Chase & Co.), bancos (Citigroup) e empresas de *private equity* (China Broadband Capital), bem como pessoas físicas que vão desde celebridades da televisão, como o ator Ashton Kutcher, até Jeff Bezos, CEO da Apple[63].

---

[59] Disponível em: <https://www.Airbnb.com/about/about-us>; acesso em: 30 jan. 2016.

[60] Sourobh Das, "Airbnb Business Model: How Does Airbnb Make Money?", *Feedough*, 22 jul. 2017, disponível online.

[61] Aashish Pahwa, "Aggregator Business Model. What Is it and How Does it Operate?", *Feedough*, 23 jul. 2018, disponível online.

[62] Arjun Panchadar, Aripaka Pushkala, "Airbnb Expects to Post a Profit for 2017, If You Exclude a Few Expenses", *Reuters*, 18 dez. 2017, disponível online.

[63] A lista completa de investidores da empresa está disponível na plataforma online Crunchbase, em: <www.crunchbase.com/organization/airbnb/investors/investors_list>; acesso em: 18 jan. 2017.

O uso em grande escala da plataforma não tem apenas impactos diretos no mercado hoteleiro, mas também no mercado de aluguel de longo prazo[64]. Diante da rentabilidade – aluguéis por prazos curtos cuja referência são as diárias de hotéis – e da flexibilidade de negociação ao anunciar um apartamento no AirBnB, a plataforma foi tomando parte do estoque de unidades residenciais de aluguel, convertendo-as em aluguéis de curto prazo para turistas e visitantes. Isto se deu não apenas graças à adesão de proprietários, que colocam seus próprios imóveis na plataforma para aumentar seus rendimentos, mas também porque acabou por motivar a compra e a conversão de unidades e edifícios inteiros por parte de investidores para, em seguida, convertê-los em apartamentos e casas para aluguel exclusivamente via AirBnB.

Em 2014, o procurador-geral de Nova York Eric T. Schneiderman fez um relatório sobre os impactos do AirBnB na cidade[65]. Uma das conclusões do estudo é a de que apenas três distritos residenciais bem localizados em Manhattan eram responsáveis por um terço de toda a hospedagem por meio da plataforma em Nova York. E que, nesses bairros, não só o preço dos aluguéis de longo prazo aumentou como diminuíram consideravelmente as ofertas: Lower East Side/Chinatown, Chelsea/Hell's Kitchen e Greenwich Village/Soho estão praticamente disponíveis apenas para proprietários ou turistas. O aluguel para moradores da cidade deixou de ser uma opção, provocando o deslocamento de não proprietários para fora desses bairros[66].

Com base em informações do AirDNA, site especializado em vender dados sobre o AirBnB, a *Forbes* fez uma lista com as cidades em que se lucra mais alugando imóveis na plataforma. Barcelona está em primeiro lugar[67]. Segundo valores do fim de 2016, o valor do aluguel mensal médio de um quarto em Barcelona era de 787 dólares e a média da diária ficava em 112 dólares, com uma taxa de ocupação de 71%. Com mais de 23 mil espaços residenciais registrados na plataforma, Barcelona é hoje o sexto mercado de AirBnB do mundo, ficando atrás apenas de

---

64 Bianca Tavolari, "AirBnB e os impasses regulatórios do compartilhamento de moradia", em Rafael A. F. Zanatta, Pedro C. B. de Paula e Beatriz Kira (orgs.), *Economias do compartilhamento e o direito* (Curitiba, Juruá, 2017), licenciada por Creative Commons em: <www.internetlab.org.br/wp-content/uploads/2017/12/Economias_do_compartilhamento_e.pdf>.

65 Ver Eric T. Schneiderman, *Airbnb in the City*, Nova York, New York State Attorney General, out. 2014, disponível online.

66 Bianca Tavolari, "AirBnB e os impasses regulatórios do compartilhamento de moradia", cit.

67 Omri Barzilay, "These Are the Cities Where You Can Make the Most Money Renting Properties on Airbnb", *Forbes*, 22 nov. 2016, disponível online.

Paris, Londres, Nova York, Rio de Janeiro e Los Angeles[68]. O impacto sobre o mercado residencial de Barcelona é ainda maior se considerarmos que hoje outras plataformas operam da mesma forma, como Wimbu e Homeaway, entre outras.

Em Barcelona, a pressão para esvaziar apartamentos habitados, principalmente aqueles com contratos antigos de aluguel e em prédios não reformados em função do mercado turístico de aluguel, seja este de segunda residência ou de curta duração, tem impactado sobretudo bairros mais centrais, como Ciutat Vella, Bairro Gotic e Eixample, expulsando moradores de menor renda para localizações mais periféricas. Por outro lado, essas periferias também estão sendo impactadas pela presença dos grandes locadores corporativos, gerando um verdadeiro estado de emergência habitacional.

A constituição e a expansão dessa nova fronteira de financeirização da moradia não ocorrem sem resistência por parte dos atingidos, particularmente em cidades onde esse processo tem sido intenso e que contam com um tecido social organizado, marcado por uma história de mobilizações e lutas em torno do tema da moradia e da política urbana. Nessas cidades, a emergência de novas formas de ativismo, movimentos e coalizões tem, inclusive, incidido sobre a formulação de políticas locais que vão na direção da regulação desse novo produto, assim como do aluguel residencial de forma geral e em torno da promoção de alternativas de acesso à moradia social.

No novo milênio, é possível observar, em Nova York e em Barcelona, não apenas a intensidade e a crueza da financeirização da moradia, mas também a emergência de movimentos de contestação. Embora as experiências sejam muito distintas, as lutas em torno da promoção e/ou da preservação de um estoque de moradia acessível e de sua desmercantilização introduziram, nas duas cidades, o enfrentamento a esses novos atores financeiros transnacionais.

Em Nova York, isso se deu através da rede de organizações comunitárias, organizações sem fins lucrativos e assessorias jurídicas, que já haviam se constituído pelas lutas em torno da qualidade da moradia desde os anos 1960. Uma de suas conquistas foi o estoque de aluguel protegido. Essa rede se organizou em seguida para enfrentar a crise urbana ao final dos anos 1970, institucionalizando sua presença na cidade inclusive como promotores de moradia e de serviços

---

[68] Don Quijones, "Airbnb Just Made Itself Even More Unpopular in Barcelona", *Wolf Street*, 26 jun. 2017, disponível online.

públicos. Enraizadas nas comunidades de menor renda e com forte presença de negros e hispânicos, reativaram sua capacidade de luta e de mobilização, reinventando estratégias quando começaram a detectar os sinais perversos da entrada dos fundos de *private equity* no estoque de aluguel protegido desses bairros, denunciando as condições de abandono e degradação de edifícios inteiros. Coalizões municipais, como a Association for Neighborhood & Housing Development ou organizações de bairro, como a Northwest Bronx Community and Clergy Coalition, se engajaram então no sentido de construir uma narrativa crítica sobre o que estava se passando na cidade e, entre atividades de mapeamento e construção de indicadores, *advocacy*, assessoria jurídica a locatários e ação junto aos meios de comunicação, acabaram por constituir uma opinião pública na cidade de que se tratava de "*predatory equity*" [capital predatório]. Dessas mobilizações resultou uma reação por parte da prefeitura, intervindo nos casos mais graves de falência e, mais recentemente, oferecendo assistência jurídica gratuita para ameaçados de despejo, entre outras medidas[69]. Entretanto, o que a prefeitura de Biasio anunciava como medida de aumento da oferta de aluguel residencial para os mais pobres – mudanças de zoneamento de bairros inteiros, permitindo altos potenciais construtivos e isenção de taxas para promotores imobiliários ofertarem de 20% a 30% de unidades "*affordable*" –, na verdade, tem aquecido ainda mais o mercado e provocado ainda mais contestação e revolta por parte dos moradores[70].

Em Barcelona, embora um novo movimento em torno das necessidades de moradia – a Plataforma por la Vivienda Digna – tenha se constituído a partir de 2005, foi com o estouro da crise financeira hipotecária que se estruturou a já citada Plataforma dos Afetados pela Hipoteca. Graças a uma ação que combina assessoria a atingidos, campanhas de comunicação, iniciativas legislativas e ações diretas para impedir despejos ou oferecer alternativas imediatas de moradia para pessoas em situação de emergência, a PAH conseguiu ampliar sua base e sua influência política a ponto de ter uma de suas fundadoras e líderes, Ada Colau, eleita como prefeita da cidade em 2015. Nas palavras do movimento:

> Conseguimos centenas de pequenas vitórias! Paralisamos 2.045 despejos; arrancamos das entidades financeiras dações em pagamento e aluguéis sociais para os

---

69 Benjamin F. Teresa, "Managing Fictitious Capital", cit., p. 472; e Desiree Fields, "Contesting the Financialization of Urban Space", cit.

70 Michael Greenberg, "Tenants Under Siege: Inside New York City's Housing Crisis", *The New York Review of Books*, 17 ago. 2017, disponível online.

> imóveis hipotecados; recuperamos 2.500 moradias vazias que estavam nas mãos dos bancos e demos a estas uma função social para famílias que se encontravam sem alternativa habitacional; assessoramos de forma coletiva milhares de pessoas em todo o território em nossos mais de 200 núcleos; denunciamos as políticas nacionais que continuam favorecendo os bancos e enganando as famílias; e lutamos por uma lei de moradia que inclua dação em pagamento retroativa, regulação do preço do aluguel, fim dos despejos, habitação social para realojar as famílias e infraestrutura básica garantida.[71]

Além da PAH, dezenas de organizações de bairros afetados por ataques especulativos no estoque de moradias de aluguel se articulam em torno de um "sindicato de inquilinos", com uma pauta de controle e de negociação coletiva e pública de aluguéis, em favor da promoção de moradia social e de proteção de inquilinos ameaçados de despejo[72]. Sindicatos e movimentos de inquilinos também têm crescido na Inglaterra. Crescem também, nas cidades atingidas pela crise da moradia, iniciativas de "desmercantilização" da moradia, tais como cooperativas, *community land trusts* e ocupações de casas vazias. Essas novas formas de apropriação têm estado presentes na pauta desses novos movimentos como estratégia de luta e pressão por políticas de moradia social, assim como alternativas concretas para situações de extrema emergência habitacional.

Sob a pressão dos movimentos, a prefeitura de Barcelona, por exemplo, tem procurado atuar na promoção de moradia social, em políticas de controle de aluguel para apartamentos reformados com empréstimos municipais e por meio do enfrentamento do turismo predatório através de moratórias e aumento do controle sobre os apartamentos alugados por curta duração pelas plataformas que não são registrados ou que estão fora dos bairros permitidos pelo zoneamento, multando a própria AirBnB[73]. No entanto, considerando as limitações financeiras e de competência nesse tema, a prefeitura tem atuado junto a outras cidades para incidir

---

71 Ver o site da Plataforma de Afetados por las Hipotecas em: <https://afectadosporlahipoteca.com//>; acesso em: 23 jan. 2018. Tradução minha.

72 Ver o site do Sindicat de Llogateres em: <https://sindicatdellogateres.org/es/>; acesso em: 23 jan. 2018.

73 Bianca Tavolari, "AirBnB e os impasses regulatórios do compartilhamento de moradia", cit. Em julho de 2014, a prefeitura de Barcelona multou o AirBnB e outros sites de compartilhamento de moradia em 30 mil euros; ver Ashifa Kassam, "AirBnB Fined €30,000 for Illegal Tourist Lets in Barcelona", *The Guardian*, 7 jul. 2014, disponível online. Em dezembro de 2015, a multa foi mais alta, de 60 mil euros; cf. I. Gutiérrez, "Colau multa a AirBnB y Homeaway por anunciar pisos sín licencia turística", *El Economista*, 22 dez. 2015, disponível online.

sobre políticas nacionais de moradia, reformar a legislação de aluguel e eliminar os benefícios e incentivos fiscais para Socimis e *golden visa*[74].

Embora nem em Nova York nem em Barcelona a emergência de novos movimentos em torno do direito à moradia e à cidade e que enfrentam a pauta da financeirização tem sido capaz de reverter esses processos, tais práticas vão construindo um nexo entre a materialidade concreta da vida dos atingidos (e as privações a que são submetidos) e a abstração dos fluxos financeiros transnacionais, avançando numa compreensão multiescalar do fenômeno. Mais do que isso, essas lutas vão consolidando uma confrontação política em que o território é visto, de um lado, como espaço para vida e sua reprodução e, de outro, como um *playground* para o capital financeiro. Nesse confronto, toda ocupação, toda resistência *no* lugar e *do* lugar é um posto avançado, um protótipo para outras formas de pensar e viver nossas cidades.

[74] Stephen Burgen, "AirBnB Faces Crackdown on Illegal Apartment Rentals in Barcelona", *The Guardian*, 2 jun. 2017, disponível online.

Agradecimentos

Como mencionei na “Apresentação”, este livro é um registro do que vi – e das reflexões que elaborei – durante e imediatamente após o término de meu mandato como relatora para o Direito à Moradia Adequada da ONU. Graças a uma licença-prêmio concedida pela Faculdade de Arquitetura e Urbanismo da Universidade de São Paulo (FAU-USP), pude me dedicar integralmente, por alguns meses, à sua escrita, inicialmente como tese de livre-docência que foi apresentada na mesma instituição.

Uma Bolsa de Produtividade do CNPq também foi essencial à produção deste livro. Os recursos dessa bolsa me permitiram completar várias etapas de pesquisa, sistematizar informações colhidas durante os anos de meu mandato de Relatora e, ainda, apoiar a produção não apenas da tese, como também deste volume.

As relatorias fazem parte dos chamados “procedimentos especiais” do Conselho de Direitos Humanos (CDH) da ONU, fórum constituído pela representação diplomática dos países-membros. São elas as encarregadas de monitorar a implementação dos pactos e resoluções ali negociados. O relator é um especialista que atua de forma independente, ou seja, não se submete nem ao CDH, nem ao comando de nenhum governo ou organismo multilateral. Sua missão é ouvir as vozes dos que sentem que seus direitos à moradia estão sendo violados e, na medida do possível, procurar entender as circunstâncias nas quais isso ocorre para dirigir-se ao governo do país, ao CDH ou à imprensa, pronunciando-se sobre esses casos. É também tarefa do relator difundir e colaborar com os países no estabelecimento dos direitos, através da implementação de políticas públicas e da incorporação dos elementos e componentes do direito à moradia em seus sistemas legais. Para isso, além das missões e *working visits* a países e organizações multilaterais, o relator elabora pesquisas temáticas, recebe e se pronuncia sobre denúncias de violações de direitos e intervém no debate público, procurando disseminar o conhecimento sobre os direitos humanos.

Como relatora, recebia denúncias diariamente. Eram relatos de casos enviados por comunidades, ONGs, núcleos universitários de assessoria jurídica (*law clinics*) e outros defensores de direitos humanos, e envolviam, quase sempre, situações e ameaças de despejos coletivos e remoções. As denúncias vinham de todas as regiões do mundo, mas à medida que avançava meu mandato na relatoria, me dei conta de que apenas uma pequena parte dos conflitos e situações de abuso de direitos relacionados à moradia chegava ao conhecimento dos relatores da ONU, já que a denúncia formal exigia a utilização de um dos idiomas oficiais da entidade, de preferência o inglês, além do conhecimento sobre a existência desses mecanismos.

Com os poucos recursos disponíveis, sequer era possível lidar com a totalidade dos casos que conseguiam chegar ao mandato. O CDH da ONU designa um único relator para atuar em todos os países do mundo, que conta com o apoio de um(a) assistente em Genebra, um quadro permanente do Alto Comissariado das Nações Unidas para os Direitos Humanos (ACNUDH) especialista em direitos humanos. O relator dispõe de recursos apenas para realizar duas "missões", visitas oficiais a países por ano, além de suporte para elaborar relatórios temáticos anuais sobre questões emergentes no seu campo de atuação e apresentá-los ao Conselho, em Genebra, e ao comitê encarregado dos direitos humanos da Assembleia Geral da ONU, em Nova York.

Nas visitas oficiais aos países, imersões que duravam em torno de duas semanas[1], percorri comunidades e dialoguei diretamente com os envolvidos na problemática da moradia – famílias e indivíduos afetados, organizações da sociedade civil, academia, autoridades públicas e representantes de todos os níveis de governo. As missões foram, portanto, uma oportunidade de conhecer mais sobre o país visitado e sobre como a moradia é tratada pelo governo, pela imprensa, por estudiosos e militantes envolvidos nas lutas em torno do tema.

Apesar dos recursos iniciais escassos, pude contar, para cada um dos países e situações observados, com uma enorme rede de colaboradores dispostos a enviar

---

1 As missões mais curtas que realizei duraram dez dias (Maldivas, Argentina e Argélia); a mais longa, dezoito dias (Estados Unidos).

materiais, informações, artigos e documentos, além de organizar conversas, consultas e audiências públicas durante as visitas oficiais, promover *working visits* em diversas cidades e, ainda, reuniões e debates via internet. Seria impossível nomear aqui todas as pessoas que de alguma maneira se engajaram nas atividades da relatoria. Duas redes internacionais envolvendo movimentos de moradia e comunidades, além de ONGs ligadas à defesa de direitos humanos, foram fundamentais para mobilizar, em cada situação ou tema abordado, mais informações e contatos: a Habitat International Coalition (HIC) e a International Alliance of Inhabitants (IAI). A seus integrantes e também às centenas de organizações e indivíduos que colaboraram voluntariamente com a relatoria, registro aqui meu primeiro agradecimento; a todos que participaram do enorme esforço de tornar visíveis – e compreensíveis para mim – os sinais da crise global de insegurança da posse que atinge os grupos mais pobres e vulneráveis nesta primeira década do terceiro milênio.

Registro também meu agradecimento a toda a equipe do ACNUDH, que me apoiou durante os seis anos do mandato, organizando e dando suporte a todas as atividades, me auxiliando, enfim, a enfrentar a dura tarefa de produzir relatórios, comunicações a governos e notas para a imprensa, sob a pressão da urgência das situações, da complexidade inerente a cada um dos casos e temas abordados e dos constrangimentos diplomáticos a que todo esse mecanismo está sujeito. Agradeço particularmente a Mara Bustelo e Jane Connors, Bahram Ghazi, Beatrice Quadranti, Denise Hauser, Brenda Vukovic, Laure-Anne Courdesse, Boris-Ephrem Tchoumavi, Marcelo Daher, Stefano Sensi, Isabel Ricupero, Lidia Rabinovich e Juana Sotomayor, com quem compartilhei esses desafios.

Graças ao apoio das missões permanentes da Alemanha e da Finlândia em Genebra, que foram os apoiadores (*sponsors*) do mandato junto ao CDH, pude contar, a partir de 2010, com recursos extras que me permitiram contratar consultores para realizar pesquisas bibliográficas sobre assuntos específicos e organizar reuniões com especialistas em determinados temas, visando à preparação dos relatórios. Registro aqui não apenas meu agradecimento aos *sponsors*, mas também, particularmente, a Jean Du Plessis, Natalie Bugalski, David Pred, Mayra Gomez, Bret Thiele, Geoffrey Paine, Alain Durand-Lasserve, Allan Gilbert e Yves Cabannes, que colaboraram como consultores na pesquisa e redação de alguns dos relatórios citados neste livro.

Técnicos de agências humanitárias envolvidas no socorro emergencial e em processos de reconstrução pós-conflitos e pós-desastres, particularmente Barbara

McCallin, do Internal Displacement Monitoring Centre (IDMC), Laura Cunial, do Norwegian Refugee Council, e Graham Saunders e Victoria Stodart, da Federação Internacional das Sociedades da Cruz Vermelha e do Crescente Vermelho, foram grandes interlocutores e colaboradores no esforço de investigação do tema.

Desde 2009, pude contar também com o suporte da FAU-USP ao Núcleo de Apoio à Relatoria, que aos poucos fui organizando. Graças à generosidade do professor Euler Sandeville e ao apoio permanente do Departamento de Projeto e da direção da escola, o núcleo pôde se abrigar no Laboratório Espaço Público e Direito à Cidade (LabCidade), contando com bolsistas de pesquisa e extensão financiados pela USP com recursos oriundos de projetos financiados inicialmente pelo Ministério de Relações Exteriores da Alemanha e pela Sida (Agência de Cooperação Sueca), e, a partir de 2012, pela Fundação Ford Brasil. Agradeço aqui às pessoas que participaram dos vários projetos do Núcleo de Apoio à Relatoria do LabCidade: Joyce Reis, Bruno Lupion, Paula Lígia Martins, Mariana Pires, Rodrigo Faria, Marília Ramos e Vitor Nisida.

Não poderia deixar de registrar aqui um enorme agradecimento a Letícia Osório, responsável por me convencer a candidatar-me ao mandato de relatora. Foi ela a "coordenadora da campanha" pela minha indicação, promovida por ONGs e redes internacionais pelo direito à moradia, que contou também com o apoio do governo brasileiro junto ao CDH. Como oficial de direitos humanos da Ford Brasil, foi também uma grande apoiadora da relatoria e interlocutora durante todo o mandato.

Não teria sido possível elaborar uma reflexão crítica sobre os processos que observei sem o diálogo com autores e pesquisadores de vários lugares do mundo, que também tive o privilégio de encontrar nesta caminhada. Eles estão citados ao longo do livro e seria impossível, aqui, mencioná-los todos. Entretanto, não poderia deixar de agradecer particularmente a Manuel Aalbers, com quem mantive colaboração intelectual e que generosamente me incluiu em sua própria rede de pesquisa sobre a financeirização, agora focando o complexo imobiliário-financeiro, conceito bastante empregado por mim neste livro. Agradeço também aos colegas do Research Committee 21 (Desenvolvimento Urbano e Regional) e do Research Committee 43 (Habitação) da International Sociological Association, com quem compartilhei sessões fecundas de troca intelectual em seminários e encontros, e, ainda, a meus companheiros no Conselho Editorial da *International Journal of Urban and Regional Research*: além de compreenderem minhas ausências nas atividades da revista, me enviaram artigos, ajudaram com referências e me "obrigaram" a ler sem parar uma produção atual crítica sobre o urbano. Agradeço também a Marcello Balbo, que há anos insiste para que eu pare e escreva, e que dialogou comigo várias vezes sobre o conteúdo e a estrutura deste trabalho.

Teses de livre-docência não têm orientador. Entretanto, sem nem ao menos perguntar se ele queria – ou podia –, adotei um: David Harvey. Foi ele que, em uma conversa em Quito na qual despejei uma pilha de fatos empíricos, me disse: "Muito bem, você já me mostrou onde e como estão ocorrendo processos de despossessão... Parabéns! Mas, do ponto de vista intelectual, o que interessa é saber 'por quê?'". Em seguida, pacientemente, discutiu comigo questão por questão, indicou capítulos de livros, deu-me ideias e textos de presente e, no momento em que a tese "empacou", atendeu minha chamada desesperada no Skype. Registro aqui a David Harvey meu profundo agradecimento.

Para o desenvolvimento da terceira parte, localizada no Brasil, contei com o material gerado pelas *working visits* ao Rio de Janeiro, Salvador, Recife, Fortaleza, Porto Alegre e Belo Horizonte, realizadas pela relatoria, com o apoio de Defensorias Públicas, Ministério Público, ONGs, núcleos de pesquisa nas universidades e dos Comitês Populares da Copa (e no caso do Rio de Janeiro, Copa e Olimpíadas) que foram se estruturando a partir de 2010, além de consultas e seminários promovidos em São Paulo. Mas me vali também das pesquisas realizadas no LabCidade desde 2009. Com recursos da Fapesp, do CNPq, da própria USP e do Lincoln Institute of Land Policy, em projetos desenvolvidos pela equipe do laboratório ou em rede com outras universidades, pudemos observar a evolução recente da política habitacional e urbana em cidades brasileiras, particularmente no Estado de São Paulo[2]. Muito do que está escrito na terceira parte do livro veio diretamente de artigos produzidos em coautoria com pesquisadores do LabCidade, bem como dos relatórios finais das pesquisas que desenvolvemos, citados nas referências bibliográficas do livro. Registro aqui meu agradecimento à dedicação e profissionalismo da equipe de pesquisadores que atuou no LabCidade desde 2009, incluindo os que lá ainda permanecem: Joyce Reis, Danielle Klintowitz, Júlio Caldeira, Júlia Borrelli, Ana Paula Lopes, Fernanda Accioly, Luanda Vanucchi,

---

2 Destaco particularmente: a Rede Cidade e Moradia, que, com recursos do CNPq e do Ministério das Cidades, desenvolveu pesquisas sobre o programa Minha Casa Minha Vida; as pesquisas desenvolvidas em conjunto com o Observatório das Metrópoles, coordenadas por mim e Orlando Jr., do IPPUR; e o conjunto de trabalhos sobre regulação urbanística e moradia, apoiados por recursos da Fapesp e do Lincoln Institute of Land Policy, desenvolvidos no LabCidade.

Rodrigo Faria, Álvaro Pereira, Vitor Nisida e Luis Guilherme Rossi. Alguns dentre estes também foram ou são orientandos de iniciação científica, mestrado ou doutorado. Somo a estes meu agradecimento a Higor Carvalho, Evaniza Rodrigues, Daniel Caldeira e Rosane Santos, ex ou atuais orientandos que ajudaram com pesquisas e pedidos de socorro em pleno domingo. Com eles – orientandos e pesquisadores do LabCidade, assim como meus colegas e alunos de graduação e pós-graduação da FAU –, mais aprendi do que ensinei...

O diálogo com ativistas e intelectuais brasileiros em rodas de conversa, debates, aulas públicas e seminários tem sido fundamental no esforço coletivo de entender o difícil momento presente e poder imaginar futuros possíveis. Agradeço aqui em particular meus colegas do Conselho Editorial do *Le Monde Diplomatique-Brasil* Silvio Caccia Bava, Anna Luiza Salles Souto e Vera Telles; e também minha amiga-irmã Sônia Lorenz, que, em caminhadas pelas ruas e praças do bairro onde moramos, compartilhou comigo o ponto de vista das comunidades indígenas e quilombolas afetadas por grandes empreendimentos no Brasil.

O diálogo com minhas colegas professoras do Grupo de Disciplinas de Planejamento Urbano, que estiveram (ou estão) compartilhando comigo pesquisas do LabCidade – Paula Santoro, Karina Leitão e Luciana Royer –, e com os integrantes da Rede de Pesquisa Cidade e Moradia, foi fundamental para pensar algumas das questões que abordo neste livro. Agradeço a todos eles, particularmente Paula Santoro e Karina Leitão, e a meus colegas do grupo de disciplinas de Planejamento (GDPL), por terem "segurado a barra" durante os meses em que me ausentei do cotidiano da escola para poder me dedicar à escrita.

Muito do que está escrito na terceira parte do livro tem como fonte e base empírica da pesquisa minhas próprias experiências, vividas ao longo de anos de atuação no Movimento pela Reforma Urbana, em governos municipais e no governo federal brasileiro. Agradeço aqui a meus companheiros de governo federal, particularmente Benny Schvarsberg, Otilie Pinheiro, Celso Carvalho, Evaniza Rodrigues, Weber Sutti e Grazia de Grazia, que, compartilhando comigo a montagem e direção da Secretaria Nacional de Programas Urbanos do Ministério das Cidades, me ajudaram a construir uma leitura da cidade brasileira no novo milênio.

Ao escrever o livro, entrevistei ex-companheiros de vários ministérios e instituições do governo federal para checar informações. Em respeito ao sigilo que algumas vezes me foi solicitado, decidi não os identificar, assumindo inteiramente a responsabilidade pela veracidade das situações que testemunhei e que aqui relato.

Agradeço também à banca do concurso de livre-docência, que arguiu uma versão preliminar deste livro. Carlos Vainer, Vera Telles, Cibele Rizek, Maria Cristina Leme e Flávio Villaça me fizeram enxergar (e assumir) o que realmente me impulsionou a escrever este livro: as rupturas e os deslocamentos que ocorreram na minha trajetória intelectual e política nos últimos anos.

Bianca Tavolari e Mariana Pires, respectivamente assistente de pesquisa e revisora, foram grandes parceiras no processo de redação deste trabalho. Bianca, pesquisadora do LabCidade, trabalhou intensamente na organização de todos os materiais da relatoria, na elaboração do *syllabus*, na montagem dos capítulos e na organização das referências bibliográficas. Mais do que isso, foi uma interlocutora firme, paciente e cuidadosa. Mariana fez toda a revisão das primeiras versões deste trabalho, mas, além disso, produzindo comigo há cinco anos colunas para meu blog e jornais, ensinou-me a ser jornalista enquanto eu a ensinava a ser urbanista.

Finalmente, encontrei na equipe editorial da Boitempo a leitura cuidadosa e o acolhimento entusiasmado para a transformação da tese em livro. Agradeço aqui particularmente a Ivana Jinkings, Kim Doria e Isabella Marcatti, pela dedicação, pelas dezenas de e-mails por dia, pela parceria!

Meu último agradecimento vai para Luiz Fernando de Almeida, meu companheiro querido, que me propiciou a paz necessária para, finalmente, conseguir parar quieta, sentar e escrever este livro.

Referências bibliográficas

1. Livros, artigos e documentos

AALBERS, Manuel. The Financialization of Home and the Mortgage Market Crisis. *Competition & Change*, v. 12, n. 2, jun. 2008. p. 148-66.

_____. *Place, Exclusion, and Mortgage Markets*. Oxford, Wiley-Blackwell, 2011.

_____. Debate on Neoliberalism In and After the Neoliberal Crisis. *Debates and Development. International Journal of Urban and Regional Research*, v. 37, n. 3, maio 2013.

_____. Corporate Financialization. In: CASTREE, Noel et al. (orgs.). *The International Encyclopedia of Geography*: People, the Earth, Environment, and Technology. Oxford, Wiley, 2015 (no prelo). Disponível em: <www.academia.edu/7359027/Corporate_Financialization_includes_new_definition_of_fi nancialization_>. Acesso em: 8 out. 2015.

_____. *Financialization of Housing:* A Political Economy Approach. Londres, Routledge, 2016.

_____; FERNANDEZ, Rodrigo. *Housing and the Variations of Financialized Capitalism*. Artigo apresentado no seminário internacional The Real Estate/Financial Complex (Refcom), Leuven, 2014, mimeo.

ABRAMO, Pedro. A cidade com-fusa: a mão inoxidável do mercado e a produção da estrutura urbana nas grandes cidades latino-americanas. *Revista Brasileira de Estudos Urbanos e Regionais*, v. 9, n. 2, 2007.

_____. La ciudad informal com-fusa: el mercado y la produccion de la territorialidad urbana popular. In: SALAZAR, Claudia Eugenia (org.). *Irregular*: suelo y mercado en América Latina. Cidade do México, El Colégio de México, 2012.

ADLER, Daniel; SO, Sokbunthoeun. Toward Equity in Development when the Law Is Not the Law: Reflections on Legal Pluralism in Practice. In: TAMANAHA, Brian; SAGE, Caroline; WOOLCOCK, Michael (orgs.). *Legal Pluralism and Development*: Scholars and Practitioners in Dialogue. Cambridge, Cambridge University Press, 2012.

ADVISORY GROUP ON FORCED EVICTIONS (AGFE). *Mission report to New Orleans*, 2009, mimeo. Disponível em: <www. morror.unhabitat.org/downloads/docs/10009_1_593996.pdf>. Acesso em: 20 out. 2015.

AGAMBEN, Giorgio. *Homo sacer*: o poder soberano e a vida nua. Belo Horizonte, Editora UFMG, 2002.

AGAMBEN, Giorgio. Metropolis. *Sopro*, n. 26, abr. 2010. Disponível em: <www.culturaebarbarie.org/sopro/verbetes/metropolis.html>. Acesso em: 7 set. 2015.

AJUNTAMENT DE BARCELONA. *Preu de lloguer dels habitatges a Barcelona*. Gabinet Tècnic de Programació, 29 jan. 2016.

ALLIANCE OF WOMEN IN SLOVAKIA et al. *Joint Submission*: Shadow Report to the Committee on the Elimination of Discrimination against Women for the Slovak Republic. Bratislava, 2008. Disponível em: <http://www2.ohchr.org/english/bodies/cedaw/docs/ngos/IWRAW_Asia_Pacific_Slovak41.pdf >. Acesso em: 10 out. 2015.

ALMEIDA, Heloisa Maria Mendes de. Autogestão: da ideia às práticas. *Revista de Administração de Empresas*, v. 23, n. 1, jan.-mar. 1983. p. 37-57.

ALMEIDA, Lia Rolnik de. *Evolução da participação dos serviços nos orçamentos familiares, 2003-2009*. Monografia (Graduação em Ciências Econômicas), IE-Unicamp, Campinas, 2014.

ALMEIDA, Maria Hermínia Tavares de. A política social no governo Lula. *Novos Estudos Cebrap*, n. 70, nov. 2004. p. 7-17.

ALSTON, Lee et al. *Who Decides on Public Expenditures?* A Political Economy Analysis of the Budget Process: The Case of Brazil. São Paulo, Fipe/USP, 2005.

ANDREWS, Dan; SÁNCHEZ, Aida Caldera. Drivers of Homeownership Rates in Selected OECD Countries. *OECD Economics Department Working Papers*, n. 849, 2011.

ANELLI, Renato Luiz Sobral. Redes de mobilidade e urbanismo em São Paulo: das radiais/perimetrais do Plano de Avenidas à malha direcional PUB. *Arquitextos*, v. 82, ano 7, mar. 2007.

ANISTIA INTERNACIONAL. *Un-natural Disaster*: Human Rights in the Gulf Coast. Washington-DC, Anistia Internacional, 2010. Disponível em: <www.amnestyusa.org/sites/default/files/pdfs/unnaturaldisaster.pdf>. Acesso em: 5 jan. 2015.

ARAGÃO, Thêmis Amorim. *Housing Policy and the Restructuring of Real Estate Sector in Brazil*. Artigo apresentado no seminário internacional The Real Estate/Financial Complex (Refcom), Leuven, 2014, mimeo.

ARANTES, Pedro Fiori. *O ajuste urbano*: as políticas do Banco Mundial e do BID para as cidades latino-americanas. Dissertação (Mestrado em Arquitetura e Urbanismo), FAU-USP, São Paulo, 2004.

_____. *Arquitetura na era digital-financeira*: desenho, canteiro e renda da forma. São Paulo, Editora 34, 2012.

ARANTES, Otília. Uma estratégia fatal: a cultura nas novas gestões urbanas. In: _____; MARICATO, Ermínia; VAINER, Carlos (orgs.). *A cidade do pensamento único*: desmanchando consensos. Petrópolis, Vozes, 2000.

ARRETCHE, Marta. Intervenção do Estado e setor privado: o modelo brasileiro de política habitacional. *Espaço & Debates*, v. 10, n. 31, 1990. p. 21-36.

_____ (org.). *Capacidades administrativas dos municípios brasileiros para a política habitacional*. Brasília/São Paulo, Ministério das Cidades/Cebrap, 2012.

ASCHER, François. *Les Nouveaux principes de l'urbanisme*. Avignon, L'Aube, 2004.

ATLAS, John; DREIER, Peter. Public Housing: What Went Wrong? *Shelterforce*, National Housing Institute, n. 74, set.-out. 1994. p. 4-5.

ATTERHÖG, Mikael; SONG, Han-Suck. A Survey of Policies that May Increase Access to Home Ownership for Low-Income Households. *Housing, Theory and Society*, v. 26, n. 4, 2009. p. 248-70.

ATWOOD, David A. Land Registration in Africa: The Impact on Agricultural Production. *World Development*, v. 18, n. 5, maio 1990. p. 659-71.

AUTORIDADE DA GRANDE LONDRES. Rent Reform: Making London's Private Rented Sector Fit for Purpose. *London.co.uk*, 9 jun. 2013. Disponível em: <www.london.gov.uk/mayor-assembly/london-assembly/publications/rent-reform-making-londons-private-rented-sector-fit-for-purpose>. Acesso em: 12 jan. 2015.

AVELINO FILHO, George. Clientelismo e política no Brasil: revisitando velhos problemas. *Novos Estudos Cebrap*, n. 38, 1994. p. 225-40.

AVRITZER, Leonardo. Modelos de deliberação democrática: uma análise do orçamento participativo no Brasil. In: SANTOS, Boaventura de Sousa (org.). *Democratizar a democracia*: os caminhos da democracia participativa. Porto, Afrontamento, 2003.

AZEVEDO, Álvaro Villaça et al. *Solo criado/Carta de Embu*. São Paulo, Fundação Prefeito Faria Lima - Cepam, 1977.

AZEVEDO, Sérgio de. Vinte e dois anos de habitação popular (1964-1986): criação, trajetória e extinção do BNH. *Revista de Administração Pública*, v. 4, n. 22, out.-dez. 1988. p. 107-20.

BANCO MUNDIAL. *Housing*: Enabling Markets to Work. Housing Policy Paper. Washington--DC, Banco Mundial, 1993.

_____. *World Bank Housing Mission to South Africa, August 1994*. Washington-DC, Banco Mundial, 1994, mimeo.

_____. *Land Policy for Pro-Poor Development*. Washington-DC, Banco Mundial, 2003.

_____. *Investigation Report – Cambodia*: Land Management and Administration Project (Credit No. 3650 – KH). Washington-DC, Banco Mundial, 2010. Disponível em: <www-wds.worldbank.org/external/default/WDSContentServer/WDSP/IB/2010/12/01/000334955_20101201025955/Rendered/PDF/580160INVR0INS1se0only1910BOX353791.pdf>. Acesso em: 18 nov. 2014.

_____. *Indonesia*: Urban Poverty and Program Review. Washington-DC, Banco Mundial, 2013.

BARKER, Kate. *Review of Housing Supply*: Final Report – Recommendations. Londres, HM Treasury, 2004. Disponível em: <http://image.guardian.co.uk/sys-files/Guardian/documents/2004/03/17/Barker.pdf>. Acesso em: 15 nov. 2014.

BASSERIE, Vincent; OUEDRAOGO, Hubert M. G. La Sécurisation foncière: un des défis majeurs pour le nouveau siècle. *Grain de sel*, n. 41-42, dez. 2007-maio 2008. p. 13-5.

BELL, Keith Clifford; SRINIVAS, Shivakumar; MARTINEZ, Juan. *Reforming Indonesia's Complex Legal Environment for Land Governance*: Complementary Top-Down and Bottom-Up Approaches. Artigo apresentado na Annual World Bank Conference on Land and Poverty, Washington-DC, 2013, mimeo.

BENNETT, Larry; SMITH, Janet L.; WRIGHT, Patricia A. (orgs.). *Where are Poor People to Live?* Transforming Public Housing Communities. Armonk-NY, M.E. Sharpe, 2006.

BENTES, Júlio Cláudio da Gama. *Análise dos planos urbanísticos recentes para a região portuária do Rio de Janeiro*. Artigo apresentado no I Enanparq, Rio de Janeiro, 2010. Disponível em: <www.anparq.org.br/dvd-enanparq/simposios/129/129-639-2-SP.pdf>. Acesso em: 7 jan. 2015.

BERCOVICI, Gilberto; MASSONETTO, Luís Fernando. A constituição dirigente invertida: a blindagem da constituição financeira e a agonia da constituição econômica. *Boletim de Ciências Económicas*, v. 49, 2006. p. 57-77.

BERNT, Matthias; COLINI, Laura; FÖRSTE, Daniel. *Financialization in the Backyard*: Shrinkage, Welfare State Restructuring and New Housing Investment. Artigo apresentado no XVIII ISA World Congress of Sociology, Yokohama, 2014, mimeo.

BEŽOVAN, Gojko. *Assessment of Social Housing Programmes in Croatia as a Part of Residual Social Care*. Artigo apresentado na ENHR09 Conference – Changing Housing Markets: Integration and Segmentation, Praga, 2009, mimeo.

BIDERMAN, Ciro. *La informalidad en Brasil*: ¿Tienen importancia las reglamentaciones sobre el uso de la tierra y la edificación?. Working Paper. Cambridge-MA, Lincoln Institute of Land Policy, 2008. Disponível em: <www.lincolninst.edu/pubs/1717_La-informalidad-en-Brasil>. Acesso em: 20 nov. 2014.

BISSENOVA, Alima. Construction Boom and Banking Crisis in Kazakhstan. *Central Asia-Caucasus Institute Analyst*, mar. 2009. Disponível em: <http://old.cacianalyst.org/?q=node/5117>. Acesso em: 17 out. 2014.

BJÖRKMAN, Lisa. Becoming a Slum: From Municipal Colony to Illegal Settlement in Liberalization-Era Mumbai. In: SHATKIN, Gavin (org.). *Contesting the Indian City*: Global Visions and the Politics of the Local. Oxford, Wiley-Blackwell, 2013.

BLANCO, Andrés G.; CIBILS, Vicente Fretes; MUÑOZ, Andrés F. *Procura-se casa para alugar: opções de política para a América Latina e Caribe*. Washington, D.C., Banco Interamericano de Desenvolvimento, 2014.

BOELHOUWER, Peter; PRIEMUS, Hugo. Dutch Housing Policy Realigned. *The Netherlands Journal of Housing and Environmental Research*, v. 5, n. 1, 1990. p. 105-19.

BOLAFFI, Gabriel. *Aspectos socioeconômicos do Plano Nacional de Habitação*. Tese (Doutorado em Arquitetura e Urbanismo), FAU-USP, São Paulo, 1972.

BOND, Patrick; TAIT, Angela. The Failure of Housing Policy in Post-Apartheid South Africa. *Urban Forum*, v. 8, n. 1, mar. 1997. p. 19-41.

BONDUKI, Nabil. *Habitação e autogestão*: construindo territórios de utopia. Rio de Janeiro, Fase, 1992.

_____. Política habitacional e inclusão social no Brasil: revisão histórica e novas perspectivas no governo Lula. *Arq.urb*, n. 1, 2008. p. 70-104. Disponível em: <www.usjt.br/arq.urb/numero_01/artigo_05_180908.pdf>. Acesso em: 12 dez. 2014.

_____. Do Projeto Moradia ao programa Minha Casa, Minha Vida. *Teoria e Debate*, v. 82, maio 2009.

BORNSTEIN, David. *The Price of a Dream*: The Story of the Grameen Bank. Nova York, Simon and Schuster, 1996.

BOTELHO, Adriano. *O urbano em fragmentos*: a produção do espaço e da moradia pelas práticas do setor imobiliário. São Paulo, Annablume/Fapesp, 2007.

BOTLER, Milton; MARINHO, Geraldo. O Recife e a regularização dos assentamentos populares. *Revista Pólis*, n. 29, 1997. p. 33-41.

BOULOS, Guilherme. *Por que ocupamos?* Uma introdução à luta dos sem-teto. São Paulo, Scortecci, 2012.

BOWIE, Duncan. *The Politics of Housing Development in an Age of Austerity*. Chartist, 2011. Disponível em: <www.researchgate.net/publication/236842388_The_Politics_of_Housing_Development_in_an_Age_of_Austerity>. Acesso em: 5 jan. 2015.

BOONYABANCHA, Somsook. Baan Mankong: Going to Scale with "Slum" and Squatter Upgrading in Thailand. *Environment and Urbanization*, v. 17, n. 1, abr. 2005. p. 21-46.

BRASIL. *Política Nacional de Habitação*. Brasília, Ministério das Cidades, 2004.

_____. Lei n. 11.079/2004. Brasília, 2004.

_____. Decreto n. 5.977/2006. Brasília, 2006.

_____. Lei n. 12.873/2013. Brasília, 2013.

_____. Ministério do Planejamento. *Governo federal responde editorial do jornal* O Estado de S. Paulo, 8 ago. 2014. Disponível em: <www.planejamento.gov.br/conteudo.asp?p=noticia&ler=11533>. Acesso em: 7 dez. 2014.

BRENNER, Neil; THEODORE, Nik (orgs.). *Spaces of Neoliberalism*: Urban Restructuring in North America and Western Europe. Oxford, Blackwell, 2002.

BROWN, Oli; CRAWFORD, Alec. *Addressing Land Ownership after Natural Disasters*: An Agency Survey. Winnipeg, International Institute for Sustainable Development, 2006. Disponível em: <www.iisd.org/pdf/2006/es_addressing_land.pdf>. Acesso em: 5 jan. 2015.

BUCKLEY, Robert M.; KALARICKAL, Jerry (orgs.). *Thirty Years of World Bank Shelter Lending*: What Have We Learned? Washington-DC, Banco Mundial, 2006.

BUDHANI, Azmat; GAZDAR, Haris. *Land Rights and the Indus Flood, 2010-2011*: Rapid Assessment and Policy Review. Oxford, Oxfam, jun. 2011. Disponível em: <www.oxfam.org/en/research/land-rights-and-indus-flood-2010-2011>. Acesso em: 12 fev. 2015.

BURGOS, Marcelo. Dos parques proletários ao Favela-Bairro: as políticas públicas nas favelas do Rio de Janeiro. In: ZALUAR, Alba; ALVITO, Marcos (orgs.). *Um século de favela*. 4. ed. Rio de Janeiro, Editora FGV, 2004.

CABANES, Robert; GEORGES, Isabel. Perspectivas. In: CABANES, Robert et al. (orgs.). *Saídas de emergência*: ganhar/perder a vida na periferia de São Paulo. São Paulo, Boitempo, 2011.

CAHN, Claude. *Social Control and Human Rights*: A Case Study of the Roma in Europe. Versoix, International Council on Human Rights Policy (ICHRP), 2009.

CALAVITA, Nico; GRIMES, Kenneth. Inclusionary Housing in California: The Experience of Two Decades. *Journal of the American Planning Association*, v. 64, n. 2, 1998. p. 150-69.

CALDEIRA, Teresa Pires do Rio. *Cidade de muros*: crime, segregação e cidadania em São Paulo. São Paulo, Editora 34/Edusp, 2000.

CALDERÓN COCKBURN, Julio A. Comparative Analysis of the Benefited and Non-Benefited Population by the National Formalization Plan. In: INSTITUTO NACIONAL DE ESTADÍSTICA Y INFORMATICA (INEI). *Has the Well-Being of the Population Improved?* A Balance of the Main Social Policies and Programs. Lima, Inei, 2001.

CALL, Rob; POWELL, Denechia; HECK, Sarah. *Blackstone*: Atlanta's Newest Landlord – The New Face of Rental Market, Occupy Our Homes Atlanta/The Right To The City Alliance Homes For All Campaign, abr. 2014. Disponível em: <https://homesforall.org/wp-content/uploads/2014/04/BlackstoneReportFinal0407141.pdf>

CAMARGO, Patricia Olga. *A evolução recente do setor bancário no Brasil*. São Paulo, Cultura Acadêmica, 2009.

CAMARGOS, Regina Coeli Moreira. *Estado e empreiteiros no Brasil*: uma análise setorial. Dissertação (Mestrado em Ciência Política), IFCH-Unicamp, Campinas, 1993.

CAMPOS, Pedro Henrique Pedreira. *A ditadura dos empreiteiros*: as empresas nacionais de construção pesada, suas formas associativas e o Estado ditatorial brasileiro, 1964-1985. Tese (Doutorado em História Social), ICHF-UFF, Niterói, 2012.

CARDOSO, Adauto Lúcio. O espaço do capital: a Barra da Tijuca e a grande promoção imobiliária. *Anais do III Encontro Nacional da Anpur*, Águas de São Pedro, 1989.

CARDOSO, Adauto Lúcio et al. Flexibilização da legislação urbanística no Rio de Janeiro: uma avaliação das operações interligadas. *Anais do VIII Encontro Nacional da Anpur*, Porto Alegre, 1999.

_____. *Quando um direito vira produto*: impactos do programa Minha Casa Minha Vida na cidade do Rio de Janeiro. Artigo apresentado no XIII Simpósio Nacional de Geografia Urbana, Rio de Janeiro, 2013. Disponível em: <www.simpurb2013.com.br/wp-content/uploads/2013/11/1485_gt02.pdf>. Acesso em: 5 jan. 2014.

CARTA de Brasília. Brasília, 17 out. 2002.

CARVALHO, Higor Rafael de Souza. *A cidade como um canteiro de negócios*: a produção da habitação e do espaço urbano pelos grandes promotores imobiliários no Brasil e na França. Monografia (Graduação em Arquitetura e Urbanismo), FAU-USP, São Paulo, 2011.

_____; CALDEIRA, Daniel Ávila. *Housing Under Finance Influence*: The Case of São Paulo, Brazil. Artigo apresentado no International Sociological Association Forum, Amsterdã, 2013, mimeo.

CARVALHO, José Murilo de. Mandonismo, coronelismo, clientelismo: uma discussão conceitual. *Dados*, v. 40, n. 2, 1997.

CARVALHO, Nelson Rojas de. *E no início eram as bases*: geografia política do voto e comportamento legislativo no Brasil. Rio de Janeiro, Revan, 2003.

CASTELLS, Manuel. *The City and the Grassroots*: A Cross-Cultural Theory of Urban Social Movements. Berkeley, University of California Press, 1983.

CASTRO, Luiz Guilherme Rivera de. *Operações Urbanas em São Paulo*: interesse público ou construção especulativa do lugar. Tese (Doutorado em Arquitetura e Urbanismo), FAU-USP, São Paulo, 2006.

CAVALLIERI, Fernando; VIAL, Adriana. Favelas na cidade do Rio de Janeiro: o quadro populacional com base no Censo 2010. In: COLEÇÃO ESTUDOS CARIOCAS. Rio de Janeiro, Instituto Pereira Passos, 2012. Disponível em: <http://portalgeo.rio.rj.gov.br/estudoscariocas/download%5C3190_FavelasnacidadedoRiodeJaneiro_Censo_2010.PDF>. Acesso em: 12 dez. 2014.

CAVIERES, Fernando Jiménez. *Chilean Housing Policy*: A Case of Social and Spatial Exclusion? Tese (Doutorado em Arquitetura), Fakultät VII-Architektur Umwelt Gesellschaft-Technische Universität Berlin, Berlim, 2006.

CENTER FOR URBAN DEVELOPMENT STUDIES. *Housing Microfinance Initiatives*: Synthesis and Regional Summary – Asia, Latin America and Sub-Saharan Africa with Selected Case Studies. Bethesda-MD, Microenterprise Best Practices/Development Alternatives Inc., 2000.

CENTRO DE ESTUDIOS PARA EL DESARROLLO (CED). *Santiago, dos ciudades*: análisis de la estructura socio-espacial del Gran Santiago. Santiago, Centro de Estudios para el Desarrollo, 1990.

CENTRO PARA EL DESARROLLO ECONÓMICO Y SOCIAL DE AMÉRICA LATINA (DESAL). *Marginalidad en América Latina*: un ensayo de diagnóstico. Barcelona, Herder, 1969.

CERNEA, Michael. IRR: An Operational Risks Reduction Model for Population Resettlement. *Hydro Nepal: Journal of Water, Energy and Environment*, v. 1, n. 1, 2007. p. 35-9.

CHA, Sewin; JUSH, Gita Khun. *2017 National Rental Housing Landscape*: Renting in the Nation's Largest Metros. Nova York, NYU Furman Center, 2017.

CHATTERJEE, Partha. *Politics of the Governed*: Reflections on Popular Politics in Most of the World. Nova York, Columbia University Press, 2004.

CHIQUIER, Loïc; LEA, Michael (orgs.). *Housing Finance Policy in Emerging Markets*. Housing Policy Paper. Washington-DC, Banco Mundial, 2009.

CLADERA, Josep Roca; BURNS, Malcom C. The Liberalization of the Land Market in Spain: The 1998 Reform of Urban Planning Legislation. *European Planning Studies*, v. 8, n. 5, jul. 2000. p. 547-64.

COALIZÃO INTERNACIONAL HABITAT (HIC). *Struggling against Impunity*: The Annual Report of Findings from the HIC-HLRN Violation Database. Gizé, HIC-HLRN, 2012. Disponível em: <www.hlrn.org/img/documents/Habitat_Day_Rpt_2012.pdf>. Acesso em: 18 nov. 2014.

CENTRE ON HOUSING RIGHTS AND EVICTIONS (COHRE). *Fair Play for Housing Rights*. Mega-events, Olympic Games and Evictions. Genebra, COHRE, 2007.

_____. *Barcelona 1992*. International Events and Housing Rights: A Focus on the Olympic Games. Genebra, COHRE, 2007.

_____. *Hosting the 2012 Olympic Games*: London's Olympic Preparations and Housing Rights Concerns. Genebra, COHRE, 2007. Disponível em: <www.ruig-gian.org/ressources/London_background_paper.pdf>. Acesso em: 13 jan. 2015.

_____. *One World, Whose Dream?* Housing Rights Violations and the Beijing Olympic Games. Genebra, COHRE, 2008.

COHRE; SERAC. *The Myth of the Abuja Master Plan*: Forced Evictions as Urban Planning in Abuja, Nigeria. Genebra/Lagos, COHRE/Serac, 2008. Disponível em: <http://abahlali.org/files/Myth_of_the_Abuja_Master_Plan.pdf>. Acesso em: 20 nov. 2014.

COHRE et al. *Untitled*: Tenure Insecurity and Inequality in the Cambodian Land Sector. Genebra/Phnom Penh, COHRE/Bridges Across Borders/Jesuit Refugee Service, 2009. Disponível em: <www.babcambodia.org/untitled/untitled.pdf>. Acesso em: 18 nov. 2014.

COLAU, Ada; ALEMANY, Adrià. *Vidas hipotecadas*: de la burbuja inmobiliaria al derecho a la vivienda. Barcelona, Cuadrilátero de Libros, 2012.

COMISSÃO FINANCEIRA E FISCAL DA ÁFRICA DO SUL. *Building an Inclusionary Housing Market*: Shift the Paradigm for Housing Delivery in South Africa. Midrand, FFC, 2012. Disponível em: <www.housingfinanceafrica.org/wp-content/uploads/2012/04/FFC-Presentation-Shifting-the-paradigm-for-housing-delivery-SA-FinMark-ForumApril-1.pptx.pdf>. Acesso em: 5 jan. 2015.

COMITÊ POPULAR DA COPA E OLIMPÍADAS DO RIO DE JANEIRO. *Megaeventos e violações dos direitos humanos no Rio de Janeiro*. Rio de Janeiro, Comitê Popular da Copa e Olimpíadas do Rio de Janeiro, 2013. Disponível em: <http://comitepopulario.files.wordpress.com/2013/05/dossie_comitepopularcoparj_2013.pdf>. Acesso em: 7 jan. 2015.

_____; INSTITUTO MAIS DEMOCRACIA. Quem são os donos do Rio? Rio de Janeiro, 2014, mimeo.

COMPANS, Rose. *Empreendedorismo urbano*: entre o discurso e a prática. São Paulo, Editora Unesp, 2004.

CONFEDERATION OF BRITISH INDUSTRY. *An Offer They Shouldn't Refuse*: Attracting Investment to UK Infrastructure. Londres, CBI, 2011. Disponível em: <www.cbi.org.uk/media/1507874/cbi_-_an_offer_they_shouldn_t_refuse_-_attracting_investment_to_uk_infrastructure.pdf>. Acesso em: 5 jan. 2015.

CONGOST, Rosa. *Tierras, leyes, historia*: estudios sobre "la gran obra de la propiedad". Barcelona, Crítica, 1997.

CONSULTATIVE GROUP TO ASSIST THE POOR (CGAP). *The Global Fianancial Crisis and Its Impacts on Microfinance*, 2009. Disponível em: <www.cgap.org/site-search/financial%20crisis>. Acesso em: 15 out. 2015.

COOKE, Graeme; HULL, Andy. *Together at Home*: A New Strategy for Housing. Londres, Institute for Public Policy Research, 2012. Disponível em: <www.ippr.org/publications/together-at-home-a-new-strategy-for-housing>. Acesso em: 6 jan. 2015.

CORRAL, Javier. *La vivenda social em México*: passado, presente y future. Cidade do México, JSA, 2012.

COUNCIL OF EUROPE. *Housing Policy and Vulnerable Social Groups*: Report and Guidelines. Estrasburgo, Council of Europe Publishing, 2008.

COUNCIL OF EUROPE DEVELOPMENT BANK (CEB). *Housing in South Eastern Europe*: Solving a Puzzle of Challenges. Paris, CEB, 2004.

CROUCH, Colin. Privatised Keynesianism: An Unacknowledged Policy Regime. *The British Journal of Politics and International Relations*, v. 11, n. 3, ago. 2009. p. 382-99.

CUEVA, Antonio Azuela de la. Los asentamientos populares y el orden jurídico en la urbanización periférica de América Latina. *Revista Mexicana de Sociología*, v. 55, n. 3, jul.-set. 1993. p. 133-68.

_____ (org.). *Expropiación y conflicto social en cinco metrópolis latinoamericanas*. Cidade do México/Cambridge-MA, Unam/Lincoln Institute of Land Policy, 2013. Disponível em: <http://ru.iis.sociales.unam.mx/jspui/handle/IIS/4584>. Acesso em: 5 jan. 2015.

CYMBALISTA, Renato. *Refundar o não fundado*: desafios da gestão democrática das políticas urbana e habitacional no Brasil. São Paulo, Instituto Pólis, 2005. Disponível em: <www.polis.org.br/uploads/746/746.pdf>. Acesso em: 5 jan. 2014.

CZISCHKE, Darinka; PITTINI Alice. *Housing Europe 2007*: Review of Social, Co-operative and Public Housing in the 27 EU Member States. Bruxelas, CECODHAS European Social Housing Observatory, 2007.

DAGNINO, Evelina; OLVERA, Alberto J.; PANFICHI, Aldo (orgs.). *A disputa pela construção democrática na América Latina*. São Paulo/Campinas, Paz e Terra/Editora da Unicamp, 2006.

DAVIS, Mike. *Planeta favela*. Trad. Beatriz Medina. São Paulo, Boitempo, 2006.

DEPARTMENT FOR COMMUNITIES AND LOCAL GOVERNMENTS (DCLG). *A Plain English Guide to the Localism Act*. Londres, DCLG, 2011. Disponível em: <www.gov.uk/government/uploads/system/uploads/attachment_data/file/5959/1896534.pdf>. Acesso em: 12 jan. 2015.

_____. *Accelerating the Release of Public Sector Land*: Update, Overview and Next Steps. Londres, DCLG, 2011. Disponível em: <www.gov.uk/government/uploads/system/uploads/attachment_data/file/6237/2001846.pdf>. Acesso em: 12 jan. 2015.

_____. *Laying the Foundations*: A Housing Strategy for England. Londres, DCLG, 2011. Disponível em: <www.gov.uk/government/publications/laying-the-foundations-a-housing-strategy-for-england--2>. Acesso em: 12 nov. 2014.

_____. *Live Tables on Dwelling Stock*, tabela 104. Londres, DCLG, 2012. Disponível em: <www.gov.uk/government/statistical-data-sets/live-tables-on-dwelling-stock-including-vacants>. Acesso em: 18 ago. 2015.

_____. *Live Tables on House Building*, tabela 244. Londres, DCLG, 2012. Disponível em: <www.gov.uk/government/statistical-data-sets/live-tables-on-house-building>. Acesso em: 18 ago. 2015.

_____. *Live Tables on Housing Market and House Prices*, tabela 586. Londres, DCLG, 2012. Disponível em: <www.gov.uk/government/statistical-data-sets/live-tables-on-housing-market-and-house-prices>. Acesso em: 12 jan. 2015.

____. *Live Tables on Rents, Lettings and Tenancies*, tabela 600. Londres, DCLG, 2012. Disponível em: <www.gov.uk/government/statistical-data-sets/live-tables-on-rents-lettings-and-tenancies>. Acesso em: 12 jan. 2015.

_____. *Live Tables on Social Housing Sales*, tabela 678. Londres, DCLG, 2012. Disponível em: <www.gov.uk/government/statistical-data-sets/live-tables-on-social-housing-sales>. Acesso em: 12 jan. 2015.

_____. *English Housing Survey*: Households 2011-2012. Londres, DCLG, 2012. Disponível em: <www.gov.uk/government/uploads/system/uploads/attachment_data/file/212496/EHS_HOUSEHOLDS_REPORT_2011-12.pdf>. Acesso em: 15 nov. 2014.

_____. *Kick-Starting a New Private Rented Sector*. Material informativo para a visita da Relatora Especial, 2013. Disponível em: <http://selondonhousing.org/selondonhousing/download/downloads/id/233/kickstarting_a_new_private_rented_sector.>. Acesso em: 18 ago. 2015.

DEININGER, Klaus. *Land Policies for Growth and Poverty Reduction*. Washington-DC/Oxford, Banco Mundial/Oxford University Press, 2003. Disponível em: <http://documents.worldbank.org/curated/en/2003/06/2457830/land-policies-growth-poverty-reduction>. Acesso em: 5 jan. 2015.

_____; BYERLEE, Derek. *Rising Global Interest in Farmland*: Can It Yield Sustainable and Equitable Benefits? Washington-DC, Banco Mundial, 2011. Disponível em: <http://elibrary.worldbank.org/doi/book/10.1596/978-0-8213-8591-3>. Acesso em: 18 nov. 2014.

DEMIRTAS-MILZ, Neslihan. The Regime of Informality in Neoliberal Times in Turkey: The Case of the Kadifekale Urban Transformation Project. *International Journal of Urban and Regional Research*, v. 37, n. 2, mar. 2013. p. 689-714.

DENALDI, Rosana; LEITÃO, Karina; ZIONI, Silvana. Nota técnica: infraestrutura e desenvolvimento urbano. In: _____. *Trajetórias do Brasil frente aos compromissos assumidos pelo governo Lula 2003-2009*: dimensão melhoria da qualidade de vida. Brasília, CGEE, 2010, mimeo.

DENNIS, Marshall W.; PINKOWISH, Thomas. *Residential Mortgage Lending*: Principles and Practices. Mason, Thomson/South-Western, 2004.

DE SOTO, Hernando. *El mistério del capital*. Cidade do México, Diana, 2001. [Ed. bras.: *O mistério do capital*. Trad. Zaida Maldonado. Rio de Janeiro, Record, 2001.]

DEUTSCHE GESELLSCHAFT FÜR INTERNATIONALE ZUSAMMENARBEIT (GIZ). *Securing Land Rights, Briefing Note*. Bonn, 2011, mimeo.

DE NEDERLANDSE BANK (DNB). *Het bancaire hypotheekbedrijf onder de loep*. Rapport over de ontwikkelingen op de hypotheekmarkt in de periode 1994–1999. Gebaseerd op onderzoek naar de hypothecaire kredietverlening bij Nederlandse financiële instellingen. Amsterdã, DNB, 2000.

DODSON, Jago. *Rolling the State*: Government, Neoliberalism and Housing Assistance in Four Advanced Economies. Brisbane, Griffith University, 2006. Disponível em: <www.griffith.edu.au/__data/assets/pdf_file/0003/48576/urp-rp07-dodson-2006.pdf>. Acesso em: 5 jan. 2015.

DOHERTY, Joe et al. *The Changing Role of the State*: Welfare Delivery in the Neoliberal Era. Bruxelas, Feantsa, 2005. (Addressing Homelessness in Europe.)

DONNISON, David V.; UNGERSON, Clare. *Housing Policy*. Harmondsworth, Penguin, 1982.

DUCCI, Elena. Chile: The Dark Side of a Successful Housing Policy. In: TULCHIN, Joseph S.; GARLAND, Allison M. (orgs.). *Social Development in Latin America*: The Politics of Reform. Washington-DC/Boulder, Woodrow Wilson Center/Lynne Rienner, 2000.

DUHAU, Emilio. *Impacts of Regularization Programs*: Notes on the Mexican Experience. Artigo apresentado no Lincoln Institute Workshop on Informal Land Markets: Land Tenure Regularization and Urban Upgrading Programs, Cambridge-MA, out. 2001.

DURAND-LASSERVE, Alain. *L'Exclusion des pauvres dans les villes du Tiers-Monde*. Paris, L'Harmattan, 1986.

______ et al. *Social and Economic Impacts of Land Titling Programmes in Urban and Peri-Urban Areas*: A Review of the Literature, 2007, mimeo. Disponível em: <www.birmingham.ac.uk/Documents/college-social-sciences/government-society/idd/research/social-economic-impacts/social-economic-impacts-literature-review.pdf>. Acesso em: 5 jan. 2014.

DURAND-LASSERVE, Alain; PAYNE, Geoffrey. *Holding On*: Security of Tenure – Types, Policies, Practices and Challenges. Background paper preparado para o estudo sobre segurança da posse realizado pela relatora especial para o Direito à Moradia Adequada, 2012, mimeo. Disponível em: <www.ohchr.org/Documents/Issues/Housing/SecurityTenure/Payne-Durand-Lasserve-BackgroundPaper-JAN2013.pdf>. Acesso em: 20 nov. 2014.

EAST THAMES GROUP. *Home Games*: A Study of the Housing and Regeneration Legacies of Recent Olympic and Paralympic Games and the Implications for Residents of East London. Londres, East Thames Group, 2012. Disponível em: <www.east-thames.co.uk/assets_cm/files/pdf/post_olympic_booklet.pdf>. Acesso em: 15 jan. 2014.

EDVARD, Kardelj. *The System of Planning in a Society of Self-Management*. Belgrado, STP, 1976.

ELSINGA, Marja; WASSENBERG, Frank. L'Exception néerlandaise. In: VROELANT, Claire-Lévy; TUTIN, Christian (orgs.). *Le Logement social en Europe au début du XXIe siècle*. Rennes, Presses Universitaires de Rennes, 2010.

ENGELEN, Ewald. The Logic of Funding European Pension Restructuring and the Dangers of Financialisation. *Environment and Planning A*, v. 35, n. 8, 2003. p. 1.357-72.

ENGELS, Friedrich. *A situação da classe trabalhadora na Inglaterra*. Trad. B. A. Schumann. São Paulo, Boitempo, 2008.

______. Sobre a questão da moradia. Trad. Nélio Schneider. São Paulo, Boitempo, 2015.

ESCÓCIA. *Housing Statistics for Scotland 2013*: Key Trends Summary, 2013. Disponível em: <www.scotland.gov.uk/Publications/2013/08/2641>. Acesso em: 16 nov. 2014.

______. *The "Bedroom Tax" in Scotland*, Edimburgo, 19 out. 2013. Disponível em: <www.scottish.parliament.uk/S4_Welfare_Reform_Committee/Reports/wrr-13-05w.pdf>. Acesso em: 12 jan. 2015.

______. *The Future of Right to Buy in Scotland*: Consultation Report, 2013. Disponível em: <www.scotland.gov.uk/Publications/2013/07/1537>. Acesso em: 16 nov. 2014.

ESTADOS UNIDOS. *2014 Investment Climate Statement – Maldives*. Washington-DC, jun. 2014. Disponível em: <www.state.gov/e/eb/rls/othr/ics/2014/227151.htm>. Acesso em: 6 jan. 2015.

EUROPEAN BANK FOR RECONSTRUCTION AND DEVELOPMENT (EBRD). *Crisis and Transition*: The People's Perspective. Londres, EBRD, 2011. Disponível em: <www.ebrd.com/downloads/research/transition/tr11.pdf>. Acesso em: 20 ago. 2015.

EUROPEAN ECONOMIC AND SOCIAL COMMITTEE. Opinion of the European Economic and Social Committee on "Issues with Defining Social Housing as a Service of General Economic Interest" (Own-Initiative Opinion). *Official Journal of the European Union*, Bruxelas, 15 fev. 2013. Disponível em: <http://eur-lex.europa.eu/legal-content/EN/TXT/?uri=CELEX:52012IE0597>. Acesso em: 4 dez. 2014.

EUROPEAN ROMA RIGHTS CENTRE. *European Roma Rights Centre Submission to the European Commission on Turkey*. Budapeste, ERRC, maio 2012. Disponível em: <www.errc.org/article/errc-submission-to-the-european-commission-on-turkey-may-2012/3992>. Acesso em: 12 jan. 2015.

EUROSTAT. *Housing Statistics*. Disponível em: <http://ec.europa.eu/eurostat/statistics-explained/index.php/Housing_statistics>. Acesso em: 20 ago. 2015.

_____. *Statistics Explained*. Disponível em: <http://epp.eurostat.ec.europa.eu/statistics_explained/index.php/Main_Page>. Acesso em: 4 dez. 2014.

FAINSTEIN, Susan. Cities and Diversity: Should We Want It? Can We Plan For It? *Urban Affairs Review*, v. 41, set. 2005. p. 3-19.

_____. Mega-Projects in New York, London and Amsterdam. *International Journal of Urban and Regional Research*, v. 32, n. 4, dez. 2008. p. 768-85.

FALLAVIER, Pierre. *Understanding Slums*: The Case of Phnom Penh (A Case Study for the Global Report on Human Settlements). Nairóbi, UN-Habitat, 2003.

FAORO, Raymundo. *Os donos do poder*: formação do patronato político brasileiro. 3. ed. São Paulo, Globo, 2001.

FAULHABER, Lucas. *Rio Maravilha*: práticas, projetos políticos e intervenção no território no início do século XXI. Monografia (Graduação em Arquitetura e Urbanismo), FAU-UFF, Niterói, 2012. Disponível em: <http://issuu.com/lucas.faulhaber/docs/tfg_lucasfaulhaber>. Acesso em: 7 jan. 2015.

FÉE, David. Le Logement social en Angleterre: trente ans de déclin. *Informations Sociales*, n. 159, 2010.

FELTRAN, Gabriel. Transformações sociais e políticas nas periferias de São Paulo. In: KOWARICK, Lúcio; MARQUES, Eduardo. (orgs.). *São Paulo: novos percursos e atores* – sociedade, cultura e política. São Paulo, Editora 34/CEM, 2011.

FELTRAN, Gabriel. O valor dos pobres: a aposta no dinheiro como mediação para o conflito social contemporâneo. *Caderno CRH*, Salvador, v. 27, n. 72, set.-dez. 2014. p. 495-512.

FERGUSON, Bruce. Housing Microfinance: A Key to Improving Habitat and the Sustainability of Microfinance Institutions. *Small Enterprise Development*, v. 14, n. 1, 2003. p. 21-31.

_____; SMETS, Peer. Finance for Incremental Housing: Current Status and Prospects for Expansion. *Habitat International*, v. 34, n. 3, 2010. p. 288-98.

FERNANDES, Edésio. La influencia de *El misterio del capital* de Hernando de Soto. *Land Lines*, v. 14, n. 1, jan. 2002. Disponível em: <www.cepal.org/pobrezaurbana/docs/foro/La_influencia_de_El_misterio_del_capital_de_HernandodeSoto.pdf>. Acesso em: 22 dez. 2014.

_____. Perspectivas para a renovação das políticas de legalização de favelas no Brasil. In: ABRAMO, Pedro (org.). *A cidade da informalidade*: o desafio das cidades latino-americanas. Rio de Janeiro, 7Letras/Faperj/Lincoln Institute of Land Policy, 2003.

_____. Constructing the "Right to the City" in Brazil. *Social Legal Studies*, v. 16, n. 2, jun. 2007. p. 201-19.

FERRAZ, A. R. *Economic Adjustment and Housing Policy*: General Trends and the Chilean Case. Artigo apresentado no Primer Congreso Virtual de Arquitectura, 1999, mimeo.

FERREIRA, João Sette Whitaker. *O mito da cidade-global*: o papel da ideologia na produção do espaço urbano. São Paulo/Petrópolis/Salvador, Editora Unesp/Vozes/Anpur, 2007.

_____; MOTISUKE, Daniela. A efetividade da implementação de Zonas Especiais de Interesse Social no quadro habitacional brasileiro: uma avaliação inicial. In: BUENO, Laura Machado de Mello; CYMBALISTA, Renato (orgs.). *Planos Diretores Municipais*: novos conceitos de planejamento territorial. São Paulo, Annablume/Instituto Pólis/Puccamp, 2007.

FERRIS, Elizabeth; PETZ, Daniel. *A Year of Living Dangerously*: A Review of Natural Disasters in 2010. Washington-DC/Londres, The Brookings Institution/London School of Economics, 2011.

FITZPATRICK, Daniel. Disputes and Pluralism in Modern Indonesian Land Law. *Yale Journal of International Law*, v. 22, 1997. p. 171-212.

FITZPATRICK, Suzanne et al. *The Homelessness Monitor*: England 2013. Londres, Crisis Head Office, dez. 2013. Disponível em: <www.crisis.org.uk/data/files/publications/HomelessnessMonitorEngland2013.pdf>. Acesso em: 16 nov. 2014.

FIX, Mariana. *O Estado e o capital nas margens do rio Pinheiros* – duas intervenções: Faria Lima e Água Espraiada. Monografia (Graduação em Arquitetura e Urbanismo), FAU-USP, São Paulo, 1996.

_____. A "fórmula mágica" da parceria público-privada: operações urbanas em São Paulo. *Cadernos de Urbanismo*, ano 1, n. 3, 2000.

_____. *Parceiros da exclusão*: duas histórias da construção de uma "nova cidade" em São Paulo – Faria Lima e Água Espraiada. São Paulo, Boitempo, 2001.

_____. *São Paulo cidade global*: fundamentos financeiros de uma miragem. São Paulo, Boitempo, 2007.

_____. *Financeirização e transformações recentes no circuito imobiliário no Brasil*. Tese (Doutorado em Desenvolvimento Econômico), IE-Unicamp, Campinas, 2011.

F. L. J. *Diário de uma invasora*. Rio de Janeiro, Livre Expressão, 2012.

FUNDO MONETÁRIO INTERNACIONAL (FMI). *Maldives*: Use of Fund Resources-Request for Emergency Assistance. Washington-DC, FMI, 2005. Disponível em: <www.imf.org/external/pubs/ft/scr/2005/cr05145.pdf >. Acesso em: 28 ago. 2015.

_____. *Global Financial Stability Report*: Durable Financial Stability: Getting There from Here. Washington-DC, FMI, abr. 2011.

FMI. Long-Term Investors and Their Asset Allocation: Where Are They Now? *Global Financial Stability Report*, Washington-DC, FMI, set. 2011. p. 55-102.

GAFISA. Anúncio de encerramento de distribuição pública primária e secundária de ações ordinárias. Disponível em: <www.bmfbovespa.com.br/pt-br/mercados/download/Gafisa-Anuncio-Encerramento-28032007.pdf>. Acesso em: 13 dez. 2014.

GARCÍA-LAMARCA, Melissa. *From Mortgage Securitisation to REITs: Dispossession and Financialised Housing 2.0 in Spain?* Barcelona, Universitat Autònoma de Barcelona, 2017, *working paper*.

GIANELLA, Letícia de Carvalho. A produção histórica do espaço portuário da cidade do Rio de Janeiro e o projeto Porto Maravilha: correspondência entre os grandes ciclos de acumulação capitalista e as morfologias urbanas. *Espaço e Economia*, ano II, n. 3, 2013.

GIBB, Kenneth. The Multiple Policy Failures of the UK Bedroom Tax. *International Journal of Housing Policy*, v. 15, n. 2, jun. 2015. p. 148-66.

GILBERT, Alan. *On the Mystery of Capital and the Myths of Hernando de Soto*: What Difference Does Legal Title Make?, 2001, mimeo. Disponível em: <www.ucl.ac.uk/dpu-projects/drivers_urb_change/urb_infrastructure/pdf_land%20tenure/ESFN_AERUS_Gilbert_mystery_capital.pdf>. Acesso em: 22 dez. 2014.

_____. Power, Ideology and the Washington Consensus: The Development and Spread of Chilean Housing Policy. *Housing Studies*, v. 17, n. 2, jul. 2002. p. 305-24.

GILLS, Barry K.; GRAY, Kevin. People Power in the Era of Global Crisis: Rebellion, Resistance and Liberation. *Third World Quarterly*, v. 33, n. 2, abr. 2012. p. 205-24.

GOLDFRANK, Benjamin; SCHRANK, Andrew. Municipal Neoliberalism and Municipal Socialism: Urban Political Economy in Latin America. *International Journal of Urban and Regional Research*, v. 33, n. 2, jun. 2009.

GOLDMAN, Michael. Speculative Urbanism and the Making of the Next World City. *International Journal of Urban and Regional Research*, v. 35, n. 3, maio 2011. p. 555-81.

GONZALEZ, Samuel Jaramillo. Urbanización informal: diagnósticos y políticas. Una revisión al debate latinoamericano para pensar líneas de acción actuales. In: SALAZAR, Clara Eugenia (org.). *Irregular*: suelo y mercado en América Latina. Cidade do México, El Colégio de México, 2012.

GOODLAD, Robina. The Housing Challenge in South Africa. *Urban Studies*, v. 33, n. 9, nov. 1996. p. 1.629-46.

GOTHAM, Kevin Fox. The Secondary Circuit of Capital Reconsidered: Globalization and the U.S. Real State Sector. *American Journal of Sociology*, v. 112, n. 1, jul. 2006. p. 231-75.

GREENE, Solomon J. Staged Cities: Mega-Events, Slum Clearance, and Global Capital. *Yale Human Rights and Development Law Journal*, v. 6, n. 1, 2003.

GRIFFITH, Matt; JEFFERYS, Pete. *Solutions for the Housing Shortage*. Londres, Shelter, 2013.

GUGLER, Josef. Introduction: Rural-Urban Migration. In: _____ (org.). *Cities in the Developing World*: Issues, Theory, and Policy. Oxford, Oxford University Press, 1997.

GUILLÉN, Raúl. Em Madri, vidas hipotecadas. *Le Monde Diplomatique Brasil*, São Paulo, dossiê 8, ano 1, nov.-dez. 2011.

GUIMARÃES, Renato Cosentino Vianna. *Barra da Tijuca e o projeto olímpico*: a cidade do capital. Texto de qualificação (Mestrado em Planejamento Urbano e Regional), Ippur-UFRJ, Rio de Janeiro, 2014, mimeo.

HAMMOND, John. The Significance of Space in Occupy Wall Street. *Interface*, v. 5, n. 2, nov. 2013. p. 499-524.

HAPSARI, Maharani. The Political Economy of Forest Governance in Post-Suharto Indonesia. In: KIMURA, Hirotsune et al. (org.). *Limits of Good Governance in Developing Countries*. Yogyakarta, Gadjah Mada University Press, 2011.

HARBERGER, Arnold. Notas sobre los problemas de vivienda y planificación de la ciudad. *Auca*, n. 37, 1979. p. 39-41.

HARLOE, Michael. *The People's Home?*: Social Rented Housing in Europe and America. Hoboken-NJ, Wiley-Blackwell, 1995.

HARVEY, David. *The Urbanization of Capital: Studies in the History and Theory of Capitalist Urbanization*. Oxford, Blackwell, 1985.

_____. *The Urban Experience*. Oxford, Blackwell, 1989.

_____. From Managerialism to Entrepreneurialism: The Transformation in Urban Governance in Late Capitalism. *Geografiska Annaler* (B), v. 71, n. 1, 1989. p. 3-17.

_____. Do gerenciamento ao empresariamento: a transformação da administração urbana no capitalismo tardio. *Espaço e Debates*, ano XVI, n. 39, 1996. p. 48-64.

_____. Globalization and the "Spatial Fix". *Geographische Revue – Zeitschrift für Literatur und Diskussion*, ano 3, caderno 2, 2001. p. 223-30.

_____. *O novo imperialismo*. Trad. Adail Ubirajara Sobral e Maria Stela Gonçalves. São Paulo, Loyola, 2003.

_____. *Os limites do capital*. Trad. Magda Lopes. São Paulo, Boitempo, 2013.

_____. *Para entender O Capital*: Livros II e III. Trad. Rubens Enderle. São Paulo, Boitempo, 2014.

_____. *Seventeen Contradictions and the End of Capitalism*. Oxford, Oxford University Press, 2014.

_____. *17 contradições e o fim do capitalism*. Trad. Rogério Bettoni, São Paulo, Boitempo, 2016.

HEDIN, Karin et al. Neoliberalization of Housing in Sweden: Gentrification, Filtering, and Social Polarization. *Annals of the Association of American Geographers*, v. 102, n. 2, 2012. p. 443-63.

HEGEDÜS, József; LUX, Martin; SUNEGA, Petr. Decline and Depression: The Impact of the Global Economic Crisis on Housing Markets in Two Post-Socialist States. *Journal of Housing and the Built Environment*, v. 26, n. 3, set. 2011. p. 315-33.

HEGEDÜS, József; MAYO, Stephen E.; TOSICS, Iván. Transition of the Housing Sector in the East Central European Countries. *Review of Urban & Regional Development Studies*, v. 8, n. 2, jul. 1996. p. 101-36.

HM REVENUE & CUSTOMS. *Regulatory Impact Assessment*: Withdrawal of Mortgage Interest Relief and Miras. Londres, HMRC, 2000. Disponível em: <http://webarchive.nationalarchives.gov.uk/20060130194436/http://hmrc.gov.uk/ria/miraswithdrawal.pdf>. Acesso em: 6 jan. 2014.

HO, Peter; SPOOR, Max. Whose Land? The Political Economy of Land Titling in Transitional Economies. *Land Use Policy*, v. 23, n. 4, out. 2006. p. 580-7.

HOLSTON, James. *Cidadania insurgente*: disjunções da democracia e da modernidade no Brasil. São Paulo, Companhia das Letras, 2013.

HOUSING IN SOUTHERN AFRICA. *Housing Minister Outlines 5-Year Strategy*: Quality, Not Quantity Will Drive Future Housing Policy. Joanesburgo, Institute for Housing of Southern Africa, jun. 1999.

DEPARTMENT OF HOUSING AND URBAN DEVELOPMENT (HUD). *Hope VI*: Best Practices and Lessons Learned 1992-2002. Washington-DC, HUD, 2002.

_____. *FY 2010 Budget*: Road Map for Transformation. Washington-DC, HUD, 2010. Disponível em: <www.hud.gov/budgetsummary2010/fy10budget.pdf>. Acesso em: 12 jan. 2015.

HUANG, Yuqin. *Where Is Home? Hukou, Non-Local Young People and New Inequalities in Relation to Housing in Contemporary Shanghai, China*. Artigo apresentado no XVIII ISA World Congress of Sociology, Yokohama, 2014, mimeo.

HUCHZERMEYER, Marie. Housing for the Poor? Negotiated Housing Policy in South Africa. *Habitat International*, v. 25, n. 3, set. 2001. p. 303-31.

HUCHZERMEYER, Marie. "Slum" Upgrading or "Slum" Eradication? The Mixed Message of the MDGs. In: LANGFORD, Malcolm; SUMMER, Andy; YAMIN, Alicia Ely (orgs.). *The Millennium Development Goals and Human Rights*: Past, Present and Future. Nova York, Cambridge University Press, 2013.

HUMAN RIGHTS WATCH. Demolished: Forced Evictions and the Tenant's Rights Movement in China. *Human Rights Watch*, v. 16, n. 4, mar. 2004. Disponível em: <www.hrw.org/reports/2004/china0304/china0304.pdf >. Acesso em: 6 jan. 2015.

_____. After the Deluge: India's Reconstruction Following the 2004 Tsunami. *Human Rights Watch*, v. 17, n. 3, maio 2005. Disponível em: <www.hrw.org/reports/2005/india0505/india0505.pdf>. Acesso em: 6 jan. 2015.

HUNNIUS, Gerry; GARSON, G. David; CASE, John. *Workers' Control*: A Reader on Labor and Social Change. Nova York, Vintage Books/Random House, 1973.

HUNTER, Wendy; POWER, Timothy J. Lula's Brazil at Midterm. *Journal of Democracy*, v. 16, n. 3, jul. 2005. p. 127-39.

IACOVINI, Rodrigo Faria Gonçalves. *Rodoanel Mário Covas*: atores, arenas e processos. Dissertação (Mestrado em Arquitetura e Urbanismo), FAU-USP, São Paulo, 2013.

INSTITUTO BRASILEIRO DE GEOGRAFIA E ESTATÍSTICA (IBGE). *Censo demográfico – 2010*. Brasília, IBGE, 2010. Disponível em: <www.ibge.gov.br/home/estatistica/populacao/censo2010>. Acesso em: 12 jan.2015.

INSTITUTO NACIONAL DE ESTADÍSTICA. *Censos de Población y Viviendas 2011*. Disponível em: <www.ine.es/censos2011_datos/cen11_datos_inicio.htm>. Acesso em: 4 dez. 2014.

INTERNAL DISPLACEMENT MONITORING CENTRE (IDMC). *Croatia*: Housing Rights and Employment Still Preventing Durable Solutions. Genebra, IDMC, 2009. Disponível em: <www.internal-displacement.org/europe-the-caucasus-and-central-asia/croatia/2009/croatia-housing-rights-and-employment-still-preventing-durable-solutions>. Acesso em: 6 jan. 2015.

_____. *Whose Land is This?* Land Disputes and Forced Displacement in the Western Forest Area of Cote d'Ivoire. Genebra, IDMC, 2009. Disponível em: <www.internal-displacement.org/publications/2009/whose-land-is-this-land-disputes-and-forced-displacement-in-the-western-forest-area-of-cote-divoire>. Acesso em: 18 nov. 2014.

_____. *Global Overview 2011*: People Internally Displaced by Conflict and Violence. Genebra, IDMC, 2012. Disponível em: <www.unhcr.org/IDMC/IDMC-report.pdf>. Acesso em: 6 jan. 2015.

_____. *Global Estimates 2011*: People Displaced by Natural Hazard-Induced Disasters. Genebra, IDMC, 2012. Disponível em: <www.internal-displacement.org/publications/2012/global-estimates-2011-people-displaced-by-natural-hazard-induced-disasters>. Acesso em: 6 jan. 2015.

INTERNATIONAL ORGANIZATION ON MIGRATION. *Displacement Tracking Matrix*, 2011. Disponível em: <www.eshelter-cccmhaiti.info/jl/index.php?option=com_content&view=article&id=11&Url=>. Acesso em: 13 jan. 2015.

IRLANDA DO NORTE. *Mortgages*: Action for Possession, jul.-set. 2013 (dados provisórios). Disponível em: <www.courtsni.gov.uk/en-GB/Services/Statistics and Research/Pages/default.aspx>. Acesso em: 6 jan. 2015.

JARDIM, Maria Chaves. "Nova" elite no Brasil? Sindicalistas e ex-sindicalistas no mercado financeiro. *Sociedade e Estado*, v. 24, n. 2, maio-ago. 2009. p. 363-99.

_____. *Observatório de investimentos na Amazônia*: fundos de pensão. Brasília, Inesc, 2010.

JOHNSTON Jr., Don; MORDUCH, Jonathan. The Unbanked: Evidence from Indonesia. *The World Bank Economic Review*, v. 22, n. 3, 2008. p. 517-37.

JOINT CENTER FOR HOUSING STUDIES. Executive Summary. In: *The State of the Nation's Housing 2007*. Cambridge-MA, Harvard University, 11 jun. 2007. Disponível em: <www.jchs.harvard.edu/research/publications/state-nations-housing-2007>. Acesso em: 12 jan. 2015.

_____. *America's Rental Housing*: Evolving Markets and Needs. Harvard University, 9 dez. 2013.

_____. Executive Summary. In: *The state of the Nation's Housing 2008*. Cambridge-MA, Harvard University, 23 jun. 2008. Disponível em: <www.jchs.harvard.edu/research/publications/state-nations-housing-2008>. Acesso em: 12 jan. 2015.

JONES, Gruffydd. "Cities Without Slums"? Global Architectures of Power and the African City. In: BAKKER, Karel A. (org.). *African Perspectives 2009* – The African Inner City: [Re]sourced. Pretoria, University of Pretoria, 2010. Disponível em: <https://lirias.kuleuven.be/bitstream/123456789/294456/3/Pretoria2009proceedingsToC.pdf>. Acesso em: 6 jan. 2015.

KADI, Justin; RONALD, Richard. Market-Based Housing Reforms and the "Right to the City": The Variegated Experiences of New York, Amsterdam, and Tokyo. *International Journal of Housing Policy*, v. 14, n. 3, 2014. p. 268-92.

KAGAWA, Ayako. *Policy Effects and Tenure Security Perceptions of Peruvian Urban Land Tenure Regularization Policy in the 1990s*. Artigo apresentado no N-AERUS Workshop, Leuven, jun. 2001.

KAIKA, Maria; LAMARCA, Melissa Garcia. *"Mortgaged Lives"*: The Biopolitics of Debt and Homeownership in Spain, 2014, mimeo. Disponível em: <www.escholar.manchester.ac.uk/uk-ac-man-scw:240285>. Acesso em: 6 jan. 2015.

KAIKA, Maria; RUGGIERO, Luca. Land Financialization as a "Lived" Process: The Transformation of Milan's Bicocca by Pirelli. *European Urban and Regional Studies*, jun. 2013.

KARAMAN, Ozan. Urban Renewal in Istanbul: Reconfigured Spaces, Robotic Lives. *International Journal of Urban and Regional Research*, v. 37, n. 2, mar. 2013. p. 715-33.

KATSURA, Harold M.; ROMANIK, Clare T. *Ensuring Access to Essential Services*: Demand--Side House Subsidies. Social Protection Discussion Paper Series n. 0232. Washington-DC, Banco Mundial, 2002. Disponível em: <http://documents.worldbank.org/curated/en/2002/12/2160774/ensuring-access-essential-services-demand-side-housing-subsidies>. Acesso em: 6 jan. 2015.

KAUFMAN, Wallace; LIPKOVICH, Ilya. *Housing in Kazakhstan*: Recent Statistics and Trends. Almaty, International City/County Management Association, 1995. Disponível em: <http://pdf.usaid.gov/pdf_docs/pnabz917.pdf>. Acesso em: 6 jan. 2015.

KECK, Margaret E. *The Workers' Party and Democratization in Brazil*. New Haven, Yale University Press, 1992.

KEDAR, Alexander; YIFTACHEL, Oren. Land Regime and Social Relations in Israel. In: DE SOTO, Hernando; CHENEVAL, Francis (orgs.). *Realizing Property Rights*: Swiss Human Rights Book, v. 1. Zurique, Ruffer & Rub, 2006.

KEMENY, Jim. "The Really Big Trade-Off" between Home Ownership and Welfare: Castles' Evaluation of the 1980 Thesis, and a Reformulation 25 Years on. *Housing, Theory and Society*, v. 22, n. 2, 2005. p. 59-75.

KEYDER, Caglar. Globalization and Social Exclusion in Istanbul. *International Journal of Urban and Regional Research*, v. 29, n. 1, mar. 2005. p. 124-34.

KIHATO, Michael. *Scoping the Demand for Housing Microfinance in Africa*: *Status, Opportunities and Challenges*. Joanesburgo, Centre for Affordable Housing Finance in Africa, set. 2009, mimeo. Disponível em: <www.finmark.org.za/publication/scoping-the-demand-for-housing-microfinance-in-africa-status-opportunities-and-challenges>. Acesso em: 5 jan. 2015.

KÖHN, Doris; PISCHKE, J. D. von (orgs.). *Housing Finance in Emerging Markets*: Connecting Low-Income Groups to Markets. Berlim, Springer, 2011.

KOWARICK, Lúcio. *Capitalismo e marginalidade na América Latina*. Rio de Janeiro, Paz e Terra, 1975.

_____. *A espoliação urbana*. Rio de Janeiro, Paz e Terra, 1980.

_____. *Viver em risco*: sobre a vulnerabilidade socioeconômica e civil. São Paulo, Editora 34, 2009.

KRIPPNER, Greta. *Capitalizing on Crisis*: The Political Origins of the Rise of Finance. Cambridge-MA, Harvard University Press, 2011.

KUSNETZOFF, Fernando. The State and Housing in Chile: Regime Types and Policy Choices. In: SHIDLO, Gil (org.). *Housing Policy in Developing Countries*. Londres, Routledge, 1990.

KUSNO, Abidin. Housing the Margin: Perumahan Rakyat and the Future Urban Form of Jakarta. *Indonesia*, v. 94, out. 2012. p. 23-56.

KUYMULU, Mehmet. Reclaiming the Right to the City: Reflections on the Urban Uprisings in Turkey. *City*, v. 17, n. 3, 2013. p. 274-8.

KUYUCU, Tuna; ÜNSAL, Özlem. "Urban Transformation" as State-Led Property Transfer: An Analysis of Two Cases of Urban Renewal in Istanbul. *Urban Studies*, v. 47, n. 7, jun. 2010. p. 1.479-99.

LANDESA. *China's Farmers Benefiting from Land Tenure Reform*. Seattle, Landesa, 2010, mimeo. Disponível em: <www.landesa.org/where-we-work/china/research-report-2010-findings-17-province-china-survey>. Acesso em: 10 nov. 2014.

LANGFORD, Malcolm; PLESSIS, Jean du. *Dignity in the Rubble?* Forced Evictions and Human Rights Law. Genebra, COHRE, 2006.

LAWSON, Julie; GILMOUR, Tony; MILLIGAN, Vivienne. *International Measures to Channel Investment towards Affordable Rental Housing*. Relatório de pesquisa apresentado ao Australian Housing and Urban Research Institute, Melbourne, maio 2010. Disponível em: <http://apo.org.au/research/international-measures-channel-investment-towards-affordable-rental-housing>. Acesso em: 6 jan. 2015.

LAZZARINI, Sérgio. *Capitalismo de laços*: os donos do Brasil e suas conexões. Rio de Janeiro, Campus/Elsevier, 2011.

LEAL, Jesús. La política de vivienda en España. *Documentación Social*, v. 138, 2005. p. 63-80.

LECKIE, Scott. *Regional Housing Issues Profile*: Implementing Housing Rights in South East Europe. Artigo apresentado na Regional Consultation on Making Cities Inclusive, Belgrado, 2002.

LEEDS, Elizabeth. Cocaína e poderes paralelos na periferia urbana brasileira: ameaças à democratização em nível local. In: ZALUAR, Alba; ALVITO, Marcos (orgs.). *Um século de favela*. 4. ed. Rio de Janeiro, Editora FGV, 2004.

LEMANSKI, Charlotte. Moving up the Ladder or Stuck on the Bottom Rung? Homeownership as a Solution to Poverty in Urban South Africa. *International Journal of Urban and Regional Research,* v. 35, n. 1, 2011. p. 57-77.

LIMA JR., Pedro Novais. *Uma estratégia chamada "planejamento estratégico"*: deslocamentos espaciais e atribuições de sentido na teoria do planejamento urbano. Tese (Doutorado em Planejamento Urbano e Regional), Ippur-UFRJ, Rio de Janeiro, 2003.

LINDSEY, Timothy. Square Pegs & Round Holes: Fitting Modern Title into Traditional Societies in Indonesia. *Pacific Rim Law and Policy Journal,* v. 7, 1998. p. 699-719.

LOUREIRO, Maria Rita; MACÁRIO, Vinicius; GUERRA, Pedro. *Democracia, arenas decisórias e políticas públicas*: o Programa Minha Casa Minha Vida. Brasília, Ipea, 2013. Disponível em: <www.ipea.gov.br/portal/index.php?option=com_content&view=article&id=20470>. Acesso em: 6 jan. 2015.

LAND TENURE CENTER (LTC). *Guidelines for Analysis of Usaid's Land Market Projects.* Documents Annex 3 Assessment Guidelines. Madison, University of Wisconsin, 2002.

MABOGUNJE, Akin L. *Perspective on Urban Land and Urban Management Policies in Sub-Saharan Africa* (Technical Paper n. 196). Washington-DC, Banco Mundial, 1992. Disponível em: <http://documents.worldbank.org/curated/en/1992/12/440245/perspective-urban-land-urban-management-policies-sub-saharan-africa>. Acesso em: 25 ago. 2015.

MACDONALD, Paulo Baptista Caruso. Propriedade e direitos humanos: os limites do individualismo possessivo. *Revista da Associação dos Juízes do Rio Grande do Sul,* v. 33, n. 101, 2006. p. 381-403.

MAGALHÃES, Alex Ferreira. *O direito das favelas.* Rio de Janeiro, Letra Capital/Faperj, 2013.

______. O "Galo cantou", mas não foi para os moradores das favelas: problematizando a política estadual de titulação de favelas. *Cadernos do Desenvolvimento Fluminense,* n. 1, fev. 2013. p. 86-114.

MALDIVAS. *Maldives Submission under Human Rights Council resolution 7/23,* set. 2008. Disponível em: <www2.ohchr.org/english/issues/climatechange/docs/submissions/Maldives_Submission.pdf>. Acesso em: 12 jan. 2015.

MALDIVAS. Presidência. *President Announces Land Reform Measures (Press Release),* Malé, 8 jun. 2011. Disponível em: <www.presidencymaldives.gov.mv/?lid=11&dcid=5422>. Acesso em: 28 ago. 2015.

MALERONKA, Camila. A construção do instrumento urbanístico operação urbana consorciada. *Anais do XI Seminário de História da Cidade e do Urbanismo,* v. 11, Vitória, 2010. Disponível em: <http://unuhospedagem.com.br/revista/rbeur/index.php/shcu/article/view/1266/0>. Acesso em: 6 jan. 2015.

MANOJ, P. K. Prospects and Problems of Housing Microfinance in India: Evidence from "Bhavanashree" Project in Kerala State. *European Journal of Economics, Finance and Administrative Sciences,* n. 19, abr. 2010. p. 178-94.

MARCIANO, João Luiz Pereira. Planilha Excel com resultados das eleições de 2010. *Material da disciplina Instrumentos de Pesquisa em Ciências Sociais.* Brasília, Cefor-Câmara dos Deputados, 2014. Disponível em: <www.educacaoadistancia.camara.leg.br/ead_cfd/mod/resource/view.php?id=2271>. Acesso em: 9 jun. 2014.

MARCUSE, Peter. The Deceptive Consensus on Redlining: Definitions Do Matter. *Journal of the American Planning Association,* v. 45, n. 4, out. 1979. p. 549-56.

_____. *Subprime Housing Crisis*. 2008, mimeo. Disponível em: <www.hic-gs.org/articles.php?-pid=2281>. Acesso em: 4 set. 2015.

_____. Keeping Space in its Place, in the Occupy Movements. *Progressive Planning*, v. 191, abr. 2012. p. 15-6.

MARICATO, Ermínia. Autoconstrução, a arquitetura possível. In: _____ (org.). *A produção capitalista da casa (e da cidade) no Brasil industrial*. 2. ed. São Paulo, Alfa-Ômega, 1982.

_____. *Política habitacional no regime militar*: do milagre brasileiro à crise econômica. Petrópolis, Vozes, 1987.

_____. *O impasse da política urbana no Brasil*. Petrópolis, Vozes, 2011.

_____; FERREIRA, João Sette Whitaker. Operação consorciada: diversificação urbanística participativa ou aprofundamento da desigualdade? In: OSÓRIO, Letícia Marques (org.). *Estatuto da Cidade e reforma urbana*: novas perspectivas para as cidades brasileiras. Porto Alegre, Sergio Fabris Editor, 2002.

MARQUES, Eduardo; BICHIR, Renata. Estado e empreiteiras II: permeabilidade e políticas urbanas em São Paulo (1978-98). *Dados – Revista de Ciências Sociais*, v. 46, n. 1, 2003. p. 39-74.

MARQUES, Eduardo; SARAIVA, Camila. A dinâmica social das favelas da região metropolitana de São Paulo. *Pensamento & Realidade*, v. 21, 2007. p. 12-41.

MARTIN, Randy. *Financialization of Daily Life*. Filadélfia, Temple University Press, 2002.

MARTINE, George; MCGRANAHAN, Gordon (orgs.). *Urban Growth in Emerging Economies*: Lessons from the Brics. Abingdon/Nova York, Routledge, 2014.

MARX, Karl. *O capital*: crítica da economia política, Livro I: *O processo de produção do capital*. Trad. Rubens Enderle. São Paulo, Boitempo, 2013.

MASSONETTO, Luís Fernando. *O direito financeiro no capitalismo contemporâneo*: a emergência de um novo padrão normativo. Tese (Doutorado em Direito), FD-USP, São Paulo, 2006.

MATTOS, Carlos A. de. Santiago de Chile, globalización y expansión metropolitana: lo que existía sigue existiendo. In: RODRÍGUEZ, Alfredo; RODRÍGUEZ, Paula. *Santiago, una ciudad neoliberal*. Quito, OLACCHI, 2009.

MAYEKISO, Mzwanele. *Township Politics*: Civic Struggles for a New South Africa. Nova York, Monthly Review Press, 1996.

MBEMBE, Achille; NUTTALL, Sarah. Writing the World from an African Metropolis. *Public Culture*, Nova York, v. 16, n. 3, 2004.

McAUSLAN, Patrick. *Urban Land and Shelter for the Poor*. Londres, Earthscan, 1985.

MCCARTHY, Paul. Urban Slums Report: The case of Jakarta, Indonesia. In: UN-HABITAT. *Understanding Slums*: Case Studies for the Global Report on Human Settlements 2003. Nairóbi, UN-Habitat, 2003. Disponível em: <www.ucl.ac.uk/dpu-projects/Global_Report/pdfs/Jakarta.pdf>. Acesso em: 6 jan. 2015.

MCINNES, Tom et al. *Monitoring Poverty and Social Exclusion 2013*. York, Joseph Rowntree Foundation, 2013. Disponível em: <www.jrf.org.uk/sites/files/jrf/MPSE2013.pdf>. Acesso em: 16 nov. 2014.

MELLO, Marcus A. B. C. de. Classe, burocracia e intermediação de interesses na formação da política de habitação. *Espaço e Debates*, ano VIII, n. 24, 1988. p. 75-85.

MERRILL, Sally. *Microfinance for Housing*: Assisting the "Bottom Billion" and the "Missing Middle". IDG Working Paper n. 2009-05. Washington-DC, Urban Institute Center on International Development and Governance, jun. 2009, mimeo.

_____; MESARINA, Nino. Expanding Microfinance for Housing. *Housing Finance International*, v. 21, n. 2, dez. 2006.

MILANI, Carlos Roberto Sanchez. Les Paradoxes du "principe participatif" dans la gestion publique locale. In: EEUWEN, Daniel van (org.). *Le nouveau Brésil de Lula*: dynamique des paradoxes. La Tour d'Aigues, l'Aube, 2006.

MINURVI. *Instrumentos financieros para mejorar el acceso a la vivienda de los sectores de menores ingresos en America Latina y el Caribe*. Artigo apresentado na XV Asamblea General de Ministros y Autoridades Máximas de Vivienda y Urbanismo de América Latina y el Caribe. Montevidéu, Divisão de Desenvolvimento Sustentável e Assentamentos Humanos – Cepal, 2005, mimeo.

MIRANDA, Lívia; MORAES, Demóstenes. O Plano de Regularização das Zonas Especiais de Interesse Social (Prezeis) do Recife: democratização da gestão e planejamento participativo. In: CARDOSO, Adauto Lúcio (org.). *Habitação social nas metrópoles brasileiras*: uma avaliação das políticas habitacionais em Belém, Belo Horizonte, Porto Alegre, Recife, Rio de Janeiro e São Paulo no final do século XX. Porto Alegre, Antac, 2007.

MISSE, Michel. Rio como um bazar: a conversão da ilegalidade em mercadoria política. *Insight Inteligência*, v. 3, n. 5, 2002. p. 12-6.

MORAES, Demóstenes Andrade de. *Por uma política de habitação de interesse social para o Recife*: apontamentos sobre o Prezeis. Recife, URB, 2005. Disponível em: <www.habitare.org.br/pdf/publicacoes/arquivos/51.pdf>. Acesso em: 5 set. 2015.

MOULIAN, Tomás. *Chile actual*: anatomía de un mito. Santiago, LOM Editores/Universidad Arcis, 1997.

MOURAD, Laila Nazem. *Democratização do acesso à terra urbana em Diadema*. Dissertação (Mestrado em Urbanismo), Puccamp, Campinas, 2000.

MOVIMENTO PASSE LIVRE. Não começou em Salvador, não vai terminar em São Paulo. In: MARICATO, Ermínia et al. *Cidades rebeldes*: passe livre e as manifestações que tomaram as ruas do Brasil. São Paulo, Boitempo, 2013.

MUSAHARA, Herman; HUGGINS, Chris. Land Reform, Land Scarcity and Post-Conflict Reconstruction: A Case Study of Rwanda. In: HUGGINS, Chris; CLOVER, Jenny. *From the Ground up*: Land Rights, Conflict and Peace in Sub-Saharan Africa. Nairóbi/Pretória, The African Centre for Technology Studies (ACTS)/Institute for Security Studies (ISS), 2005. Disponível em: <www.issafrica.org/pubs/Books/GroundUp/6Land.pdf>. Acesso em: 6 jan. 2015.

MUSSI, Joana Zatz. *O espaço como obra*: ações, coletivos artísticos e cidade. São Paulo, Annablume/Fapesp, 2014.

NATIONAL COALITION FOR THE HOMELESS. *Foreclosure to Homelessness 2009*: The Forgotten Victims of the Subprime Crisis. Washington-DC, National Coalition for the Homeless, 2009. Disponível em: <www.nationalhomeless.org/advocacy/ForeclosuretoHomelessness0609.pdf>. Acesso em: 6 jan. 2015.

NATIONAL FAIR HOUSING ASSOCIATION. *The Future of Fair Housing*: Report of the National Commission on Fair Housing and Equal Opportunity, dez. 2008. Disponível em: <www.nationalfairhousing.org/Portals/33/reports/future_of_fair_Housing.pdf>. Acesso em: 16 nov. 2014.

NATIONAL HOUSING FEDERATION (NHF). *Briefing – Welfare Reform Act 2012*: Size Criteria. Londres, NHF, mar. 2012. Disponível em: <http://democracy.york.gov.uk/documents/

s82191/CBL%20Background%20Paper%20-%20NHF%20Welfare%20Reform%20Act.pdf>. Acesso em: 16 nov. 2014.

_____. *The Bedroom Tax in Merseyside*: 100 Days On. Londres, NHF, 2013. Disponível em: <www.housing.org.uk/publications/browse/the-bedroom-tax-in-merseyside>. Acesso em: 16 nov. 2014.

NEW YORK STATE DIVISION OF HOUSING & COMMUNITY RENEWAL. *History of Rent Regulation*: Rent Regulation after 50 Years – An Overview of New York State's Rent Regulated Housing, 1993. Disponível em: <www.tenant.net/Oversight/50yrRentReg/history.html>. Acesso em: 4 dez. 2014.

NEWMAN, Peter; THORNLEY, Andy. *Urban Planning in Europe*: International Competition, National Systems, and Planning Projects. Londres, Routledge, 1996.

NEWTON, Caroline. The Reverse Side of the Medal: About the 2010 Fifa World Cup and the Beautification of the N2 in Cape Town. *Urban Forum*, v. 20, n. 1, fev. 2009. p. 93-108.

NILSSON, Annika. Overview of Financial Systems for Slum Upgrading and Housing. *Housing Finance International*, v. 23, n. 2, dez. 2008. p. 19-25.

NOBRE, Eduardo Alberto Cusce. *Reestruturação econômica e território*: expansão recente do terciário na marginal do rio Pinheiros. Tese (Doutorado em Arquitetura e Urbanismo), FAU-USP, São Paulo, 2000.

NUNES, Edson de Oliveira. *A gramática política do Brasil*: clientelismo, corporativismo e insulamento burocrático. 4. ed. Rio de Janeiro, Garamond, 2010.

NUTTALL, Jolyon. *The First Five Years*: The Story of the Independent Development Trust. Cidade do Cabo, Independent Development Trust, 1997.

OBSERVATORI DESC – DRETS ECONÒMICS SOCIALS I CULTURALS; PLATAFORMA DE AFECTADOS POR LA HIPOTECA. *Emergencia habitacional en el Estado español*: la crisis de las ejecuciones hipotecarias y los desalojos desde una perspectiva de derechos humanos, 2013. Disponível em: <http://afectadosporlahipoteca.com/wp-content/uploads/2013/12/2013-Emergencia-Habitacional_Estado_Espanyoldef.pdf>. Acesso em: 15 out. 2014.

OFFICE FOR NATIONAL STATISTICS. *Index of Private Housing Rental Prices*. Reino Unido, ONS, 26 jun. 2013. Disponível em: <www.ons.gov.uk/ons/rel/hpi/index-of-private-housing-rental-prices/historical-series/index.html?format=hi-vis>. Acesso em: 13 jan. 2015.

OLIVEIRA, Francisco de. A economia brasileira: crítica à razão dualista. *Estudos Cebrap*, n. 2, 1972. p. 3-82.

_____. *Crítica à razão dualista / O ornitorrinco*. São Paulo, Boitempo, 2003.

OLIVEIRA, Nelma Gusmão de. Força-de-lei: rupturas e realinhamentos institucionais na busca do "sonho olímpico" carioca. *Anais do XIV Encontro Nacional da Anpur*, Rio de Janeiro, 2011. Disponível em: <http://unuhospedagem.com.br/revista/rbeur/index.php/anais/article/view/3134/3068>. Acesso em: 12 jan. 2015.

_____. *O poder dos jogos e os jogos de poder*: os interesses em campo na produção de uma cidade para o espetáculo esportivo. Tese (Doutorado em Planejamento Urbano e Regional), Ippur-UFRJ, Rio de Janeiro, 2012.

OPEN SOCIETY INSTITUTE. *Broadening the Agenda*: The Status of Romani Women in Romania. Nova York, Open Society Institute, 2006. Disponível em: <www.soros.org/initiatives/roma/articles_publications/publications/broadening_20060313>. Acesso em: 6 jan. 2015.

OSÓRIO, Letícia Marques. *The Social Function of Property and the Human Right to Security of Tenure in Latin America with a Particular Focus on Brazil.* Tese (Doutorado em Direito), School of Law, University of Essex, 2013.

OXFAM. "Our Land, Our Lives": Time out on the Global Land Rush. *Oxfam Briefing Paper*, Oxford, out. 2012. Disponível em: <www.oxfam.org/sites/www.oxfam.org/files/bn-land-lives-freeze-041012-en_1.pdf>. Acesso em: 18 nov. 2014.

_____. A Cautionary Tale: The True Cost of Austerity and Inequality in Europe. *Oxfam Briefing Paper*, n. 174, Oxford, set. 2013. Disponível em: <www.oxfam.org/sites/www.oxfam.org/files/bp174-cautionary-tale-austerity-inequality-europe-120913-en_1.pdf>. Acesso em: 16 nov. 2014.

ÖZÜEKREN, Sule. Informal and Formal Housing Construction in Turkey: Blurred Boundaries and Regulations. In: HJERPPE, Reino; BERGHÄLL, Pii Elina (orgs.). *Urbanization*: Its Global Trends, Economics and Governance. Helsinki, Vatt-Government Institute for Economic Research, 1998.

PALLAMIN, Vera. Do lugar-comum ao espaço incisivo: dobras do gesto estético no espaço urbano. In: MEDEIROS, Maria Beatriz de; MONTEIRO, Marianna (orgs.). *Espaço e performance.* Brasília, Editora da Pós-Graduação em Arte da UnB, 2007.

PALMER, David; FRICSKA, Szilard; WEHRMANN, Babette. *Towards Improved Land Governance.* Land Tenure Working Paper 11. Roma/Nairóbi, FAO/UN-Habitat, 2009. Disponível em: <www.fao.org/3/a-ak999e.pdf>. Acesso em: 6 jan. 2015.

PALOMERA, Jaime. How Did Finance Capital Infiltrate the World of the Urban Poor? Homeownership and Social Fragmentation in a Spanish Neighborhood. *International Journal of Urban and Regional Research*, v. 38, n. 1, jan. 2014. p. 218-35.

PAOLI, Maria Celia. Movimentos sociais no Brasil: em busca de um estatuto político. In: HELLMANN, Michaela (org.). *Movimentos sociais e democracia no Brasil*: "sem a gente não tem jeito". São Paulo, Marco Zero, 1995.

PAQUISTÃO; ASIAN DEVELOPMENT BANK; BANCO MUNDIAL. *Pakistan Floods 2010*: Preliminary Damage and Needs Assessment. Islamabad, nov. 2010. Disponível em: <http://siteresources.worldbank.org/PAKISTANEXTN/Resources/293051-1264873659180/6750579-1291656195263/PakistanFloodsDNA_December2010.pdf>. Acesso em: 12 jan. 2015.

PARDO, Claudio Adrián. *Housing Finance in Chile*: The Experience in Primary and Secondary Mortgage Financing. Washington-DC, BID, 2000.

PARWOKO'S WEBLOG. *Landscape Analysis to the Informal Settlement on the Code Riverfront in Yogyakarta – Indonesia.* 2012. Disponível em: <http://parwoko.wordpress.com/2012/08/08/landscape-analysis-to-the-informal-settlement-on-the-code-riverfront-in-yogyakarta-indonesia>. Acesso em: 12 fev. 2015.

PAULANI, Leda Maria. *O Brasil na crise da acumulação financeirizada.* Artigo apresentado no IV Encuentro Internacional de Economía Política y Derechos Humanos, 2010. Disponível em: <www.madres.org/documentos/doc20100924143515.pdf>. Acesso em: 6 out. 2014.

PAYNE, Geoffrey; DURAND-LASSERVE, Alain; RAKODI, Carole. The Limits of Land Titling and Home Ownership. *Environment and Urbanization*, v. 21, n. 2, out. 2009. p. 443-62.

PELLETIERE, Danilo; WARDRIP, Keith. Renters and the Housing Credit Crisis. *Poverty and Race*, v. 17, n. 4, jul.-ago. 2008.

PEPPERCORN, Ira Gary Peppercorn; TAFFIN, Claude. *Rental Housing*: Lessons from International Experience and Policies for Emerging Market. Washington, D. C., The World Bank, 2013.

PEREIRA, Álvaro Luis dos Santos; ROYER, Luciana de Oliveira; GOMES, Aline Viotto. Mercado de capitais e mercado imobiliário: a crescente importância dos títulos de base imobiliária. *Anais do XV Encontro Nacional da Anpur*, Recife, 2013. Disponível em: <http://unuhospedagem.com.br/revista/rbeur/index.php/anais/article/view/4554>. Acesso em: 4 set. 2015.

PETERSON, George E. *Unlocking Land Values to Finance Urban Infrastructure*. Washington-DC, Banco Mundial, 2009.

PINCKNEY, Thomas; KIMUYU, Peter. Land Tenure Reform in East Africa: Good, Bad or Unimportant? *Journal of African Economies*, v. 3, n. 1, 1994. p. 1-28.

PINHEIRO, Paulo Sérgio. Police and Political Crisis: The Case of the Military Police. In: HUGGINS, Martha K. (org.). *Vigilantism and the State in Modern Latin America*: Essays on Extralegal Violence. Nova York, Praeger, 1991.

PIVOT LEGAL SOCIETY. *Cracks in the Foundations*: Solving the Housing Crisis in Canada's Poorest Neighbourhood. Vancouver, Pivot Legal Society, set. 2006. Disponível em: <www.pivotlegal.org/sites/pivotlegal.org/files/CracksinFoundation.pdf>. Acesso em: 15 jan. 2015.

PNUD. *At Risk*: The Social Vulnerability of Roma, Refugees and Internally Displaced Persons in Serbia. Belgrado, PNUD, 2006. Disponível em: <www.policy.hu/peric/grouppubl.html>. Acesso em: 6 jan. 2015.

_____. *At Risk*: The Social Vulnerability of Roma, Refugees and Internally Displaced Persons in Montenegro. Podgorica, PNUD, 2006. Disponível em: <www.policy.hu/peric/grouppubl.html>. Acesso em: 6 jan. 2015.

_____. *Rapid Economic/Poverty Assessment of the Maldives*. Relatório técnico. Colombo, PNUD, 2009. Disponível em: <www.undp-alm.org/resources/pifs/undp-maldives-project-document-february-2009>. Acesso em: 30 out. 2015.

POCHMANN, Marcio. Políticas sociais e padrão de mudanças no Brasil durante o governo Lula. *SER Social*, v. 13, n. 28, jan.-jun. 2011. p. 12-40.

POLANYI, Karl. *A grande transformação*: as origens de nossa época. Rio de Janeiro, Elsevier, 2012.

POLICY LINK. *Expiring Use*: Retention of Subsidized Housing. Oakland, Policy Link, 2014. Disponível em: <www.policylink.info/EDTK/ExpiringUse>. Acesso em: 4 dez. 2014.

POLLARD, Julie. Political Framing in National Housing Systems: Lessons from Real Estate Developers in France and Spain. In: SCHWARTZ, Herman M.; SEABROOKE, Leonard (orgs.). *The Politics of Housing Booms and Busts*. Basingstoke, Palgrave MacMillan, 2009. p. 170-87.

POON, Martha. Aux origines était la bulle: La mécanique des fluides des subprimes. *Mouvements*, n. 58, 2009. p. 177-90.

POPKIN, Susan J. et al. *A Decade of HOPE VI*: Research Findings and Policy Challenges. Washington-DC, The Urban Institute, 18 maio 2004. Disponível em: <www.urban.org/UploadedPDF/411002_HOPEVI.pdf>. Acesso em: 18 ago. 2015.

POSNER, Paul. Targeted Assistance and Social Capital: Housing Policy in Chile's Neoliberal Democracy. *International Journal of Urban and Regional Research*, v. 36, n. 1, jan. 2012. p. 49-70.

PRAHALAD, C. K. *The Fortune at the Bottom of the Pyramid*: Eradicating Poverty through Profits. Upper Saddle River, Wharton School Publishing, 2004.

_____; HART, Stuart L. The Fortune at the Bottom of the Pyramid. *Strategy and Business*, n. 26, 2002. Disponível em: <www.cs.berkeley.edu/~brewer/ict4b/Fortune-BoP.pdf>. Acesso em: 6 jan. 2014.

PRATT CENTER FOR COMMUNITY DEVELOPMENT; NEW YORK IMMIGRANT HOUSING COLLABORATIVE. *Confronting the Housing Squeeze*: Challenges Facing Immigrant Tenants, and What New York Can Do. Nova York, Pratt Center for Community Development, 2008. Disponível em: <http://prattcenter.net/research/confronting-housing-squeeze-challenges-facing-immigrant-tenants-and-what-new-york-can-do>. Acesso em: 6 jan. 2015.

PREFEITURA DE SÃO PAULO. *Plano Municipal da Habitação Social da Cidade de São Paulo*. São Paulo, PMSP, 2011. Disponível em: <www.habisp.inf.br/theke/documentos/pmh/pmh_versao_outubro_2011_pdf/PMH_outubro_2011.pdf>. Acesso em: 12 fev. 2015.

PRIEMUS, Hugo; DIELEMAN, Frans. Social Housing Policy in the European Union: Past, Present and Perspectives. *Urban Studies*, v. 39, n. 2, 2002. p. 191-200.

QUAN, Julian. *Reflections on the Development Policy Environment for Land and Property Rights, 1997-2003*. Artigo apresentado no International Workshop on Fundamental Rights in the Balance: New Ideas on the Rights to Land, Housing & Property, Sussex, 2003, mimeo.

RACO, Mike. Delivering Flagship Projects in an Era of Regulatory Capitalism: State-led Privatization and the London Olympics 2012. *International Journal of Urban and Regional Research*, v. 38, n. 1, jan. 2014. p. 176-97.

RAHMANI, Jade; GEORGE, Bose; O'STEEN, Ryan. *Single-Family REO*: An Emerging Asset Class 3. ed. Nova York, Keefe, Bruyette & Woods, 2013.

RANCIÈRE, Jacques. *O ódio à democracia*. Trad. Mariana Echalar. São Paulo, Boitempo, 2014.

RAYMOND, Elora et al., *Community & Economic Development Department Federal Reserve Bank of Corporate Landlords, Institutional Investors, and Displacement:* Eviction Rates in Single-Family Rentals. Atlanta, Federal Reserve Bank of Atlanta, 2016, *discussion paper* n. 2.016-4, p.14.

RAZZAZ, Omar. Land Disputes in the Absence of Ownership Rights: Insights from Jordan. In: FERNANDES, Edésio; VARLEY, Ann (orgs.). *Illegal Cities*: Law and Urban Change in Developing Countries. Londres, ZED, 1998.

REINO UNIDO. *Housing Act*. Londres, 1980. Disponível em: <www.legislation.gov.uk/ukpga/1980/51/introduction>. Acesso em: 12 jan. 2015.

_____. *Town and Country Planning Act*. Londres, 1990. Disponível em: <www.legislation.gov.uk/ukpga/1990/8/contents>. Acesso em: 18 ago. 2015.

_____. *Housing Benefit*: Under Occupation of Social Housing. Londres, Department for Work and Pensions, 28 jun. 2012. Disponível em: <www.gov.uk/government/uploads/system/uploads/attachment_data/file/214329/social-sector-housing-under-occupation-wr2011-ia.pdf>. Acesso em: 16 nov. 2014.

_____. Affordable Home Ownership Schemes. *GOV.UK*, Londres. Disponível em: <www.gov.uk/affordable-home-ownership-schemes>. Acesso em: 4 dez. 2014.

RIBEIRO, Luiz Cesar de Queiroz. *Dos cortiços aos condomínios fechados*: as formas de produção da moradia na cidade do Rio de Janeiro. Rio de Janeiro, Civilização Brasileira/Ippur-UFRJ/Fase, 1997.

RICE, Douglas; SARD, Barbara. *The Effects of the Federal Budget Squeeze on Low-Income Housing Assistance*. Washington-DC, Center on Budget and Policy Priorities, fev. 2007.

RICHARDS, Ben. Poverty and Housing in Chile: The Development of a Neo-liberal Welfare State. *Habitat International*, v. 19, n. 4, 1995. p. 515-27.

RIO 2016. Lançamento da pedra fundamental marca o início das obras do Parque Olímpico, 6 jul. 2012. Disponível em: <www.rio2016.com/noticias/noticias/lancamento-da-pedra-fundamental-marca-o-inicio-das-obras-do-parque-olimpico>. Acesso em: 19 dez. 2014.

RIO DE JANEIRO (cidade). Lei n. 32.576/2010. Rio de Janeiro, 28 jul. 2010.

RIOFRIO, Gustavo. *Why Have Families Mortgaged so Little?* Artigo apresentado no Lincoln Institute Workshop on Comparative Policy Perspectives on Urban Land Market Reform in Latin America, Southern Africa and Eastern Europe, Cambridge-MA, jul. 1998, mimeo.

ROBERTSON, Mary. *What Goes Up Mustn't Come Down*: The Contradictions of the Government's Response to the UK Housing Crisis. Artigo apresentado no RC43 Pre-conference PhD Workshop, jul. 2013, mimeo. Disponível em: <www.academia.edu/4475902/RC43_conference_paper>. Acesso em: 6 jan. 2015.

ROBINSON, Jenny. Postcolonialising Geography: Tactics and Pitfalls. *Singapore Journal of Tropical Geography*, v. 24, n. 3, 2003. p. 273-89.

RODRIGUES, Evaniza Lopes. *A estratégia fundiária dos movimentos populares na produção autogestionária da moradia.* Dissertação (Mestrado em Arquitetura e Urbanismo), FAU-USP, São Paulo, 2013.

RODRIGUEZ, Alfredo; ICAZA, Ana Maria. Chile: The Eviction of Low-Income Residents from central Santiago de Chile. In: CUEVA, Antonio Azuela de la; DUHAU, Emilio; ORTIZ, Enrique (orgs.). *Evictions and the Right to Housing*: Experience from Canada, Chile, the Dominican Republic, South Africa, and South Korea. Ottawa, International Development Research Centre, 1998. Disponível em: <www.idrc.ca/books/focus/861/bibliog.html>. Acesso em: 6 jan. 2015.

RODRÍGUEZ, Alfredo; SUGRANYES, Ana (orgs.). *Los con techo*: un desafío para la política de vivienda social. Santiago, SUR, 2005.

_____. El traje nuevo del emperador: las políticas de financiamiento de vivienda social en Santiago de Chile. In: RODRÍGUEZ, Alfredo; RODRÍGUEZ, Paula. *Santiago, una ciudad neoliberal.* Quito, OLACCHI, 2009.

_____; TIRONI, Manuel. Anexo 1: Resultados de una encuesta. In: RODRÍGUEZ, Alfredo; SUGRANYES, Ana (orgs.). *Los con techo*: un desafío para la política de vivienda social. Santiago, SUR, 2005.

ROJAS, Eduardo. *The Long Road to Housing Reform.* Lessons from the Chilean Experience. Washington-DC, BID, 1999. Disponível em: <http://publications.iadb.org/handle/11319/1160?locale-attribute=en>. Acesso em: 6 jan. 2015.

_____. *Sharpening the Bank's Capacity to Support the Housing Sector in Latin America and the Caribbean*: Background Paper for the Implementation of the Social Development Strategy. Washington-DC, BID, 2006.

ROLNIK, Raquel. Territórios negros nas cidades brasileiras: etnicidade e cidade em São Paulo e no Rio de Janeiro. *Revista de Estudos Afroasiáticos*, n. 17, 1989. p. 29-41.

_____. *A cidade e a lei*: legislação, política urbana e territórios na cidade de São Paulo. São Paulo, Studio Nobel, 1997.

_____. Legislación urbana y mercados informales de tierra: el vínculo perfecto. In: FERNANDES, Edésio (org.). *Derecho, espacio urbano y medio ambiente.* Madri, Dykinson, 2000.

ROLNIK, Raquel. Democracia no fio da navalha: limites e possibilidades para a implementação de uma agenda de reforma urbana no Brasil. *Revista Brasileira de Estudos Urbanos e Regionais*, v. 11, n. 2, 2009. p. 31-50.

_____. Urbanização a conta-gotas. *Versus*: *Revista de Ciências Sociais Aplicadas do CCJE/UFRJ*, v. 2, 2009. p. 28-30.

_____. Apresentação – As vozes das ruas: as revoltas de junho e suas interpretações. In: MARICATO, Ermínia et al. *Cidades rebeldes*: passe livre e as manifestações que tomaram as ruas do Brasil. São Paulo, Boitempo, 2013.

_____. Late Neoliberalism: The Financialization of Homeownership and Housing Rights. *International Journal of Urban and Regional Research*, v. 37, n. 3, 2013. p. 1.058-66.

_____. Place, Inhabitance and Citizenship: The Right to Housing and the Right to the City in the Contemporary Urban World. *Internacional Journal of Housing Policy*, v. 14, n. 3, 2014. p. 293-300.

_____. *La guerra de los lugares*: la colonización de la tierra y la vivienda en la era de las finanzas. Trad. Ana Laura Granero. Barcelona, Descontrol, 2018.

_____. *Urban Warfare*: Housing Under Global Finance. Trad. Gabriel Hirschhorn e Bianca Tavolari. Londres, Verso, 2018.

_____; KLINK, Jeroen. Crescimento econômico e desenvolvimento urbano: por que nossas cidades continuam tão precárias? *Novos Estudos Cebrap*, n. 89, mar. 2011. p. 89-109.

ROLNIK, Raquel; RABINOVICH, Lidia. Late-Neoliberalism: The Financialisation of Homeownership and the Housing Rights of the Poor. In: NOLAN, Aoife (org.). *Economic and Social Rights After the Global Financial Crisis*. Cambridge, Cambridge University Press, 2014.

ROLNIK, Raquel; PEREIRA, Álvaro Luis dos Santos. *The Financialization of Housing and Spatial Segregation*: New Frontiers in Brazilian Cities. Artigo apresentado no XVIII ISA World Congress of Sociology, Yokohama, 2014, mimeo.

ROLNIK, Raquel; KLINTOWITZ, Danielle. (I)Mobilidade na cidade de São Paulo. *Estudos Avançados*, v. 25, n. 71, jan.-abr. 2011. p. 89-108.

ROLNIK, Raquel; IACOVINI, Rodrigo; KLINTOWITZ, Danielle. Habitação em municípios paulistas: construir políticas ou "rodar" programas? *Revista Brasileira de Estudos Urbanos e Regionais*, v. 16, n. 2, nov. 2014. p. 149-65.

ROLNIK, Raquel et al. O programa Minha Casa Minha Vida nas Regiões Metropolitanas de São Paulo e Campinas: aspectos socioespaciais e segregação. *Cadernos Metrópole*, v. 17, n. 33, maio 2015. p. 127-54.

ROMEIRO, Paulo Somlanyi. *Zonas Especiais de Interesse Social*: materialização de um novo paradigma no tratamento de assentamentos informais ocupados por população de baixa renda. Dissertação (Mestrado em Direito), Faculdade de Direito-PUC-SP, São Paulo, 2010.

RONALD, Richard. *The Ideology of Home Ownership*: Homeowner Societies and the Role of Housing. Nova York, Palgrave MacMillan, 2008.

ROONEY, Eoin; DUTSCHKE, Mira. Case Study: Right to Housing in Northern Ireland. In: O'CONNELL, Rory et al. *Applying an International Human Rights Framework to State Budget Allocations*: Rights and Resources. Londres, Routledge, 2014.

ROSSETTO, Rossella. *Produção imobiliária e tipologias residenciais modernas*: São Paulo, 1945/1964. Tese (Doutorado em Arquitetura e Urbanismo), FAU-USP, São Paulo, 2002.

ROSSI, Ugo. On Life as a Fictitious Commodity: Cities and the Biopolitics of Late Neoliberalism. *International Journal of Urban and Regional Research*, v. 37, n. 3, maio 2013. p. 1.067-74.

ROXBURGH, Charles et al. Debt and Deleveraging: The Global Credit Bubble and its Economic Consequences. In: *McKinsey Global Institute Report*, jul. 2010. Disponível em: <www.

mckinsey.com/insights/global_capital_markets/debt_and_deleveraging_the_global_credit_bubble_update>. Acesso em: 6 jan. 2015.

ROY, Ananya. Urban Informality: Toward an Epistemology of Planning. *Journal of the American Planning Association*, v. 71, n. 2, 2005. p. 147-58.

ROY, Ananya. The 21st Century Metropolis: New Geographies of Theory. *Regional Studies*, v. 43, n. 6, 2009. p. 819-30.

_____. *Poverty Capital*: Microfinance and the Making of Development. Nova York, Routledge, 2010.

_____. Slum-free Cities of the Asian Century: Postcolonial Government and the Project of Inclusive Growth. *Singapore Journal of Tropical Geography*, v. 35, n. 1, mar. 2014. p. 136-150.

ROYER, Luciana de Oliveira. *Financeirização da política habitacional*: limites e perspectivas. São Paulo, Annablume, 2014.

RUANDA. Ministerial Order Determining the Models of Land Consolidation and its Productivity, n. 14/11.30. Kigali, 21 dez. 2010.

RÚSSIA. *Allegation Letter*, 20 nov. 2012.

SALES, Pedro Manuel Rivaben de. Operações Urbanas Consorciadas. In: SANTOS JR., Orlando Alves dos; MONTANDON, Daniel Todtmann (orgs.). *Os planos diretores municipais pós-Estatuto da Cidade*: balanço crítico e perspectivas. Rio de Janeiro, Letra Capital, 2011.

SÁNCHEZ, Fernanda. A reinvenção das cidades na virada de século: agentes, estratégias e escalas de ação política. *Revista de Sociologia e Política*, v. 16, jun. 2001. p. 31-49.

SANDRONI, Paulo. *O Cepac (Certificado de Potencial Adicional de Construção) como instrumento de captação de mais-valias urbanas e financiamento de grandes projetos urbanos*, 2008, mimeo. Disponível em: <http://gvpesquisa.fgv.br/sites/gvpesquisa.fgv.br/files/publicacoes/Paulo%20sandroni%20-%20Cepac08.pdf>. Acesso em: 6 jan. 2015.

SANT'ANNA, André A.; BORÇA JR., Gilberto R.; ARAÚJO, Pedro Q. de. Mercado de crédito no Brasil: evolução recente e o papel do BNDES (2004-2008). *Revista do BNDES*, v. 16, n. 31, jun. 2009. p. 41-60.

SANTOS, Boaventura de Sousa. Notas sobre a história jurídico-social de Pasárgada. In: SOUTO, Cláudio; FALCÃO, Joaquim (orgs.). *Sociologia jurídica*. São Paulo, Pioneira, 1980.

_____. Uma cartografia simbólica das representações sociais. *Revista Crítica de Ciências Sociais*, n. 24, mar. 1988.

SANTOS, Rosane Rebeca de Oliveira. *O planejamento da cidade é o planejamento dos jogos?* O megaevento olímpico como instrumento de (re)ordenação do território carioca. Dissertação (Mestrado em Arquitetura e Urbanismo), FAU-USP, São Paulo, 2013.

SANTOS JR., Orlando Alves dos. Cidade, cidadania e planejamento urbano: desafios na perspectiva da reforma urbana. In: FELDMAN, Sarah; FERNANDES, Ana (orgs.). *O urbano e o regional no Brasil contemporâneo*: mutações, tensões, desafios. Salvador, Edufba, 2007.

_____; MONTANDON, Daniel Todtmann (orgs.). *Os planos diretores municipais pós-Estatuto da Cidade*: balanço crítico e perspectivas. Rio de Janeiro, Letra Capital, 2011.

SANTOSO, Jo. *The Fifth Layer of Jakarta*. Jacarta, Centropolis, 2009.

SARD, Barbara; FISCHER, Will. *Preserving Safe, High Quality Public Housing Should Be a Priority of Federal Housing Policy*. Washington-DC, Center on Budget and Policy Priorities, out. 2008. Disponível em: <www.cbpp.org/cms/?fa=view&id=655>. Acesso em: 6 jan. 2015.

SAUNDERS, Peter. *A Nation of Home Owners*. Londres, Unwin, 1990.

SCHNEIDERMAN, Eric T. *Airbnb in the City*. Nova York, New York State Attorney General, out. 2014.

SCHWARTZ, Herman M.; SEABROOKE, Leonard (orgs.). *The Politics of Housing Booms and Busts*. Londres, Palgrave MacMillan, 2009.

SEARLE, Llerena Guiu. Conflict and Commensuration: Contested Market Making in India's Private Real Estate Development Sector. *International Journal of Urban and Regional Research*, v. 38, n. 1, jan. 2014. p. 60-78.

SHIMBO, Lúcia Zanin. *Habitação social de mercado*: a confluência entre Estado, empresas construtoras e capital financeiro. Belo Horizonte, C/Arte, 2012.

SIGVALDSEN, Erlend. *Key Issues in Housing Microfinance*. Oslo, Nordic Consulting Group, 2010.

SILVA, Jacqueline Severo da. Regularização fundiária, exercitando um novo paradigma: um conflito também ideológico – apresentação de casos. *Planejamento e Políticas Públicas*, n. 34, jan.-jun. 2010. p. 241-57. Disponível em: <www.ipea.gov.br/ppp/index.php/PPP/article/viewFile/174/187>. Acesso em: 6 jan. 2015.

SIMIAN, José Miguel. *Eigentumsorientierte Wohnungspolitik in Deutschland und Chile*. Kooperations- und Genossenschaftswissenschaftliche Beiträge. Münster, Institut für Genossenschaftswesen der Universität Münster, 2000.

SINDUSCON/FGV. *Conjuntura da Construção*, ano XII, n. 3, out. 2014. Disponível em: <www.sindusconsp.com.br/downloads/imprensa/conjunturadaconstrucao/conjuntura_out2014web.pdf>. Acesso em: 6 jan. 2015.

SINGER, André. *Os sentidos do lulismo*: reforma gradual e pacto conservador. São Paulo, Companhia das Letras, 2012.

SIQUEIRA, Tagore Villarim de. Competitividade sistêmica: desafios para o desenvolvimento econômico brasileiro. *Revista do BNDES*, v. 16, n. 31, jun. 2009. p. 139-184.

SMITH, Janet L. Public Housing Transformation: Evolving National Policy. In: BENNETT, Larry; SMITH, Janet L.; WRIGHT, Patricia A. (orgs.). *Where are Poor People to Live?* Transforming Public Housing Communities. Armonk-NY, M.E. Sharpe, 2006.

SMOLKA, Martim; SABATINI, Francisco. Land Market Deregulation Debate in Chile. *Land Lines*, v. 12, n. 1, jan. 2000. Disponível em: <www.lincolninst.edu/pubs/313_Th e-Land-Market-Deregulation-Debate-in-Chile->. Acesso em: 12 nov. 2014.

SP-URBANISMO. *Operação Urbana Consorciada Faria Lima*: resumo da movimentação até 31/10/2014. Disponível em: <www.prefeitura.sp.gov.br/cidade/secretarias/upload/desenvolvimento_urbano/sp_urbanismo/arquivos/oufl/ouc_faria_lima_resumo_financeiro_outubro_2014.pdf>. Acesso em: 17 dez. 2014.

STAVRIDES, Stavros. Urban Identities: Beyond the Regional and the Global: The Case of Athens. In: AL-QAWASMI, Jamal; MAHMOUD, Abdesselem; DJERBI, Ali (orgs.). *Regional Architecture and Identity in the Age of Globalization*. Túnis, CSAAR Press, 2008.

STEPHENS, Mark. A Critical Analysis of Housing Finance Reform in a "Super" Home-Ownership State: The Case of Armenia. *Urban Studies*, v. 42, n. 10, set. 2005. p. 1.795-815.

_____. Locating Chinese Urban Housing Policy in an International Context. *Urban Studies*, v. 47, n. 14, dez. 2010. p. 2965-82.

SIETCHIPING, Remy et al. *Monitoring Tenure Security within the Continuum of Land Rights*: Methods and Practices. Artigo preparado para a Conferência Anual do Banco Mundial sobre Terra e Pobreza, Washington-DC, 2012, mimeo. Disponível em: <http://landandpoverty.com/agenda/pdfs/paper/sietchiping_full_paper.pdf>. Acesso em: 6 jan. 2015.

STONE, Michael E. *Social Housing in the UK and US*: Evolution, Issues and Prospects. Maio 2003, mimeo. Disponível em: <www.gold.ac.uk/media/Stonefinal.pdf>. Acesso em: 6 jan. 2015.

STRATEGIC ACTIONS FOR A JUST ECONOMY; Right to the City Alliance; The Homes for All Campaign (orgs.). *Renting from Wall Street*: Blackstone's Invitation Homes in Los Angeles and Riverside. Jul. 2014. Disponível em: <https://homesforall.org/wp-content/uploads/2014/07/LA-Riverside-Blackstone-Report-071514.pdf>.

SUGRANYES, Ana. La política habitacional en Chile, 1980-2000: un éxito liberal para dar techo a los pobres. In: RODRÍGUEZ, Alfredo; SUGRANYES, Ana (orgs.). *Los con techo*: un desafío para la política de vivienda social. Santiago, SUR, 2005.

SWYNGEDOUW, Erik. The Post-Political City. In: BAVO (org.). *Urban Politics Now*: Re-imagining Democracy in the Neoliberal City. Roterdã, NAI Publishers, 2007.

_____. *Post-Democratic Cities*: For Whom and for What? Artigo apresentado na Concluding Session Regional Studies Association Annual Conference Pecs, Budapeste, 2010. Disponível em: <www.variant.org.uk/events/pubdiscus/Swyngedouw.pdf>. Acesso em: 12 jan. 2015.

SWYNGEDOUW, Erik; MOULAERT, Frank; RODRIGUEZ, Arantxa. Neoliberal Urbanization in Europe: Large-Scale Urban Development Projects and the New Urban Policy. In: BRENNER, Neil; THEODORE, Nik (orgs.). *Spaces of Neoliberalism*: Urban Restructuring in North America and Western Europe. Oxford, Blackwell, 2002.

SZMRECSANYI, Maria Irene Q. F.; LEFÈVRE, José Eduardo de Assis. Grandes empreiteiras, Estado e reestruturação urbanística da cidade de São Paulo, 1970-1996. *Anais do IV Seminário de História da Cidade e do Urbanismo*, v. 4, Rio de Janeiro, 1996. Disponível em: <http://unuhospedagem.com.br/revista/rbeur/index.php/shcu/article/view/515>. Acesso em: 6 jan. 2015.

TASCHNER, Suzana Pasternak; BÓGUS, Lucia. A cidade dos anéis. In: RIBEIRO, Luiz Cesar de Queiroz (org.). *O futuro das metrópoles*: desigualdades e governabilidade. Rio de Janeiro, Revan, 2000.

TAVOLARI, Bianca. AirBnB e os impasses regulatórios do compartilhamento de moradia. In: ZANATTA, Rafael A. F.; PAULA, Pedro C. B. de; KIRA, Beatriz (orgs.). *Economias do compartilhamento e o direito*. Curitiba, Juruá, 2017. Licenciada por Creative Commons em: <www.internetlab.org.br/wp-content/uploads/2017/12/Economias_do_compartilhamento_e.pdf>.

TELLES, Vera da Silva. Debates: a cidade como questão. In: _____; CABANES, Robert (orgs.). *Nas tramas da cidade*: trajetórias urbanas e seus territórios. São Paulo, Humanitas, 2006.

_____. *As cidades na fronteira do legal e do ilegal*. Belo Horizonte, Argvmentvm, 2010.

TENANT PARTICIPATION ADVISORY SERVICE (TPAS). *Written Submission to the All Party Parliamentary Group for the Private Rented Sector*: How the Sector Should Be Regulated. 2013, mimeo. Disponível em: <www.tpas.org.uk/FileUploads/TPAS_-_Written_Submission_to_APPG_PRS_-_How_the_sector_should_be_regulated_2_3_4.pdf>. Acesso em: 18 ago. 2015.

THE BROOKINGS INSTITUTION. *New Orleans after the Storm*: Lessons from the Past, a Plan for the Future. Report. Washington-DC, out. 2005. Disponível em: <www.brookings.edu/research/reports/2005/10/new-orleans-after-the-storm>. Acesso em: 6 jan. 2015.

THE UNITED STATES CONFERENCE OF MAYORS. *Hunger and Homelessness Survey*: A Status Report on Hunger and Homelessness in America's Cities. Washington-DC, The United States Conference of Mayors, 2008. Disponível em: <http://usmayors.org/pressreleases/documents/hungerhomelessnessreport_121208.pdf>. Acesso em: 18 ago. 2015.

THE US DEPARTMENT OF HOUSING AND URBAN DEVELOPMENT. *The 2017 Annual Homeless Assessment Report (AHAR) to Congress*. Dez. 2017.

THE WHITE HOUSE. *Fact Sheet*: President Obama's Plan to Help Responsible Homeowners and Heal the Housing Market, 1º fev. 2012. Disponível em: <www.whitehouse.gov/the-press-office/2012/02/01/fact-sheet-president-obama-s-plan-help-responsible-homeowners-and-heal-h>. Acesso em: 10 nov. 2014.

TILLY, Charles. Spaces of Contention. *Mobilization*, v. 5, n. 2, set. 2000. p. 135-59.

TISSINGTON, Kate. *A Resource Guide to Housing in South Africa 1994-2010*: Legislation, Policy, Programmes and Practice. Joanesburgo, Seri, 2011. Disponível em: <www.seri-sa.org/images/stories/SERI_Housing_Resource_Guide_Feb11.pdf>. Acesso em: 16 nov. 2014.

TOMLINSON, Mary R. South Africa's New Housing Policy: An Assessment of the First Two Years, 1994-1996. *International Journal of Urban and Regional Research*, v. 22, n. 1, 1998. p. 137-46.

TORRES, Haroldo da Gama; MARQUES, Eduardo. Reflexões sobre a hiperperiferia: novas e velhas faces da pobreza no entorno municipal. *Revista Brasileira de Estudos Regionais e Urbanos*, n. 4, 2001. p. 49-70.

TOURISM CONCERN. *Post-Tsunami Reconstruction and Tourism*: A Second Disaster? Londres, Tourism Concern, 2005. Disponível em: <www.naomiklein.org/files/resources/pdfs/tourism-concern-tsunami-report.pdf>. Acesso em: 6 jan. 2015.

TOUSSAINT, Janneke; ELSINGA, Marja. Exploring "Housing Asset-Based Welfare": Can the UK Be Held Up as an Example for Europe? *Housing Studies*, v. 24, n. 5, 2009. p. 669-92.

TREVAS, Vicente; MAGALHÃES, Inês; BARRETO, Luiz (orgs.). *Governo e cidadania*: balanço e reflexões sobre o modo petista de governar. São Paulo, Fundação Perseu Abramo, 1999.

TRIBILLON, Jean-François. Afrique de l'Ouest: consolider les droits fonciers urbains populaires. In: AITEC (org.). *La Terre est à nous*: Pour la fonction sociale du logement et du foncier, résistances et alternatives. Paris, Passerelle, 2014.

TRIVELLI, Pablo. Sobre la evolución de la política urbana y la política de suelo en el Gran Santiago en el periodo 1979-2008. In: RODRÍGUEZ, Alfredo; RODRÍGUEZ, Paula. *Santiago, una ciudad neoliberal.* Quito, OLACCHI, 2009.

_____ et al. Urban Structure, Land Markets and Social Housing in Santiago, Chile, jan. 2010, mimeo. Disponível em: <www.cafedelasciudades.com.ar/imagenes109/012411%20Informe%20final_PTrivelli.pdf>. Acesso em: 16 nov. 2014.

TSENKOVA, Sasha. *Housing Policy Reforms in Post-Socialist Europe*: Lost in Transition. Heidelberg, Physica, 2009.

UNCTAD. *Trade and Development Report*: Adjusting to the Changing Dynamics of the World Economy. UNCTAD, 2013.

UN-HABITAT. *Rental Housing*: An Essential Option for the Urban Poor in Developing Countries. Nairóbi, UN-Habitat, 2003.

_____. *Handbook on Best Practices, Security of Tenure and Access to Land.* Nairóbi, UN-Habitat, 2003.

_____. *Slums of the World*: The Face of Urban Poverty in the New Millennium? Nairóbi, UN-Habitat, 2003.

_____. *The Challenge of Slums*: Global Report on Human Settlements 2003. Nairóbi, UN-Habitat, 2003.

_____. *Financing Urban Shelter*: Global Report on Human Settlements 2005. Nairóbi, UN-Habitat, 2005.

_____. *Enabling Shelter Strategies*: Review of Experience from Two Decades of Implementation. Nairóbi, UN-Habitat, 2006.

_____. *Housing for All*: The Challenges of Affordability, Accessibility and Sustainability – The Experiences and Instruments from the Developing and Developed Worlds. Nairóbi, UN-Habitat, 2008.

_____. *The Role of Government in Housing Market*: The Experiences from Asia. Nairóbi, UN-Habitat, 2008.

_____. *Guide to Preparing a Housing Finance Strategy*. Nairóbi, UN-Habitat, 2009.

_____. *A Policy Guide to Rental Housing in Developing Countries*. Nairóbi, UN-Habitat, 2011.

_____. *Affordable Land and Housing in Asia*. Nairóbi, UN-Habitat, 2011.

_____. *Affordable Land and Housing in Europe and North America*. Nairóbi, UN-Habitat, 2011.

_____. *Affordable Land and Housing in Latin America and the Caribbean*. Nairóbi, UN-Habitat, 2011.

_____. *Losing Your Home*: Assessing the Impact of Eviction. Nairóbi, UN-Habitat, 2011.

_____. *Quick Guide to Policy Makers, Quick Guide 2*: Housing the Poor in African Cities, Low--Income Housing. Nairóbi, UN-Habitat, 2011.

_____. *State of the World's Cities 2010-2011*: Bridging the Urban Divide. Nairóbi, UN-Habitat, 2011.

_____; GLTN. *Secure Land Rights for All*. Nairóbi, UN-Habitat, 2008.

UN ECONOMIC COMMISSION FOR EUROPE (UNECE). *Housing Finance Systems for Countries in Transition*: Principles and Examples. Nova York/Genebra, Unece, 2005. Disponível em: <www.unece.org/housing-and-land-management/hlmpublicationsandreports/housing-and-land-management-hlm/2005/housing-finance-systems-for-countries-in-transition-principles-and-examples/housing-finance-systems-for-countries-in-transition-principles-and-examples.html>. Acesso em: 12 jan. 2015.

USAID. *Rwanda*: Property Rights and Resource Governance. s./d. Disponível em: <http://ltpr.rmportal.net/sites/default/files/country-profiles/full-reports/USAID_Land_Tenure_Rwanda_Profile.pdf>. Acesso em: 12 jan. 2015.

_____. *Croatia Housing Sector Assessment*, 1996. Disponível em: <http://pdf.usaid.gov/pdf_docs/Pnacd930.pdf>. Acesso em 21 out. 2015.

U.S. ARMS CONTROL AND DISARMAMENT AGENCY. Arms Transfer Deliveries and Total Trade, 1985-1995, by Region, Organization, and Country. In: *World Military Expenditures and Arms Transfers*. Washington-DC, U.S. Arms Control and Disarmament Agency, 1996. Disponível em: <www.state.gov/www/global/arms/wmeat96/100_150.pdf>. Acesso em: 12 fev. 2015.

U.S. HOUSING SCHOLARS AND RESEARCH ADVOCACY ORGANIZATIONS. *Residential Segregation and Housing Discrimination in the United States*: Violations of the International Convention on the Elimination of All Forms of Racial Discrimination. Washington--DC, Poverty and Race Research Action Council and National Fair Housing Alliance, 2008. Disponível em: <www.prrac.org/pdf/FinalCERDHousingDiscriminationReport.pdf>. Acesso em: 16 nov. 2014.

US CENSUS BUREAU. Profile of General Population and Housing Characteristics: 2010 Demographic Profile Data. *American Fact Finder*, 29 dez. 2015.

_____. *Overview of the United States. Statistical Atlas. D*isponível online; *acesso em: 23 jan. 2018*, última atualização em *4 set. 2018.*

VAINER, Carlos. Pátria, empresa e mercadoria: notas sobre a estratégia discursiva do Planejamento Estratégico Urbano. In: ARANTES, Otília; MARICATO, Ermínia; VAINER, Carlos (orgs.). *A cidade do pensamento único*: desmanchando consensos. Petrópolis, Vozes, 2000.

_____. Cidade de exceção: reflexões a partir do Rio de Janeiro. *Anais do XIV Encontro Nacional da Anpur*, Rio de Janeiro, 2011. Disponível em: <http://br.boell.org/sites/default/files/downloads/carlos_vainer_ippur_cidade_de_excecao_reflexoes_a_partir_do_rio_de_janeiro.pdf>. Acesso em: 6 jan. 2015.

_____. Quando a cidade vai às ruas. In: MARICATO, Ermínia et al. *Cidades rebeldes*: passe livre e as manifestações que tomaram as ruas do Brasil. São Paulo, Boitempo, 2013.

_____. Disseminating "best practice"? The coloniality of urban knowledge and city models. In: PARNELL, Susan; OLDFIELD, Sophie (orgs.). *The Routledge Handbook on Cities of the Global South*. Nova York/Abingdon, Routledge, 2014. p. 48-56.

VALE, Lawrence J. *Purging the Poorest*: Public Housing and the Design Politics of Twice-Cleared Communities. Chicago, University of Chicago Press, 2013.

VARLEY, Ann. Urbanization and Agrarian Law: The Case of Mexico City. *Bulletin of Latin American Research*, v. 4, n. 1, 1985. p. 1-16.

_____. Private or Public: Debating the Meaning of Tenure Legalization. *International Journal of Urban and Regional Research*, v. 26, n. 3, set. 2002. p. 449-61.

VASCONCELLOS, Eduardo Alcântara de. *Circular é preciso, viver não é preciso*: a história do trânsito na cidade de São Paulo. São Paulo, Annablume, 1999.

VILLAÇA, Flávio. *Espaço intraurbano no Brasil*. São Paulo, Studio Nobel/Fapesp, 1998.

VROELANT, Claire-Lévy; TUTIN, Christian (orgs.). *Le Logement social en Europe au début du XXIe siècle*. Rennes, Presses Universitaires de Rennes, 2010.

WACQUANT, Loïc. Urban Outcasts: Stigma and Division in the Black American Ghetto and the French Urban Periphery. *International Journal of Urban and Regional Research*, v. 17, n. 3, set. 1993. p. 366-83.

WAGNER, Raúl. La construcción social de la propiedad privada en la evolución histórica reciente del país y la región. In: ARAVENA, Susana et al. *La vivienda, entre el derecho y la mercancía*: las formas de propiedad en América Latina. Montevidéu, Trilce, 2014.

WANG, Ya Pin. *Urban Poverty, Housing and Social Change in China*. Londres, Routledge, 2004.

WATSON, Matthew. Planning for a Future of Asset-Based Welfare? New Labour, Financialized Economic Agency and the Housing Market. *Planning, Practice and Research*, v. 24, n. 1, 2009. p. 41-56.

WESTERN REGIONAL ADVOCACY PROJECT. *2012 HUD Budget Fact Sheet*. 2011. Disponível em: <www.docsrush.net/1823235/05-western-regional-advocacy-project-wrap-hud-2012-budget.html>. Acesso em: 12 jan. 2015.

WILCOX, Steve; PERRY, John. *UK Housing Review 2013 Briefing Paper*. Coventry, Chartered Institute of Housing/Orbit Group, 2013. Disponível em: <http://mycih.cih.org/resources/PDF/Policy%20free%20download%20pdfs/UKHR%202013%20Briefing%20Paper.pdf>. Acesso em: 15 nov. 2014.

WILDERODE, Daniel Julien van. Operações interligadas: engessando a perna de pau. In: ROLNIK, Raquel; CYMBALISTA, Renato (orgs.). *Instrumentos urbanísticos contra a exclusão social*. São Paulo, Pólis, 1997.

WIMMER, Andreas; GLICK SCHILLER, Nina. Methodological Nationalism, the Social Sciences, and the Study of Migration: An Essay in Historical Epistemology. *International Migratrion Review*, Nova York, v. 37, n. 3, 2003. p. 576-610.

WORLD RESOURCES INSTITUTE. *World Resources Report. The Wealth of the Poor*: Managing Ecosystems to Fight Poverty. Washington-DC, World Resources Institute, 2005.

YAHYA, Saad. The Certificate of Rights Story in Botswana. In: PAYNE, Geoffrey (org.). *Land, Rights and Innovation*: Improving Tenure Security for the Urban Poor. Londres, ITDG, 2002.

YE, Jian-Ping; SONG, Jia-Ning; TIAN, Chen-Guang. An Analysis of Housing Policy During Economic Transition in China. *International Journal of Housing Policy*, v. 10, n. 3, set. 2010. p. 273-300.

YESSENOVA, Saulesh. Borrowed Places: Eviction Wars and Property Rights Formalization in Kazakhstan. In: WOOD, Donald C. (org.). *Economic Action in Theory and Practice*: Anthropological Investigations. Bingley, Emerald Group Publishing Limited, 2010. (Research in Economic Anthropology, v. 30.)

ZALUAR, Alba; ALVITO, Marcos (orgs.). *Um século de favela*. 4. ed. Rio de Janeiro, Editora FGV, 2004.

ZELEDON, Aida. *De Facto and Legal Regularization Programs in El Salvador*. Artigo apresentado no Lincoln Institute Workshop on Informal Land Markets: Land Tenure Regularization and Urban Upgrading Programs, Cambridge-MA, out. 2001.

ZHU, Jieming. *Symmetric Development of Informal Settlements and Gated Communities*: Capacity of the State. The Case of Jakarta, Indonesia. ARI Working Paper n. 135. Singapura, Asia Research Institute, 2010.

ŽIŽEK, Slavoj. Problemas no paraíso. In: MARICATO, Ermínia et al. *Cidades rebeldes*: passe livre e as manifestações que tomaram as ruas do Brasil. São Paulo, Boitempo, 2013.

2. Relatórios apresentados às Nações Unidas

ACNUDH. *Economic Land Concessions in Cambodia*: A Human Rights Perspective. Phnom Penh, ACNUDH Camboja, jun. 2007. Disponível em: <http://cambodia.ohchr.org/WebDOCs/DocReports/2-Thematic-Reports/Thematic_CMB12062007E.pdf>. Acesso em: 12 jan. 2015.

GHAI, Yash. *Relatório sobre a implementação da Resolução n. 60/251 da Assembleia Geral das Nações Unidas, de 15 de março de 2006, no Camboja*. A/HRC/4/36, 2007.

KÄLIN, Walter. *Relatório de missão à Croácia*. E/CN.4/2006/71/Add.3, 2005.

KOTHARI, Miloon. *Relatório de missão à África do Sul*. A/HRC/7/16/Add.3, 2007.

KOTHARI, Miloon. *Relatório de missão ao Canadá*. A/HRC/10/7/Add3, 2007.

ROLNIK, Raquel. *Relatório temático sobre a crise financeira*. A/HRC/10/7, 2009. Escrito com a colaboração de Bahram Ghazi.

_____. *Relatório temático sobre megaeventos esportivos*. A/HRC/13/20, 2009. Escrito com a colaboração de Brenda Vukovic.

_____. *Relatório de missão às Ilhas Maldivas*. A/HRC/13/20/Add.3, 2009. Escrito com a colaboração de Bahram Ghazi.

_____. *Relatório de missão aos Estados Unidos*. A/HRC/13/20/Add.4, 2010. Escrito com a colaboração de Denise Hauser.

_____. *Relatório de missão ao Cazaquistão*. A/HRC/16/42/Add.3, 2011. Escrito com a colaboração de Stefano Sensi.

_____. *Relatório temático sobre reconstrução pós-conflito e pós-desastre*. A/HRC/16/42, 2011. Escrito com a colaboração de Jean du Plessis.

_____. *Relatório temático sobre direito à moradia em contexto de pós-desastre*. A/66/270, 2011. Escrito com a colaboração de Laure-Anne Courdesse.

_____. *Relatório de missão a Israel e aos Territórios Ocupados da Palestina*. A/HRC/22/46/Add.1, 2012. Escrito com a colaboração de Marcelo Daher e Isabel Ricupero.

_____. *Relatório de missão a Ruanda*. A/HRC/22/46/Add.2, 2012. Escrito com a colaboração de Boris-Ephrem Tchoumavi.

_____. *Relatório temático sobre o impacto da financeirização no direito à moradia*. A/67/286, 2012. Escrito com a colaboração de Lidia Rabinovich.

_____. *Relatório temático de missão ao Banco Mundial*. A/HRC/22/46/Add.3, 2013. Escrito com a colaboração de Beatrice Quadranti, Natalie Bugalski e David Pred.

_____. *Relatório temático sobre locação e formas coletivas de posse*. A/68/289, 2013. Escrito com a colaboração de Lidia Rabinovich.

_____. *Relatório temático sobre segurança da posse*. A/HRC/22/46, 2013. Escrito com a colaboração de Laure-Anne Courdesse.

_____. *Relatório de missão à Indonésia*. A/HRC/25/54/Add.1, 2014. Escrito com a colaboração de Lidia Rabinovich.

_____. *Relatório de missão ao Reino Unido*. A/HRC/25/54/Add.2, 2014. Escrito com a colaboração de Juana Sotomayor.

_____. *Relatório temático com princípios orientadores para a segurança da posse dos pobres urbanos*. A/HRC/25/54, 2014. Escrito com a colaboração de Juana Sotomayor e Natalie Bugalski.

SCHUTTER, Olivier de. *Relatório temático sobre aquisições e arrendamentos de terra*. A/HRC/13/33/Add.2, 2010.

3. Respostas oficiais aos questionários enviados pela Relatoria para o Direito à Moradia Adequada

ÁFRICA DO SUL. Resposta ao questionário sobre financiamento habitacional para os pobres, 2012. Disponível em: <www.ohchr.org/Documents/Issues/Housing/Housingfinancing/South%20Africa.pdf>. Acesso em: 4 dez. 2014.

ANDORRA. Resposta ao questionário sobre financiamento habitacional para os pobres, 2012. Disponível em: <www.ohchr.org/Documents/Issues/Housing/Housingfinancing/Andorre.pdf>. Acesso em: 4 dez. 2014.

AUSTRÁLIA. Resposta ao questionário sobre financiamento habitacional para os pobres, 2012. Disponível em: <www.ohchr.org/Documents/Issues/Housing/Housingfinancing/Australia.docx>. Acesso em: 4 dez. 2014.

CANADÁ. Resposta ao questionário sobre financiamento habitacional para os pobres, 2012. Disponível em: <www.ohchr.org/Documents/Issues/Housing/Housingfinancing/Canada.pdf>. Acesso em: 4 dez. 2014.

CROÁCIA. Resposta ao questionário sobre financiamento habitacional para os pobres, 2012. Disponível em: <www.ohchr.org/Documents/Issues/Housing/Housingfinancing/Croacia1.docx>; e <www.ohchr.org/Documents/Issues/Housing/Housingfinancing/Croacia2.docx>. Acesso em: 4 dez. 2014.

ESLOVÁQUIA. Resposta ao questionário sobre financiamento habitacional para os pobres, 2012. Disponível em: <www.ohchr.org/Documents/Issues/Housing/Housingfinancing/Slovakia.RTF>. Acesso em: 4 dez. 2014.

ESLOVÊNIA. Resposta ao questionário sobre financiamento habitacional para os pobres, 2012. Disponível em: <www.ohchr.org/Documents/Issues/Housing/Housingfinancing/Slovenia.pdf>. Acesso em: 4 dez. 2014.

ESTÔNIA. Resposta ao questionário sobre financiamento habitacional para os pobres, 2012. Disponível em: <www.ohchr.org/Documents/Issues/Housing/Housingfinancing/Estonia.pdf>. Acesso em: 4 dez. 2014.

FRANÇA. Resposta ao questionário sobre financiamento habitacional para os pobres, 2012. Disponível em: <www.ohchr.org/Documents/Issues/Housing/Housingfinancing/France.pdf>. Acesso em: 4 dez. 2014.

GRÉCIA. Resposta ao questionário sobre financiamento habitacional para os pobres, 2012. Disponível em: <www.ohchr.org/Documents/Issues/Housing/Housingfinancing/Greece.pdf>. Acesso em: 4 dez. 2014.

MONTENEGRO. Resposta ao questionário sobre financiamento habitacional para os pobres, 2012. Disponível em: <www.ohchr.org/Documents/Issues/Housing/Housingfinancing/Montenegro.pdf>. Acesso em: 4 dez. 2014.

TURQUIA. Resposta ao questionário sobre financiamento habitacional para os pobres, 2012. Disponível em: <www.ohchr.org/Documents/Issues/Housing/Housingfinancing/Turkey.pdf>. Acesso em: 4 dez. 2014.

4. Notícias de jornais e revistas

AALBERS, Manuel B.; CHRISTOPHERS, Brett. The Housing Question under Capitalist Political Economies", *Housing, Theory and Society*, v. 31, n. 4, 27 ago. 2014, p. 422-8.

AUYEZOV, Olzhas. Troubled Kazakh Homeowners Protest over Foreclosures. *Reuters*, 18 mar. 2009. Disponível em: <http://in.reuters.com/article/2009/03/18/financial-kazakhstan-repossion-idINLI408137200903l8>. Acesso em: 4 dez. 2014.

BARROS, Ciro. Altair enfrenta a terceira remoção da vida pelas Olimpíadas. *Pública: Agência de Reportagem e Jornalismo Investigativo*, 21 jun. 2013. Disponível em: <http://apublica.org/2013/06/altair-enfrenta-terceira-remocao-da-vida-pelas-olimpiadas>. Acesso em: 26 dez. 2014.

BARZILAY, Omri. These Are the Cities Where You Can Make the Most Money Renting Properties on Airbnb. *Forbes*, 22 nov. 2016.

BASTOS, Isabela; SCHMIDT, Selma. Plano Estratégico: Paes quer reduzir em 3,5% total da área de favelas até 2012. *Extra*, Rio de Janeiro, 5 dez. 2009. Disponível em: <http://extra.globo.com/noticias/rio/plano-estrategico-paes-quer-reduzir-em-35-total-da-area-de-favelas-ate-2012-207796.html#ixzz3O9xuwFyl>. Acesso em: 12 jan. 2015.

BAVEREZ, Nicolas. Le grand basculement vers le Sud. *Le Point*, 27 jun. 2013. Disponível em: <www.lepoint.fr/editos-du-point/nicolas-baverez/le-grand-basculement-vers-le-sud-27-06-2013-1686497_73.php>. Acesso em: 12 jan. 2015.

BESWICK, Joe et al. Speculating on London's Housing Future: The Rise of Global Corporate Landlords in 'Post-Crisis' Urban Landscapes. *City*, v. 20, n. 2, p. 321-41.

BISWAS, Soutik. India's Micro-Finance Suicide Epidemic. *BBC*, 16 dez. 2010. Disponível em: <www.bbc.co.uk/news/world-south-asia-11997571>. Acesso em: 6 out. 2014.

BRUALLA, Alba. Anticipa, filial de Blackstone, quiere ser la mayor gestora de pisos en alquiler. *El Economista*, 30 mar. 2017.

BURGEN, Stephen. Airbnb Faces Crackdown On Illegal Apartment Rentals in Barcelona. *The Guardian*, 2 jun. 2017.

BURNETT, Victoria. They Built It. People Came. Now They Go. *The New York Times*, 8 set. 2014. Disponível em: <www.nytimes.com/2014/09/09/world/americas/they-built-it-people-came-now-they-go.html>. Acesso em: 6 jan. 2015.

BUTLER, Patrick. Heat or Eat? Or Take Out a Loan, Do Both, and Hope for the Best? *The Guardian*, 1º out. 2013. Disponível em: <www.theguardian.com/society/2013/oct/01/heat-eat-loan-liverpool>. Acesso em: 15 nov. 2014.

BYRNE, Michael. Bad Banks: The Urban Implications of Asset Management Companies. *Urban Research and Practice*, v. 8, n. 2, jun. 2015, p. 255-66.

______. 'Asset Price Urbanism' and Financialization after the Crisis: Ireland's National Asset Management Agency. *International Journal of Urban and Regional Research*, v. 40, n. 1, 2016, p. 31-45.

CARAZZAI, Estelita Hass; CARVALHO, Mario Cesar. Empreiteiro relata lobby para fazer obra no porto do Rio. *Folha de S.Paulo*, 7 dez. 2014. Disponível em: <www1.folha.uol.com.br/poder/2014/12/1558759-empreiteiro-relata-lobby-para-fazer-obra-no-porto-do-rio.shtml>. Acesso em: 6 jan. 2015.

CASS, Julia; WHORISKEY, Peter. New Orleans to Raze Public Housing. *The Washington Post*, 8 dez. 2006. Disponível em: <www.washingtonpost.com/wp-dyn/content/article/2006/12/07/AR2006120701482.html>. Acesso em: 12 jan. 2015.

CROATIAN TIMES. Growing Number of Croatians Facing Foreclosures. *Croatian Times*, 12 ago. 2011. Disponível em: <www.croatiantimes.com/news/Business/2011-011/21122/Growing_number_of_Croatians_facing_foreclosures>. Acesso em: 13 dez. 2014.

DANIEL LEYVA: 'Nosaltres farem el que més ens convingui, com qualsevol propietari del món'. *Directa*, 9 jun. 2017, disponível online.

DAS, Sourobh. Airbnb Business Model: How does Airbnb make Money? *Feedough*, 22 jul. 2017, disponível online.

DEMOCRACY NOW. New $600 B Fed Stimulus Fuels Fears of US Currency War. *Democracy Now*, 5 nov. 2010. Disponível em <www.democracynow.org/2010/11/5/new_600b_fed_stimulus_fuels_fears>. Acesso em: 10 nov. 2014.

DEPARTMENT OF COMMUNITIES AND LOCAL GOVERNMENT. *Review of the Barriers to Institutional Investment in Private Rented Homes*. Londres, ago. 2012.

DHIVEHI OBSERVER. Living in Capital Male: What It Means for the Average Maldivian, Consequences and Solutions. *Dhivehi Observer*, 1º maio 2005.

DODT, Stefanie. Remoções: Ética ou cosmética? *Conta Rio*, s/d. Disponível em: <http://contario.net/remocoes-etica-ou-cosmetica>. Acesso em: 19 dez. 2014.

FERNANDEZ, Rodrigo; HOFMAN, Annelore; AALBERS, Manuel. London and New York As a Safe Deposit Box for the Transnational Wealth Elite. *Environment and Planning A*, v. 48, n. 12, 2016.

FIELDS, Desiree. Contesting the Financialization of Urban Space: Community Organizations and the Struggle to Preserve Affordable Rental Housing in New York City. *Journal of Urban Affairs*, v. 37, n. 2, 2014.

FIELDS, Desiree; UFFER, Sabina. The Financialisation of Rental Housing: A Comparative Analysis of New York City and Berlin, *Urban Studies*, v. 53, n. 7, 2016.

GOLDSTEIN, Matthew. Major Rental-Home Companies Set to Merge as U.S. House Prices Recover. *The New York Times*, 10 ago. 2017.

GOODMAN, Peter S. U.S. Will Push Mortgage Firms to Reduce More Loan Payments. *The New York Times*, 28 nov. 2009. Disponível em: <www.nytimes.com/2009/11/29/business/economy/29modify.html?pagewanted=all&_r=0>. Acesso em: 10 nov. 2014.

GOPAL, Prashant. Wall Street, America's New Landlord, Kicks Tenants to the Curb. *Bloomberg News*, 3 jan. 2017.

GOTTESDIENER, Laura. How Wall Street Has Turned Housing into a Dangerous Get-Rich--Quick Scheme – Again. *Mother Jones*, 29 nov. 2013. Disponível em: <www.motherjones.com/politics/2013/11/wall-street-buying-foreclosed-homes>. Acesso em: 11 nov. 2014.

GOVERNEUR, Cedric. Microcrédito, o negócio da miséria. *Le Monde Diplomatique Brasil*, 3 abr. 2012. Disponível em: <www.diplomatique.org.br/artigo.php?id=1150>. Acesso em: 15 nov. 2014.

GREENBERG, Michael. Tenants Under Siege: Inside New York City's Housing Crisis. *The New York Review of Books*, 17 ago. 2017.

GUTIÉRREZ, I. Colau multa a Airbnb y Homeaway por anunciar pisos sín licencia turística. *El Economista*, 22 dez. 2015.

KAMIL, Muhammad. Participatory Design: The Social Role of Architects and Architecture in Kampung Upgrading. *Inside Indonesia*, n. 118, out.-dez. 2014. Disponível em: <www.insideindonesia.org/current-edition/participatory-design>. Acesso em: 12 jan. 2015.

KASSAM, Ashifa. Airbnb Fined €30,000 for Illegal Tourist Lets in Barcelona. *The Guardian*, 7 jul. 2014.

KELLY, Kathleen. Taxing Question. *Inside Housing*, Londres, 7 nov. 2013. Disponível em: <www.insidehousing.co.uk/taxing-question/6529375.article>. Acesso em: 16 nov. 2014.

LAMARCA, Melissa García. Resisting Evictions Spanish Style. *New Internationalist*, abr. 2013. Disponível em: <http://newint.org/features/2013/04/01/sparks-from-the-spanish-crucible>. Acesso em: 12 jan. 2015.

LIMA, Samantha. Empresário terá de construir e vender 3.600 apartamentos da vila dos atletas. *Folha de S.Paulo*, 7 dez. 2014. Disponível em: <www1.folha.uol.com.br/mercado/2014/12/1558665-empresario-tera-de-construir-e-vender-3600-apartamentos-da-vila-dos-atletas.shtml>. Acesso em: 7 jan. 2015.

LÓPEZ, Helena. Cómo se vacía la ciudad de vecinos (y qué pasa después). *elPeriodico*, 18 jun. 2017.

LYNN, Guy; DAVEY, Ed. London Letting Agents "Refuse Black Tenants". *BBC News*, 14 out. 2013. Disponível em: <www.bbc.com/news/uk-england-london-24372509>. Acesso em: 15 nov. 2014.

MARSIGLIA, Ivan. O futuro que passou. Entrevista com Paulo Arantes. *O Estado de S. Paulo*, 22 jun. 2013. Disponível em: <www.estadao.com.br/noticias/geral,o-futuro-que-passou,1045705>. Acesso em: 12 jan. 2015.

MYDANS, Seth. In Cambodia, Land Seizures Push Thousands of the Poor into Homelessness. *The New York Times*, 27 jul. 2008. Disponível em: <www.nytimes.com/2008/07/27/world/asia/27cambodia.html?_r=0>. Acesso em: 17 nov. 2014.

ORLIK, Tom. Tensions Mount as China Snatches Farms for Homes. *The Wall Street Journal*, 14 fev. 2013. Disponível em: <http://online.wsj.com/articles/SB10001424127887324906004578287182123200020>. Acesso em: 24 nov. 2014.

OWENS, Brett. Better than Buying an Apartment Complex: 3 REITs Paying Up to 7.3%. *Forbes*, 18 jun. 2017.

PAHWA, Aashish. Aggregator Business Model. What is it and How Does it Operate?. *Feedough*, 23 jul. 2018, disponível online.

PANCHADAR, Arjun; PUSHKALA, Aripaka. Airbnb Expects to Post a Profit for 2017, If You Exclude a Few Expenses. *Reuters*, 18 dez. 2017, disponível online.

PATTILLO, María de los Ángeles. Edificios con un solo dueño y destinados 100% a renta residencial se concentran en Santiago e Independencia. *El Mercurio*, 3 set. 2016.

PORCEL, Sergio; NAVARRO-VARAS, Lara; PONS, Manel. Enquesta de condicions de Vida, 2016. Resultats sintètics: àrea metropolitana de Barcelona. *Quaderns Espai Metròpoli*, Institut d'Estudis Regionals i Metropolitans de Barcelona, nov. 2017.

QUIJONES, Don. Airbnb Just Made Itself Even More Unpopular in Barcelona. *Wolf Street*, 26 jun. 2017.

ROBERTS, Martin. Spanish Banks to Restrict Evictions after Suicides. *The Guardian*, 12 nov. 2012. Disponível em: <www.theguardian.com/world/2012/nov/12/spanish-banks-evictions-suicides>. Acesso em: 6 out. 2014.

ROCHABRUN, Marcelo; PODKUL, Cezary. The Fateful Vote That Made New York City Rents So High. *ProPublica*, 15 dez. 2016.

RUIZ, Alfonso Simón. Blackstone construye un gigante de viviendas para el alquiler en España. *Cinco Días*, 15 maio 2017.

SOEDERBERG, Susanne. The Rental Housing Question: Exploitation, Eviction and Erasures. *Geoforum*, v. 1, n. 10, 2017.

TAYLOR, Candace. Hedge Funds Try to Turn a Profit, One Home at a Time. *The Real Deal: New York Real Estate News*, 1º maio 2013. Disponível em: <http://therealdeal.com/issues_articles/hedge-funds-try-to-turn-a-profit-one-home-at-a-time>. Acesso em: 12 nov. 2014.

TERESA, Benjamin F. Managing Fictitious Capital: The Legal Geography of Investment and Political Struggle in Rental Housing in New York City. *Environment and Planning A*, v. 48, n. 3, 2016, p. 472.

TOURYALAI, Halah. Hedge Funds as Landlords? In Search of Returns, Wall Street Buys Up Foreclosed Homes. *Forbes*, 8 mar. 2012. Disponível em: <www.forbes.com/sites/halahtouryalai/2012/08/03/hedge-funds-as-landlords-in-search-of-returns-wall-street-buys-up-foreclosed-homes>. Acesso em: 12 nov. 2014.

TRAN, Mark. Land Deals in Africa Have Led to a Wild West: Bring on the Sheriff, Says FAO. *The Guardian,* 29 out. 2012. Disponível em: <www.theguardian.com/global-development/2012/oct/29/land-deals-africa-wild-west-fao?intcmp=122>. Acesso em: 18 nov. 2014.

_____. UN Urges Cambodia to Hold Companies to Account over Land Disputes. *The Guardian*, 14 maio 2012. Disponível em: <www.theguardian.com/global-development/2012/may/14/un-cambodia-companies-land-disputes?intcmp=239>. Acesso em: 18 nov. 2014.

VIEIRA, Isabela. Cem mil pessoas devem acompanhar em Copacabana anúncio da sede das Olimpíadas. *Agência Brasil*, 1º out. 2009. Disponível em: <http://memoria.ebc.com.br/agenciabrasil/noticia/2009-10-01/cem-mil-pessoas-devem-acompanhar-em-copacabana-anuncio-da-sede-das-olimpiadas>. Acesso em: 6 jan. 2015.

VILLAGRÁN, Juan Manuel. Asset Chile afina compra de nuevos edifícios y eleva fondo de renta inmobiliaria residencial. *Economía y Negocios*, 20 jan. 2018.

WIJBURG, Gertjan; AALBERS, Manuel B.; HEEG, Susanne. The Financialization of Rental Housing 2.0: Releasing Housing into the Privatized Mainstream of Capital Accumulation. *Antipode*, jan. 2018.

5. Links

<http://ees.kuleuven.be/geography/projects/index.html?project_id=499&category=0&select_name=ALL&title=&dsyyyy=2013&deyyyy=2014>. Acesso em: 13 jan. 2015.

<http://ec.europa.eu/eurostat/statistics-explained/index.php/Main_Page>. Acesso em: 4 dez. 2014.

<http://ombudsman.kz/en>. Acesso em: 4 dez. 2014.

<www.grameen-info.org/index.php?option=com_content&task=view&id=1122&itemind=973>. Acesso em: 4 dez. 2014.

<www.compartamos.com>. Acesso em: 4 dez. 2014.

<www.brac.net>. Acesso em: 17 dez. 2006.

<www.economist.com/blogs/dailychart/2011/11/global-house-prices?fsrc=nlw|newe|1-09-2014|5356c24b899249e1ccad7591|>. Acesso em: 26 dez. 2014.

<www.helpageusa.org/older-womens-land-rights>. Acesso em: 13 jan. 2015.

<www.worldbank.org>. Acesso em: 13 jan. 2015.

<www.ppiaf.org/page/about-us/annual-reports>. Acesso em: 26 dez. 2014.

<www.cyrela.com.br>. Acesso em: 12 dez. 2014.

<www.gafisa.com.br>. Acesso em: 12 dez. 2014.

<www.gafisa.com.br/NoticiaDetalhes.aspx?noticiaId=27>. Acesso em: 13 dez. 2014.

<www.equityinternational.com/pt-br/nav-pt-br/portfolio-cat/lista-por-pais/mexico-pt-br/homex/3912>. Acesso em: 13 dez. 2014.

<www.labcidade.fau.usp.br>. Acesso em: 15 dez. 2014.

<www.cmhc-schl.gc.ca/en/inpr/afhoce/afhoce/afhostcast/afhoid/pore/usdele/index.cfm>. Acesso em: 29 out. 2015.

<www.cvm.gov.br>. Acesso em: 30 out. 2015.

<www.portomaravilha.com.br/web/esq/cdurContratos.aspx>. Acesso em: 19 dez. 2014.

<https://www.Airbnb.com/about/about-us>; acesso em: 30 jan. 2016.

<www.crunchbase.com/organization/airbnb/investors/investors_list>; acesso em: 18 jan. 2017.

<https://invitationhomes.com/>; acesso em: 30 jan. 2018.

<https://afectadosporlahipoteca.com//>; acesso em: 23 jan. 2018.

<https://sindicatdellogateres.org/es/>; acesso em: 23 jan. 2018.

Foto: Julia Valiengo

Ocupação do edifício Prestes Maia, no Centro de São Paulo, com ação Zumbi Somos Nós, da Frente 3 de Fevereiro.

Publicado em 2015, cinco anos após a atual ocupação do edifício Prestes Maia, em São Paulo, a segunda maior ocupação vertical da América Latina, este livro foi composto em Adobe Garamond Pro, corpo 11/14,3, e reimpresso em papel Pólen Natural 80 g/m² pela gráfica Rettec para a Boitempo, em agosto de 2023, com tiragem de 1.500 exemplares.